资源科学概论

（第三版）

刘成武　黄利民　柯新利 等　编著

第一届中国自然资源学会全国资源科学优秀教材

科 学 出 版 社
北　京

内 容 简 介

本书吸收了国内外资源科学研究领域的最新成果，并针对国内高校自然资源学、资源科学原理与方法及其相关专业课程教学的需要，在召开全国资源科学教学研讨会的基础上，按照“厚理论、重实践”的写作思路，比较完整、科学地构建了资源科学的学科体系。全书分为上、下两篇：上篇为资源理论概论部分，系统总结并介绍了资源科学概述、资源与资源系统、资源调查与评价、资源开发与配置、资源承载力与资源安全、自然资源开发利用的生态环境效应、自然资源的可持续利用及其资产管理等基本理论；下篇为中国主要资源的可持续开发利用实践部分，在分析中国资源总体态势与可持续利用战略的基础上，重点剖析了土地资源、水资源、矿产资源、生物资源、海洋资源与旅游资源的现状特点，并对开发中存在的问题及其可持续利用的策略进行了探讨。

本书是针对本科院校自然资源学、资源科学原理与方法、资源开发与管理、自然资源与社会发展、资源与中国可持续发展等课程教学的需要而编写的专业教材，也可供相关领域的专业人员参考。

图书在版编目（CIP）数据

资源科学概论 / 刘成武等编著. -- 3版. -- 北京 : 科学出版社, 2025. 8. -- ISBN 978-7-03-083206-1

Ⅰ. F062.1

中国国家版本馆 CIP 数据核字第 2025EE2600 号

责任编辑：陈雅娴　郑欣虹/责任校对：杨　赛
责任印制：张　伟/封面设计：迷底书装

科学出版社出版
北京东黄城根北街 16 号
邮政编码：100717
http://www.sciencep.com
北京市金木堂数码科技有限公司印刷
科学出版社发行　各地新华书店经销
*
2025 年 8 月第　一　版　开本：787×1092　1/16
2025 年11月第二次印刷　印张：25
字数：632 000
定价：86.00 元
（如有印装质量问题，我社负责调换）

《资源科学概论》第三版编写委员会

顾　问　赵　济

主　编　刘成武　黄利民　柯新利

副主编　李子君　刘峰贵　钟全林　梁仁君

　　　　曾现来　匡　兵　刘　可　雷莎莎

编　委　黄安民　程　莉　周杨明　谢力华

　　　　张　敏　徐　海　魏　华　谭秋芳

序　一

从人口增长、社会经济发展与资源供应之间的矛盾来看，21世纪上半叶将是中国多项资源缺口峰极相逼、相互叠加的时期，资源供应形势将比20世纪严峻得多，特别是水、耕地与石油资源将严重不足。如果不采取相应的有效措施，我国经济繁荣的自然资源基础将出现全面性的危机。面对新形势，我国教育界深知，资源研究、资源开发、资源管理以及资源科学的发展等都离不开专业人才的支撑，培养掌握坚实资源科学理论与技术的人才势在必行。因此，21世纪初，我国近百所高等院校中以“资源与环境”命名的院、系或专业如雨后春笋般地出现，开始了从本科、硕士到博士的人才培养。但总的来说，我国资源科学教育和人才培养还是相对落后的，其主要原因是资源科学的学科建设与教材建设滞后。因此，加强资源科学的理论研究，探索资源科学的学科体系，加大资源科学教材建设的力度，推动资源科学的教育改革，就成为培养资源方面专业人才的关键。

《资源科学概论》不是资源科学知识的简单罗列，而是从资源科学学科建设的角度出发，深入分析了国内外各种学术期刊与著作中的有关资源科学的理论，通过综合研究提出了一个较为科学的学科体系，值得赞扬。

在写作形式上，该书不仅兼顾了内容之间的逻辑连贯性，而且遵循了循序渐进的思维特点，符合现代教学规律，有利于资源科学的教学与人才培养。

世界在不断变化，人类对世界的认识也在不断深化。资源科学仍处在迅速发展之中，需要不断完善。希望更多的从事资源研究与资源教育工作的专家，共同关注我国资源科学的学科建设与人才培养工作，为中国资源科学事业的持续发展做出新的贡献。

孙鸿烈
中国科学院院士
中国科学院地理科学与资源研究所研究员
2004年5月

序　二

自然资源是人类生存与发展的物质基础，资源问题已成为全球可持续发展的核心议题。中国作为人口大国和快速发展的经济体，正面临资源需求刚性增长与供给有限之间的深刻矛盾。水土与能矿等关键资源的短缺与生态环境安全挑战相互交织，迫切需要我们以资源科学理论指导实践，以系统思维统筹资源开发与保护。面向国家生态文明体制改革和美丽中国建设的战略需求，刘成武教授主持编写《资源科学概论》（第三版）付梓问世，可以说是恰逢其时。作为我国资源科学领域的重要基础教材，其修订不仅是对学科发展的积极响应，更是对新时代人才培养需求的及时回应。

通览全书，《资源科学概论》（第三版）在继承前两版扎实学术传统的基础上博采众长，展现出鲜明的时代特色与创新精神，主要体现在以下三方面。

其一，立足学科前沿，构建“厚理论、强实践”的资源科学学科体系。《资源科学概论》（第三版）以资源科学理论框架为经，以中国资源实践问题为纬，系统整合了资源承载力、资源安全、生态效应与全球变化等近十年来的关键研究成果。上篇从资源认知、评价到管理层层递进，融合生态学、经济学、环境科学等多学科原理，构建了逻辑严谨的学科知识网络；下篇聚焦中国资源禀赋与可持续利用实践，以水土资源、矿产资源等六大核心资源为切入口，直面“卡脖子”问题与生态文明建设国家需求，体现了“顶天立地”的学术追求。尤其值得称道的是，书中将自然资源资产、“两山”理念等中国特色的治理智慧融入理论与实践体系，为全球资源科学贡献了中国经验。

其二，创新教材范式，打造“重育人、促思辨”的教学载体。《资源科学概论》（第三版）突破传统教材的知识罗列模式，以自然资源“认知—评价—开发—管理—效应”为主线设计教学内容，通过章节提要、思维导图与案例研讨，培养学生的系统性思维。通过优化教学内容，提供阅读资源等多种方式，提高了教学的适用性和学生的学习效率。此外，该书还融入了课程思政育人的特色，通过挖掘各章节的思政育人元素，确保新学术成果和新思政内容进课堂，这对于培养具有家国情怀和国际视野的资源科学专业人才具有重要意义。

其三，面向国家需求，搭建“产学研用”协同的创新平台。该书修订凝聚了全国十余所高等院校教师的集体智慧，既体现了学界对资源科学基础理论的最新共识，又通过剖析中国资源开发利用的典型案例，为政策制定与行业实践提供了借鉴。《资源科学概论》（第三版）对海洋国土安全、能源转型路径等议题的探讨，直指国家重大战略需求；而对资源定价机制、生态补偿制度等前沿问题的学理阐释，则为科研工作者提供了新的研究切口。这种“教材即智库”的编写理念，必将推动教学、科研与社会服务的深度融合。

以刘成武教授为代表的“资源科学概论”课程建设团队，秉持“教书育人，教材先行”的理念，深耕教学一线二十多年，积极开展了高校间“共教、共研、共建、共享”的教材建设合作。从 1999 年《自然资源概论》的首开先河，到今日《资源科学概论》（第三版）的守正创新，见证了我国资源科学教育从拓荒到繁荣的历程，更培育了一代代兼具国际视野与家国情怀的资源科技英才，其历久弥新的生命力，源于编著者对学科规律的深刻把握，源于编著者对教学实践的敏锐洞察，更源于编著者对“把论文写在祖国大地上”的执着坚守。

美丽中国建设的号角已经吹响，人与自然和谐共生的中国式现代化旗帜高高飘扬。中国式现代化无疑对资源科学学科建设和专业人才培养提出了更高要求。期待《资源科学概论》（第三版）的出版能进一步推动资源科学学科体系的发展和完善，为资源科学学科建设和专业人才培养提供更好的跨学科范式。希望广大师生以学促研、以研促编，不断丰富其理论、拓展其实践，共同谱写资源科学服务美丽中国和中国式现代化建设的新篇章！

封志明
中国自然资源学会理事长
中国科学院地理科学与资源研究所研究员
中国科学院大学教授、资源科学教研室主任
2025 年夏于北京

第三版前言

随着人口的急剧增加和经济的快速发展，人类正以空前的速度和规模开发利用自然资源。资源的稀缺性与需求的强劲性引发了一系列资源危机与生态环境安全问题，呼唤人们科学、高效地利用有限的自然资源。但资源的开发与利用涉及自然生态、人类社会与经济发展等多个方面，是一项极其复杂的系统工程，需要专业人才来指导、规划。在这种背景下，资源科学方面的人才培养出现了强烈的社会需求，高等院校的专业人才培养也出现了跨越式发展，教材建设迎来了百花齐放的局面。

20 世纪 90 年代，我国资源科学的人才培养开始步入快速发展轨道，但当时针对普通本科院校人才培养的教材还处于空白状态。在北京师范大学赵济先生与科学出版社的大力支持下，《自然资源概论》在 1999 年得以顺利出版。随着资源科学专业人才培养的需求日益增加，在中国科学院地理科学与资源研究所孙鸿烈院士和李秀彬研究员等的大力支持下，我们在 2004 年推出了《自然资源概论》的升级版本——《资源科学概论》。从《自然资源概论》的首次出版到此次推出的《资源科学概论》（第三版），弹指二十五年。

当前我国正处在资源危机与环境问题的关键时期，生态文明与美丽中国建设等实践活动对资源科学方面的专业人才培养提出了更加热切的期待。为进一步打造精品教材、服务专业人才培养，在科学出版社的大力支持下，来自中南民族大学、华中农业大学、清华大学、华中师范大学、西南大学、华侨大学、山东师范大学、福建师范大学、内蒙古科技大学、青海师范大学、江西师范大学、临沂大学、湖北科技学院、信阳师范大学、铜仁学院、咸宁职业技术学院等单位教学一线的老师们，在教学研讨的基础上，推出《资源科学概论》（第三版）。

在修订过程中，本书体现了四个方面的特色。第一，从教材内容看，提升学术性，体现“新”的特色。在参考国内相关教材的基础上，本书对近十年来的相关学术成果进行整理与总结，充分吸收前沿研究成果，提升教材的学术水平，尤其是将“资源危机与资源安全”“生态文明与美丽中国”“资源利用的生态效应与全球环境变化”等新成果，在总结凝练的基础上融入教材。第二，从教材结构看，体现“一条主线，两大篇章”的特色。一条逻辑主线是指在编写中，按照“什么是资源（含义、特征与分类，资源与社会发展，资源形成与分布）－如何评价资源（资源调查、评价与定价）－如何开发利用资源（资源开发、持续利用与生态文明）－如何管理资源（市场配置、资源安全与资源危机）－资源利用的生态环境效应（生态影响、环境效应/全球变化）”的思路，突出内容之间的逻辑性。本书分上、下两篇，上篇以介绍资源科学的基本规律（自然规律、社会规律）、基本原理（生态学原理、经济学原理、环境学原理）与基本方法（评价方法、利用方法等）为主；下篇结合中国资源现状，介绍主要资源（土地、水、矿产、生物、海洋、旅游等）的安全与可持续利用。第三，解决教学中的问题，体现“为课堂教学与人才培养服务”的特色。在广泛了解各高等院校开课情况的基础上，本书建议教学课时数为 48 课时，各高等院校可以根据人才培养方案，选择性讲授总论（32 课时）与分论部分（16 课时）；并新增了内容概要、关键术语、思维导图、学习目标、复习思考题及线上教学资源等。第四，强化课程思政育人的特色。教材是课程思政的重要内容，是育人育才的重要依托。在修订过程中，我们基于“教材+”的课程思政载体教学拓展思路，紧密结合时政与学界动态，挖掘各章节的思政育人元素，确保新学术成果、新思政内容进课堂。

本书是教学一线老师们多年教学实践与集中研讨的智慧结晶。教材的整体结构设计、统稿、修改和定稿工作由刘成武、黄利民、柯新利完成。各章节撰写分工如下：第一章，刘成武、雷莎莎；第二章，黄利民、刘可；第三章，柯新利、周杨明；第四章，周杨明、柯新利；第五章，梁仁君、匡兵；第六章，李子君、钟全林；第七章，钟全林、李子君；第八章，匡兵、刘可；第九章，张敏、徐海；第十章，谢力华、雷莎莎；第十一章，程莉、徐海；第十二章，刘峰贵、程莉；第十三章，魏华、黄利民；第十四章，黄安民、张敏。

在修订过程中，北京师范大学地理科学学部赵济教授、中国科学院地理科学与资源研究所李秀彬研究员给予了一如既往的支持，对教材的编写工作提出了许多宝贵意见，并给予了诸多帮助；中南民族大学与科学出版社也给予了大力支持。《资源科学概论》（第三版）的部分编著者因教学课程更换、退休等原因退出了此次修订工作，但他们的智慧仍体现在第三版中，我们向以上专家与单位致以衷心的感谢！在选材上，我们本着及时向读者介绍本领域前沿优秀成果的原则，引用了国内外同行的许多科研成果，并在参考文献中进行了标注。在此，我们向原作者一并致以崇高的敬意与衷心的感谢！

资源科学仍处在迅速发展之中，需要不断完善。由于我们水平有限，书中不足难以避免，敬请广大读者批评指正。

刘成武　黄利民　柯新利

2025 年 7 月 14 日

目　　录

下篇　中国主要资源的可持续开发利用

上篇　资源理论概论

第一章　资源科学概述

内容概要：本章主要介绍资源科学及其研究对象、任务，资源科学的起源与发展，以及资源科学的学科体系与理论基础。

关键术语：资源科学；学科体系；资源研究；起源与发展

思维导图：

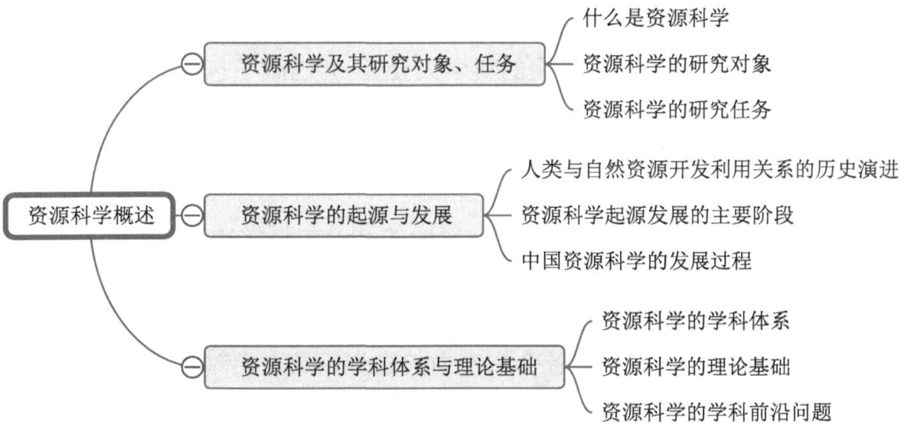

学习目标：

1. 通过对资源科学的介绍，掌握资源科学的内涵，了解资源科学的研究对象与任务。
2. 掌握人类与自然资源开发利用的历史关系，了解中国资源科学的发展过程。
3. 掌握资源科学的学科体系与理论基础，了解资源科学的学科前沿问题。

第一节　资源科学及其研究对象、任务

一、什么是资源科学

什么是资源科学？据“辞海”的解释，科学是“实践经验的结晶”；资源则被解释为“资财的来源”。顾名思义，资源科学应是研究有关资财来源实践经验结晶的学科。

人类开发利用资源（尤其是自然资源）的实践经验，几乎与人类的发展历史同步，但将其“结晶”为现代的资源科学知识，却经过了漫长的发展过程。从18世纪以来，诸如生物学、地质学、地理学、农学、经济学等及其相关学科，都分别总结了有关自然资源方面的实践经验，融入了各自的学科之中，形成这些学科的一个组成部分。到19世纪末20世纪初，当时的资源大国，如美国与俄国，十分关注其本国自然资源的开发与保护问题。俄国在1915年成立了自然生产力委员会，从事本国矿产资源方面小规模的考察研

究。十月革命胜利后，1918 年 3 月，俄国科学院向苏维埃政府提出关于吸收科学家勘查国家自然资源的建议。列宁于同年 4 月指出："科学院已经开始对俄国自然生产力进行系统的研究和调查，最高国民经济委员会应当立即委托科学院成立一系列由专家组成的委员会，以便尽快制定改造俄国工业和发展俄国经济的计划"。美国在 19 世纪开发西部时，即开始关注对自然资源的保护。例如，1891 年发布《森林保护法》，1897 年由美国科学院提出关于森林保护政策的意见。1907 年 2 月，美国总统西奥多·罗斯福在华盛顿召开了北美国家"自然保护大会"。在总统富兰克林·德拉诺·罗斯福的任期内，1933 年设立了"自然资源委员会"，同年在农业部内设立了"水土保持处"，1935 年发布《水土保持法》，1936 年又在华盛顿召开了北美的第一次"野生动物保护会议"。1946 年，当时的总统杜鲁门秉承罗斯福总统生前意愿，向成立不久的联合国社会经济理事会提出召开国际性的自然资源保护与利用大会的建议，经两年筹备，1949 年 8 月至 9 月在纽约召开了前后为期 21 天的"世界资源保护与利用的科学大会"，并出版了包括索引在内 8 卷本的论文集。对全世界自然资源保护与利用产生了很大的推动作用，也对其实践经验的总结与科学研究向资源科学的发展迈进了一步。在此期间，澳大利亚与加拿大也完成了本国的自然环境与自然资源的调查。

这些有关资源，尤其是自然资源的实践经验的结晶与科学知识，都是基于 18 世纪后发展起来的传统学科，这些实践经验的结晶既丰富了这些传统学科的内容，又成为了今日的资源学科，尤其是自然资源学科继续发展的基础。

但是，随着科学技术的发展、社会生产力的进步以及人类对客观世界认识的变化，人类社会资财来源的范畴日益扩大，对资源利用与保护的实践经验的"结晶"，无论是在理论上或方法上都需更完善与系统化。这种客观需要，使这一年轻而又古老的综合性学科应运而生，并在不断深化的认识过程中克服重重阻力而得到发展。正如 1894 年 1 月 25 日，恩格斯在致瓦·博尔吉乌斯的信中讨论技术与科学的关系时所指出的那样，"社会一旦有技术上的需要，则这种需要就会比 10 所大学更能把科学推向前进"。资源科学正是在这种新的社会发展需要中被推向前进的（沈长江，2001）。

20 世纪 80 年代以来，我国经济快速发展，人们物质文化生活水平不断提高，但资源短缺、环境恶化所带来的生产及环境问题也日益严重，极大地影响了我国社会经济的可持续发展。正确认识我国的资源现状和资源科学的发展前景，从而管好、用好和保护好资源，已经成为 20 世纪末最强劲的呼声，也是 21 世纪中华民族屹立于世界民族之林的前提条件。为此，中国自然资源学会、中国科学院自然资源综合考察委员会和北京师范大学资源科学研究所于 1998 年 12 月在北京联合组织召开了"跨世纪资源科学"座谈会。全国人民代表大会常务委员会委员孙鸿烈院士对我国的资源态势和资源科学发展的过程与取得的成就做了总结，与会专家对我国资源、资源科学学科地位、学科体系和资源战略等问题展开了深入的切磋琢磨。

不同学者关注资源科学的侧重点不同，对资源科学的认识也有差异。李文华和沈长江（1985）早在 20 世纪 80 年代初期就把资源科学表述为一门研究人与自然界中可转化为生产、生存资料来源的物质与能量间相互关系的科学，认为资源科学是以单项和整体自然资源为对象，研究自然资源的数量、质量、时空变化、发展、合理开发利用、保护和管理的一个科学领域；黄秉维认为自然资源研究主要是研究自然界中物质和能量的利用与保存；石玉林和容洞谷（1998）指出，资源科学是一门研究资源系统结构与功能及其优化配置的综合性科学；周永康明确指出，如果说地球科学在解决资源与环境问题上主要是一门基础与基础应用的科学，那么还必须关注另一类直接研究资源系统结构与功能及其优化配置的综合性科学，即资源科学（孙鸿烈和封志明，1998）。

更为成熟的理论总结见于2000年出版的《中国资源科学百科全书》。该书将资源科学的概念与学科地位表述为："资源科学"是研究资源的形成、演变、关系特征与时空规律及其与人类社会发展之间关系的科学，其研究的目的是更好地认识资源，合理开发、利用、保护资源，协调资源与人口、资源和环境之间的关系，促使其向有利于人类生存与发展的方向转化。资源科学是一门集自然科学、社会科学与工程技术于一体的综合型科学，是在传统的地理学、生态学、经济学和信息工程技术等学科基础上发展起来的一门新兴学科（孙鸿烈等，2000）。

二、资源科学的研究对象

（一）资源系统是资源科学的研究对象

资源科学既包括作为人类生存与发展物质基础的自然资源，又包括与其开发利用密切相关的人力、资本、科技与教育等社会资源；既包括全球资源，又包括特定国家或地区的资源；既包括单项资源，又包括复合资源（一定地域、一定时段的资源系统、资源生态系统和资源生态-社会经济复合系统）（孙鸿烈等，2000）。资源系统是一个开放性的动态大系统（靖学青，1997），包括自然资源、经济资源与社会资源3个子系统，每个子系统又包含若干要素（图1.1）。实际上每个要素是第二级子系统，又由若干个更次一级的要素组成。例如，自然资源子系统中的土地资源系统由耕地、牧草地、林地、水域等组成，耕地子系统又由旱地和水浇地组成，等等。

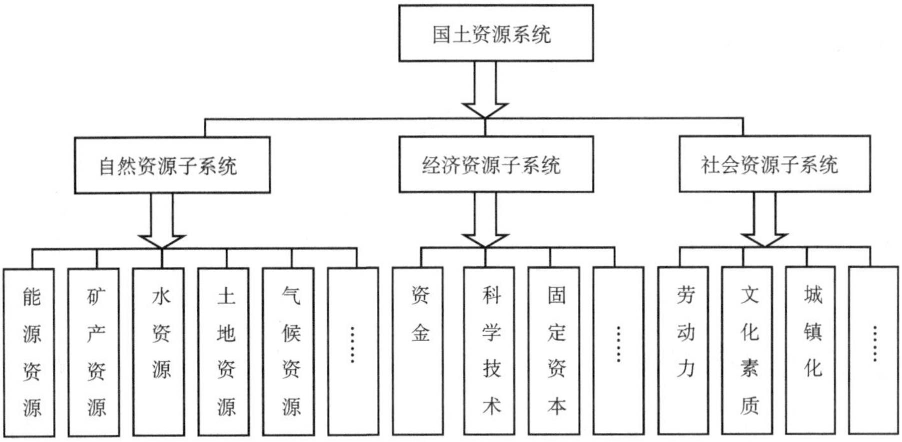

图1.1　国土资源系统层次图

（二）资源科学是研究资源管理的科学

毛泽东（1937）在《矛盾论》中指出："科学研究的区分，就是根据科学对象所具有的特殊的矛盾性。因此，对于某一现象的领域特有的某一种矛盾的研究，就构成某一门科学的对象。"这一哲学理论同样适用于对资源科学及其研究对象与范畴的界定。对资源的管理就是资源科学研究对象所具有的特殊矛盾性。对于各种具体资源的管理，就成为资源科学中各分支学科的学科对象。自从出现了人类活动，人与自然这对矛盾就长期存在直至今日。因此，对资源的管理正是研究这对矛盾的组成部分。

千百年来，对资源的开发推动着社会生产力的发展，也给人类带来种种困惑与灾难。直到第二次世界大战（简称二战）结束后，人们才开始关注全球的自然资源问题。1948年国际自然保护联盟成立，1956年，其更名为国际自然与自然资源保护联盟。1949年，联合国召开了"联合国保护和利用自然资源科学会议"，在人类历史上首次对全世界提出了资源保护与合理利用问题，包括以矿产资源、燃料与能源资源、水资源、森林资源、土地资源、野生生物与鱼类资源等为主的自然资源的保护利用问题。1972年6月5日～6月16日，在斯德哥尔摩召开的"联合国人类环境会议"通过"人类环境宣言"，并发表了背景资料，"只有一个地球"首次将资源与环境这两个关系到人与自然，并影响人类生存的相互紧密联系的问题提到了全世界人民面前，资源科学与环境科学成为姐妹学科，至今仍相互联系、相互促进地发展着，并有力地推动着全球资源问题与环境问题的解决。因此，人类生存与资源环境间的矛盾和协调，也日益成为人们关注的重大科学技术问题。欧美发达国家在原有传统专业学科的基础上，陆续创办了以自然资源或资源管理等命名的科系或学院，培养学士、硕士、博士与博士后专业人才，以满足社会对资源管理，尤其是自然资源管理方面的人才需求。到20世纪80～90年代，全球绝大多数国家的高等专业教育都设立了相应的科系与学院。我国也于20世纪80年代在部分大学创办了资源与环境学院以及相关的科系。以"自然资源"或"资源"命名的科研机构也得到很大发展。2018年3月13日，第十三届全国人民代表大会第一次会议表决通过的《关于国务院机构改革方案》中指出新组建自然资源部，目的在于健全自然资源资产产权制度和用途管制制度，创新政府配置资源方式，明确国土空间的自然资源资产所有者、监管者及其责任（谢立勇，2019），更好地对资源进行管理。

可见，作为研究资源的综合性学科，其发展过程有别于传统的专门学科，其特点是在若干传统学科的基础上，经过多学科交叉渗透与综合的发展过程，由自然科学、社会科学及工程技术学科综合后形成。它既是科学继承的产物，又是现代科学发展的产物。

三、资源科学的研究任务

在可预见的时期内，地球上的各种自然资源，仍是人类开发利用的主体。地球结构最明显的特征是由一系列不同物化性质的物质圈层（大气圈、土壤圈、岩石圈、水圈、生物圈、人类圈等）所构成。每个圈层都有相应的资源：①大气圈主要由气态物质组成，包括部分液态水和固体颗粒。大气层，特别是大气对流层中的热量、水分，甚至空气都是重要的气候资源，其中的太阳能、风能还是重要的新能源。②土壤圈主要由固体物质组成，包含部分气态、液态物质和生物。土壤圈的主体资源是土地资源，还包括一定的生物资源。③岩石圈主要由固体物质组成，还包括部分液态、气态物质。岩石圈的主体资源是矿产资源和化石能源，还包括地下水资源。④水圈主要由液态水组成，还包括溶解和悬浮在水中的固体物质及部分气体和水生生物。水圈的主体资源是水资源、水能资源、淡水渔业资源和海洋资源等。⑤生物圈是有生命活动的圈层，其主体资源是生物资源，包括动物、植物、微生物及其群体森林、草场等。⑥人类圈是人类以其特有的智慧和劳动，通过社会生产和生活的方方面面，在对自然资源开发利用的过程中发展起来的一个新的圈层，也有人称之为智能圈或技术圈，其主体资源是人力、资本、科技与教育等社会资源。人类圈与其他几个由物质自然发展的圈层显著不同，人类虽然也由生物进化而来，但具有主动开发利用和保护管理自然的能力，特别是人力资源作为科学技术的载体，具有主观能动性。上述各地球圈层中的自然资源及与自然资源开发利用密切相关的社会资源，构成了现代资源科学特有的研究领域与范畴。

在 20 世纪 70 年代之前，资源科学研究侧重于各个圈层的单项资源，特别是单项自然资源研究；20 世纪 70 年代以后，开始把资源作为一个整体的综合性研究对象。21 世纪资源科学研究主要有以下 6 项任务（孙鸿烈等，2000）。

1）阐明资源系统的发生、演化及其时空分布规律

这是一项基础性工作，并且强调资源的整体功能。时间、空间与运动是无限的，物质与能量也是无限的，资源变异也在随时随地发生。在人类改造自然的过程中，为使资源系统向有利于人类的方向发展，免于恶化，就必须了解资源系统的变化过程，包括资源属性、资源结构的形式与演变机理等。

2）探索资源系统各要素间的相互作用机制与平衡机理

诸如地表水与地下水的相互转换与平衡，水土资源的平衡，光、温、水等气候要素的平衡，农林牧用地平衡与草畜平衡等平衡关系的分析，以及资源系统各要素之间的关系探讨。

3）揭示资源特征及其与人类社会发展的关系，研究不同时期资源的保证程度与潜力

人类社会、自然资源与地理环境构成了一个相互关联的“人地系统”。要协调人地关系，或者说人口、资源、环境与发展之间的关系，寻求可持续发展的途径，就必须从资源的质量评价入手，分析人口与资源之间的平衡关系，如社会需求与资源供给的关系；分析资源与环境之间的平衡关系，即资源开发与再生、污染排放与环境容量的关系等。

4）探索人类活动对资源系统的影响

人类自诞生起，就开始了对自然资源的开发利用。特别是在当今科技飞速发展、经济高速增长、人口日益膨胀的情况下，人类活动对自然资源的压力越来越大，已成为作用于自然资源的一个新的重要营力。人类活动的失误会严重危及自然资源系统的稳定性，全球变暖等一系列全球性环境问题的出现就是很好的证明。因为人类活动已是自然资源系统潜在不稳定性的重要力源，所以，深入开展资源科学研究，探索人类活动对资源的影响已是人类面临的重要使命。

5）研究区域资源开发与经济发展之间的相互关系

自然资源是以一定的质和量分布在一定地域的，资源科学的研究离不开具体的时空尺度。探讨区域资源的种类构成、质量特征与经济发展的关系，如何将区域资源优势转变为经济优势，如何寻求区域资源优势互补来解决区域性资源短缺，都是区域资源研究面临的主要任务。

6）探讨新技术、新方法在资源开发利用与管理中的应用

自 1972 年第一颗陆地资源卫星发射以来，航天航空遥感已成为资源科学研究的一个重要手段。此外，计算机技术的发展促进了资源数据库的建设，自动化制图与系统分析方法得到了广泛应用。遥感、遥测、无人机、超级计算机与大数据等新技术方法的广泛应用极大地提高了资源科学研究的效率、精度、深度和广度。

第二节　资源科学的起源与发展

从资源科学的角度来看，人类社会发展史实际上就是一部自然资源的认知史与自然资源的开发利用史。因此，在探讨资源科学的起源与发展之前，有必要先回顾一下人类与自然资源开发利用关系的历史演进。

一、人类与自然资源开发利用关系的历史演进

人类与自然资源关系的演进历程主要依据人类对自然资源的认识史和对自然资源的开发利用史两条基本线索，其进程大致可分为如下三个时期（徐玖平，2001）。

（一）以土地资源为核心的自然崇拜时期

远古文明产生于大河流域与绿洲地区，原因是人类开发利用的自然资源基本上属于可更新资源，其更新时间尺度用人类个体生存的时间尺度（年）来度量。当人类把种子有意识地撒向土地时，土地便成了当时农业社会文明时代的核心资源。在公元前 15 至前 14 世纪，铁器出现、灌溉普及、农业生产技术进步催生了“农业革命”，其结果促使统治区域从有限的河岸和绿洲扩展到周围地域，可以支配周围农村和商业道路的“区域国家”开始形成，并进入了一个长期运转与逐渐发展阶段。同时，原来的自然图腾也逐步汇入了宗教程式。其间，对自然资源需求的规模仅扩大到能维持当时人类的正常运行，对自然资源开发利用的深度与广度也非昔日可比。在漫长的以土地资源为核心的自然崇拜时期，虽然金属工具和简单机械有了广泛应用，但耕地、草原、森林、水域等可更新资源仍是主要生产对象和生存基础。对自然资源的认识因地域的局限和对自然的神化而受到约束。

（二）以开发地下矿产资源为核心的人本位与技术革命时期

中世纪末期，人本主义思潮的泛起推动了科技进步，引发了源于欧洲大陆迅速席卷全球的、以技术崇拜为根本特征的工业革命。矿产资源的开发利用不只是人类资源开发

利用由地表深入到地下的空间延拓，而且标志着人类所开发利用资源的时间尺度第一次与人类个体生存的时间尺度出现了巨大的数量级差异，从而促进人类生产力水平产生了巨大飞跃。工业化开始之后，不可更新的地下资源纷纷进入社会生产过程，成为工业文明时代的主要资源。不可更新资源大规模开发利用的严重后果是使人类生产和生活方式的循环韵律与自然环境的韵律及其影响隔离，季节的更替被淡忘。人类对自然资源出现认识上的偏差，自认为在无限的时空中人是万物的主宰，这种藐视自然的宏大气魄、积极进步的能动精神，的确是人类文明史中值得肯定的，但它也是导致人类、资源、生态环境与发展等一系列“全球性问题”的重要根源。由于当时科学技术水平的限制，人类对资源的稀缺性、有限性、整体性和多宜性，以及人类活动对资源和生态环境的影响与最终对人类自己的危害，还没有得到真正认识。

（三）以对自然资源开发利用有效配置为核心的可持续发展时期

20 世纪初，以发达国家为代表的自然资源开发利用已经到了开拓新边疆的极限，同时，由于人口的急剧增长，相对适合人类生产和生活的土地日显紧缺。尽管二战后文明进步神速，但好景不长，以 70 年代两次石油危机为契机，“资源有限论”在人们心中投下了一线阴影。无论是《增长的极限》还是《没有极限的增长》，都向人类昭示，在人类社会的一定时期内，因种种要素的制约，可供人类利用的资源总是有限的。如何有效利用与合理配置自然资源，已成为人类社会共同面临的难题。特别是人们对人口、资源、生态环境与发展等问题日益觉醒，领悟到人类“只有一个地球”，面对的是一个“共同的未来”。决定增长效率的指标已不再是度量发展的唯一标准，人类社会的结构与秩序、人类与自然资源关系的协调、现实与未来的历史逻辑已为政府和科学界所关注。人类对自然资源的开发利用开始从自然的“掠夺式”转向“永续利用”与“持续发展”的战略抉择。人与自然和谐相处，资源生态与环境的有效保护，以及社会经济持续、稳定、协调发展逐步成为当今社会的共识。

二、资源科学起源发展的主要阶段

从资源科学发展的社会历史背景中，不难追寻到资源科学的发展脉络。从世界范围来看，资源科学的起源与发展大致经历了 4 个不同的时期。

（一）自然资源的原始利用时期

原始的人类社会经历了漫长的发展阶段，几乎占据了人类全部历史的 99%以上。从 300 万～200 万年前人类诞生一直到距今约 1 万年前，人类主要使用打击石器与自然作斗争，这一时期被称为旧石器时代。在漫长的旧石器时代早期，由于受到各方面条件的限制和约束，人口的数量长期处在一个很低的水平上，原始人类的思维能力很低，当时的自然资源——天然食物对于人类来说是丰富的，人类还没有必要下很多功夫去思考和探索，要做的事情只是寻找与品尝，因此，人类对自然资源只有初步的感性认识，而且认识和利用的自然资源种类也很有限，主要是石头（用作石器）、树枝（钻木取火或用作工具)、兽、鱼、果等。

到了旧石器时代末期和新石器时代早期，即大约距今 5 万～0.5 万年前，人类的劳动工具——石器才有了较大的改进，人类利用集体的力量捕猎，甚至开始驯化和饲养兽类，并出现了原始农业。但总的说来，人类对其周围的生物和环境的影响是局部的、微小的。这段时期属于人类对自然资源的原始利用时期，人类虽然也积累了一些自然资源利用方面极为原始的经验，但是根本谈不上总结和记载。

（二）自然资源的零星记载与描述时期

这一时期大约是从距今 5000 年前到 19 世纪中期的工业革命时期。当人类利用刀耕火种，有意识地把种子撒向土地时，人类文明就前进了一大步，进入了农业文明时期，土地也随即成了农业文明的核心资源。

早期的农业生产很难说是耕耘，能利用的土地仅限于有自然水利条件的松软土地，即河流沿岸与绿洲盆地，因此，远古文明理所当然地产生于大河流域与绿洲地区。当时，人类生产力水平低下，对资源的利用与需求囿于个体和小型群体繁衍的极低层次。

约在公元前 3300 年，人类文明发展进入青铜器时代，接着又约在公元前 1200 年进入铁器时代，人类的生产力有了较大幅度的提高，能用铜、铁等金属制造斧、犁等农具，以及轮轴和齿轮等转动机械，发展了木质和石质结构建筑，水磨、冶炼技术也发展起来，灌溉技术得到普及。农业生产技术的大幅度进步，催生了古代社会的农业革命。在这期间，人类开发利用自然资源的种类大幅度增加，如铜、锡、铁、铅、金、银、汞、石料等矿石，还有林木、水流与水力、土地等。对自然资源需求的规模也扩大到能维持国家的正常运行，对资源的开发利用在深度与广度上也远非昔日可比。

农业革命使人类的生产力水平逐渐提高，人类认识和改造自然的能力不断加强。随着生产的发展，世界上出现了一些文明古国，从古埃及到中国再到古希腊，许多文明古国在其长期的农业实践中都积累了丰富的经验，产生了许多有关自然资源利用和保护的朴素而深邃的思想。

1690～1782 年蒸汽机的发明与不断改进，引发了源于欧洲并迅速席卷全球的工业革命，人类的生产力水平产生了巨大飞跃，开矿、挖煤、采油、伐木、垦荒、捕捞等产业迅速发展。特别是黑色能源——煤炭驱动着蒸汽机，使人类不仅需要，而且能够大规模开发地下矿产资源，人类开发利用资源由地表拓展到了地下空间。人类在地下找到了储存数亿年之久的太阳能储备——煤炭，于是一切都加快了步伐，这是一个根本性的变化。工业革命开始后，人类不再只是开发和利用可更新资源，而是出现了大规模消耗存量资源的近代科学技术手段，不可更新的地下资源纷纷进入社会化生产过程，成了工业文明时代的核心资源。

工业革命极大地解放了生产力，人类开发利用自然资源的种类大幅度增加，这就促使一些政治家、思想家以及一些博物学家在其著作中进行了自然资源利用和保护等方面的记载和总结。这些记载和总结虽然零散，但却是十分宝贵的，因为它为 18～19 世纪开始的不同学科对各项资源进行近代科学研究奠定了坚实的基础。

（三）自然资源的分学科研究时期

这段时期大致是从 19 世纪中期到 20 世纪初期。在工业革命时期，人口迅速增加，1650～1850 年仅 200 年的时期，全球人口增加了一倍，从 5 亿增加到 10 亿；工业革命后，1850～1930 年仅 80 年的时间，全球人口又增加了一倍，达到 20 亿。工业革命解放了生产力，进而推动了科学技术的进步，许多学科，如生物学、地理学、地质学、农学、经济学和资源利用的工程技术学科，都迅速成长起来。这些学科分别基于各自的科学理论体系，从不同的认识角度分别对同一项资源和某几项资源进行了各自的研究，它们之间很少交叉渗透，仍各自保留着自己学科的理论体系。但是，这些学科所具有的共同的资源基础，推动了它们分别积累的科学资料和知识在资源和资源利用这个“网结”的汇合，为资源科学的产生奠定了基础。

（四）资源科学的综合发展形成时期

20 世纪初期以来，世界人口急剧增加，工业、农业迅猛发展，人类创造了前所未有的物质文明。但是，不久后人们就发现，维持工业社会辉煌文明的不可更新资源不仅有限，而且正在被迅速耗竭，可更新资源及生态环境遭到严重破坏。特别是 20 世纪 50 年代以来，随着人口爆炸性的增长和物质生活水平的不断提高，人类社会对自然资源施加的压力与日俱增。正如《世界自然保护大纲》中所指出的那样，我们时代的一个重要特点是人类几乎有着无限的建设能力和创造力，但又有同样的破坏力和毁灭力。在开发自然资源方面，对自然资源需求量的急剧增长，往往迫使人们采取一些只顾眼前利益的做法，由此带来一系列全球性的资源和环境问题，如水土流失、沙漠化、耕地锐减、森林破坏、生物多样性减少、臭氧层破坏、温室效应、酸雨、环境污染等。其危害和灾难愈演愈烈，地球环境全面恶化，在世界许多地区，人类开始遭到大自然的无情报复。如此发展下去，人类的生存也将受到严重威胁。这样，人类不得不重新审视自己的行为，重新审视人与自然、人类与自然资源之间的相互关系。于是，人类开始谈论后工业文明，谈论现代人与自然的协调发展。积极地保护自然资源与合理开发和利用自然资源已成为国际社会关注的焦点，如何有效地进行资源配置与世代分配，已成为人类社会发展所面临的基本抉择。

与此同时，各学科积累的有关资源和资源利用的科学资料和知识日益丰富，加上生态学的发生发展、现代科学技术（如系统论、计算机、遥感、地理信息系统与全球导航卫星系统技术等）的发展，促使各学科有关资源的研究日益与其母体学科分离，在资源与资源利用领域汇聚。需要与可能的结合，最终孕育了资源科学研究。

从满足生产和人类其他需要出发，20 世纪初期的资源科学集中体现在专题及应用地理研究方面，着重探讨自然资源的开发利用和不利因素控制，以分类区划和质量评价为主要内容，这也是目前资源科学研究最为成熟的领域。

二战后，资源科学研究进入了一个稳定的发展时期。1948 年，国际自然保护联盟成立，1956 年，更名为国际自然与自然资源保护联盟；1949 年联合国经济及社会理事会在美国纽约召开了第一次世界自然资源利用科学大会；随后，“干旱区研究计划”“国际潮湿热带研究计划”等国际合作计划纷纷展开。到 20 世纪 60 年代中期，在干旱区研究方面就召开了 20 余次大型学术讨论会，出版了约 30 卷研究报告。

20 世纪 60 年代以来，随着资源与环境问题的日益尖锐化，国际合作得到了更大发展。60 年代以来开展的国际生物学计划（International Biological Program，IBP）以其革新的精神和科学的见解向全世界进行了一次生态学的大宣传，其研究成果现已陆续问世，该项计划在自然资源和生态学的研究方法方面都有明显的突破，对未来资源和生态学的研究将起到重要的指导作用。70 年代开始的人与生物圈计划（Man and the Biosphere Programme，MAB）是为合理开发利用和保护自然资源而开展的一项庞大的国际研究计划。1980 年，《世界自然保护大纲》的问世是当代自然资源研究中的又一件大事。《世界自然保护大纲》把开发与保护紧密地结合起来，世界各国纷纷响应，结合本国的具体情况制定各国自己的自然保护大纲，对自然资源的保护和开发起到了重要的推动作用。

当前，复杂而严峻的人口剧增与快速的城镇化和工业化进程，带来了土地荒漠化、粮食危机、能源与水资源短缺等全球性的资源问题，全面资源节约和高效资源利用是破解约束瓶颈、推进可持续发展的重要内容。世界自然保护联盟（International Union for Conservation of Nature and Natural Resources，IUCN），联合国教育、科学及文化（简称教科文）组织，湿地国际（Wetlands International）等国际机构在自然资源保护地等方面做了大量努力，如 IUCN 于 2014 年起建立和发布了《世界自然保护联盟绿色名录》等（IUCN，2015）。在 2015 年联合国大会第七十届会议上通过了《2030 年可持续发展议程》，包括 17 类、169 个可持续发展目标（sustainable development goals，SDGs），涵盖经济增长、社会包容和环境保护等多个维度（UN，2015），其中的海洋、生态系统、能源、气候变化、可持续消费和生产等目标均与资源问题密切相关。

与此同时，资源科学方面的研究不断深入，世界各地不断出版大量自然资源期刊，学报及综合性、系统性论著，标志着人类对资源、环境与发展问题的认识逐步深入并走向成熟。联合国环境与发展会议通过的一系列文件及贯穿其中的可持续发展的理论和思想，树立起人类环境与发展史上新的里程碑，也为资源科学研究注入了新的内涵，促使资源科学近年来取得了长足的进展，资源科学研究的理论和方法也日臻完善。

三、中国资源科学的发展过程

中国资源科学的发展经历了 5 个不同阶段。

（一）漫长的零星记载描述时期（20 世纪初以前）

我国历史悠久，在开发利用自然资源并加以文字记载方面也是世界上最早的国家之一。自我国有文字记载开始，直到 20 世纪初近代科学传入，我国人民在开发利用自然资源的过程中，在各种资源的分布、特征、用途以及保护、管理等方面积累了丰富的经验，并逐步加以总结与记载。最早关于可更新资源（如物候、生物资源、土地资源以及植物与环境的关系等）的记载，可见于春秋时期成书的《管子》，甚至可上溯到商代的甲骨文记述。至战国时代，对各种可更新资源，尤其是水、土、物候、生物等利用、治理方面的记述，大为增加，如《禹贡》《周礼》《山海经》《淮南子》等，其中《山海经》中有迄今所发现的世界上最早的有关矿物的记述。随着生产与社会的发展，此类记载越来越丰富，其中有不少至今仍不失其参考价值，对世界科学发展也有一定影响。例如，明末李时珍的《本草纲目》，不仅是一部药学巨著，也是一部生物资源名著；北魏贾思勰的《齐民要术》，集前人对黄河中下游地区的农业生产条件、农业资源、农业生产技术之大成，不仅是一本关于该区域农业生产的经典，也是一本关于如何合理利用可更新资源的古代学术著作，他明确提出了“顺天时，量地利，则用力少而成功多”的资源生态学思想，至今仍有指导意义；又如《史记·河渠集·食货志》《汉书·地理志》《水经注》《徐霞客游记》等，也都是我国自然资源及其开发利用记述的光辉范例。

总之，这一阶段自然资源研究主要以记载描述全国和地区的自然资源分布状况及其原始利用为特征，这些记载包含了许多有关自然资源利用与保护的朴素而深刻的思想，为后来的资源研究和科学调查奠定了基础。

（二）资源科学调查萌芽时期（20 世纪初至新中国成立）

从 20 世纪初到新中国成立，随着西方近代科学技术的传入，我国自然资源研究也进入了科学调查的萌芽阶段，其成果主要包括以下两个方面（蔡运龙，2000）。

一是政府及有关组织进行的资源科学调查，如 20 世纪初成立的中国科学社、20 年代成立的中央研究院、30 年代成立的资源委员会等，对我国的自然条件、自然资源做了近代科学意义上的一些调查、观测和初步研究，同时还创办矿业，开发矿山，对气象、水文、土壤、植被、动物等资源也做了分别调查，并收集了大量的标本。

二是不少国外学者所做的资源科学调查，如李希霍芬、罗士培在我国西北、华北地区的探险与考察。此类外国学者调查我国自然资源的目的各种各样，有出于学术研究的，也有出于为其本国政府掠夺中国资源效力的，甚至还有盗窃敦煌文物的。其中，日本侵华时期所做的调查较为系统，涉及东北、华北、内蒙古、海南等地。俄国、英国、德国、法国等对我国东北、西北、西南、青藏高原等地也做了一些调查。

这一时期，各地方部门，高等院校相关系、科也在十分艰苦的条件下进行了关于自然资源的科学调查，为后来研究我国资源的发展和变化提供了珍贵的历史资料。

（三）大规模资源考察研究时期（新中国成立后至改革开放前）

新中国成立后，为迅速发展社会生产力，我国开始了大规模的工业化过程。技术进步和一批新的工业部门的形成大大加快了工业生产中资源消费结构的变化，扩大了对自然资源开发利用的深度和广度。为适应国家建设的需要，我国开始了大规模的自然资源科学研究与综合考察。各产业部门先后组建了资源勘察队伍，不同学科（地质学、地理学、生态学、经济学和技术科学等）的学者一道投入大规模的自然资源调查与研究之中。各学科也相继从不同角度对自然资源进行了单项研究。归结起来，这一时期自然资源研究主要从三个方面进行：①以中国科学院和国家科学技术委员会为主组织的多学科综合考察及自然区划与地理志的研究工作；②各个有关产业部门及其所属研究机构进行的单项资源（如森林、作物品种、石油、金矿等）的勘探与调查；③高等院校为配合教学需要而进行的调查研究。这三个方面既有分工又有配合，在自然资源研究方面取得了显著成绩。

1956～1966年，中国自然资源综合考察委员会（简称综考会）组织了由院内外科学工作者组成的大型综合考察队，按统一计划、分工合作的原则，一方面对边远的、未开发的地区进行以调查区域自然、社会、经济资源状况和积累基础科学资料为主的综合考察，如对黑龙江、新疆、青海、华南等地的大型综合考察；另一方面又在内陆地区组织大型的、以资源综合开发利用和发展生产力为主的专题考察研究，如黄河中游水土保持、黄河及长江流域土壤调查、华南橡胶等热带生物资源调查、盐湖资源调查等。1960年以后，在组织协调的基础上，综考会建立起自己的以资源综合研究为方向的研究室，逐步形成了一支从事资源综合考察和研究的队伍，为我国资源科学的发展培养和储备了重要的人力资源。但“文化大革命”期间，我国的资源综合研究几乎被迫中断，综考会的发展遭遇严重的挫折，甚至于1970年被撤销。在极其艰苦的环境下，已经成长起来的一批资源科学工作者，对黑龙江荒地、青海玉树草场、海南宜农荒地等资源进行了许多小规模、短周期的专题考察研究。1973年，综考会又组织了“青藏高原隆起及其对自然环境与人类活动影响以及自然资源合理利用”的大规模综合科学考察研究，为以后中国科学院在该地区的更大规模的考察研究奠定了坚实的基础。

总之，这一阶段资源科学研究的规模之大、范围之广都是史无前例的，仅以综考会为主组织的综合考察队，在前后近30年间就达30多个，工作范围达全国三分之二以上的地区。我国的资源研究也因此取得了显著进展，不仅对全国各地区自然资源的基本状况有了比较系统和全面的了解，而且初步掌握了自然资源的数量、质量与分布规律及其开发利用条件，全面填补了我国，特别是我国广大边远地区有史以来自然条件与自然资源科学资料的空白。矿产资源、能源资源等单项资源的调查和研究，为国家制定国民经济发展规划和地区开发方案提供了重要科学依据，而且形成了一支从事资源综合考察和研究的队伍，为我国资源科学的发展培养和储备了重要的人力资源。

（四）资源科学学科体系逐渐形成时期（改革开放开始至党的十八大以前）

改革开放以来，随着我国经济体制的变化和经济建设更大规模的展开，自然资源开发利用能力有了空前提高，以自然资源开发利用和保护为中心内容的科学技术日益显示出极大的重要性，加上国外资源科学的发展，促使我国的资源科学研究更加广泛而深入地展开。

自1978年综考会恢复（更名为“中国科学院自然资源综合考察委员会”）并在1982年实行中国科学院与国家计划委员会双重领导之后，我国的资源综合考察事业又迎来了一个新的发展阶段，大规模综合考察研究进入第二个高峰期。特别是20世纪80年代中期以来，以国土开发整治为中心任务的资源科学研究工作在全国范围内持续进行，资源科学研究的内容和方法随之发生了深刻的变化，自然资源研究表现出明显的综合性与整体性。对自然资源的研究不仅考虑自然生态、技术条件，而且同时考虑到社会经济条件的影响，开展了资源-生态-社会经济复合系统模拟研究，强调自然资源的多目标、多层次开发与综合利用。在研究方法上，许多资源科学研究都在不同程度地运用系统分析法、数学模型、计算机和遥感、数据库和信息系统等新技术手段，使资源科学研究领域和方法有了进一步扩大和深化。

资源科学研究进展不断。1993 年全国人民代表大会环境与资源保护委员会成立，推进了资源、环境保护及其法制建设。20 世纪末许多高等院校建立了资源环境学院（系）或资源环境研究中心。1999 年，国土资源部坚持资源调查与环境评价并举，作出了开展“新一轮国土资源大调查”的部署和决策。“九五”期间，我国资源科技工作者完成了一批促进资源科学发展和完善的标志性成果。这一系列重大事件，在资源科学研究的理论和实践方面都取得了重大成就，促进了我国资源科学研究的发展。就国内研究而言，在区域资源考察方面的著作数以百计，有关研究均可散见其中。在资源综合研究领域，先后有自然资源研究的理论与方法、自然资源开发利用原理、自然资源学导论、资源科学纲要、资源经济学、资源地理学、资源生态学、资源法学、资源核算论、资源产业论、资源价值论等方面的专著问世，丰富和发展了中国的资源科学体系。至 21 世纪初，资源科学概念内涵清晰，资源科学理论与方法也日臻完善，以各单项自然资源的长期研究成果为基础，把自然资源作为一个整体的综合性研究得到广泛认同，并在社会发展中得到越来越广泛的应用（封志明等，2020）。

（五）资源科学交叉融合创新发展时期（党的十八大以来）

2012 年，《中华人民共和国可持续发展国家报告》把建立资源节约型和环境友好型社会作为推进可持续发展的重要着力点。2014 年 3 月，习近平总书记在中央财经领导小组第五次会议上，提出“坚持山水林田湖草是一个生命共同体”，强调要“用系统思维统筹山水林田湖草治理”。十八大报告针对资源利用与生态保护问题，提出“要按照人口资源环境相均衡、经济社会生态效益相统一的原则，控制开发强度，调整空间结构”。2018 年，《深化党和国家机构改革方案》出台，组建自然资源部，更加规范了自然资源的开发利用及监管保护。2019 年，《中共中央 国务院关于建立国土空间规划体系并监督实施的若干意见》提出了我国国土资源开发利用的愿景与目标，“到 2035 年，全面提升国土空间治理体系和治理能力现代化水平，基本形成生产空间集约高效、生活空间宜居适度、生态空间山清水秀，安全和谐、富有竞争力和可持续发展的国土空间格局”。统筹人与自然的和谐发展是生态文明建设的核心，十九大报告提出“必须坚持节约优先、保护优先、自然恢复为主的方针，形成节约资源和保护环境的空间格局、产业结构、生产方式、生活方式，还自然以宁静、和谐、美丽”和“推进资源全面节约和循环利用”（封志明等，2020）。

面对当代复杂而严峻的人口、资源、环境等全球性问题，在“未来地球计划”（Future Earth）和“地球联盟”（Earth League）等国际科学计划的推动下，多学科间的相互交叉融合促使一批新学科兴起与发展。其中，资源科学继承了地学、生物学、经济学及其他应用科学的研究基础并发展起来，是自然、社会以及工程技术领域等跨学科交叉融合的产物，综合性强、学科特色鲜明。其研究重点关注自然资源的形成演化机理与时空发展特征，以及人类-资源之间的相互作用关系。其目的是更好地进行自然资源开发、利用和保护，协调人地关系，实现自然资源利用与人类发展的良性循环。在生态文明建设与构建新发展格局的新时代，我国的资源科学研究面向国家重大需求和国际学科前沿，以服务资源利用和资源安全、自然资源综合管理与统筹决策为目标，依托长期自然资源综合考察与规划成果，服务于国家和地方建设，在学科发展及理论创新方面形成了以资源地理、资源生态与资源经济等为主的学科方向齐全、技术链条完整的研究架构。作为多学科交叉综合研究领域，资源科学研究不仅关注资源本身、人类与资源、资源与环境之间的对立统一关系，揭示人类、资源、环境、社会发展之间的协调发展规律，还研究资源开发利用过程、资源分布规律以及资源的循环利用与替代途径，同时探索资源的物质能量流动过程与代谢机制及其对人类活动的影响机理（封志明等，2020）。党的十八大以来，资源科学的学科交叉融合创新特色正在彰显。

第三节 资源科学的学科体系与理论基础

一、资源科学的学科体系

关于资源科学的学科体系研究，李文华和沈长江（1985）从国内外高等院校资源科学的课程设置的角度进行了探讨；封志明和王勤学（1994）又提出资源科学研究的学科体系包括综合（理论）资源学与部门（专门）资源学，并提出这两类资源学在具体时空的结合是区域资源学，在此基础上可划分 12 个二级资源学科与若干三级资源学科。以上认识为资源科学的发展带来了突破，它主要以自然资源为纽带，沟通了彼此割裂的相邻学科之间的内在联系，为推动资源科学概念的形成提供了新的思维。孙鸿烈等（2000）对此又做了进一步的总结与升华，提出了更为完善的学科体系。此外，沈长江（2001）、史培军（2003）、张文驹（2004）与管华和李艳（2005）等也对如何构建资源科学的学科体系等问题进行了论述。

为了能更深入地揭示资源科学的跨学科性和各主要分支学科之间错综复杂的关系，石玉林和陈传友（2001）在上述基础上提出了资源科学的学科群概念与资源科学的三维网络结构学科体系。他们认为以资源为研究对象的资源科学，实际上是由一组在资源属性的基础上统一起来的学科群构成的大学科领域。这个跨学科的学科群可以利用三维坐标网络体系来表达，即资源科学由资源总论、资源各论与区域分论 3 个部分组成，三维坐标的 3 个轴分别被这 3 个部分占据（沈长江，2001）。资源总论主要涉及资源科学的理论基础与方法论方面的分支学科；资源各论主要是各具体部门资源的科学知识，按各部门分支学科的部门特殊性，可以分属于自然资源学、社会经济资源学与知识信息资源学；区域分论是资源科学中包括内容最多、最为复杂的部分。地球表面地域分异的复杂性决定了区域分论中分支学科的复杂性，可以以地域分异分类中的高级地域单元为例加以说明。

本书重点推荐《中国资源科学百科全书》中资源科学的学科体系（图 1.2）。

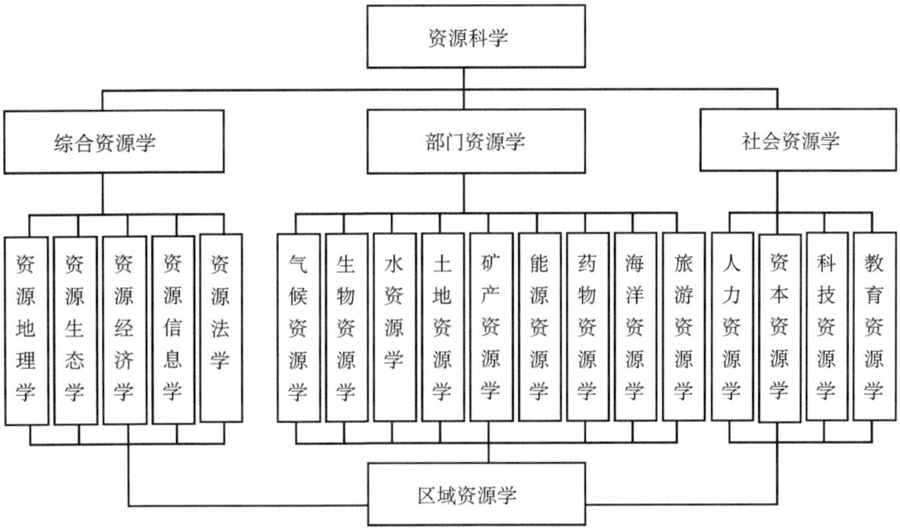

图 1.2　资源科学的学科体系（孙鸿烈等，2000）

资源科学的主要分支学科按其研究对象和研究内容的差异性与应用目的的不同可首先划分为两种类型：一种是综合性研究，即综合资源学，研究资源发生、演化及其与人类相互作用关系的一般性规律，为部门资源学的研究提供理论基础和方法论；另一种是专门性研究，即部门资源学，研究各类资源的形成、演化、评价及其合理开发、利用、保护、管理。前者的分支学科主要有资源地理学、资源生态学、资源经济学、资源信息学与资源法学等；后者的分支学科主要包括气候资源学、生物资源学、水资源学、土地资源学、矿产资源学、能源资源学、药物资源学、海洋资源学与旅游资源学等。此外必须指出，与自然资源开发利用密切相关的社会资源研究，都是与各类自然资源的综合或专门研究结合在一起进行的，尽管近年来日益受到重视，但有关人力资源、资本资源、科技资源与教育资源的研究尚未脱离社会科学而形成资源科学研究中独立的学科领域。

此外，综合资源学与部门资源学是互为补充、相互促进的关系。实质上综合资源学必然涉及具体资源研究，部门资源学也必然讨论资源科学研究的一般性规律。而区域资源学则是综合资源学与部门资源学在具体时空的结合。资源科学研究总是在一定地域进行的，不同尺度的区域资源学（全球、国家、省、市、县）正是一定类别的综合资源学与一定层次的部门资源学在一定地域的具体实践与应用。

1. 资源地理学

资源地理学是研究资源种类、数量和质量的地域组合特征、空间结构与分布规律，以及资源的合理分配、利用和经济评价，最终提出对资源开发的远景估计与战略规划，并从中揭示资源利用与地理环境间相互关系的学科。资源地理学的主要研究内容包括资源形成的地理背景与制约因素、区域资源结构、资源评价与区划、资源分布与制图等。

2. 资源生态学

资源生态学是研究生物资源之间、生物资源与其他资源和环境因子之间相互关系的学科，其研究对象是资源生态系统，其研究内容应紧紧围绕人与资源的关系，主要包括资源生态系统的特点、分类、结构、功能与调控，复合生态系统的资源过程论，资源开发利用的生态效应及全球性或区域性的资源生态问题和对策等。

3. 资源信息学

资源信息学是研究资源信息的获取、采集、存储、整理、综合分析、加工处理和开发应用等方面的理论、方法与技术的学科。它是资源科学与新技术科学相互结合、相互渗透发展起来的一门交叉性学科，是资源科学一个综合性很强的应用学科分支。它的主要支持学科是信息论、系统论、数学、计算机技术、数据库技术、通信技术、遥感技术和统计学等。随着各种资源信息系统的广泛建立与应用，资源科学研究开始从定性走向定量，从局部走向整体，从单纯走向综合。

4. 资源法学

资源法学是研究用法律手段来调整人类-资源关系这一特定现象的学科。它以自然科学和技术科学的理论为依据，以资源法规的形成、发展和实施为研究对象，是在资源科学与法律相互交叉中发展起来的一门交叉性学科。主要研究内容包括资源法的形成与变迁规律，资源法制度的形成、结构与内容，资源制度的成本与绩效，资源法律体系及其实施理论等。

5. 水资源学

水资源学是研究水资源的分布、循环和运动规律及其开发、利用、保护、管理的学科。与水文科学、大气科学和海洋科学关系密切。从大气中的水到海洋中的水，从地表水到地下水都是水资源学的研究对象。主要研究内容包括水资源调查与评价、水分循环与水量平衡、水资源供需平衡分析、水环境容量与水资源承载力、水资源保护与水资源管理等。

6. 气候资源学

气候资源学是研究气候资源的特征、形成、分布和变化规律及其与人类活动相互关系的学科。它以气候资源要素及其组合为对象，研究其形成数量、质量、时空分布和演变规律，从气候资源的物质、能量和存在状态出发，研究气候资源转化为物质产品的理论、方法和途径，进行气候资源评价，探讨气候灾害的发生机理及防御对策等。

7. 土地资源学

土地资源学是研究土地资源各组成要素的组合特征及其与人类开发利用之间的相互关系的学科。它以土地资源为研究对象，着重研究其影响土地利用的要素、特征、空间分布规律及合理利用途径。主要研究内容包括土地资源组成要素及其不同组合对土地利用的作用、土地资源类型的划分及其分类、土地资源调查与土地资源评价、土地资源生产力及其人地关系分析、区域土地资源的保护与开发利用等。

8. 生物资源学

生物资源学是研究生物资源的形成、分布、演化规律与人类合理开发利用之间的相互关系的学科。它是资源科学与生物学之间的一门交叉性学科，主要研究内容包括生物资源的形成、分类和分布，引种与驯化，有用成分的性质、形成、积累和转化规律，一定区域内生物资源的种类、蕴藏量及其合理开发与保护等。主要分支学科包括森林资源学和草地资源学（按主体植被类型划分），或者动物资源学、植物资源学和微生物资源学（按生物门类划分）等。

9. 药物资源学

药物资源学是研究天然药物资源的种类、数量、质量、地理分布、时空演化及其合理开发、利用、保护、管理的学科。其研究内容是药用动物、植物、微生物及药用矿物资源的数量、质量评价，药物资源的种类与分布，药物资源化学，药物资源的开发利用与保护，药物资源更新以及新资源的发现等。

10. 矿产资源学

矿产资源学是研究矿产资源的自然、技术和经济属性及其与社会经济发展的关系，以及矿产资源的勘查、开发、利用和管理的一般规律的学科。主要研究内容包括矿产资源的特点与分布、矿产资源的勘查与评价、矿产资源的开发利用与环境保护、矿产资源供需分析与资产化管理等。

11. 能源资源学

能源资源学是研究能源资源的分类、特性、数量、分布及其合理开发利用与管理的学科。主要研究内容包括能源分类、能源资源勘查与评价、能源地理与区划、能源资源结构、能源规划、能源综合利用与管理等。

12. 旅游资源学

旅游资源学是研究旅游资源的形成、分类、分布及其开发利用与保护的学科。主要研究内容包括旅游资源分类、旅游资源普查、旅游资源评价、旅游资源容量、旅游资源区划与规划等。

13. 海洋资源学

海洋资源学是研究海洋资源的种类、特性、储量、分布规律及其开发利用与保护的学科。它是资源科学与海洋科学之间的一门交叉性学科。主要研究内容包括海洋资源的分类，海洋资源的调查、勘查与评价，海洋资源管理与环境保护，海洋生物资源的持续利用与海洋空间资源开发等。

14. 社会资源学

社会资源学是研究社会资源的分类、属性、质量评价与时空特征及其与自然资源开发利用的相互关系的学科。它是资源科学与社会科学之间的一门交叉性学科。主要研究内容包括人力资源、资本资源、科技资源与教育资源。目前，社会资源学研究尚未脱离社会科学领域而形成独立的学科体系。

以上是资源科学研究的学科分类及其体系结构的梗概。当然，每个分支学科之下仍可进一步细分。同其他科学一样，任何学科体系都不是封闭的，随着资源科学研究的日益深化和扩展，资源科学的学科体系框架必将得到不断完善与发展。

二、资源科学的理论基础

（一）资源科学发展借鉴的基本原理

一门学科的发展一定要有一定的理论作基础。因为资源科学是一门介于多学科之间的横向科学，所以其理论基础除了自己特有的以外，还吸收了大量相邻相关科学“有用”的基本原理。资源科学研究的基本原理大致可归纳如下。

1. 能量转化与守恒原理

能量转化与守恒原理是关于自然界物质运动的最重要的普遍原理之一。在资源-生态-经济系统中，自然资源都可以用不同形式的能量来表示，能量从一种形式转化为另一种形式，且在转化的过程中能量的总量不变。能量转换普遍地发生在自然资源开发与利用过程中，它包括了能量以一种形式到另一种具有特定目的或更加有用的形式的转换。从本质上看，资源的开发与利用就是物质与能量在地理环境中的转换过程。人们可以根据这一原理，充分利用每种资源的特性和能量效益，广泛开展资源互补与替代方案的研究。

2. 物质循环原理

物质循环原理是指自然界中碳、氢、氮、磷、硫等组成生物有机体的基本元素，在生态系统的生物群落与无机环境之间形成的有规律的复原系列。在这个循环往复、不断还原的环形系列中，包括合成与分解等一系列物质转换与能量传递过程。在自然界的各种物质循环中，与资源、环境联系较大的主要有水、碳、氮三大循环。根据这一原理，自然界中的各种物质都按自己特有的分解与化合机理，遵循其固有的轨道，周而复始地进行不断的循环。作为资源研究，无疑要考虑资源开发、利用、生产、消费及消费后这一完全过程的物质循环与转化特性，“利用”则只是作为自然物质的资源在地球物质循环中的一个特殊环节。

3. 地域分异规律原理

这是自然地理学的基本原理。地球表面纬度不同引起了全球热力分布差异，海陆对比引起了大陆内部湿度和水分分布的差异，陆地表面起伏引起了局部地区水热再分配，使得各自然组成要素以及各要素共同构成的综合体表现出不同规模的纬度地带性、经度地带性和垂直地带性分异规律，这些规律也制约着资源的空间分布，对资源区划以及区域资源开发具有理论上的重要指导意义。

4. 因地制宜原理

这是自然资源学研究的基本原理，是在资源-生态-经济系统中协调人与资源关系的基本准则。在资源开发利用的过程中，要充分考虑自然、资源和社会经济背景，按自然规律办事。因地制宜的实质是实现资源-生态-经济系统内部各要素间的相互协调。

5. 自然节律原理

自然节律是指自然地理现象、生物现象随时间变化的规律性，主要是由水热对比变化引起的。自然资源随时间的变化，一方面可以是一些类型或现象的消失，新类型、新现象的出现；另一方面可以是数量的增加或减少，质量的优变与劣变。自然资源随时间的变化具有一定的节律性，是适时、适地、适度地利用自然资源的科学依据之一，同时也是在对自然资源利用、改造的前景进行预测时必须予以考虑的问题。

6. 生态平衡原理

生态平衡是指生态系统在漫长的进化过程中形成的存在于其内部各组分间的相互补偿和自动调节的能力，这种固有能力使生态系统经常地、反复地保持相对动态平衡。生态系统的这种补偿、调节能力是和系统的组成成分成正比的，即生态系统的组分越多样，能量流动和物质循环的途径越复杂，其调节能力越强；反之，越弱。当然，这种调节能力也有一定的限度，超越限度，调节失灵，生态平衡就会失调。资源生态系统研究当然要遵循这一基本原理。在保护资源多样性的基础上，有效、适度地利用非耗竭性资源特别是可更新资源；节约不可更新资源特别是不能重复利用的资源（石油、煤炭等）；维持可更新资源的持续利用，在维持已有平衡的前提下，促使资源生态系统向有利于人类生存的方向发展。

7. 林德曼定律原理

在生态系统中，关于能量传递的热力学第二定律，有一个重要的结果被表述为：在一个生物群落中，抵达一个给定营养水平级别上的一部分能量，可以被传送到一个较高的营养水平级别上。例如，可以参考如下的食物链：植物→食草性动物→食肉性动物 1→食肉性动物 2。在一般规则中，每一级以不超过 10%的能量沿着箭头的方向被传递到了上一个营养级，即林德曼定律（Lindeman’s law），又称十分之一定律。林德曼定律表述的能量传递类似于资源的“升值传递”。资源开发利用的原则就是要获得最大的经济效益和生态效益，林德曼定律非常重要。根据食物链原理，要尽量增加资源利用层次；而从能量损失出发，则要减少不必要的中间过程。

8. 最低因子限制律原理

最低因子限制律是德国学者李比希发现的。该定律可以表述为：一个区域初始生产力的获得，只有当所有的实质性因子都恰好处于容忍范围之内时，才是可能的。而这个初始生产力的水平总是由一个这样的“本质因子”所决定，即该因子在限制因子排序中总是处于最低的地位，并且该因子独立地行使作用，不管其他因子是多么有利于区域初始生产力的形成，也就是通常所说的限制性因子或瓶颈资源。这一原理对区域资源开发和地区发展战略的制定都有重要的指导意义。

9. 系统论原理

资源、生态、经济之间相互密切联系构成了具有特定功能和结构的整体，任何一种要素的变动势必会对整体和其他要素产生影响。

10. 价值规律原理

价值规律是政治经济学的基本理论。自然资源本身只具有使用价值，不构成商品，但在其开发利用后转变为生产生活资料并在经济部门内流通时，这些资料既具有使用价值特征也具有价值特征，构成了商品。因此，在资源-生态-经济系统内作为商品经济的基本规律—价值规律起着很重要的作用，它调节了资源的生产与消费之间以及资源在各产业部门之间的分配，使资源开发利用获得更好的经济效益。

（二）自然资源开发利用研究的新理论支柱

随着科学技术的进步与人类需求的不断增长，尤其是工业革命之后生产力的急剧提高，全球出现了资源需求的膨胀。为此，需求的导向致使各学科把研究的注意力集中在自然资源开发利用上，并在其研究领域中各自构建起新的学科态势。19 世纪中叶以来，生态学以它独特的魅力与学科的优势，使自然资源开发利用的各学科与其母体学科逐渐分流，并与它一道在自然资源开发利用领域汇集，孕育了开发利用自然资源研究的四大新理论支柱（徐玖平，2001）。

1. 自然资源生态学理论

19 世纪下半叶生态学研究进展奠定了自然资源生态研究的理论基础。20 世纪 30 年代，生态系统观构建了自然资源开发利用的生态学理论，其整体、结构与功能等方面的新知识体系在自然资源开发利用研究领域中得到了广泛应用。在自然资源生态理论研究中先后出版了 Dyne 的《生态系统的概念在自然资源管理中的应用》（1961 年），Wall 的《生态学和资源管理》（1968 年），Simmons 的《自然资源生态学》（1974 年），Owen 的《自然资源保护——一种生态方法》（1971 年），Ramade 的《自然资源生态学》（1984 年）。与此同时，先后在农业、畜牧、草地、森林等自然资源领域进行的应用研究促使其理论发展日渐广泛。随着生态科学的发展，自然资源的整体性、系统性、有限性以及持续利用与自然保护等观点日益为人们所接受，自然资源生态学研究日趋活跃，其理论与应用研究更趋成熟。

2. 自然资源地理学理论

二战之后，战略物资的需求与土地调查、城市和区域规划以及厂址选择等的需要，对自然资源地理研究提出了一系列新的要求，由此逐步形成了一门独立学科——自然资源地理学。欧美各国从 20 世纪 40 年代就对自然资源地理展开了系统的研究。苏联 60 年代初建立这一学科，并从自然资源地理扩展到社会经济资源和信息资源等领域的研究。自然资源地理学研究工作的开展，已对社会、经济和生态环境，以及工业、农业、交通运输乃至整个国民经济的规划布局产生了日益显著的作用。1972 年，第一颗陆地资源卫星发射之后，航天遥感已成为资源调查的重要现代化手段。Mints 的《自然资源的经济评价——评价利用效益方面地理差异和科学方法论问题》（1972 年）系统阐述了矿产、森林、土地和水资源开发利用的原则，强调自然资源开发利用必须把地理观点与经济观点相结合。我国 50 年代后期开展了自然资源地理学的研究，1982 年之前的区域资源调查与综合考察工作多在其中。

3. 自然资源经济学理论

自然资源经济学从一般经济学中游离出来成为一门独立的学科，始于20世纪20年代美国Ely和Morehouse合著的《土地经济学原理》，随后Wehrwein于1940年又发表了《土地经济学》。在土地经济学建立和发展的同时，1931年Hotelling就发表了《耗竭性资源经济学》，提出了资源保护和稀缺资源的分配问题。20世纪70年代末，随着生态保护主义思潮的泛起和资源的有限论的确立，自然资源经济学研究进入了一个辉煌时期。Banks的《自然资源经济学》（1976年）、Dasgupta的《经济学理论与耗竭性资源》（1978年）、Howe的《自然资源经济学——问题、分析与政策》（1979年）、Butlin的《经济学和资源政策》、Alan的《资源经济学——从经济角度对自然资源和环境政策的探讨》（1981年）、Daniel的《自然资源经济学》（1986年）、Peter和Sweder的《自然资源与宏观经济学》（1986年）等一系列著作相继问世，自然资源经济研究日益广泛深入，与之相关的自然资源开发利用和环境经济方面的著作大量涌现。例如，1979年Smith的《自然与环境资源经济学》、1985年Krutilla的《自然环境经济学》和1986年Harwick的《自然资源利用经济学》等。在英国、美国等国家，自然资源经济研究日渐成为研究社会经济体系功能的核心。

4. 自然资源地质学理论

现代环境观认为：人类赖以生存的环境是由地球岩石圈表层地质环境、大气圈环境、水圈环境、生物圈环境所构成的复杂系统。该系统各环境体系是相互渗透、相互联系、相互交织、相互作用的有机整体，地质环境是水圈环境与生物圈环境的载体。随着世界经济的发展与人类社会的进步，人类开发利用自然资源活动的时空规模不断增大，其活动已成为地球表层最活跃因素与力量之一，在某种程度上已超过了自然地质自身作用于地球的速度与强度，对当今全球的环境变化起着巨大的作用，严重影响了环境的质量。其结果导致崩塌、滑坡、泥石流等地质灾害屡屡发生，且强度与频率日益增大。世界各国政府十分重视地质环境与地质灾害问题，决策者与科学家已充分认识到在地质环境、大气圈环境、水圈环境与生物圈环境中任一环境的变异，必将造成总体环境平衡状态的破坏，从而导致环境的变化甚至环境的恶化，尤其是水圈环境与生物圈环境载体的地质环境的灾变，将威胁人类的生存与发展。

因此，一门研究自然资源开发利用的自然资源地质学理论正在形成。随着自然资源开发利用研究的四大支柱——自然资源生态学理论、自然资源地理学理论、自然资源经济学理论和自然资源地质学理论的日趋成熟，自然资源开发利用研究的理论与方法日臻完善，加上其社会价值和科学意义日益扩张，促使它们步入现代科学领域。

三、资源科学的学科前沿问题

资源科学的前沿问题主要涉及5个方面（沈镭和叶苹，2005）。

1. 资源科学的定位问题

在国家知识创新体系中，政府、市场、企业、科研单位、高校有各自不同的定位。在资源科学的发展过程中，不同的单位分工也有区别，只有找准定位，才能更好地发挥作用。资源的根本属性是经济属性，是价值引领作用，不能混同于地理学研究。资源科学研究的要点是资源本身的发展、演化、形成及分布规律，以及人与资源互相作用问题、区域问题等。

2. 资源科学研究的前沿问题

必须密切关注“全球变化”和“全球化”这两个命题。我国正面临社会经济发展的战略机遇期，而资源是制约社会经济发展的重要因素。因此，资源科学研究既是科技前沿问题，又是国家重大需求，二者密不可分。

3. 资源科学的理论问题

资源科学研究已经形成了一个较为完整的体系，尤其是孙鸿烈院士主持编著的我国第一部《中国资源科学百科全书》，建立了资源科学的学科体系与理论框架，为资源科学的发展和完善奠定了坚实的基础。

4. 新技术、新方法在资源科学研究中的应用问题

资源科学研究要求更具有前瞻性。例如，有了地球信息方法论后，水资源、碳循环研究都可以利用地理信息系统（geographic information system，GIS）来完成，从空间角度分析资源与环境要素，开展地理过程研究；利用情景分析方法，帮助研究我国未来 20 年、50 年甚至更长远的资源问题，将极大提升其在国家决策中的作用。

5. 资源科学研究的热点问题

鉴于国内外的资源安全形势，结合国内经济持续发展的需求，资源科学的研究前沿应该与国家战略需求紧密结合起来，着力提高解决当前和未来我国经济社会发展的重大资源科技问题的能力，着力提高保障国家资源安全的能力。资源节约与社会发展、资源节约与环境保护、生态文明和美丽中国建设等热点课题，很多学科都在进行相关研究。

复习思考题

1. 简述资源科学的内涵及当前的主要研究任务。
2. 简要分析资源科学的学科体系及其理论基础。
3. 从人地关系角度分析资源科学的起源与发展过程。

参 考 文 献

蔡运龙. 2000. 自然资源学原理. 北京：科学出版社.

陈百明. 1999. 试论资源科学的发展与任务. 地理科学, 19(4): 309-312.

陈传友, 张巧玲, 孙九林, 等. 2001. “九五”期间资源科学技术重大进展. 自然资源学报, 16(6): 576-582.
费洪平. 1993. 我国自然资源地理研究进展. 大自然探索, 12(3): 33-38.
封志明, 陈发虎, 等. 1985. 自然资源研究的几个理论问题//中国自然资源研究会. 自然资源研究的理论与方法. 北京：科学出版社.
封志明, 江东, 雷梅, 等. 2020. 资源科学的学科建设与人才培养模式的实践与思考. 自然资源学报, 35(8): 1817-1829.
封志明, 王勤学. 1994. 资源科学论纲. 北京：地震出版社.
管华, 李艳. 2005. 资源科学几个基本问题的探讨. 自然资源学报, 20(3): 447-453.
黄贤金, 周峰, 彭补拙. 2012. 南京大学资源学导论课程建设研究. 高等理科教育, (3): 127-129.
蒋承菘. 1999. 坚持资源调查与环境评价并举开展好新一轮国土资源大调查. 水文地质工程地质, 26(3): 1-2.
靖学青. 1997. 区域国土资源评价的系统分析方法. 自然资源学报, 12(4): 370-376.
李文华, 沈长江. 1985. 自然资源科学的基本特点及其发展的回顾与展望//中国自然资源研究会. 自然资源研究的理论和方法. 北京：科学出版社.
刘胤汉. 1988. 自然资源学概论. 西安：陕西人民教育出版社.
毛泽东. 1937. 矛盾论. 北京：人民出版社.
沈镭, 叶苹. 2005. 资源科学前沿问题座谈会在济南召开. 资源科学, 27(3): 175-176.
沈长江. 2001. 资源科学的学科体系——关于资源科学学科建设的研讨. 自然资源学报, 16(2): 172-178.
石玉林, 陈传友. 2001. 资源——资财之源. 济南：山东教育出版社.
石玉林, 容洞谷. 1998. 资源科学的发展趋势//中国科学技术协会. 北京：科技进步与学科发展——“科学技术面向新世纪”学术年会论文集.
史培军. 2003. 关于资源学科定位及其学科与人才培养体系的建设. 自然资源学报, 18(3): 257-266.
孙鸿烈, 封志明. 1998. 资源科学研究的现在与未来. 资源科学, 20(1): 3-12.
孙鸿烈, 石玉林, 赵士洞, 等. 2000. 中国资源科学百科全书. 北京：中国大百科全书出版社, 青岛：石油大学出版社.
王勤学, 封志明. 1994. 资源科学研究方法概述. 国土与自然资源研究, (4): 66-72.
肖平. 1993. 90 年代的自然资源学展望. 地球科学进展, 8(3): 22-26.
谢立勇. 2019. 农业自然资源导论. 北京：中国农业大学出版社.
徐玖平. 2001. 自然资源开发利用研究的进展. 中国工程科学, 3(11): 19-27.
查显节, 邢立新. 2024. “3S”技术在土地资源管理中的应用综述. 世界地质, 19(4): 402-407.
张文驹. 2004. 资源学的学科属性及定位问题讨论. 自然资源学报, 19(1): 106-109.
中华人民共和国中央人民政府. 2018. 关于国务院机构改革方案的说明. (2018-03-14)[2023-05-01]. https://www.gov.cn/guowuyuan/ 2018-03/14/content_5273856.htm.
IUCN. 2015. IUCN Green List of Protected and Conserved Areas. (2020-06-02)[2023-05-01]. https://iucn.org/resources/conservation-tool/iucn-green-list-protected-and-conserved-areas.
UN. 2015. Transforming our world: The 2030 Agenda for Sustainable Development. (2015-09-25)[2023-05-01]. https://digitallibrary.un. org/record/3923923.

第二章　资源与资源系统

内容概要： 本章在阐述资源的概念与资源系统的特征的基础上，重点介绍了资源的内涵、资源的分类以及资源的形成与分布规律等内容。

关键术语： 资源；资源系统；资源形成；资源分布

思维导图：

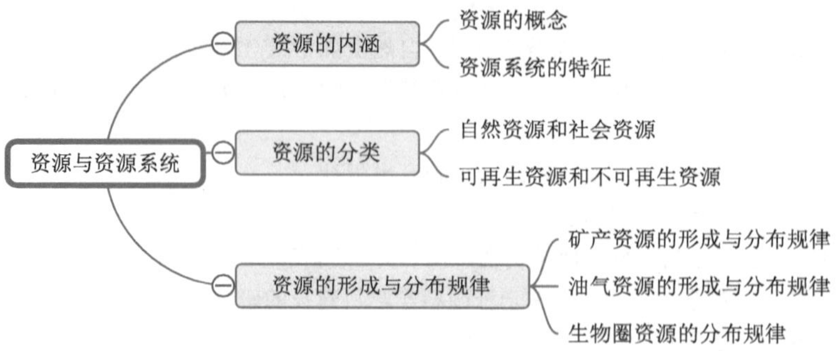

学习目标：

1. 通过对资源内涵的学习，掌握资源的内涵，了解资源系统具有哪些特性。

2. 通过对资源分类的学习，了解各类资源的类型，掌握各类资源的概念以及各类资源的特点。

3. 通过对资源的形成与分布规律的学习，清晰认识和了解矿产、油气和生物资源的分布规律。

第一节　资源的内涵

一、资源的概念

“资源”一词在不同民族语言中的词义相近。中文里的“资源”是指“资财的来源”，《辞海》对“资源”的解释是“资财之源，一般指天然的财源”；英文里的“资源”一词为 resource，它由 re 和 source 组成，前缀 re 含有“再”的意思，source 表示来源；俄文里的“资源”一词为 ресурсы，也是指“财富的来源”。

由于研究领域与研究视角的差异，人们对资源概念的理解有广义与狭义之分。广义的资源指人类生存发展和享受所需要的一切物质的和非物质的要素。也就是说，在自然界及人类社会中，有用物即资源，无用物即非资源。因此，资源既包括一切为人类所需要的自然物，如阳光、空气、水、矿产、土壤、植物及动物等；也包括以人类劳动产品形式出现的一切有用物，如各种房屋、设备、其他消费性商品及生产资料性商品；还包括无形的资财，如信息、知识和技术，以及人类本身的体力和智力。关于广义资源的概念，历史上早有一些间接的论述，威廉·配第曾经指出："土地是财富之母，劳动是财富之父"。马克思在论述资本主义剩余价值的产生时指出："劳动力和土地是形成财富的两个原始要素，是一切财富的源泉"。恩格斯则进一步明确指出："其实劳动和自然界一起才是一切财富的源泉。自然界为劳动提供材料，劳动把材料变为财富"。马克思和恩格斯虽然没有专门给资源下定义，但已经把劳动力和土地、劳动和自然界肯定为形成财富的源泉。这种论述和我们现在的理解是非常接近的。因此人类社会财富的创造不仅来源于自然界，而且还来源于人类社会，资源不仅包括物质的要素，也包括非物质的要素。狭义的资源仅指自然资源。联合国环境规划署（United Nations Environment Programme，UNEP）将自然资源定义为"在一定时间地点条件下能够产生经济价值的、以提高人类当前和将来福利的自然环境因素和条件的总称"。这是一种狭义资源的定义，仅指自然资源，而且还排除了那些目前进行开采的、在经济上还不合算但在技术上能够加以开采的资源，以及目前无法开垦利用，但却有观赏、探险猎奇、考察研究等功能，能作为旅游资源的沙漠、冰雪覆盖地等。

资源含义广泛，具有两个根本属性。首先，资源必须具有社会开发利用价值，即具有社会效用性。从 UNEP 对自然资源的定义来看，"提高人类当前和将来福利"说的就是资源对人类的效用，也就是社会性效用，资源一开始就与人口问题紧密联系在一起。对于人文性质的资源，更是具有直接而普遍的社会效用性。例如，劳动力和资金是构成经济活动的两大基本要素，可以说是经济效用的代名词；又如文化古迹资源，其主要效用是社会和心理，同时也具有发展旅游业的经济价值。其次，资源具有相对稀缺性，这是资源与人口必然联系的另一个侧面。阳光与空气这类事物虽然对人类具有极重要的社会效用，但人们并不视其为资源，这是因为与人类的需求相比，它们的供给是充分的，只在某些特殊的情况下才表现出相对的稀缺性或潜在的限制性，从而被视为资源。例如，阳光作为太阳能进行开发或日光被利用时就显示出相对稀缺性。

简言之，资源就是指在一定历史条件下能被人类开发利用以提高自己福利水平或生存能力的、具有某种稀缺性的、受社会约束的各种环境要素或事物的总称。资源的根本性质是社会效用性和人类需求的相对稀缺性。

二、资源系统的特征

资源系统是指各种资源在一定的时间与空间范围内构成的相互联系、相互影响的统一整体。在人类经济活动中，各种各样的资源之间相互联系，相互制约，形成一个结构复杂的系统。资源系统具有构成的复杂性、内涵的动态性、结构的层次性、功能的多样性等特征。

（一）构成的复杂性

广义的资源指人类生存发展和享受所需要的一切物质的和非物质的要素。也就是说，在自然界及人类社会中，有用物即资源，无用物即非资源。因此，资源既包括一切为人类所需要的自然物，也包括以人类劳动产品形式出现的一切有用物，还包括无形的资财。资源不仅来源于自然界，而且还来源于人类社会；不仅包括物质的要素，也包括非物质的要素。具体来说，人力资源，包括人力的数量以及劳动者的体力、智力（知识、技能、智慧、远见等）、精神（责任感、事业心、积极性、创业精神、敬业精神和冒险精神等）；科技资源，包括学术理论、学术观点、技术发明、技术专利、技术储备、新技术、新工艺、新材料等；经营管理资源，包括企业家的数量、素质、经营管理的思想、经验、方法和手段等；信息资源，包括信息产业、信息资料等；市场资源，包括市场容量、潜在需求等；资本资源，包括资金、机器设备、厂房、原材料、商标和信誉等；时间资源，包括市场机会、发展机遇等；自然资源，包括土地、矿藏、森林、草地、生物、水资源等；景观资源，包括奇山秀水、自然风光、历史遗物、民族习俗、宗教风情等可供发展旅游业的自然景观和人文景观。因此，资源系统是一个复杂的巨系统。

（二）内涵的动态性

资源是个历史的范畴，又是社会的产物。它的内涵与外延并非一成不变，而是随技术、经济的提高而不断扩展、深化。早在原始社会末期，社会生产力的提高、私有制的形成为天然物产作为商品进行交换创造了条件，人们开始意识到自然物质是“资财的源泉”，从而形成了自然资源的概念。而后，在社会发展进程中，随着认识水平及科学技术的进步，先前尚不知其用途的自然物质逐渐被人类发现和利用，自然资源的种类日益增多，自然资源范畴也越发扩大。在 20 世纪 20 年代以前的漫长岁月里，发展条件的研究始终把自然资源放在中心地位。后来，由于能源和矿产资源相对充裕，只要有资本，就能从市场上买到劳动力和原材料，把赚钱的机器开动起来。因此，资本被视为发展的主体，成为极为重要的资源。二战以后，世界人口急剧增加，工业和城市迅速发展，人类用掠夺的方式开采自然资源，以对资源的大量消耗来换取经济的增长，使陆地上的自然资源承受着空前的压力，许多资源趋于枯竭，全球性“资源危机”威胁着人类的命运。从而，人们把人类美好的前景寄希望于海洋资源的开发利用上，在一些主要沿海国家，海洋资源已成为国民经济建设的重要资源支柱，它对稳定和发展国民经济具有非常重要的意义。因此，把海洋作为一个独特的资源系统归属于自然资源研究范畴，合理开发利用与保护海洋资源已成为现代自然资源研究的基本内容。自然资源既包括可用于人类生产和生活的自然资源，也包括能给予人类精神文明享受的自然环境。随着世界旅游事业的蓬勃发展，旅游业茁壮成长，成为许多国家和地区的重要经济部门，政府和人民十分关注旅游资源的开发利用与建设保护，从而旅游资源也纳入到自然资源概念之中，并成为自然资源研究的内容。

21 世纪以来，以电子计算机、互联网、生物工程、新材料、新能源、光导纤维、海洋工程为代表的一系列新兴技术迅猛发展，产业布局和产业结构发生了深刻的变化，以第三产业的蓬勃兴起为龙头的现代产业的发展，不仅依赖自然资源和资本，而且越来越多地依赖人的智力、信息、技术、管理和组织能力。自然资源只是为经济的发展提供了可能，而先进的科技水平、管理水平能够使自然资源得到合理的开发利用，并取得更大的经济效益。因此，资源的含义又得到了扩展。智力资源、信息资源、技术资源、管理资源都纳入了资源的范畴，并占据着越来越重要的地位。

（三）结构的层次性

从组成上看，资源系统是由不同层次的资源子系统所构成，因此资源系统的结构具有明显的层次性特征。例如，资源系统可划分为自然资源和社会资源两个子系统，其中自然资源又可划分为可再生资源和不可再生资源，而其中的可再生资源还可划分为动物资源和植物资源，不可再生资源包括自然界的各种矿物、岩石和化石燃料，如泥炭、煤、石油、天然气、金属矿产、非金属矿产等；社会资源又可划分为人力资源、智力资源、信息资源、技术资源、管理资源等。从资源系统包括的范围来看，它的构成也具有层次性。从一种植物中的化学成分到物种，从种群、群落、生态系统到生物圈，都可以成为利用和研究的对象。从空间研究范围来看，它可以是一个局部的地段，也可以是一个地区，一个国家，甚至大洲和全球。

（四）功能的多样性

由于不同的资源有不同的用途，每一种资源又有多种功能，因此由各种资源组成的资源系统具有多样性的功能。例如，土地资源既可用于农业，也可用于工业、交通、旅游以及改善居民的生活环境等，同一种资源可以作为不同生产过程的投入因素，不同的行业对同一种资源存在着投入需求；同一行业的不同部门以及同一部门的不同经济单位，甚至同一经济单位的不同企业，或者同一企业的不同车间、班组或工序都会同时存在着对同一种资源（如电力）的需求。因此，我们在对资源进行利用时必须全面权衡，特别是当所研究的资源是综合的资源系统，而人类对资源的要求又比较多样时，这个问题就更加复杂，可以通过系统分析手段，选择优化方案。

第二节　资源的分类

目前主要有三种资源分类方法。按资源根本属性的不同可划分为自然资源和社会资源，按资源利用的限度可划分为可再生资源和不可再生资源，按资源性能和作用特点可划分为硬资源和软资源。本节重点介绍自然资源和社会资源、可再生资源和不可再生资源的类型划分。

一、自然资源和社会资源

（一）自然资源

1. 自然资源的内涵与分类

自然资源是指具有社会效用性和相对稀缺性的自然物质或自然环境的总称。较早给自然资源下较完备定义的是地理学家金梅曼，他在《世界资源与产业》一书中指出，“无论是整个环境还是其某些部分，只要它们能（或被认为能）满足人类的需要，就是自然资源”。他解释道：“譬如煤，如果人们不需要它或者没有能力利用它，那么它就不是自然资源”。金梅曼的“自然资源”是一个主观的、相对的、从功能上看的概念。《辞海》中的自然资源是指“一般天然存在的自然物（不包括人类加工制造的原材料），如土地资源、矿藏资源、水利资源、生物资源、海洋资源等，是生产的原料来源和布局场所”。这个定义强调了自然资源的天然性，也指出了空间（场所）是自然资源。《不列颠百科全书》中，自然资源的定义是“人类可以利用的自然生成物，以及形成这些成分的源泉的环境功能。前者如土地、水、大气、岩石、矿物、生物及其群集的森林、草地、矿藏、陆地、海洋等；后者如太阳能、环境的地球物理机能（气象、海洋现象、水文地理现象）、环境的生态学机能（植物的光合作用、生物的食物链、微生物的腐蚀分解作用等）、地球化学循环机能（地热现象、化石燃料）、非金属矿物的生成作用等”。这个定义明确指出环境功能也是自然资源。

由于自然资源的内涵与外延十分丰富而广阔，人们从不同角度对自然资源进行的分类各不相同。《中国资源科学百科全书》以自然资源的属性和用途为主要依据，提出自然资源多级综合分类系统表（表 2.1），本书列出三级资源分类，还可以进行第四级、第五级或更下一级的分类。

表 2.1　自然资源多级综合分类系统表

一级	二级	三级
陆地自然资源系列	土地资源	耕地资源
		草地资源
		林地资源
		荒地资源
	水资源	地表水资源
		地下水资源
		冰雪资源
	气候资源	光能资源
		热能资源
		水分资源
		风力资源
		空气资源
陆地自然资源系列	矿产资源	金属矿资源
		非金属矿资源
		能源资源
海洋自然资源系列	海洋生物资源	海洋植物资源
		海洋动物资源
		海洋浮游生物资源
	海水资源（或海水化学资源）	—
	海洋气候资源	—

续表

一级	二级	三级
	海洋矿产资源	深海海底矿产资源
		滨湖砂矿资源
		海洋能源资源
	海底资源	—
太空（宇宙）自然资源系列	—	—

资料来源：《中国资源科学百科全书》。

自然资源是一个相对概念，随着社会生产力水平的提高和科学技术的进步，以前尚不知其用途的自然物质逐渐被人类发现和利用，自然资源的种类日益增多，自然资源的概念和类型也就不断深化和发展。目前，人类认识的自然资源主要包括土地资源、气候资源、水资源、生物资源、矿产资源、能源资源、海洋资源、旅游资源等。

1）土地资源

土地是地球陆地表面部分，是人类生活和生产活动的主要空间场所，"土地包含地球特定地域表面及其以上和以下的大气、土壤及基础地质、水文和植被，它还包含这一地域范围过去和目前的人类活动的种种结果，以及动物就它们对目前和未来人类利用土地所施加的重要影响"。土地是由地形、土壤、植被、岩石、水文和气候等因素组成的一个独立的自然综合体。土地资源数量有限，位置固定，随着生产和科学技术的发展，人类影响的程度越来越大，其对土地资源的重要性也越来越为人们所认识。土地分类的方法很多，最为常见的是地形地貌分类和利用现状分类等方法。根据地形地貌差异，土地分为山地、高原、丘陵、平原、盆地等类型；基于利用现状的不同可分为耕地、园地、林地、草地、商服用地、工矿仓储用地、住宅用地、公共管理与公共服务用地、特殊用地、交通运输用地、水域及水利设施用地、其他用地等类型。

2）气候资源

气候资源是指地球上生命赖以产生、存在和发展的基本条件，也是人类生存和发展工农业生产的物质和能源。气候资源包括太阳辐射、热量、降水、空气及其运动等要素。太阳辐射是地球上一切生物代谢活动的能量源泉，也是气候发展变化的动力。降水是地球上水循环的核心环节，是生命活动和自然界水分消耗的补给源。空气运动不仅可以调节和输送水热资源，而且可将大气的各种组分不断输送扩散，供给生命物质的需要。

3）水资源

水资源是指在目前技术和经济条件下，比较容易被人类利用的、补给条件好的那部分淡水量，水资源包括湖泊淡水、土壤水、大气水和河川水等淡水量。随着科学技术的发展，海水淡化前景广阔，因此从广义上讲，海水也是水资源。

4）生物资源

生物资源是指生物圈中全部动物、植被和微生物。生物资源通常采用生物分类的传统体系，分为植物资源和动物资源，植物资源又依据群落的生态外貌特征划分为森林资源、草原资源、荒漠资源和沼泽资源等；动物资源按其类群可分为哺乳动物类资源、鸟类资源、爬行类动物资源、两栖类动物资源以及鱼类资源等。

5）矿产资源

经过一定的地质过程形成的，赋存于地壳内或地壳上的固态、液态或气态物质，当它们达到工业利用的要求时，称为矿产资源。其分类方法较多，一般按矿物的不同物理性质和用途划分为黑色金属、有色金属、冶金辅助原料、燃料、化工原料、建筑材料、特种非金属、稀土稀有分散元素等8类。

6）能源资源

能够提供某种形式能量的物质或物质的运动都可以称为能源。大自然赋予我们多种多样的能源，一是来自太阳的能量，除辐射能外，还有经其转换的多种形式的能源；二是来自地球本身的能量，如热能和原子能；三是来自地球与其他天体相互作用所产生的能量，如潮汐能。能源有多种分类方式，一般可分为常规能源和新能源，常规能源指当前已被人类社会广泛利用的能源，如石油、天然气、煤炭等；新能源是指在当前技术和经济条件下，尚未被人类广泛地大量利用，但已经或即将被利用的能源，如太阳能、地热、潮汐能等。

7）海洋资源

海洋资源是指其来源、形成和存在方式都直接与海洋有关的物质和能量，可分为海洋生物资源、海底矿产资源、海水化学资源和海洋动力资源。海洋生物资源包括生长和繁衍在海水中的一切有生命的动物和能进行光合作用的植物。海底矿产资源主要包括滨海砂矿、陆架油气和深海沉积矿床等。海水化学资源包括海水中所含的大量化学物质和淡水。海洋动力资源主要指海洋里的波浪、海流、潮汐、温度差、密度差、压力差等蕴蓄着的巨大能量。

8）旅游资源

旅游资源是指能为旅游者提供游览、观赏、知识、乐趣、度假、疗养、休息、探险猎奇、考察研究以及友好往来的客体和劳务。人们在旅行中所感兴趣的各类事物，如国情民风、山川风光、历史文化和各种物产等，均属旅游资源。旅游资源可分为自然旅游资源和人文旅游资源两大类。自然旅游资源指的是大自然造化出来的各种特殊的地理地质环境、景观和自然现象。人文旅游资源是指人类社会中形成的各种具有鲜明个性特征的社会文化景观。

2. 自然资源的特点

1）数量有限性

数量有限性是自然资源的本质特征。资源的有限性存在两个方面的含义：第一，任何资源在数量上是有限的。资源的有限性在矿产资源中尤其明显，由于任何一种矿物的形成不仅需要有特定的地质条件，还必须经过千百万年、上亿年漫长的物理、化学、生物作用过程，因此相对于人类而言是不可再生的，其储量随着人类的开采越来越少。其他的可再生资源如动物、植物，由于其再生能力受自身遗传因素的制约，受外界客观条件的限制，不仅其再生能力是有限的，而且利用过度导致其稳定的结构破坏后还会丧失再生能力，成为非再生性资源。与其他有限资源相比，太阳能、潮汐能、风能等这些恒定性资源似乎是取之不尽、用之不竭的，但就某个时段或地区来考虑，其所能提供的能量也是有限的。第二，可替代资源的品种也是有限的。煤、石油、天然气和水力、风力等资源都可用于发电，但总的来看，可替代的投入类型是有限的。例如，温室技术可替代土地资源生产粮食，空间的利用可以替代工业及住宅用地的不足，但人类生存必须具有的淡水和氧气至今还没有找到可以替代的资源。

在如何看待资源的有限性方面，人们有不同的看法。持乐观看法的人认为，人类在今后的生产实践中会依靠科学发展和技术发明，不断发掘出新的资源或新的替代资源，也会开发出依靠过去的技术所不能够开发的一些储量丰富的资源。因此，人类的前途是无限光明的。持悲观看法的人认为，造成现代资源危机的根源是人类追求短期利益，这种危机威胁到人类自身文明是否能继续存在和维持下去，迫使人类不得不在短期繁荣与长期生存之间作出艰难的抉择。虽然科学技术能使人类发掘出新的资源，但不能完全解决资源危机问题，由于资源的有限性在本质上是无法改变的，因此人类的前途无疑是悲观的。这两种观点都有一定的片面性，由于资源开发利用的潜力是无限的，任何物质都是不断循环运动、不断更新发展的，因此都可以不断重复利用。而且人类科学技术的发展也是无限的，人类能够依靠迅速发展的科学技术避免资源有限所带来的问题。但是，如果因此而对资源危机无动于衷，则是过于乐观。由于不同资源的更新能力不同，更新所需要的周期也不同，如果不合理地开发利用，对它的消耗超过它的更新能力和更新速度，资源就会因得不到恢复而受到破坏，直至从地球上消失。

自然资源的数量有限性要求人类在开发利用自然资源时必须从长计议，珍惜一切自然资源，注意合理开发利用与保护，绝不能只顾眼前利益，掠夺式开发资源，甚至肆意破坏资源。

2）分布区域性

分布区域性是指资源分布的不平衡，存在数量或质量上的显著地域差异，并有其特殊分布规律。自然资源的地域分布受太阳辐射、大气环流、地质构造和地表形态结构等因素的影响，因此其种类特性、数量多寡、质量优劣都具有明显的区域差异，分布也不均匀。又由于影响自然资源地域分布的因素基本上是恒定的，在特定条件下必定会形成和分布着相应的自然资源区域，所以自然资源的区域分布也有一定的规律性。例如，我国山西煤炭资源的探明储量占全国总储量的27%以上，人们把山西比作“煤海”；长白山区林地面积和木材蓄积量分别占全国的11%和13.8%，人们把长白山比作“林海”。我国水资源“南多北少”；能源资源“南少北多”；水能集中在四川、云南、贵州、广西、西藏五个省（区）；金属矿产资源基本上分布在由西部高原到东部山地丘陵的过渡地带。从世界范围来看，资源的分布也是不均匀的，探明储量约占世界总储量50%的石油，集中在波斯湾石油沉积盆地；全世界煤炭总量的51.6%分布在美国、中国和俄罗斯三个国家；再如，随着太阳辐射热量在地球表面的纬度带递变规律，从赤道向极地依次为雨林、季雨林、常绿林、落叶阔叶林、针叶林和苔原等；随着水分循环的地域差别，从沿海向内陆分别为森林、森林草原、草原、荒漠等。

自然资源的分布区域性要求人类在开发利用资源方面应以因地制宜为原则，充分考虑区域、自然环境和社会经济特点，才能使自然资源的开发利用和保护兼有经济效益、环境效益和社会效益，为人类造福。

3）结构整体性

结构整体性是指每个地区的自然资源要素彼此有生态的联系，形成一个整体，触动其中一个要素，可能引起一连串的连锁反应，从而影响到整个自然资源系统的变化。这种整体性在再生资源上表现得尤为突出。例如，森林资源除经济效益外，还具有涵蓄水分、保持土壤的环境效益，如果森林资源遭到破坏，不仅会导致河流含沙量增加，引起洪水泛滥，而且还会导致土壤肥力下降，土壤肥力的下降又进一步促使植被退化，甚至沙漠化，从而又将使动物和微生物的数量大量减少。相反，如果在沙漠地区通过种草种树慢慢恢复茂密的植被，水土将得以保持，动物和微生物将集结繁衍，土壤肥力将会逐步提高，从而促进植被进一步优化及各种生物进入良性循环。总之，各种资源在不同时间、空间条件下，是按不同的比例、不同的关系联系在一起的。形成不同的组合结构，并构成不同的生态系统。

自然资源的结构整体性要求对自然资源必须进行综合研究和综合开发。

4）功能多用性

功能多用性是指任何一种自然资源都有多种用途，如土地资源既可用于农业，也可用于工业、交通、旅游以及改善居民的生活环境等，同一种资源可以作为不同生产过程的投入因素，不同的行业对同一种资源存在着投入需求；同一行业的不同部门以及同一部门的不同经济单位，甚至同一经济单位的不同企业，或者同一企业的不同车间、班组或工序都会同时存在着对同一种资源（如电力）的需求。自然资源的多用性只是为人类利用资源提供了不同用途的可能性，到底采取何种方式来利用则是由社会、经济、科学技术以及环境保护等许多因素决定的。

自然资源的功能多用性要求在对资源开发利用时，必须根据其可供利用的广度和深度，实行综合开发、综合利用和综合治理，以做到物尽其用，取得最佳效益。

3. 自然资源与经济发展的关系

1）自然资源是经济发展的基础

经济的发展需要依赖自然物质和能量的不断供应，而且这种依赖性随着世界人口的增长及人民生活水平的提高日益加强，经济的发展是以自然资源消费量的增长为基础的。例如，从2020年国内生产总值看，美国、中国、日本、德国、英国、法国、印度、意大利、巴西、加拿大、韩国、俄罗斯、西班牙、澳大利亚、墨西哥等15个世界主要经济体，其经济增长都是建立在大量消耗资源的基础上的，要想成为经济大国，必须得到充足的资源。从生态经济观点来考虑，人类社会对自然资源的需求，不仅是指维持人类种群繁衍的物质生活享受，还包括精神文化生活需求和维护生态环境需求。在原始社会时期，人类从自然环境中取得维持生存的天然资源，基本上依赖于自然界的恩赐就能满足有限的需求。但随着人口的增长，人类对自然资源的需求量增大，到了18世纪中叶，人口剧增，生产力迅速发展，导致人类掠夺式地开发利用自然资源，生态环境质量下降，人地关系矛盾加剧。尤其是二战以来，世界人口急剧增多，社会生产力迅猛发展，人类以牺牲自然资源为代价来换取经济繁荣，生态环境加速恶化，自然环境所能提供的资源难以满足日益增长的人口的需求，从而严重地影响着世界经济与社会的发展，甚至威胁着人类的生存。从20世纪70年代开始，北美、西欧的一些国家出现石油危机，生产下降，世界经济曾一度萧条，失业率普遍上升。科学技术的发展使人们以种种说法来显示当代的特征——“信息时代”“资源是从人的头脑中开发出来的时代”等。资本的内涵也由此得到扩展，“信息资本”“知识资本”“人力资源”……并要人们相信，有了资本、技术、知识、信息，便会有经济的大发展。资源，特别是自然资源在经济中的重要地位，则进一步淹没在“信息社会”“知识爆炸的时代”之中。但是我们应该看到，自然资源是“米”，资本、知识、信息、技术等是“巧妇”，没有自然资源只能是“巧妇难为无米之炊”。

2）只有合理开发和利用自然资源，才能保证经济的持续发展

Geerliing等生态学家认为持续发展就是“自然资源及其开发利用之间的平衡”；经济学家Barbier也认为持续发展是“在保持自然资源的质量及其所提供服务的前提下，使经济发展的净利益增加到最大限度”。可见，没有自然资源的合理开发利用，遑论可持续发展。我国在当前以及今后相当长的时期内，都要以经济建设为中心，要想实现到21世纪中叶达到中等发达国家水平的战略目标，我国的经济必须以较高的速度发展，这是我国实现可持续发展的前提，这就必然要消耗大量的资源，但以高投入、高消耗、低效益、高污染的发展模式，不可能顺利实现这一目标。要实现这一目标，必须要实现经济增长方式的根本转变，从粗放型向集约型转变，即从“忽视技术和管理，依靠大量低效率地消耗各种资源来实现经济的增长”向“依靠提高资源配置效率和利用效率来实现经济的增长”转变。

现在，过快的经济增长造成了对自然支持系统的巨大压力，导致资源与生态环境状况的恶化，在“人定胜天”观念的驱使下，技术的发展使人们过度向自然索取，同时却将资源转化为产品过程中产生的废气、废水、废渣返给自然，可供利用的资源越来越少，但留给自然的污染物却越来越多，导致生态恶化，环境破坏，影响了经济的持续发展。无数的经验和事实也告诉人们：单纯地发展经济，带来了资源损毁、生态破坏和环境恶化等一系列严重后果；而孤立地保护资源，由于缺乏经济技术实力的支持，既阻碍经济的发展，又未能遏止生态环境继续恶化。因此，我们必须将经济的发展与资源的开发利用协调起来。

如果越贫穷就越大肆地毁林开荒，掠夺资源；那么越掠夺资源，环境的破坏就越严重，也就越贫穷。据记载，陕西绥德一带“富饶、多牧场”，但由于长期实行毁林灭草、开荒种粮的方针，昔日草木茂盛、层峦叠翠的地区成了荒山秃岭；“天苍苍，野茫茫，风吹草低见牛羊”的草原变成了沙漠，陷入了“越垦越穷，越穷越垦”的恶性循环之中。历史时期黄河决口改道频率呈阶段性加剧，尤其宋元以后明显增多，其根本原因就是上游植被破坏，水土流失，下游淤积。对我国农业现状的研究表明，相当普遍的地区都不同程度地实行了掠夺性的经营方式，破坏了生态环境，致使资源衰退，形成了农业的恶性循环，使水土流失越来越严重；沙漠化面积增加；草原退化速度加快；森林资源、渔业资源和部分地区的耕地土壤肥力明显衰退。100多年前，恩格斯曾警告人们“不要过分陶醉于我们对自然界的胜利”。他以美索不达米亚、希腊、小亚细亚等的毁林开荒的历

史教训为例，指出：“对于每一次这样的胜利，自然界都报复了我们”。这是对社会经济与资源环境的相互关系的深刻总结。

当然，人类若合理开发和利用自然资源，也就能保持经济的可持续发展。我国自 1999 年以来的退耕还林工程已初具成效，国家统计局调查显示，退耕还林后农民经济收入稳中有升，西部地区的退耕还林农户人均纯收入增长高于非退耕农户，退耕还林极大地调动了广大农民封山造林的积极性，昔日的荒山荒坡披上了绿装，水土流失开始减弱，生态状况逐渐向良性方面发展，且这种生态建设可望持续进行下去。

（二）社会资源

1. 社会资源的概念

社会资源是指在一定时空条件下，人类通过自身劳动在开发利用自然资源过程中所提供的物质和精神财富的总称。社会资源包括人力资源、智力资源、信息资源、技术资源、管理资源。

1）人力资源

人力资源以人口为自然基础，指人口中那些已经成年并且具有和保持着正常劳动力的人，它是由一定数量的具有劳动技能的劳动者构成的。人力资源的质和量的规定性包括两个方面：一是作为劳动者的人的数量，二是劳动者的素质。一定数量的人力资源是社会生产的必要的先决条件，但经济的发展主要靠人口素质的提高，人力资源的质量在经济发展中将起到越来越重要的作用。

2）智力资源

智力资源是近年来一些学者提出的一个新观念。他们认为在以物质形态存在的资源（第一资源）和以知识形态存在的资源（知识资源或称第二资源）之外，国家还拥有一种“智力资源”。智力资源主要指开发利用物质资源、开发创造知识资源的科技队伍和管理队伍。

3）信息资源

信息资源是指可供利用并产生效益的一切信息的总称，是一种非实体性、无形的资源，普遍存在于自然界、人类社会和人类的思维领域之中。随着人类社会的发展，面对新的技术革命，社会将从工业化社会转入信息社会（或称知识社会、智力社会）。信息作为一种重要的资源，对促进现代社会生产和科技发展以及人类的认识论过程有着极其重要的意义。现代工业社会正面临一场以扩展和延长人类信息功能为目标，以信息化、智能化、综合化为特征的信息革命，利用现代信息科学和信息技术对信息进行获取、传递、交换、存储、检索、更新、处理、分析、识别、判断、提取和应用，是信息资源开发、管理和利用的主要内容。信息资源可分为数量信息及质量信息，直接信息及间接信息等。

4）技术资源

技术资源是指人们可用于创造社会财富的各种现实技术和潜在技术。现代科学技术已成为推动生产力发展的第一要素资源，也是实现资源生态经济发展的第一要素资源。

5）管理资源

管理资源是指管理在经济增长与社会发展过程中所起的作用，当与人力、物力、财力等资源相结合，将显示其重要作用。因此，它是与人力资源、物力资源、财力资源并列的一种资源。

2. 社会资源的特点

1）易变性

易变性是社会资源最大的特征。社会资源不像自然资源那样相对稳定，由于受不同历史时期生产关系和生产力发展水平的影响，社会资源容易变化。在人类不断创新、扩展科学技术知识、劳动技能、生产科研设备和经营管理技术及各种经济技术信息的情况下，各种社会资源也得以更新和扩展，而且更新的速度较快、周期较短。通常对社会资源的改造也较自然资源容易得多。

2）不平衡性

社会资源发展和分布上的不平衡性是由自然资源分布的不平衡性，政治、经济发展的不平衡性，以及投资政策、资金政策、教育政策、科学技术政策、产业政策、经济管理体制、经营管理方式等因素直接或间接影响决定的。在经济技术基础较好的地区，经济资源、智力资源、信息资源、技术资源等相对较多，也较集中，反之则较少和分散。

3）社会性

人类用以创造社会财富的劳动资源、智力资源、技术资源、经济资源和信息资源，无不是在一定的社会活动中才能造就出来的，一切社会资源都是社会劳动的产物。在各个不同的社会阶段，具有不同的种类、数量和质量的社会资源，而且不同的历史年代，不同的民族、文化，不同的外界条件，不同的社会活动方式，都会形成不同种类、数量、质量的社会资源。社会资源的社会性还突出地表现为：它们没有疆界，不分民族种族，谁都可以掌握并用于创造新的社会财富。

4）继承性

社会资源的不断积累、发展、壮大，一方面来源于人类在现实生活中对社会资源的不断更新、扩展；另一方面，也是更重要的一方面，来源于对前人已有社会资源的继承。一切发明创造不仅需要有现实生活、生产、科学实验上的丰富经验，更多的是在接受前人的经验教训和基本知识的基础上才能实现，没有这种继承，仅凭个人的实践所能获得的知识和财富是极为有限的，甚至不足以使人类生存下去。例如，人类自从学会了劳动的技能，这种学会劳动的因子就通过遗传物质一代代传下来，同时人们在成长过程中，又通过学习，在获得前人已经积累起来的科学技术知识的基础之上，去获得新的劳动技能和知识，进而不断创造新的知识和技能，使人类社会、经济不断发展，科学技术水平和文化生活水平不断提高。

二、可再生资源和不可再生资源

（一）可再生资源

可再生资源是指能连续或往复供应的资源，包括：①恒定性的环境资源，如太阳辐射能、风力、水力、海潮、径流、地热、温泉等；②可循环再生的环境资源，如一个地区由光热、年降水量、年光照时间、年积温、年无霜期等构成的气候资源，以及主要由年降水量决定的区域水资源和水能资源等；③人类劳动的产物，包括人力资源、信息资源、技术资源等各种社会资源。以上资源都能连续或往复地供应人类的需要，因此都属于可再生资源。这类资源固然可以通过大自然和人类的劳动不断循环地得到开发利用，但如果在一定时期里耗用无度，就可能打断资源再生循环的链条，使其处于枯竭状态。不同的可再生资源，其再生恢复的速度是不同的。例如，自然形成1cm厚的土壤腐殖层需要几百年，砍伐森林的恢复一般需要数十年到百余年。因此，对可再生资源的消耗速度应小于这类资源的再生恢复速度，同时应不断增加社会投入来加速其恢复和再生，以满足社会经济发展对资源不断增加的需求。目前，世界各国都面临着经济发展和资源短缺的矛盾。20世纪50年代以来，迫于资源短缺的压力，世界上的工业化国家为了摆脱困境，都把资源开发重点转移到再生资源综合利用上来，工业发达国家将再生资源综合利用与废弃物资源化视为“开发第二矿业”。大力推动再生资源综合利用工作，减少自然资源的浪费，无论从现实的经济稳定增长还是长期的社会可持续发展的角度看，都将有利于妥善解决资源短缺和经济发展需求之间的矛盾。

（二）不可再生资源

不可再生资源是指相对于人类自身再生产与人类经济再生产的周期而言不能再生的各种地质和半地质资源。地质资源有金属矿、非金属矿、核燃料、化石燃料等，它们的成矿周期往往以百万年计，除非从废物中回收，或者通过工程手段合成制造，否则这些不可再生的自然资源将随着人们的消耗而逐渐减少；土壤和地下水资源的形成周期虽然比较短，但与人类消耗的速度相比也是十分缓慢的，因此被称为半地质资源。对于不可再生的自然资源，应该根据节约和尽可能综合利用的原则，杜绝浪费和破坏，大多数矿产品可以回收利用，形成资源利用的闭合循环系统。而且随着科技发展和进步，可以扩大矿产资源可供利用的储量。例如，1860年时，铜的开采边界品位是6%，由于科技的进步和采、选、冶技术水平的提高，现今铜的开采边界品位已下降到0.25%，这就极大地扩展了铜矿资源的储量。另外，还存在两种资源可以互相替代使用的情况，如石油资源是不可再生的，按现在的耗用规模计算，世界现有石油储量只能保证30年持续生产的需要。因此，目前已有一些国家正在试验用酒精替代汽油，或从树木中提炼燃油，以缓和石油资源的供需矛盾。“不可再生资源”只是一个相对的概念，并不是一个绝对概念，因为地质资源是在漫长的地质年代中形成的，它本身是可以再生产出来的，只不过各种地质资源的富集程度、质量好坏、分布特点及诸矿之间的组合关系往往是受以地质年代为周期的、漫长的、自然再生产过程制约的。我们常说某些矿产资源是不可再生的，是指具有一定富集程度的某些矿藏相对于人类再生产和经济再生产的周期和时间而论，往往是不可再生的。

第三节　资源的形成与分布规律

资源的形成和分布受自然规律支配，不以人的意志为转移，既具有广泛性的一面，又具有不均衡性的一面，而且常常是二者矛盾的统一，如蕴藏于地壳之中的矿物资源，以及地表生物圈中的土地资源、气候资源、水资源和生物资源等。这些资源相互联系、相互制约地组成一个统一的自然综合体；各种自然资源本身也受内外因素的影响，各自形成一个独立的自然综合体，各具特点、有规律地分布在世界各地。

自然资源的分布规律和自然资源的开发利用关系非常密切。自然资源只有得到人类社会的开发利用，才能产生经济价值，充分发挥自然资源在促进国民经济发展中的作用。也只有在充分认识和掌握自然资源形成与分布规律的前提下，才能够采取有效措施，合理地对自然资源进行开发利用，达到最大的经济效果。所以，分析和评价自然资源地理分布的规律性，对于研究自然资源的开发利用有着重要意义。自然资源的形成与分布受地理、地质、气候等多种因素的综合影响，在此，以矿产资源、油气资源、生物圈资源为例，对其形成、分布及其变化规律进行分析。

一、矿产资源的形成与分布规律

矿产资源（mineral resources）是指由地质作用所形成的，赋存于地表和地壳中的，可以预期最终开采在技术上可行、经济上合理的，能够为国民经济所利用的矿物资源。矿产资源是地球演化过程中经过地质作用形成的，是天然产出于地表或地壳中的原生富集物；它们以元素或化合物的集合体形式产出，绝大多数为固态，少数为液态或气态；既包括已经发现的对其数量、质量和空间位置等特征已取得一定认识的矿产，也包括目前虽然未发现，但经预测或推断可能存在的矿物质；既包括当前开发并具有经济价值的矿产，也包括将来可能开发并具有经济价值的资源。

（一）矿产资源的形成规律

地球中矿产的赋存并不是杂乱无章的，而是具有一定的时空分布规律，并在矿产资源形成之后有时还要受到诸多地质作用的影响而发生变化（朱训，1992）。矿产资源的形成是由地质环境和地质作用所支配的，不同的地质条件和不同的地质作用形成不同类型的矿藏，它们表现出较为明显的成矿规律。

地壳运动和造山作用在矿产资源的形成过程中起了极其重要的作用。它不仅使地壳中的岩层发生断裂和位移，而且也不断地引起化学元素的迁移和聚集。在地球内部的高温、高压之下，具有挥发性的气体（氪、氩、氮、氧等），它们的熔点、沸点都很低，极易转移；比较活泼的非金属（磷、氯、氟、硫、碘等），多与其他元素化合成为可挥发的化合物，极易发生转移；具有挥发性的金属（汞、铟、铊、铋等），极易变成气体，在岩浆中转移；碱金属（锂、钠、钾等）和碱土金属（铍、镁、钙、锶、钡、镭等）极易形成稳定的、难挥发的氧化物和卤化物；普通金属（铁、镍、钴、铜、铅等）沸点高达2000～3500℃，多为不挥发的金属矿物；其他如铂族、钨、碳等，则多是最难挥发的金属和非金属矿物，在自然界一般呈游离状态，只有二氧化碳和氯化钨等一部分化合物容易挥发。因此，在地壳运动和造山作用发生过程中，上述各种化学元素所处的物理化学环境，诸如所含物质的浓度、温度、压力、氧化还原电位、溶液的pH，以及成矿围岩的性质发生变化，就进一步加剧了各种化学元素的迁移和聚集，最终形成具有工业利用价值的矿物资源。

从矿藏成因角度看，矿产大致可分为外生矿、内生矿和变质矿三大类。

（1）外生矿。通过外生作用形成的矿产资源，主要与地球外营力有关，即由岩石圈、水圈、大气圈和生物圈，以及与太阳能相互作用而形成的矿物资源。它是在一般的地表温度和压力条件下进行的，因为接近地表，所以这类资源含有丰富的游离氧，所组成的矿物成分主要是造岩元素钾、钠、钙、镁、硅等和介于造岩与造矿之间的过渡元素铁、锰、铝等的氧化物或含氧盐类。它们在各种外力作用下不断地风化、搬运和沉积，形成各种具有工业价值的矿物资源。在陆相沉积中，干旱气候沉积一般形成现代盐湖类和含铜砂岩型矿产，如钾、锂、硼、溴、碘、铜、铀等；潮湿气候沉积一般形成风化壳型矿、砂矿等，如镍、铝、钨、锡、金、油页岩、黏土等。在海相、海陆交互相沉积中，干旱-半干旱气候沉积一般形成砂岩、盐类及碳酸盐类矿产，如灰岩、白云岩中的岩盐、钾盐，砂岩中的铜、钴、铀矿，白云岩中的铅锌矿；潮湿气候沉积一般形成煤、铝土矿、鲕状赤铁矿、煤矿和磷块岩矿产。

（2）内生矿。通过内生地质作用形成的矿产资源主要是地球内部深处的岩浆熔融体及其派生物—气水溶液，随着地壳运动和造山作用而发生的岩浆活动所富集成的。岩浆熔融体本身的组成，除了硅酸盐物质外，还含有水、碳酸、硫、氟、氯以及各种金属元素。在内应力的影响下，沿着裂隙和破碎处钻到地壳的上部层位。随着岩浆熔融体冷却过程的先后及其对围岩的影响，在岩浆期阶段，在超基性岩中就形成铂及铂族金属、金刚石、铬铁矿等矿物资源；在碱性岩中就形成稀土元素矿物资源；在基性岩中就形成钒钛磁铁矿和铜镍硫化物等矿物资源。岩浆熔融体继续冷却进入伟晶岩期阶段，由于挥发性组分的大量集中，岩浆黏性减小，流动性增大，在适当的地质条件下，形成某些矿物结晶粗大的脉状体，即称为伟晶岩。当岩浆冷却成固体以后，从岩浆中分泌出来的气体和热水溶液作为有用物质转运及沉淀的介质，在适当的地质条件下从岩浆中分离出来，然后在适当的地质环境里将有用成分沉淀下来，形成多种有巨大工业价值的贵重的有色金属、稀有金属和非金属矿物资源。例如，与夕卡岩相伴生的矿物资源有磁铁矿、白钨矿、黄铜矿和方铅矿等。

（3）变质矿。变质矿是由岩浆侵入围岩后引起的接触热变质作用、气成—热液变质、区域变质作用和动力变质作用形成的。深成侵入的花岗岩易于在碳质板岩中形成石墨矿、红柱石和大理岩；气成—热液变质作用一般在夕卡岩中形成磁铁矿，钨钼矿，铜、铅、锌矿；在白云岩中形成菱镁矿、滑石矿；在超基性岩中形成蛇纹石石棉矿；区域变质作用多数形成铁、金、铜和刚玉等矿产。动力变质作用形成的具有各种变形组构的岩石即动力变质岩，也称断层岩或构造岩。

（二）矿产资源的分布规律

地壳中矿产的分布受成矿的物质条件和成矿的空间条件所控制。概括地讲，内生矿的分布主要受构造体系的控制，外生矿的分布则既受构造体系的控制，还受海水进退、气候变迁、大陆演化等条件的制约，变质矿的分布规律最复杂，既与原矿物质的分布有联系，又与变质时的构造条件有关。但是，矿产的分布明显地表现出一定的时间和空间规律性，它们与一定时期的岩浆活动和地质构造运动密切相关。

1. 时间分布规律

地壳中矿物资源的分布是非常不均匀的，以至于在世界上很难找到两个比较广大的、拥有完全相同的金属矿床综合体的地区。形成这种分布不均匀的原因主要是：地球本身长期以来不断发生的地壳运动和造山作用，使地壳中埋藏在深处的深成岩隆起到地球表面，从而使人们在地壳表层能够看到和取得绝大部分的矿物资源。与造山运动最早阶段有联系的是铂、铬、铁、钛、钒、磷、镍、钴、铜等矿物资源的出现。略微迟些出现的，多半是铁、铜、铅、锌、重晶石等矿物资源，部分是钴、砷、银、金等矿物资源。中期造山运动以形成锡、钨、钼、金、锂、铍、硼、钽、铌等矿物资源为特征。在晚期，元素的组成基本上承袭中期的元素，但伴生有铁、银、铅、锌，这些元素在造山运动的最后阶段中又重新起着主导的作用。苏联学者比留宾曾对不同的造山运动阶段所形成矿物资源的分布规律做过初步估算（以总量的百分比计），见表 2.2。

表 2.2　各造山运动时期金属矿产储量分布简表　（单位：%）

造山运动时期	锡	钨	钼	金	铜	铅	镍	钴
新生代（最近时期）	14	3	91	13	47	26	7	6.5
中生代	50	81	5	16	2	30	14	14.5
华力西运动	24	16	1	4	8	27	16.5	17
加里东运动	2	—	2	6	14	17	—	—
前寒武纪	10	—	1	61	29	—	62.5	62
全世界储量	100	100	100	100	100	100	100	100

从全球看，特瓦尔奇列哲根据构造作用、岩浆作用、沉积作用和成矿作用的一系列特点，将全球分为七个最主要的成矿期（朱训，1992）：①太古代南罗德西亚期（35 亿～25 亿年前），矿化作用弱，形成磁铁矿、铌钽矿、金矿等；②早元古代白海期（25 亿～18 亿年前），矿化作用很强，形成铬铁矿、铁-锰矿、金矿、铜矿、镍矿，伴生铂族矿、钒矿、锡矿、铀矿等；③中元古代赫德森期（18 亿～16.5 亿年前），矿化作用中等，形成黄铁矿-多金属矿、铬铁矿、金矿、铀矿；④早里菲的哥达期（9 亿～5 亿年前），矿化作用弱，形成有伴生铀的铁矿、稀有金属矿、铜矿、镍矿、银矿、钴矿等；⑤晚里菲的贝加尔期（9 亿～5 亿年前），矿化作用很强，形成铁矿、铬矿、金矿、铅矿、锌矿、钨矿、锡矿等；⑥古生代海西期（5 亿～1.5 亿年前），成矿作用强烈，形成了铁-多金属矿、铬铁矿、钛矿、铂族矿、锡矿、钨矿、铅锌矿等；⑦中生代—新生代阿尔卑斯期（<1.5 亿年前），矿化作用中等，形成铜矿、铁-金属矿、铬铁矿、铜-钼矿、金-碲矿、金-银矿、汞-锑矿、铜-镍矿等。

由上述可知，全球范围内多数矿产在各个地质时期都有形成的可能性，但也有许多矿产集中形成于某一时间段内。据统计，世界最主要的成煤期发生在石炭纪—二叠纪，最重要的成盐期为二叠纪，最重要的成油期在中生代—新生代，其中 64.61%的世界大型油气田储藏在中生代（表 2.3）；前寒武纪成矿期集中了全球 60%的铀矿、63%的铁矿、70%的金矿和镍矿、73%的铬铁矿、80%的钛矿、90%的钴矿以及大部分金刚石矿；中生代形成了全球 90%的锡矿和 85%的钨矿；中生代—新生代形成了 40%的铜矿。

表 2.3　世界大油气田储藏时代统计表（朱训，1992）

序号	储藏时代	个数	占大油气田总数的比例/%	油当量/Mt	石油/Mt	天然气/10^9m^3	占总油当量的比例/%
1	Q	1	0.21	76	41	42	0.04
2	N_2	23	4.85	3351	2433	1062	1.75
3	N_1	73	15.40	18785	14997	4999	9.80
4	N	2	0.42	177	86	151	0.09
5	E_3	25	5.27	10550	7190	4063	5.51
6	E_2	21	4.43	3705	2609	1457	1.93
7	E_1	12	2.53	1923	1535	451	1.00
8	E	2	0.42	173	117	67	0.09
9	R	5	1.05	554	469	102	0.29
10	K	160	33.76	90963	50795	48607	47.47
11	J	59	12.45	31822	27440	5812	16.61
12	T	13	2.74	3893	582	4070	2.03
13	P	39	8.23	16331	4727	14386	8.52
14	C	17	3.59	3376	2695	782	1.76
15	D	15	3.16	4851	3445	1688	2.53
16	O	4	0.84	325	150	210	0.17
17	E	1	0.21	73	70	0	0.04
18	Pt	2	0.42	705	57	778	0.37
合计		474	100.00	191633	119438	88727	100.00

2. 空间分布规律

1）各种化学元素在地壳中的分布规律

矿物资源一般有固体、液体和气体三种存在的形态，但大多数矿产是固体，而液体、气体矿床也都是埋藏在固体地壳之中的。地壳中的矿物资源，随着地球各部分构造和化学元素组合的不同而有不同的地理分布规律。

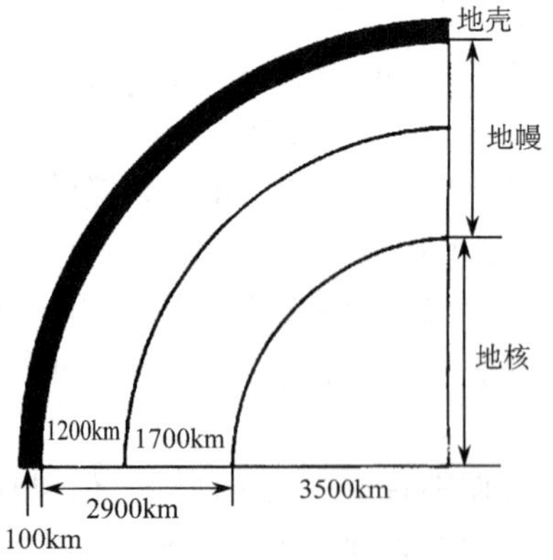

图 2.1　地球内部结构示意图

地球不是一个均质体。它是一个由不同状态和不同物质组成的呈若干个同心圈层构造的球体。这个球体由表及里可以分为外圈（大气圈、水圈、生物圈）和内圈（地壳、地幔和地核），其内部构造呈球层状（图 2.1），从地心到地表，可粗略地分为以下层次。

（1）地核，即地球的核心部分。围绕地心，其半径约3470km，组成地核的物质最重（平均密度8～10g/cm³），温度最高（可高达5000℃），压力最大（32万～36万MPa）。其中主要是铁质熔融液，除大量铁元素外，所有的其他元素都为亲铁元素（镍、钴、钼等），其余是少量的硫、磷、碳以及铂和铂族元素（锇、铱、钌、铑和钯等），它们共同组成了地球的中心铁核。

（2）地幔，也称“中间层”。位于地壳以下，地核以上，其厚度有2900多千米。组成地幔的物质也比较重（平均密度3.64～6g/cm³，越深越重），温度很高（1200～3000℃），压力很大（5万～15万MPa），因而呈现为一种具有变形的弹性固体。从元素组成看，地幔属于硫化物、氧化物带，主要由六方硫铁矿（FeS）组成，部分为镍黄铁矿（FeNiS）和黄铜矿（$CuFeS_2$），也有一些金属氧化物，但主要在亲硫元素集中的地方。各种有色金属（铜、铅、锌、镉、汞、锑、铋、砷）及贵金属（金、银）等都属亲硫元素。此层的上半部为一厚达1200km的榴辉岩层，系从地幔到地壳的过渡地带，其岩性特征对于揭示地壳运动和岩浆活动的能量与物质来源，以及有关矿产的形成和分布，有着重大意义。

（3）地壳，即地球层圈的最外层，是一个厚100km左右的岩石硬壳。在这100km厚的岩层中，又可分为上下两部分，上部以硅铝为主，称为硅铝层，厚约20km，代表岩石是花岗岩，构成大陆的上层；下部以硅镁为主，称为硅镁层，厚约80km，代表岩石是玄武岩，它是大陆和大洋的基础。目前人类所能接触到的16～20km深的地方，在这部分固态地壳的构造中，95%是岩浆岩，5%是沉积岩，而沉积岩又是由岩浆岩形成的。因此，组成地壳的化学元素主要是亲石元素的硅酸盐化合物，即氧、硅、铝、钙、钾、锂、铷、铯、锶、钡、钛、锆、锰、钒、钨、锡、钍、铀、铍、硼、氟、氯、溴以及稀土元素等。费尔斯曼曾经根据克拉克值计算过岩浆岩的平均化学成分，其中各种元素所占比重如下：氧49.13%、铁4.20%、钾2.35%、硅26.00%、钙3.25%、镁2.35%、铝7.45%、钠2.40%、其他2.87%。尽管有一些化学元素在地壳中所占的百分比不大，但它们的绝对储量还是很大的，如铀、钍，其含量与绝对量如表2.4所示。

表2.4　铀、钍在地壳中的含量与绝对量

化学元素	地壳中的平均含量/%	绝对储量/t
铀	3×10^{-4}	1×10^{13}～1×10^{14}
钍	1×10^{-3}	1×10^{14}～1×10^{15}

2）矿产资源的实际分布规律

实际上，地壳中矿物资源的分布是非常不均匀的。在一定的大地构造单元、一定的构造-岩浆带或构造-岩相带区域内，往往由于地质发育历史相近，成矿作用具有一定的共性，从而使得矿产资源在空间上表现为区域性和分带性。从全球来看，最著名的成矿带是环太平洋成矿带，它环绕太平洋周围，自南美洲南段起，沿着南北美洲西缘经安第斯、科迪勒拉、阿拉斯加进入苏联亚洲部分的东北地区、日本群岛、我国台湾岛及东南沿海、菲律宾、巴布亚新几内亚到新西兰，长达4万余千米。

我国在地质构造上包括三个全球性的成矿域，即古亚洲成矿域、滨（环）太平洋成矿域和特提斯—喜马拉雅成矿域。从横向看，我国境内南北方向有 3 条明显的纬向构造带，一是位于 40°N～43°N 的阴山—天山构造成矿带；二是位于 32°31′N～34°30′N 的秦岭—昆仑构造成矿带；三是位于 23°30′N～25°30′N 的南岭构造成矿带。在上述 3 条成矿带中，每相邻两条成矿带之间大致呈相邻纬度 8°的等距离分布。从纵向看，我国东西方向存在北东向的 3 个隆起带和 3 个沉降带，自东至西依次如下。第一隆起带主要指我国台湾岛，自南向北延伸包括日本群岛、琉球群岛、菲律宾等地；第一沉降带主要指黄海、东海、南海及我国广大陆棚区并包括钓鱼岛在内。第二隆起带包括张广才岭、老爷岭、长白山脉、辽东半岛，往南至胶东半岛、东南沿海的武夷山脉和戴云山脉；第二沉降带包括松辽、华北、江汉三大平原和渤海及北部湾。第三隆起带包括大兴安岭、太行山、湘黔边境诸山脉；第三沉降带包括鄂尔多斯盆地和四川盆地。此外，我国西部（包括甘肃和青海大部分地区）还发育有由河西系控制的成矿带，位于青海东部、西藏东部、四川西部及云南大部分地区由“歹”字形构造控制的成矿带中。以上这些成矿带都是巨型或一级成矿带，按照构造的等级和序次，仍可进一步将其分为若干条二级、三级或更低级的成矿亚带。

3. 矿产变化规律

矿产变化规律包括矿物质在形成过程中和形成之后的变化这两个方面(朱训，1992)，其中，矿产在形成之后的变化，既有地质作用引起的自然变化过程，又有人为作用的经济活动发生变化的过程。如果以矿产资源是否被开发为界限，矿产的地质变化规律侧重于揭示矿产在形成过程中的类型、组合及质量上的演变差异，而矿产的人为变化规律则是揭示矿产在被开发、加工、利用等经济活动或产业布局中的演变方向。人类一旦参与了矿产形成后的变化过程，必将产生两种截然相反的结果，一方面是最大限度地开发利用和综合利用矿产资源，为生产或生活带来巨大的经济效益，另一方面是不合理开发利用矿产资源，从而造成对矿产资源的巨大破坏和浪费，也给生态环境造成巨大的压力。

总之，地壳中矿产资源在各种地质作用下形成和分布，都有一定的规律性；而矿产的变化既有地质因素造成的原生变化，又有人类活动叠加的“次生”变化。只有充分地掌握客观的地质规律和产业经济规律，才能有效地进行矿产资源的合理开发与利用。

二、油气资源的形成与分布规律

石油天然气在国民经济中占着举足轻重的地位，它既是全球最主要的能源，也是一种重要资源。石油（petroleum）是一种成分十分复杂的天然有机化合物的混合物，其中的主要成分是烃（hydrocarbon）。按其结构又分为烷烃、环烷烃和芳香烃。实际上，在地质界有关石油的成因一直存在着激烈的争论。一种说法为石油的无机成因说，19 世纪晚期俄国门捷列夫认为，地球深处的金属碳化物在高温下与水起反应，生成乙炔（C_2H_2）气体，随后凝聚成烃；另一种说法为有机成因说，即石油是由古代生物（包括动物与植物），尤以浮游生物为主生成的。在海相和湖相沉积盆地的发育过程中，原始有机质伴随其他物质沉积后，随着埋藏深度逐渐加大，经受地温不断升高，在缺氧的还原环境下逐步向油气转化。

长期以来，石油的有机成因说占据着主导地位，随着全球范围内石油勘探难度的增加和人们对油田认识的加深，越来越多的现象用有机成因说的理论无法解释，长期失宠的无机成因说理论又开始受到世界石油地质学家的关注。油气的成因值得后人进一步研究。

油气资源分布的控制因素主要有三个方面。一是盆地，没有盆地就没有石油；二是大地构造，盆地分布及类型取决于大地构造背景；三是岩相古地理条件。贾东等（2011）基于世界大型油气田的文献资料及美国地质调查局（United States Geological Survey，USGS）的资料，按照国际上关于原型盆地的经典分类方案，将世界上 877 个大型油气田及其赋存的 153 个主要含油气盆地进行重新梳理，明确了全球大型油气田主要赋存的盆地类型及其分布规律。结果表明，原型盆地大型油气田分布规律为：全球 153 个主要含油气盆地中前陆盆地和被动陆缘盆地占据半数以上，拥有大型油气田的被动陆缘盆地占比排列第一（38.54%），前陆盆地占比排列第二（29.99%），克拉通盆地占比排列第三（18.47%），大陆裂谷盆地占比排列第四（6.39%），走滑盆地占比排列第五（3.42%），弧后盆地占比排列第六（2.51%），弧前盆地占比排列最后（0.68%）。全球主要含油气叠合盆地集中出现在亚欧大陆地区，非洲和澳大利亚主要是继承裂谷盆地，南美洲的安第斯山东侧的正反转盆地居多，北美洲的叠合盆地最少，只有科迪勒拉山东侧有少数正反转盆地。另外，从正反转盆地、负反转盆地、继承前陆盆地和继承裂谷盆地四种基本类型来看，在全球 83 个主要含油气叠合盆地中，位居第一的是正反转盆地（68%），全球 619 个大型油气田中有 65%位于此类盆地上；位居第二的是继承裂谷盆地（30%），大型油气田数量接近全球的 34%；负反转盆地和继承前陆盆地仅仅只有 3～4 个，大型油气田的占有率不到 2%（贾东等，2011）。

三、生物圈资源的分布规律

生物圈是地球上有生命的部分，即动物、植物、微生物以及它们生存的环境，它是由大气圈、水圈、岩石圈、土壤圈这几个圈层的交接的界面所组成的。因为有生命在其中积极活动，所以称为生物圈。生物圈资源是指生物圈中一切能为人类所利用的自然资源，它主要包括由地貌、土壤、植被等因素构成的土地资源，由地表水、地下水构成的水资源，由光、热、水等因素构成的气候资源和由各种动植物构成的生物资源。

由土地、水、气候和生物四大资源组成的生物圈资源是发展农业生产的重要物质基础。这些资源在地理分布上有一个显著的特点，就是“整个生物圈资源实际上是一个不可分割的统一整体”。土地、水、气候和生物资源之间有着千丝万缕的联系。就地球大陆而言，可以说任何一个空间里这四种资源都是同时存在着的，并且相互联系、相互制约，构成了统一的系统，这样的系统称为生态系统。而且组成生物圈资源的各自然要素本身又各自形成一个自然综合体而互相联系和制约着，如土地资源中的湖泊生态系统、沼泽生态系统、高山生态系统、农田生态系统等，生物资源中的森林生态系统、草场生态系统、鱼类生态系统、动物生态系统等。任何一种自然资源的开发利用，随着广度和深度的发展，必然会使其他多种自然资源受到一系列的影响，以致整个生态系统失去平衡，出现种种不良后果。我国西北部的黄土高原就是一个鲜明例证。在远古时代，黄土高原上是有不少森林植被的，但长期以来对森林植被的不合理砍伐毁掉了山上的森林，引起了径流的变化，带来了严重的水土流失，致使肥沃的土地沦为瘠薄的黄土沟壑和荒坡，并给远在千里之外的黄河下游带来了深重的灾难。因而，对生物圈资源的综合开发要把利用资源与保护资源结合起来，不仅要求单项地研究各种资源的利用与保护，而且要求把自然界作为整体来研究生态系统的合理利用与保护。

生物圈资源地理分布的特征是具有地带性、区域性和不平衡性。地球与太阳的位置及其运动的特点和地球表面海陆分布的关系、地质地貌的变化，造成了地球上各个地区水热条件的差异，形成了多种多样的资源生态环境。从全球范围看，首先显示的是地带性的差别。以植被生态系统为例，在北半球，自南而北可以区分出热带植被类型、亚热带植被类型、温带植被类型和寒带植被——苔原等地带性的差别（在高山地区，同样也出现类似植被生态环境的垂直变化）。在各个植被类型带中，又受海陆分布、地理位置，以及地质地貌条件变化的影响，出现若干类地区性差别。例如，在同一热带植被类型带中，可以进一步区分出热带雨林、季风雨林、热带疏林、热带草原和红树林等地区性植被类型。在同一温带植被类型带中，也可以进一步区分出阔叶林、针叶林、温带草原和荒漠等。再以太阳辐射能为例，太阳辐射是生命活动的唯一能量来源，地表能够接收太阳辐射的光能和热量，但也由于受地球本身的运动、海陆分布和地表形态的影响，形成明显的地带性和地区性差别，直接影响到地表土壤、植被，以及动物界的地理分布特点等。

由于生物圈资源多具有可更新性、循环性、不可逆性和可培育性的特点，并且它们是发展的、变化的，它们的地理分布特征及其变化，在一定意义上取决于人类社会对自然资源合理利用的程度。例如，土壤中养分和水分的不断消耗和补充，是可以通过降水、地表水与地下水三水的循环和平衡、气候条件的变化，而不断地消耗、补充和恢复的。合理开发利用就能始终处于周而复始、可持续利用的良好状态。如果不合理地开发利用，就可能对自然资源施加不利的影响，导致资源性质向着不利的方面改变，引起资源生产性能的下降，迫使自然资源的地理分布面貌发生变化，带来种种不良后果和消极影响。

复习思考题

1. 什么是资源？资源分为哪些类型？
2. 举例说明自然资源与社会资源的分布规律。
3. 展望未来，分析哪些资源将逐渐被替代，哪些资源将会变得更为稀缺？

参 考 文 献

杜绍敏. 2002. 自然资源的开发利用与环境保护. 东北林业大学学报, 30(2): 94-97.
胡昌暖. 1993. 资源价格研究. 北京：中国物价出版社.
黄奕妙, 樊永廉. 1988. 资源经济学（上册）. 北京：北京农业大学出版社.
黄奕妙, 樊永廉. 1988. 资源经济学（下册）. 北京：北京农业大学出版社.

贾东, 武龙, 闫兵, 等. 2011. 全球大型油气田的盆地类型与分布规律. 高校地质学报, 17(2): 170-184.
李昌宇. 1994. 资源倾斜配置研究. 西安：陕西人民出版社.
李金昌. 1995. 资源经济新论. 重庆：重庆大学出版社.
刘文, 王炎庠, 张敦富. 1996. 资源价格. 北京：商务印书馆.
马传栋. 1995. 资源生态经济学. 济南：山东人民出版社.
彭补拙, 黄贤金, 濮励杰, 等. 2008. 资源科学概论. 北京：科学出版社.
沈镭, 魏秀鸿. 1998. 区域矿产资源开发概论. 北京：气象出版社.
史培军, 周涛, 王静爱, 等. 2009. 资源科学导论. 北京：高等教育出版社.
史忠良, 肖四如. 1993. 资源经济学. 北京：北京出版社.
宋春青, 邱维理, 张振春. 2006. 地质学基础. 4 版. 北京：人民教育出版社.
王景平. 2001. 论自然资源的含义和特征. 德州学院学报, 17(2): 84-86.
王铮, 丁金宏. 1994. 理论地理学概论. 北京：科学出版社.
邢立亭, 徐征和, 王青. 2008. 矿产资源开发利用与规划. 北京：冶金工业出版社.
姚裕群. 1992. 人力资源概论. 北京：中国劳动出版社.
张小燕, 杨改河. 2005. 中国西北地区退耕还林还草研究. 北京：科学出版社.
中国科学院国情分析研究小组. 1992. 开源与节约. 北京：科学出版社.
中国资源科学百科全书编辑委员会. 2000. 中国资源科学百科全书. 北京：中国大百科全书出版社, 青岛：石油大学出版社.
朱训. 1992. 找矿哲学概论. 北京：地质出版社.

第三章　资源调查与评价

内容概要： 资源调查与评价是科学认识资源利用现状及其潜力、实现资源可持续利用的基础。本章重点介绍了资源调查与评价的目的、任务、内容、方法和程序等。在此基础上，阐述了资源价值的内涵及其特点、资源价值评估的理论基础和价值构成，并以耕地资源价值评估为例详细介绍了资源价值的评估方法。

关键术语： 资源调查；资源评价；资源价值

思维导图：

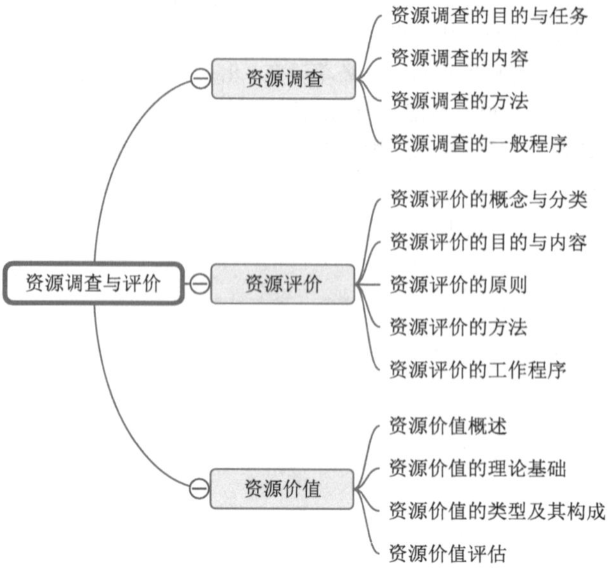

学习目标：

1. 熟悉资源调查的目的、任务、内容，掌握资源调查的方法与程序。
2. 掌握资源评价的概念、分类、目的、任务、原则、方法与程序。
3. 熟悉资源价值的相关理论，掌握资源价值评估的方法。

第一节　资源调查

资源调查是基于资源科学知识，借助相关学科技术与方法，查清资源的自然属性和社会经济属性状况的综合性实践活动。资源调查既包括对资源的类型、数量、质量、空间分布状况和历史演变规律的调查，也包括对资源的生产潜力、适宜性、限制性、利用特点、权属关系和管理状况等进行的调查。

一、资源调查的目的与任务

（一）资源调查的目的

1. 资源调查为资源的科学管理提供依据

资源既是社会经济发展的重要支撑，也是实现人与自然和谐共生的重要基础。科学认识资源的数量、质量、空间分布和历史演变规律及其同社会经济发展的协调程度，是实现资源科学有效管理、促进社会经济持续稳定发展的基础。要实现资源的科学管理，既要科学认识资源的基本数据、质量和空间分布，也要掌握其利用现状及其社会经济效益数据。这些都需要资源调查来获得。

2. 资源调查是资源评价和资源利用规划的前提与基础

资源利用规划是国土空间利用规划的重要组成部分，而资源调查是资源评价与进行资源利用规划的前提与基础。在资源调查的基础上，从科学的角度对资源的数量、质量和可利用情况进行客观评价，形成对资源利用现状与潜力的科学认识，并据此开展资源利用规划以引导资源的合理有效利用，是实现资源高效合理利用的重要手段。

3. 资源调查是资源动态监测的实现过程

资源的开发利用过程中出现了资源总量不断减少、质量不断降低的现象。同时，不合理的资源利用造成的水土流失、土地沙漠化、土地荒漠化、土壤污染、水资源缺乏、水资源质量下降等资源环境问题日益突出。因此，必须开展周期性的资源调查与清查工作，以便对资源利用状况和资源数量、质量变化进行动态监测，以及时采取有效措施，保护自然资源，改善和调整资源利用方式，协调人与自然的关系。

4. 资源调查是实现资源可持续利用的基础

一般而言，随着社会经济的发展，人类社会经济活动对资源的影响越来越大，资源的供需矛盾日益突出，资源利用效率不断提高，资源的稀缺性日益明显，资源退化的威胁也日益加剧。为了保证资源的可持续利用，需要周期性地开展资源调查，对资源利用现状、质量、数量变化进行动态监测，及时发现资源利用中存在的问题，促进资源的可持续利用。

5. 资源调查是制定国民经济和社会发展各项规划的重要依据

资源是国民经济和社会发展的基础。国民经济和社会发展的各项规划必须以资源及其利用状况为依托。在开展国民经济和社会发展的各项规划之前，必须开展资源调查，科学认识资源数量、质量、空间分布及其利用状况，全面评价资源对国民经济和社会发展的支撑程度及利用中存在的相关问题，为国民经济和社会发展各项规划的制定提供基础数据。

（二）资源调查的任务

资源调查的任务是清查资源的类型、数量、质量、空间分布、利用现状，并进行综合分析和评价。资源调查的具体任务包括以下几项。

1. 查清资源状况

资源调查的首要任务是要查明资源的种类、数量、质量和分布状况，获取资源的基础信息。资源的种类和数量包括资源自然类型、数量和资源利用类型、数量两个方面；资源质量包括资源的等级、适宜性、限制性等状况。同时，还要调查各类资源的空间和时间分布状况，分析其地区间的差异，揭示其地域分布规律。

2. 分析资源构成要素状况

自然资源是由气候、地貌、土壤、水文、植被等要素共同作用形成的，资源特性、质量的高低集中表现在资源构成要素特性的差异上。因此，资源构成要素的调查分析是资源调查的重要方面，只有深入地分析研究资源构成要素的特性，以及各要素之间相互影响与制约的关系，才能掌握自然资源形成的规律，抓住主要矛盾，为资源的开发利用和保护提供科学依据。

3. 分析确定资源利用的状况及方向

分析确定资源利用的状况及方向包括对资源类型、资源结构、资源利用程度、资源利用水平等的调查分析。通过调查与分析，阐明资源的利用状况、利用程度及其利用效果，总结资源利用的经验，发现资源利用存在的问题，确定资源利用的方向并提出合理利用资源的措施建议。

二、资源调查的内容

资源调查应该包括对资源构成要素、资源利用类型，以及各要素组合类型的空间分布、数量、质量、权属状况的调查和分析，并在此基础上进行资源统计、资源评价、资源利用规划和资源管理等工作。基于周期性资源调查结果的对比分析，就是资源的动态监测。由于资源调查的具体目标和侧重点不同，调查的内容和项目有一定的差别。例如，以反映资源质量为主的气候、土壤、植被、地质、地貌、水文等资源构成要素调查；以反映资源利用状况为主的资源利用现状调查；以反映资源的自然、社会经济要素和利用状况等整体情况为主的综合性资源调查等。

（一）资源利用现状调查

资源利用现状调查的任务是查清各种资源利用类型的面积、分布及其利用现状。在此基础上，按行政区逐级汇总出乡级、县级、地级、省级和全国的资源数量及其类型结构。

查清资源利用类型、数量及分布，就是要查清各级行政单元和各行业部门的资源数量及分布，以利于各生产单位合理利用资源。为使各级政府了解、掌握各自的资源家底，科学地制定政策、计划、规划，还必须按乡（镇、街道）、县（县级市、市辖区、自治县、旗)、地级市（地区、自治州、盟)、省（自治区、直辖市）和全国各级行政辖区自下而上汇总出各自的资源总量及其分类数量。调查资源利用状况，便于分析、总结资源利用的经验和存在的问题，提出合理利用资源的建议。

资源利用现状调查的内容有：①查清资源利用类型及其分布，并测算各类资源的数量；②统计分析各行政单元资源数据及结构，为科学合理利用资源提供基础数据；③编制资源空间分布图，掌握资源的时空分布格局；④调查总结资源利用的经验与教训，针对资源的合理利用和有效管理提出决策建议。

（二）资源构成要素调查

一般而言，资源具有自然和社会双重属性，它既受地球表面一定立体空间的气候、土壤、水文、生物、地质、地貌等自然要素构成的约束，也受过去和现在人类活动的影响。资源调查应从资源各构成要素的分析入手，从侧面到整体，从要素到系统，了解各构成要素与资源类型间的因果关系及对资源特性和生产力的影响，然后进行叠加，对区域资源管理的特征（如数量、质量、适宜性、生产潜力等）做出全面评价。在此基础上，才能进一步地研究资源类型、利用状况及存在问题，才能科学地提出区域资源合理利用与开发的意见及规划方案。

（三）综合性资源调查与评价

为了对一个地区的资源进行全面了解，需要对其资源进行综合性的调查、评价和分析，在调查的基础上进行有关专业的系列成图，以全面反映该地区的资源状况。综合性资源调查是一个泛指的概念，一方面它是指对一个地区所进行的系统性的资源综合调查，以取得该地区资源的系统性基础资料。据不完全统计，截至2021年，我国开展了9次森林资源连续清查、3次全国土地调查、3次水资源调查与评价、2次全国草原资源调查、2次全国土壤普查、2次全国湿地资源调查、1次全国土壤污染状况调查、1次全国地理国情普查、2次全国土壤普查，以及生物多样性调查、海洋海岛等多项专项自然资源调查工作。这些调查工作不仅查清了各类自然资源的概况，而且促进了自然资源各类调查工作技术的发展，培养了各类资源调查的人才，扩充了其队伍，在我国的资源环境保护中发挥了重要作用。另一方面，综合性资源调查是指以资源构成要素调查和资源利用现状调查等为基础，综合划分资源类型，调查其数量及其空间的变异，并对资源质量、生产力等做出综合评价的资源调查。

三、资源调查的方法

资源调查方法繁多，在实际运用中较为常见的几种方法如下。

（一）问卷调查法

问卷调查法是指调查者将事先设计好的调查提纲或询问表，通过邮政部门或以组织形式交给被调查者，让其在规定的时间内回答完毕后收回，进行统计汇总，以取得所需的调查资料的调查方法。问卷调查法多用于资源的社会属性及资源利用相关主体对资源及其开发利用程度认识的调查。

按照提问和回应的结构方式，调查问卷通常可分为三大类：自由回答（无结构）、有选择的回答（有结构）及混合型的回答。调查问卷编制通常包括以下步骤：确定研究目的，提出研究假设；了解研究问题的特质；确定行为样本；选择被试样本；决定问卷形式；拟定问题的题目并随时修改；试测计算信度、效度，考虑有关社会影响；根据试测的结果，再次修订问卷，形成最终问卷。

取样问题是调查研究的关键环节，抽取有充分代表性的小样本，可取得反映总体特征的可靠资料与数据，也只有采用无偏的样本，统计推论才能得出符合实际的参数值。调查取样的过程实际上包括 2 个方面：规定总体，对总体做出明确的定义；选取样本，运用适当取样方法抽取样本。常用的取样方法有简单随机取样法、分层随机取样法、系统取样法和聚类取样法。

（二）综合考察法

资源综合考察是根据国民经济发展规律的要求和大规模区域开发的需要而开展的一种多学科调查研究工作。它根据特定任务，组织地学、生物学、经济学以及工农业、交通等有关学科与专业的力量，共同对一定地区进行以自然资源及其开发条件为主的科学考察与综合研究，为长远的国土开发整治与生产力发展布局提供科学依据。20 世纪 50 年代中期到 80 年代中期，中国科学院组织了 3 种性质的综合考察：①特定地区自然资源综合开发与经济布局的综合考察。对一定地区的自然资源分布、自然条件特点及其对国民经济发展的保证程度进行全面调查与评价，并结合社会经济现状特点的分析研究，最终提出地区开发方向、国民经济发展远景与生产布局的总体设想方案和有关专题研究报告。例如，20 世纪 80 年代的新疆、黄土高原、南方山地等综合考察。②特定资源及自然改造的专题性综合考察。以某种资源的综合开发或某项自然改造任务为中心组织的综合考察研究，着重调查评价其开发、利用、整治、保护的条件，提出开发途径、措施或部署建设工程的建议。例如，20 世纪 50～60 年代黄河中游水土保持、云南热带生物资源、西部地区南水北调、盐湖等的综合考察；又如，2022 年开展第三次全国土壤普查，利用 4 年时间全面查清农用地土壤的质量家底，也是一种专题性的综合考察。③研究程度很低的地区以积累基础资料为主的综合考察。组织地学、生物学等基础学科进行资源与环境基础资料的调查、收集与系统整理，为远期发展提供较完整的参考资料。例如，20 世纪 60～80 年代多次组织在青藏高原进行的综合考察。概括起来，资源综合考察的基本任务是“查明资源条件，提出开发方案”。由于资源综合考察具有基础性、综合性与战略性，面向地区自然资源与有关条件这一大系统，必须发挥多学科、多专业的共同力量，尤其是与资源、环境最密切的地学、生物学以及与生产力有关的社会经济学科的力量，才能做出比较全面的分析研究。同时，在资源综合考察工作中，又促进了上述学科的发展。

（三）遥感调查法

遥感（remote sensing）主要是利用航空航天技术，宏观地研究地球、综合评价地球环境、进行资源调查与开发管理的一种技术手段。作为综合性对地观测技术，遥感被广泛地应用于军事、农业、林业、海洋、气象、地质等多个领域。在自然资源调查与监测中，主要用于地表覆层的调查监测、水资源调查、地理国情监测等方面。遥感具有数据获取便捷、信息种类丰富和调查范围广泛等特点，为了促进自然资源调查监测工作的顺利进行，并与精准性和实效性要求相符，必须合理运用遥感技术。当前我国科技创新成果不断涌现，一系列的前沿技术得到广泛应用。遥感技术作为重要的前沿科技，在自然资源调查、生态系统动态监测与执法督查等方面的应用优势显著，正在深刻影响着我国自然资源领域的管理。相比于传统的调查监测方式，遥感技术可以使“地上查”这一局限得到弥补与完善，满足时间和空间不断变化的实时化监测需求，同时将整个对比效果予以增强。由此可见，遥感技术与自然资源调查监测之间是紧密联系、密不可分的。

遥感技术应用于资源调查，关键问题是对遥感图像中包含的地物信息进行解译。遥感影像的解译主要分为两种，一种是目视解译，另一种是遥感图像的计算机解译。目视解译是专业人员通过直接观察或借助判读仪器在遥感影像上获取地物信息的过程；而遥感图像的计算机解译是以遥感图像处理系统为支撑环境，利用模式识别技术与人工智能技术相结合，根据遥感图像中目标地物的各种影像特征，结合专家知识库中目标地物的解译经验和成像规律等知识进行分析和推理，实现对遥感图像中地物信息的解译。目视解译是遥感应用于资源调查的一项基本技能，同时也是检验遥感影像计算机解译精度及处理效果的有效方法，而遥感图像的计算机解译是遥感图像的智能化解译，与目视解译相比，能够快速地获取地表不同的专题信息，并利用这些专题信息迅速更新地理数据库，实现资源的动态监测。

随着地理信息系统与全球导航卫星系统的发展，“3S”[①]技术越来越广泛地应用于资源调查与动态监测中。依靠遥感技术快速获取地表信息，全球导航卫星系统的精准定位使得遥感数据能够实时准确地导入 GIS 软件中，依靠 GIS 强大的分析与处理能力，快速地更新资源信息数据库，达到资源动态监测的目的。

在 2021 年启动的第三次新疆综合科学考察中，大范围全方位的装备升级和应用多种新科技是最突出的亮点。探地雷达、红外相机、地面观测站、无人机、卫星等设备相互配合，让人类的目光上天入地，触角抵达了曾经缺少资料的无人区。人工智能、深度学习等技术，让收集到的庞大数据被迅速分析、提炼、处理，推动建立科考数据共享平台。

四、资源调查的一般程序

资源调查是一项技术性很强的工作，具有严格的工作程序和方法。一般分为三个阶段：准备工作阶段、外业调绘阶段、内业工作阶段（图 3.1）。

① 3S：遥感（RS）、地理信息系统（GIS）和全球导航卫星系统（global navigation satellite system，GNSS）

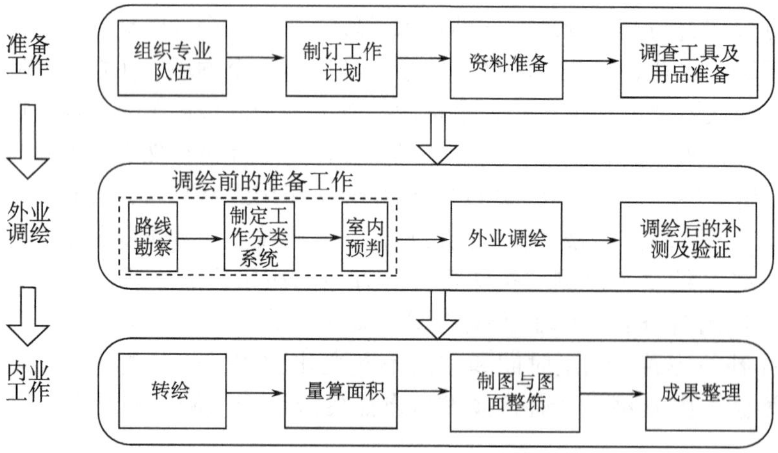

图 3.1　资源调查的一般程序

（一）准备工作阶段

1. 组织专业队伍

资源调查是一项综合性很强的工作，调研人员需具备地理学、资源科学、测绘学等多门学科知识。因此，需要组织一支具备上述各学科知识和调查技能的专业人员组成的调查队伍，并在调查之前对调查人员进行统一的技术培训及专业协调，让调查人员掌握资源调查的一般工作程序、方法、内容和相关的学科知识，以形成统一的认识和便于相互沟通。特别是部分地区采用“3S”技术进行土地资源调查，就需要对调查人员进行必要的“3S”技术培训。

2. 制订工作计划

详细合理的工作计划是资源调查按时有序开展的基础。在资源调查开始之前，要根据资源调查的工作任务和调查的技术规程，制订总的调查工作计划，重点关注资源调查的项目、调查内容、成果的精度要求、工作阶段的划分和时间的安排。在此基础上，各作业组根据总体的调查工作计划制订各自的工作安排和详细的工作计划，重点关注各作业组的工作方法、进度安排、质量要求等。

3. 资料准备

资料准备的主要任务是收集、整理、分析所需要的调查地区的各种专业图件与数字、文件资料、工作地图（包括地形图、遥感图件等），为资源调查做好技术和资料上的准备。所需要收集的资料主要包括以下 4 个方面。

1）工作底图

收集调查区的最新地形图，它是基础参照图件，无论是常规调查方法还是遥感调查方法，地形图都是必需的。特别是资源调查最终成图对应比例尺的地形图，是资源调查最终成图的主要工作底图。此外，还需要准备与所用遥感数据比例尺相近的地形图，以便于遥感影像的判读。有时为了提高成图的精度和质量，还有可能需要中间比例尺地形图。

2）遥感影像的收集与预处理

收集整理工作区的航空像片和卫星影像。在资源调查的过程中应该充分利用遥感技术的优势，提高工作效率。根据资源调查目的和范围的不同，合理选择不同空间分辨率、不同光谱分辨率和不同时间分辨率的遥感影像，形成对工作区资源分布情况的初步认识，对资源调查工作计划的制订和实施具有积极的意义。

3）基础地理数据与图件资料的收集与整理

主要包括工作区的气候、地质、地貌、水文、土壤等基础地理数据及图件的收集与整理，并对这些基础地理数据与图件资料进行预分析，形成对工作区地理条件的基本认识，了解基础地理要素的构成与特点，认识资源分布的基本规律。

4）社会经济资料的收集与预处理

资源调查的资料收集与预处理工作还包括工作区的人口数量与结构、产业结构、各产业的产值状况及资源支撑情况、资源利用中存在的问题和经验等社会经济发展基础数据。通过对社会经济基础数据的收集和预处理，形成工作区资源利用现状和资源开发利用问题的初步认识。

4. 调查工具及用品准备

资源调查前要准备好调查必需的仪器、工具和设备。包括必要的测绘仪器、全球定位系统（global positioning system，GPS）导航仪、转绘仪器、面积量算仪器、钢尺、比尺、测绳、平板仪、立体镜、放大镜、绘图工具材料等；还应该准备好调查所需要的文具，主要有透明方格纸或聚酯薄膜、绘图笔、绘图墨水、透明胶带、野外记载本等；此外还要印刷各种外业调查手簿、权属界线协议书、各种表格；必要的生活、交通和劳动用品等。

（二）外业调绘阶段

1. 调绘前的准备工作

1）路线勘察

邀请熟悉当地情况的人当向导，利用地形图、遥感影像等进行路线勘测，初步了解当地的资源分布及其利用状况；进行初步的社会调查，了解行政边界。在利用遥感影像进行路线勘察时，应初步建立资源类型与遥感影像解译标志之间的关系，建立遥感影像解译标志，以便于室内遥感影像的判读。

2）制订工作分类系统

为了使野外调查有章可循，有统一标准，同时为了便于野外填图，需要建立统一的工作分类系统。工作分类系统的制订，需要在路线勘察、社会调查和阅读分析专业资料的基础上进行，同时要根据制订的工作分类系统，建立遥感影像的解译标志系统并为其编码，以为室内遥感影像的解译提供依据。

3）室内预判

采用遥感影像进行资源调查时，需要利用路线勘察已经了解到的一些资源类型及其分布状况在遥感影像上的表现及其分布规律，在正式展开外业工作之前，充分利用遥感影像所提供的大量信息，进行遥感影像的解译，绘制解译草图，待外业调绘时予以验证、修改，从而减少室外的工作量。

2. 外业调绘

外业调绘工作是整个资源调查工作的核心，需要根据资源调查外业工作规程，以地形图或者航空像片、卫星像片为工作底图，边调绘边检查，不得遗漏。在外业调绘过程中，需要重点关注测绘地图比例尺的确定、验证样区的确定、站立点的选择、调绘地图方位的确定等。调绘资源类型界线确定后，需要对每一个制图单元进行统一的顺序编码，并填写外业手簿，记录和描述各类型单元的资源构成要素、利用现状、主要问题等。

3. 调绘后的补测及验证

当调查地区的新增地物和地类边界与所采用的遥感影像或地形图相比变化较大时，需要进行补测，而且变化范围超过 1/3 时，需要重测或者重摄。补测可以在航空像片上进行，也可以在工作底图上进行。在具有大比例尺地形图或遥感影像的条件下，最好直接补测在图上。通常外业补测会与调绘结合进行。

样区验证是应用遥感影像进行资源调查与制图的必要程序。它是在室内判读和外业调绘的基础上进行的，也可以安排在室内判读和外业调绘之间进行。具体做法是选择一些有代表性的样区，根据验证统计的要求，在野外验证影像判读的准确率及其界线勾绘的精度，如达到制图精度要求，即验证合格；否则就要修改，需要计算准确率及其界线勾绘的精度，并分析技术路线中存在的问题，然后做必要的修正甚至对部分地区进行重新调绘。

（三）内业工作阶段

内业工作是对野外工作成果进行技术处理和整理的阶段，主要包括转绘、量算面积、制图与图面整饰、成果整理等内容。现代资源调查的内业工作大都用 GIS 软件完成。一般常规的内业工作按以下步骤进行。

1. 转绘

为了进行面积量算和制图，需要将外业调绘的成果转绘到地形底图上。用地形图和像片平面图做调绘底图的，可直接转绘到地形底图上。由于航空像片为中心投影，因此在转绘到相应的地形图上时，要有纠正的过程。卫星影像可看作近似垂直投影，以其为底图调绘的专业图也可以直接转绘到地形底图上。

2. 量算面积

在转绘好的专题图上，本着以图幅为基本控制，分幅进行量算，按面积比例平差，自下而上逐级进行汇总的原则量算面积。具体做法是：先按照专题图量算各个行政单位的图斑面积，它们的面积之和与图幅理论面积之间的误差应小于允许值。以图幅理论面积为控制，按行政单位面积的比例进行平差，将平差后的量算结果汇总，提取各行政单位的面积。

3. 制图与图面整饰

在量算面积工作结束后，需要在 GIS 软件的支持下进行资源调查结果的制图与图面整饰。遥感专题制图是采用综合制图原理与方法，根据制图目的，以遥感图像为基础信息源，按要求的分类原则和比例尺，反映与主题紧密相关的一种或几种要素的内容，其主要功能是用图形符号客观、系统且完整地反映一定区域内环境与资源的空间分布及时间变化规律。遥感专题制图包括数据输入、数据处理及图件编辑和输出等一系列过程。

4. 成果整理

资源调整的成果主要包括资源调查报告、资源调查图件和资源调查数据库。

1）资源调查报告

资源调查报告是在深入研究、综合分析各种调查成果的基础上编写的，根据调查目的的不同内容有所侧重。一般而言，资源调查报告包括 4 个部分：调查区域的自然特征和社会经济情况、调查所采用的方法和工作过程、调查成果与分析、资源利用管理和保护中存在的问题与建议。

2）资源调查图件

资源调查图件主要包括资源类型图、资源利用现状图等，是资源调查的重要成果。资源调查图件可以直观、形象地反映出资源的类型、数量、质量和分布规律。在资源调查图件上不仅要反映出定性、定位和定量的根据，体现资源的区域分布特征和规律，还应兼顾图件的科学性、生产实用性与制图艺术性。利用 GIS 编制的地图可以全面、准确地表达所反映的信息，又能实时修改，同时还能和数据库交互使用，其信息量是传统地图无法达到的。因此，GIS 制图目前广泛应用于资源调查和动态监测的各个环节。

3）资源调查数据库

资源调查所获得的信息是非常庞杂的，传统的以纸质图件和数据表格形式对资源调查数据进行存储和管理的方法已经难以满足社会经济发展对资源调查数据应用的要求。随着计算机技术及地理信息系统的发展，为了便于资源调查数据的存储、查询、分析、管理和应用，提高资源调查数据的使用效率，应建立资源调查数据库，以对资源调查数据进行统一和有效的管理。资源调查数据库是按照一定结构组织的资源调查相关数据的集中，在计算机存储设备上合理存放的相互关联的资源调查数据集。利用资源调查数据库，可以对资源数据进行组织、存储、查询、统计和维护等。

第二节　资源评价

一、资源评价的概念与分类

（一）资源评价的概念

资源评价是根据资源类别、属性、形成原理和形成条件及时空分布规律，对其存在、数量、质量和可使用情况进行的客观评述和估价。因其评价对象不同，资源评价的类型很多，但在没有特别说明或强调的前提下，资源评价一般是指自然资源评价。自然资源评价是指按照一定的评价原则或依据，对一个国家或区域的自然资源的数量、质量、地域组合、空间分布、开发利用、治理保护等进行定量或定性的评定和估价。其目的是从整体上提示自然资源的优势与劣势、开发利用潜力的大小、限制性及其限制强度，并提出开发利用和治理保护的建议，为充分发挥自然资源的多种功能和综合效益提供科学依据。

自然资源综合评价是对各种资源在自然界中相互依存、相互制约的完整自然系统进行的全面评估。这一过程不仅涉及资源的数量和质量，还包括其地域组合、空间分布、开发利用潜力和治理保护等多个方面。开展自然资源综合评价是贯彻习近平总书记生态文明思想，落实党的十九届四中全会提出的“加快建立自然资源统一调查、评价、监测制度，健全自然资源监管体制”要求，践行“创新、协调、绿色、开放、共享”的理念的重要举措。评价结果①可以为全方位认识自然资源禀赋情况、开发利用和保护情况、产生的环境影响情况、自然资源治理情况提供支撑；②识别各地在自然资源利用、保护和管理等方面的差别，通过权重打分和有针对性的排名，为地方政府的相关考核提供参考；③补充提供自然资源调查监测工作的需求；④建立统一的评价体系，为形成统一评价制度奠定基础。

（二）资源评价的分类

1. 资源评价分类方法

自然资源评价分类有以下 3 种方法。

（1）根据评价对象，自然资源评价可以区分为单项自然资源评价和自然资源综合评价。单项的自然资源评价指土地资源评价、水资源评价、气候资源评价、森林资源评价、草地资源评价、海洋资源评价、矿产资源评价、能源资源评价、旅游资源评价等。目前的自然资源评价主要是单项评价。这种评价的针对性和适用性强，具有广泛的应用价值。通过大量的工作实践，单项的自然资源评价已基本形成各自的评价体系、方法和指标。

自然资源综合评价以单项评价为基础，但不是单项资源评价的罗列或简单的算术叠加。而是通过综合评价揭示自然资源的整体性质和功能，为自然资源的综合开发利用服务。就一般原则而言，自然资源综合评价大致包括以下几个方面的内容：确定综合评价的目标；划分自然资源的组合类型作为综合评价的基本单元；选定评价的项目及其指标；根据所选项目对基本单元进行评价，得出质量优劣的判断或指出自然资源综合开发类型、开发方向和开发顺序。

（2）根据评价侧重，自然资源又可以区分为以自然属性评价为主的自然资源质量评价和以经济属性评价为主的自然资源经济评价。自然资源质量评价主要根据自然资源的潜力高低对自然资源做出评价，在确定潜力高低的标准中一般以自然属性为主，适当考虑与之有关的经济属性。通过对自然属性在开发利用中所反映出的适宜性及适宜程度、存在的限制性因素及其强度划分出自然资源的潜在开发利用能力等级。通过自然资源质量评价，可以在一定程度上揭示地区内或地区间的自然资源优势程度，为自然资源的合理开发和生产力布局提供科学依据。

自然资源经济评价是指按照经济观点，从经济发展和生产布局出发，对自然资源开发利用的可能性、开发利用的方向，以及开发利用的经济合理性所进行的综合论证。经济评价必须从经济发展方向和具体要求的生产部门布局的实际要求出发，在全面分析的基础上找出对特定的生产部门和地区经济发展与布局产生影响的主导因素进行重点评价，最后在技术可能性的基础上论证经济合理性，通过经济指标进行比较计算，选定优化方案。

（3）根据评价的特定目的，可分为自然资源开发利用评价、自然资源保护改造评价等。资源开发利用评价是从经济发展需要及技术上可能、经济上合理的角度，对自然资源内在属性与外部有关条件的综合评估。资源开发利用评价的基本内容包括：自然资源的数量与质量特征及其对一定时期内经济发展需要的保证程度与适宜程度；自然资源的地区分布与地域组合特征及其对区域建设的有利与不利程度；影响地区资源开发利用的地理条件，特别是交通地理位置、城乡经济基础、劳动力资源等；自然资源在当代科学技术条件下开发利用的可能性、方向、方式及其经济效益与环境后效。

资源保护改造评价是以保护资源环境、资源生产力和改变不利条件而采取相应措施为目的的评价。根据评价对象与目的，有水土保持、盐渍土改良、防风治沙、围垦海涂、灌溉排水、沼泽地改造、防治污染、土地复垦、绿化造林、珍稀动植物保护以及建立自然保护区等评价。资源种类繁多，对不同种类、不同类型、不同目的的保护改造评价所考虑的评价因素是不同的，依据的原理与方法也不尽相同，但都必须考虑起主要作用的限制因素。

总之，用于特定目的的自然资源评价一般针对性强、应用目标明确，通常围绕特定目的和用途确定各自的评价内容和方法，近年来已经成为自然资源评价的主要组成部分。

2. 资源评价分类实例

在实际工作中，资源评价的类型往往比理论上的分类更为复杂，往往是多种分类方案的复合体现。例如，土地资源评价属于单项资源评价，但由于其评价目的、任务及其方法的不同，在实际工作中又可进一步分为土地潜力评价、土地适宜性评价和土地经济评价 3 种类型。

1）土地潜力评价

土地潜力评价（也称土地潜力分级），是指土地在用于农林牧业生产或其他用途方面的潜在生产能力。它主要是依据土地的自然特性及其对于某种持久利用方式的适宜程度或限制程度，以及由此表现出的潜在生产力所进行的土地质量等级的评定与划分。土地潜力评价大多针对农业而言，即农用地潜力评价，主要评价土地农业利用的可能性与生产潜力高低。最早的土地潜力评价系统是美国农业部土壤保持局在 20 世纪 30 年代建立的，当时的目的是为控制土壤侵蚀服务，20 世纪 60 年代后加以改进，用于评价土地对于大农业利用的潜力（图 3.2）。

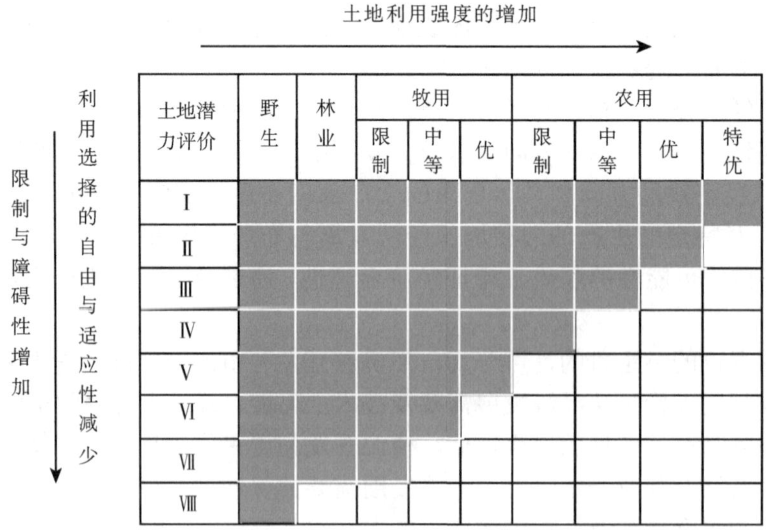

图 3.2　土地资源潜力评级图

国内土地潜力的评价发展也比较迅速，20 世纪 70～80 年代，中国科学院地理科学与资源研究所按照统一规范进行了我国首次大规模的土地利用调查研究。1986 年中国科学院综合考察委员会首次开展全国大规模的土地资源承载力研究，对我国的土地、人口与粮食之间的关系进行了综合研究。20 世纪 90 年代，GIS 技术以及遥感技术开始应用于我国的土地资源调查。1992 年，刘纪远在“国家资源环境遥感宏观调查与动态研究”项目中首次运用 GIS 和遥感技术，构建了我国第一个土地资源分类的资源数据库。

由于土地潜在生产能力与光、温、水、土及其他自然因素有关，尤其是气候与土壤。它们是影响土地生态系统能量流动、养分循环的主要环境因子，所以有以气候要素为主的潜力评价和以土壤要素为主的潜力评价，以及将气候、土壤两者结合的潜力评价等三种（傅伯杰，1992）。

2）土地适宜性评价

土地适宜性评价则针对一定的土地利用方式。土地利用方式的分类有不同层次，高层类型如农业、工业、交通、国防、城市、旅游等用地，低层类型如小麦、茶叶、果园、居住与机场等用地。土地适宜性评价就是根据一定的标准，确定土地对某一用途适宜与否，以及适宜程度高低。根据土地适宜性评价分类中是否采用量化的标准可将土地适宜性评价分为两类：①定性土地适宜性分类。只是根据土地评价单元的土地质量与土地用途要求相配比的吻合情况，定性地说明土地对某一利用方式的适宜程度。②定量土地适宜性分类。它是用量的指标，定量地说明土地对某一利用方式是高度适宜、中度适宜、勉强适宜或不适宜。

3）土地经济评价

土地经济评价即运用经济指标对土地质量进行评定，对土地进行投入和产出分析，并由此决定土地的适宜性类型及其适宜程度。其实质是揭示不同的自然条件与经济条件下，不同质量土地的生产耗费量与提供产品量的对比关系，或在相同投入量下取得不同产出量的经济指标。这种评价强调土地的经济属性，从土地利用的经济学方面来评价土地的质量。它与土地适宜性评价的差别是，既考虑土地的自然属性之差异，更着重研究在等量劳动耗费条件下，土地的产出效果。土地经济评价可分为许多类型，如土地经济适宜性评价、土地资源核算、土地经济分级等。常用的土地经济评价方法有简单的投入和产出的比较分析、数据包络分析、毛利分析与现金流量贴现分析等。

二、资源评价的目的与内容

（一）评价目的

自然资源评价以自然资源的调查为基础，是自然资源合理配置、综合利用的前提和依据。其目的是从整体上揭示自然资源的优势与劣势，提出开发利用和治理保护的建议，为充分发挥自然资源的多种功能和综合效益提供科学依据。具体而言，自然资源评价的目的主要有以下 5 个方面。

1. 科学认识资源的数量、质量及其空间分布规律

在资源调查的基础上开展资源现状评价，对资源的数量、结构、质量进行评价，揭示资源的自然状况及其空间分布规律，是资源评价的基本目的。科学评价与认识资源的数量、质量及其空间分布是科学制订资源开发利用方案、实现资源可持续利用的基础，也是社会经济发展规划制订的基础。

2. 阐明资源动态变化趋势

通过资源的动态监测与调查，采用时序分析方法开展资源变化评价，阐明资源动态变化趋势及其影响因素，是科学认识资源的动态变化规律的基础。同时，科学认识资源的动态变化规律有利于实现资源的合理配置和有效调控，为区域社会经济发展和资源的可持续利用提供依据。

3. 揭示资源开发利用中存在的问题

通过资源利用现状评价，一方面，从资源利用需求与资源数量、质量与空间分析之间的关系出发，揭示资源利用需求与资源供给之间的矛盾；另一方面，通过对资源利用的经济效应、社会效益和生态效应的评价，揭示资源开发利用对社会经济和生态环境造成的影响。在此基础上，揭示资源开发利用中存在的问题。

4. 指明资源开发利用的合理方向

以资源利用潜力评价为基础，以资源自然状况评价为依托，深入剖析资源开发利用强度和资源开发利用潜力。以此为基础，结合资源开发利用条件与区域社会经济条件，提炼资源开发利用的合理方向，促进资源开发利用潜力与开发利用条件和区域社会经济发展的协调，为资源的合理利用提供决策参考。

5. 为资源的可持续利用提供基础数据

科学地认识资源的数量、质量与空间格局，剖析资源的动态变化规律及其驱动机制，揭示资源开发利用中存在的问题并指明资源开发利用的合理方向，是实现资源可持续利用的有效途径。而资源评价是这一途径的核心和关键所在，也是实现资源可持续利用的重要保障。

（二）评价内容

资源类型多样，评价的重点各不相同，因而资源评价的内容繁多。但一般而言，资源评价应该包括如下几部分内容。

1. 资源的数量评价

资源的数量评价即计算资源的绝对量，也可用每平方千米的资源平均拥有量来表示。以矿产资源为例，数量评价包括探明储量、可采储量和远景储量等；资源数量评价，还应包括资源绝对量与社会需要量对比的相对量。相对量可用每人平均的资源拥有量来表示，它可说明一定地区范围内资源的富裕程度。

2. 资源的质量评价

资源的质量评价是对某一地区各种资源成分或其整体在一定社会经济技术条件下能被人类开发利用所创造出的财富和价值进行定量或定性的评估。以矿产资源为例，质量评价指矿物的品位，如含矿率、所含有害杂质及有益伴生矿。至于矿层厚度、矿床埋藏深度、可否露天开采、矿物开采的采剥比、水文地质状况等，也属矿产资源质量评价的内容。

3. 资源的空间分布及区域差异评价

资源的空间分布及区域差异评价是对某一地区各种资源在空间上分布的不均衡性及资源数量、质量的区域间不平衡性进行定性或定量的评估，以揭示资源空间分布规律及其影响因素，为资源的优化配置和合理利用提供参考。

4. 资源动态变化趋势评价

资源动态变化趋势评价是对某一地区各种资源的动态变化趋势进行分析并定量评估其动态变化程度。以土地资源为例，土地资源动态变化评价即根据土地利用数据的历史资料，定量分析土地数量、质量、结构的动态变化过程，并结合区域社会经济发展，揭示区域土地资源动态变化的驱动机制。

5. 资源开发利用现状评价

资源开发利用现状评价是从利用的角度出发，定性或定量评估人类对资源的开发利用程度及存在的问题。以土地资源为例，土地利用现状评价是指通过土地资源系统的数量与质量、结构与分布、利用与开发程度等方面的分析，揭示土地资源在地域组合上、结构上和空间配置上的合理性及开发利用中存在的问题，为人地协调发展提供科学依据。

6. 资源开发利用潜力评价

资源开发利用潜力评价是对某一区域资源的自然性质及其对某种用途的限制程度进行评价并划分等级。例如，土地利用潜力评价是以土地的适应性、限制性、保护及改造措施来划分土地等级的评价，主要反映土地对某种持久利用的限制程度。

三、资源评价的原则

资源评价应遵循3个基本原则：整体性原则、实践性原则和可持续利用原则。

（一）整体性原则

贯彻这一原则需坚持以下两点。

（1）将优势资源与非优势资源紧密结合。任何一个地域的资源系统（或者子系统）都是由优势资源与非优势（或劣势）资源两部分构成的统一体。既需要明确哪些是优势资源，又需要明确优势资源与非优势资源之间的联系。这种评价既有助于扬长避短，发挥优势资源的作用，又有助于做转化工作，把劣势资源转化为优势或者消除它对优势资源的制约作用，促进优势资源的发挥，达到资源系统与地域整体功能优化的目的。

（2）将局部与全局相结合。在开展资源评价时，既需要通过横向对比明确某一部门或某一个局部地区的资源优势，更需要将其置于全省或全国乃至世界同类地区的更大整体中评价其优势。局部与全局相结合的评价有利于从全局角度提出地域合理开发利用和分配资源的优化方案，确保资源整体优势的发挥。

（二）实践性原则

实践性原则即坚持服务于资源合理利用的原则。贯彻这一原则需做好以下4个结合。

（1）“空间性”与“时间性”相结合。资源是分布在地表空间的物质系统，它在地表空间的分布是不均衡的，同时在不同地域空间的构成也很不一致，必须对资源的“空间性”（即地域差异）做出评价。把资源“空间性”与“时间性”的评价紧密结合起来，有利于揭示资源系统在不同地表空间的变化，既可为当前指导生产实践服务，又能为制订长远规划提供必要的科学依据。

（2）宏观与微观层次评价相结合。宏观层次是指从地域水平的高度评价资源；微观层次则是指从品种与化学成分的角度评价资源。资源利用与规划属于宏观决策层次，同时又需要对某些重点项目进行立项的初步论证。因此，对重大项目进行微观层次的评价也是十分必要的。将宏观层次与微观层次紧密结合进行评价，才能为重大项目的立项提供必要的论据。

（3）现状与潜力评价相结合。资源评价不仅要掌握各种资源（特别是优势资源）的数量与质量、地域组合与结构状况、地域差异与空间结构等现状；而且要通过资源开发水平与条件等现状的评价，明确资源进一步开发利用的潜力（包括扩大开发的潜力与增产的潜力）。这种把资源的现状与开发潜力结合起来的评价，是进行资源开发战略决策的需要。

（4）顺向与逆向评价相结合。顺向评价是从资源出发，评价产品的开发及生产的规模。逆向评价是指从市场出发，根据市场分析要开发哪些产品，然后再确定资源开发利用的方向。只有把立足于资源的顺向评价与立足于市场评价的逆向评价有机结合起来，才能正确地制订产品及资源开发战略。

（三）可持续利用原则

可持续利用原则即坚持可持续发展的原则。贯彻这一原则，要把握好以下几点。

（1）在对人类有意义的时间和空间尺度上，任何一类自然资源的开发利用，都必须保证其利用强度不超过自然资源可承载能力，从而使自然资源不仅能够满足当代人的需求，而且也能不对后代人满足其需求构成危害。在资源评价中，应根据资源种类特征把握这一原则。对于恒定资源，如太阳能、潮汐能等，应尽量提高利用率，发挥其最大效益；对于耗竭性不可更新资源，如石油、天然气、煤炭等，应节约利用；而对于耗竭性可更新资源，如森林、土地等，应在其可更新能力范围内，优化利用。

（2）坚持经济、社会、生态三个效益相结合。制定资源利用与规划的战略目标，就是要在地区资源的基础上，协调自然系统与人类社会系统之间的关系，建立一个和谐的人地关系系统。长期以来，人们片面追求经济效益，导致许多地区人地关系不够协调，甚至造成了人与自然同盟关系的严重破裂。如果我们不从经济、社会、生态三个效益高度统一的角度进行考察和评价，而仍然沿袭旧的观点，那么就无法揭示资源开发利用中反映出来的人地关系问题，更谈不上为协调人地关系提供科学依据。所以坚持经济、社会、生态三个效益相结合，走可持续发展道路是资源评价的一条十分重要的原则。

四、资源评价的方法

以国土资源质量评价为例，评价方法大体可以概括为以下 6 种（蔡运龙，2007）。

（一）主导因子评判法

主导因子评判法是在影响某一资源质量的多个因子中，选择一或两个起决定性作用的主导因子作为评判资源质量或划分等级的依据。根据主导因子选出能全面准确地表达它的评价指标，并对每一个指标做出分级，这样便可得到一张可以用于质量分级的标准表。在这种条件下，评价人员只需取得该资源的主导因子在不同地段（即评价单元）的全部指标，便可与评价标准表对照，迅速获得每一个地段（即评价单元）的级别。

在运用该方法进行国土资源评价时，不仅需要科学地选取评价的主导因子（或评价项目）和表达这一评价因子的指标，而且必须对指标进行科学的分级，切忌指标分级的主观随意性。

下面以评价地处亚热带的宜昌市适种柑橘土地的质量为例展开说明。

评价人员从该地实际出发，确定影响该种柑橘土地质量的因子有如下九项：①越冬气温；②土体厚度；③地表排水条件；④水源与供水条件；⑤土壤有机质；⑥地表坡度；⑦土壤酸碱度；⑧土壤质地；⑨地形与避冻条件。

通过实地调查与分析，选取越冬气温与土体厚度两项为评价的主导因子。确定越冬气温以极端低温≥−7℃出现频率、≥−9℃出现频率等指标来表达；土体厚度以土层厚度加风化壳的厚度来表达。同时根据它们对柑橘生长影响的程度分别划分为 4 级，便得出评价适种柑橘土地质量的主导因子指标分级（表 3.1），这一分级表就是主导因子分级的标准。

表 3.1　主导因子指标分级

柑橘越冬温度				土体厚度/m	等级
极端低温/℃	≥−7℃出现频率	≥−9℃出现频率	等级		
≥−7	20 年以上一遇	100 年以上一遇	Ⅰ	4	a
−9～−7	15 年以上一遇	50 年以上一遇	Ⅱ	3～4	b
−11～−9		30 年以上一遇	Ⅲ	2～3	c
≤−11		15 年以上一遇	Ⅳ	1～2	d

评价人员从该地区实际出发，以柑橘越冬温度为主要指标，以土体厚度为辅助指标，得出柑橘地评级标准，如表 3.2 所示。

表 3.2　柑橘地评级标准

柑橘地等级	评级标准
一等地	Ⅰa、Ⅰb
二等地	Ⅰc、Ⅰd、Ⅱa、Ⅱb
三等地	Ⅱc、Ⅱd、Ⅲa、Ⅲb
四等地	Ⅲc、Ⅲd、Ⅳa、Ⅳb
等外备用地	Ⅳc、Ⅳd

评价人员通过实地调查和利用现成资料划分出主导指标各异的土地评价单元（或适种柑橘土地的类型），并标明各土地单元主导因子的指标，例如，土地单元 A 冬季极端低温，≥−7℃出现频率为 20 年以上一遇，土体或风化壳厚度为 3～4m；土地单元 B 冬季极端低温为−11～−9℃、≥−9℃出现频率为 12 年一遇，土体厚度为 2～3m。那么通过查主导因子指标分级和柑橘地评级标准表，便可得出：土地单元 A 为Ⅰb，属于一等地；土地单元 B 为Ⅳc，属等外备用地。

（二）最低限制因子评判法

最低限制因子评判法是选取多个限制因子作为评价因子，各限制因子按其对资源的限制程度进行指标分级，即划分为不同级别的定量或定性的评判指标或标准；然后对被评对象的各个限制因子一一评定其级别，最后以限制因子评定的最低级别来确定被评对象的等级。

例如，评价我国东北某地宜农荒地的等级。比较常见的是根据土地当前的适宜性或潜在适宜性进行评价分级。而考虑土地当前的或潜在适宜性最重要的是开垦前改造措施的难易程度，所以据此可将该地区宜农荒地划分为 4 级：①一级宜农荒地。不加改造即可开垦。这些荒地不存在限制开垦的因子，开垦后在正常耕地和管理措施下，一般能持久维持土地的生产力，不会导致周围土地被严重破坏。②二级宜农荒地。稍加改造即可开垦，这些荒地存在一种或几种因子的轻微限制，但改良条件好，改造措施也简单易行。③三级宜农荒地。大加改造才能开垦。这些荒地存在一种或几种因子的较严重限制，需采取大量改造措施方可开垦。④四级宜农荒地。施加全面的改造方可开垦。这类荒地限制相当严重，需实行全面的整治，而且整治的技术复杂、工程量浩大，属于难以开垦的荒地。

宜农荒地的开垦主要受制于土地自然属性的多种限制因子。从东北某地的实际出发，选取地面坡度、地表积水状况、排水条件、干旱威胁、寒冻危害、土层厚度、土壤质地、盐碱化程度、风蚀程度等 9 个因子作为评价项目，并分别拟定各个宜农荒地评价项目的评级标准（表 3.3）。

表 3.3　宜农荒地评价项目的评级标准

评价项目	评价项目指标分级	评价指标评级	评价项目	评价项目指标分级	评价指标评级
地表坡度	<3°	I	寒冻危害	无	I
	3°~7°	II		偶有霜害	II
	7° ~10°	III		常有霜害	III或IV
	10° ~15°	IV		生长季短，霜害频繁	V
	>15°	V			
地表积水状况	无	I	土层厚度	>100cm	I
	偶尔	II		70~100cm	I 或 II
	短期	III		50~70cm	II 或III
	季节	III或IV		30~50cm	III或IV
	终年	V		<30cm	V
排水条件			土壤质地	黏土	III
				壤质土	II
	较好	I		沙壤土	II 或III
	一般	II		沙砾	V
	困难，易改良	III	盐碱化程度	无	I
	困难，难改良	IV		轻度	II
	很困难	V		中度	III
				强度	IV或 V
干旱威胁	无	I	风蚀程度	无	II
	轻微	II		轻度	III或IV
	旱作保证率低	III		中度	V
	严重	IV或 V		强度	

在评级标准确定之后，根据通过实地调查或现有资料取得的各评价地域单元的 9 个限制因子的指标值，从表 3.3 中确定各限制因子的级别，最后按限制因子评级中的最低等级来确定各评价单元宜农荒地的等级。评价单元甲与乙分别取得了 9 个限制因子的指标值。并

按表3.3的评级标准得出它们应评的级别（表3.4），便可直接评定两个地域单元的等级。

表3.4 宜农荒地评级

评价单元	地表坡度	地表积水状况	排水条件	干旱威胁	寒冻危害	土层厚度	土壤质地	盐碱化程度	风蚀程度	荒地评级
甲	<3° Ⅰ	季节 Ⅲ	困难，易改良 Ⅲ	无 Ⅰ	偶有霜害 Ⅱ	>100cm Ⅰ	壤质土 Ⅱ	无 Ⅰ	无 Ⅰ	Ⅲ
乙	3°～5° Ⅱ	无 Ⅰ	较好 Ⅰ	无 Ⅰ	偶有霜害 Ⅱ	70～100cm Ⅰ	壤质土 Ⅱ	无 Ⅰ	无 Ⅰ	Ⅱ

（三）综合指标评判法

综合指标评判法是选取公认的能反映某一资源质量的综合性指标，并将综合性指标进行分级，用以评定该种资源的等级。通过比较两个以上地域单元的评价结果就可以获得资源优劣的明确概念。

例如，评价范围较大的国家或地区农业气候资源的优劣。评价人员选取辐射干燥指数作为评价该资源质量的综合指标。辐射干燥指数通过公式 R/Lr 计算得出。式中，R 为年辐射平衡（即太阳净辐射）；L 为蒸发潜热；r 为年降水总量。为了便于评价，可从该地区实际出发将辐射干燥指数划分为若干级别。例如，热带地区可将辐射干燥指数0.4～0.6划为一级，0.61～1划为二级，1.01～2划为三级，2.01～5划为四级，5.01及以上划为五级。从一级到五级植物群体的年生产量递减，其对应关系见表3.5。

表3.5 辐射干燥指数与植物群体年生产量对照

级别	辐射干燥指数	植物群体年生产量/(t/hm²)
一级	0.4～0.6	30.1～45
二级	0.61～1	15.1～30
三级	1.01～2	7.1～15
四级	2.01～5	2.1～7
五级	5.01及以上	2及以下

评价人员通过公式计算，求得各个评价的地域单元的辐射干燥指数，则可从表3.5中直接评定其级别。同样，若评价人员获得与辐射干燥指数对应的植物群体年生产量，也可评定各地域单元农业气候资源的级别。

（四）多因子综合评判法

多因子综合评判法是选取对被评价对象——某一资源的质量有影响的多个限制因子作为评价项目，然后将每个评价项目进行指标分级，最后将各限制因子评定的级别采用一定数学方法综合后评判被评价对象的质量等级。根据采用数学方法的不同，可将多因子综合评判法进一步划分为多因子模糊评判法、等差指数定量评判法、加权给分评判法和综合指数评判法等方法。下面以多因子模糊评判法为例，说明多因子综合评判法在资源质量评价中的应用。

多因子模糊评判法又称为 Fuzzy 综合评判法。它运用解模糊矩阵的方法来综合评判资源的质量。模糊综合评判量给定两个有限论域

$$u = u_1, u_2, u_3, \cdots, u_n \tag{3-1}$$

$$v = v_1, v_2, v_3, \cdots, v_n \tag{3-2}$$

式中，u 为综合评判的因子，即资源质量的评价项目的集合，不同的评价对象，评判的因子也不同；v 为评价对象各评判因子评语的集合。评判因子集合 u 与评语集合 v 之间存在着内在联系，可通过一定途径实现模糊变换。

模糊变换公式为

$$\boldsymbol{R} = y / r \tag{3-3}$$

式中，r 为 u 上的模糊子集，而评判的结果 y 为 v 上的模糊子集，$\boldsymbol{R}$ 为模糊关系矩阵。

通常模糊变换途径有二：一是按一定标准对评判因子逐一评审，得出结论性的评语；二是在一级评判因子之下设二级评判因子，并按一定标准逐一得出结论性的评语，然后对一级评判因子逐个做出评判结论。在综合评判过程中，将各个评判因子的评语加以统计，汇集在一起，形成综合评判某一资源的模糊关系矩阵。最后解模糊关系矩阵即可得到综合评价结果。

例如，评判鄂西北十堰地区所属六县（市、区）农业自然资源的质量。评价人员从该区实际出发选取了 5 个因子反映农业自然资源质量，作为评判该区六县（市、区）资源质量的项目（表 3.6）。

表 3.6　十堰地区各县（市、区）农业自然资源评价因子一览表

县（市、区）	热量条件≥10℃的积温(80%保证率)/℃	人均林用地/(亩/人)	人均耕地/(亩/人)	人均经济林/(亩/人)	一、二、三、四级土地占总面积的百分比/%
郧西县	4754	7.87	1.67	0.86	11.56
竹溪县	4960	7.21	1.39	0.41	13.15
丹江口市	4859	8.82	1.17	1.61	11.4
郧阳区	4414	9.2	2.35	0.38	15.04
竹山县	4807	7.81	1.93	0.51	8.92
房县	4304	10.6	1.54	2.92	8.37

注：1 亩≈666.67m²。

设论域 $u = u_1, u_2, u_3, u_4, u_5$，分别为热量条件≥10℃的积温(80%保证率)，人均林用地，人均耕地，人均经济林和一、二、三、四级土地占总面积的百分比。

设论域 $v = v_1, v_2, v_3, v_4, v_5$，分别为优、较优、良好、一般、较差。

各评价因子按五级分别拟定分级标准（表 3.7），在评定评价级别时评价人员采用了最简单的方法，即将评价各县（市、区）的评判因子的实际值与标准值相对照。凡符合某一等级的定为 1，不符合的定为 0，评语 v_i 值仅为“是”和“否”两类，分别记为 1 或 0。

表 3.7　十堰地区农业自然资源评价因子分级标准

分级	热量条件≥10°C 积温(80%保证率)/℃	人均林用地/(亩/人)	人均耕地/(亩/人)	人均经济林/(亩/人)	一、二、三、四级土地占总面积/%
优	＞4900	＞10	＞2	＞2	＞15
较优	4800～4900	9～10	1.75～2	1.5～2	13～15
良好	4700～4800	8～9	1.5～1.75	1～1.5	11～13
一般	4600～4700	7～8	1.25～1.5	0.5～1	9～11
较差	＜4600	＜7	＜1.25	＜0.5	＜9

注：此标准仅适用于十堰地区。

模糊变换公式中的 $\boldsymbol{R}$ 是将评判因子 $u_1,u_2,\cdots,u_n$ 分别赋以不同的权系数。在本例中评价人员提出了确定权系数行向量的如下两个方案。

第一方案：$A=(0.4\quad 0.1\quad 0.2\quad 0.2\quad 0.1)$

第二方案：$A=(0.3\quad 0.1\quad 0.2\quad 0.2\quad 0.2)$

第一方案确定权系数的理由是本区农业生产主要受热量条件所制约，所以其权系数较高。耕地与经济林是本区的发展基础和致富之路，也较为重要，所以二者权系数相同，仅次于气候因素的权系数。宜林地资源和土地分级各县（市、区）均较丰富，故给予权系数最小。

第二方案确定权系数的突出之点是既强调气候因子，又重视土地质量对农业生产的重大影响，分别给予较高的权系数 0.3 与 0.2，而人均林用地、人均耕地与人均经济林的权系数保持不变。

为了便于比较综合评判结果，分别按上述两个方案建立模糊关系矩阵并求解。

按照第一方案求解。首先列出各县（市、区）农业自然资源的模糊矩阵

$$\boldsymbol{R}(\text{郧西县})=\begin{pmatrix}0&0&1&0&0\\0&0&0&1&0\\0&0&1&0&0\\0&0&0&1&0\\0&0&1&0&0\end{pmatrix}\qquad \boldsymbol{R}(\text{竹溪县})=\begin{pmatrix}1&0&0&0&0\\0&0&0&0&1\\0&0&0&1&0\\0&0&0&0&1\\0&1&0&0&0\end{pmatrix}$$

$$\boldsymbol{R}(\text{丹江口市})=\begin{pmatrix}0&1&0&0&0\\0&0&1&0&0\\0&0&0&0&1\\0&1&0&0&0\\0&0&1&0&0\end{pmatrix}\qquad \boldsymbol{R}(\text{郧阳区})=\begin{pmatrix}0&0&0&0&1\\0&1&0&0&0\\1&0&0&0&0\\0&0&0&0&1\\1&0&0&0&0\end{pmatrix}$$

$$\boldsymbol{R}(\text{竹山县})=\begin{pmatrix}0&1&0&0&0\\0&0&0&1&0\\0&1&0&0&0\\0&0&0&1&0\\0&0&0&0&1\end{pmatrix}\qquad \boldsymbol{R}(\text{房县})=\begin{pmatrix}0&0&0&0&1\\1&0&0&0&0\\0&1&0&0&0\\1&0&0&0&0\\0&0&0&0&1\end{pmatrix}$$

由综合评判可得郧西县农业自然资源的评判结果为

$$\boldsymbol{R}(\text{郧西县}) = A \cdot R = (0.4 \quad 0.1 \quad 0.2 \quad 0.2 \quad 0.1)\begin{pmatrix} 0 & 0 & 1 & 0 & 0 \\ 0 & 0 & 0 & 1 & 0 \\ 0 & 0 & 1 & 0 & 0 \\ 0 & 0 & 0 & 1 & 0 \\ 0 & 0 & 1 & 0 & 0 \end{pmatrix}$$

根据最大最小法则求得

$$\boldsymbol{R}(\text{郧西县}) = (0 \quad 0 \quad 0.4 \quad 0.2 \quad 0)$$

归一化处理后得

$$\boldsymbol{R}(\text{郧西县}) = (0 \quad 0 \quad 0.66 \quad 0.34 \quad 0)$$

同理可求得其他县市农业自然资源的综合评判结果为（已作归一化处理）

$$\boldsymbol{R}(\text{竹溪县}) = (0.45 \quad 0.11 \quad 0 \quad 0.22 \quad 0.22)$$

$$\boldsymbol{R}(\text{丹江口市}) = (0 \quad 0 \quad 0.4 \quad 0.2 \quad 0.4)$$

$$\boldsymbol{R}(\text{郧阳区}) = (0.286 \quad 0.143 \quad 0 \quad 0 \quad 0.571)$$

$$\boldsymbol{R}(\text{竹山县}) = (0 \quad 0.572 \quad 0 \quad 0.286 \quad 0.142)$$

$$\boldsymbol{R}(\text{房县}) = (0.25 \quad 0.25 \quad 0 \quad 0 \quad 0.5)$$

通过前述计算得出十堰地区农业自然资源质量评价结果（表 3.8）。表中评判结果若从低到高分别乘以从 1 到 3、级差为 0.5 的分值，然后相加则可以得出山区各县市农业自然资源的优劣好坏顺序依次为：竹溪县＞竹山县＞房县＞郧西县＞郧阳区＞丹江口市。

表 3.8　十堰地区农业自然资源质量评价结果（方案一）

县（市、区）	优	较优	良好	一般	较差
竹溪县	0.45	0.11	0	0.22	0.22
房县	0.25	0.25	0	0	0.5
竹山县	0	0.572	0	0.286	0.142
郧阳区	0.286	0.143	0	0	0.571
丹江口市	0	0	0.4	0.2	0.4
郧西县	0	0	0.66	0.34	0

如按照确定评价因子u的权系数的第二方案求解，则根据上述解模糊关系矩阵的方法得出不同的评价结果（表 3.9）。

表 3.9　十堰地区农业自然资源质量评价结果（方案二）

县（市、区）	优	较优	良好	一般	较差
竹溪县	0.33	0.22	0	0.22	0.23
丹江口市	0	0.428	0.286	0	0.286
郧阳区	0.34	0.16	0	0	0.50
房县	0.28	0.29	0	0	0.43
竹山县	0	0.43	0	0.28	0.29
郧西县	0	0	0.6	0.4	0

同样将表中各评语的 v 值从低到高分别乘以 1 到 3、级差为 0.5 的分值，然后相加得到的综合评判结果为：竹溪县与房县农业自然资源条件最优，丹江口市与郧阳区次之。郧西县和竹山县较差。通过两方案比较，确认方案二的评判结论比较符合实际。可见在运用这一方法评判资源质量时，除了要从实际出发正确选择评价因子外，评价因子的权系数的确定也是至关重要的。

（五）地域对比评判法

这一评价方法是将某一资源与具有同一资源的地域单元通过反映该资源质量特征的各有关指标的系统对比，来评定该地域单元某项资源的相对质量，得出相对优劣的评价结论。

例如，评价湖北省某大型磷矿的质量。为了实现评价的目的，评价人员选取其他省份大型磷矿进行对比，对比时选取 P_2O_5 平均含量、富矿比重与矿石可选性 3 项反映磷矿质量的指标。由于这 3 项指标具有很大的相关性，所以很容易进行了优劣排序（表 3.10）。

表 3.10　湖北某大型磷矿与其他省份磷矿质量对比

对比项目	湖北省某大型磷矿	湖南省某大型磷矿	云南省某大型磷矿
P_2O_5 平均含量	20%以上	15%～17%	30%以上
富矿比重	5%以上	5%以上	30%以上
矿石可选性	一般	较差	好
优劣排序	2	3	1

（六）标准值对照评判法

这一评价方法是按照国家（或国际上）规定的质量标准，或者科学界公认的质量分级标准，将它与被评的某一资源质量的实际值相对照，以评定其等级。

目前国家对矿产资源的富矿与贫矿（或优质矿、中质矿、劣质矿）、水资源的质量等级、土壤质量分级，以及某些农产品、工业产品的质量分级均有明确的规定，这些均可以作为标准值使用。若缺乏质量分级的明确规定，则可以采用本地区较成熟的、公认的有关资源质量分级的成果，如草场分级、耕地分级、林地分级、宜农荒地分级、养殖湖泊分级等作为评价的标准值应用。

五、资源评价的工作程序

不同类别的资源评价，其评价目的、内容与方法不同，其工作程序有别。但总体而言，其评价程序大体相似，一般可划分为室内准备（准备阶段）、野外调查与制图（中间阶段）、室内成果整理（最后阶段）3 个阶段，其中每一阶段又包括若干个工作环节。

以土地资源为例，目前土地资源评价采用的主要方法有定性与定量两种。定性的归类法使用起来简便、灵活，在一些土地评价上取得了较好的结果，使用较为广泛，但难以满足自然环境复杂地区的土地资源评价要求。所以，从 20 世纪 30 年代起，就有人尝试用定量方法来评价土地质量。例如，数值法，它通过对影响土地生产力的土壤和其他组成要素的数值化来进行土地质量的评定。通常根据土地评价的目的，选取若干有关的土壤性质，并按它们相互之间的重要性程度分别赋予一定的数值，然后按照一定的数学运算方法（如经验判断指数法、等差指数法、回归分析法、模糊聚类分析法），将这些数值予以综合，产生总的土地性能指数；最后将这些指数跟一定的土地质量等级联系起来，对土地的质量做出等级的评定结果。

在土地评价进行过程中，常采用两段法或平行法这两种不同的工作方法。前者的第一阶段主要是从事于土地的定性（质量）评价，根据实地调查和收集的有关资料进行土地适宜性分类；然后在第二阶段中，着重分析社会经济条件。后一方法则不分阶段，定性和定量的土地资源适宜性分类与社会经济分析同时进行，以便在较短时间内提出较为精确的评价成果。

不同种类的土地资源评价，其工作程序有一定的差异，以土地资源的适宜性评价为例，其工作程序如图 3.3 所示，按土地评价时间的先后，可以将土地评价分为 3 个阶段。

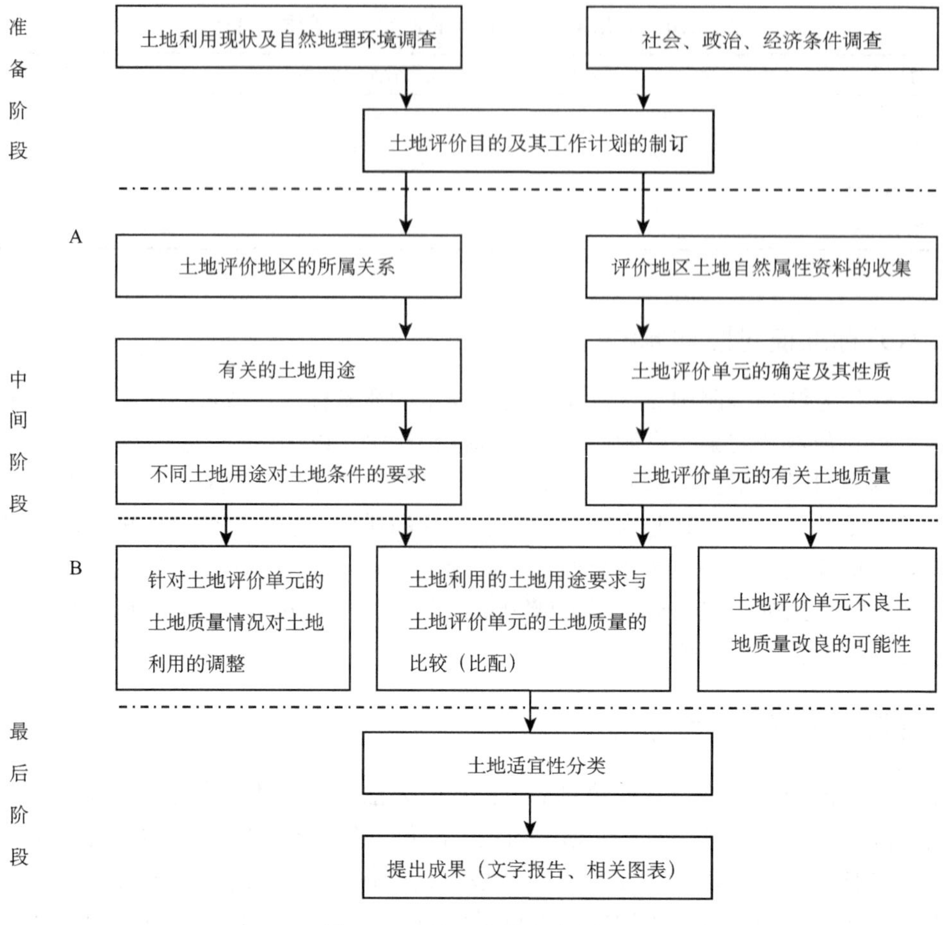

图 3.3　土地评价程序流程图

（一）准备阶段

以室内工作为主，包括如下内容。

1. 确定评价目的和收集资料

评价目的是评价工作的出发点，它将决定土地评价的依据、方法及成果要求。所以，明确了工作地区土地资源评价的目的和意义，就可以使我们对整个评价工作具有总体的设想、步骤和安排，统筹兼顾，合理计划各项工作的内容与日程期限。

根据评价目的和要求，收集有关工作地区的一切资料，包括地形图、航空像片、卫星像片、土壤普查报告与土壤类型图及土地利用现状图等基础资料以及农业生产情况、土地经营与管理状况以及人口、环境与区域经济发展水平等自然、经济和社会各方面的资料。

2. 分析资料，制订工作计划

对所收集的各种资料进行综合分析，了解和掌握工作地区的基本情况和土地资源特点；制订工作计划与步骤以及评价工作的精度与成果要求等总体方案或工作大纲。

3. 组织专业力量（队伍）和分工

根据评价工作的内容和要求，组织有关的专家和工作人员，按分工合作的原则，对各专业提出具体工作要求并明确彼此间的协作关系与配合方式。

4. 拟定工作方案

根据掌握的资料草拟土地评价系统工作方案或工作底图（包括土地基本要素底图的预编），在此基础上确定野外土地调查路线和填图的内容与规范。

（二）中间阶段

这是土地评价的主要阶段，以野外调查与制图工作为主。野外调查以路线调查为主，若地区范围较大而土地类型又较复杂，还应结合典型地段的详查，点、线结合，以便准确、全面掌握调查区的土地资源特点和利用现状，获取充足的土地评价资料。在实地调查的同时，还要进行填图和勾绘不同土地类型的界线及其他重要地物标志等，以备室内成图之用。这一阶段的内容较多，根据工作的程序，又可分为两个单元。

1. 第一单元（A）

（1）通过野外调查工作，全面了解土地评价地区的范围大小、所属关系；提出可供选择的土地用途，以及各种土地用途对土地条件的要求。

（2）首先是对土地评价地区与对土地评价有关的土地自然属性资料的收集；其次是根据所收集的资料确定土地评价单元及其性质；最后根据土地评价单元的性质进行合并归类得出与土地用途所要求的土地条件相应的土地质量。

2. 第二单元（B）

主要任务是通过土地利用的土地用途要求与土地评价单元的土地质量的比较，得出土地对该用途适宜与否的结论。如果不适宜，还可以做两方面的工作：第一是对土地利用的调整，例如，在旱作农业的土地评价中，当土地评价单元的土地质量之一——水分条件不满足所考虑的作物品种所要求的土地水分条件时，就可以调节作物的品种（也可以改变作物种类）；第二是针对土地利用方式对土地条件的要求，改良土地评价单元所对应的不良土地质量，使之达到土地利用对土地条件的要求。

（三）最后阶段

即成果整理阶段。对前两阶段工作所获得的全部资料进行全面的分析、比较与综合，提出评价成果。这一阶段最终确定土地评价系统，编制土地资源图或土地系列图，量算面积并进行数量统计，编写文字说明和总结报告等。成果内容包括：①工作地区的自然特点及其经济与社会条件的分析，旨在说明该地区土地的形成及其自然、经济属性或背景；②土地资源开发利用现状及其存在的问题，说明土地评价的目的和意义及具体要求；③土地资源评价图或土地系列图（如土壤图、地貌图、植被图、森林图、草场图、土地利用现状图、土地类型图等）；④各类土地资源数量统计数据（土地资源清单）；⑤土地资源评价系统表，详尽说明工作地区内各种不同等级土地资源的质量特征、最后利用方向和局限性、保护和改良的途径与措施等；⑥工作地区土地合理开发利用的意见，包括土地资源开发方向和潜力、土地改良和保护、土地管理、工作地区生产发展方向及其农业生产布局与农业用地结构调整等。

第三节　资源价值

一、资源价值概述

（一）价值与资源价值

价值一词在《辞海》中被定义为“事物的用途或积极作用”。英国古典经济学家亚当·斯密指出“价值一词有两个不同的含义，它有时表示特定物品的效用，有时又表示由于占有某物而取得的对其他货物的购买力，前者可称为使用价值，后者可称为交换价值”。马克思则认为“交换价值首先表现为一种使用价值同另一种使用价值相交换的量的关系或比例”。列宁认为“价格是价值规律的表现，价值是价格的规律，即价格现象的概括表现”。

资源价值即资源所拥有的使用价值与交换价值的总和。价值是价格的规律，则资源价值就是资源作为商品时其市场价格的规律性。而一些相悖的事实却普遍存在，例如，过去我国实行土地的无偿使用，土地资源是没有价格的；再如，当前我国农村居民使用江河湖堰的蓄水进行农田灌溉，其使用的水资源也是没有价格的。我们是否据此就可以说这些资源没有价值呢？答案显然是否定的。那么什么是资源价值？它与传统的商品价值之间有何区别呢？

传统经济学认为：“资源无价，可以任意使用”，主要基于以下 3 个假定：①假定资源在数量上的无限性；②假定资源在任何情况下均为非劳动产物；③假定资源的短缺可以通过市场进行调节。显然“资源无价”的3个假定在当今社会都不成立，而在这一认识指导下诱发的各种严峻的全球性问题促使人们重新审视资源的价值，尽管目前学者对资源价值内涵的理解还有分歧，但普遍认为资源是有价值的。

综上所述，资源价值是资源的存在、保护及其利用给人类社会带来的经济、生态、环境等诸多方面的效益，包括直接的和间接的效益、表面的和潜在的效益、当前的和长期的效益。

（二）资源价值的特性

传统政治经济学对价值的认识是基于产品的劳动价值，古典经济学家大卫·李嘉图对于劳动价值量确定的观点为：“由生产商品所耗费的必要劳动时间所决定”，马克思在此基础上发展为：“每一种商品的价值都不是由这种商品本身包含的必要劳动时间决定的，而是由它的再生产所需要的社会必要劳动时间决定的”。但同时，马克思也认识到了土地价值的存在，例如，随着人口的增加，人们对农产品的社会需求增加，从而劣等土地被利用，并且所有农产品在市场上均按照劣等土地上单位农产品的社会必要劳动时间确定的价格销售，则优等土地上农产品的市场价值高于其实际的劳动价值，马克思将这种高于其实际劳动价值的部分称为“虚拟的社会价值”，且认为这种价值是自然力的结果。与土地资源类似，森林植被、矿产资源、水资源的价值，均会高于其社会劳动价值，即存在虚拟的社会价值。因此，资源价值的首要特性表现为价值的虚拟性，也有人将其称为价值的虚构性或价值的虚假性。

人类社会发展的过程中，在自然资源的社会供给远远大于人类对自然资源需求的时期，资源的价值还没有得到普遍的认识，而且资源可以自由获取，因而也就不存在价格的问题。由于传统资源无价观念的影响，各国在资源配置过程中特别强调政府的干预作用，资源的配置受政府宏观控制痕迹相当明显，而受市场调节作用的影响相对较弱，从而使资源的市场价格或者根本没有，或者表面上存在而实际上并不是严格意义上的市场价格。可以说，资源的价值与价值的表现形式——价格在很大程度上是相互脱离的，即资源的价格并未充分表现资源的价值，这一特性称为资源价值与市场价格的不协调性或资源市场价值的虚构性。

由于资源价值的虚拟性和资源市场价值的虚构性，过去人们对资源价值的认识一直相当模糊。即使在现在，相当数量的人对资源价值仍然缺乏足够的认识。到目前为止，学术界对资源的价值内涵、价值来源、价值构成、价值计量等方面仍未形成统一的认识，也没有形成系统的资源价值评估方法。所有这些都是由资源价值内涵的复杂性与多层次性所决定的。

二、资源价值的理论基础

资源价值的基础理论包括效用价值论、劳动价值论、地租理论、生态价值论、哲学价值论和价值工程理论。

（一）效用价值论

效用价值论是西方经济学关于价值形成的基本理论。17 世纪至 18 世纪上半期，效用价值论由英国经济学家巴本提出，认为无用之物便无价值，即万物价值都由它们的效用决定，而效用取决于是否能够满足人类的需求。19 世纪 70 年代初，效用价值论演化为边际效用价值论，核心要义是物品的边际效用量决定其价值量，也就是说单位商品的效用取决于能够满足人类最小欲望的价值量。人们通过使用物品满足其需要，并在此过程中产生对物品的心理评价，这种心理评价即物品的价值。效用论是从物品满足人的欲望的能力或人对物品效用的主观心理评价这一角度来解释价值及其形成的基本过程的。

效用价值论的形成经历了 2 个不同的理论发展阶段，19 世纪 50 年代以前的效用价值论主要表现为一般效用论，其主要观点为：一切物品的价值都来自它们的效用，物品的效用在于满足人类天生的欲望，无用之物是没有价值的；而 19 世纪 70 年代以后的效用价值论则主要表现为边际效用论。

边际效用是指人们不断增加某一消费品的消费，最后增加的单位消费品所产生的效用。边际效用论的主要观点包括：①价值起源于效用，效用是形成价值的必要条件，又以物品的稀缺性为前提，效用和稀缺性构成价值形成的充分条件。②价值取决于物品的边际效用量，价值是人对物品所具有意义的主观心理判断。③边际效用递减和边际效用均等。随着人们对某一物品消费量的不断增加，每增加消费一单位物品所产生的效用是不断降低的，这一规律称为边际效用递减规律；不论人的各种欲望的最初绝对量如何，使人们获得的总效用达到最大的基本条件是使人的各种欲望的满足程度相等，这一规律称为边际效用均等或边际效用均衡定律。④效用量是由供给和需求之间的状况决定的，其大小与需求强度呈正比例关系，物品的价值最终是由效用性和稀缺性共同决定的。

效用价值论存在以下 3 个方面的主要缺陷：①效用价值论的主要观点与马克思主义的劳动价值论不一致，并且以批驳马克思主义的劳动价值论为其发展任务，从而使得其理论观点存在着为资本主义辩护的痕迹；②将商品的价值混同于使用价值或物品的效用；③效用价值论决定价值的尺度是效用，而效用本身是一种主观心理现象，无法从数量上精确地加以计量。

（二）劳动价值论

劳动价值论是以物化于商品中的社会必要劳动量来决定商品的价值的理论。商品的劳动价值论源于威廉·配第在《赋税论》中提出的“自然价格”，他认为商品存在着一种“自然价格”，这种自然价格取决于生产它们时所需要耗费的劳动量。亚当·斯密在其著作《国民财富的性质和原因的研究》中系统论述了劳动价值论，但其理论存在着商品规定上的二元论的缺陷。李嘉图对斯密的劳动价值论进行了改进，认为商品的交换价值和其生产时所耗费的劳动成正比，和劳动生产率成反比，但李嘉图却没有论述在什么条件下劳动产品表现为商品，创造商品的劳动表现为价值。这一缺陷使他在价值转化为生产价格问题上陷入了难以解脱的困境。

马克思批判性地继承了古典经济学的劳动价值论，建立了科学的马克思主义劳动价值论。他论述了使用价值和交换价值之间的对立统一关系，创造了劳动二重性理论，指出价值与使用价值共处于同一商品内，使用价值是价值的物质承担者，离开了使用价值，价值就不复存在。使用价值是商品的自然属性，它是由生产该种商品所需要的具体劳动创造的，价值是商品的社会属性，它是由抽象劳动创造的，是由生产该种商品所需要的社会必要劳动时间所决定的。在此基础上，马克思认为，生产价格由商品价值转换而来，是价值的转换形式。

以马克思的劳动价值论为理论基础，资源的价值问题存在 2 种截然不同的理论观点。一种观点认为，处于自然状态下的各种自然资源是自然界赋予的天然产物，不是人类创造的劳动产品，没有凝结人类的劳动，因而是没有价值的。另一种观点则认为，当今社会已完全不同于马克思所处的社会，一方面，人类的足迹已遍及地球表面的几乎每一个角落，未经人类改造的“纯自然”在地表上已不复存在，即当今的任何自然资源都物化了人类的劳动；另一方面，现代各类自然资源的再生产能力已远远不能满足人类社会经济高速发展的需要，为了保证社会经济高速发展的步伐，人类必须付出一定量的劳动促进自然资源的再生产，保护人类的生存环境。所以，从生产、使用价值和价值补偿的角度来分析，各类自然资源不再是自然之物，它包含了人类的物化劳动，其价值就是人类为使社会经济发展与自然资源再生产之间保持良性平衡，保护人类的生存环境等付出的社会必要劳动。

从当今的社会现实来看，显然“自然资源无价值”的观点是与现实相背离的，而以物化于资源内部的社会必要劳动来衡量资源的价值，是对资源再生产和环境保护等人类劳动的一种补偿，没有涉及资源本身被消耗的补偿问题，因而从补偿量上来看是无法与资源的价值画上等号的，其实质仍然是资源的无偿使用。

（三）地租理论

地租理论不仅是土地资源价值研究的基础理论，也是水资源、矿产资源、生物资源等资源价值的基础理论。马克思主义的地租理论按地租的来源及形成原因的不同将地租分为级差地租、绝对地租和垄断地租三种。土地的质量差异使租种不同质量等级的土地时会产生不同的利润，其中，租种优等土地或中等土地的收益与租种劣等土地的收益差，即为级差地租。级差地租可能来源于 2 种情况，一是农业资本家将其资本在不同质量等级的土地上进行等量投资，由此形成的级差地租，马克思称之为级差地租Ⅰ；二是农业资本家将其资本在不同质量等级的土地上进行非等量投资，由于不同等级的土地的投资效率的不同而产生的收益差，马克思称之为级差地租Ⅱ。级差地租Ⅰ是土地的自然质量差别决定的，应归土地所有者；级差地租Ⅱ表面上看是由农业资本家的资本投资带来的，应该归农业资本家所有，而实质上是由于不同等级土地的资本投资收益率不同，其来源并不是资本本身，而是土地的质量差别。

根据级差地租的概念，劣等土地是不存在地租的，而事实上即使租种最差的土地的农业资本家也必须向地主缴付一定的地租，这是由于土地所有权的存在而产生的。地主正是凭借其对土地的绝对的垄断权，要求所有使用其土地的行为均应以交付一定数量的地租作为前提条件。这种土地所有者单凭其土地的所有权而取得的地租称为绝对地租。

垄断地租是土地所有者凭借其对一些具有特殊属性的土地（如矿产地、能生产其他土地不能生产的农作物的土地等）的垄断权，而取得的高于一般土地的租金。

马克思认为，土地的价值是地租的资本化，即土地未来无限年期租金的折现值。

（四）生态价值论

生态价值论是将社会经济系统和自然系统作为一个整体——生态系统，分析资源在该系统中的作用与转化过程，从而评价资源价值的一种理论。传统价值分析中将社会经济系统视为独立的系统，导致人们在认识上割裂了社会经济与自然环境的关系，导致人们不计后果地开发自然资源，污染其生存环境，引发了山洪、泥石流、土地沙化、沙尘暴、土壤侵蚀等一系列环境问题。生态价值论者认为，处于平衡状态下的生态系统，具有以下主要功能：①系统内部各成分相互作用、相互依存，共同构成一个完整的、密不可分的整体，整体功能大于各部分功能的总和；②系统内部各成分之间具有一定的相互调节和补偿功能，即具有系统的内部调节功能；③系统具有一定的再生功能，即通过吸收系统外部的物质与能量，可以生产新的物质与能量；④系统通过内部的自我调节，可以保持物质能量输入输出的相对平衡，但一旦某一环节遭到破坏，系统原有的平衡会被打破，并建立新的平衡，系统原有的功能丧失。

图 3.4 是生态系统结构的简单示意图，表明了生态系统中的两个子系统的相互依存关系，社会经济系统通过消耗自然系统中的各种自然资源而进行生产，并对生产的产品进行消费而向自然系统排放废物，对自然系统产生污染，当排放的污染物量在自然系统自我调节容量范围内时，生态系统稳定，系统功能得以稳定发挥；当排放的污染物总量超过自然系统的自我调节能力时，系统功能破坏，再生产能力下降。在此背景下，势必出现社会经济不断发展的同时生态系统功能减弱，资源的再生产能力不能满足社会经济系统的需求，并成为社会经济发展的“瓶颈”甚至导致国民经济的崩溃。

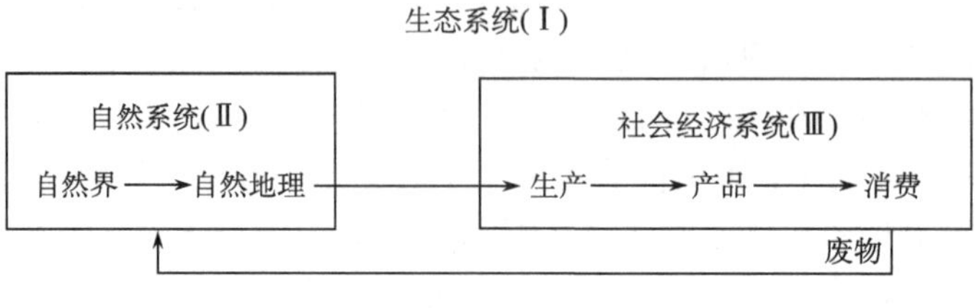

图 3.4　生态系统结构的简单示意图

生态价值论将社会经济系统放入生态系统进行考察，在认识经济发展对自然环境的依赖关系、将资源价值转化为商品价值等方面，丰富了资源价值的理论范畴，但该理论存在着以下 3 个方面的主要不足：①将经济学上的价值与生态价值等同起来。②以马克思的劳动价值论为基础，在商品的价值构成中加入了自然资本，但对自然资本的考察实质上是一种使用价值论，却将资源的价值表达为它对人类及经济生活的有用性，从而陷入了效用价值论的泥潭。③该理论所涉及的资源补偿，主要是对自然资源使用的补偿，忽略了由直接消耗某些资源时对生态环境结构的破坏引起的其他自然资源的间接消耗的补偿、对生态环境保护过程中投入的必要劳动的补偿、为保证生态环境的物质再生产能力所投入的各类必要劳动的补偿等。

（五）哲学价值论

哲学价值论是从哲学的角度对价值进行认识与评判的理论。哲学范畴的价值，是各门学科和各具体生活领域中所称价值概念的概括与综合，价值是指客体的属性和功能能够满足主体需要的一种功效或效用价值，即客体对主体的意义或者说客体对主体生存和发展的意义。价值现象的一个显著特点是：价值的性质和程度如何主要取决于价值关系主体情况，而不是由客体所决定的。各种自然物和社会经济文化现象成为一种资源，是由于人类在生存发展过程中产生了对它们的需要，没有人类对它们的需要，它们不可能成为资源，其价值也就无从谈起。资源与人类之间实际形成了客体与主体的关系，从哲学的层面来理解，决定资源价值的并不是资源这一主体的情况，而是人类的评判，因此也就造成了在人类发展的不同历史时期，人们对资源的价值评判存在巨大的差异，并且可以肯定，随着人类社会的进一步发展，我们对各种资源的价值评判还会产生一些深刻的变化。例如，人类发现新的能源取代石油、煤炭资源，则未来石油、煤炭资源的价值就会降低；又如，现代科技革命导致了当今社会生产力、生产关系的巨大变革，智力资源在现代社会生产中的作用和意义越来越大，智力资源成为推动社会进步的主要力量，人们对智力资源的价值评判也就越来越高。

（六）价值工程理论

价值工程理论所称的价值是一种技术经济指标，常用作评价事物的有益程度的尺度，或者用来评价一种产品给企业、用户带来的经济效益，以及对产品的功能所做的一种综合测评。该理论将事物或现象的价值视为系统性的，认为价值评估工作是一项系统工程，以事物或现象的价值功能重塑为价值评估的基本理念，追求经济与技术之间的动态平衡。以该理论为基础，资源的价值指产品的功能与实现此功能的成本的比值，接近于日常生活中的“值不值得”的含义，可表述为

$$V=\frac{F}{C} \tag{3-4}$$

式中，V 为资源价值；F 为资源的功能值；C 为实现此功能所应花费的费用。

三、资源价值的类型及其构成

（一）资源价值的类型

按照资源价值的来源及其实现途径的不同，人们习惯上将资源价值分为内部价值和外部价值。资源的内部价值是资源在流通领域以货币形式实现的价值，人们通过开发、利用、加工资源将资源的价值附着于产品内部，并通过市场上的产品交易实现资源的内部价值。资源的外部价值是资源内存固有的，但并不在流通领域以货币形式实现的价值，

包括资源的生态环境价值和资源的社会价值。资源的外部价值过去一直不被人们重视，对其价值来源与价值构成方面的认识尚不够深刻，其价值量评估的理论与方法相对也不是很成熟，但人们普遍已经认识到了资源外部价值的存在及其意义，并且越来越重视资源外部价值理论与方法的研究。

资源价值类型有多种分法。按照资源价值功能的不同，一般将资源价值分为资源的经济价值、资源的存在价值和资源的环境价值。按照资源价值的货币计量方法的不同，资源价值可分为资源的使用价值、资源的选择价值和资源的存在价值。按照资源价值的表达对象不同，资源价值可分为资源一般价值和资源权益价值。资源一般价值是资源的经济、社会、生态价值的总和。资源权益价值是在设定资源权利的情况下，各种资源权利所具有的价值，如资源所有权价值、使用权价值、经营权价值等。按照资源价值的实现方式，资源价值还可分为资源的市场价值和资源的非市场价值。根据资源类型的不同，资源价值可分为气候资源价值、水资源价值、土地资源价值、生物资源价值、矿产资源价值等自然资源价值，以及人力资源价值、智力资源价值、旅游资源价值、档案资源价值、德育资源价值等社会文化资源价值。

（二）资源价值的构成

以马克思主义的劳动价值论和地租理论为基础，根据资源价值来源的不同，资源的价值由资源的劳动价值、资本价值、地租价值和存在价值构成。

资源的劳动价值是指附着于资源内部，人类在开发、利用、保护资源的过程中所投入的劳动量所确定的价值。既包括资源的开发、利用、保护的直接劳动价值，也包括人类为恢复因该资源的消耗而遭到破坏的生态系统所付出的间接劳动价值。

资源的资本价值是指用于改善资源内部品质的投资所产生的价值。投资资本被固定于资源内部，使资源的等级得到提高，资源的价值上升，如兴修水利、土地整理等用于改善农用土地质量方面的资本投资，资本被固化在农用土地内部。

资源的地租价值是某些依附于土地而存在的资源价值的一个构成部分，而与土地之间不存在依附关系的资源不存在地租价值。由于土地所有权的存在，一切依附于土地而存在的资源（如矿藏、森林、水等）享有者，都必须为这些资源的开发利用、存续保有而向土地所有人支付必要的地租，当对资源进行保护时，它则应在资源的总价值中体现。

资源的存在价值是指在保有某一资源的情形下，产生的生态价值和社会价值的总和，其中的生态价值相当于资源的环境经济价值，社会价值相当于资源的选择性价值。

四、资源价值评估

（一）资源价值评估概述

资源价值评估是以资源科学、经济科学为理论基础，根据各类资源的价值来源与价值构成特点，由专门人员设计或采用相应的方法与模型估算资源的价值量的过程。由于资源价值来源的复杂性和资源价值构成的多层次性特点，资源的价值评估涉及资源科学、经济科学、统计科学等多门学科的理论与方法，因而资源价值评估具有系统性、综合性和复杂性的特点，资源的价值评估通常必须由专门的价值评估人员完成。

（二）资源价值评估的基本工作步骤

资源的价值评估过程大致可分为四个阶段，依次为准备阶段、评估设计阶段、价值评估阶段、成果检核提交阶段，其中准备工作是资源价值评估的基础，其工作效果的好坏直接影响到评估成果的质量。评估设计阶段和价值评估阶段是资源价值评估的核心工作阶段，是最能体现资源价值评估工作的科学性的阶段。各阶段的主要工作内容如图 3.5 所示。值得说明的是，不同区域、不同类型的资源价值评估过程与工作内容略有差异，而且各项工作内容也并非按照一个明确的先后顺序进行，实际工作中有些工作内容是可以同时进行的。

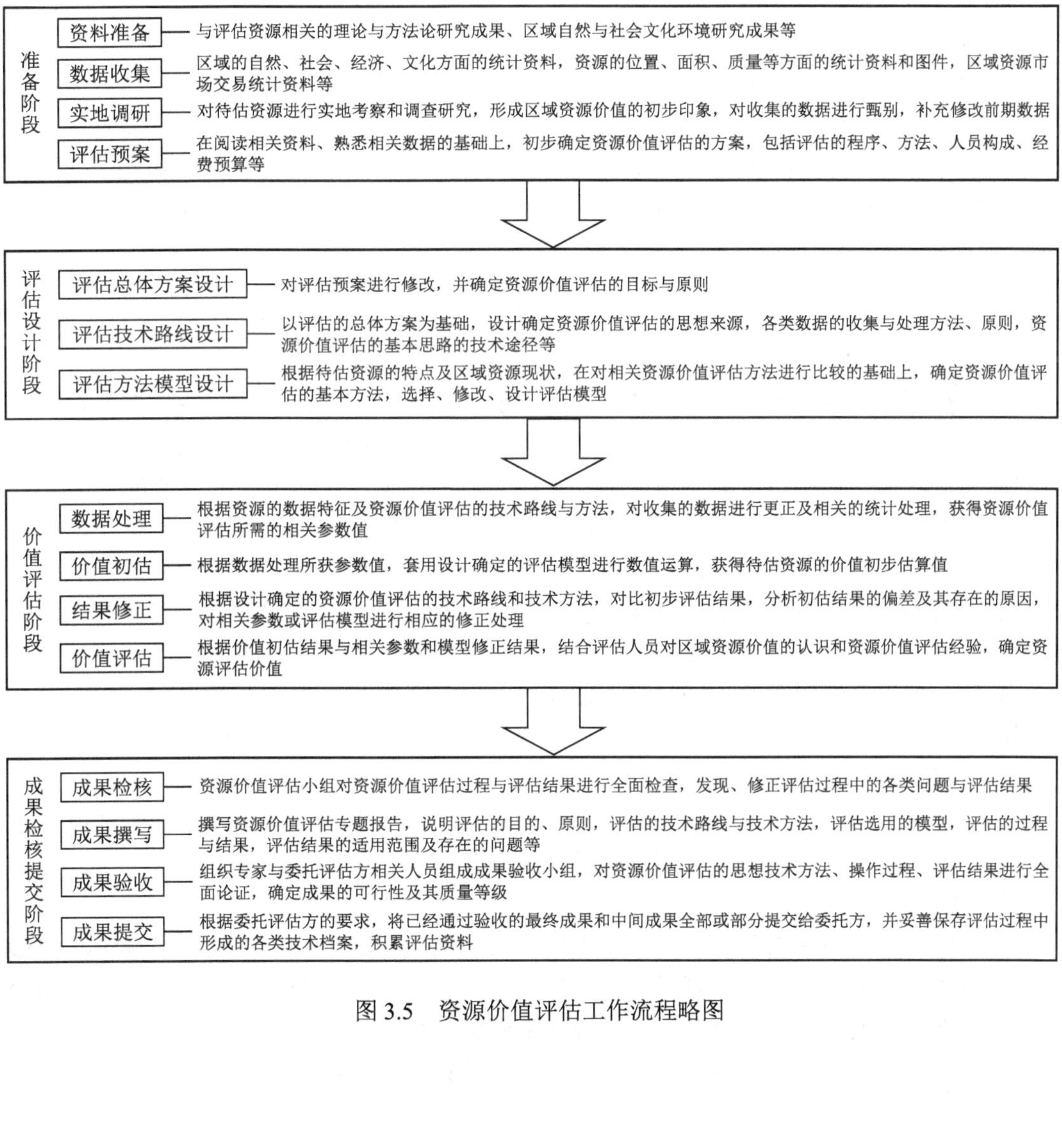

图 3.5　资源价值评估工作流程略图

（三）资源价值评估的主要方法

1. 自然资源价值评估的主要方法

1）成本核算法

自然资源价值评估的成本核算法（也称成本效益法）是对可开发为市场销售的资源产品的自然资源而言，根据资源产品开发和自然资源保护过程中的资本、劳动和土地成本推算自然资源产品、自然资源资产和自然资源价值的方法。自然资源的价值量包括两个部分：资本化的地租以及使资源保持一定的质与量所投入的必要人类劳动和物质资料的价值。自然资源资产的价值除包括以上的自然资源价值外，还需计入由经营者追加投入使自然资源升值而产生的级差地租Ⅱ。自然资源产品的价值则在自然资源资产价值的基础上进一步计入自然资源产品的直接生产成本，包括自然资源的勘探、开采、加工等投入的人类劳动及物质资料价值。

资源经济学家运用现代西方经济学的边际成本理论，提出了自然资源的边际机会成本理论模型，用于自然资源的价值评估。该理论模型认为，现时对自然资源的开发会导致未来开发成本的增加、各种约束限制条件的加强以及环境成本的提高，从而产生自然资源的机会成本。边际机会成本（M_{oc}）理论从经济学角度对资源耗竭加以度量，边际机会成本在理论上应该等于资源使用者所支付的资源价格，它由边际生产成本（M_{pc}）、边际使用成本（M_{uc}）、边际环境成本（M_{ec}）三部分构成，可表达为

$$M_{oc} = M_{pc} + M_{uc} + M_{ec} \tag{3-5}$$

2）市场价值法

自然资源价值评估的市场价值法相当于一般商品的价值确定，在一些自然资源（土地资源）本身成为商品，且已经形成交易市场、具有较大的交易量和明确的市场交易价格的情况下，根据资源市场的交易价格及其规律，评估确定自然资源的价值的方法。

市场价值法是经济学中最为成熟的价值评估方法，此种方法应用于自然资源的价值评估时，由于资源的地域差异性和资源质量的非完全均等性，以及市场价格的形成时间与评估时间的不同性等，在根据市场交易价格评估资源价值时，通常要对资源的市场价格进行一系列的修正，如地域修正、质量修正、交易情况修正、时间修正等。

此外，由于自然资源的长期或短期稀缺性，以及资源所有权的垄断性，自然资源开发利用的影响的巨大性等原因，完全自由的资源市场是不存在的，因而资源市场上的价格往往与其价值之间存在较大偏差。

由此可见，运用市场价值法评估自然资源的价值难以保证评估结果的准确性，这也是此种方法运用于自然资源价值评估的最大缺陷。

3）替代市场法

自然资源价值评估的替代市场法是市场价值法的延伸与扩展，它是在某种资源未形成交易市场也无市场价格，但可以替代该种资源的其他资源已经形成交易市场和市场价格的情况下，根据可替代性资源的市场价格来评估此种资源的价值的方法。

例如，在进行水力发电利用的水能资源的价值评估时，由于水能资源没有交易市场

和市场价格，我们可以根据水力发电厂的发电总量，按相同发电总量的火力发电厂所需要消耗的煤炭资源的价格来估算水能资源的价值。

替代市场法是当前一种较为行之有效的自然资源价值评估方法，操作上简便易行。但当一种资源缺乏可替代性资源时，无法运用此种方法；此外，替代市场法以可替代性资源的市场价格来评估另一种资源的价值，是一种单一的效用价值论，忽视了资源价值的多重性与资源的价值本质，缺乏足够的理论基础。如前例中的水能资源是一种可再生资源，以不可再生的煤炭资源的市场价格来评估可再生资源的价值，从劳动价值论的角度和资源的供给弹性的角度来看，显然会使水能资源的评估价值偏高。

4）假设市场法

假设市场法也称假想市场法或意愿调查法，它是在对某些既无市场产品也无产品市场的资源的价值进行评估时，评估者构建一个虚拟的产品市场，既有自然资源的产品供给，也有产品的需求人群，所有的假想产品需求者对这种假想的自然资源产品进行报价，从而形成产品的假想市场价格，根据这一假想的市场价格来估算自然资源的价值的方法。由于此方法以假想需求者的意愿价格调查为基础，因此也称为意愿调查法。

假设市场法是 20 世纪 80 年代开始盛行于国外，专门用于评价资源的环境价值的方法。此方法基于福利经济学中的福利变化理论，衡量福利变化的基本指标是消费者剩余（consumers surplus， CS），消费者剩余是消费者在购买中得到的剩余的满足，等于所愿意支付的价格和实际支付的价格之差。以消费者剩余衡量的福利变化有四种情形：补偿变化（compensating variation， CV）、等价变化（equivalent variation， EV）、补偿剩余（compensating surplus， CS）和等价剩余（equivalent surplus， ES），其中的 CV 和 EV 经常用来计量支付意愿（willingness to pay， WTP）和接受补偿意愿（willingness to accpect，WTA）。当价格下降时， CV 表示为获得新的较低价格下的购物数的最大支付意愿，这一支付等于价格降低的好处，使新价格下个人福利不变；当价格上升时， CV 表示为防止福利变化，个人愿意接受的补偿；EV 表示为放弃一个计划的价格下降，个人愿意接受的补偿，或者为停止一个计划的价格上升，个人愿意支付的价值。在自然资源环境价值评价中，价格的上升或下降可以理解为环境的变坏或变好。意愿调查法就是询问调查对象的支付意愿或补偿意愿。当环境质量不变时，受益人的支付意愿或受害人的补偿意愿等于 EV 值；当环境质量变坏时，受益人的支付意愿或受害人的补偿意愿等于 CV 值。

意愿调查法需要被调查者对自然资源的价值有较深入一致的理解，否则会导致调查数据的离散性过大而无法使用，而自然资源的价值问题在学术界尚未形成统一的认识，在这种情况下要使被调查者有深入统一的认识几乎是不可能的，这一点极大地制约了此种方法的广泛运用，也使得运用此方法获得的结果受到人们的怀疑。

5）其他方法

以上四类方法是自然资源价值评估的常用方法，由于各种方法均存在着或多或少的不足或制约因素，在长期研究的基础上，部分学者提出了一些资源价值评估的新方法，这些新方法主要有影子价格法、非平衡态经济热力学方法、资源物理学方法等。

2. 人文社会资源价值评估的方法

各种人文社会资源的价值评估中，人力资源的价值评估受到人们的更多关注与重视，其评估的理论与方法也相对更为成熟，而其他人文社会资源的价值评估方法方面的研究成果尚不多见，因此，这里的人文社会资源的价值评估方法以人力资源的价值评估方法为例。

人力资源的价值评估实际上就是其价值计量问题。人力资源的当期价值包括人力资源当期投入成本和当期创新的新增价值两大部分。人力资源当期投入成本是指直接成本，指为取得、开发、保全不同等级人员的使用价值而发生的成本。人力资源间接成本是指与取得、开发、保全人力资源使用价值有关的人事管理活动的职能成本，不属于直接为人力资源价值而发生的成本。

人力资源价值按价值来源的不同，包括当期群体价值、当期个体价值和绩效价值、当期个体分配价值、未来群体价值、未来个体价值等类型，各种价值的计量方法和模式不同。

人力资源的当期群体价值为人力资源当期群体投入成本与人力资源当期群体实现的新增价值之和，可表示为

$$V = L + (\mathrm{OP} + \mathrm{RI} + \mathrm{DL}) \times H \tag{3-6}$$

式中，V 为人力资源当期群体价值；L 为人力资源当期群体投入成本；OP 为企业营业利润；RI 为企业投资收益；DL 为企业减亏额；H 为人力资源实现新增价值所占比例（含贡献率）。

人力资源当期个体价值与绩效价值内涵一致，价值模式相同，可表示为

$$V_i = [L_i + \frac{(\mathrm{OP} + \mathrm{RI} + \mathrm{DL}) \times H}{n}] \times R_i \tag{3-7}$$

式中，V_i 为人力资源当期个体价值（绩效价值）；L_i 为人力资源当期个体投入成本；R_i 为价值调整系数，通常根据员工各项非价值指标进行综合绩效评分，求出每个人的综合评价值和综合评分平均值，两者之比即为价值调整系数；n 为群体员工数。

人力资源当期个体分配价值表示为

$$P_i = T \times S_i = T \times \frac{V_i}{\sum V_i} \tag{3-8}$$

式中，P_i 为人力资源当期个体分配价值；T 为分配总额；S_i 为分配标准；V_i 为人力资源当期个体绩效价值。

人力资源未来群体价值可表示为

$$V_t = \frac{L_t + (\mathrm{OP}_t + \mathrm{RI}_t + \mathrm{DL}_t) \times H_t}{(1+r)^t} \tag{3-9}$$

式中，V_t 为未来第 t 期人力资源群体价值的现值；L_t 为未来第 t 期人力资源群体投入成本估计数；OP_t 为未来第 t 期企业营业利润预计数；RI_t 为未来第 t 期企业投资收益预计数；

DL_t 为未来第 t 期企业减亏额预计数； H_t 为未来第 t 期人力资源实现新增价值所占比例（含贡献率）预计数； r 为未来第 t 期人力资源价值贴现率。

人力资源未来个体价值可表示为

$$V_{it}=[\frac{L_{it}+(\mathrm{OP}_t+\mathrm{RI}_t+\mathrm{DL}_t)\times H_t/n_t}{(1+r)^t}]\times R_{it} \tag{3-10}$$

式中， V_{it} 为未来第 t 期人力资源个体价值的现值； L_{it} 为未来第 t 期人力资源个体投入成本估计数； n_t 为未来第 t 期群体员工数预计数； R_{it} 为未来第 t 期价值调整系数预计数。

（四）资源价值评估案例

以耕地资源价值评估为例，根据蔡运龙和霍雅勤（2006）的研究成果，介绍广东省潮州市潮安区耕地资源价值评估案例。

价值的源泉在于功能或效用。耕地资源作为农业生态系统的载体，对人类福利发挥着供给功能、调节功能、支持功能和文化功能。就我国当前的需求看，耕地资源的功能可概括为经济产出功能、生态服务功能和社会保障功能。

耕地资源的价值是其功能的货币度量。对于经济产出功能，可以用其市场价格来度量。对于具有“外部性”的生态服务功能和社会保障功能，一般采用非市场评估。但非市场评估结果很难纳入目前的市场价值体系，因此，尝试用市场价格来评估耕地资源的生态服务功能和社会保障功能。

1. 耕地经济产出功能及其价值

耕地资源的经济产出价值就是耕地年经济收益的提前支付，通过收益还原法求耕地资源年收益的现值就获得耕地资源的经济产出价值，也就是说，耕地资源的经济产出价值为耕地年收益与贴现率之商，即

$$V_{\mathrm{c}}=\frac{a}{r} \tag{3-11}$$

式中， V_{c} 为耕地资源的经济产出价值； a 为耕地资源的年收益； r 为贴现率。耕地资源年收益可通过农业生产的投入产出数据算出。贴现率的选择一直是收益还原法应用的难点，此处参照林英彦（1989）的实质利率基本公式确定此贴现率，修正后公式为

$$r=\frac{b}{c}(1-d) \tag{3-12}$$

式中， b 为 1 年期银行存款利率； c 为同期物价指数； d 为农业税率，即农业税与农业产值的比值。由此可得， r 为 2.1%。

根据潮安区 2021 年统计局年度报表、农业局年度农村经济统计表、物价局农产品成本调查表、主产区（镇）农技站调查数据，计算出该区单位耕地面积的年净收益为 355136.44 元/hm²。因此，可测算出潮安区耕地的经济产出价值为

$$\frac{355136.44}{2.1\%}=16911259.05\ （元/\mathrm{hm}^2）$$

2. 耕地生态服务功能及其价值

耕地及其中的生物所构成的生态系统具有生态服务功能，包括生物多样性的产生与维持、气候调节、营养物质储存与循环、土壤肥力的更新与维持、环境净化与有害有毒物质的降解、植物花粉的传播与种子的扩散、有害生物的控制、自然灾害的减轻等许多方面。此外，农田系统可以成为人们的休闲、娱乐、文化、教育和科研场所。

耕地资源的生态服务价值为耕地生态服务年价值与贴现率的商

$$V_e = \frac{V_{e'}}{r} \tag{3-13}$$

式中，V_e为耕地生态服务价值；$V_{e'}$为耕地生态服务年价值，其计算公式为

$$V_{e'} = V_a \times k_e \tag{3-14}$$

式中，V_a为全国耕地生态服务年价值的平均值，根据谢高地当量系数（谢高地等，2015），该值为 3406.5 元/hm^2；k_e为生态服务价值修正系数，其计算公式为

$$k_e = \frac{b_i}{B} \tag{3-15}$$

式中，b_i为被评价地区耕地生态系统的潜在经济产量，B 为全国一级耕地生态系统单位面积平均潜在经济产量，根据王万茂等的研究成果，可测算得到 B 值为 10.69t/hm^2，潮安区 b_i 值为 15.3t/hm^2，故潮安区耕地生态服务年价值为

$$3406.5 \times (15.3 / 10.69) = 4875.53 \text{（元/hm}^2\text{）}$$

3. 耕地社会保障功能及其价值

耕地资源主要在 2 个层次上发挥社会保障功能：在国家层次上提供粮食安全保障，在农民层次上提供社会保障。耕地几乎是粮食生产的唯一来源，是国家粮食安全的基础。对于中国这个世界上人口最多的国家而言，耕地作为粮食安全基础所发挥的作用尤为重要。耕地吸纳了我国农村大量的剩余劳动力，缓和了剩余劳动力的就业压力，保障了社会的稳定。大量涌入城市的民工在面临就业的不确定性时，耕地也为他们提供了退路和生存保障。耕地还是农民养老的保证。粮食安全和农民生活保障是社会稳定的重要基础，因此耕地的社会保障功能作用巨大。

此处主要计算耕地提供养老保险和就业保障的价值，社会保障价值的计算公式为

$$V_s = (V_{s1} + V_{s2}) \times k_s \tag{3-16}$$

式中，V_{s1}为养老保险价值；V_{s2}为就业保障价值；k_s为修正系数。

V_{s1}的计算公式为

$$V_{s1} = \frac{Y_a}{A_a} \tag{3-17}$$

式中，Y_a为人均养老保险价值；A_a为被评价地区人均耕地面积。根据《农用地估价规程》（GB/T 28406—2012）（自然资源部），Y_a计算公式为

$$Y_a = (Y_{am} \times b + Y_{aw} \times c)\frac{M_i}{M_o} \tag{3-18}$$

式中，Y_a以当地人口平均年龄为a时的个人保险费趸缴金额代替，Y_{am}为a年龄男性公民保险费趸缴金额基数，Y_{aw}为a年龄女性公民保险费趸缴金额基数。b为男性人口占总人口的比例，c为女性人口占总人口的比例。M_i为农民月基本生活费，M_o为月保险费基数，此处取$M_i = M_o$，并将农民月基本生活费定为从50岁起每月200元。

V_{s2}的计算公式为

$$V_{s2} = \frac{C_a}{A_a} \tag{3-19}$$

式中，C_a为当地乡镇企业人均固定资产原值；A_a为被评价地区人均耕地面积。

k_s的计算采用当地农业人口人均非农业纯收入与全国平均水平的比值来对各地耕地资源的社会保障价值进行修正，即

$$k_s = \frac{P_o}{P_i} \tag{3-20}$$

式中，P_o为全国平均水平的农业人口人均非农业纯收入；P_i为被评价案例所在地区（省级）农业人口人均非农业纯收入。

据此，可以测算得到潮安区人均养老保险价值为

$$(55260.84 \times 0.5 + 60650.18 \times 0.5) \times 1 = 57955.51 \text{（元/人）}$$

潮安区耕地资源提供的养老保险价值为

$$\frac{57955.51}{2.1\%} = 2759786.19 \text{（元/hm}^2\text{）}$$

根据2005年《中国乡镇企业年鉴》的数据，以24.8%的增长率，估算出2020年乡镇企业固定资产原值在广东省为1437971029万元，计算出广东省乡镇企业人均固定资产原值为11413.36元/人，据此可以测算得到潮安区耕地就业保障价值为

$$\frac{11413.36}{0.015} = 760890.67 \text{（元/hm}^2\text{）}$$

根据2021年《中国农村统计年鉴》的数据，2020年全国农民人均非农业纯收入为11054元/人；广东省农民人均非农业纯收入为15558.5元/人，据此可以测算得到广东省的k_s值为

$$\frac{11054}{15558.5} = 0.71$$

因此，可以得到潮安区耕地资源社会保障价值为

$$(2759786.19 + 760890.67) \times 0.71 = 2499680.57 \text{（元/hm}^2\text{）}$$

4. 耕地资源总价值

耕地资源的总价值为耕地资源的经济产出价值、生态服务价值和社会保障价值的总

和，即

$$V = V_c + V_e + V_s \tag{3-21}$$

据此可以测算得到潮安区耕地资源总价值为

$$16911259.05 + 232168.1 + 2499680.57 = 19643107.72 \text{ （元/hm}^2\text{）} \tag{3-22}$$

复习思考题

1. 简述资源调查的目的、意义、内容与主要方法。
2. 简述资源评价的目的、内容及需要遵循的原则。
3. 简述资源评价的主要方法及其特点。
4. 简述耕地资源的价值构成，并说明耕地资源价值评估方法。

参 考 文 献

蔡玉梅, 孟超, 周建春, 等. 2022. 陆域自然资源综合评价指标体系研究. 测绘科学, 47(10): 168-175.
蔡运龙. 2007. 自然资源学原理. 2 版. 北京：科学出版社.
蔡运龙, 霍雅勤. 2006. 中国耕地价值重建方法与案例研究. 地理学报, 61(10): 1084-1092.
樊杰. 2019. 资源环境承载力和国土空间开发适宜性评价方法指南. 北京：科学出版社.
傅伯杰. 1992. 土地评价的类型及方法, 土地科学与区域开发. 上海：上海科学技术文献出版社.
林培, 梁学庆, 朱德举. 1996. 土地资源学. 北京：中国农业大学出版社.
林英彦. 1989. 不动产估价. 台北：台湾文笙书局.
刘黎明. 2005. 土地资源调查与评价. 北京：中国农业大学出版社.
刘黎明. 2020. 土地资源学. 6 版. 北京：中国农业大学出版社.
刘卫东, 谭永忠. 2019. 土地资源学. 北京：高等教育出版社.
陆红生. 2015. 土地管理学总论. 北京：中国农业出版社.
潘剑君. 2015. 土壤资源调查与评价. 北京：中国农业出版社.
彭补拙. 2014. 资源学导论. 南京：东南大学出版社.
石玉林. 2006. 资源科学. 北京：高等教育出版社.
王安建, 肖克炎, 王全明. 1999. 国土资源评价若干构想——以矿产资源评价为例. 中国地质, (6): 5-6.
武吉华. 1999. 自然资源评价基础. 北京：北京师范大学出版社.
谢高地. 2009. 自然资源总论. 北京：高等教育出版社.
谢高地, 张彩霞, 张雷明, 等. 2015. 基于单位面积价值当量因子的生态系统服务价值化方法改进. 自然资源学报, 30(8): 1243-1254.
徐樵利, 谭传凤, 胡昌明. 1989. 国土资源评价方法论. 武汉：华中师范大学出版社.
袁承程, 高阳. 2022. 我国自然资源综合调查监测发展历程, 问题与建议. 草业科学, 39(12): 2670-2682.
张桂莲, 王苏春, 国仲凯. 2022. 探析遥感影像在国土资源调查中的应用. 中国管理信息化, 25(2): 193-195.
张汉中. 2021. 自然资源调查监测中国产卫星遥感技术运用分析. 测绘与空间地理信息, 44(10): 136-139.
张丽萍. 2017. 自然资源学基本原理. 2 版. 北京：科学出版社.

第四章　资源开发与配置

内容概要： 本章重点介绍了资源开发原理与方法、资源开发决策以及资源配置。资源开发需要秉承经济效益、社会稳定、生态环境保护和可持续利用原则。资源开发决策包含确定资源开发利用目标和开发利用方案，以及实施、验证方案。资源开发决策已经从单目标决策转向多目标决策，从确定型决策转向非确定型决策。资源配置主要通过市场机制实现，政府的制度约束与安排、生态环境约束以及社会福利约束也是资源实现优化配置的重要途径。

关键术语： 资源开发；资源开发决策；资源配置

思维导图：

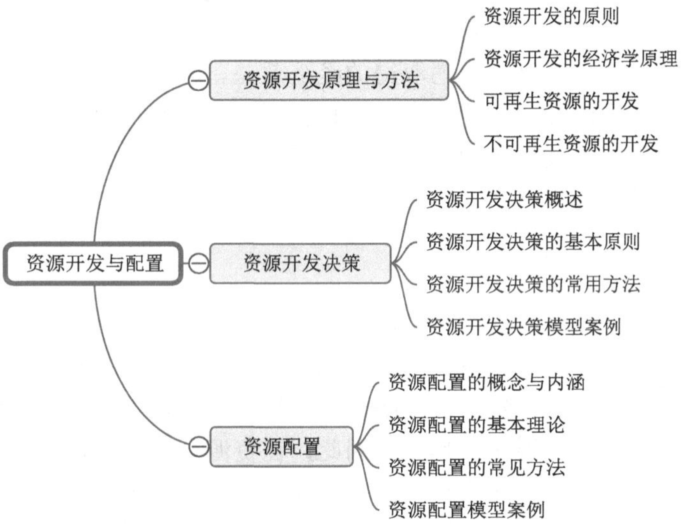

学习目标：

1. 理解资源开发的主要原则，掌握资源开发的经济学原理与方法。
2. 理解资源开发决策的原则和方法，了解常用决策方法在资源开发决策中的应用。
3. 掌握资源配置的概念、原理与方法。

第一节　资源开发原理与方法

人类的生产发展历史也就是人类开发利用资源的历史。人类在开发利用各类资源的历史进程中，不仅探寻开发利用资源的深度与广度扩大的对策与方法，也不断地探索着如何在开发利用资源的同时保护自身的生存环境、如何使各类资源能物尽其用。特别是在全球性的人口（population，P）－资源（resources，R）－环境（environment，E）－发展（development，D）（PRED）问题（刘毅和杨宇，2014）对人类的胁迫力越来越强劲的今天，要求人类在开发利用资源的过程中，寻求更加稳妥可靠的开发利用方式与方法。

一、资源开发的原则

（一）经济效益原则

资源的开发与利用会对资源的赋存地域产生多种影响，既包含对生态环境的各种有利和不利影响，也包含对区域的社会、经济和文化等诸多方面的影响。从投资者角度来看，资源开发利用的首要目的是获取一定数量的经济效益，即在资源开发利用后一定时期内的各种直接与间接经济收益的总和必须高于资源开发利用的总投资。

（二）社会稳定原则

资源开发利用虽然可以取得一定的经济效益，但是也会导致各种各样的社会问题。在资源开发利用过程中，这些问题若不能得到妥善处理将会引发社会动荡，而且这种社会动荡处理不妥将在很大程度上抵消取得的经济效益。因此，在进行资源开发利用之前或之中，应充分估计资源开发可能带来的各种社会影响，并在政策上、经济上进行相应的补偿，尽最大可能消除其带来的负面影响，以保证区域的社会稳定。这一要求可表述为资源开发利用的社会稳定原则。

（三）生态环境保护原则

人类在开发利用自然资源的过程中，不可避免地在质上或量上改变着自然环境系统中的一个或一类因子。合理的开发会为人类创造利益，不合理的开发则会给人类和生态环境带来不可估量的恶果。大量事实证明，由于资源不合理开发而产生的全球性问题在当今世界表现出扩大化和尖锐化的趋势。因此，在资源开发利用过程中，必须进行有保护性的开发，即在资源开发之前应充分研究论证可能出现的各类问题，评估这些问题可能对生态环境造成的损害程度，并提出相应的解决办法，将资源开发利用对生态环境造成的不利后果尽可能地控制在人类能够承受的范围之内。这一要求可表述为资源开发利用的生态环境保护原则。

（四）可持续利用原则

对于可再生资源的开发利用，其开发量要小于资源的生长量或更新量，才能保持生态系统的平衡稳定。如果每年从该系统取走大量物质和能量，超出了资源更新的界限，则必然引起该系统能流、物流规模持续降低，从而打破原有平衡；如果这个过程持续下去，则会导致该系统退化，直至崩溃，资源开发就无法持续进行。对于不可再生资源，需要通过资源的最优开发规划、技术进步、资源存量的重复利用和新资源替代，实现合理的代际分配和可持续的利用。

二、资源开发的经济学原理

（一）自然资源的效用

在经济学中，效用用来衡量消费者从一组商品或服务之中获得的欲望满足程度（《西方经济学》编写组，2019）。自然资源能够给人类带来效用，又以其稀缺性作为条件，使其能够满足人类的多维度需求。自然资源的效用是指对于消费者通过消费或者享受自然资源及其衍生商品（或公共物品）使自己的需求、欲望等得到满足的一个度量。

自然资源的效用包括以下几个方面（安晓明，2004）：①经济效用。②生态效用或环境效用。③社会效用。主要指与自然资源相关的，提供就业保障、粮食安全、维护社会稳定等方面的效用。④选择效用。主要指自然资源的潜在效用，包括当前自然资源利用者对未来自然资源利用的潜在效用、后代人利用该自然资源的潜在效用和其他人利用该自然资源的潜在效用。⑤精神效用。包括认识效用、道德效用和审美效用。⑥存在效用。自然生态系统对人类的存在具有特殊意义，一旦失去就将不复存在（表 4.1）。

表 4.1　自然资源的效用类型（安晓明，2004）

根据主体需要的性质分类		自然资源效用类型		
		可用货币衡量的效用		不能用货币衡量的效用
		具有直接市场价值的效用	没有直接市场价值的效用	
自然资源总效用	物质效用	经济效用	生态效用 社会效用 选择效用	—
	精神效用	—	认识效用的生产效用 道德效用的生产效用 审美效用的生产效用	认识效用的享受效用 道德效用的享受效用 审美效用的享受效用
	存在效用	—	—	存在效用

（二）自然资源的需求

资源需求是消费者在各种可能的价格下，对某种资源产品具有支付意愿并且能够购买的数量。需求函数是以商品的需求量作为因变量，用影响需求量的因素（如价格、收入）等作为自变量的计量经济模型。一般商品的需求函数可表示为

$$Q_d = f(P, P_r, P_e, M, F, t) \tag{4-1}$$

式中，Q_d 为资源需求的因变量；P 为需求资源产品的价格；P_r 为相关资源产品价格；P_e 为资源预期价格；M 为收入水平；F 为偏好；t 为时间变量。在经济分析中，一般假定其他条件不变，而着重研究某一个自变量对需求量的影响。例如，将价格作为单一变量研究其对需求量影响的函数，可以称为需求价格函数。表达式为 $Q_d = f(P)$。

需求价格函数是在假定其他条件不变的情况下，专门研究一种资源产品的价格变动

对其需求量的影响。研究价格变动对需求量的影响，可采用需求价格弹性指标。经济学对需求价格弹性的一般定义（马中，2019）为

$$E_{\mathrm{dp}} = \frac{\Delta Q_{\mathrm{d}} / Q_{\mathrm{d}}}{\Delta P / P} = \frac{\Delta Q_{\mathrm{d}}}{\Delta P} \cdot \frac{P}{Q_{\mathrm{d}}} \tag{4-2}$$

若资源需求随着资源价格的改变出现明显的变化，称为弹性需求；若价格变化，资源需求数量没有明显变化，则称为刚性需求。

（三）成本-收益原理

自然资源开发的直接成本是指由于资源开发而发生的实际支出，它主要包括 4 个方面：①人类认识自然的费用，称为C_1。很多自然资源如矿产资源埋藏在地下或赋存于地表，在进入社会经济循环被人类利用之前，需要进行研究和全面认识，才能不断弄清它的具体使用价值。人类在认识自然资源的有用性、探测方法以及怎样才能创造利用它的条件等方面，已经付出了大量劳动。这种认识自然的前期劳动耗费是构成资源价值实体的组成部分。②人类改造、利用自然资源的劳动耗费，如勘察、改造、采集、交通运输等方面的费用，称为C_2。③人类保护自然资源和生态环境的费用，包括维持自然资源数量和质量以及消除经济外部性等方面的费用，称为C_3。④因为所有权垄断等人类必须分配于自然资源上的费用，称为C_4（安晓明，2004）。综上有

$$C = C_1 + C_2 + C_3 + C_4 = \sum C \tag{4-3}$$

这里的劳动耗费并不仅仅是当期的活劳动，还应该包括工具和原料、燃料等物化劳动消耗。所以，从另一个角度来说，C就是人类与自然资源开发相关的全部成本。

经济学家林德赫尔将收益解释为资本在不同时期的增值。自然资源的收益是在自然资源开发过程中一定时期内获得的收益，也就是指资源产品售出后的收入，记为R。销售某商品的总收入取决于该商品的销售量和价格。因此，收入函数为$R = PQ$。式中，P为价格；Q为销售量。

自然资源开采决策的前提条件是边际收益≥0。边际收益是每增加一个单位产量时收益的增加值。在自由竞争的市场机制中，随着资源产品产量的增加，边际收益呈下降规律，当边际收益为零时自然资源开发的利润达到最大，此时的产量为最优产量。因此，边际收益是自然资源开发决策的基本前提。

三、可再生资源的开发

可再生资源主要包括生物资源、土地资源、水资源、水力资源、气候资源等。大多数的可再生资源的数量具有时变动态特征。以生物资源为例，如果将其限定在一种自然环境状态下，其数量变化表现为一个连续生长繁衍的过程，并呈现某种规律性，称为数量动态基本特征，或称为自然成长规律。可再生资源的发展演变过程会受到人为调节、自身更新机能和环境容量等多因素制约。

（一）生物资源的开发

生物资源有着自身的内禀增长率，但是生长过程受到最大环境容量的限制，其生长的累积量通常可用下列模型表示：①单峰曲线模型$Y(t)=a+bt+ct^2+\cdots+qt^n$；②康伯兹增长模型$Y(t)=kb^{at}$；③修正指数模型$Y(t)=k+a^{bt}$。

由比利时数学生物学家 Verhulst 提出的逻辑斯蒂模型，可用于描述种群受环境容量k限制而表现的有限增长趋势，其表达式为

$$\frac{\mathrm{d}Y}{\mathrm{d}t}=\mu Y\left(1-\frac{Y}{k}\right) \tag{4-4}$$

该模型描述的生长累积量的时变受初始量（Y）、内禀增长率（μ）和环境容量（k）三因素的制约。环境容量可看作除种群固有增长机制之外的其他要素的限制作用的总和。对以“收获”生产量为主的可更新资源，可以在观测工作的基础上对其增长规律进行逻辑斯蒂回归拟合，从而利用拟合的逻辑斯蒂模型推算出单位时间内生长量最大的时间，以及可能达到的单位面积最高产量，这有利于制定资源管理和收获的最优策略。

对于森林资源，由于其再生性，可以多次反复使用。如果将资源的使用看作一个投资项目，每使用一次产生的价值，就是投资的收益。根据投资理论，对寿命期为n的投资项目，投资一次产生的收益净现值为

$$\mathrm{NPV}(n,1)=\sum_{t=1}^{n}\frac{\mathrm{CF}_t}{(1+K)^t} \tag{4-5}$$

式中，NPV 为项目寿命期为n的投资收益净现值；CF_t为第t年投资收益的净现金流；K为折现率。对可再生资源的开采和使用，式（4-5）可变换为

$$\mathrm{NPV}(n,1)=\frac{R(n)}{(1+K)^n}-C(n) \tag{4-6}$$

式中，$R(n)$为第n年资源使用的收入；$C(n)$为第n年资源开采和维护的成本。

对森林资源而言，n为隔多少年砍伐一次，也就是森林再生的年限。由于森林资源的再生性，我们可以无限次重复砍伐这些资源，假定可以重复使用N次，考虑到资金的时间价值，每次重复使用资源的净现值要按资本机会成本的折现率K进行贴现，此时，其收益净现值（梁巧转和黄向群，2002）为

$$\mathrm{NPV}(n,N)=\mathrm{NPV}(n,1)+\frac{\mathrm{NPV}(n,1)}{(1+K)^n}+\frac{\mathrm{NPV}(n,1)}{(1+K)^{2n}}+\cdots+\frac{\mathrm{NPV}(n,1)}{(1+K)^{Nn}} \tag{4-7}$$

变换后得到

$$\mathrm{NPV}(n,\infty)=\mathrm{NPV}(n,1)\frac{(1+K)^n}{(1+K)^n-1} \tag{4-8}$$

通过比较n年的收益净现值就可以得到其中的最大值，即可求出森林资源需要生长

的最佳年限。最优收获模型为

$$\max\left[\mathrm{NPV}(n,1),\mathrm{NPV}(n,\infty)\right] \tag{4-9}$$

约束条件为$n' \leqslant n$。n'就是森林资源砍伐的最佳生长年限，在这一年收获，可以获得最大的收益净现值。

当然并不是所有的生物种群都可以像森林资源那样完全收获，草地、动物种群的收获必须要维持在种群可正常更新的密度水平，收获量必须小于生物累积量，并且低于某一阈值，否则该种群无法完成正常的更新，无法实现持续利用。以单一的鱼类种群为例，鱼群生长与食物间的关系大致满足 Smith 模型（李晶晶，2013）

$$\frac{\mathrm{d}x}{\mathrm{d}t}=rx\frac{M-c_1x}{M+rc_2x} \tag{4-10}$$

式中，$r(r<0)$为种群的内禀增长率；M为种群规模达到平衡态时对食物的需求率；$c_1x(t)$为种群维持自身生存所需的食物，$c_2x\left(\frac{\mathrm{d}x}{\mathrm{d}t}\right)$为种群繁殖所需的食物。设捕获努力量为$E(E>0)$，则遵循 Smith 模型增长种群的周期捕捞模型为

$$\frac{\mathrm{d}x}{\mathrm{d}t}=rx\frac{M-c_1x}{M+rc_2x}-Ex \tag{4-11}$$

设一个捕获周期为$[0,T]$，该种群刚开始的密度为$x(0)$，在T时刻的密度则为$x(T)$，为了可持续开发此种群，我们要求$x(0)=x(T)$。于是，周期$[0,T]$内捕获总量为（李晶晶，2013）

$$K=\int_0^T Ex(t)\mathrm{d}t \tag{4-12}$$

最优捕捞量模型为

$$\max K=\int_0^T Ex(t)\mathrm{d}t$$

$$\text{s.t.}\quad \frac{\mathrm{d}x(t)}{\mathrm{d}t}=rx(t)\frac{M-c_1x(t)}{M+rc_2x(t)}-Ex(t) \tag{4-13}$$

求解此模型，当$r>E$时，得到最优捕获量为

$$E^*=\frac{\left(Mrc_2+Mc_1-M\sqrt{c_1^2+rc_1c_2}\right)\left(-Mrc_1+Mr\sqrt{c_1{}^2+rc_1c_2}\right)}{r^2c_2{}^2\sqrt{c_1{}^2+rc_1c_2}} \tag{4-14}$$

这一类型的模型也可在修改后用于牧草的收获模型。

（二）承载型资源的开发

土地资源、水资源都属于承载型资源，它们的开发都受到最大承载量或生产潜力的限制，开发的模式也较为接近。这类资源的开发利用可能带来的主要问题是资源潜力的

退化或容量的收缩，致使正常生产能力受到影响。为遏制这种潜力的退化或容量的收缩，需要在开发利用的过程限制开发强度或不断进行各种形式的投入，以保证资源的潜力不致退化，甚至开发出新的潜力。

以 P 记为资源的潜力或容量，一般有资源的状态转化方程为

$$\boldsymbol{P}=g(P)+f(u) \tag{4-15}$$

式中，$\boldsymbol{P}$ 为状态矢量；矢量函数 $g(P)\leqslant 0$，为潜力衰退函数；u 为投资量；$f(u)$ 为投资效益函数，最简单的情况下，状态方程为

$$\boldsymbol{P}=-ap+bu \tag{4-16}$$

式中，$a\geqslant 0$；$b>0$。式（4-16）描述了承载型资源在投资下的最简单的线性动态。关于承载型资源开发利用过程中的最优控制问题的解决方法，常用的有 2 种，一种是最小费用目标，公式为

$$\min J_1=\frac{1}{2}\int_0^T u^2\mathrm{d}t \tag{4-17}$$

边界条件是 $P(0)=x_0$，$P(T)=p_1$，求解这个问题的 Hamilton 函数定义为

$$H=u^2+\lambda(t)\left[g(P)+f(u)\right] \tag{4-18}$$

最优状态和协态方程为

$$\boldsymbol{P}=\frac{\partial H}{\partial \lambda},\quad \boldsymbol{\lambda}=-\frac{\partial H}{\partial P} \tag{4-19}$$

最优控制问题的另一种解决方法是最短时间控制，尽快实现某一潜力或容量，此时的目标函数为

$$\min J_2=\int_0^T \mathrm{d}t\text{，即}\min T \tag{4-20}$$

这种追求速度的开发战略，应与“有水快流”“竭泽而渔”的开发方式区别开来。对于承载性资源来说，追求高速度的主要目的是尽快实现资源的潜力，或缩短“等待容量空出”的时间周期（如提高耕地复种指数），从根本上讲是提高资源利用效率。

下面以水资源开发为例进行具体阐述。水资源是一类具有随机性和可变性的资源。带有较大随机性的降水，形成了地表径流和地下径流，并决定了它们的随机性。水资源有一定的内部结构，具有系统性和整体性。水资源系统由若干子系统组成，各子系统之间存在着相互依赖的关系。以寻求水资源可利用量最大为目标时，则目标函数（孙云伟和杜国垣，1989）为

$$\max z=\sum_{i=1}^{n}X_i+\sum_{i=1}^{n}X_{1i} \tag{4-21}$$

式中，X_i 为第 i 个节点（或网络）的地表水引用量，$i=1,2,\cdots,n$；X_{1i} 为第 i 个节点（或网络）的地下水开采量。目标函数确定后建立约束条件，通常情况下可建立以下 3 个约束

条件。

（1）水位约束（即事先设计好系统的状态）为

$$\Delta H_i \leqslant \Delta H_i^0, \quad i = 1,2,\cdots,n \tag{4-22}$$

式中，ΔH_i 为水位变化；ΔH_i^0 为事先设计好的水位变化。

（2）地表水引水量约束为

$X_i \leqslant X_i^0$（节点过水能力约束）

$$\sum_{i=1}^{n} \frac{x_i}{1-\beta_i} \leqslant X \text{（总地表水量约束）}, \quad i = 1,2,\cdots,n \tag{4-23}$$

式中，β_i 为第 i 个节点的引水损失系数；X 为地表水特定水平年可利用量。

（3）用水量约束为

$$X_i + X_{1i} \geqslant D_i, \quad i = 1,2,\cdots,n \tag{4-24}$$

式中，D_i 为水资源需求总量。

此外，还可根据具体情况考虑抽水能力、回补设施能力、地表供水上限、降水入渗能力等约束，利用线性规划或非线性规划求解，获得水资源可供开发的最大资源量。

四、不可再生资源的开发

在对人类有意义的历史时期内，资源质量不变，数量随人类的开采活动而减少的资源，称为不可再生资源。随着这类资源的不断开采，资源储量会越来越少，其开采成本也会逐渐提高，甚至在资源耗竭以前，就可能使成本高到足以扼杀需求量的程度。因此，资源耗竭的严格概念并非指资源储量为零，而是指成本升高到将需求量压缩到零的水平，实际耗竭时限要比理论耗竭时限短得多。这类资源在时间上的最优开发，是指在一个有限的时间周期 T 内，各时期 t_i 资源的最优开采量。这里的最优不是指特定时期的个别变化，而是指保证整个开采周期取得最优收益的总策略及其在各时期的子策略。显然，子策略的最优化必须服从期间最优准则。不可再生资源的可持续利用，既需要在开发年限中规划不同时期的最优开采量，又需要科技进步、资源重复利用和新资源替代的综合实施。

在任一时期，资源开采的净收益由两个因素确定，即总收益 $P(Q)\cdot Q$ 和总成本 $C\cdot Q$，则在一个任意长的有限周期 T 内，最大净收益现值（封志明和王勤学，1994）为

$$\max \mathrm{PV} = \int_0^T \frac{P(Q)\cdot RQ - C\cdot Q}{\mathrm{e}^{rt}} \mathrm{d}t \tag{4-25}$$

式中，$P(Q)$ 为需求函数，即开采品价格 P 与开采量 Q 之间的关系为

$$P(Q) = \beta_2 - \beta_1 \cdot Q \tag{4-26}$$

开采率恰为存量随时间的变化速率，即

$$\frac{\mathrm{d}S}{\mathrm{d}t}=-Q(T) \tag{4-27}$$

最优开采量的时间路径为

$$Q_t=\beta_c+\frac{(S-T\beta_c)(1+r)^t}{\mu(T)} \tag{4-28}$$

上述方程构成了最优开采模型，模型中的PV为纯收益或净收益现值；T为时间周期长度；P为价格或价格需求函数；Q为开采量或开采时间路径；C为成本变化率或单位成本，它应包含开采的经济成本，也应包含社会成本和生态环境成本；r为利率或贴现率；t为时间；S为可开采的资源存量；$Q(T)$为累积开采量；β_2、β_1为价格需求函数中的参数。

T为资源开发年限的上限时间。对可更新资源而言，$T\to\infty$，但是对于不可更新资源，T是一个有限量，表示资源的服务年限，其值的大小可根据资源的可开采储量及资源的开发利用速率确定。

决策者需要在T已定的条件下，按照矿产开发的设计计划，顺利地求出各年度t_i的最优开采量。这也是唯一能在既定的需求水平下使整个开采期现值达到最大的开采序列，或称为最优控制开采量序列。

利用该模型，我们还可以讨论技术进步对矿产资源开发的影响。迄今为止的人类发展史表明，技术进步一直脉冲式地缓解着资源的耗竭过程。但这类资源的不可再生性决定了技术进步对其影响的局限性。一般来看，技术进步体现在以下3个方面：①勘探技术进步，发现新存量；②选冶工艺技术进步降低矿石最低品位，使原来的低品位矿产具有开发利用的经济可行性，从而扩大了存量；③在生产和消费过程中，提高了资源重复利用或再循环的水平。

对存量增加的情形，只需在模型中引入资源的发现量Z和勘探或发现的成本函数P（Z），即

$$\int_0^1\left[P(Q)\cdot Q-C\cdot Q-P(Z)\cdot \mathrm{e}^{-rt}\right]\mathrm{d}t \tag{4-29}$$

满足

$$\frac{\mathrm{d}S}{\mathrm{d}t}=Z-Q \tag{4-30}$$

其构造的Hamilton函数为

$$H=\frac{P(Q)\cdot Q-C\cdot Q-P(Z)}{e^{rt}}-\lambda(Z-Q) \tag{4-31}$$

对于资源重复利用或再循环的情形，只是一种节约使用资源的办法，也间接地反映了随着存量的增加，其模型相同，只是Z代表资源的节约量或重复利用量，P为重复利用或再循环的成本。

对上述模型的分析还可得到影子价格与资源发现量（节约量）的关系以及开采量、

存量及发现量之间的关系等。最终可得出一个十分有用的结论：技术进步为资源价格随边际成本上涨的过程增加了一个制动调节器，也就是说，技术进步是降低成本、平抑价格的一种重要作用因素。

第二节　资源开发决策

自然资源是国民经济和社会发展的重要物质基础，随着工业化和人口的发展，人类对自然资源的巨大需求和大规模的开采消耗已导致资源基础的削弱、退化、枯竭。如何以最低的环境成本确保自然资源可持续利用，将成为当代所有国家在经济、社会发展过程中所面临的一大难题。资源开发的决策已经从单目标决策转向多目标决策，从确定型决策转向非确定型决策。

一、资源开发决策概述

决策是人们为达到某种目的，面对未来有意识、有选择性的行动做出的决定。在一定人力、设备、材料、技术、资金和时间因素的作用下，人们为了实现特定的目标而从多种可供选择的策略中做出决断，以求得最优或较好效果的过程就是决策过程。广义的决策就是决策分析，是指确定目标、制定和选择方案、方案的实施和验证等的决策全过程；狭义的决策仅指对决策方案的最后选择，即通常意义上我们所说的“拍板”（陶长琪和盛积良，2016）。决策理论是研究决策全过程的原理、原则和方法的方法论科学。

根据决策所涉及的范围不同，可分为宏观决策与微观决策；按决策目标的性质和行动时间长短，可分为战略决策与战术决策；按决策者地位的不同，可分为高层决策、中层决策和基层决策；按决策方法的不同，可分为定性决策和定量决策；按决策的问题是否重复出现，可分为程序化决策和非程序化决策；按决策目标的多少，可分为多目标决策和单目标决策；按决策问题所处条件的不同，可分为确定型决策、非确定型决策和风险决策。

从广义的决策概念出发，资源的开发决策是在充分认识资源特性及资源背景值条件的基础上，确定某一资源的开发利用目标，确定资源的开发利用方案并从中选择最优方案，实施最优方案并跟踪验证的一个完整过程。决策的全过程可以分为 4 个阶段。第一阶段的任务是发现与分析问题，确定决策目标；第二阶段的任务是搜集资料，拟定各种可行的备选方案；第三阶段的任务是评价各备选方案，从中选出最优方案；第四阶段的任务是在一定范围内实施优选方案，并跟踪验证与调整（陶长琪和盛积良，2016）。

对于资源开发决策而言，每一种资源都有其不同的内在特性，这些特性不仅内在地决定了资源的开发利用方式，而且影响和制约着资源的开发利用目标。同时，资源所处区域的自然、社会、经济和文化背景往往也严重影响资源开发利用目标的确定。因此，在确定资源开发利用目标之前，需要全面研究资源的特性及资源的区域背景值。

资源开发利用目标是指通过资源的开发利用，决策者希望实现的各种目标。这种目标可能是单一的，也可能是多种多样的；可以是定量的目标，也可以是定性的目标。资源开发利用目标是指导资源开发利用决策全过程、评判资源开发利用决策效果的重要指标，应该在科学研究影响决策目标的各种因素的基础上进行确定，而且在初步确定决策目标之后还应该征询多方面的意见进一步修改，以保证决策目标符合大多数人的利益。

资源开发决策方案确定是资源开发决策过程中最重要的部分，它必须在全面调查、收集、整理、分析研究相关资料的基础上，针对资源开发利用目标提出多种可供选择的方案。各方案应保证整体上的详尽性，即在可能的情况下应拟定出所有的重要方案，同时各方案之间应尽可能保持相互排斥性，即各备选方案之间不应该具有相容性，不能同时执行几个方案，而只能从几个方案中优选一个执行方案。

二、资源开发决策的基本原则

（一）信息准确原则

资源的特性及区域背景条件等各种信息是资源开发决策的基础，没有准确、全面、及时、适用的信息，决策便没有基础，易发生主观臆断，陷入盲目性，导致决策失误，给资源的开发利用管理带来严重的后果。所以，在进行资源开发利用决策的过程中，首先要求信息准确，能够真实地反映资源的各方面状况，其次要求从多源头、多渠道搜集适用信息，进行综合、整理、比较、筛选，来保证信息的全面。

（二）未来预测原则

对未来预测的准确与否是决定经济决策效果的重要前提。未来预测原则要求在进行资源开发决策的过程中，根据资源开发利用的当前态势以及资源的各方面条件，采用科学可行的方法对资源开发利用可能产生的各种后果进行全面准确的预测，把握资源开发利用的脉搏，为资源开发决策提供必要的参考。

（三）可行性原则

资源开发决策所选定的方案及其所决定的行动，不能超出主客观所具备的条件。应该从实际出发，在对种种方案进行定性、定量分析，对可行性进行科学论证和评价的基础上进行筛选。只有经过可行性分析论证后选定的决策方案，才有较大把握实现和成功。资源开发决策的可行性分析论证包括：决策方案是否符合从实际出发，符合国家和地方的人才、资金、设备、技术等各方面的条件；决策方案是否符合客观经济规律和资源开发利用规律的要求；决策方案是否符合国家和地方的政策、法律和法规。

（四）系统性原则

资源的开发利用是一个系统工程，包括资源开发利用的前期论证、资源开发利用方案论证、资源开发利用方案的实施监测等，这一过程受到资源的内在本质特征属性，区域的自然、社会、经济和文化背景条件，以及资源开发利用过程中涉及的方方面面的因素的影响，以上各种条件和因素由于资源开发而联系构成一个统一的整体。同时，资源开发利用过程只是国民经济过程的一个组成部分，组成国民经济的各部门、各要素自身也构成一个有机整体，作为构成这一高级系统的要素，资源开发利用决策应该符合国民经济系统的战略决策目标。

（五）对比优选原则

资源开发决策首先必须提供所有的重要方案，不能为了方便省事仅制定一种备选方案；其次还应对各种备选方案从多个方面进行对比，通过科学严格的评价，从中选择出相对最优的方案作为实施方案。资源开发决策方案对比优选的评判指标通常包括开发成本与效益（含当前和未来的经济、生态和社会效益）、方案的可操作性（区域的技术、经济、文化、政治等基础条件决定了方案的可执行性及其难度）两方面。

（六）效益原则

资源开发的终极目的是充分发挥资源的效益，既包括资源开发的经济效益，也应该包括资源开发的生态效益与社会效益。资源开发的效益原则要求资源开发决策方案必须权衡资源开发的各种效益，确定资源开发的主要效益，在不损害资源的其他效益发挥的前提下，尽可能地发挥资源的主体效益，使资源开发的成本效益比最低，投入产出率最高。

（七）民主集中原则

资源开发决策是一项复杂的系统工程，包含了众多的不确定性因素，需要充分发挥不同利益相关方的集体智慧。因此，资源开发决策应坚持民主集中原则。在决策的过程中，必须调动不同利益相关方的积极性、主动性和创造性，广泛收集专家学者、管理人员、地方社区等各方面的意见与建议，在此基础上集中关键人员确定最终的决策方案，以保证决策方案的科学性与可操作性，并最终实现决策目标。

（八）追踪监控原则

为保证资源开发决策的预定目标的实现，决策部门必须追踪监控决策的执行过程与执行情况，收集并反馈决策实施中的实际与目标的差距信息，以便及时调整决策目标和实施方案，减小决策执行情况与决策目标的差距。

三、资源开发决策的常用方法

（一）确定型决策

确定型决策是指只存在一种完全确定的自然状态的决策。构成一个确定型决策问题必须具备 4 个条件（陶长琪和盛积良，2016）：①存在一个明确的决策目标；②存在一个明确的自然状态；③存在可供决策者选择的多个行动方案；④可求得各方案在确定状态下的损益值。由于这种决策的自然状态只有一种，决策环境完全确定，则各种备选方案只有一种结果，只要通过比较各方案的结果，决策者即可挑选出最优方案。确定型决策的一般准则是所选行动方案能使效益（或损失）函数达到最大值（或最小值）。如何解决确定情况下最优方案的抉择问题，归结起来有 2 种方法：单纯选优决策法和模型选优决策法。

单纯选优决策法是一种较简单的决策方法。如果决策者遇到的是这样一类决策问题，其行动方案仅是有限个，而且掌握的数据资料也无需加工计算，就可以逐个比较直接选出最优方案或最优行动，这种在确定情况下的决策就是单纯选优决策法。下面介绍几种基于成本-收益原理的资源开发投资决策方法（骆正东和徐辉，2002；刘学敏等，2008）。

1. 返本法

返本法是通过计算开发投资所需要的返本期的长短来进行旅游资源开发投资决策的一种简单方法，其核心是进行返本期的计算。

$$\text{返本期} = \frac{\text{净现金投资量}}{\text{每年的净现金效益量}}$$

2. 净现值法

净现值法是对比各开发投资方案的净现值，以净现值为正作为开发投资方案的基本前提，以净现值最大的方案作为最佳方案的决策方法。其主要任务是计算开发投资方案的净现值。

$$\mathrm{NPV} = \sum_{i=1}^{n} \frac{R_i}{(1+r)^i} - C_0 \tag{4-32}$$

式中，NPV 为开发投资收益的净现值；C_0 为开发投资费用；R_i 为开发投资项目在未来第 i 年的收益量；r 为资金成本率。

3. 内部利润率法

内部利润率法是计算能使净现值为零时的贴现率，即当开发投资方案的净现值效益量与净现金开发投资量相等时的贴现率，以内部利润率大于金融市场上预期的资金成本率的方案为可取方案的一种投资决策方案。内部利润率满足以下关系

$$\sum_{i=1}^{n} \frac{R_i}{(1+r_0)^i} - C_0 = 0 \tag{4-33}$$

式中，净现金效益量为 R_i；初期的净现金开发投资量为 C_0；内部利润率为 r_0，可用试算法和线性内插法来求得。

4. 盈利能力指数法

盈利能力指数法是根据开发投资的盈利能力（开发投资收益总现值与投资额之比）的大小来选择方案，选择盈利能力指数较大的开发投资方案作为计划的投资方案。盈利能力指数表示为

$$\mathrm{PI} = \frac{\mathrm{NPV}}{C_0} \tag{4-34}$$

式中，PI 为盈利能力指数；C_0 为开发投资额；NPV 为开发投资收益的净现值，即

$$\mathrm{NPV}=\sum_{i=1}^{n}\frac{R_i}{(1+r)^i}-C_0 \tag{4-35}$$

在实际决策中，如果决策者遇到的决策问题，其行动方案是一个连续变量或状态变量，或可取无穷多个值等，这时单纯选优决策法就无能为力了，而必须借助微分法和数学规划方法来解决。模型选优决策法是在决策对象的自然状态完全确定的条件下，建立一个经济数学模型来进行运算后选择最优方案。常用的具体模型选优决策法有生产规模的最优决策、非线性盈亏决策、最优经济批量决策和线性规划决策等。

（二）不确定型决策

与确定型决策相对应的是非确定型决策。非确定型决策是指存在两个或两个以上可能的自然状态而何种状态终将发生又不确定的决策。非确定型决策可分为三类：竞争型决策、风险型决策和不确定型决策（郭立夫等，2015）。当决策问题的自然状态之一是决策者不能控制的竞争对手时，这种决策称为竞争型决策。当决策问题各种可能的自然状态出现的概率能预测时，这种决策称为风险型决策。当决策问题各种可能的自然状态出现的概率不确定时，这种决策称为完全不确定型决策，简称不确定型决策。在不确定型决策中，决策者对未来事件虽有一定程度的了解，知道可能出现的各种自然状态，但又无法确定各种自然状态可能发生的概率。不确定型决策所遵循的决策原则包括最大最小决策准则、最大最大决策准则、赫威斯决策准则、最小最大后悔值决策准则和等概率决策准则。

最大最小决策准则又称悲观决策准则，往往是决策者认为形势比较严峻，在未来发生的各种自然状态中，最坏状态出现的可能性较大。为此，从最坏处着眼，采用较为稳妥的决策准则，即从各个行动方案的最小收益值中选取收益最大的方案为最优方案。

最大最大决策准则也称乐观决策准则，是从最好情况出发，带有一定的冒险性质，反映了决策者冒进乐观的态度。其决策准则是：从各个行动方案的最大收益中，选取收益最大的方案为最优方案。

赫威斯决策准则又称折中决策准则，它是介于悲观决策与乐观决策之间的决策准则，其特点是对客观条件的估计既不那么乐观，但也不悲观，主张折中平衡，是一种折中决策方法。在运用这种准则进行决策时，首先要确定一个乐观系数（对乐观程度的一个基本估计），通常该系数取 0～1 的中间值，该值越大表明决策者对状态的估计越乐观，反之则表示越悲观。该方法是根据估计的乐观系数，将各种方案的最大收益值乘以乐观系数，获得各方案的现实估计收益值，从中选出收益最大的方案作为最优方案。

最小最大后悔值决策准则也称萨维奇准则，其基本思想是：当决策者选定决策方案之后，如果发现所选方案并非最优方案，必然会因为“舍优取劣”而感到后悔，这种后悔实际上是一种机会损失，若所选方案与最优方案的收益差越大，后悔就越严重。各种自然状态下的最大收益值与该状态下的其他收益值之差，称为后悔值。在做决策时，先计算出在种种自然状态下各方案的后悔值，然后从各方案的最大后悔值中选取后悔值最小的方案为最优方案，即为最小最大后悔值准则。

等概率决策准则是由拉普拉斯提出的一种决策准则。在运用此决策准则时，应做这样一个基本假定：当决策者在决策过程中不能肯定哪种状态容易出现时，就认为它们出现的可能性是相等的。在此假定条件下再利用同等概率来计算各个行动方案的期望收益值，具有最大收益值的即为最优方案。若计算的是同等概率条件下的损失值，则具有最小损失值的为最优方案。

（三）风险型决策

风险型决策也称随机型决策，是决策者根据几种不同自然状态下可能发生的概率所进行的决策（郭立夫等，2015）。决策者所采取的任何一个行动方案，都会遇到一种以上自然状态所引起的同种结果，这些结果出现的机会用各种自然状态出现的概率来表示。使用这种决策方法时，不管决策者采用哪种行动方案，都要承担一定的风险。风险型决策的方法包括期望损益决策法、边际分析决策法、决策树法和矩阵决策法。

期望损益决策法是以损益期望值为基础，将不同方案的期望值相互比较，选择期望收益值最大或期望损失值最小的方案为最优方案的方法。这种方法按其择优标准的不同，可分为期望收益决策法和期望损失决策法。此种方法在行动方案和自然状态较少时，计算使用都很方便，但当行动方案和自然状态较多时，使用该法会导致计算工作量巨大。

边际分析决策法又称增量分析决策法，它通过采用方案的边际利润和边际成本分析取代期望损益决策法中的损益分析，以边际收益最大的方案为最优方案的一种方法。边际分析决策法是在决策问题满足：①行动方案（决策变量）和自然状态（状态变量）均可以用有序的数量表示；②决策后果的损益值是决策变量的线性函数时，采用的一种决策方法。

决策树法是通过构建决策树模型，运用上述的期望损益决策法或边际分析决策法进行各种决策方案和每一决策方案下各种自然状态的抉择，逐步对决策树进行修剪并最终选定最优决策方案的方法（图 4.1）。决策树是对决策局面的一种图解，它把各种备选方案、可能出现的自然状态及各种损益值简明地绘制在一张图表上，便于决策者进行决策分析。决策树法分为单级决策树法和多级决策树法两种。

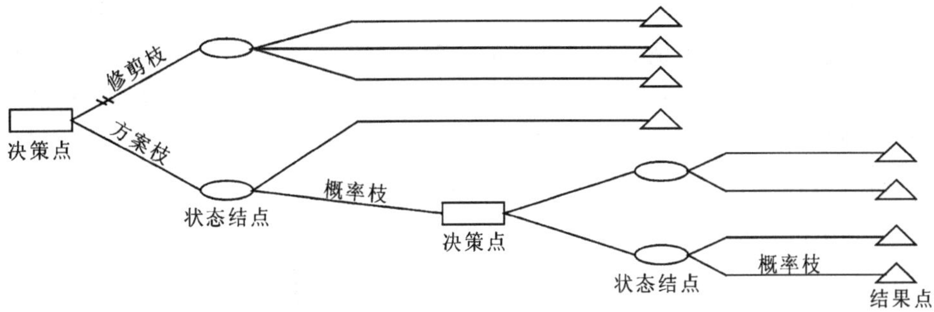

图 4.1　决策树法模型

矩阵决策法是通过矩阵的形式，分析、选择决策的最优方案的方法。该方法在经济活动中得到了广泛的应用，尤其是对多种自然状态、多种方案的优选分析具有重要意义。设决策者所有可能行动方案的集合为 $\boldsymbol{a}=\{a_1,a_2,\cdots,a_m\}$，则 $\boldsymbol{a}=(a_1,a_2,\cdots,a_m)$ 称为方案向量；设所有自然状态的集合为$\boldsymbol{\theta}=\{\theta_1,\theta_2,\cdots,\theta_n\}$，则$\boldsymbol{\theta}=(\theta_1,\theta_2,\cdots,\theta_n)$称为自然状态向量。将状态发生的概率记作$P(\theta_j)=P_j$时，$\boldsymbol{P}=[P(\theta_1),P(\theta_2),\cdots,P(\theta_n)]$称为状态概率向量，且有$\sum_{j=1}^{n}P(\theta_j)=\sum_{j=1}^{n}P_j=1$。当自然状态为$\theta_j$，采取的方案为$a_i$时，其相应的损益值为$a_i$和$\theta_j$的函数，记为$a_{ij}$，而方案$a_i$的期望损益值为$E(a_i)=\sum_{j=1}^{n}P_j a_{ij}$（表 4.2）。

表 4.2　一般矩阵决策表

自然状态	θ_1	θ_2	…	θ_n	期望损益值
行动方案	P_1	P_2	…	P_n	$E(a_i)$
a_1	a_{11}	a_{12}	…	a_{1n}	$E(a_1)$
a_2	a_{21}	a_{22}	…	a_{2n}	$E(a_2)$
⋮	⋮	⋮		⋮	⋮
a_m	A_{m1}	a_{m2}	…	a_{mn}	$E(a_m)$
决策	$\max[E(a_i)]$或$\min[E(a_i)]$				

表注：计算出各行动方案的期望损益值$E(a_i)$后，根据决策目标要求选择期望值最大(或最小)的行动方案为最优方案。如果a_{ij}是收益值，且决策目标使收益最大，则期望值最大的为最优行动方案；如果a_{ij}是损失值，且决策目标是使损失最小，则期望值最小的为最优行动方案。

（四）贝叶斯决策

贝叶斯决策是用于修正风险型决策中的各种自然状态发生的可能性概率，以保证各种自然状态发生的可能性估计更为准确，从而使决策选定的决策方案最优的一种方法。严格地讲，贝叶斯决策只是风险型决策方法的一种补充或延伸。

贝叶斯决策要求在进行决策时，首先确定各种自然状态出现的概率（自然状态的先验概率），然后根据试验、调查、统计等方法所获得的情报信息，对确定的先验概率进行修正（进一步减少了决策风险），得到自然状态的新的概率（自然状态的后验概率），最后利用自然状态的后验概率估算各种方案的期望损益值，协助决策者选择最优方案。

贝叶斯决策方法是在对待决策的问题进行更多的调查了解之后再做出决策的，保证了决策的正确性，但由此也带来了相应的问题：一方面相对会延误决策时间；另一方面通常需要耗费较多的人力、物力和财力，使决策成本提高。

（五）效用决策

由于在某些情况下，利用期望损益值作为决策标准，既不合理也不符合实际。如果完全以期望损益值的大小作为决策标准，就会使决策过程变成机械地计算期望损益值的过程，而忽视了决策者的主观作用。决策者对风险的态度也会影响其对备选方案的选择结果。即使是同一个期望损益值，在不同场合下对决策者所产生的价值含义也不同。这种货币量对决策者产生的价值含义就成为货币量的效用值。这种决策者对于期望损益值的独特愿望、感受和取舍反应，称为效用。这样，人们可以采用效用代替期望损益作为决策标准，由此进行的决策就称为效用决策。效用决策同时考虑了主观和客观两方面的因素，它通过效用函数将决策者的主观因素（如个人习惯、以往经验、才智、胆识、对风险的态度和判断能力等）与客观的收益值有机结合起来，用效用值予以度量并作为决策依据（陶长琪和盛积良，2016）。

采用效用决策方法的关键在于建立效用函数，即构建效用值与货币值之间的函数关系。效用函数通常有 4 种：直线型、保守型、冒险型和渴望型（图 4.2）。直线型效用函数是在决策者对决策风险持中立态度时所选用的，期望损益值与效用值之间呈线性关系。保守型效用函数表示随着货币额的增多而效用递增，但其递增的速度却越来越慢。决策者对肯定得不到的某一损益值的效用经常大于对相等的肯定能得到的损益值的效用，决策者对于利益的反应较迟缓，对损失的反应则很敏感，不求大利但要避免风险。冒险型效用函数表示随着货币额的增多，效用也跟着递增，且递增的速度越来越快。决策者专注于想获得大的收益而不十分关心亏损，决策者对肯定得到的某损益值的效用经常小于对带有风险的相等的损益期望值的效用，对损失反应迟缓，对利益反应敏感。渴望型效用函数表示在货币数额不太大时，决策者具有一定的冒险胆略，但一旦货币额增至相当数量时就转为稳妥策略。

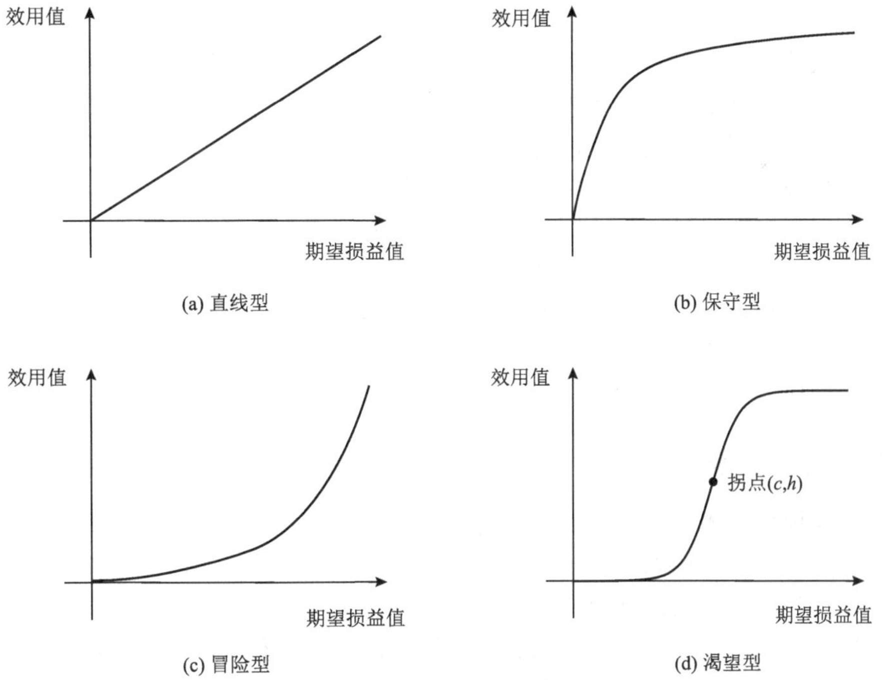

图 4.2　效用函数图

（六）单目标决策与多目标决策

按决策所要求达到的目标的数量，可以将决策划分为单目标决策和多目标决策（郭立夫等，2015）。单目标决策是指所欲达到的目标只有一个的决策。多目标决策是指所欲达到的目标是多个的决策。资源开发决策因涉及面广，不仅要考虑资源开发的经济效益，还必须兼顾资源的生态与社会效益，因此大多数资源开发决策均为多目标决策。

单目标决策模型由目标函数、约束条件集合、补充约束条件组成。

$$\begin{cases} \text{目标函数} \quad Z=\sum_{i=1}^{g}P_i\left(\omega_1 d_i^- + \omega_2 d_i^+\right) \\ \text{约束条件} \quad \sum_{j=1}^{n}a_{ij}x_j + d_i^- - d_i^+ = g_k \\ \text{一般约束} \quad \sum_{j=1}^{n}b_{ij}x_j\left(\leqslant,=,\geqslant\right)c_i \\ \text{非负条件} \quad x_j, d_i^-, d_i^+ \geqslant 0 \end{cases} \tag{4-36}$$

式中，Z 为决策目标；P_i 为第 i 优等级因子；ω_1、ω_2 为同一目标级别的偏差变量的权数；d_i^+、d_i^- 为反映偏差的偏差变量，d_i^+ 为超出完成目标可供资源的偏差变量，d_i^- 为低于完成目标可供资源的偏差变量，在同一目标或资源的偏差变量中，至少有一个为 0，此时 $d_i^+ d_i^- = 0$；a_{ij}、b_{ij} 为与决策变量与目标水平 g_k、c_i 有关的技术系数；x_j 为决策变量；g_k、c_i 为给定的目标水平 $\left(k,i=1,2,\cdots,g\right)$。

多目标决策模型与单目标决策模型结构类似，由多目标函数集合、约束条件函数集合以及补充约束条件组成。在实施多目标决策时应遵循以下 2 个基本原则，一是化多为少原则，即决策过程中采用剔除、合并、将目标转换为约束条件、将多个目标构成综合目标等方法使决策目标减少，以减少模型计算和决策方案对比选择的难度；二是目标排序原则，即对所有决策目标，决策者应该按其重要性程度进行排序，在方案对比中首先保证重要目标的满足，然后再满足其他目标。

单目标和多目标决策指标的权重可以利用多种方法获得，除欧氏距离法，常用的还有层次分析法、简单线性加权法、模糊加权法、神经网络算法、遗传算法等，也可以以隶属度矩阵取代，利用模糊综合评判获得评价结果。

（七）动态决策

动态决策模型是解决多阶段决策过程最优化问题的一种方法。其基本思路是将一个复杂的系统分析问题分解为一个多阶段的决策过程，并按一定顺序或时序从第一阶段开始，逐次求出每个阶段的最优决策，经历各阶段而求得整个系统的最优策略。动态规划模型对目标函数和约束条件的函数形式限制较宽，并且能够通过分级处理使一个多阶段优化问题化解为多个单阶段优化问题，因而在水资源系统分析中应用广泛。但动态规划模型也存在一定的局限性，它只是解决问题的一种方法，不像线性规划那样有一套标准的算法，对于不同的问题，需要建立不同的递推方程和算法，给使用带来了很多不便。常见的动态决策模型有系统动力学决策模型、可计算一般均衡（computable general equilibrium，CGE）资源决策模型、神经网络模型和遗传模型等。

四、资源开发决策模型案例

（一）CGE 资源决策模型

CGE 资源决策模型是目前国际上较为流行的一个用于公共政策定量分析的经济学工具。CGE 资源决策模型建立在一般均衡理论基础之上，它是把抽象的均衡经济理论定量描述为实际的经济模型，即通过建立各个模块的一系列方程，在生产者利润最大化、消费者效用最大化等约束条件下，经过将方程中参数的标定、内外生变量的初始化的计算过程，得到市场平衡状态下的多部门需求、供给以及消费者需求、贸易均衡的一组价格和数量解。CGE 资源决策模型可以通过了解各个变量间的账目变动，发掘其间的相互依存关系，从而量化得出各种政策条件对于政策目标的约束或影响程度，最终评估其可行性。目前，CGE 资源决策模型广泛地应用于资源开发决策、资源环境效应、国际国内贸易、财政税收、公共政策等分析领域（陈振东，2011）。

陈振东（2011）构建的 CGE 资源决策模型包含 5 个产业部门和 1 组城市居民、1 组农村居民。模型初步分为生产模块、需求模块、收入支出模块、纳入污染治理部门的资源环境模块以及市场均衡和闭合模块。

1. 生产模块

这部分的方程采用 4 层嵌套的不变替代弹性（constant elasticity of substitution，CES）生产函数来描述要素间的关系，嵌套结构如图 4.3 所示（陈振东，2011）。

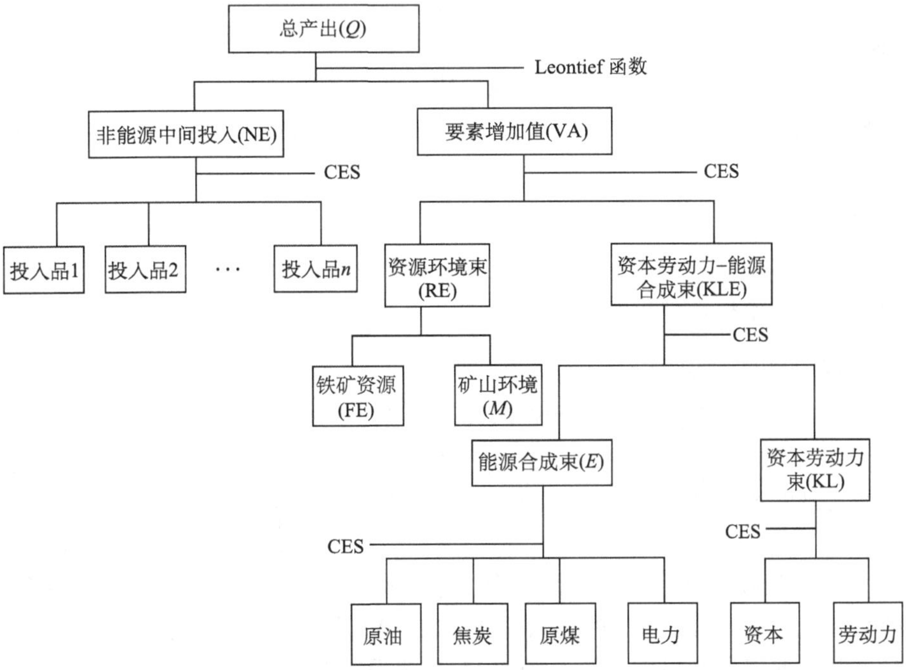

图 4.3　CGE 资源决策模型框架

生产模块中总产出 Q 是由要素增加值与非能源中间投入共同决定的，采用 CES 生产函数进行描述。第二层有两个分支，非能源中间投入涉及 n 类投入要素，这部分用 Leontief 函数表示，要素增加值分为资源环境束 RE 和资本劳动力-能源合成束 KLE。第三层也有两个分支，一个分支将资源环境束分解为铁矿资源 FE 和矿山环境 M；另外一个分支将资本劳动力-能源合成束分解为能源合成束 E 和资本劳动力束 KL。第四层继续分为两个分支，一个分支将能源合成束分解为四种能源品；另外一个分支将资本劳动力束分解为资本和劳动力。以上分支均用 CES 生产函数进行描述。

2. 需求模块

需求模块的消费者包括政府、企业、居民以及库存量增加需求、各部门的固定资产形成总额等。居民是在收入约束条件下追求效用最大化，而 CGE 资源决策模型要闭合的一个关键——居民户从要素中得到的回报变为需求，就是通过效用最大化原则求导得出。一般来说，CES 生产函数以及它所导出的需求函数有一定局限性，割裂了收入变化与替代弹性之间的关系，不符合经济逻辑。因此，本书采用线性支出系统（linear expenditure system，LES）需求函数来描述居民商品需求（由 Cobb-Douglas 函数导出），其函数在居民收入模块进行条件约束，即

$$\text{s.t.} \ \sum_{i=1}^{n} p_i q_i = y \tag{4-37}$$

3. 收入支出模块

收入支出主要涉及政府、企业与居民这几个账户的经济活动。生产模块中各个部门必须为所用的劳动要素和资本要素付费，这就形成了要素收入的第一次分配，然后居民和企业再分别向政府缴纳相应所得税，又形成了政府的收入，政府再将收入部分转移支付给居民和企业，部分用作投资和储蓄。这部分的方程主要是对这三类经济主体的行为进行描述。

4. 资源环境模块

通过本模块确定部门的生产单位产品的污染排放物量来反映矿产企业的生产行为以及影响程度，为政策模拟提供数据支持。

5. 市场均衡和闭合模块

模块的要素包括劳动力、资本和资源投入。由于研究地的选择以及矿产资源特征，资源要素特定为铁矿资源。这个模块要求上述要素的各个市场出清，政府财政收支、储蓄投资等要实现均衡，通过这样的均衡来达到“新古典闭合”的规则，使得模型闭合、有解。

CGE 资源决策模型涉及多个模块多个方程，且大都是非线性方程，计算量巨大，因此该模型必须使用 GAMS、MATLAB、MPS/GE 等软件工具求解，其中应用最为广泛、语言也较易掌握的当属世界银行开发的 GAMS 编程软件。

（二）多属性决策模型

多属性决策模型属于多目标决策，设有 m 个待决策方案，共有 n 个属性指标，组成的决策矩阵为

$$\boldsymbol{D}=(d_{ij})_{m\times n} \tag{4-38}$$

用向量归一法对决策矩阵做标准化处理，得到标准化矩阵

$$\boldsymbol{Y}=\left(y_{ij}\right) \tag{4-39}$$

式中，$i=1,2,\ldots,m$；$j=1,2,\ldots,n$。设 n 个属性的权重矩阵

$$\boldsymbol{W}=(\omega_1\cdots\omega_n)'=(\omega_j)' \tag{4-40}$$

计算加权标准化矩阵

$$\boldsymbol{R}=\boldsymbol{W}\times\boldsymbol{Y}=(r_{ij})_{m\times n}=(\omega_j\times y_{ij})_{m\times n} \tag{4-41}$$

逼近理想解排序法（technique for order preference by similarity to ideal solution，TOPSIS）是一种有效的多属性决策方法。该方法是以理想解和负理想解二者同时为参照基准而建立起来的。其中，理想解是由各属性指标值中的最优指标值所组成的集合；负理想解是由各属性指标值中的最劣指标值所组成的集合。之所以称为理想解或负理想解，是因为一般来说，这样的解并不存在，但是它们不失为衡量决策方案好坏的参照基准。一般采用 n 维欧几里得距离（Euclidean distance），将决策方案与理想解和负理想解的差异结合在一起计算方案的总效用。决策的原则是方案的总效用越大越好。

一般来说，属性指标有两种类型特性：效益型指标和成本型指标。对于效益型指标，理想解是由指标中的最大指标值组成，负理想解是由最小指标值组成；对于成本型指标，理想解是由指标中的最小指标值组成，负理想解是由最大指标值组成。记各决策方案为 A_i，并分别记理想解和负理想解为 A^+ 和 A^-。

计算决策方案 A_i 与理想解 A^+ 和 A^- 之间的差异 d_i^+ 和 d_i^-，公式为

$$d_i^+=\sqrt{\sum_{i=1}^{m}(r_{ij}-r^+)^2};\ d_i^-=\sqrt{\sum_{i=1}^{m}(r_{ij}-r^-)^2} \tag{4-42}$$

式中，r^+、r^- 分别为理想解和负理想解中各指标最优值、最劣值。采用式（4-43）计算决策方案总效用 $U(A_i)$，总效用最大方案即为最优方案。

$$U\left(A_i\right)=\frac{d_i^-}{d_i^+ + d_i^-} \tag{4-43}$$

（三）区域农业资源可持续利用决策分析模型

罗其友（1999）应用区域农业资源可持续利用模式形成机理，构建了集中反映资源、环境和市场因素交互作用的区域农业资源可持续利用决策分析模型，即

$$S_{ij}=(\prod_{k=1}^{n}X_k)^{\frac{1}{n}} \quad k=1,2,3 \tag{4-44}$$

式中，S_{ij}为优势度，其大小表征i区域j种资源利用方式（如种植小麦或玉米）的“可持续性”水平；X_1为资源转换效率优势指数；X_2为市场区位优势指数；X_3为环境优势指数。资源、市场、环境因素与S_{ij}之间存在较强的制约关系。当X_k中任何一项为零，都将导致优势消失，S_{ij}为零。该模型可用于指导资源节约型作物结构、作物生产区域专业化方向及作物育种和推广重点的选择。

根据区域农业资源可持续利用决策分析模型和1990～1995年资料，测算建立了北方旱农地区7种粮食作物和7种经济作物的可持续配置优势序。模型运算结果分析如下（罗其友，1999）。

（1）干旱缺水是北方旱区农牧业生产的第一制约因子，优先发展耐旱或水分转换率高的高粱、谷子、玉米等作物，建立节水型农作物结构，是北方旱区农业实现可持续发展的必然选择，模型运算结果很好地反映了这一内在要求。北方旱农地区作物可持续配置优势序：粮食作物——高粱、谷子、玉米、小麦、大豆、马铃薯、水稻；经济作物——胡麻、甜菜、棉花、花生、烟叶、芝麻、菜籽。

（2）市场因素和资源环境的交互作用使得北方旱农地区作物可持续配置优势序表现出丰富多样的区域特征（表4.3和表4.4）。区域特征包括：①干旱区的粮食作物优势序——小麦、玉米、高粱、马铃薯、大豆、谷子、水稻；经济作物优势序——胡麻、甜菜、棉花、菜籽、芝麻、烟叶、花生。②半干旱区偏旱区的粮食作物优势序——马铃薯、小麦、谷子、玉米、大豆、水稻；经济作物优势序——菜籽、花生、胡麻、芝麻、棉花。③半干旱区的粮食作物优势序——谷子、高粱、玉米、大豆、小麦、马铃薯、水稻；经济作物优势序——胡麻、甜菜、棉花、花生、芝麻、烟叶、菜籽。④半湿润偏旱区的粮食作物优势序——高粱、谷子、玉米、大豆、小麦、马铃薯、水稻；经济作物优势序——棉花、花生、甜菜、芝麻、胡麻、烟叶、菜籽。⑤半湿润区的粮食作物优势序——玉米、小麦、大豆、谷子、高粱、马铃薯、水稻；经济作物优势序——花生、棉花、烟叶、胡麻、甜菜、芝麻、菜籽。

表4.3　北方农地区粮食作物可持续配置优势度

类型区	水稻	小麦	玉米	高粱	谷子	大豆	马铃薯
干旱区	0.390092	1.419567	1.139748	0.677308	0.418823	0.519055	0.521395
半干旱偏旱区	0.013912	1.533495	0.59249	—	0.893553	0.365481	1.921481
半干旱区	0.315002	1.082849	1.56002	2.166923	2.269008	1.099943	0.755857
半湿润偏旱区	0.410799	1.277023	1.448355	1.711755	1.573654	1.284712	0.442094
半湿润区	0.513015	1.291751	1.32376	0.900297	0.99939	1.282637	0.584046
全区	0.42189	1.249803	1.419835	1.596993	1.592999	1.199408	0.603573

表 4.4　北方旱区经济作物可持续配置优势度

类型区	棉花	花生	菜籽	芝麻	胡麻	烟叶	甜菜
干旱区	2.215863	0.095223	0.797093	0.226332	3.070486	0.114567	2.915248
半干旱偏旱区	0.013088	1.428883	7.638752	0.336303	1.224618	—	—
半干旱区	0.79981	0.766667	0.432238	0.67071	2.196375	0.47848	1.934454
半湿润偏旱区	0.977829	0.928544	0.369639	0.691242	0.619362	0.490692	0.794054
半湿润区	1.049485	1.51267	0.428659	0.681319	0.876404	1.011015	0.851850
全区	1.086968	1.078805	0.459201	0.660084	1.623185	0.677356	1.40527

（四）矿产资源开发决策模型

王新宇和魏晓平（2002）以社会福利的最大化为资源开发的目标，建立了资源开发的动态决策模型。该模型的建立基于以下基本假设。

设 T 为该资源的寿命周期，$R(t)$ 为该种资源在第 t 时期的总储量（状态变量），边界条件为 $R(0)=A$，$R(T)=B$，$R(T)$ 为资源最后的不可采剩余储量，没有经济价值。第 t 时期的产量为 $X(t)$，$X(t)$ 为决策变量。设经营者在第 t 时期的开采成本函数为 $C[X(t)]$，因为随着资源开采量的增加，开采的难度不断加大，资源的成本及边际成本均增加，故设

$$\frac{\mathrm{d}C\left[X(t)\right]}{\mathrm{d}X(t)}>0$$

$$C[X(t)]=a+b[X(t)]^2 \tag{4-45}$$

设该矿产资源品位分布均匀，各经营主体开采的资源属于同质产品，相互之间具有完全的相互替代性。任意时期的资源产品市场能够出清，则第 t 时期资源的价格函数为 $P(t)=\alpha-\beta X(t)$，价格为内生变量，由总量决定。

基于上述假设，则第 t 时期的生产者剩余和消费者剩余之和，即总的社会福利为

$$\int_0^{X(t)}\left\{P(t)-C'\left[X(t)\right]\right\}\mathrm{d}X(t)-C(0) \tag{4-46}$$

式中，$C(0)$ 为固定成本。

根据对模型的基本假定，在资源的寿命周期内跨期社会福利之和最大化的模型为

$$\max V=\sum_{t=0}^{T-1}\rho^t\left|\int_0^{X(t)}\left\{P(t)-C'\left[X(t)\right]\right\}\mathrm{d}X(t)-C(0)\right|$$

$$\text{s.t.}\ \begin{cases}R(t+1)=R(t)-X(t);t=0,1,\cdots,T-1\\R(0)=A\\R(T)=B\end{cases} \tag{4-47}$$

式中，ρ 为贴现系数；$\rho^t=(1+r)^{-t}$；r 为贴现率。

引入 Hamilton 函数：

$$H(\bullet)=\rho^t\left|\int_0^{X(t)}\{P(t)-C'[X(t)]\}\mathrm{d}X(t)-C(0)\right|+\rho^{t+1}\lambda(t+1)\left[R(t)-X(t)\right] \tag{4-48}$$

$$t=0,1,\cdots,T-1$$

资源开发者的总利润之和最大化模型的目标函数为

$$\max V=\sum_{t=0}^{T-1}\rho^t\{P(t)X(t)-C[X(t)]\}=\sum_{t=0}^{T-1}\rho^t\{\alpha X(t)-\beta[X(t)]^2-b[X(t)]^2-a\} \tag{4-49}$$

约束条件不变，容易得到资源开发者的总利润之和最大化模型的最优产量决策为

$$X(t)=\frac{\alpha\left[(1+r)^T-1\right]-\alpha T(1+r)^t r}{(2b+2\beta)\left[(1+r)^T-1\right]}+\frac{(A-B)(1+r)^t r}{(1+r)^T-1};t=0,1,\cdots,T-1 \tag{4-50}$$

第三节　资源配置

从古到今，人类社会始终都存在着资源的有限性同人类需求的无限性的矛盾，而解决这一矛盾的手段就是资源配置。因此，资源配置问题历来是经济学家关心并不断进行探讨的课题。资源优化配置是指能够带来高效率的资源最优要素组合方式，一般而言，资源配置的主要方式是通过市场机制进行配置。市场经济具有平等性、竞争性、法制性和开放性的特点，它能够自发调节资源向优化配置的区域集中，进而实现资源的优化配置。当然，市场调节也存在着自发性、盲目性、滞后性等弱点，因此政府的制度约束与安排、生态环境约束以及社会福利约束也成为实现资源优化配置的重要途径。

一、资源配置的概念与内涵

市场配置资源的方式是指市场机制对资源的分配和组合起调节作用，它是以市场经济的发展为基础的。所谓市场经济，就是具有完整的市场体系和灵活的市场机制，并以市场为轴心而运行的经济。经济运行过程实质上就是资源的配置与再配置过程。市场机制调节经济运行过程，也就是决定资源的配置与再配置。系统的市场机制包括供求机制、价格机制和竞争机制 3 个基本方面，这些市场机制是有机地相互联系、相互作用的（李明月，2003）。

在市场经济条件下，市场机制对资源的配置与再配置是通过市场价格信号的变动实现的。价格信号反映了供求关系，是供求机制作用的结果，它通过价格机制的运动而启动了竞争机制，竞争关系的展开就形成了资源配置过程，并反过来调节供求关系。但是，市场机制并不是万能的，市场失灵是其无法克服的痛疾，垄断则阻碍了竞争过程的充分展开和竞争机制的有效作用。同时，垄断势力之间的竞争又增加了竞争的剧烈程度及其破坏性，这使市场机制配置资源本身就存在的弊端进一步表现出来（李明月，2003）。

资源配置以资源的稀缺性为基础，它使稀缺资源最大限度地保持合理的使用方向和数量比例，其最终目的是借此提高稀缺资源的增量，以适应日益增长的需求。西方经济

学家正是用资源的稀缺性来解释资源配置的，认为稀缺性是进行资源配置的主要原因。

我国学者在总结国内外不同观点的基础上也提出了自己的看法。林翊（2000）认为，资源配置通常是指在资源数量一定的情况下，如何将有限的人力、物力、财力以及科学技术、信息等资源投向不同的地区、部门以及企业，以获得最大的产出，求得经济持续、快速、健康发展。曲福田（2001）认为，自然资源配置是指自然资源之间以及自然资源与其他经济要素之间的组合关系在时间结构、空间结构和产业结构等方面的具体体现及演变过程。韩冰华（2005）认为，资源配置可理解为人类社会和大自然中各种相对稀缺资源在各种可能性的用途中进行的选择、安排和搭配的过程，并指出至少应包括以下 4 层含义。第一，资源配置是资源在不同主体、不同用途之间的分配，实际上是经济主体之间以权能和利益为内容的交易关系，也即产权主体之间的交易关系；第二，资源配置是微观经济活动和宏观经济活动的有机结合过程；第三，资源配置是各种资源在一定地表空间的组合的过程，具有系统性、专门性、综合性等基本特征；第四，资源配置是在不同用途、不同使用主体上配置利用某一资源的过程，是一个动态的过程。马传栋（1994）从生态经济学角度指出资源配置生态经济含义应包括 3 个方面。第一，资源配置是指对社会总资源的配置，社会总资源既包括经济资源和社会资源，也包括从各种自然生态系统索取的自然资源；第二，在按一定的比例将各种资源实行组合和配置的过程中，其不断组合的资源主要是紧缺资源，而这些紧缺资源中既包括部分经济资源和社会资源，又包括部分自然资源和生态环境资源；第三，在合理配置资源、生产和提供各种产品及劳务来满足各种社会需要时，其不同层次的社会需要中既包括经济需要的内容，也包括人的生态需要的内容。

一般来讲，资源配置是指人类在一定的社会条件下按照一定的比例将各种资源实行组合和再组合，生产和提供各种产品和劳务，以满足各种社会需要的经济活动（李景刚，2006）。

二、资源配置的基本理论

资源配置理论包括古典经济学、制度经济学与政治经济学、福利经济学和可持续发展理论的资源配置理论。

（一）古典经济学的资源配置理论

国外经济学家对资源配置问题的研究由来已久，最早可以追溯到古典经济学家威廉·配第，直至后来的经济学家亚当·斯密、大卫·李嘉图、马克思、庇古、帕累托、斯坦利·费希尔以及 19 世纪 70 年代的“边际革命”学派和“结构主义”学派，他们都对资源如何优化配置的问题做了大量的研究。在完全的市场经济中决策是分散的，生产什么、怎样生产、如何配置生产要素，都是由众多的单个的企业通过市场在交换中决定的，生产者对资源的使用有充分自由的选择权，这种选择的目的或动力的来源是对利润的直接追求。选择或决策所依据的信息并非自上而下的指令，而是横向的，取决于供给和需求的经济产品、要素的数量及价格，以及据以推断的成本和盈利情况。这些信息是横向传递的，随市场日益变化。经济单位根据这些信息不断调整自己的决策，最终达到全社会产品和资源的平衡，实现资源的优化配置。资源最佳配置的客观评价标准有其理想规定与现实选择。古典经济学关于资源最佳配置的评判标准主要有 2 个：一个是“帕累托最优”；一个是“边际成本理论”，即“边际收益等于边际成本”或“平均成本最低”（李景刚，2006）。

根据古典经济学理论，资源配置由价值规律自发地调节，即由供求变化引起价格涨落，调节资源产品在各个部门的分配，调节资源生产和资源流通。由此，影响资源配置的基本经济要素包括成本和价格。资源的成本不仅包括生产成本，还包括交易成本和外部成本。交易成本是在一定的社会关系中，人们自愿交往、彼此合作达成资源交易所支付的成本，即获得准确资源市场信息所需要付出的费用以及谈判和经常性契约费用，这包括度量、界定和保证产权（即提供交易条件）费用，发现交易对象和交易价格费用，讨价还价费用，订立交易合约费用，执行交易费用，监督违约行为并对之制裁费用，维护交易秩序费用等（Cho et al.，1999；卢现祥，2003）。外部成本是资源开发的外部效应（主要是负的外部效应）所引起的成本，包括资源开发过程中产生的生态成本、环境破坏成本或其他社会成本。在现代社会的资源开发活动中，资源生产者往往被要求支付外部成本，从而使外部成本内部化。资源交易成本和外部成本的存在降低了资源配置效率，是导致市场失灵的内在因素之一。

市场失灵是指市场机制无法有效率地配置资源。市场失灵可能的原因包括不完备的市场机制、市场机制的自身内在缺陷、信息的不完备、外部效应的存在、不完全竞争的存在（垄断）、交易成本过高、偏好的不合理等。市场失灵对资源配置造成的后果通常包括：①作为公共物品的资源产品供应不足，这类产品又称为非营利产品。从本质上讲，生产公共产品与市场机制的作用是矛盾的，生产者是不会主动生产公共产品的，而公共产品又是全社会成员所必须消费的产品，它的满足状况也反映了一个国家的福利水平。因此公共福利的资源产品供给不足与社会成员的经济发展需要之间的矛盾经常性地存在。②公共资源的过度使用和生态环境的破坏。有些生产主要依赖于公共资源，如渔民捕鱼、牧民放牧，生产者受市场机制追求最大化利润的驱使，往往会对这些公共资源掠夺式使用，而不能给资源恢复的时间，或者体现在资源开发过程中对生态环境的肆意破坏。

（二）制度经济学与政治经济学的资源配置理论

新制度经济学的资源配置理论主要研究制度变量如何影响资源配置效率，始终强调制度安排对资源配置的重要作用，产权界定、交易费用与成本以及信息的完整性、契约和法律程序等对资源配置都有重要影响（高鸿业，1991）。国家是界定和行使制度政策的主体，在资源配置中起主导作用，而国家在资源配置过程中可能导致产权的无效率，但也可能适时调整法律、法规和政策体系，引导要素合理流动，规范资源配置形态，从而降低产权的排他性成本，提高国家资源配置的绩效。马克思认为资源配置不仅涉及人与物之间的关系，同时也会涉及人与人之间的关系。因此，制度作为一个内生变量，对社会公共资源的有效配置产生重要影响。而不同利益主体在社会公共资源配置过程中的不同作用将影响资源的配置利用效率。马克思引入经济制度、权利结构和分配关系等制度变量后，通过剩余价值再分配的研究，揭示生产价格的形成与资源有效配置的实现条件（王龙锋，2002）。马克思构想了理想社会的资源配置方式，提出只有理想社会形态下，通过政府计划，才能实现资源的合理有效配置（王元龙，1995）。由马克思政治经济学理论引申出来的社会主义资源配置理论是以计划手段配置资源的。计划配置资源的方式是运用指令性计划体系决定资源的分配与组合，它是以传统计划经济为基础的。传统计划经济的基本特征是否定商品经济的存在，排斥市场机制的作用，计划成为经济运行的核心（李明月，2003）。其主要理论包括以下 5 点。

1. 现代产权理论

现代产权理论的研究对象是人们的利益格局如何受产权安排影响，产权制度如何影响资源配置效率，有效产权结构和规则是什么等。相应地，产权经济学四大支柱理论是产权界定理论、交易费用理论、产权运作效率理论和产权制度变迁理论。现代产权理论认为，财产所有权是可以分离的，它包括占有权、使用权、收益权和处分权 4 项权能。财产所有权的核心即收益权，具有较高程度的排他性。现代产权理论以个人效用最大化为前提，假定交易费用不为零，研究如何通过界定、交易或调整产权安排结构，降低或消除市场机制运行的费用，提高产权运作效率，改善资源配置，促进经济增长（曹建海，2001）。产权经济学家主要致力于产权、激励和经济行为关系研究，尤其探讨不同产权结构对收益-报酬制定、资源配置及经济绩效的影响，对产权在经济交易中的作用给予重点关注（刘凡和刘允斌，2002）。

2. 公平与效率理论

由于经济资源具有稀缺性，因此资源配置必须兼顾公平与效率 2 个方面。公平与效率常常存在某种替代关系，为得到更多公平，往往要牺牲一部分效率，反之亦然。鉴于竞争市场帕累托最优只解决效率问题，因此需要政府来保证公平（Lambert and Yitzhaki，1995）。公平与效率也是实现可持续发展的必要条件，在资源配置过程中，必须合理运用市场和计划两种手段，协调资源配置效率和社会公平之间的矛盾（盛广恒，2005）。

3. 制度变迁理论

制度变迁是指制度的创立、变更及随着时间变动而被打破的过程。新制度经济学关于制度变迁的一般演绎逻辑是：社会某组织或利益集团为了获得更多的收入或减少某些成本，致力于制度革新的过程。当新制度所能提供的收益等于变革旧制度所需要付出的成本时，制度变迁就会暂时停止，制度结构就会暂时达到某种“均衡”，当新的外部利润产生时，才会再次产生对新制度的“需求”。如果预期的净收益超过预期成本，一项制度安排就将开始被革新。

4. 公共选择理论

丹尼斯·缪勒将公共选择理论概括为“可以定义为非市场决策的经济学研究”。公共选择是政治上的观点，它因经济学家的工具和方法大量应用于集体或非市场决策而产生。公共选择理论认为，市场经济下私人选择活动中适用的理性原则也同样适用于公共选择活动。政府以及政府官员在社会活动和市场交易过程中同样也反映出“经济人”的特征，政府自身利益本身也是一个复杂的目标函数，其中不但包括政府本身应当追求的公共利益，也包括政府内部工作人员的个人利益，此外还有以中央政府利益、地方政府利益和部门利益为代表的集团利益。不同的利益主体，除了自身利益诉求之外，在公共利益的总体目标方面也有着不同的价值取向和偏好程度上的差异。所以，政府也并不总是一心一意地追求社会总体福利最大化目标，政府的资源开发政策的出台并非都是公平有效的，尤其表现在政府配置资源的过程中存在失灵的现象。

5. 政府失灵

政府失灵是指个人对公共物品的需求在政府干预下得不到很好的满足。政府的干预措施在资源配置过程中缺乏效率，或者说政府做出了降低资源配置效率的决策或不能实施改善资源配置效率的决策。政府失灵体现在资源短缺或过剩，根源在于以下 5 点：①政府内部性。政府及其成员追求自身动机、目标与利益而非社会福利，围绕金钱与权力的追求，主要形式有创租与抽租、政府扩张等。②政府行为的外部性。当政府干预对资源配置产生了负面影响，即没有达到干预目的，政府行为表现出负外部性或外部不经济性。③政府特许的资源垄断经营。政府特许经营具有排他性与垄断性，会弱化行业竞争，并给特许资源经营企业创造垄断利润。④信息不完全和不对称。政府对市场失灵进行干预时存在信息不完全和不对称的困扰，一是政府较难掌握真实的资源需求与供给，二是干预活动本身存在信息不完全和不对称问题，包括信息量不足、信息质量差与信息传播渠道不畅等。⑤寻租。政府成员为了追求自身利益极大化会在资源配置活动中去主动创租，通过采矿权、土地使用权、许可证、配额、执照、授权书、专营、特许经营等手段创造额外的租金，从而极大地损害社会福利。

（三）福利经济学的资源配置理论

资源配置是指经济中的各种资源，包括人力、物力、财力等在各种不同的使用方向之间的分配。它具有双重性：一是生产要素的配置，也称资源的技术性要素配置，属于生产力范畴；二是生产关系、利益关系配置，也称资源的社会性要素配置，属于生产关系范畴。据此，资源配置机制具有技术性要素配置与社会性要素配置 2 种功能。前者是单纯从技术方面进行资源要素配置，社会性的要素配置派生出福利经济学。福利经济学理论是社会保障制度产生并不断完善的直接和最有力的理论依据（薛曜祖，2013），福利经济学理论中重要的观点包括：主张建立一种能够更好地提高人类福祉的制度，尤其要注重对低收入人口群体福利的提高和保障；国家（政府）应当承担起提高整体公民福利的责任（梁鸿，2000）。福利经济是现代西方经济理论的一个重要组成部分，它是由政府通过各种公共福利设施、津贴、补助、社会服务或者举办各种集体福利事业来增进全民福利或提高社会成员生活水平和生活质量的。福利经济理论论证了国家提高社会福利的必要性以及政府应该采取相应的政策措施合理引导，为国家建立福利经济制度提供理论依据（卢海元，2004）。

（四）可持续发展理论的资源配置理论

《我们共同的未来》报告中对可持续发展给出的定义为："可持续发展是指既能满足当代人的需要，又不损害后代人满足需要的能力的发展"，尽管可持续发展的定义很短，但却有非常丰富的内涵。从思想实质看，其包括 3 个方面的含义：人类与自然界的共同进化思想；世代伦理思想；效率与公平目标的兼容。从资源分配看，也包括 3 个方面的含义：一是需要，即指发展的目标是要满足人类需要；二是限制，即指技术状况和社会组织对环境满足眼前和将来需要的能力施加的限制；三是平等，即指各代之间的平等，以及当代不同地区、不同人群之间的平等。可持续发展理念下的资源配置应将以经济增长为核心的发展思路，转向以经济、生态及社会协调发展的综合效益最大化为目标的发展思路，可持续发展要求资源配置必须达到必要的生态环境标准（物质型或价值型），从而使自然资源能够持续利用，并消除自然资源利用中的外部性问题，这些要求和标准从纯经济角度看，都是非帕累托最优的。传统的帕累托最优理论的着眼点为当代人内部不同当事人之间的资源和福利的有效配置问题，但可能对后代人的经济福利和生态环境福利带来严重损害的状态。而可持续发展对资源配置的着眼点在于各类不可再生资源或可再生资源在当代人与后代人之间以及不同地区间的公平分配。因此，可持续发展的资源配置要求获得经济效益、社会效益和生态环境效益的综合优化，而不是单纯实现经济效益的最优目标。

三、资源配置的常见方法

基于市场的配置方法包括帕累托最优配置和边际成本配置，马克思政治经济学则衍生出了资源的计划配置，随着资源配置目标的多样化，基于多目标的线性规划法和非线性规划法更多地运用到资源配置中。常见的资源配置方法包括以下 5 种。

（一）帕累托最优法

帕累托最优是指资源分配的一种状态，在不使任何人处境变坏的情况下，不可能再使某些人的处境变好。如果对于某种既定的资源配置状态不存在帕累托改进，即在该状态不存在某种改变可以使得最少一个人的状况变好而不使得任何人的状况变坏，就是达到了帕累托最优。帕累托最优状态是最具有经济效率的资源配置。资源配置的帕累托最优要求包括以下 3 点：①资源生产最优。在资源生产最优状态下，资源生产要素的任何一种重新组合都会至少使一种资源产量下降时，这种状态就是生产的帕累托最优状态。②资源产品交换最优。在资源产品交换最优状态下，资源产品的任何新的交易都会至少降低一个人的满足水平时，这种状态就是资源产品交换的帕累托最优状态。③资源生产和交换同时达到帕累托最优。这时资源产品的数量组合既实现了生产最优效率，又满足了消费者最大化的需求，从而使生产和交易同时达到帕累托最优状态，实现社会福利最大化。资源配置的帕累托最优通过完全的市场竞争机制实现。

（二）边际成本法

资源配置的边际成本指的是每一单位新增资源带来的资源配置的总成本的增量。一般来说，资源配置的边际成本的变动规律是：初期用于资源配置的资源总量不足，资源产量开始增加时，由于各种生产要素的效率未得到充分发挥，因此产量很小。随着生产的进行，生产要素利用率增大，产量的增长速度大于成本的增长速度，此时资源配置的边际成本随产量的增加而递减。当产量增加到一定程度时，由于边际收益递减规律的作用，资源配置的边际成本又随产量的增加而增加。如果不考虑最初的短暂情况，那么，它的变动规律主要表现为：资源配置的边际成本先是随资源产量增加而减少，当产量增加到一定程度时，就随产量增加而增加。在评价资源配置方案时，当资源配置的边际成本≥0 时，资源配置方案可以接受，其中边际成本=0 时资源配置效率达到最优。当边际成本＜0 时，资源配置方案不可接受。

帕累托最优法和边际成本法都属于资源的市场配置，可以由价值规律自发地运行。市场机制下，供求变化引起价格涨落，可以调节资源在各个部门的分配，调节资源的生产和流通，能够合理地进行资源配置。因此，市场机制是资源配置的基本前提。市场配置也有其自身缺陷：①单纯的市场机制难以实现资源配置的总量平衡，容易造成周期性的经济波动；②单纯的市场机制难以解决资源配置的代际公平和可持续利用；③单纯的市场机制无法解决资源开发的外部性问题；④单纯的市场机制容易导致垄断的产生，难以保证竞争机制的正常作用，从而影响资源配置效率的提高；⑤公共产品难以通过正常的市场价格机制来进行分配；⑥单纯市场配置资源难以避免资源和财富向少数人集中，产生贫富分化。上述缺陷是导致市场失灵的内在因素。

（三）计划配置法

计划配置是指计划机制占主体地位的资源配置方式。计划配置的主要方法有以下 3 种：①中央计划机构是配置资源的决策者，掌握资源配置的决策、国家宏观经济决策权和企业的微观经营活动决策权；②资源配置具体方案以计划指标的方式通过行政指令层层下达，信息传导通过行政渠道纵向地实现；③企业的责任是完成中央下达的资源生产、流通和分配计划，企业发展的动力来自政府指令性计划。计划配置资源的优点是：①总体上保持国民经济的协调发展和社会资源的合理配置；②可以在全社会范围内动员人力、财力、物力，应对突发事件；③合理调节收入，保持适当的社会公正。计划配置资源的缺陷是：①政府决策成本过高；②微观经济主体丧失活力；③分配中平均主义严重，从而严重降低资源配置效率。由于计划体制的固有缺陷，资源配置方式已经由指令性计划转换为市场配置为主，计划调节为辅。

（四）博弈配置法

博弈论又称为“对策论”，研究的是决策主体的行为在直接相互作用时，人们如何进行决策，以及这种决策如何达到均衡。博弈是指代表不同利益主体的决策者，在一定的环境条件和规则下，同时或先后、一次或多次从各自允许选择的行动方案中加以选择并实施，从而取得各自相应结果的活动。博弈论就是系统研究各种博弈中参与人之间合理选择及其均衡的理论。博弈的划分可以从 2 个角度进行（张维迎，2012）：第一个角度是参与人行动的先后顺序，可将博弈分为动态博弈和静态博弈；第二个角度是参与人对有关其他参与人的特征、战略空间及收益函数的判断和认识。结合以上 2 个角度，可以得出 4 种类型的博弈模型，即完全信息静态博弈、不完全信息静态博弈、完全信息动态博弈、不完全信息动态博弈。资源配置的博弈模型可以用于采矿权和土地使用权的拍卖（盛广恒，2005；刘顺国，2008）。

（五）多目标资源优化配置

现代社会的资源配置不仅仅着眼于经济效率的最大化，还需要满足公共福利需求、生态和环境保护需求以及其他社会需求，因此资源配置逐渐从传统的单目标配置转向多目标配置。资源配置的目标存在多个，可能彼此冲突。大多数情况下，某目标的改善可能引起其他目标性能的降低，同时使多个目标均达到最优是不可能的，只能在各目标之间进行协调权衡和折中处理，使所有目标函数尽可能达到最优（陈南祥，2013）。

多目标优化配置的过程：利用配置方案组成的方案集构建目标函数，由约束条件集构建评价函数，建立评价矩阵，确定权重系数向量或权重矩阵，对模型求解，评价、选择最优的或满意的配置方案。

常用数学方法包括投入产出法、线性规划法、非线性规划法、层次分析法、多目标进化算法、多目标粒子群法、蚁群算法、人工神经网络算法、遗传算法、模拟退火算法、免疫算法、模糊算法、系统动力学算法等。

四、资源配置模型案例

资源配置的目的就是要使资源的开发利用达到最优化，更好地发挥出各类资源的经济效益和社会效益。传统的资源配置模型通过市场机制、计划体制和政策要素构筑，可持续发展观背景下的资源配置则更加关注生态环境效益、社会福利和代际公平，因此衍生出了面向博弈、多目标、动态以及空间的资源配置模型，这些模型往往不再单纯基于古典经济学或者制度经济学进行资源配置，而是在市场配置和政府调节的基础上提供经济效益、生态效益和社会效益多目标兼顾的综合资源配置方案。

（一）资源开发的博弈配置模型

盛广恒（2005）基于土地资源建立了中国城市化进程中土地提供者（地方政府）与土地需求者（房地产开发企业）之间以及房地产开发企业之间的博弈模型。土地出让市场的价格博弈包括了政府与土地需求者的博弈以及土地需求者之间的博弈。在政府与土地需求者的价格博弈中，由于土地供应者的唯一性，政府凭借其垄断地位获得价格博弈的最佳结果，使得博弈重点发生在土地需求者之间。除非出现土地成本超过所有需求者所能承受的上限，此时，只能证明政府决策失误，降低了资源配置效率。

在政府与土地需求者的价格博弈中，政府的目标是使社会和经济效益最大化，同时兼顾环境效益，一般情况下社会效益权重相对更高；通过行使国家权力制定土地市场价格博弈规则，约束各方助其实现目标。土地需求者的目标是使经济效益最大化，同时兼顾社会和环境效益；实现方式包括提高土地利用率、容积率和建筑密度，压低土地价格。从中可以看出，政府目标与企业目标存在冲突，尤其在土地经济收益分配方面。企业和政府为使各自利益最大化，不得不向对方妥协，采用双方都可以获利的方法。因此，只有综合考虑交易双方利益，尽可能使得利益分配公平。

以土地最优利用率（*R*）为利用率底限，土地征收成本为土地价格底限，构建土地价格博弈模型框架（图 4.4），结果分析如下。

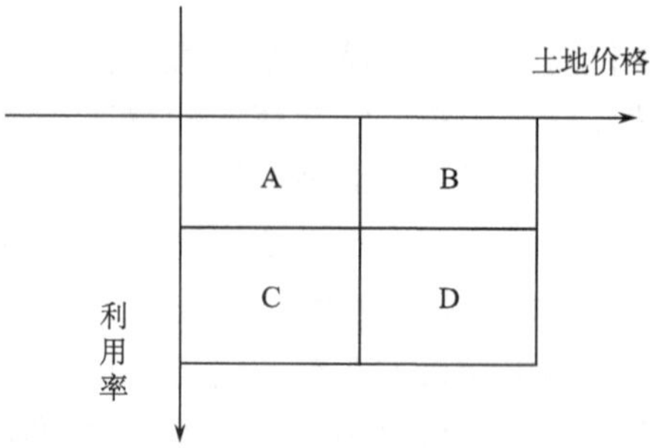

图 4.4　土地市场博弈模型（盛广恒，2005）

（1）A 组合。土地以低价格和低利用率出让，政府则通过低价格出让土地。政府经济效益虽然受到损害，但是土地低利用率有助于实现社会效益最大化，因此，政府可以接受 A 组合博弈结果。对于企业而言，土地取得低成本可以弥补土地低增值带来经济损失，因此也能够接受 A 组合，所以双方能够在 A 组合达成妥协。

（2）B 组合。土地以高价格和低利用率出让，政府则通过高价格得到最大经济利益，而且也满足可持续发展和社会效益最大化要求。但是，企业承受了较高土地成本且无法得到补偿，经济效益将会受到严重损害。B 组合是政府的最佳博弈结果，却是企业的最差博弈结果，因此双方无法在此达到均衡。

（3）C 组合。土地以低价格和高利用率出让，此时企业能够以较低成本获得较高土地增值收益，实现经济效益最大化。C 组合是企业的最佳博弈结果，但是，此时低价格损害了政府经济利益，而且土地高利用率也会降低社会效益。因此，C 组合是政府的最差博弈结果，双方不可能在此达成均衡。

（4）D 组合。土地以高价格和高利用率出让，企业的高成本可以通过土地高增值得到补偿，政府则通过高价格得到最大经济利益。虽然土地以高价格和高使用率出让，不能满足社会效益最大化和可持续发展的要求，但是对于不称职政府，是可以接受经济效益弥补社会效益损失局面的.因此，在特殊情况下，交易双方可以在 D 组合达成妥协。

在土地出让博弈中往往有一个卖者和多个买者，政府以土地成本作为底价，以公开竞价方式出让土地使用权，竞价者是众多土地开发商。个体知识差异导致对土地价值判断的不同，博弈最终结果是土地由出价高者得，而出价最高者通常也是对土地价值做出最高判断的投资者。

由于竞价者报价的未知性和独立性，以招标方式出让土地是不完全信息非合作博弈问题。

设有 n 个开发商，第 i 个开发商对该地块的私人评估价值是 $V_i(i=1,\cdots,n)$，且相互独立，并设 V_i 是均匀分布，分布区间为 $[V_{下},V_{上}]$，为计算方便对报价 v 进行数据处理，$v_i=\left(V_i-V_{下}\right)/\left(V_{上}-V_{下}\right)$，使得 v_i 在(0,1)均匀分布，投标人 i 的报价 $b_i\left(v_i\right)$ 是其私人价值，v_i 是严格递增函数，则其净效用为 v_i-b_i。在土地使用权出让招标中，假定投标人开发方案均符合政府要求，最终结果是报价最高者获得土地使用权，因此第 i 个开发商的效用函数为

$$U_i\left(b_i,b_j,v_i\right)=\begin{cases}v_i-b_i;b_i>b_j\\(1/n)\left(v_i-b_i\right);b_i=b_j;i,j=1,2,\cdots,n;i\neq j\\0;b_i<b_j\end{cases}\tag{4-51}$$

假设投标人具有对称性，每人最优策略函数相同，不同的只是各自的私人价值，因此私人价值较大的投标人的最优报价将大于私人价值较小的投标人的最优报价。由于投标人决策的独立性，每个投标人只知道自己对招标地块的私人价值判断，并不知道其他人对该地块价值的认可程度，只能主观判断别人的可能报价概率。

$$P(v_1,v_2,\cdots,v_{i-1},v_{i+1},\cdots,v_n\,|\,v_i)=\frac{P\left(v_1,v_2,\cdots,v_i,\cdots,v_n\right)}{P\left(v_i\right)}\tag{4-52}$$

给定投标人私人价值 v 和投标报价 b，则其效用期望值为

$$U_i=\left(v-b\right)\prod_{i\neq j}\text{Prob}\left(b_j<b\right)\tag{4-53}$$

式中，Prob（$b_j<b$）为 $b_j<b$ 的概率，b_j 为第 j 个开发商的报价；$v-b$ 为中标后净收益。由于 v 是位于(0,1)的均匀分布，且报价相互独立，根据均匀分布性质，则有

$$U_i=\left(v-b\right)\prod_{i\neq j}\text{Prob}\left(b_j<b\right)=\left(v-b\right)\phi^{n-1}\left(b\right)\tag{4-54}$$

式中，$\phi\left(b\right)=b^{-1}(b)$ 为 b 的逆函数，即投标人选择 b 为私人价值 $\phi\left(b\right)$，此时投标人最大化个人效用条件是

$$\frac{\mathrm{d}U_i}{\mathrm{d}b}=-\phi^{n-1}\left(b\right)+\left(v-b\right)\left(n-1\right)\phi^{n-2}\left(b\right)\phi'\left(b\right)=0\tag{4-55}$$

在均衡条件下 $\phi\left(b\right)=v$，因此一阶最优化条件可化简为

$$-v\mathrm{d}b+\left(v-b\right)\left(n-1\right)\mathrm{d}v=0\Rightarrow b^*\left(v\right)=\frac{n-1}{n}v\tag{4-56}$$

从上述过程可以看出，$b^*\left(v\right)$ 随 n 增加而增加，参与投标的人数越多，投标价格越接近土地价值，政府会获得更多土地出让金，在政府与投资者之间以及投资者与投资者之

间的双重博弈下，土地市场在确保社会效益的前提下尽最大可能维护政府的经济效益（盛广恒，2005）。

（二）基于 DEA 的资源配置模型

1978 年，著名运筹学家 Charnes、Cooper 等人提出了基于相对效率的多投入多产出分析法——数据包络分析（data envelopment analysis，DEA）（魏权龄，2004）。DEA 使用数学规划模型评价具有多个输入、多个输出的决策单元（decision making unit，DMU）的相对有效性。由于不需要预先估计参数，DEA 在避免主观因素和简化运算、减少误差等方面有着不可低估的优越性。DEA 在经济系统中的分析，实质上是通过对资源配置效率的分析来获得最优的资源配置。DEA 分析法把分析结果分为两类：有效和无效，并能够提出 DEA 无效决策单元中无效投入的资源及其无效投入水平（即冗余度）。

在开展资源配置成本效率分析时，在 C^2R 模型的基础上增加了对投入资源价格的考虑，以判断资源投入的成本效率。因此，基于 DEA 的资源配置模型包括 C^2R 模型和成本效率模型 2 个部分（莫剑芳和叶世绮，2002）。

1）C^2R 模型

$$\begin{cases} \min\theta \\ \text{s.t.}\ \ \sum\lambda_i X_i + S^- = \theta X_0 \\ \sum\lambda_i X_i - S^+ = Y_0 \\ \lambda_i \geqslant 0; i = 1,\cdots,n \\ S^- \geqslant 0, S^+ \geqslant 0 \end{cases} \tag{4-57}$$

2）成本效率模型

$$\begin{cases} \min PX_0 \\ \text{s.t.}\ \ \sum\lambda_i X_i + S^- = X_0 \\ \sum\lambda_i Y_i - S^+ = Y_0 \\ \lambda_i \geqslant 0; i = 1,\cdots,n \\ S^- \geqslant 0, S^+ \geqslant 0 \end{cases} \tag{4-58}$$

C^2R 模型中，θ 为资源配置效率：$\theta=1$时，称决策单元有效；$\theta<1$时，称决策单元无效。所有有效决策单元构成包络面。成本效率模型中，P 为资源价格向量，设 CE 为成本效率，PX' 为最优解，则 $CE = PX_0 / PX'$ 。$CE=1$时，称决策单元成本有效；$CE<1$时，称决策单元成本无效。

1984 年美国学者 Banker 发现并证明了 C^2R 模型分析结果与规模收益的关系；设 $k=\sum K_i$ ，则 k 称为决策单元的规模收益值。规模收益有以下几点特征：①当 $k=1$时，表示决策单元的规模收益不变，此时资源组合达到非价格意义下的最优配置。②当 $k<1$时，表示规模收益递增，且 k 值越小，规模递增趋势越大，表明决策单元在原有投入的基础上，适当增加投入量，产出量将有更高比例的增加。③当 $k>1$时，表示规模收益递减，且 k 值越大，规模递减趋势越大，表明在决策单元原有投入的基础上，增加投入量不可能带来更高比例的产出，此时没有再增加决策单元投入的必要性。

根据 C^2R 模型中决策单元与规模收益的关系，莫剑芳和叶世绮（2002）把成本无效决策单元的无效原因分成价格无效、绝对冗余、相对冗余 3 类。①价格无效：当成本无效决策单元的规模效益等于 1 时，决策单元的资源投入为价格无效。此时资源的组合达到了非价格意义下的最优。但由于资源相互之间存在替代性，如果用价格较低的资源替代价格较高的资源，改变投入组合，即寻找等产出面与包络面交集中投入成本最低的资源组合，将可以降低总体投入成本而保持产出不变。②绝对冗余：当成本无效决策单元的规模收益大于 1 时，决策单元的资源投入为绝对冗余。此时若增加资源的投入将会降低资源的配置效率，决策者必须减少资源的投入量。③相对冗余：当成本无效决策单元的规模收益小于 1 时，决策单元的资源投入为相对冗余。它是由于某些资源的短缺而导致资源的配置效率无法最大化，此时决策者可以采取 2 种改进方案：增加短缺资源的投入，扩大生产规模；减少冗余资源的投入，节约成本。

（三）资源配置线性规划模型

武友德和王金亮（1999）以云南省禄劝县砚瓦川小流域为例，进行了山区小流域土地资源综合开发优化模型的设计研究，实质上是农用土地资源在农、林、牧、渔各业的分配模型，其研究的基本路径为：首先进行土地利用方式的结构层次分析，分析结果如表 4.5 所示；其次确定土地利用的目标函数

$$\max f = 1500X_1 + 1125X_2 + 1800X_3 + 450X_4 + 390X_5 + 75X_6 \tag{4-59}$$

表 4.5　砚瓦川小流域土地利用结构层次及土地生产力分析

活动方式		决策变量	平均生物产量/(kg/km²)						年产值		土壤侵蚀模数	
			粮食	林果	木材	薪柴	牧草	优化排序	元/km²	优化排序	亩/km²	优化排序
耕地	水田	X_1	6000					2	15000	2	0.1	1
	旱地	X_2	4500					3	11250	3	9.2	6
林地	经济林	X_3		7500				1	18000	1	1.6	4
	水土保持用材林	X_4			21	1500		5	4500	4	1.4	3
	薪炭林	X_5				4200		4	3900	5	1.2	2
草地	天然草地	X_6					2400	6	750	6	5.0	5
载畜量	人口密度	X_7										
	大牲畜	X_8										
	羊	X_9										
	猪	X_{10}										

注：平均生物产量以低投入水平计算；年产值以 1990 年不变价计算；土壤侵蚀模数以当地水利部门观测资料取平均水平。

然后建立农业生产的约束条件

$$
\text{s.t.}\begin{cases}
(1)\ \text{土地资源约束} & X_1+X_2+X_3+X_4+X_5+X_6=100\\
(2)\ \text{耕地面积约束} & X_1+X_2\leqslant 30\\
(3)\ \text{基本农田约束} & 1.5X_1-X_2=0\\
(4)\ \text{粮食生产约束} & 6000X_1+4500X_2\text{-}130X_7\geqslant 0\\
(5)\ \text{经济林面积约束} & 5X_3-X_5=0\\
(6)\ \text{用材林约束} & 3X_3-X_4=0\\
(7)\ \text{新炭林约束} & 1500X_4+4200X_5-130X_7=0\\
(8)\ \text{草地面积约束} & X_6\geqslant 0\\
(9)\ \text{人口约束} & X_7=293\\
(10)\ \text{大牲畜约束} & 5X_8-X_9=0
\end{cases}
\tag{4-60}
$$

通过计算，评价区土地利用模型优化目标和预期经济效益目标、生态效益目标如表4.6～表4.8所示（武友德和王金亮，1999）。

表 4.6 评价区土地利用模型优化目标

土地利用类型		1989 年	1995 年	2010 年
种植业用地	合计/km^2	182.1	189.5	189.3
	占总面积比例/%	9.2	9.6	9.6
	粮食	—	120.9	139.3
	油料	—	3	4
	烤烟	—	24.0	33.3
	蔬菜	—	11.9	12.7
园地	合计/km^2	6.7	27.7	53.3
	占总面积比例/%	0.34	1.4	2.69
	水果	—	20.7	37.3
	干果	—	7.1	16
林业用地	合计/km^2	1208.9	1429.1	1429.1
	占总面积比例/%	60.93	72.02	72.02
	用材林	1027.6	1214.7	1174.7
	防护林	181.1	214.7	254
	竹林	0.27	0.27	0.4
牧草地	合计/km^2	338.1	83.8	106.7
	占总面积比例/%	17.04	4.22	5.38

土地利用类型		1989 年	1995 年	2010 年
水域用地	合计/km^2	31.5	30.1	32
	占总面积比例/%	1.59	1.51	1.61
	水塘	2	1.3	2
	水渠	0.87	0.67	1.3
	河流	28.7	28.1	28.7
居民点及工矿用地	合计/km^2	64.8	72.1	75.4
	占总面积比例/%	3.26	3.63	3.8
	村庄	46.4	71.5	74.6
	工矿	0.2	0.6	1.1
交通用地	合计/km^2	18.7	19.3	22.6
	占总面积比例/%	0.94	0.97	1.10
	公路	—	2.9	5.9
	村道	—	16.4	16.7
未利用地	合计/km^2	133.1	132.6	79.1
	占总面积比例/%	6.71	6.68	3.98

表 4.7　评价区优化模型预期经济效益目标

年份	总产值/万元	单位产值/(元/km²)	人均总值/(元/人)	人均纯收入/(元/人)	人均产粮/(kg/人)	人均薪材/(kg/人)	草场载量/亩
1995	285.53	1435	1109	641	253	712	1.5
2000	792.88	3970	2216	1400	339	750	2.1
2010	4769.52	15880	5000	3500	345	850	3.5

表 4.8　评价区优化模型生态效益目标

年份	森林黑覆盖率/%	水土流失面积治理率/%	输沙量/10^7kg	输沙模数/(10^3kg/km²)
1995	29.1	43.8	2.4	3432.6
2000	34.5	54.2	1.2	1721.3
2010	45.5	90	0.5	500.4

在通过一系列步骤对多目标决策模型进行交互决策求解后，如果模型生成多组资源配置方案，还需要对每一个规划方案导出的各个目标值进行比较、评定，最后选择出选择决策者满意的资源配置方案。最常用的选择方法有优势法、最小值筛选法和字典编辑法等（张志军和黄宝连，2011）。

（四）资源空间配置的系统模型

资源空间配置是区域经济系统中的一个重要环节，应将其放在统一的经济系统中讨论，以构建其系统综合模型。经济学中的一般经济均衡原理指出，一个地区（或国家）由于内部经济水平、资源条件、生产技术水平以及人口素质等方面具有差异性，因此人们必须借助于交通工具，将某一地资源、商品和人口运输到其他地方，实现异地消费与生产以及人口流动，从而均衡地理空间差异。只有达到一般的经济均衡状态，资源、商品和人口在空间上的配置才是最优的（周克俊，1991）。

根据上述原理，周克俊（1991）以大系统多级递阶控制原理，建立了统一协调的系统经济数学模型，深刻揭示了生长、消费、资源的空间配置与空间位置差异之间的相互关系。该模型将现实社会经济系统抽象为二级递阶结构，并设计构造了描述各经济子系统和协调层的经济数学模型。其中主要有以下 4 个子系统模型。

1）资源配置子系统模型

资源的有限性，要求我们必须在一定的区域内最优地配置生产资源，使其发挥最大的效益。本子系统由 $W_i\left(i=1,\cdots,N_1\right)$ 个经济中心的公众组成，其目标是使有限的生产资源获得最大的产品价值，即

$$\max\sum_{i=1}^{N_1}\sum_{k=1}^{N_2}P_{ik}F_{ik}\left(A_{ik1},A_{ik2},\cdots,A_{ikN_3}\right) \tag{4-61}$$

限制条件为

$$\begin{cases} \text{s.t.} \ \sum_{i=1}^{N_1}\sum_{k=1}^{N_2}\boldsymbol{A}_{ikm} \leqslant \sum_{i=1}^{N_1} R_{1im} \\ R_{1m} \geqslant 0; P_{ik} \geqslant 0; \boldsymbol{A} \geqslant 0 \\ (i=1,\cdots,N_1; k=1,\cdots,N_2; m=1,\cdots,N_3) \end{cases} \tag{4-62}$$

式中，A_{ik1} 为 W_i 处为生产第 k 种商品所需要的第 m 种生产资源量；P_{ik} 为 W_i 处第 m 种资源的价格；F_{ik} 为 W_i 处生产第 k 种商品的生产函数；R_{1im} 为 W_i 处第 m 种可用于生产的资源原始限量；N_1 为全社会拥有资源种类数；N_2 为全社会拥有的商品种类数。

2）生产子系统模型

该子系统由区域内的各生产厂家组成。各厂家都利用有限的生产资源，以最低的成本生产由市场选择和国家政策限定的商品。其目标是企业追求最低生产成本，即目标函数为

$$\max\sum_{i=1}^{N_1}\sum_{m=1}^{N_3}\left[P_{im}\cdot\left(\sum_{k=1}^{N_2}Y_{ikm}\right)\right] \tag{4-63}$$

限制条件为

$$\begin{cases} \text{s.t.} \ \sum_{i=1}^{N_1} F_{ik}\left(Y_{ik1},\cdots,Y_{ikN_3}\right) = \sum_{i=1}^{N_1} X_{ik} \\ \sum_{i=1}^{N_1}\sum_{k=1}^{N_2}\boldsymbol{Y}_{ikm} \leqslant \sum_{i=1}^{N_1} R_{1im} \\ \boldsymbol{Y}_{ikm} \geqslant 0; P_{im} \geqslant 0; X_{ik} \geqslant 0; R_{1im} \geqslant 0 \\ (i=1,\cdots,N_1; k=1,\cdots,N_2; m=1,\cdots,N_3) \end{cases} \tag{4-64}$$

式中，P_{im} 为 W_i 处第 m 种资源的价格；$\boldsymbol{Y}_{ikm}$ 为 W_i 处为生产第 k 种商品所需要的第 m 种生产资源量；F_{ik} 为 W_i 处生产第 k 种商品的生产函数；R_{1im} 为 W_i 处第 m 种可用于生产的资源原始限量；N_3 为全社会拥有的资源种类数。

3）消费子系统模型

该子系统由 $W_i\left(i=1,\cdots,N_1\right)$ 中的公众组成，目标是在一定商品价格和可支配收入已定的限制下，追求总效用最大。即

$$\max\sum_{i=1}^{N_2}U_i\left(X_{i1},X_{i2},\cdots,X_{iN_2}\right) \tag{4-65}$$

限制条件为

$$\begin{cases} \text{s.t.} \ \sum_{i=1}^{N_1}\sum_{k=1}^{N_2}\left(P_{ik}X_{ik}\right) = C \\ P_{ik} \geqslant 0; X_{ik} \geqslant 0 \\ (i=1,\cdots,N_1; k=1,\cdots,N_2) \end{cases} \tag{4-66}$$

式中，X_{ik} 和 P_{ik} 分别为 W_i 处公众消费第 k 种商品的数量和价格；U_i 为 W_i 处的效用函数

（即描述消费者消费一定数量的物品后心理和生理等方面所获得的满足程度的函数）；C 为常量，它与经济社会的总货币量成正比；N_1 为被研究区的经济活动中心数，N_2 为全社会拥有的商品种类数。

假设效用函数 U_i 为增函数，且具有凸性，则对已知 P_{ik}，消费子系统模型有最优解。若 P_{ik} 由协调层输入消费子系统，最优解 X_{ik} 则反馈给协调层作为输入的响应。

4）交通运输子系统模型

交通运输使人口、资源、商品发生空间位移，从而实现运输商品的价值。交通运输业的目标是以最少的费用将资源、商品移送到供需存在缺口的地方，使各地供需平衡。这一子系统的数学模型较为复杂，在此不再列出。

以上所述模型均是根据局部优化条件设计的经济数学模型。从整体上，经过一次寻优后，整个系统并不能达到平衡，仍然存在着供需矛盾。如生产子系统模型求得的 $\boldsymbol{Y}_{ikm}$ 一般不等于资源配置子系统模型求得的 $\boldsymbol{A}_{ikm}$，这就出现了资源分配上的矛盾。一般有 3 种解决的办法：①压缩或提高其他行业对该资源的需求；②压缩或提高本行业对该资源的需求；③调入或调出该资源。为此，我们必须要调节各子系统的输入条件，即价格系统，反复在子系统之间交流信息，直到某一价格系统输入后，既能使各子系统最优，又能使生产资源、产销供需在 W_i 上平衡为止。

复习思考题

1. 简述资源开发的原则。
2. 简述可再生资源和不可再生资源开发的区别。
3. 分析常见的资源开发决策方法的适用范围。
4. 简述资源配置的基本理论及其特点。

参 考 文 献

安晓明. 2004. 自然资源价值及其补偿问题研究. 长春：吉林大学博士学位论文.

曹建海. 2001. 现代产权理论与我国城市土地产权制度研究. 首都经济贸易大学学报, (6): 21-26.

曹建华. 2002. 森林资源环境价值核算评价研究综述. 江西林业科技, (5): 36-39.

曹建华, 郭小鹏. 2002. 意愿调查法在评价森林资源环境价值上的运用. 江西农业大学学报, 24(5): 645-648.

陈南祥. 2013. 复杂系统水资源合理配置理论与实践——以南水北调中线工程河南受水区为例. 西安：西安理工大学博士学位论文.

陈崖崖. 1998. 简析精神资源在经济社会发展中的价值. 广东社会科学, (5): 106-110.

陈应发, 陈放鸣. 1995. 国外森林资源环境效益的经济价值及其评估.林业经济, (4): 65-74.

陈振东. 2011. 基于“和谐”原则的矿产资源开发利用决策模型研究. 成都：成都理工大学硕士学位论文.

崔万安, 覃家君. 2002. 自然资源的价值确定与实现. 科技进步与对策, 19(7): 22-24.

都兴富. 2000. 自然资源稀缺熵价值测算——非平衡态经济热力学应用研究. 经济体制改革, (1): 128-133.

杜绍敏. 2002. 自然资源的开发利用与环境保护. 东北林业大学学报, 30(2): 94-97.
樊培银, 徐凤霞. 2002. 关于人力资源价值计算方法的探讨, 中国工业经济. (3): 91-96.
封志明, 王勤学. 1994. 资源科学论纲. 北京: 地震出版社.
高鸿业. 1991. 科斯定理与我国所有制改革. 经济研究, (3): 38-43, 51.
郭立夫, 郭文强, 李北伟. 2015. 决策理论与方法. 2 版. 北京: 高等教育出版社.
韩冰华. 2005. 农地资源合理配置的制度经济学分析. 北京: 中国农业出版社.
黄贤金. 1996. 长江三角洲平原农区耕地资源价值核算研究——以江苏省扬中市为例. 生态经济, (6): 28-31.
黄贤金. 1999. 江苏省耕地资源价值核算研究. 江苏社会科学, (4): 55-60.
贾东, 武龙, 闫兵, 等. 2011. 全球大型油气田的盆地类型与分布规律. 高校地质学报, 17(2): 170-184.
李昌宇. 1994. 资源倾斜配置研究. 西安: 陕西人民出版社.
李源. 2002. 从劳动价值、虚拟价值到自然力价值——关于资源、环境和生态价值含义的理论探讨. 天津社会科学, (4): 92-95.
李德虎, 李顺祺. 1994. 资源物理学及资源消耗的生态价值系数评估. 自然资源学报, 9(1): 85-92.
李金昌. 1995. 资源经济新论. 重庆: 重庆大学出版社.
李晶晶. 2013. 渔业资源信息的动力学分析. 杭州: 浙江海洋学院硕士学位论文.
李景刚. 2006. 基于资源价值的土地可持续利用规划研究. 南京: 南京农业大学博士学位论文.
李明月. 2003. 我国城市土地资源配置的市场化研究. 武汉: 华中农业大学博士学位论文.
李世聪. 2002. 人力资源价值计量系列模式的创建. 统计与决策, (11): 6.
李世聪. 2002. 人力资源价值计量研究: 当期价值理论与模式. 管理现代化, (3): 25-28.
梁鸿. 2000. 中国农村现阶段社会保障的经济学分析. 上海: 百家出版社.
梁巧转, 黄向群. 2002. 可再生资源最优使用的经济学分析模型研究. 预测, 21 (2): 66-67.
林翊. 2000. 《资本论》的资源配置理论及其实意义. 福建省社会主义学院学报, (1): 28-30.
刘凡, 刘允斌. 2002. 产权经济学. 武汉: 湖北人民出版社.
刘建峰. 2002. 自然资源价值计量初探. 现代经济探讨, (1): 32-34.
刘守旗. 1994. 社区德育资源的价值及其开发. 辽宁师范大学学报（社会科学版）, 17(3): 9-11.
刘顺国. 2008. 基于制度创新的我国煤炭资源开发管理研究. 重庆: 重庆大学博士学位论文.
刘学敏, 金健君, 李咏涛. 2008. 资源经济学. 北京: 高等教育出版社.
刘毅, 杨宇. 2014. 中国人口、资源与环境面临的突出问题及应对新思考. 中国科学院院刊, 29(2): 248-257.
卢海元. 2004. 走进城市: 农民工的社会保障. 北京: 经济管理出版社.
卢现祥. 2003. 西方新制度经济学（修订版）. 北京: 中国发展出版社.
罗其友. 1999. 北方旱区农业资源可持续利用决策模型研究. 干旱地区农业研究, 17(1): 98-102.
骆正东, 徐辉. 2002. 旅游资源开发投资决策的方法探讨. 企业经济, (2): 93-95.
马传栋. 1994. 论资源配置的生态经济理论. 东岳论丛, 15(3): 5-10.
马传栋. 1995. 论市场经济条件下自然资源和生态环境的价值及其实现问题. 生态经济, 11(1): 1-9.
马传栋. 1995. 资源生态经济学. 济南: 山东人民出版社.
马中. 2019. 环境与资源经济学概论. 3 版. 北京: 高等教育出版社.
莫剑芳, 叶世绮. 2002. 基于 DEA 的资源配置状况分析. 运筹与管理, 11(1): 42-45.
苗雅杰. 2000. 论资源的内涵及其价值属性. 吉林林业科技, 29(6): 19-23.
慕银平, 曹志敏, 张桦, 等. 2000. 我国矿产资源配置中的双重机制. 国土资源科技管理, (17): 24-26.

彭补拙, 黄贤金, 濮励杰, 等. 2008. 资源科学概论. 北京：科学出版社.
彭新育, 吴甫成, 傅尔林, 等. 2000. 资源和环境的存在价值的经济学基础. 中国人口·资源与环境, 10(3): 13-16.
曲福田. 2001. 资源经济学. 北京：中国农业出版社.
沈镭, 魏秀鸿. 1998. 区域矿产资源开发概论. 北京：气象出版社.
盛广恒. 2005. 城市化进程中土地资源配置研究. 南京：河海大学博士学位论文.
史培军, 周涛, 王静爱, 等. 2009. 资源科学导论. 北京：高等教育出版社.
史忠良, 肖四如. 1993. 资源经济学. 北京：北京出版社.
宋春青, 邱维理, 张振春. 2006. 地质学基础. 4 版. 北京：高等教育出版社.
孙树红. 2000. 论档案资源的价值及其开发利用. 内蒙古统战理论研究, (1): 35.
孙云伟, 杜国垣. 1989. 水资源的状态与决策. 自然资源, (1): 35-39.
陶长琪, 盛积良. 2016. 决策理论与方法. 北京：高等教育出版社.
万思行, 汪家权, 赵卫东, 等. 2006. 多目标模糊决策模型在水资源配置方案评价中的应用. 中国科技论文在线, (2): 157-160.
王广成, 李祥仪. 1996. 论矿产资源的价值及价值构成. 地质技术经济管理, 18(6): 22-26.
王景平. 2001. 论自然资源的含义和特征. 德州学院学报, 17(2): 84-86.
王龙锋. 2002. 论马克思的市场配置资源理论及其现实指导意义. 上海：华东师范大学硕士学位论文.
王新宇, 魏晓平. 2002. 基于社会福利最大化的资源开发动态决策模型. 中国矿业大学学报, 31(1): 65-68.
王元龙. 1995. 论马克思的资源配置理论. 当代经济研究, (2): 1-7.
王铮, 丁金宏, 等. 1994. 理论地理学概论. 北京：科学出版社.
王铮, 乐群, 吴静. 2015. 理论地理学. 2 版. 北京：科学出版社.
魏权龄. 2004. 数据包络分析. 北京：科学出版社.
吴开信. 2007. 多目标模糊优选决策模型及其在资源分配中的应用. 成都：西南交通大学硕士学位论文.
武友德, 王金亮. 1999. 山区小流域土地资源综合开发优化模型设计——以云南省禄劝县砚瓦小流域为例. 云南师范大学学报, 19(3): 55-58.
谢钰敏, 魏晓平, 付兴方. 2001. 自然资源价值的深入研究. 地质技术经济管理, 23(2): 60-64.
邢立亭, 徐征和, 王青. 2008. 矿产资源开发利用与规划. 北京：冶金工业出版社.
徐嵩龄. 1996. 自然资源的价值表达及其在经济系统中的配置原则. 生态经济, (3): 8-15.
许登昌. 1994. 优化我国资源配置的对策选择. 郑州大学学报, 27(5): 25-28.
薛曜祖. 2013. 城乡公共资源优化配置的制度安排研究. 乌鲁木齐：新疆农业大学博士学位论文.
杨桂元. 1998. 以资源的影子价格进行价值分析. 价值工程, (3): 18-20.
郁键, 王淑珍. 2002. 人才资源价值评估的理论与方法研究. 河北农业大学学报, 4(1): 63-64.
袁汝华, 毛春梅, 陆桂华. 2003. 水能资源价值理论与测算方法探索. 水电能源科学, 21(1): 12-14.
张维迎. 2012. 博弈论与信息经济学. 上海：格致出版社.
张志军, 黄宝连. 2011. 基于水资源优化配置的多目标决策模型探析. 水利规划与设计, (3): 22-24, 72.
赵秉栋. 1999. 论自然资源的价值问题. 河南大学学报, 29(2): 77-82.
中国科学院国情分析研究小组. 1992. 开源与节约. 北京：科学出版社.
中国资源科学百科全书编辑委员会. 2000. 中国资源科学百科全书, 北京：中国大百科全书出版社.
周克俊. 1991. 资源最优空间配置的系统经济理论研究. 地理学报, 46(1): 66-76.
《西方经济学》编写组. 2019. 西方经济学（上册）. 2 版. 北京：高等教育出版社.

Cho J W, Shin J, Singh R. 1999. Endogenous informed trading in the presence of trading costs: Theory and evidence. Journal of Financial Markets, 2(3): 273-305.

Lambert P J, Yitzhaki S. 1995. Equity, equality and welfare. European Economic Review, 39(3): 674-682.

Sun C Y, Qi X H, Li O. 2003. Pareto-MEC for multi objective optimization. IEEE, (1): 321-328.

Sun C Y, Wang W Z, Gao X Z. 2005. Scored Pareto-MEC for multi-objective optimization. Soft Computing in Industrial Applications. 2005: 105-110.

第五章 资源承载力与资源安全

内容概要：在介绍资源承载力概念及其评价方法、资源危机的内涵和原因及其影响等内容的基础上，分析了当前世界资源危机的态势及我国资源危机的应对策略；最后就资源安全的含义及类型、国内外研究现状及研究趋势、资源安全评估的指标体系与保障资源安全的策略等问题进行了重点分析。

关键术语：资源承载力；资源危机；资源安全；新时代；策略

思维导图：

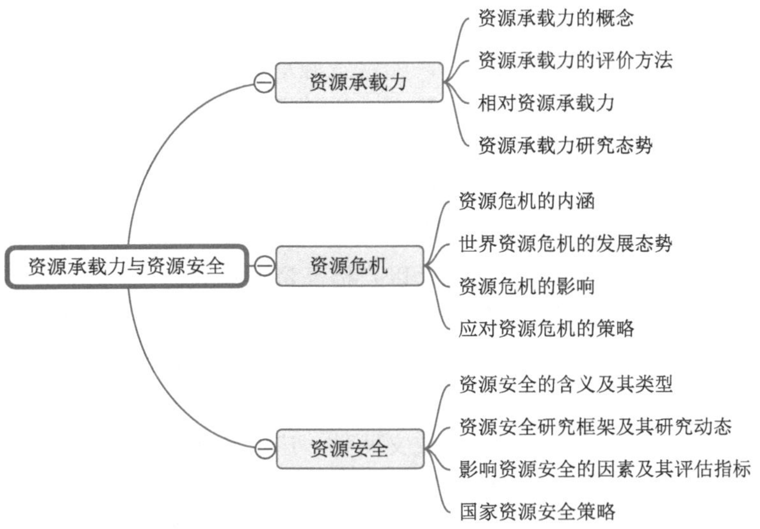

学习目标：

1. 通过对资源承载力基础知识的学习，掌握资源承载力的基本概念、评价方法，了解资源承载力的研究态势。

2. 通过对资源危机知识的学习，掌握资源危机的内涵、产生原因，了解世界主要自然资源危机的现状，了解应对资源危机的策略。

3. 通过对资源安全知识的学习，掌握资源安全的含义、类型、影响因素及其评估指标，了解我国资源安全的形势及其研究动态。

21世纪经济全球化的迅速发展，为我国合理利用“两种资源”“两个市场”提供了更为有利的契机和条件。但随着人口的急剧增加和经济社会的快速发展，资源供给已越来越不能满足日益增长的资源需求，并导致了人们对资源安全的担忧。因此，世界主要国家对战略性资源的争夺越来越激烈，自然资源的基础地位和对国家安全的保障作用也越来越受到世界各国的重视。资源承载力、资源危机与资源安全问题已成为当前资源科学研究的热点问题，也是我国生态文明建设、实现第二个百年奋斗目标进程中不可回避的重大课题。

第一节　资源承载力

一、资源承载力的概念

承载力这一概念最早被用于表征环境因子影响下生物数量的最大值，多描述自然资源对生物种群发展的限制作用（刘玉洁等，2020）。与承载力有关内容的研究虽然早已开始，但最早将承载力的概念转引到本学科领域内的是生态学。1921 年，人类生态学者 Park 和 Burgess 在《人类生态学》杂志上提出了生态承载力的概念，即某一特定环境条件下（主要指生存空间、营养物质、阳光等生态因子的组合），某种个体存在数量的最高极限。如今，随着承载力概念的广泛应用，在环境、经济和社会的各个领域都得到了不同程度的延伸，产生了大量不同类别的承载力，如水资源承载力、土地资源承载力、森林资源承载力、草地资源承载力、矿产资源承载力、旅游资源承载力等。

资源承载力是在一定地域和可以预见的时期内，利用土地、水及其他本地自然资源，在保证满足一定生活水平的情况下所能供养的最大人口数量。随着社会经济的发展以及人口的增长，自然资源的无序开发和对生态系统的破坏制约了人类社会的可持续发展，如何维护人类社会与自然环境的和谐相处以及提高资源承载力，引起了人们的广泛关注。资源承载力作为描述地区发展受自然资源限制的重要工具和衡量区域可持续发展的重要依据，其长效监测机制的建立有助于明晰资源开发利用现状，科学规划区域自然资源，对加强地区生态保护和促进可持续发展有重要意义（刘玉洁等，2020）。

资源承载力的概念可以分为广义和狭义两种。广义的概念可理解为：某一区域的资源条件在“自然-人工”二元模式影响下，以可预见的技术、经济、社会发展水平及资源的动态变化为依据，以可持续发展为原则，以维护生态良性循环发展为条件，经过合理优化配置，为该地区社会经济发展所能提供的最大支撑能力。狭义的概念以牛文元（1994）提出的定义最具代表性，他认为，“资源承载力是指一个国家或一个地区资源的数量和质量对该空间人口的基本生存和发展的支撑力。”

由此可见，资源承载力是一个非常广泛的综合概念，是可持续发展的重要度量指标。社会经济发展必须控制在资源承载力之内，这样才能通过资源的可持续利用实现社会经济的可持续发展。

二、资源承载力的评价方法

对资源承载力进行评价，其主要目标是增加区域资源可承载能力，在资源有限的前提下，尽可能地满足农业、工业及城市生活等的需求，最终使区域内经济社会可持续发展。

资源承载力的研究内容涉及人口、资源状况和社会经济发展规模等多方面因素，涉及面广、内容复杂。目前对于资源承载力的研究，国内外尚无统一和成熟的方法，多采用定量与定性相结合的研究方法（景跃军和陈英姿，2006），已从过去的单一指标、静态分析发展到系统多指标、动态综合分析（张永勇等，2007）。具体评价方法有很多，其中常用的方法有以下几种。

（一）单一指标评价法

资源承载力的计算方法中最简单的是单一指标评价法，也称简单定额估算法。单一指标评价法主要通过选择单项指标和多项指标来反映地区资源承载力现状和阈值。例如，利用单一指标评价区域水资源承载力，首先计算出区域水资源的可利用水量和用水定额，然后利用简单的供需平衡计算出水资源的承载能力。谢高地等（2005）采用单一指标评价方法研究了全国各省（区、市）水资源在一定消耗标准下所能容纳的人口数量，并按照供需关系计算了水资源对居民生活、工业和农业的承载能力。该方法简便直观，但由于较多考虑的是单一承载因子的发展趋势，而忽略各承载因子之间的相互联系，很难处理复杂系统各影响因素之间的耦合关系（陈英姿和景跃军，2006）。同时，单一指标研究将资源从系统中割裂出来，不考虑生态系统的整体效应，会低估实际资源承载力，因此学者更加侧重于综合资源承载力的研究（曹建飞，2015）。

（二）综合指标法

综合指标法是根据区域社会经济、自然资源的特点，通过建立相应的指标体系来反映资源承载力的程度，并用这些指标对不同方案、不同水平年、不同区域的社会经济发展规模和资源承载力进行评价。综合指标法解决了单一指标评价法中存在的问题，可以比较全面地反映资源承载力的状况。综合指标评判的前提是构建资源承载力评价指标体系，要求选取若干个代表性好、针对性强、易于量化的指标，可以采用灰色关联模型等不同的方法对指标进行分析和筛选。为确保指标选取的科学性和合理性，在具体操作过程中，要进行指标间的多重共线性分析，尽量减少由于指标间的重叠信息而影响分析结果客观性的问题。指标赋权可以用层次分析法（analytic hierarchy process，AHP）、德尔菲法（Delphi method）、均方差法、模糊集对聚类等。例如，王毓森等（2023）选取水资源开发利用率、水资源生态容量指数、水资源生态压力指数、水资源集约利用度、水资源负载指数、水资源可持续发展指数 6 个评价指标，采用一般集对、模糊集对、模糊集对聚类、可变模糊集与集对分析耦合 4 种方法系统地评价了甘肃省水资源承载力。刘玒玒（2023）将水资源承载力系统划分为水资源、社会、经济、生态环境 4 个子系统，构建包含 24 个评价指标的水资源承载力评价指标体系，建立基于熵权的 TOPSIS 模型、耦合协调度模型、灰色关联度模型分析 2011～2020 年长江经济带 11 省（区、市）水资源承载力时空变化过程、子系统间的协调发展水平以及影响水资源承载力的关键因素。

目前，综合评价的方法很多，如多目标决策分析法、主成分分析法、模糊综合评价、可拓物元模型、数据包络模型、灰色评价模型等。

多目标决策分析法理论和技术已经比较成熟，它将研究区域作为一个整体系统来研究，通过对系统内部各要素之间关系的剖析，用数学约束进行描述，通过数学规划，分析系统在追求目标最大情况下的状态和各要素的分布。多目标决策分析模型选取能够反映水或土地资源承载力的社会、经济、人口、环境等若干目标，通过多目标的权衡来确定在不同的社会发展模式、不同的经济结构以及不同的资源开发利用方式下，资源对区域的社会、经济、人口的承载能力。多目标决策分析法不追求单个目标的优化，只追求整体的最优。该方法在水资源承载力的计算中得到广泛的应用。1997 年，中国水利水电科学研究院最早将这一方法引入我国华北地区水资源承载力研究中。在国家“九五”攻关项目“西北地区水资源合理开发利用与生态环境保护研究”中，徐中民等人根据干旱地区水资源开发利用的结构特点，采用多目标决策分析法建立了流域水资源承载力分析模型，研究了黑河流域水资源承载力（徐中民和程国栋，2000；张永勇等，2007；周亮广，2009）。

在资源承载力的研究中，虽然多目标决策分析方法在其规划目标的选定，以及对资源-经济-生态的内涵联系的刻画上存在一定的困难，但由于该方法综合考虑了区域水、土、气候等限制资源及资源相互之间的作用关系，而且决策分析中考虑人类的不同目标和价值取向，融入决策者的思想，因此还是比较适合处理社会经济生态资源系统多目标群的决策问题。

主成分分析法，又称主分量分析法，也是数学上处理降维的一种方法，是把给定的一组相关变量通过线性变换转换成另一组不相关的变量，这些新的变量按照方差依次递减的顺序排列。在数学变换中保持变量的总方差不变，使第一个变量具有最大方差，称为第一主成分；第二个变量的方差次大，并和第一个变量不相关，称为第二主成分；依此类推，最后一个主成分方差最小，且与此前的主成分都不相关（魏光辉和马亮，2012）。

主成分分析的一般步骤为：①首先对原始数据进行标准化以排除量纲的影响；②计算标准化后的样本相关矩阵 $\boldsymbol{R}$，并求 $\boldsymbol{R}$ 的特征值 $\lambda_1, \lambda_2, \cdots, \lambda_i$；③计算累计贡献率，一般按累计贡献率≥85%的原则确定主成分个数；④计算主成分的特征向量和表达式；⑤以各主成分的信息贡献率为权数，对资源承载力进行综合评价（许朗等，2011）。

巩嘉誉等人运用主成分分析法分析了山东省 17 地市、江苏省、塔里木河流域及湖北省等区域水资源相对承载能力的大小，取得了较好的评价结果（王维维等，2010；许朗等，2011；魏光辉和马亮，2012；巩嘉誉，2013）。

除了以上介绍的几种评价方法外，还有其他分析方法，如常规趋势方法、多目标线性规划方法、生产力估算法、背景分析法等。随着研究的不断深入，越来越多的新方法、新手段应用于该领域。

（三）系统动力学法

系统动力学（system dynamics，SD）法是一种定性与定量相结合，系统、分析、综合与推理集成的方法，加上模型所考虑的是整个系统的最佳目标，强调大系统中各个子系统的协调和大系统的综合。因此，利用系统动力学模型可以较好地把握系统中各因子之间的相互关系，分析系统结构，明确系统因素间的关联作用，通过因果反馈图和系统流图建立系统动力学模型，模拟和预测不同发展战略下资源承载力状况，从而得到最佳的发展方案及相应的承载能力。宇鹏（2013）通过建立系统动力学预测模型，对武汉市水资源承载力进行了模拟预测，提出了水资源可持续利用的发展模式。王勇等（2011）运用此方法对天津市2011～2030年的水资源承载力进行了预测和分析，提出3种发展模式，并进一步分析比较得出一个经济和环境协调发展的综合模式。王建华等（1999）建立了系统动力学模型，对新疆绿洲水资源承载力进行了动态研究。方创琳和余丹林（1999）应用新陈代谢的灰色计量模型对河西走廊绿洲的水土资源承载力与人口承载能力进行了计算和预测，并阐明了水土资源承载力、人口增长和生态与环境承载力三者之间的互动关系。惠泱河等（2001）建立了二元模式下水资源承载力系统动力学动态仿真模型，以陕西关中为例，研究了不同方案下的关中水资源承载力。李丽娟等（2000）用柴达木盆地水资源承载力系统动力学仿真模型计算了人口等承载力指标的预测值，对期望值和预测值进行了深入分析比较，推断出柴达木盆地水资源承载力。赵筱青等（2011）运用系统动力学模型，对2010～2020年昆明市水资源承载力进行了4种情景模拟，结果表明，水资源在2010～2020年能较好地支撑昆明市社会经济的高速发展和快速的城市化进程。

系统动力学方法的优点是能定量分析各类复杂系统的结构和功能的内在联系，能定性分析系统的各种特性，特别是对高阶、非线性问题的处理比较方便，适合于宏观长期的动态趋势研究。缺点是系统动力学模型的建立需要较多的参数和变量，控制不好会导致不合理的结论。

三、相对资源承载力

（一）基本概念

相对资源承载力是指通过选定资源承载力的理想状态作为参照区，以该参照区人均资源拥有量为标准，将研究区与参照区的资源存量进行对比，从而确定研究区内相对资源可承载的适度人口数量。黄宁生和匡耀求（2000）认为，相对资源承载力是以比具体研究区更大的一个或多个区域（参照区）作为对比标准，根据参照区的人均资源拥有量或消费量、研究区的资源存量，计算出研究区的各类相对资源承载力。二者的含义基本一致，相对资源承载力方法作为区域可持续性评价方法提出后，得到了普遍关注。

相对资源承载力不同于资源承载力。资源承载力评估的是一个国家或地区在可预见的时期内，利用该地区的能源及其他自然资源和智力、技术等条件，在保证符合其社会文化准则的物质生活水平下所持续供养的人口数量，是资源系统的客观属性，是绝对意义上的资源对某区域内所能容纳人口的极限量。而相对资源承载力是将理想状态区域作为参考标准，将研究区与参照区进行对比，得到的相对意义上的资源对某区域内可承载的适度人口量。

相对资源承载力的研究虽然起步较晚，但也取得了一些研究成果，主要在以下3个方面取得了进展。一是从研究单一的土地资源或水资源相对资源承载力向以水土资源为代表的自然资源和以国内生产总值（gross domestic product，GDP）为衡量标准的综合经济资源承载力转变。例如，景跃军（2006）研究了土地、水和经济三大类资源共同支撑的相对资源人口承载力。二是研究从静态转向动态，加强了中长时间尺度区域相对资源承载力动态变化规律研究。例如，王宗明等（2004）分析了吉林省相对资源承载力的动态变化情况。三是从单一相对资源人口承载力研究转向人口与经济双重考量的相对资源承载力综合研究。例如，周亮广和梁虹（2006）及李泽红等（2008）研究了喀斯特地区的相对经济资源承载力。

（二）研究方法

广义的资源包括自然资源、经济资源和社会资源，但现阶段资源承载力和相对资源承载力的研究主要集中在自然资源领域。随着社会经济的全面发展，一定区域内资源对人类社会经济活动的支持能力以及可供养的人口数量，既受区域内已有自然资源存量的影响，也受该区域内其他经济资源、社会资源的影响，而且经济资源和社会资源越来越重要。因此，应该将资源承载力的研究范围扩大到经济资源和社会资源。

人口是社会子系统的主要组成因素，是承载力中的承载对象。由于土地资源是自然资源中与人类关系最为密切的资源，并且是自然资源中研究最多的资源，国内生产总值又是体现区域经济资源优劣程度的最好指标，根据相关研究，可选择土地资源代表相对自然资源承载力的研究对象，选取国内生产总值作为相对经济资源承载力的研究对象，选取不同的参照区域，计算得出相对自然资源承载力和相对经济资源承载力。

（1）相对自然资源承载力

$$C_{\mathrm{I}} = I_{\mathrm{I}} Q_{\mathrm{I}} \tag{5-1}$$

式中，$I_{\mathrm{I}} = Q_{\mathrm{P0}} / Q_{\mathrm{I0}}$；$C_{\mathrm{I}}$为相对自然资源承载力；$I_{\mathrm{I}}$为土地资源承载指数；$Q_{\mathrm{I}}$为研究区耕地面积；$Q_{\mathrm{P0}}$为参照区人口数量；$Q_{\mathrm{I0}}$为参照区耕地面积。耕地面积是指常用耕地面积，即农业耕地面积。选取的参照区为全国。

（2）相对经济资源承载力

$$C_{\mathrm{e}} = I_{\mathrm{e}} Q_{\mathrm{e}} \tag{5-2}$$

式中，$I_{\mathrm{e}} = Q_{\mathrm{P0}} / Q_{\mathrm{e0}}$；$C_{\mathrm{e}}$为相对经济资源承载力；$I_{\mathrm{e}}$为经济资源承载指数；$Q_{\mathrm{e}}$为研究区国内生产总值；$Q_{\mathrm{P0}}$为参照区人口数量；$Q_{\mathrm{e0}}$为参照区国内生产总值。

（3）相对资源综合承载力

$$C_{\mathrm{s}} = W_{\mathrm{I}} C_{\mathrm{I}} + W_{\mathrm{e}} C_{\mathrm{e}} \tag{5-3}$$

式中，C_{s}为相对资源综合承载力；W_{I}、W_{e}分别为相对自然资源和相对经济资源承载力的权重，根据已有的大多数专家采用的研究方法，一般可以假设$W_{\mathrm{I}}=W_{\mathrm{e}}=0.5$；则式(5-3)变成

$$C_{\mathrm{s}} = (C_{\mathrm{I}} + C_{\mathrm{e}}) / 2 \tag{5-4}$$

将计算得到的相对资源综合承载力（资源相对可承载的适度人口）与实际资源承载人口进行比较，从而获取研究区域相对于参照区的承载状态。①超载状态：相对资源综合承载力（C_{s}）小于实际资源承载人口（P），即$C_{\mathrm{s}} - P < 0$；②富余状态：相对资源综合承载力（C_{s}）大于实际资源承载人口（P），即$C_{\mathrm{s}} - P > 0$；③临界状态：相对资源综合承载力（C_{s}）等于实际资源承载人口（P），即$C_{\mathrm{s}} - P = 0$。

四、资源承载力研究态势

纵观国内外资源承载力研究现状，可以看出在传统的资源承载力研究中还存在着诸多问题，研究大多侧重于某一单要素的承载力研究，如某些短缺性的水、土地、能源等矿产资源承载力研究。景跃军等人认为目前存在的主要问题有：①某些研究将资源从生态系统中割裂出来，不考虑生态系统的整体效应，最终会使承载力降低；②侧重于对现状的分析，缺乏对资源承载力的动态变化过程及发展趋势的预测研究。资源承载力与人们追求的生活目标密切相关，具有时间性，并且同样数量和质量的资源，在不同需求及技术水平下有不同的承载力。今后在资源承载力的研究中应加强以下几方面的工作（景跃军和陈英姿，2006；刘玉洁等，2020；王毓森等，2023；刘玒玒，2023）。

（1）将生态系统作为一个整体，研究其子系统的承载能力。不能单纯地追求某一子系统的最大资源承载力。因为资源承载力虽达到了最大资源效应，但却损害了生态系统的整体功能。科技进步虽可不断提高资源的承载能力，但这种提高必须限制在生态系统允许的承受范围内，否则虽提高了某一单要素资源承载力，但却降低了生态系统的整体承载力，是不可持续的。应寻求资源利用与生态系统可接受阈值之间的动态平衡临界点，使之既能提高资源承载力，又不对生态系统产生破坏与影响，即资源承载力指的是适度资源承载力，而不是最大资源承载力。

（2）明确资源承载力不是一个孤立、封闭的系统，而是一个开放的系统。不应只强调其空间限制性而忽视其开放性。生态系统内部之间，以及研究对象所在区域间存在着人、物、资金、信息的交流，通过货币媒介，所有资源从理论上将强烈地改变着资源承载状况与承载能力，对于我国沿海发达地区更是如此。实践证明，许多地区的现实人口数量已远远超出了本地资源所能供养的理论“承载人口”规模。

（3）树立资源承载力是一个动态变化过程的观念，不能将资源承载力的研究限定于一个既定的时间点或时间段上，而应寻求承载力在长时间序列中的持续平衡增长。同时，资源承载力还受到许多社会因素，如社会经济状况、国家方针政策（包括资源政策、管理水平和社会协调发展机制）的影响与制约。因此，对承载力的评估应变成一种范围估计。

（4）明确资源承载力不是固定的，其大小由人们对资源的需求决定。在过去，人们计算资源承载力时，往往只考虑资源的数量，却忽略了资源的质量。然而，人们对资源质量的需求不同，资源的承载力就不同。例如，对水质的要求不同，水资源的承载力就不同。过去计算土地资源承载力时，考虑的只是土地的粮食生产力，而没有考虑所生产粮食的质量问题，如果以绿色食品的标准来衡量其质量，恐怕许多粮食并不能符合标准的要求。

（5）在定量评估资源承载力时，要构建资源承载力监测指标体系。为提高资源承载力评估的精准性，构建科学的评估指标、形成定量评估的方法是资源承载力评估研究的关键内涵。

随着人口与社会经济的快速发展，资源短缺问题日益严重，已成为区域经济社会发展的严重制约因素。因此，资源承载力，特别是相对资源承载力，对于一个国家或地区的综合发展及发展规模是至关重要的，也是区域资源危机与资源安全的重要度量指标。

第二节　资源危机

一、资源危机的内涵

资源危机是指当资源耗竭和破坏作用累积到一定程度时，受损资源系统的部分或整体功能已难以维持人类经济生活的正常需要，甚至可能直接威胁到人类生存与发展的状态。具体讲，就是指矿物、土地、淡水、森林、野生动植物等自然资源在世界人口不断增长的情况下逐渐显现出相对紧缺的趋势。目前人们谈到资源危机时，主要指自然资源的危机，包括水资源危机、能源资源危机（特别是石油资源危机）、土地资源危机（特别是耕地资源危机）、矿产资源危机（特别是战略性矿产资源危机）、生物资源危机、海洋资源危机等。

对于资源前景的看法，有 2 种主流观点。悲观派认为：不可再生资源总是有限的，消耗一部分，就减少一部分；可再生资源的再生总量是有限的，承受不了日益增长的需求。因此，资源成为经济增长的一个限制因素，最终会使经济增长停止下来，甚至引起“崩溃”。乐观派则认为：由于技术进步，可利用自然资源的范围不断扩大；由于市场机制的调节作用，对资源利用的效率将会提高，或找到相应的代用品，资源不足的局面总会改观。他们否认资源问题存在“危机”。

面对资源危机，我们要充分认识以下几点。

（1）我们应该正视地球上的资源是有限的这一事实。这里的“有限”有三个含义：第一，直面资源的绝对枯竭；第二，资源和需求之间的相对关系，很可能导致资源的枯竭；第三，只要进行适当的技术开发和投资，资源的供给就可能会支撑到世界总人口达到峰值为止。人们现在正面临着一个问题，那就是我们能够利用的自然资源到底还有多少？没有了自然资源，人类不可能独自生存下去。

（2）我们要为子孙后代的生存可能性负责。子孙后代的生存可能性，并不是当世界总人口无限增加，个人的欲望也无限增大的时候，再去保证资源能满足这些总体需求。从现实的角度来说，子孙后代的生存可能性，是当世界总人口达到顶峰时，我们应该依照保障“人类安全”等标准，保证资源能够满足所有人的最低限度的需求。我们必须思考，有没有可能设定“最低限度”的标准。

（3）尽量保证地球上的所有物种都不灭绝。在化石燃料枯竭之后，人类将如何管理资源、利用资源、开发资源呢？尽可能保护生物不受灭绝之灾，将成为解决这个问题的关键。目前还存在人类尚未利用的生物，认识这些生物的可能性将成为我们今后的重要课题。

二、世界资源危机的发展态势

全球资源枯竭是一个严峻的问题。在现代化的不断推进中，人类不断地消耗着地球上的各种资源，而这些资源的储量却是有限的。从水、食物、矿物到能源，全球资源的消耗速度已经超过了它们的再生速度，这意味着当它们枯竭之时，人类将面临前所未有的危机。

荒漠化、土地退化和干旱是当今时代最紧迫的环境挑战之一，被称为“地球癌症”。荒漠化包括气候变化和人类活动在内的种种因素造成的干旱、半干旱和亚湿润干旱地区的土地退化，人类活动包括农田和牧场扩张、工业和城市化、矿产和能源开发等。《联合国防治荒漠化公约》秘书处于2024年年初发布的数据显示，全球多达40%的土地已经退化，影响到全球近一半的人口；全球每年退化的土地面积达到1亿hm^2。尽管各国都在进行着同荒漠化的抗争，但荒漠化仍以每年5万～7万km^2的速度疯狂扩张。如果不立即采取行动，到2050年，荒漠化可能影响全球四分之三以上的人口。

联合国粮食及农业组织（Food and Agriculture Organization，FAO，简称联合国粮农组织）发布的《2024年世界森林状况》报告显示，森林覆盖了全球31%的陆地面积，储存约2960亿t的碳，是全球陆地多数生物的栖息地。但人类活动、气候变化等正对全球森林资源和农业可持续发展造成长期影响。气候变化使森林更容易受到野火和病虫害等的威胁。由于持续干旱，全球山火的强度和频率都在加大。据估计，每年有3.4亿～3.7亿hm^2陆地表面受到火灾影响。2023年，全球山火导致的二氧化碳排放量约66.87亿t。其中，北半球的山火出现破纪录增长，仅加拿大就发生了6868起山火，过火面积1460万hm^2，为过去20年平均水平的5倍多。气候变化还使森林更容易受到外来物种入侵的影响，害虫和病原体会危及树木的生长。在亚洲部分国家，松材线虫已严重破坏本土松林。预计到2027年，一些病虫害也可能对北美部分地区的森林造成破坏性影响。

尽管全球森林保护面临一系列挑战，但是近年来，不少国家在森林保护、恢复和可持续利用方面也取得了积极的成果，全球森林砍伐量呈下降趋势。1990～2000年，全球每年的森林砍伐量为1580万hm^2；2015～2020年，这一数字降至1020万hm^2。2021～2022年，印度尼西亚森林砍伐量同比减少8.4%；2023年8月至2024年7月，巴西亚马孙地区森林砍伐面积同比下降了45.7%，这一年间亚马孙地区9个州中有5个州森林砍伐面积有所减少。而且，一些国家的森林面积近年出现持续扩大。在2010～2020年，中国、澳大利亚、印度、智利、越南、土耳其、美国、法国、意大利、罗马尼亚成为年森林面积净增排名前十的国家。其中，中国年净增森林面积达到近194万hm^2，排名第一。截至2023年，中国森林覆盖率提高到24.02%，成为全球森林资源增长最多、最快且人工造林面积最大的国家，是全球“增绿”的主力军。

水是人类生命中不可或缺的资源。然而，由于人类的过度消耗和污染，全球水资源正面临着日益严峻的危机。联合国在2023年3月21日发出警告，揭示全球水资源危机已近在咫尺。联合国当天发布的最新报告指出，目前全球10%的人口居住在高度或严重缺水的国家，近四分之一的人口缺乏干净的饮用水源。展望未来，到2050年，面临缺水问题的城市人口数量将翻倍。联合国的数据显示，全球有将近30%的人口没有清洁的饮用水喝，46%的人口缺乏基本的卫生设施。随着全球人口的不断增长和工业化的加速推进，水资源的供应将会越来越短缺，甚至可能引发全球性的水危机。

食物是人类的生命之源，而农业是食物的来源之一。然而，全球农业面临着土地和水资源的日益紧缺的问题。此外，全球变暖和气候变化也对农业产生了巨大的影响，导致了干旱、洪灾等自然灾害的加剧，进而影响全球的粮食生产。新华网2024年7月24日的新闻显示，全球消除饥饿的步伐不进反退，食物不足水平与15年前相当。2023年，全球约有7.33亿人面临饥饿，每11人中就有1人食不果腹；此外，全球约有23.3亿人面临中度或重度粮食不安全，即无法全年都获得营养、安全和充足的食物。这一数字在2020年因新冠疫情而骤增，此后未有显著改观。2024年《世界粮食安全和营养状况》报告警告，到2030年，将有约5.82亿人处于长期食物不足状况，其中一半在非洲。地区冲突、气候变化和经济衰退等不利因素，连同健康膳食成本高昂、食物环境不健康和不平等现象，导致全球粮食不安全和营养不良状况持续恶化。

矿物资源是现代化社会的基础，包括建筑材料、化工原料、电子元件等。然而，全球矿物资源的储量有限，而人类的过度消耗和浪费加剧了这个问题。全球铜、铝、镍等矿物资源的储量正在过度消耗中快速枯竭，这将对全球经济和社会发展带来巨大的影响。

能源是现代社会的必要条件，包括石油、天然气、煤炭等。然而，全球能源的消耗速度快于它们的再生速度，而这种过度的消耗和污染也给全球环境和气候带来了极大的影响。随着全球能源的消耗量不断增加，石油储量的枯竭已经成为一个不可避免的趋势。当今世界的资源危机可以归纳为以下特点。①资源危机的覆盖面越来越大，程度越来越严重；②国家的资源市场占有率降低；③资源对外依存度增加；④一部分金属资源会比石油资源更早枯竭；⑤人们必须从低品位的矿石中获取金属元素，而导致能源资源越发短缺。

全球资源的枯竭已经成为一个严峻的问题，它将对人类社会带来巨大的影响。因此，我们需要通过行动，采取有效的措施，保护我们的资源，推动可持续发展，包括加强环境保护和污染控制、促进循环经济和可再生能源、推动科技创新和资源共享等。只有这样，我们才能确保未来的资源供应，保护地球的生态环境，以及人类的生存和发展。

三、资源危机的影响

资源问题不是一个孤立的问题，它与社会、经济、政治等问题越来越紧密地缠绕在一起，相互影响，相互作用，构成一个复杂的社会巨系统，因此，资源危机产生的后果影响到社会的多个方面。

（1）资源危机必然导致国际市场相关资源与原材料供给偏紧以及价格大幅上涨，从而引起全球性通货膨胀。近年来，全球资源需求的持续增长，特别是新兴经济体工业化进程的推进，在一定程度上影响了国际市场上某些资源和原材料的供需关系与价格水平。例如，稀土、钨等关键矿产资源的价格波动受到了全球绿色产业和科技革新需求的显著推动，但矿产资源价格的升高又可能会加大绿色产业发展的成本。

（2）随着全球经济增长重心多元化，资源与资金的流动格局处于不断调整中。这种变化导致原有国际格局受到一定程度挑战，部分先发国家和地区将这种变化视作一种潜在威胁，试图以各种手段维持自身的地位，从而限制后发国家的发展势头。

（3）在改革开放前期，资源消耗型的发展方式极大促进了我国的经济增长，表现为重工业发展迅速，其中高耗能的产业发展更为突出，对生态环境产生了不良影响。我国通过设定“双碳”目标，有效遏制了碳排放的增长势头，而这种措施又反过来影响了我国的经济和社会态势。

（4）中国资源环境成本低，在一定程度上导致了现阶段的对外贸易顺差不断加大，从而导致了与其他国家的贸易摩擦，其中以中美贸易摩擦最为严重，美国在该问题上持续对人民币升值进行施压；而这些政治外交压力，反过来又影响到中国的经济发展。各种各样的贸易壁垒直接导致出口量下降，环境、能源等外交压力迫使我们不得不迅速调整产业结构，许多相关企业缺乏缓冲，损失惨重，而人民币的大幅升值，更是直接导致许多出口企业利益严重受损。

（5）持续增长的资源需求在一定程度上导致一些国家的领土纠纷加剧，基于资源的战争不再遥远。美国和其盟友发动的伊拉克战争有违世界和平发展的趋势，其最终目的是伊拉克的石油资源。因此，未来的战争就是对资源的竞争。《印度时报》2022 年 11 月曾刊发一篇题为《水和第三次世界大战》的文章。文章称，全球正陷入一种生态失序的状态，由此，水资源必将成为点燃第三次世界大战的导火索。美国太平洋研究院（The Pacific Institute）创始人皮特·格雷克过去几十年来一直在研究水资源短缺和冲突以及移民的关系。在他看来，关于水资源的冲突明显处于上升趋势。格雷克在 2021 年接受路透社采访时称，除了极少数例外，基本上没有人真的因为口渴而死亡，“但越来越多的人正在因为被污染的水和关于水资源的冲突而死亡”。格雷克和他的团队编写了“水资源冲突年表”。根据他们的研究，截至 2022 年底，全球共发生过 1200 余起和水资源相关的冲突。这些冲突有全面战争，也有邻国间的小规模争端。格雷克表示，水在冲突中的角色可以分为三类：冲突的“导火索”、冲突的“武器”、冲突的“目标”。

四、应对资源危机的策略

（一）应对资源危机策略的一般认识

从根本上说，资源在经济增长与社会发展中的状态受制于生产力与生产关系的发展状况。因此，大到人类社会，小到国家与地区，出现资源危机的根本原因在于生产力与生产关系的发展水平（李瑞昌，2012）。产生资源危机的根源，有些学者认为：一是人口迅速增长，使资源消耗大量增加；二是经济发展太快，使资源消耗呈指数增长；三是对资源的开发利用不合理，造成巨大浪费；四是环境污染与生态破坏，使得可用资源大为减少。也有学者认为，地球上非再生资源总量有极限值，终有一天全都会枯竭，人类的努力只能争取这一天晚些到来而已。这些都是重要原因，必须高度重视，要分别采取有效对策。但是，资源危机的主要原因还不止于此，一些国家对资源的大量消耗也是资源危机产生的主要原因（王毓秀，1992）。

解决人口与资源危机问题的视角应该是多维的、综合的，而不是单一的、片面的。人口与资源危机是人类不合理的实践所造成的直接恶果，而不合理的实践是由错误的社会发展观念所导致的。因此，应该破除以物为根本尺度的社会发展理念，强调人的精神尺度，追求人的幸福和精神快乐，保持人的物质需求和精神需求的合理结构，主张人对物质财富和对自然适度的合理需求，在人类的合理需求和在自然系统的生态平衡所许可的范围内进行有节制的物质能量交换，在实践中达到目的性与规律性的有机统一，以实现人类的可持续性发展（姜锡润和杨根龙，2013）。以水资源为例，从全球范围来看，应对水资源危机，我们需要建立水资源的国际合作机制并继续坚定地执行《巴黎协定》中各国的减排目标和任务。为了应对全球水资源危机，联合国水机制于 2019 年 3 月发布《2019 年世界水资源发展报告》，主题为“不让一个人掉队”，报告认为当前全球对水资源的监测和管理能力存在严重分散和不足。在未来，首先，全球不同国家和区域需要协调配合，共同做好水文监测和预报。其次，要建立基于联合国框架的区域水资源分配机制，以应对区域水资源分布不均问题。最后，要加快基本卫生设施的建立，为全人类安全用水权提供有效保障（金银雪，2020）。还有学者认为，现有避免水危机的办法及技术有以下几种：第一，加强雨水、污水回收及循环利用；第二，发展滴灌和其他的节水技术，在提升灌溉效率的同时节省大量水资源；第三，加大海水淡化力度，例如，以色列这种位于沙漠地区的国家能够避免遭遇水危机，海水淡化是补充淡水资源的重要途径；第四，做好污水净化工作，即便是严重污染水源也可以被净化，前提是付出高昂的成本（陈二烈，2022）。

解决资源危机的对策，可以从诸多方面加以探讨和实践，在此仅提供考虑问题的思路供读者参考，具体对策可由读者通过探讨、交流等形式形成。

从短期来看，作为解决资源问题的基本战略，有如下几种方法：①保存本国的资源；②投资国际上的大型矿山公司，开采矿产；③确保上游（资源第一次产出过程）的资源，进行企业收购与合并；④确保资源的各种长期合约；⑤本国的新资源开发。

从长期来看，可以提出以下几点政策：①抑制消费；②有效利用资源（节能）；③彻底进行回收利用，实现完全循环型社会；④开发新技术，避免使用枯竭型资源。

（二）我国应对资源危机的策略

2023 年是全面贯彻落实党的二十大精神的开局之年。当前，我国发展进入战略机遇和风险挑战并存、不确定难预料因素增多的时期，全球粮食、能源安全问题突出，外部环境的不确定性加大。对于我国资源危机的应对策略，可以从以下几个方面来思考。

1. 强化资源危机意识，做好顶层应对设计

我国一些经济指标表面上排在世界前列，但却是以资源过度浪费、环境严重破坏为代价而换取的。数据和经济指标让世界认识了中国。但是，逐渐短缺的资源也让我们担忧。资源总是会枯竭的，所以，在利用资源的同时就要想得长远一些。

2. 在高质量发展过程中建设资源节约型环境友好型社会

高质量发展是中国经济社会发展进入新阶段的战略抉择，其本质是突破单纯追求规模和速度的传统模式，转向以质量和效益为核心的可持续发展。发展循环经济是高质量发展必然要求，循环经济以资源的高效和循环利用为核心，以“减量化、再利用、资源化”为原则，以低消耗、低排放、高效率为基本特征，符合可持续发展理念的经济增长模式，是对“大量生产、大量消费、大量废弃”的传统增长模式的根本变革。建设资源节约环境友好型社会要大力发展循环经济，实现环境治理模式从末端治理向源头和全过程控制的转变；要大力发展低碳经济，加快经济结构的战略性调整步伐，转变经济增长方式，推进经济社会的信息化，走新型工业化道路。

3. 完善法律法规体系和监督监管机制

在资源环境法律法规执行的过程中，未建立起有效的上级对下级的监督渠道，地方环保监管部门常常受到地方政府的牵制。中央着急，群众受苦，环保工作“两头热中间冷”、环保执法成为“夹生饭”等现象普遍存在。在具体的环保项目和政策上，不同政府部门之间有可能出现如何相互协调的难题，极端的情况下，由于各部门之间的冲突，最终达成的妥协已经失去了环境保护方面真正的价值。因此，我国的资源环境法规还需进一步修订和完善。

首先，需要加强对环境资源整体性综合法律调整相关的立法，不断完善《中华人民共和国环境保护法》，把它真正制定成为一个全面的调整环境资源保护的综合性法；其次，虽然我国已经出台了一系列法律法规，但是仍要完善在一些领域所缺失的立法；最后，针对资源环境法律存在规定“软”、权力“小”、手段“弱”等问题，要及时修订相关资源环境法律，明确落实地方政府在地方环境保护工作中应负的责任。

4. 开展国际资源环境问题合作，利用国际资源

积极开展战略资源开发利用的国际合作，我国作为一个发展中国家，在全球资源战略中应突出重点，集中力量搞好区域经济合作。与上游资源国建立良好的经济合作关系，同时实现资源进口的多元化。加强解决国际环境问题有关的国际合作，要坚持在国际合作中共同解决全球环境问题，要加强现有国际环境机构间的组织与协调，提高国际环境合作的效率和水平，要在合作与发展中解决环境问题，促进环境与发展“双赢”。

5. 保障资源安全，助力“双碳”目标

2021 年 7 月，经国务院同意，国家发展和改革委员会印发了《“十四五”循环经济发展规划》（发改环资〔2021〕969 号），全面部署了今后一段时期我国循环经济发展的总体思路、主要任务、重点工程行动和保障措施，指明了“十四五”循环经济发展路径，对于推进循环经济发展，构建绿色低碳循环的经济体系，助力实现碳达峰、碳中和目标意义重大（王安，2021）。

第三节 资源安全

一、资源安全的含义及其类型

（一）资源安全问题的由来

当前，世界经济与社会发展面临三大主要问题：人口问题、资源问题、环境问题，它们相互联系，相互影响，错综复杂，但核心是资源问题。自20世纪50年代以来，伴随着世界人口规模的迅速膨胀和全球范围内工业化的高速发展，世界资源环境状况发生了重大而深刻的变化。猛烈增长的消费需求及结构的巨大变化对有限的资源环境基础及其安全保障形成了空前的压力。在发达市场经济国家，工业产出在20年间翻了两番，这种高速增长所带来的结果是，所有重要金属和能源矿产的消费空前高涨，对人口数量庞大、发展需求强烈的发展中大国而言更是如此。这种景象酷似现在已经广为人知的马尔萨斯模式，该模式把此类指数增长的消费同设想为固定的资源基础相比较，从而预言经济灾难将迫近。资源安全这一概念正是在人类社会快速发展、对资源承载力产生巨大压力的背景下应运而生（张泽，2009）。

资源安全术语出现于20世纪90年代中后期，但在此之前，能源安全（石油安全、核能安全等）、食物安全、环境安全和生态安全等概念已广泛运用。资源安全概念是在人类社会快速发展、对资源承载力产生巨大压力的背景下提出来的。资源安全问题在本质上是由资源短缺引起的供需矛盾（资源供给能力的有限性与人类社会需求的无限性之间的矛盾）激化而形成的。在一定时空范围和一定技术经济条件下，因资源需求量大与供给量小而产生明显的资源供需缺口。随着人口的急剧增加和经济社会的快速发展，资源供给已越来越不能满足日益增长的资源需求，从而在世界范围内引发了一系列与资源问题紧密联系的重大事件，因此，资源安全问题引起了广泛关注和严重担忧。

从世界发展历史看，西方发达国家曾经为了本国的资源安全，大规模地开拓海外殖民地，发动殖民地战争，掠夺殖民地国家的资源。第一次世界大战和第二次世界大战都是对世界资源的不平等争夺；20世纪70年代和80年代的两次石油危机也说明国家资源安全对国家经济的持续增长与国防的安全十分重要。

资源安全不仅影响着国民经济和社会的发展，而且是战争的重要导火索。在人类历史进程中，获取和控制自然资源（包括土地、水、能源和矿产）的战争，一直是国际局势紧张和武装冲突的根源。世界资源分布不均和资源的相对稀缺性使获得和控制足够的资源成为国家安全战略的重要目标之一。因此，世界范围内的资源之争往往是一系列战争的直接导火索。科索沃战争、海湾战争、车臣战争以及21世纪初的伊拉克战争等，都与控制石油资源有关。

世界上围绕资源的争端不仅发生在发达国家之间、发展中国家之间，而且也发生在发达国家与发展中国家之间，并演变成全球一系列新、老“热点”问题。究其根源，除了大国势力、政治派别、民族及部落等斗争外，主要在于对各种自然资源的争夺，特别是对土地（领土）、水及油气等战略性资源的控制和争夺。国家的政治战略和经济发展战略都离不开有利的外交政策支撑，但是，对资源的争夺往往是国家之间外交斗争的重要筹码，一些发达国家如美国、日本等，有时在一些重要区域或敏感地区的政治军事战略都要服从于资源战略或石油战略。

（二）资源安全的含义

对资源安全含义的理解，目前学术界并未统一。有人从资源本身来定义资源安全，认为资源安全是自然资源基础和生态环境处于良好的状态或不遭到难以恢复的破坏。这一界定主要考虑的是资源自身的安全状态和资源的基础是否保持良好，因而，也有人把这一概念作为生态安全或环境安全的定义。也有人从自然资源对社会经济发展的保障程度来定义资源安全，这种观点将资源安全理解为一个国家或地区战略性自然资源可持续保障的状态；或者是指一个国家或地区可以持续、稳定、及时和足量地获取所需自然资源的状态；或者是指一个国家或地区自然资源保障的充裕度、稳定性和均衡性。整体来看，多数学者认为，资源安全是指一个国家或地区可以持续、稳定、及时、足量和经济地获取所需自然资源的状态或能力。资源安全既要保障资源稳定的供给，又要足量地满足资源需求，从供给方看，在特定的时间和技术经济水平条件下，如果资源开发不能保障国家或地区生存与发展的供应，就会导致资源供给不安全；同样地，从需求方看，如果国民经济和社会发展对资源使用与消耗的需求出现了不稳定状态，或者对人类的生存与发展构成一定的损害，就会导致资源需求不安全。资源安全是资源供给与资源需求相互作用的结果（刘成武和黄利民，2014）。

资源安全内涵丰富。从数量含义来看，即量要充裕，既有总量的充裕，也有人均量的充裕，但后者较之前者更具意义；从质量含义来看，即质量要有保证，于是产生了最低质量的概念，如最低生活用水质量；从结构含义来看，即资源供给的多样性，供给渠道的多样性是供给稳定性的基础。保证资源供给的稳定，要发展资源贸易伙伴关系，特别要注意建立资源共同体；从均衡含义来看，包括地区均衡与人群均衡两方面。资源分布的不均衡，即资源的非遍布同质性，增加了资源供给的时间和成本，是导致资源安全问题的原因之一；人群阶层的存在，特别是收入阶层的存在，导致获取资源的经济能力（支付能力）上的差异，也是影响资源安全的重要因素之一。资源安全的目标是最大限度地实现资源供求的地区均衡和人群均衡；从经济含义来看，指一个国家或地区可以从市场（特别是国际市场）上以较小经济代价（如较低价格）获取所需资源的能力或状态。这一点在常态（非战争状态）下非常重要，因为一般而言，任何国家都可以从市场上获取其所需的资源，只是其所付出的经济代价不同而已。资源安全所要追求的是以最低的经济代价获取所需资源（谷树忠等，2002）。

2014 年，习近平总书记提出了“总体国家安全观”，把资源与政治、国土、军事、经济、文化、社会、科技、信息、生态、核等领域 10 种安全并列，纳入国家安全体系，资源安全首次提升到国家安全的战略高度。新时代国家资源安全与传统意义上的国家资源安全相比具有更丰富的内涵。一方面，传统的国家资源安全只强调国家的资源供给或资源需求的经济性、战略价值，侧重资源生产国或消费国足量、稳定与可持续的供应或消费状态，而新时代国家资源安全更多地关注如何规避资源供给对生态与环境健康、民生福祉带来的风险，关注资源安全与上述 10 种其他安全的内在关联和综合影响，如水-能源-粮食安全关联、能源-碳排放-经济增长关联、水-土地-可再生能源关联等；另一方面，新时代国家资源安全的侧重点转变为关注大宗及战略性资源安全以及资源安全内部资源种类、结构、组合的分化和协同优化（沈镭等，2018）。

（三）资源安全类型的划分

资源安全类型多种多样，主要有以下几种划分方法。

1. 按资源空间分类

按资源空间分类，资源安全可以划分为全球性资源安全、区域性资源安全和地方性资源安全。

（1）全球性资源安全是指因全球资源供给短缺而对地球人类生命、社会经济进一步发展造成的威胁，如全球资源枯竭、能源危机、土地退化、粮食短缺、水资源污染和短缺、生物多样性减少等，这些问题从本质上体现了人与自然的矛盾与冲突，并由此影响到人与社会之间的相互关系。

（2）区域性资源安全是指那些产生于某些大陆、世界上大的社会经济地区或独立的区域社会体系中的各种资源矛盾与冲突，如非洲的水资源短缺、中东地区石油资源冲突。

（3）地方性资源安全是指涉及单个国家、民族和地区所面临的资源供应安全威胁，它包括一个国家内部的资源分布与消费错位所引起的资源短缺矛盾，也包括不同地方之间、不同部门之间的资源利益对抗和冲突。国家资源安全是一种地方性资源安全。

2. 按资源过程分类

按资源过程分类，资源安全可以划分为资源系统自身安全、资源保障系统安全和资源生态环境安全。

（1）立足于资源系统自身的资源安全，可称为资源系统自身安全，指资源，特别是可再生资源的数量和质量性状的保持及改良。

（2）立足于资源保障能力的资源安全，即资源对社会经济发展的保障或支撑能力。这是通常人们所理解的资源安全。前述关于资源安全的定义，也正是基于这样一种理解，也可以说这是狭义的资源安全。

（3）立足于资源利用之生态环境效果的资源安全，是指资源开发利用的生态环境后效是否安全，如矿产资源开发的生态环境后效、水利用的生态环境后效等。这实际上又将资源安全问题与生态环境安全问题联系起来了。

3. 其他分类

按资源类别分类，资源安全可以划分为水资源安全、能源资源安全（特别包括石油安全）、土地资源安全（特别包括耕地资源安全）、矿产资源安全（特别包括战略性矿产资源安全）、生物资源安全（特别包括基因资源安全）、海洋资源安全、环境资源安全等。

按资源重要性划分，可将资源安全划分为战略性资源安全和非战略性资源安全。战略资源或战略性资源，是指关系国计民生，在资源系统中居支配地位，具有常态下的市场垄断性和非常态下的供给瞬时中断性特点的资源。从国际市场可贸易的角度看，重要矿产资源、石油资源、水资源和食物资源，是最为典型的战略资源。

此外，按时间序列和资源生产与消费等，还可以将资源安全划分为短期资源安全、中期资源安全和长期资源安全，以及资源净出口国的资源安全和资源净进口国的资源安全。

二、资源安全研究框架及其研究动态

（一）资源安全研究框架

资源安全研究，应重点放在以下方面。

（1）资源安全的概念、含义与属性的研究。主要包括资源安全概念，资源安全与资源稀缺、短缺，资源安全的基本含义，资源安全分类，资源安全属性等。

（2）资源安全测度指标体系与预警系统的研究。主要包括资源安全因素的确认、资源安全指标遴选与指标体系构建、资源安全指标阈值的确认，包括水资源安全指标阈值的确认、土地（耕地等）资源安全指标阈值的确认、能源资源安全指标阈值的确认以及矿产资源安全指标阈值的确认。

（3）国家资源安全态势的研究。主要是指对战略性资源的认识，包括战略性资源安全态势，如水资源安全基本态势、能源资源安全基本态势、土地（耕地）资源安全基本态势、矿产资源安全基本态势、生物资源安全态势，世界资源安全态势，世界资源供需格局中的中国资源安全态势。

（4）国家资源安全战略研究。主要是指资源安全意识，包括资源系统管理、资源储备战略、资源贸易伙伴战略、资源效率战略、资源替代战略。

（5）资源安全机制的研究。主要包括资源安全激励机制、资源安全约束机制、资源安全风险机制等（谷树忠等，2002）。

（6）助力碳中和目标的研究。如何把实现碳中和目标与保障资源安全目标结合起来，从碳中和的技术逻辑和自然资源领域的实践逻辑视角，分析提出我国的自然资源安全保障路径及其实现策略，具有重要的现实意义和理论价值（沈镭，2022）。

（二）国外资源安全研究动态

美国、日本等发达国家极为重视以石油、天然气为主的能源资源安全的研究。同时，对于水资源安全、食物安全和生态环境安全问题也尤为关注（Li et al.，2022；Mehrabi et al.，2022；Xie et al.，2023）。但由于研究的资源主体不同，研究者所处的地位和出发点不同，有关资源安全研究所关注的重点和研究方式都有很大差异，可以从以下几方面予以概括。

（1）对于石油、天然气等能源资源，美国机构的研究重点是从地缘政治的角度出发，面对全球化的经济背景，探讨在国际领域加强地区间相互合作，寻求增加能源供给的“安全性”与“可靠性”；确保加强能源贸易的流通性；强化国际研究组织在能源环境事务中的作用，以寻求解决经济增长导致的能源需求急速增长对环境所造成的巨大压力。同时，通过对国内能源需求与国内外能源供给予以“风险评估”，寻求资源安全的阈值，借以确定资源使用、开采、储备和贸易政策。欧盟根据“保障能源供应、保护环境和维护消费者利益”的原则，制定了保证“经济安全、国防安全和生活安全”的能源战略目标。

国外的石油资源安全评估是从2个层面进行的，即国家战略层面和市场微观层面。国家战略层面研究的主要观点有：美国在国际能源新形势下的基本战略应是增加战略油气的储备量，尤其强调了增加轻质原油和天然气的储量，同时要通过政治、军事和外交努力，来创造更好的能源外部环境。市场微观层面上，由于国际石油市场的波动是不可避免的，依赖他国石油易受到石油供应中断的影响，而实行供应多样化能够明显提高供应的安全性和石油市场的稳定性（李铭等，2010）。

（2）对于土地资源、水资源，以及以动、植物为主的生物性资源，国外多从保护资源的可持续性、可更新性和可恢复性等指标的角度出发维护资源的安全。特别是对于危机性、濒危性和稀缺性的资源或景观，建立了一整套较为完备、操作性较强的资源核算与风险评估机制。在水资源安全方面也有许多研究，主要集中在水循环、水文情势控制、水污染、生态环境需水和干旱缺水等方面。其中，以水功能为基准的研究方法有很多，通用的研究方法有传统的流量计算方法（标准流量法）、基于水力学基础的水力学法、基于生物学基础的栖息地法、基于水污染控制的污染预算法等（刘杰等，2011）。基于水资源系统的研究方法包括层次分析法、模糊数学方法、集对分析法、模糊集方法、灰色系统理论法以及系统动力学方法等（张晓岚等，2011）。对于土地安全问题的研究一般都是从生态和土地所有权对粮食安全及土地利用规划的评价等方面展开的。随着生态学、地理学、农学、经济学以及信息处理技术等学科的相互交叉与渗透，社会学家、经济学家、生态学家与资源管理决策部门也开始更为紧密地联合起来，从维持生态多样性，保持与恢复自然资源生态系统功能，加强生态系统的自我调控、适应性和可恢复力等方面强调水、土、生物等重要自然资源的安全性。

美国、欧洲等国家和地区对于上述资源的安全性与风险性研究已经较为全面和深入，其研究尺度大到进行国家级的资源核算与风险评估（如英国）；中到将流域水资源或区域土地资源作为自然资源使用时，其成本费用和资源环境体系所承受的风险的评估；小到对一个村庄、一处景观、一块农田的宏观生态系统与微观有机生物组织的安全运行机理的描述与评估（姚予龙和谷树忠，2002）。

（三）国内资源安全研究动态

近年来，学术界对资源安全问题的研究比较活跃。沈镭（2022）把实现碳中和目标与保障资源安全目标结合起来，建议实施包括化石能源双控行动、再生能源勘查行动、资源利用提效行动、关键矿产增储行动、耕地保护修复行动、林草扩绿保育行动、湿地修复保护行动、陆海统筹协调行动、资源管理智能行动、人才技术创新行动等十大重点战略计划。王安（2021）强调保障资源安全有助于“双碳”目标的实现，认为发展循环经济是实现碳达峰、碳中和的有力抓手。沈镭等（2018）提出了新时代中国自然资源安全的战略思考，认为以生态文明战略为统领，践行“绿水青山就是金山银山”的理念，坚持节约资源和保护环境，是保障中国自然资源安全的关键。严金明等（2020）提出了后疫情时代中国“自然资源安全之治”的战略思考，认为未来应进一步加强自然资源和野生动物保护，实现人与自然和谐共生；严守耕地与基本农田红线，实现可持续的粮食安全保障；保障城乡“均等化”居住安全，满足城市“无接触”居住安全；保障关键“点线面”建设诉求，推进要素市场化配置改革；落实各类保障措施，推进国家自然资源治理体系和治理能力现代化，切实实现后疫情时代中国的“自然资源安全之治”。

国内对资源安全的研究多集中在对具体资源的研究上。中国水资源安全保障目前面临诸多新问题、新挑战，突出表现为稀缺的水资源和低效的资源利用效率加剧了紧缺、长期累积性的水生态环境问题制约了发展、变化环境加剧了水资源安全风险、水资源管控体系与能力尚不完备。按照高质量发展、生态文明建设和总体国家安全观要求，提出从资源安全、供水安全、水生态环境安全、水事矛盾规避、妥善应对风险等 5 个维度解析水资源安全内涵，明确在战略方向上建设以空间均衡、行为文明、设施完备、服务现代、管控有力、风险可控为基本特征的新阶段水资源安全保障体系（李原园等，2021）。我国水量短缺型风险主要分布在京津冀地区、辽宁、山东、河南、宁夏和甘肃地区；水质污染型风险主要分布在上海、辽宁、京津冀地区、江苏、吉林、山西、河南和广西地区；干旱型风险主要分布在黑龙江、陕西、甘肃、海南、新疆、内蒙古和宁夏地区；洪涝型风险主要分布在广东和福建地区。

我国粮食供需总体格局在一定时期内不会有大的变动，粮食安全依然面临着耕地面积减少、水资源缺乏、自然灾害频发等资源与环境的硬约束，以及人口对粮食需求总量持续上升等深层次问题。因此，要紧绷粮食安全这根弦，保持粮食安全战略的定力，守住国家粮食安全的底线（杨兰，2022）。为保障 14 多亿人口的粮食安全，我国每年进口的农产品折算成耕地高达 0.6 亿 hm^2，我国每年的粮油糖菜播种面积需 1.5 亿多公顷，按复种指数倒推，1.2 亿 hm^2 耕地红线是维护口粮绝对安全和谷物基本自给的底线，不能有任何闪失。我国粮食产量稳步提升和高位稳定，意味着坚守耕地红线面临着艰巨挑战。在耕地持续高强度的利用过程中，我国耕地退化问题严重。北方耕地盐渍化，南方土壤酸化，东北黑土地变薄、变瘦、变硬，华北平原的地下水漏斗在不断加深，长江中下游平原土壤、地下水和河湖污染日趋严重，西南山区丘陵区耕地石漠化，西北干旱区和青藏寒旱区耕地荒漠化等，这些问题不仅威胁耕地资源保障安全，而且危害耕地资源生态安全。此外，我国小农户粮食生产格局短期内难以发生深刻变革，耕地低效利用、耕地“非粮化”与新增补充耕地“边际化”问题破解难度大。在当前情形下，坚守耕地红线，必须坚持数量质量并举，坚持耕地数量质量生态“三位一体”保护，完善最严格的耕地保护制度，切实做到用“长牙齿”的硬措施，像保护大熊猫一样保护耕地，像爱护眼睛一样守护耕地（郧文聚，2021）。

能源资源是支撑经济社会发展的原动力和物质基础，是国家安全的重要组成部分。我国能源资源供应链脆弱，安全面临多重考验：一是重要能源资源国内供应能力低，对外依存度居高不下；二是境外能源资源来源单一，潜在供应风险较大；三是境外能源资源运输能力较低，输运通道安全缺乏保障。解决我国能源资源安全问题需要采取特别措施：一是夯实资源基础，有效增强国内能源资源供应弹性；二是科学制定国家全球资源开发利用战略，推动境外资源来源多元化；三是以“人类命运共同体”为基础，坚定不移推动全球能源资源治理体系建设（王安建和王春辉，2023）。我国煤炭资源安全现阶段存在的煤炭人均可采储量低、产能过剩、供大于求局面短期难以改变，产业发展方式亟待扭转，开采技术水平有待提高，运输能力不足，安全生产形势严峻，环境污染问题严重等问题；需要完善煤炭资源安全法治保障、加强煤炭资源勘探工作、提升我国煤炭产业集中度、加大科研投资力度、改善煤炭资源运输条件与加强煤炭生产安全管理工作，以提高我国煤炭资源安全水平（赵开功和李彦平，2018）。我国石油资源数量、质量和生态安全目前处于“值得关注”状态，加大石油战略储备、提升国内产量和控制国内消费量是提升石油数量安全度的有效路径；控制石油对外依存度过快增长，增强国际市场影响力和话语权，降低国际油价年度波动幅度，提高石油消费利用效率、技术储量替换率是提升石油质量和生态安全度的有效路径（王陆新和潘继平，2019）。我国天然气安全指数较低，需要在优化天然气能源政策的同时，采取措施提高天然气能源利用效率、改善能源结构以保证国民经济平稳运行（姚震等，2018）。我国化石能源供给有限，无法满足国内现在和未来的需求缺口，天然气、石油供给在很大程度上将依赖进口；需要通过“一带一路”互联互通，把眼光从局部转移到区域和全球，以区域和全球的油气资源安全保障来解决局部油气安全保障的问题（栾锡武和石艳峰，2019）。

矿产资源是人类社会生存和发展的重要物质基础，是国家经济发展的重要支撑，也是现代化军事武器原材料的主要来源，在国家军事安全中占有极其重要的地位，是国际军事冲突的导火索和主要诱因之一。近年来，矿产资源耗竭、环境恶化、安全事故频发等问题日趋严重，对国家矿产资源安全提出了极大的挑战。因此，不管是从矿产资源本身出发，还是从军事、政治、经济、环境角度出发，都需要系统地研究矿产资源安全问题，保障国家安全。我国作为全球第一大矿产资源消费国，当前石油、铁、铜、镍、钴等紧缺战略性矿产品供应“大头在外”的格局没有改变。随着大国博弈加剧，特别是全球地缘政治不稳定性增加，全球资源问题政治化和主要矿产品价格金融化对主要矿业生产国和矿产资源市场产生不确定性影响，境外资源供应面临较大的风险，矿产资源供应链体系较为脆弱，资源安全形势愈发严峻。具体来说，我国矿产资源安全目前面临“全球资源问题政治化和境外办矿标准提升增加了境外资源供应的不确定性风险、主要矿产品价格金融化增加了境外资源供应的经济风险、新能源矿产品需求快速增加导致部分矿产品因供应能力受限引发市场供需失衡的经济风险、美欧在完善矿产资源供应链体系建设后打击中国海外矿产资源投资与进口的可能性在增加”等风险。按照健全供应链和提高抵御风险能力的要求，保障国家矿产资源安全，我国需要加强紧缺战略性矿产的地质找矿工作，增强守住资源安全底线的能力；也需要通过多部门协作，深化矿业国际合作，增强国外供应能力，确保矿产资源供应链稳定安全（陈甲斌等，2022）。

（四）资源安全研究展望

资源安全是我们实现第二个百年奋斗目标的重要保障。目前，我国自然资源占有率偏低、资源消耗水平高、资源对外依存度严重，这 3 个方面是制约我国经济发展的资源不安全因素。资源安全与可持续发展的总体思路是：遵循科学发展观要求，创新思路，倡导资源可持续安全；适度开发，实施适度资源保护；促进交流，加强资源安全的国际合作；节能减排，发展循环经济和低碳经济；寻找出路，开发新的替代能源；合理储备，建立战略储备制度；强化保护，提高资源再生和恢复能力；加强管理，保障资源可持续安全和经济可持续发展（刘阳，2011）。以“人类命运共同体”为基础，坚定不移推动全球能源资源治理体系建设（王安建和王春辉，2023）。

2023 年 4 月 15 日，第八个全民国家安全教育日的主题是“贯彻总体国家安全观，增强全民国家安全意识和素养，夯实以新安全格局保障新发展格局的社会基础”，我们要严守资源安全底线，筑牢国家安全根基。

国之大者，安全为要。当今世界，既不太平也不安宁，世界百年未有之大变局加速演进，国际粮食市场趋紧，全球能源危机持续发酵，受极端气候影响自然灾害频发……对正处于实现中华民族伟大复兴关键时期的我国来说，“安全”尤为重要。对此，党的二十大报告对“推进国家安全体系和能力现代化，坚决维护国家安全和社会稳定”进行了专章论述、专门部署。

自然资源是人类赖以生存、社会赖以发展的重要基础，支撑国计民生方方面面，在国家安全体系中具有重要地位。我国自然资源虽然总量大、种类多，但人均资源占有量少。尤其是经历高速城镇化后，土地资源紧缺，耕地保护压力加大，矿产资源需求旺盛，部分战略性矿产对外依存度高，能源资源安全面临挑战，一系列生态环境问题亟待解决，地质灾害、海洋灾害等成为不容忽视的安全隐患。

严守资源安全底线，需要我们全方位夯实粮食安全根基。1.2 亿 hm^2 耕地是维护口粮绝对安全和谷物基本自给的底线，绝不能有任何闪失。我们要牢牢守住 1.2 亿 hm^2 耕地红线，推进耕地数量、质量、生态“三位一体”保护，坚决遏制各类耕地“非农化”，有效防止耕地“非粮化”，全面落实耕地保护党政同责，健全奖惩机制，确保中国人的饭碗牢牢端在自己手中。

严守资源安全底线，需要我们提高矿产资源国内保供能力。我国战略性矿产资源对外依存度高，未来新能源和新材料矿产需求还将快速增长。我们要全面启动新一轮战略性矿产国内找矿行动，加强国内矿产的勘查开发和增储上产，进一步强化矿产勘查的科技支撑，向地球深部进军，确保能源资源、重要产业链和供应链安全。

严守资源安全底线，需要我们强化测绘地理信息安全监管。测绘地理信息事关国家的主权、安全和利益，是国家战略性信息资源的重要内容，容不得半点马虎。尤其是在国际形势复杂多变、数字化信息化蓬勃发展的当下，我们更加需要进一步筑牢安全防线，积极推进测绘地理信息数据产权、授权和分类分级管理等基础制度创新，健全基础测绘和重大测绘项目的数据安全保障措施，既推动地理信息产业创新发展，又为数字中国的建设保驾护航。

严守资源安全底线，需要我们筑牢地质、海洋灾害防线。我国是受地质灾害、海洋灾害影响最为严重的国家之一，防灾减灾须臾不能放松。我们既要增强本领，持续推进地质灾害调查评价、监测预警、综合治理和地面沉降区域联防联控等重大基础工作，进一步完善综合防灾体系，推动地质灾害隐患综合遥感识别、普适型监测预警实验和“隐患点+风险区”双控 3 项试点成果推广应用，提升科技防灾水平；也要重宣讲、重演练，进校园、进村社、进企业，提升全民防灾减灾意识，充分发挥群策群防力量。

国安才能国治，治国必先治安。在建设中国式现代化的新征程上，我们只有秉承总体国家安全观，严守资源安全底线，不断筑牢国家安全屏障，才能推动中国式现代化事业乘风破浪、行稳致远。

三、影响资源安全的因素及其评估指标

（一）影响资源安全的主要因素

影响资源安全的因素很多，归纳起来主要有以下几个方面：资源因素、政治因素、经济因素、运输因素、军事因素和其他因素等（王礼茂，2002）。

1. 资源因素

资源因素（包含丰度、品质等）是影响资源安全的最基本和最重要的因素之一。一般来说，一个国家自身的资源越丰富，对经济发展的保障程度越高，资源供应的安全性就越高。如果我们不考虑其他因素，利用本国资源受外界不安全因素影响的可能性就小，相对就比较安全。当然，资源因素对资源安全影响巨大，但并不是说资源贫乏国家的资源安全问题就最严重。事实上，日本在经历了第一次石油危机的沉重打击后，通过建立庞大的战略石油储备系统和其他一系列风险防范机制，其资源供应的风险已经得到了有效的控制。

2. 政治因素

近几十年的石油危机、石油供应中断、石油价格大幅度波动等无不与政治因素有关。政治因素对资源安全的影响主要有 2 个方面：一是资源进口国与资源出口国之间政治关系恶化，而造成的对资源安全供应的影响，如第一次石油危机就是阿拉伯国家与西方国家政治关系紧张所导致的结果；二是由于资源生产国国内的政治因素对资源安全供应的影响，如第二次石油危机就是伊朗国内政治和宗教因素所造成的。

3. 运输因素

运输的安全程度与运输的距离、运输线的安全状况、运输方式以及运输国对资源运输线的保卫能力的强弱有关。一般来说，距离越远，影响资源安全的因素越多，资源的安全性越低；反之，距离越近，资源的安全性就越高。也就是说，资源的安全性与生产国和消费国之间的距离成反比关系。

运输安全还与有没有海盗的侵扰，通过的海峡多少和海峡受控制、封锁的可能性大小，海峡运输事故的多少等有关。纵观全球原油海运，共有“七大原油运输咽喉”——即七大重要位置海峡和运河：霍尔木兹海峡、土耳其海峡、巴拿马运河、苏伊士运河、马六甲海峡、曼德海峡、丹麦海峡。这 7 个重要的石油运输咽喉，很容易遭到封锁。

4. 经济因素

经济因素对资源安全的影响是一种间接的影响。对资源进口国来讲，最主要的影响就是经济能否支持进口资源所需要的外汇。如果没有出口的强有力支持，就很难保障有充足的外汇用于资源产品的进口。

经济因素还涉及另一个重要问题，就是价格的变动。对进口国来说，主要是价格上涨对进口能力和进出口平衡的影响。在和平时期，价格的剧烈波动是资源安全的最主要问题之一。

5. 军事因素

军事因素对资源安全的作用是多方面的。对运输安全来说，拥有强大、反应快速的海上军事力量，资源海上运输线就会受到很好的保护。对重要海峡的控制能力也是保障资源运输安全的重要方面。军事因素对资源安全的影响还表现在对主要资源生产地的军事干预能力上，一个国家对资源产地的军事干预能力越强，资源就越有保障。海湾战争就是美国和西方国家以强大的军事干预能力，避免石油供应受制于伊拉克，有效地保障了美国及其盟国石油的安全供应。

6. 其他因素

影响资源安全的因素还应该考虑技术进步和资源替代方面的因素。对中国来说，如果洁净煤技术能有重大突破，资源安全形势就会明显好转；此外，太阳能等可再生能源技术的进步也会改变各国资源安全的态势。

（二）资源安全评估指标

资源安全的研究，应该是定性分析与定量分析相结合，确立“资源安全临界区”，即资源安全与不安全之间的临界区间，把它作为资源安全研究定量分析的一个基本概念。超过了临界区即为不安全；低于临界区即为比较安全和安全。目前，关于资源安全的定量分析主要体现在对资源安全评估指标上（刘阳，2011）。

资源安全评估指标的选择是在考虑影响资源安全主要因素的基础上，从每个领域选择一定的指标，组成一个评估指标体系（王礼茂，2002）。

1. 资源方面的指标

（1）资源保障度（B）

$$B = KR_s / R_c \tag{5-5}$$

式中，K 为资源综合回收率；R_s 为资源的剩余可采储量；R_c 为资源的消费量。这个指标主要是测定资源安全的国内基础，即目前剩余的资源可供消费的时间长短，表明在外界资源供应中断的情况下，国内资源的可支撑程度。

（2）资源对外依存度（Y）

$$Y = Q_i - Q_e / Q_c \tag{5-6}$$

式中，Q_i 为资源进口量；Q_e 为资源出口量；Q_c 为资源消费量。资源的贸易依存度主要反映资源总需求中有多少资源是通过贸易方式从国外获取的。一般来说，对国际市场依存度的提高，意味着风险因素的增多和不安全程度的提高。

（3）资源储备率（S）

$$S_1 = \text{资源储备量} / \text{资源日均消费量}$$
$$S_2 = \text{资源储备量} / \text{资源消费量} \tag{5-7}$$

式中，用S_1计算出来的是资源储备量可供消费的天数，而用S_2计算出来的结果是储备的资源量占消费量的百分比。一般石油和矿产品的储备率都用资源储备量可供消费的天数来表示，而粮食储备大多数情况下是用储备量占消费量或生产量的比例来表示。

（4）资源进口集中度（C）

$$C = \text{前 3 位或前 8 位国家的资源进口量的和/总进口量} \tag{5-8}$$

资源进口集中度主要反映资源进口来源地的集中程度，如果资源进口集中度高，表明资源进口来源地过于集中，不利于分散风险。

（5）资源进口份额（F）

$$F = \text{资源进口量/世界资源贸易总量} \tag{5-9}$$

资源进口份额主要反映一个国家资源进口量在国际市场上所占的比例。如果一个国家在国际贸易中的份额过大，资源供应的稳定性就极易受到国际市场任何一次小波动的影响。例如，有人认为，中国粮食的进口高限不能超过世界粮食贸易量的30%。

对于资源的具体领域，刘阳（2011）还列举了3类评估指标。

一是关于能源安全储备指标。国际上把储备天数作为能源安全的一个重要指标。现在许多欧盟国家都把90天的消费量作为资源（石油）储备的标准。在国际上，评估能源安全的另一个指标是把石油供应中断量占需求的7%作为临界值。

二是联合国关于水资源紧张程度的指标。水是人类的生命线，它不仅是重要的自然资源，还是重要的战略资源。联合国在评价各地区水资源状况时，根据用水量的比例来说明水资源紧张程度（表5.1）。这一指标也可以作为判断水资源安全状况的参考。

表 5.1　联合国关于水资源紧张程度的指标（刘阳，2011）

所用水量占可用水量比例/%	用水紧张程度	水资源安全状况
<10	用水低度紧张国家	不会面临水资源紧张，水资源安全状况良好
10～20	用水中度紧张国家	水资源存在一定制约因素
20～40	用水中高度紧张国家	面临水资源争夺，水资源安全需引起高度重视
>40	用水高度紧张国家	水荒严重，水冲突一触即发

三是关于粮食安全方面的评估指标。目前，理论界对粮食安全的评估主要有3种：①世界粮食库存最低水平系数。这是联合国粮农组织确定世界粮食库存最低安全水平系数，即世界当年库存至少相当于次年消费量的17%～18%，其中6%为缓冲库存，11%～12%为周转库存；凡是一个国家粮食库存低于17%为粮食不安全，低于14%为粮食处于紧急状态。②人均粮食占有量、粮食库存率、粮食自给率等。③粮食的对外贸易依存度。

有的学者认为，粮食进口依存度低于5%，即表明该国实现了粮食自给；进口依存度低于10%，表明该国粮食供求处于安全状态。有关测定粮食安全的指标还有粮食进口量占粮食消费量的比例等。

2. 政治因素指标

（1）对外关系稳定度：根据资源进口国与主要资源贸易国的政治关系稳定程度的不同，我们将其分成5个不同的等级，各种关系对应的评分标准见表5.2。

表5.2　政治关系稳定程度分级评分表

关系类型	盟国关系	战略协作伙伴关系	一般关系	关系紧张	敌对关系
评分	5	4	3	2	1

（2）内部稳定度：政治稳定性可以采用政治制度稳定性指数来评估。由于上述定量评估指数所需的数据难以取得，我们在评价时把政治的稳定程度分为5个等级（表5.3）：①非常稳定一般是指政权基础稳固、政治民主、法律完善、政策连续性强的国家，政权的更替不会影响到经济、金融、贸易、对外关系等。西方发达的资本主义国家大致属于这一类；②稳定主要是西方资本主义国家中有一些小的不稳定因素，但在总体上对政治格局不会有影响；③较稳定主要是新兴的工业化国家和基本完成由计划经济向市场经济过渡的部分原东欧社会主义国家；④不太稳定主要是指目前国内局势动荡，政治斗争激烈，政权交替频繁，甚至部分地区处于战乱状态；⑤很不稳定是指全国或大部分地区处于混乱和战乱状态。

表5.3　资源供应国国内稳定程度分级评分表

稳定状态	非常稳定	稳定	较稳定	不太稳定	很不稳定
评分	5	4	3	2	1

3. 经济因素指标

经济因素对资源进口安全的影响主要是考察经济对进口资源的支付能力，我们用短期资源进口能力指数和长期资源进口能力指数来表示。短期进口能力指数是用资源进口额占资源出口额的比重的高低来表示的，出口额越高表示进口资源的能力越强，或者说用于购买资源所需的外汇收入越多。而长期进口能力的强弱与国家外汇储备多少有关系，外汇储备越高，表示长期支付资源进口能力就越强；反之，则越弱。

$$\text{短期资源进口能力指数}=100-\text{资源进口额}/\text{出口额总额}\times 100$$

$$\text{长期资源进口能力指数}=100-\text{资源进口额}/\text{外汇储备额}\times 100$$

经济方面的另一个重要指标是价格的波动系数，价格的波动是资源不安全最重要的表现之一。表示价格波动有多种指标，这里选择某一时段的最高价和最低价的差与平均价的比作为衡量价格波动的指标。公式为

$$P = (P_h - P_l) / P_a \quad (5\text{-}10)$$

式中，P 为价格波动系数；P_h 为某一期间的最高价；P_l 为同期的最低价；P_a 为同期的平均价。

4. 运输因素指标

运输安全与运输距离的长短有一定的关系，运输距离越短，运输安全性越高。根据海上运输距离的长短，进行分级和评分见表 5.4。

表 5.4　运距与安全程度分级评分表

运距/10^4km	<0.5	0.5～1	1～1.5	1.5～2	>2
评分	5	4	3	2	1

运输线的安全度主要考虑受人为因素影响的程度。这里主要用通过狭窄海峡的多少或位于重要航线附近的岛屿多少来判断，通过的海峡或岛屿越多越不安全（表 5.5）。

表 5.5　海峡数量与安全程度分级评分表

海峡数量/个	≤1	2	3	4	>4
评分	5	4	3	2	1

5. 军事因素指标

（1）对主要资源产地的控制能力：对主要资源供应地的控制和军事干预能力也分为 5 级（表 5.6），第一级是完全在本国的控制下，这种情况目前没有一个国家能完全达到。美国对中东可以说是基本控制，而对日本来说是盟国控制，对中国来说，最多只能算有影响力。

表 5.6　对主要资源供应地的控制和军事干预能力分级

控制类型	完全控制	基本控制	盟国控制	有影响力	无影响力
评分	5	4	3	2	1

（2）对重要运输通道的控制能力：对重要运输通道的控制能力可以根据各个国家对世界主要运输通道的实际控制能力来判断，也可以间接地用海军的远洋作战能力来判别（表 5.7），也可用航母、远洋舰艇的数量等作为判断标准。

表 5.7　对重要运输通道的控制能力分级

控制类型	完全控制	基本控制	部分控制	单个控制	无控制
评分	5	4	3	2	1

四、国家资源安全策略

（一）国家资源安全及其影响因素

国家资源安全是国家安全的重要组成部分。国家资源安全所考察的对象是“国家”，其核心是“国家资源”，其安全含义是指一个国家因其经济社会发展所需要的自然资源不能获得持续、稳定、及时、足量的供给而受到威胁的状态，它通常用国家自然资源保障程度、稳定性和均衡性来表示。国家安全是一个多维的综合概念，包括军事、政治、经济、社会，乃至资源和环境等多方面的安全。同时，国家资源安全也是全方位的。世界各国不断涌现因资源短缺而出现的资源安全威胁，如水资源短缺、石油危机、木材短缺、粮食供应不足等。

国家资源安全从本质上表现为资源供给的脆弱性，决定这种脆弱性的因素涉及上述资源、经济、政治、交通及军事等几个方面，包括现实或潜在的资源状况、国际和国内政治局势和经济稳定性、国家之间空间距离、国际政治关系、国内资源开发的基础设施状况以及资源开发历史等。具体来说，影响国家资源安全的因素有：①国际资源进口依赖度；②国内资源产量和储量的空间集中度；③资源供给国的政治倾向以及对别国政治或军事的依赖度；④资源净出口国对资源出口换取的资本和外汇的依赖度；⑤资源净出口国对资源净进口国的资金、技术或制造业的依赖度；⑥资源替代成本和可供性，这决定并影响着资源的需求价格弹性。对于依赖资源进口的国家，一旦资源中断生产（如矿工罢工）或禁止贸易甚至关闭资源贸易通道，都会造成潜在的资源供给短缺。

进入21世纪，世界各国之间不仅存在着对水、石油等自然资源的争夺，也存在对人才、信息与科技等社会资源和对资本、设备等经济资源的竞争，国家资源安全出现了新的视角。

国界对于资源而言是存在的，而对于资源型加工产品（如货物），则可以超越国界。既然资源贸易是跨国界交换，就必然存在着国家资源安全问题。美苏冷战结束和经济全球化的加速发展，使得国家安全概念也从军事安全扩展到包括政治、经济、社会、资源与环境等广泛内涵的立体安全。

国家资源安全不仅体现在占有的资源数量上，还反映在资源质量和资源开发技术方面。资源下游产品加工和技术尖端领域的竞争日趋复杂。国际资源贸易是按比较优势原则进行的，但除了少数资源禀赋“特别优越”的国家（如中东石油国家），可以依靠出卖资源致富外，其他任何国家要跨入富国行列，必须参与资源下游产品加工和技术尖端领域的竞争，并取得优势。因为资源初级产品在未来整个经济产出中的比重日趋下降，况且中国现有优势的资源初级产品在人均资源占有量方面确为劣势。面对世界资源产业上下游一体化的角逐，中国却出现资源生产能力庞大、需求弹性小、资源附加值低的窘境。因此，从国家资源安全角度考虑，选择资源开发利用的多样性，建立独立、完整的资源开发利用体系，不仅可以加强中国短期内经济的适应性，而且符合中国中长期资源安全战略目标的要求（沈镭和成升魁，2002）。

（二）不同类型国家的资源安全战略取向

1. 资源净进口国与资源净出口国的资源安全战略重点迥异

按照资源生产和消费，全球不同类型国家大致可以划分为资源净出口国和资源净进口国两大类。从资源安全角度看，资源净进口国的资源安全比资源净出口国的资源安全显得更为突出、更为重要。资源净出口国的安全战略主要是确保资源需求的稳定、足量供应，具体采取的对策：一是动用剩余生产能力调节生产配额来恢复资源供应并提高资源价格；二是建立资源现有产业和资源产品销售网络。而资源净进口国的安全战略主要是以可以接受的资源价格从多渠道获取足量的资源来保证本国的经济持续发展，因此，资源净进口国往往认为，国家资源安全不仅要保障资源进口数量的相对稳定，还要保证控制资源市场和资源低价。这些国家所采取的具体策略有 2 种：其一，通过建立和利用资源的战略储备，对短期资源安全的威胁（如中断资源供应）做出快速反应；国际能源机构（International Energy Agency，IEA）认为，当石油供应中断量达到石油需求量的 7%时，能源安全就处于警戒状态。其二，从长期目标看，通过增加国内供应，开发替代资源，提高资源利用效率，增加资源贸易和资源勘查开发投资，加强资源领域的技术开发与研究，从而减轻资源进口的依赖度，即从本土资源供应方面寻找“开源”，从本土资源消费方面寻求“节流”。

2. 发达国家与发展中国家的资源安全战略的侧重点也不同

世界各国因其资源赋存的差异、经济社会发展程度和发展阶段等因素的不同，各自所面临的资源安全威胁及所采取的战略也就各不相同。

西方发达国家多数是资源净进口国家，它们各自的国家资源安全战略也有差异。一类是以美国为代表的资源丰富国家，在其经济发展的不同阶段采取了不同的资源安全战略。以石油为例，在 20 世纪 30 年代，美国的石油政策是反对垄断策略，50 年代中期以前，采取资源保护，50 年代至 70 年代，实行石油进口管制，70 年代至 80 年代，实行价格管制，80 年代初至今，主要实行市场调节。总体上看，美国的石油安全战略，一是调整能源结构，减轻对石油的高度依赖；二是调整石油进口来源，减少从非安全地区进口石油；三是提高能源使用效率，加强节能；四是增加国内石油战略储备和商业石油储备；五是利用资源价格、资源税等政策进行诱导，促进国内石油的生产；六是鼓励海外石油勘探；七是加强国际能源合作。另一类是以日本为代表的资源贫乏国家。日本的石油安全战略包括建立战略石油储备，大力扩展海外石油勘探开发，调整石油进口策略（主要是分散石油进口风险，实行油气进口多元化），以及提高利用效率，大力开展节能和节油。

广大的发展中国家多数都是资源生产国家，这些国家主要是利用价格手段来保障其资源生产国的资源安全。世界最不发达国家通常采取增加出口税、构建资源卡特尔、消减产量和提高价格等措施，旨在对资源供给实行垄断，这对资源净进口国的资源安全无疑会造成直接的威胁（沈镭和成升魁，2002）。

（三）保障国家资源安全的基本策略

国家资源安全是一项系统工程，从资源开发利用的全过程来系统考察，资源系统涉及从资源采掘、资源产品生产、加工、贸易直到终端利用，是一个完整的复杂体系。从国家高度来分析，要保障国家资源安全，必须构建资源全系列的安全保障体系，即从资源保护、流通、消费、回收、利用、创新、管理等全系列经济活动过程中进行综合考察，其核心是构建七大基本战略，即资源保护战略、资源流通战略、资源消费战略、资源利用战略、资源回收战略、资源创新战略、资源管理战略，形成完整的资源安全复合保障体系（沈镭和成升魁，2002）。

1. 贯彻资源安全基础保护战略

资源是全人类生存与发展的物质基础，其开发利用必须兼顾全球范围内的资源效益、环境效益、社会效益和经济效益，有效地保护全球资源。从国家角度看，资源安全保护的核心是保护资源主权国的开发主权、资源的多样性和资源的持久性。世界各国既有保护和开发本土自然资源的主权权利，又有不损害别国环境资源的责任。

中国既是现在的资源存量大国和资源开采大国，也是未来的资源消费大国，在全球资源保护中应发挥重要作用。系统地构建国家资源保护体系的核心目标就是保障国内资源基础，使得本国在遭遇国际供给风险之时，有较稳定的国内资源保障，使国家经济社会发展免遭资源供应中断的威胁和损害。为此，必须采取以下具体措施。

（1）建立国家资源安全补偿机制。包括资源系统的自然补偿、国家机制的行政补偿和利益机制的市场补偿。自然补偿是保持资源系统自身的自然补偿能力，如定期的封山、休渔、休牧、休耕等。行政补偿是国家作为社会长期利益的代表，征收资源产业链下游的部分收益，以补偿保持该资源效用的可持续性和所失去的该资源的其他效用，在流域水资源的开发利用过程中，国家应采取从下游地区收益转移支付的形式，以补偿上游地区进行资源保护的投入；此外，还应通过矿产品链下游产品加工增值过程中的税收，补偿上游资源勘查的部分费用。市场补偿是通过利益调节机制，鼓励资源经营企业和个人从长期获益考虑，定期对自身经营的资源基础加以补偿。

（2）树立资源可持续利用的社会意识。资源可持续利用的核心是保持人与资源环境的和谐发展，这是人类社会文明与进步的重要标志。人类必须对其子孙后代的资源基础承担起历史责任，对全人类自然财富共享及人地关系和谐担负起社会责任。要做到这一点，必须大力开展资源社会意识的国民教育、灾害教育和危机教育，促使资源可持续利用贯彻于国民自身行动之中。

（3）开展国家重大资源保护工程。我国正在开展或未来着手建设的一系列工程，如三北防护林体系工程、国土资源大调查、重要流域的上下游水资源合理分配、跨流域调水、重大水利工程、水土保持建设以及特别地质找矿计划等，对于水、土、林、矿等资源将起到重大的保护作用。

2. 实施合理的资源流通战略

中国加入世界贸易组织（World Trade Organization，WTO）既是适应经济全球化发展趋势的需要，也是中国经济融入世界经济潮流、中国经济在社会主义市场经济条件下走上良性循环轨道的必然选择。在平等条件下，世界各国共享全球资源，参与资源领域的国际竞争。为此，中国要充分利用各缔约国在资源领域内开放市场的大好时机，又要根据比较优势的原则，充分利用两种资源、两个市场的资源优化配置创造经济收益，构建合理的资源国际贸易安全体系，这是中国未来的资源安全战略核心。

资源在国际的流动包括各国资源的国际贸易和环境资本的国际转嫁。也就是说，一国在对外进行资源贸易的同时，也可能将其不利的环境资本输出到别国或国际之中。前者体现在正常的国际资源贸易之中，后者则反映当前国际上对可持续发展的关注。

从国际上看，各国一般采取 3 种不同的具体对策来保障国家资源贸易安全。

应对短期资源贸易安全的威胁必须依赖资源储备。通常应急措施是采取资源储备或压缩资源特别是能源资源的消费需求。西方主要工业化国家对战略性能源和矿产资源都进行了紧急储备。20 世纪 50 年代以来，多数西方资源净进口国都储备了足以应付 6～12 个月消费的资源。

对付中期资源贸易破裂，必须尽早建立多元化的资源市场和资源产业。资源供给短缺既可通过资源储备和价格调节得以缓解，又可充分重组资源进口结构和调整资源加工产业结构化解危机。中国在立足国内资源和开放世界市场的前提下，只有在加快资源产业多元化和一体化的同时，争取资源进口市场多元化，才能有效应对中期资源安全的威胁。

缓解长期资源安全的威胁和压力，最根本的对策还是在于大力开展节约资源和增加研究及开发方面的投资。从长远看，国家资源安全还存在对 2 种情况的担忧。一是在全球范围内某些资源成为绝对稀缺；二是资源供给高度集中于少数国家或地区。前者所采取的对策只能是通过节约资源来节减消费，或实行“零增长发展战略”和降低生活标准，增加对可再生资源的投资，鼓励资源开发利用的技术创新，开发替代的非再生资源和回收利用非再生资源。对于后者，发达资本主义国家通常采取保持经济和军事实力，确保或控制其外部资源供应。也就是说，尽量保留本国资源，尽可能多地利用别国资源。

3. 倡导适度消费的资源节约型战略

无论从资源消费的总量还是人均量看，世界各国明显存在不均衡的情况。众所周知，发达国家在长达 200 年的工业化过程中过度消耗自然资源、大量排放污染物。发达国家仅占 20%的世界总人口，却长期消耗着占世界 70%以上的资源，这不仅掠夺了本应由更多人消费的资源，还导致了大气变暖、臭氧层空洞等全球性生态危机。因此，发达国家在检讨和反省其过度消费资源污染环境的同时，应利用其科技和经济的优势，帮助发展中国家建立起最大限度节约资源的生产体系、生活体系和消费体系。

中国是人口大国，也是处在工业化、城市化过程中的发展中国家，应正确处理好经济发展与环境保护的关系，提倡资源的适度消费。同时，应努力控制人口过快增长，减轻人口对资源的压力。

资源节约型体系是资源安全体系建设的内在动力，节约资源本身就是为建立一个低度消耗资源、杜绝资源浪费、提高资源利用效率和单位资源产出率的节约型国民经济体系，增强资源对国民经济发展的保障程度，缓解资源供需的紧张状态，提高资源安全保障程度。

中国资源安全的威胁在很大程度上是资源浪费。因此，降低资源的无效消费是保证资源安全的重要措施之一。资源的无效消费受人们的资源消费意识和资源利用技术水平的双重限制。前者表现为资源无价、乱采滥挖、无节制地开发利用资源等具体行为，后者表现为资源利用技术水平粗放低下、资源综合利用水平低等特点。为此，必须建立资源节约型的国民经济体系，倡导建立以节地、节水为中心的集约化农业生产体系，建立以节能、节材为中心的节约型工业生产体系，建立以节省运力为中心的节约型综合运输体系，以及建立以适度消费、勤俭节约为特征的生活服务体系。

4. 建立深度资源开发的利用战略

重点是开发新能源、新材料和新资源，不断提高资源利用的深度和广度，促进能源和资源（包括材料）的革命。中国目前是以煤炭为主体能源结构的国家，未来应形成以水能、太阳能、核能、生物质能等为主的多元化能源结构。在新材料方面，应大力发展高性能、新型的金属材料、陶瓷材料、高分子材料、先进的复合材料和光电子材料，拓展资源利用的空间，推进资源领域的革命。从传统资源结构看，新能源和新材料的开发利用将带动新资源的开发，引起资源利用结构的全面革新。其中，传统金属特别是铁、铜、铝、锌等大宗金属矿产原料的用量将逐步减少，稀有、稀土、分散元素矿产原料需求急剧增加，新兴非金属矿产原料的需求不断扩大；天然气的开发利用规模将逐步扩大并替代煤炭等传统能源资源。

5. 鼓励废弃物资源化的回收战略

废弃物资源化实际上是资源的二次开发利用过程，包括生产过程中尾矿（砂）、废弃物的再利用，资源产品的直接再处理和回收利用等。国际上，废弃物资源化已逐步发展成为重要的资源产业，发达国家在 20 世纪 70 年代经历了以能源危机为标志的资源短缺之后，加快了在资源二次利用方面的步伐。日本已能够对 26%～39%的垃圾进行回收利用，联邦德国对三分之一的纸张、铝和玻璃进行了回收，欧洲其他国家对 50%的玻璃进行了再利用，美国的废金属利用量已占其消费量的一半。废弃物资源化在节能、节材、节水方面的经济效益和在保护土地、减少大气污染等方面的环境效益是不言而喻的。未来应大力开展玻璃、金属材料和纸张等回收利用，促使城镇居民用水和工业用水的循环利用。在资源生产过程中的废弃物再利用，重点是金属矿产中的共生、伴生组分或低品位矿石及脉石，煤矿开采中的煤矸石和粉煤灰等。总之，建立废弃物资源化的回收体系，必须以最小机会成本为经济社会效益指标，走无尾矿、无废料和无污染的最低熵途径，实现资源利用的良性循环。

6. 进行资源储备战略

建立铁、铜等重要矿产资源战略储备，加快石油、煤炭等能源储备体系建设。中国自 2003 年启动国家石油储备体系建设，通过三期工程在全国建成多个战略储备基地。截至 2020 年，已形成舟山、镇海、大连等 9 个国家石油储备基地，原油总储备能力从 2008

年的 280 万 t 提高到 3773 万 t，战略储备天数较 2008 年提升 400%。等三期工程全部完工后，中国石油储备能力将提升至 8500 万 t，相当于 90 天的石油净进口量，可以达到国际能源署规定的战略石油储备能力达标线。为践行能源安全新战略，深化煤炭供给侧结构性改革，完善产能储备政策，推动煤炭产能保持合理裕度和足够弹性，增强供给保障能力，更好发挥煤炭在能源供应中的兜底保障作用，2024 年，国家发展改革委、国家能源局出台了《关于建立煤炭产能储备制度的实施意见（发改能源规〔2024〕413 号）》，要求以大型现代化露天煤矿和安全保障程度高的井工煤矿为实施重点，在新建和在建煤矿项目中优选一批产能储备煤矿，积极稳妥组织实施。保持煤炭产能合理充裕，增强煤炭供给弹性和灵活度，有效应对煤炭供应中的周期性和季节性波动等情形。到 2027 年，初步建立煤炭产能储备制度，有序核准建设一批产能储备煤矿项目，形成一定规模的可调度产能储备。到 2030 年，产能储备制度更加健全，产能管理体系更加完善，力争形成 3 亿吨/年左右的可调度产能储备，全国煤炭供应保障能力显著增强，供给弹性和韧性持续提升。

7. 加强资源创新的技术战略

资源安全的科技保障体系就是人类为获取更大效益的一系列方法与手段，包括研究与开发体系、技术创新体系、技术推广体系。美国曾经执行战略贸易政策，通过政府的积极干预，采取更多措施扶植和帮助美国具有战略意义的资源和产业打开国外市场，特别是发展高科技及其产业。可以说，美国依靠科技与知识成为了全球资源的霸主。长期以来，中国经济运行的基础是粗放式的资源消耗和要素（资金和劳动）投入，同时，还极大地破坏和浪费人均数量极少的各种资源。因此，要转变粗放式经济发展模式为集约型发展模式，根本在于节约资源，而节约资源的动力在于科技进步。在当今知识经济时代，未来国家竞争的关键是科技与知识资源的竞争，其核心更是善于创新，并且重点是增加国家对基础科学研究项目的投入。总之，节约资源和提高研究与开发的投入应是保障中国长期资源安全的战略之举。

目前，中国资源开发面临前所未有的发展机遇，现代高新技术越来越多地应用于资源开发利用领域。未来中国资源安全的科技保障体系，必须以科技进步为导向，明晰资源产权，建立国家、科研、企业一体化的资源技术创新模式，以 2000 年 7 月启动的“国土资源科技创新计划”为契机，加强资源综合研究，开展研发重大资源工程技术和发展资源工程学科的深入研究。

8. 坚持科学的资源管理战略

资源安全管理是对国家资源利用的现实目标与未来目标的调控，是保障我国政治与经济安全和可持续发展的重要手段，包括建立资源安全预警系统，规范资源产权管理、市场管理、资产管理，以及开展资源法治教育、国情教育和国际合作。

建立资源安全预警系统必须定量地界定资源安全的合理界限和资源供给的区域安全结构。仿照国际上的惯例，确定我国的资源安全警戒线，大致界定为资源缺口达到或超过资源总需求的 7%～10%时，可以认为资源供给不安全。此外，保障我国经济社会发展的资源供给来源于三大方面，即我国大陆、海洋和海外。未来，我国资源供给的区域安全结构应大致保持在陆上资源占60%，海洋资源占20%，海外资源占20%。

资源既体现人类的共同财富，又是一个国家的主权所在。在国际上，必须加强对公共资源的统一管理，发挥政府的宏观调控职能，以及非政府和公众的参与和监督的作用。对国内资源，必须在明晰产权的基础上，加强产权管理，确立资源所有者、开发者、管理者的各自责权利关系，协调各方利益，保证资源合理和高效利用。坚持“污染者和使用者付费”的原则，引入市场管理机制。对资源开发者征收资源税，对污染者征收环境税（费），取消对资源使用者的不合理补贴，建立资源、原材料、加工产品之间的合理价格体系，理顺价格扭曲关系。研究并完善资源价格理论及定价方法，以及资源核算理论体系，加强资源资产管理和核算管理。把资源的实物账户和价值账户作为国民经济核算体系的卫星账户，完善国民经济核算体系。

大力开展资源国情教育和法治教育，提高全民资源安全忧患意识，促使人们自觉地加入保护资源的各种活动之中，依法行事。此外，能源及矿业是最易于影响我国在国际战略格局中地位的资源产业，充分利用国外的资金、技术和管理经验，开展跨国之间和国际组织之间的协作，有利于增强我国的综合竞争能力，也有利于确保我国的战略性能矿资源安全供给。

复习思考题

1. 什么叫资源承载力、资源危机、资源安全？
2. 简要介绍资源承载力的评价方法。
3. 结合国内国际形势，分析资源危机产生的根源及其应对措施。
4. 结合我国实践现状，论述积极稳妥推进碳达峰碳中和目标实现的路径。

参 考 文 献

曹建飞. 2015. 相对资源承载力模型的改进及其预测. 统计与决策, (15): 29-32.
陈二烈. 2022. 全球淡水资源危机愈演愈烈. 生态经济, 38(10): 5-8.
陈甲斌, 刘超, 冯丹丹, 等. 2022. 矿产资源安全需要关注的六个风险问题. 中国国土资源经济, 35(1): 15-21, 70.
陈英姿, 景跃军. 2006. 吉林省相对资源承载力与可持续发展研究. 人口学刊, (1): 41-45.
方创琳, 余丹林. 1999. 区域可持续发展SD规划模型的试验优控——以干旱区柴达木盆地为例. 生态学报, (6): 767-774.
巩嘉誉. 2013. 基于主成分分析方法的山东省水资源承载力研究. 绿色科技, (1): 82-85.
谷树忠, 姚予龙, 沈镭, 等. 2002. 资源安全及其基本属性与研究框架. 自然资源学报, 17(3): 280-285.
胡耘通, 廖佳榆. 2023. 基于资源安全视角的矿产资源审计评价指标体系构建. 财会月刊, (2): 103-109.
黄宁生, 匡耀求. 2000. 广东相对资源承载力与可持续发展问题. 经济地理, 20(2): 52-56.
惠泱河, 蒋晓辉, 黄强, 等. 2001. 二元模式下水资源承载力系统动态仿真模型研究. 地理研究, 20(2): 191-198.
姜锡润, 杨根龙. 2013. 人口与资源危机问题的若干视角——马尔萨斯、马克思、中国传统智慧的视角.

经济问题, (4): 22-26.
金银雪. 2020. 全球变暖下的水资源危机. 生态经济, 36(6): 5-8.
景跃军. 2006. 东北地区相对资源承载力动态分析. 吉林大学社会科学学报, 46(4): 104-110.
景跃军, 陈英姿. 2006. 关于资源承载力的研究综述及思考. 中国人口·资源与环境, 16(5): 11-14.
李丽娟, 郭怀成, 陈冰, 等. 2000. 柴达木盆地水资源承载力研究. 环境科学, (2): 20-23, 11.
李铭, 王高尚, 于汶加, 等. 2010. 中国石油资源安全评价. 地球学报, 31(5): 686-692.
李瑞昌. 2012. 资源危机状况下的节约型社会建设——一种包容性发展的视角. 复旦学报（社会科学版）, (5): 87-94, 103.
李晓玉. 2012. 土地资源经济安全评价研究——以河南省为例. 郑州：河南大学硕士学位论文.
李原园, 李云玲, 何君. 2021. 新发展阶段中国水资源安全保障战略对策. 水利学报, 52(11): 1340-1346, 1354.
李泽红, 董锁成, 汤尚颖. 2008. 相对资源承载力模型的改进及其实证分析. 资源科学, 30(9): 1336-1341.
梁缘毅, 吕爱锋. 2019. 中国水资源安全风险评价. 资源科学, 41(4): 775-789.
刘杰, 林少华, 赵伟丽. 2011. 水资源安全浅析与展望. 能源与环境, (1): 19-20.
刘阳. 2011. 资源安全与可持续发展. 社会科学战线, (4): 77-81.
刘成武, 黄利民. 2014. 资源科学概在的论. 2 版. 北京：科学出版社.
刘玒玒. 2023. 基于熵权 TOPSIS-耦合协调度-灰色关联度的长江经济带水资源承载力综合评价. 武汉大学学报（工学版）, 56(5): 532-541.
刘玉洁, 代粮, 张婕,等. 2020. 资源承载力监测——以西藏“一江两河”地区为例. 自然资源学报, 35(7): 1699-1713.
龙如银, 杨家慧. 2018. 国家矿产资源安全研究现状及展望. 资源科学, 40(3): 465-476.
栾锡武, 石艳峰. 2019. 中国油气资源安全从本地保障到全局保障. 科学技术与工程, 19(34): 17-24.
罗海平, 罗逸伦. 2021. 中国粮食主产区水资源安全与粮食安全耦合关系的实证研究及预警. 农业经济, (2):3-5.
牛文元. 1994. 持续发展导论. 北京：科学出版社.
沈镭. 2022. 面向碳中和的中国自然资源安全保障与实现策略. 自然资源学报, 37(12): 3037-3048.
沈镭, 成升魁. 2002. 论国家资源安全及其保障战略. 自然资源学报, 17(4): 393-400.
沈镭, 张红丽, 钟帅, 等. 2018. 新时代下中国自然资源安全的战略思考. 自然资源学报, 33(5): 721-734.
孙九林. 2019. 土地资源安全战略——认知、目标、研究方向与关键技术. 中国发展, 19(4): 71-75.
王安. 2021. 保障资源安全助力“双碳”目标. 中国经贸导刊, (15): 22-23.
王安建, 王春辉. 2023. 国际动荡局势对我国能源资源安全的挑战与应对策略. 中国科学院院刊, 38(1): 72-80.
王建华, 江东, 顾定法, 等. 1999. 基于 SD 模型的干旱区城市水资源承载力预测研究. 地理学与国土研究, (2): 18-22.
王礼茂. 2002. 资源安全的影响因素与评估指标. 自然资源学报, 17(4): 401-408.
王陆新, 潘继平. 2019. 中国石油资源安全三维度评价研究. 中国能源, 41(11): 11-16.
王树通, 郭怀成, 王丽婧. 2005. 北京市相对资源承载力分析. 安全与环境学报, 5(5): 90-94.
王维维, 孟江涛, 张毅, 等. 2010. 基于主成分分析的湖北省水资源承载力研究. 湖北农业科学, 49(11): 2764-2767.
王勇, 李继清, 王霭景, 等. 2011. 天津市水资源承载力系统动力学模拟. 中国农村水利水电, (12): 1-4.
王毓森, 孙超, 张德栋, 等. 2023. 甘肃省水资源承载力分析与评价. 地下水, 45(2): 182-186.

王毓秀. 1992. 试论资源危机的主要原因. 中国人口·资源与环境, (1): 8-11.
王宗明, 张柏, 何艳芬, 等. 2004. 吉林省相对资源承载力动态分析. 干旱区资源与环境, 18(2): 5-10.
魏光辉, 马亮. 2012. 基于主成分分析的塔里木河流域水资源承载力评价. 广东水利水电, (2): 39-41, 48.
吴初国, 汤文豪, 张雅丽, 等. 2021. 新时代我国矿产资源安全的总体态势. 中国矿业, 30(6): 9-15.
谢高地, 周海林, 甄霖, 等. 2005. 中国水资源对发展的承载能力研究. 资源科学, 27(4): 2-7.
徐中民, 程国栋. 2000. 运用多目标决策分析技术研究黑河流域中游水资源承载力. 兰州大学学报(自然科学版）, 36(2): 122-132.
许朗, 黄莺, 刘爱军. 2011. 基于主成分分析的江苏省水资源承载力研究. 长江流域资源与环境, 20(12): 1468-1474.
严金明, 赵哲, 夏方舟. 2020. 后疫情时代中国“自然资源安全之治”的战略思考. 中国土地科学, 34(7): 1-8.
杨伯轩. 2022. 守住资源安全底线要下足“绣花功”. 资源与人居环境, (3): 前插 1.
杨兰. 2022. 近年来我国粮食安全研究的现状、热点及演化趋势——基于 citespace 文献计量分析. 黑龙江粮食, (10): 66-68.
姚予龙, 谷树忠. 2002. 资源安全机理及其经济学解释. 资源科学, 24(5): 46-51.
姚震, 黎江峰, 吴巧生, 等. 2018. 中国天然气资源安全态势分析. 地质通报, 37(7): 1374-1378.
于丽丽. 2018. 水资源安全问题分析. 内蒙古水利, (7): 56-57.
宇鹏. 2013. 基于系统动力学的水资源承载力评价研究. 工业安全与环保, 39(2): 38-41.
郧文聚. 2021. 保障资源安全守牢耕地红线. 资源与人居环境, (12): 1.
张晓岚, 刘昌明, 高媛媛, 等. 2011. 水资源安全若干问题研究. 中国农村水利水电, (1): 9-13.
张永勇, 夏军, 王中根. 2007. 区域水资源承载力理论与方法探讨. 地理科学进展, 26(2): 126-132.
张泽. 2009. 国际水资源安全问题研究. 北京：中共中央党校博士学位论文.
赵开功, 李彦平. 2018. 我国煤炭资源安全现状分析及发展研究. 煤炭工程, 50(10): 185-189.
赵筱青, 饶晖, 易琦, 等. 2011. 基于SD模型的昆明市水资源承载力研究. 中国人口·资源与环境, 21(S2): 339-342.
周亮广. 2009. 水资源承载力研究进展与展望. 水科学与工程技术, (4): 24-29.
周亮广, 梁虹. 2006. 喀斯特地区相对水资源承载力研究——以贵州省为例. 资源科学, 28(2): 22-27.
Li D, Zuo Q, Zhang Z. 2022. A new assessment method of sustainable water resources utilization considering fairness-efficiency-security: A case study of 31 provinces and cities in China. Sustainable Cities and Society, 81: 103839.
Mehrabi Z, Delzeit R, Ignaciuk A, et al. 2022. Research priorities for global food security under extreme events. One Earth, 7(5): 756-766.
Park R E, Burgess E W, Ignaciuk A, et al. 1970. An Introduction to the Science of Sociology. Chicago: University of Chicago Press.
Xie B, Jones P, Dwivedi R, et al. 2023. Evaluation, comparison, and unique features of ecological security in southwest China: A case study of Yunnan Province. Ecological Indicators, (153): 1-11.

第六章　自然资源开发利用的生态环境效应

内容概要： 资源过度开发利用引起了一系列的生态问题和环境问题。本章在阐释自然资源开发利用与生态环境效应的逻辑关系的基础上，以土地资源、水资源、矿产资源、生物资源、海洋资源以及旅游资源为例，对这些资源开发利用的生态环境效应及其与全球变化的关系进行分析，从而为资源可持续开发利用和生态环境保护提供参考。

关键术语： 自然资源；开发利用；生态环境效应；全球变化

思维导图：

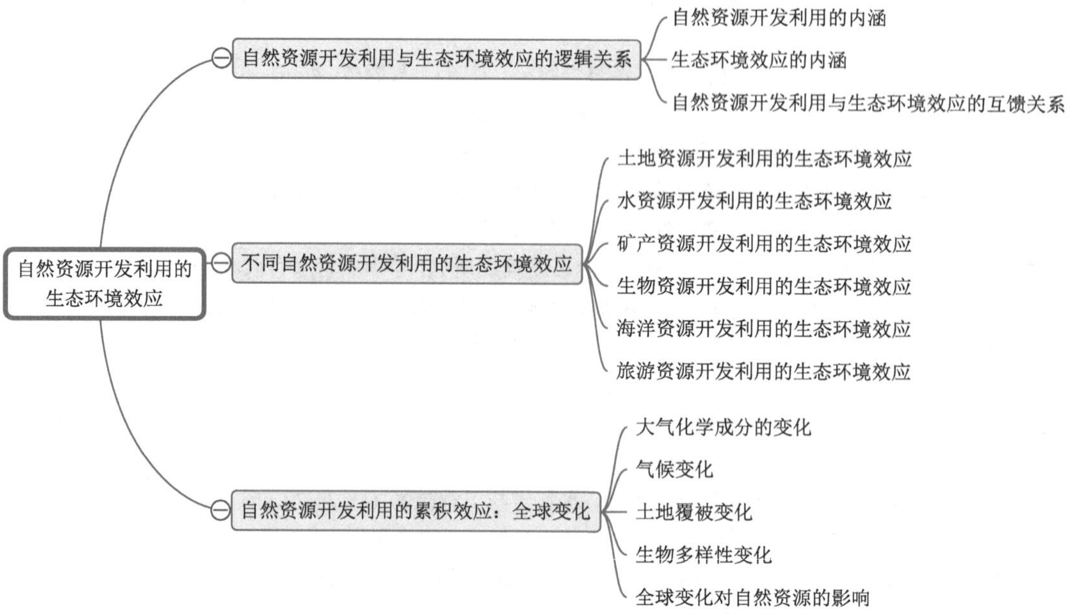

学习目标：

1. 掌握自然资源开发利用与生态环境效应的逻辑关系。
2. 了解各类自然资源开发利用的生态环境效应。
3. 掌握自然资源的开发利用与全球变化之间的关联，分析其累积效应。

第一节　自然资源开发利用与生态环境效应的逻辑关系

自然资源是人类赖以生存和发展的物质和能量基础。从资源科学的角度看，人类社会的发展史既是人类对自然资源与环境的认知史，也是对自然资源的开发利用史。自然资源开发利用与人类社会、经济发展及生态环境息息相关，研究自然资源开发利用的生态环境效应，不论对自然资源的可持续开发利用和生态环境的保护，还是对人类社会的可持续发展，都具有重要价值。

一、自然资源开发利用的内涵

自然资源是指人类可以利用的自然生成的物质和能量。自然资源开发利用是指人类有目的地把自然物转换为能满足自身需要的有用物的一项经济活动，是自然资源与劳动力资源结合的普遍形式。不是所有的自然资源最初就能为人类所利用，例如，石油等矿产资源需要进行一定的加工、处理、改造，才能为人类服务。自然资源开发利用的全过程包括考察、开发、利用、改造和保护 5 个方面，其中，利用是关键也是目的，其余都是为了达到这个目的而采取的手段和所需要创造的条件。

自然资源的开发利用可以按照自然资源的种类划分为不同的方式。例如，自然资源中水资源的开发利用主要体现在水利工程建设方面，已触及水资源的各个领域；土地资源的开发利用主要体现在土地利用/覆被状况变化方面，是人类社会活动的载体。随着时代的进步和社会管理水平的提升，自然资源开发利用的范围、规模、种类和数量都不断扩大，因此，在自然资源开发利用的过程中，需要对此行为予以适当管理，以实现自然资源的可持续利用。

二、生态环境效应的内涵

生态环境效应是指人类活动造成的环境污染和环境破坏引起的生态系统结构和功能的变化。自然资源开发利用，一方面促进了人类经济和社会的不断发展；另一方面，人们在观念和意识上对资源的认识不足，开发利用自然资源的过程中不注重生态与经济的协调发展，对大气、植被、水环境与生物多样性等产生影响，对生态环境造成污染和破坏，诱发大量的环境问题，进一步导致生态系统结构和功能改变。

生态环境效应分为正效应和负效应。生态环境正效应是由于人类的干预活动，生态系统结构更稳定，功能更强，生态环境趋于改善的一系列生态环境效应。生态环境负效应则与之相反，分为两类：一类是由污染而产生的生态环境负效应，例如，人类活动产生的氮、磷等营养物质和汞、镉、铬、铅等重金属对水体的污染，二氧化硫、二氧化氮、氟化物等对空气环境的污染，使得原有生态系统功能发生变化，从而产生一系列生态环境效应；另一类是由非污染性破坏而产生的生态环境负效应，例如，大型水利工程建设、草原不合理垦牧、毁林开荒、围湖造田等引起生态失调，产生的一系列生态环境效应。生态环境效应是正确评价区域生态环境质量现状和估算其未来发展趋势的重要依据，同时也是进行生态环境质量生物学评价和生物监测的理论基础，对于污染防治和环境保护具有理论和实际意义。

三、自然资源开发利用与生态环境效应的互馈关系

（一）自然资源开发利用对生态环境的影响

人类在开发利用自然资源的过程中，既可以通过不合理地掠夺、滥用自然资源而造

成自然资源的流失、破坏、退化乃至枯竭，加剧其紧缺程度；也可以通过自己的智慧合理科学地利用自然资源，不断提高自然资源的生产率和利用率，使自然资源得到节约、高效、持续的利用（图 6.1）。

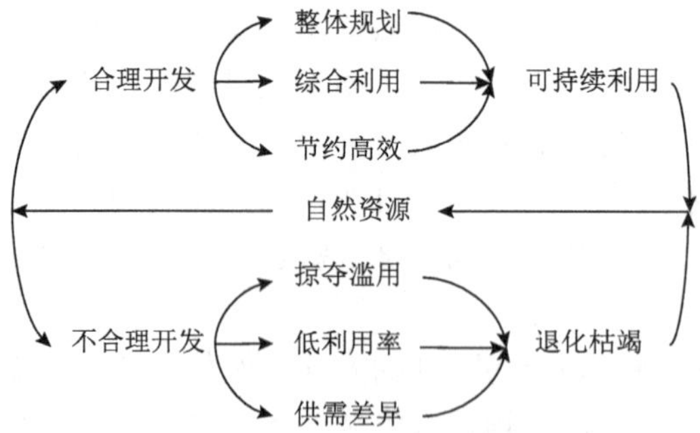

图 6.1 自然资源开发利用对生态环境的影响

随着人类认识自然能力的加强以及对自然规律的掌握，人类对自然资源开发利用的广度和深度也在急剧扩展。原始采集狩猎时代，是人类对自然资源开发利用的萌芽时期，此阶段人类拥有并加以利用的自然资源十分有限；农业经济时代，刀耕火种使得人类开发利用自然资源的范围增加，由生活资料生产向生产资料生产过渡；进入工业经济时代，机器制造业的发展使得矿产及金属资源得到开发利用，石油在人类生活中成为越来越重要的矿产资源，而这个阶段也大规模改变了环境的组成和结构，导致了生态失衡、环境恶化等各种生态环境问题。人类对自然资源的开发利用呈现由近及远、由易到难的规律，当自然资源开发对生态系统的破坏程度尚未超过其自身恢复能力时，环境问题并不突出，但当自然资源开发对生态系统的破坏程度超过其恢复调节能力时，生态环境问题将成为威胁人类社会生存的严重问题。

自然资源本身是环境的一部分，其与环境相互依存，人类利用自然资源的同时也就是利用了环境（图 6.2）。随着人口的快速增长，城市迅速扩张，自然资源的社会需求大幅度上升，自然资源消耗速度大大加快，在掠夺式开发和不合理的利用状况下，自然资源本身遭受极大的浪费和消耗。同时，生态系统的稳定状态不断被破坏，造成规模宏大的环境污染，水土流失加剧，土壤盐渍化加重，沙漠化面积不断扩大，生态环境日趋恶化，引起了一系列的生态环境问题，从而严重阻碍了经济的发展，甚至危及人类的生活、生存和发展。我国虽是一个自然资源大国，但同时也是一个人均自然资源严重不足的国家，过去存在以“高投入、高消耗、高排放、难循环、低效率”为特征的粗放型经济增长方式，自然资源消耗高、生态环境问题压力大的矛盾更突出，经济增长所付出的资源、环境代价巨大。

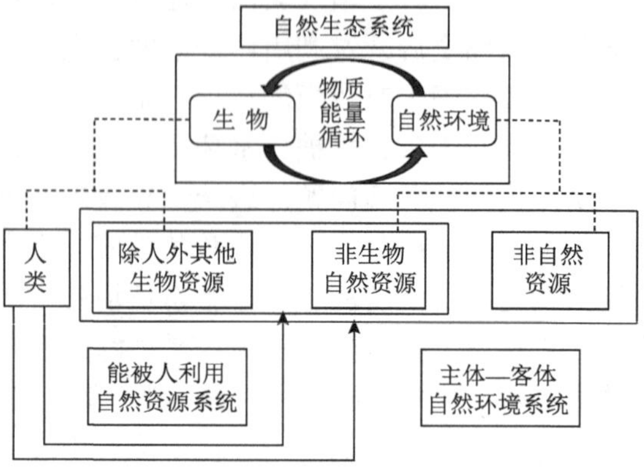

图 6.2 自然资源间耦合、资源与生态环境互馈作用（付宇佳等，2022）

（二）生态环境对自然资源开发利用的影响

面对自然资源开发利用引起的生态风险和生态环境问题，国家和地方政府会出台相应的环境管理和调控措施，对自然资源开发利用的方式做出调整，以提高自然资源利用效率。我国矿产资源总量丰富，但人均占有资源量少，且矿产资源开发利用粗放，资源浪费与破坏现象严重。矿产资源是不可再生的自然资源，必须进行有效保护和合理开发利用。经过多年的长效发展，我国矿产资源开采及加工利用在相关政策、策略、制度、方法、保障机制方面取得了一定成就，矿产资源的利用效率相对改善（图 6.3）。与此同时，政府部门对于矿产资源开发造成的环境污染和生态破坏进行补偿，到 2017 年底，我国各级财政用于矿山环境治理的支出累计超过 1000 亿元，累计修复矿区土地 92 万 hm^2，矿山修复率为 28.75%（李国志和张景然，2021）。

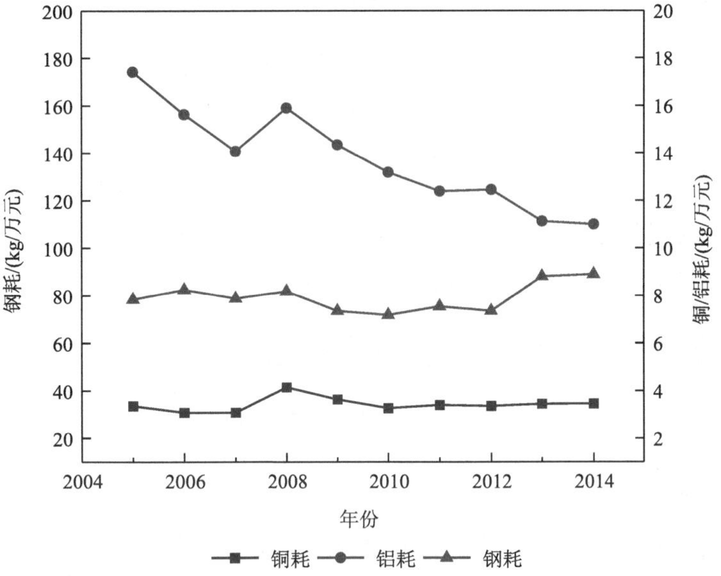

图 6.3　我国 2006～2014 年单位 GDP 矿产（钢铁、铜矿、铝矿）消耗（吴琪等，2016）

随着人类社会的进步和生态环境问题的显现，国家和地方政府对于资源的开发利用也逐步进行了科学规划，相关政策和制度的产生约束了之前粗放的开发模式，促进了自然资源开发利用与生态环境保护的协调发展。20 世纪 70 年代，自然资源可持续利用的思想以“联合国人类环境会议”为开端，出现在人们的视野中。1992 年，联合国召开联合国环境与发展会议，通过的《21 世纪议程》进一步确定了以自然资源可持续利用为核心的全球可持续发展观。

综上所述，不合理的自然资源开发利用会导致生态系统结构和功能的退化，引起一系列负面的生态环境效应，产生的生态风险和环境问题必然会引起区域环境管理与调控，反过来影响自然资源开发利用的方式和效率，产生自然资源开发利用规划与相关政策制度，最终约束和影响自然资源可持续开发和利用（图 6.4）。

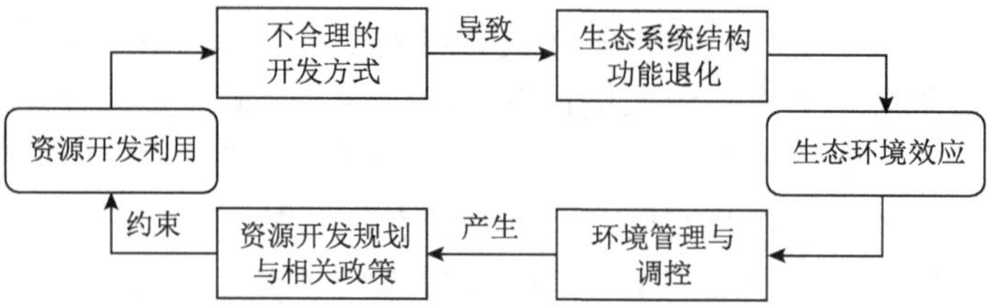

图 6.4　自然资源开发利用与生态环境效应的互馈关系

第二节　不同自然资源开发利用的生态环境效应

自然资源主要包括土地资源、水资源、矿产资源、生物资源、海洋资源、旅游资源等（涂小松和濮励杰，2008），是人类社会、经济发展的物质基础。随着时代的发展和生产力水平的提高，人类对于自然资源的开发利用一方面给人类带来了效益，推动了社会的进步和经济的高速发展；另一方面，人类在观念和意识上对自然资源的认识不足，在开发利用自然资源过程中造成的环境污染和环境破坏日益严重，引起的各种生态系统结构和功能问题也更加突出，导致一连串的生态环境效应。

一、土地资源开发利用的生态环境效应

土地资源是一种最基本的自然资源，是人类生产和生活活动的基本场所。它既是环境的组成部分，又是其他自然资源和社会资源的载体，支撑着整个陆地生态系统，是人类赖以生存和发展的物质基础。人类对土地资源的开发利用过程与人类自身的物质文明发展史是同步进行的，不同历史阶段的土地资源开发利用方式、手段与效益明显不同，也造成了不同程度的生态环境问题。随着现代文明的进步、社会的发展以及科学技术水平的提高，人类对土地资源开发利用的水平在不断提高，与土地相互作用的深度与广度也在不断扩大（涂小松和濮励杰，2008）。合理开发利用土地资源，因地制宜，有利于土地资源发挥自身的自然属性，体现土地资源的生态服务价值，进而达到人类追求经济效益的目的。人类对土地资源的开发利用直接的体现就是土地利用/覆被变化，进而对生态环境产生影响。近年来，随着经济的发展和人口的增长，土地资源开发利用过程逐渐超出生态系统的自我调节能力，致使人地矛盾进一步激化，对陆地生态系统和自然环境产生巨大的影响。

（一）影响区域气候调节能力，加剧温室效应

土地利用/覆被变化会直接或间接影响区域气候的调节能力。例如，湿地下垫面能够调节地表热量平衡，减缓区域性温度的大幅度变化。我国是世界上湿地类型齐全、数量丰富的国家之一，拥有湿地面积超过 6600 万 hm^2，约占世界湿地面积的 10%，居亚洲第一位，世界第四位。在 20 世纪 60 年代北半球普遍增温的情况下，我国三江平原地区夏季没有出现增温突变，主要是湿地“冷湿”下垫面调节作用的结果。改革开放后，由于

不合理的开发利用和破坏，三江平原地区湿地面积急剧缩减，直到90年代末期，沼泽湿地被开垦面积达195.2万hm^2，其生态系统的结构和功能也受到严重的影响，而春季、秋季、冬季以及年平均气温都出现了强增温突变（刘彦随等，2005）。因此，过度开垦沼泽湿地，不但会引起生物多样性减少，还会导致小气候变化。这表明土地资源不合理的开发利用会直接或间接影响区域乃至全球性的生态环境。

土地利用变化改变地表覆被状况，进而改变地表反照率和地表粗糙度，影响地表热收支的平衡及水汽的垂向输送（刘纪远等，2011）。建设用地扩张、森林砍伐、湿地破坏等不合理的土地利用，使过量的温室或污染气体排放到大气中，改变了大气化学性质和过程，影响全球气候变化，加剧温室效应。研究发现，1850～1990年土地利用/覆被变化导致124Pg（$1Pg=10^{15}g$）碳释放到大气中，相当于同期化石燃料燃烧释放量的一半（张维阳和段学军，2012），土地利用/覆被变化与化石燃料的燃烧等都是影响碳排放和气候变化的重要因子。相对于工业减排，森林固碳成本低且存在多种效益，能够有效地抵减部分工业的温室气体的排放。2020年全球森林面积为40.6亿hm^2，约占全球陆地面积的31%，森林碳储量高达6620亿t（Wang et al.，2020）。2019年，我国CO_2排放量（包括水泥和化石燃料）为101.7亿t，约占全球当年CO_2排放总量的28%，其中土地利用/覆被变化的碳吸收达到6.5亿t（Friedlingstein et al.，2022）。因此，合理开发利用土地资源是减少碳排放、减轻温室效应和应对全球气候变化的重要方式。

2015～2020年，我国土地利用/覆被变化总面积为447.35万hm^2，占陆域总面积的0.47%，其间城乡建设用地面积净增加了200.40万hm^2，耕地面积净减少了65.12万hm^2，林地面积净减少了25.25万hm^2，草地面积净减少了64.80万hm^2（表6.1）。由此可知，我国城乡建设用地面积不断增加，耕地、林地和草地面积呈现减少的态势。截止到2020年底，我国森林覆盖率约达23%，低于世界平均水平（31%），人均森林面积仅有0.16hm^2，远远低于世界平均水平。林地和草地减少、建设用地扩大等土地利用/覆被变化直接或间接影响碳吸收，进而加剧全球温室效应。

表6.1　2015～2020年我国土地利用类型转移矩阵（匡文慧等，2022）　（单位：万hm^2）

2015年	2020年土地利用类型						
土地利用类型	耕地	林地	草地	水域	城乡建设用地	未利用地	总计
耕地	—	6.31	26.92	9.94	142.08	5.19	190.44
林地	6.39	—	0.54	1.31	28.8	0.51	37.55
草地	60.3	3.03	—	13.73	23.26	3.29	103.61
水域	16.8	0.9	5.3	—	6.63	1.26	30.89
城乡建设用地	8.36	0.81	1.49	1.31	—	1.5	13.47
未利用地	33.47	1.25	4.56	19.01	13.1	—	71.39
总计	125.32	12.3	38.81	45.3	213.87	11.75	447.35

（二）诱发土壤侵蚀、土壤退化，导致水土流失

我国土地辽阔，土地面积居世界第三位，但由于人口众多，土地资源相对不足，特别是耕地资源不足，人均耕地仅仅相当于世界平均水平的 40%。随着经济的发展和人口的增长，土地资源的稀缺性更加突出，人口与土地资源的矛盾越来越剧烈。同时，我国用地总体上依然是粗放浪费，并存在土壤肥力下降，沙漠化、盐渍化加剧，水土流失和土壤严重污染等问题。

土地利用/覆被变化影响土壤质量，主要表现为诱发土壤侵蚀、土壤退化等。土地利用变化通过改变地表植被，影响植物凋落物和土壤微生物的活动并改变土壤管理措施，引起养分在土壤系统的再分配，如氮、磷、碳在土壤中的分布。土壤变化的方向和程度都会不同程度上受到土地利用方式和管理措施的影响，合理的土地利用可以改善土壤结构，增强土壤对外界环境变化的抵抗力；而不合理的土地利用则会增加土壤侵蚀，导致水土流失、沙漠化、土壤养分含量降低、土壤理化性质的改变和土壤结构的劣变等。

根据 2021 年联合国粮农组织发布的《世界粮食和农业领域土地及水资源状况：系统濒临极限》报告，世界农业用地约 47.5 亿 hm^2 用于作物耕种和畜牧生产，超过 15 亿 hm^2 是用于耕种作物的临时性和永久性耕地，永久性草地及牧场接近 33 亿 hm^2。土地资源的开发利用为人类社会的生产发展提供了坚实的保障，然而随着农业逐步集约化，土地资源开发利用过程中的退化问题越发严重，严重影响全球土壤生态安全。例如，从全球范围看，有 56.86 亿 hm^2 土地的生物物理状况正在退化，其中 16.6 亿 hm^2（29%）属于人为造成的土地退化；其余 40.26 亿 hm^2 属于自然退化或受人类活动影响的，其中约 6.56 亿 hm^2（占全球总退化土地的 12%）面临中度压力，这些地区多数也可能受到人为造成的土地退化影响。这也就意味着全球退化土地总量中约 41%属于人为造成的土地退化，表明人类开发利用活动对土地资源的破坏逐步加深。又如，我国黄土高原地区在秦汉时期森林覆盖率大于 40%，随着人口的增加和大面积的毁林开荒，到明末清初时已降为 14%，到 1949 年仅剩下 6%（郭旭东等，1999）。毁林造田导致了黄土高原土壤贫瘠、水土流失加剧。

（三）造成水量变化，导致水质下降

土地利用/覆被变化对水资源的影响主要表现在水量和水质两个方面。土地利用中农业用水对水资源的影响最为突出，全球总耗水量中农业用水量占 85%。农业灌溉引水和分流会直接影响流域的淡水供应和空间分配，灌溉农业和城市用地的扩张使用水量迅速增加，导致河流水量锐减，甚至断流、干涸。例如，1972~1999 年期间，黄河下游断流频繁且断流时间增长，就与中游地区的过度引水有关。不当的土地利用方式还会造成面源污染，导致水质下降，例如，土地开垦产生水土流失，继而引起泥沙、土壤养分和农用化学品流失到地下水和河流中。此外，土地利用变化还会影响水循环，改变地表植被的截留量、土壤水分的入渗能力和地表蒸发等，扰乱地表水的平衡和降水在蒸散、地表和地下径流间的分配，进而影响流域的水文情势和产汇流机制。城市面积扩张使大量的不透水面取代地表自然景观，改变了地面径流的时空模式和水量平衡状况，使水分转化的

界面过程发生变化，径流系数增大，使雨洪过程线更加尖陡，洪峰流量频次增加，而雨洪不易蓄积，地下水补给减少（李丽娟等，2007）。

（四）改变生态系统结构和组成，影响生态系统功能

随着社会的进步和城市化的发展，土地资源的有限性和需求的无限增长性已成为人类面临的不可调和的人地矛盾。土地利用/覆被变化给人类带来社会经济效益的同时，生态问题也日益突出，它不仅改变了地表生态系统组成结构，还影响着生态系统的功能，威胁着土地资源的生态安全。人类对土地资源的开发利用导致地表植被以及生物群落发生变化，这些覆被类型及其组合又因各系统的结构与功能的复杂性表现出不同的生态环境效应。例如，城市化和工业化的快速发展大量占用土地，致使林地、草地等数量不断锐减，耕地质量不断恶化，建设用地面积不断扩大等，直接影响了陆地生态系统的结构和组分，导致生物栖息环境变化（蒋文志等，2010）；过度使用化肥农药和不合理的灌溉方式也渐渐地影响到耕地的质量，出现土壤污染、土壤盐渍化等生态环境问题，使土壤肥力下降，土壤生物群落结构破坏，使生态系统的功能发生变化，进而扰乱生态系统稳定性。

二、水资源开发利用的生态环境效应

水资源是生命赖以生存和发展的物质基础，是人类社会生产、发展和生态环境改善不可替代的极为宝贵的自然资源。正是由于水资源具有的多维属性和功能，人类出于自身安全保障、经济社会发展、人居环境改善等方面的需求，对水资源进行了多种形式的开发利用，给人类社会带来巨大的经济效益和社会效益（彭补拙等，2008）。但是由于人类对水资源的不合理开发利用，水资源及其所依赖的生态环境系统面临着多重威胁。

近几十年来，随着工业化和城市化的不断发展，水资源开发利用强度越来越高，水利工程规模不断扩大，生态环境效应也发生着深刻的改变。人类活动对水资源开发利用的生态环境影响主要表现在 2 个方面：一是修筑库坝、河湖引水、机井开采以及跨流域引调水等水利工程建设带来的直接影响（宋晓猛等，2013）；二是人口增长、工农业和城市用水、排放及城市化等造成的下垫面条件改变所产生的间接影响（刘启宁等，2020）。水资源的开发利用可为生态环境修复以及社会经济发展提供便利，例如，水资源的开发增大了社会能源的供应，水利工程设施的建设能有效地减少洪涝灾害，维持自然界生态平衡，提高农业灌溉水平，改善河流通航能力，解决城乡供水和水资源时空分配不均的问题，促进经济社会和生态环境的可持续发展。另外，水资源不合理的开发利用也会对生态环境产生负面影响。

（一）河流径流量减少，水资源短缺

地球上水的总储量约 13.86 亿 km^3，淡水资源仅占地球总水量的 2.5%左右，而可被人类利用的淡水资源只占淡水总储量的 0.34%，主要分布在湖泊、河流、水库和浅层地下水，并且水资源的分布存在严重的区域差异，约占世界人口总数 40%的 100 个国家和

地区存在缺水现象。由于水资源的短缺，人类不断地开发利用水资源。过度开发有限的水资源导致了一系列的环境问题。例如，水利水电工程会造成当地的水文状况改变，打破河势结构、水资源分布等平衡状态（李波，2020）。水资源的大量开发利用会直接导致河流下游的径流量明显减少甚至断流，一些终端湖泊消失。

2017 年，水利部对我国各大流域水资源量、用水量及利用率进行统计（表 6.2），数据表明：长江、珠江、西南诸河、东南诸河等南方各流域水资源总量丰富，以黄河、淮河、西北诸河为代表的北方各流域水资源相对稀缺，利用率远远超过南方地区，黄河流域水资源利用率达到了 94%，表明我国北方地区水资源短缺问题极为严重。王国庆等（2020）对我国长江流域、黄河流域、淮河流域、海河流域、松辽流域、珠江及闽江流域这六大流域 1956～2018 年的年际径流量的变化特征进行研究，结果表明，在研究期内我国六大流域的实测径流量均呈下降趋势，相比较而言，北方主要江河受人类活动影响大，实测年径流量存在较为明显的突变性，其中海河、黄河、辽河、松花江实测径流量下降明显。

表 6.2　2017 年我国各大流域水资源量、用水量及利用率

流域	水资源量/亿 m^3	用水量/亿 m^3	利用率/%
松花江	1848	501	34
辽河	490	197	40
黄河	388	363	94
海河	602	390	65
淮河	1010	620	61
长江	11947	2039	17
东南诸河	3113	312	10
珠江	5929	838	14
西南诸河	5884	102	2
西北诸河	1620	677	42

数据来源：中华人民共和国水利部，2017。

（二）地下水严重超采，水资源供需矛盾突出

随着人口增长和经济不断发展，地表水日渐缺乏，地下水成了工业、生活用水的主要供水源。我国尤其是北方地区对水资源的需求逐渐增大，导致地下水开采量持续增加，部分地区地下水超采形势严峻。地下水可以维持地下压力的平衡，超采则会导致地下压力的失衡，引发泉水断流、海水入侵、地面塌陷、地下水降落漏斗的形成等。

目前，北方地区地下水资源过度开采造成的生态环境问题尤为突出，已经成为社会经济发展和人民生活水平提高的重要限制因素。据统计，截至 2021 年底，沿海部分城市有海水倒灌现象，全国有 30 多座城市不同程度地出现地面沉降、塌陷、裂缝等地面破坏现象，天津、北京、西安等城市地面沉降较严重（粟晓玲等，2022）。以松辽流域为例，松辽流域地下水可开采资源量为 365.7 亿 m^3，近 20 年来，地下水开采程度在 68.97%～

88.11%，已经逼近地下水可开采量，地下水开发利用率处于较高水平（郭晓东等，2021）。由于地下水开采量增加以及降水量减少等，松辽流域多处地区地下水位持续下降，局部形成地下水降落漏斗，地面大面积沉降（周浩等，2011），造成土壤沙化、海水入侵等问题（表6.3）。

表6.3　松辽流域地下水下降区特征一览（郭晓东等，2021）

下降区名称	下降原因	生态影响	水位下降≥10m的面积/km²	水位下降≥5m的面积/km²	水位升降/m	盈亏量/10³m³	水位埋深/m
建三江垦区	水稻灌溉	目前无	3400	11660	−12	−150	17～18
绥棱—庆安	水稻种植	目前无	481	1062	−20	−2.65	26.82
白城	水稻种植/城市生活	枯水期水量不足	6	437	−5	−4.37	17.54
榆树	水稻种植/城市生活	目前无	624	1093	−15	−5.46	31.14
通榆—乾安	农业种植	土地沙化	50	1956	−7.5	−9.78	24
通辽	城市生活/农田灌溉	土地沙化	—	1911	−5	−19	17.72
盘锦	城市生活/油田开发	持续下降	1252	—	−20	−6.26	65
凌海	水田灌溉/城市生活	海水入侵	—	232	−5	−1.16	15

（三）水污染日益加剧，水质恶化

由于水资源开发利用强度增大，水体的自净能力减弱，而且随着工农业的不断发展，现代工业废水排放不断增加，城市生活垃圾、农村生活污水和禽畜粪便、农业过程中消耗的农药及化肥等污染物越来越多，且多数废水或污水不经净化直接排入自然水体。这些污染物以不同方式进入地表水中或渗入地下水中，会严重污染水体，并通过水循环不断扩散，将对生态环境造成极大的威胁。此外，部分水利工程基础设施的建设会消耗能源和资源，产生固体废弃物污染和水污染。

近20年来，中国水污染事件主要发生在珠三角、长三角、长江与黄河中下游地区，并在空间上形成“一核多带”的分布特征，东北和西南是其主要移动方向，并有向中西部扩张的态势（夏军等，2011）。我国水污染从局部河段到区域和流域，从地表水到地下水，从单一污染到复合型污染，扩展速度加快，水污染和水环境破坏程度加重，危及水资源的可持续利用，已经成为当前我国水危机中最严重、最紧迫的问题（耿雅妮等，2022）。根据《第二次全国污染源普查公报》，2017年底，全国各类污染源数量是358.32万个（不含移动源），包括工业源247.74万个，生活源63.95万个，畜禽规模养殖场37.88万个，集中式污染治理设施8.4万个，各类污染源数量巨大，含有氮、磷、钾、汞、砷、铬、铅等化学物质和放射性物质，多数不经过净化直接排入水体。

（四）植被退化，物种多样性减少

过度开采地下水使得水位下降，导致土壤水分失去地下水的补给，对植被生长不利。地下水位下降引发的海水入侵会造成土壤盐碱化，耕地失去种植价值，沿海防护林被盐生植物取代，导致植被退化、生物多样性减少和群落逆向演替（孙亚，2021）。水利工程建设阻碍了水生鱼类的迁移路线，占据水生生物和陆地生物的生存空间，影响了它们生存和的繁衍，造成物种数量减少。

例如，我国东北和华北部分地区如白城、盘锦、邢台南宫、沧州等地，因地下水过度开采出现旱季时水量不足、生态质量持续下降等问题，严重破坏地表植被和农作物生长。又如，我国南水北调等水利工程修建和使用后，对水生生物种类和数量产生了较大的影响。我国汉江地区多数鱼类产卵要求水温不低于 18℃，以 5 月产卵最为集中，但南水北调工程中线调水后会使鱼类越冬场所和肥育场所面积减少、水温降低，导致不适合鱼类生存的因素增加，影响鱼类产卵。已有研究表明，丹江口水库一期蓄水至水位后，由于下泄水是“下水头”（即未受太阳直接照射的水库中层水），中下游水温平均下降 4～6℃，鱼类产卵期被迫推后 20 余天。这使得有些鱼类无法产卵，导致水体中鱼类资源减少，水体生物多样性急剧变化，威胁水生生物的生态环境安全（李柏山，2013）。

三、矿产资源开发利用的生态环境效应

矿产资源是指赋存于地下或地表的，由地质作用形成的呈固态、液态或气态的具有现实或潜在经济价值的天然富集物。矿产资源是重要的自然资源，是社会生产发展的重要物质基础，属于非可再生资源。矿产资源的开采为国民经济发展、社会进步和人民生活的改善提供了重要的经济来源、生产和生活资料，借助现代矿山设备与技术，众多的矿山企业成倍地扩大生产规模，加剧了生态环境的恶化（姜杰，2012）。

矿产资源的可持续利用是社会经济可持续发展的重要组成和前提条件。矿产资源的自然禀赋性质决定了其与生态环境紧密相关。相比其他资源，矿产资源对生态环境造成的污染范围更宽广，影响时间更加漫长，且更加难以治理。矿产资源开发对生态环境的影响，主要是由矿石的开采、加工、储运过程造成的。矿产资源开发会引起包括水土流失、植被破坏、土地沙化、土地盐碱化及生物多样性降低等在内的一系列生态环境问题。

（一）破坏地表景观

矿产资源在开采过程中对环境最直接的影响就是会造成环境的破坏。采矿活动包括露天开采和地下开采两种，露天开采以剥离挖损土地为主，会直接破坏地表的植被和景观。矿山开采前一般多为森林、草地等自然植被覆盖的山体，开采后砍伐森林，毁坏土地，破坏山体，会严重破坏地表景观。此外，大规模的矿产采掘产生的废弃物、矿产的露天采掘、采空塌陷等也会损毁大量的土地。特别是在采矿结束后，一些地方不对矿区废弃地进行回填复垦及恢复植被工作，破坏了矿产及周围地区的自然环境，并且造成土地资源的浪费。

我国矿产资源储量比较丰富（表 6.4），矿种比较齐全，配套比较完善，钨、锡、锑、稀土、钛、膨润土、萤石、钼、锶等矿产储量非常丰富，铅、锌、镁、石墨等矿产储量位居世界前列。据统计，我国 95%以上的能源、80%以上的工业原料、70%以上的农业生产资料都来自矿产资源，矿山开采已成为我国生产活动与经济增长的重要手段（彭建等，2005）。

表 6.4　2020～2021 年全球和中国主要矿产储量

矿产	单位	全球		中国		中国储量全球排名
		2020 年	2021 年	2020 年	2021 年	
煤炭	亿 t	10741	10741	1432	1432	4
石油	亿 t	2444	2444	35.4	35.4	13
天然气	万亿 m^3	188	188	8.8	8.4	6
铁	亿 t，矿石	1800	1800	200	200	4
锰	亿 t，金属	13	15	0.54	0.54	6
铬	亿 t，矿石	5.7	5.7	0.06	0.06	—
钒	万 t，金属	2200	2400	950	950	1
钛	亿 t，TiO_2	7	7	2.3	2.3	1
铜	亿 t，金属	8.7	8.8	0.26	0.26	8
铝土矿	亿 t，矿石	300	320	10	10	7
铅	万 t，金属	8800	9000	1800	1800	2
锌	亿 t，金属	2.5	2.5	0.44	0.44	2
镁	亿 t，MgO	76	72	10	10	2
镍	万 t，金属	9400	>9500	280	280	7
钴	万 t，金属	710	760	8	8	9
钨	万 t，金属	340	370	190	190	1
锡	万 t，金属	430	490	110	110	1
钼	万 t，金属	1800	1600	830	830	1
锑	万 t，金属	190	>200	48	48	1
金	万 t，金属	5.3	5.4	0.2	0.2	8
银	万 t，金属	50	53	4.1	4.1	5
铂族	万 t，金属	6.9	7	1.3	1.3	—
稀土	亿 t，REO	1.2	1.2	0.44	0.44	1
锂	万 t，金属	2100	2200	150	150	4
锶	万 t，金属	>680	>680	—	—	—
锆	万 t，ZrO_2	6400	7000	50	50	4
石墨	亿 t	3.2	3.2	0.73	0.73	2
磷	亿 t，矿石	710	710	32	32	2
钾盐	亿 t，K_2O	>37	>35	3.5	3.5	—
重晶石	亿 t	3.9	3.89	0.36	0.36	5
菱镁矿	亿 t，MgO	76	72	10	10	2
萤石	亿 t，CaF_2	3.2	3.2	0.42	0.42	2
硼	亿 t，B_2O_3	12.03	13.43	0.24	0.24	4

资料来源：U.S. Geological Survey（非能源矿产），British Petroleum（能源矿产），2022，有改动。

美国地质调查局数据显示，截止到2021年底，中国有36种矿产消费量居世界第一位，2种矿产消费量居世界第二位，6种矿产消费量居世界第3～5位，这表明我国是一个矿产资源消费大国，但由于我国人口众多，人均占有量并不多，部分矿产资源依赖于进口。另外，我国资源禀赋差，难以开采和难选矿床多，矿山总量超2万座，但现代化大型矿山占比仅5%左右，80%左右是生产效率低、装备落后的中小型矿山，目前总体仍处在“粗放型”开发模式（林卫星等，2022）。粗放的矿产资源开发模式导致矿区周围地表植被破坏等问题频发。

内蒙古锡林浩特市2005～2015年草地和水域面积的减少较前10年更为迅速。煤的开采需要抽排矿井中的水，使地下水位下降，水流量减少，水域景观面积减少。煤矿、萤石矿和锡等的开采破坏草地，导致当地草地景观面积减少，使得草地斑块数、破碎度等均明显增加（张晓德，2018）。

（二）诱发水文地质灾害

矿产资源的开采还会改变工程地质、水文地质条件，诱发水文地质灾害。地下采空、地面及边坡开挖影响了山体斜坡的稳定，往往导致地面塌陷、开裂、崩塌和滑坡等频繁发生，而矿山排放的废渣堆积在山坡或沟谷，废石与泥土混合堆放，在暴雨下也极易诱发泥石流。矿区塌陷、裂缝以及矿井疏干排水等也会使水文的自然平衡被破坏，一方面会导致地表径流的变化，使水源枯竭，水利设施丧失原有功能，形成水淹地和季节性水淹地，直接影响农作物耕种；另一方面会改变地下水的水文条件，造成地下水系的枯竭或转移，使地下水沿裂隙不断涌入矿井并形成矿井水排出地面，导致地下水位下降、井泉干涸、形成大面积的疏干漏斗。自20世纪50代以来，随着经济的快速发展，我国地下采矿活动迅速增加，由于有三分之一的煤矿及其他矿种埋藏于山区，经常发生体积为几万立方米到几千万立方米不等的山体崩滑灾害。我国已成为地下采矿活动触发崩滑灾害事故最严重的国家之一（何万龙，2003）。

（三）污染环境

矿产资源开发中产生的废水、废气、废渣以及矿产开采过程中矿物的泄漏还会造成大气、水体以及土壤的污染。露天采矿产生的危害更大，穿孔、爆破、岩石破碎、装载、运输产生的扬尘，在采矿、炼焦过程中释放的烟尘、SO_2、粉尘和有机、有毒、有害及酸性气体在风力的作用下排入大气中，造成严重的空气污染，使大气圈受到影响，极易引发酸雨、雾霾等大气环境问题。由于雨水的淋滤，露天矿、尾矿、矸石等所含的有害成分溶解于水中，一些金属矿藏含有汞、镉、铅、砷、铬等重金属元素，有的还含有氰化物、挥发酚等有害物质，会污染地表水、地下水、农田，造成土壤的酸碱污染、有机毒物污染以及重金属污染等，严重影响矿区生物的生存繁衍与居民的生产和生活（徐朝亮，2019）。

截至2020年末，我国已发现矿产173种，其中，能源矿产13种，金属矿产59种，非金属矿产95种，水气矿产6种，是世界上矿产资源种类齐全、资源储量丰富的少数国家之一（余星涤等，2021）。以煤炭资源为例，煤炭资源的开发利用推动了我国经济的迅速发展，然而，大规模的煤炭开采利用也带来了严重的生态环境问题。煤炭燃烧排放大量的温室气体、酸性气体和烟尘，改变了大气主要成分，矿区往往出现酸性和高温环境，危及地面覆被，造成森林、草场、农作物大面积的死亡，并威胁人类和其他生物的生存。湖南省有色金属种类和含量丰富，在我国有“有色金属之乡”的美誉。在对常宁市境内一大型锡矿区的重金属研究中发现，土壤中铜、铅、锌、铬、镉、砷和汞含量均值分别为湖南省土壤背景值的12.26、35.27、11.84、1.66、218.52、115.31和2.11倍，严重影响农作物生长和种植，其中砷和铅元素为成年人和儿童致癌的高风险元素，重金属富集区均位于矿区附近、尾矿库与冶炼区，研究表明当地矿业活动是造成重金属累积及影响当地环境和居民健康的主要来源（李剑锋和冯李霄，2023）。

（四）危害生物，破坏生态系统稳定

大规模的露天开采和地下开采，以及产生的固体废弃物造成矿区及其周围的地质构造、地貌景观、地表植被和其他自然环境的影响和破坏，引起土壤、水、大气及生物等环境要素的变化，进而导致生态系统的结构和功能发生变化，干扰生态系统的稳定。

例如，矿产开采产生的污染首先会对水生生物产生一定的影响。水生生物早期发育阶段的胚胎期或仔鱼期对重金属污染特别敏感，而有机毒物污染物、重金属污染物等一旦进入水生生物体内，可以通过干扰生殖内分泌系统，也可以通过细胞毒性或改变配子发育过程中的激素环境，导致水生生物胚胎发育受阻、孵化率下降、孵化过程延长、发育畸形等（万羽岳等，2021）。矿产资源开采产生的污染物也会对土壤微生物产生一定的影响。矿产资源的开采使矿区土壤生态系统处于不利于有益微生物繁殖和活动的境地，从而大大减弱了土壤中碳、氮营养元素的循环速率和能量流动。由于矿产资源开采会产生重金属污染问题，参与土壤中碳、氮转化的氨化细菌、硝化细菌的数量明显减少，固氮菌数也减少，土壤中微生物群落结构遭到破坏（秦建桥等，2012），进而导致微生物（包括菌类）的种类和数量减少。此外，重金属还会对植物的理化性质产生一定的影响，例如，光合作用减弱，水分和养分利用率下降，酶活性下降，会使植物的正常生长受到严重的影响，造成产量下降，甚至造成全株的死亡。镉和铅的特点是不分解也不流失，而是长期残留在土壤中，因此很容易被生长在其上的农作物吸收。动物直接或间接地以受污染的植物和动物为食，使物质和能量沿着食物链和食物网在生态系统的各营养级中流动，有毒物质会通过食物链不断积累，营养级别越高的生物，体内积累的有毒物质就越多，最终危害人类安全。

四、生物资源开发利用的生态环境效应

生物资源是自然资源的有机组成部分，是指生物圈中对人类具有一定经济价值的动物、植物、微生物有机体以及由它们所组成的生物群落。生物资源包括动物资源、植物资源和微生物资源三大类，其中，动物资源包括陆栖野生动物资源、内陆渔业资源、海洋动物资源；植物资源包括森林资源、草地资源、野生植物资源和海洋植物资源；微生物资源包括细菌资源、真菌资源等，对人类具有一定的现实和潜在价值，是地球上生物

多样性的物质体现。自工业革命以来，人类对生物资源的开发达到了前所未有的程度，农业开垦、工业砍伐、城市扩张、基础设施建设、生物医学研究、沿海资源开发以及矿产资源开发等导致生物资源的种类、数量和生存环境发生巨大变化，直接或间接影响到地球的生态平衡，同时也不可避免地引发了一系列生态环境效应。

生物资源的合理开发利用是区域经济可持续发展不可或缺的条件之一，直接影响地区的经济发展潜力，是国家和区域发展的重要战略资源。生物与环境之间在漫长的自然演化与自组织进程中形成了有序稳定的自然法则。随着经济社会的持续发展，人类对生物资源的不合理的开发和利用使生物赖以生存的自然法则被不断改变，严重影响到人类社会的可持续发展，如何协调生物与环境的相互关系，解决生物资源变化引发的生态环境效应显得十分必要。

（一）改变全球大气组分，影响环境质量

森林、草地、灌木等植被可以吸收空气中的 CO_2 和 SO_2 等气体，缓解温室效应，阻止酸雨的形成，净化空气和美化环境。就全球来说，森林绿地每年为人类处理近千亿吨 CO_2，提供 60%的洁净氧气，其制造氧气的能力比草地、农田中的植物高数倍到数十倍，对维持大气中的碳氧平衡具有重要的作用。据测定，$1m^2$ 的云杉每天可吸滞粉尘 8.14g，松林吸滞粉尘量为 9.86g；$1hm^2$ 的山毛榉树林 1 年之内吸附的粉尘就有 68t 之多（刘珉和吴志祥，2012）。而不合理地开发利用森林资源、草地资源等植物资源，如过度砍伐、毁林开荒、乱砍滥伐等造成资源减少，会影响大气中碳循环、硫循环，造成温室气体增多，还会影响大气组分和含量，导致大气中气溶胶粒子增多，影响全球大气环境质量。

全球变暖是当前人类面临的重大环境问题之一，而森林资源作为二氧化碳的吸收源，对缓解变暖问题有重要的作用。森林植物利用光合作用吸收二氧化碳、释放氧气，把大气中的二氧化碳以生物量的形式固定在植被和土壤中，清除大气中的二氧化碳，进而减少温室气体的含量，缓解大气变暖趋势。根据《2022 年中国国土绿化状况公报》，截止到 2021 年底，我国森林面积为 2.31 亿 hm^2，森林覆盖率达 24.02%，森林蓄积量达 194.93 亿，相比第九次全国森林资源清查（2014～2018 年）结果，我国森林面积和蓄积量连续 30 年持续实现“双增长”。2021 年，《国务院办公厅关于科学绿化的指导意见》提出坚持以保护优先、自然恢复为主，人工修复与自然恢复相结合的科学绿化方式，要充分利用坡地、荒地、废弃矿山等国土空间开展绿化，努力增加森林等植被资源总量，提高森林资源的质量，意见指出：到 2030 年中国森林蓄积量将比 2005 年增加 60 亿 m^3，这是我国为实现“双碳”目标和应对气候变化做出的庄严承诺。从造林、护林到开发再利用并充分发挥森林资源的生态功能，需要经历漫长的等待时间，但其所产出的生态环境效益是全社会共享的，同时也是各国社会经济可持续发展的保障。

（二）改变水量和水质，影响全球水循环

森林、草地等植物资源的蒸发和蒸腾作用是陆地水循环的重要组成部分，影响生态系统的结构、功能及分布格局，影响着水因子动态过程中的分配、传输和转换机制。大量砍伐林木、开荒、过度放牧、采挖野生植物和药草、破坏土壤微生物组分等都会影响

植被截留、蒸散发、地表径流、下渗与渗透过程，引起地表水减少，地表水汽蒸发和蒸腾作用减弱，使得部分区域降水减少，影响全球水循环，极易诱发旱涝灾害，还会改变地表反射率，影响全球地表辐射平衡和水量平衡。植被对水质的作用主要是大部分叶片能淋出营养元素，同时叶片上淋失的弱碱离子与降水中的酸性离子中和，也能对酸雨起到很强的调控作用（刘逸菲等，2021）。生物资源，尤其是植物资源的破坏会影响枯枝落叶分解，影响有机物和养分元素归还、吸收和固定过程，影响水质净化作用（陈婷等，2016）。

地球表层的圈层相互联系、相互作用、相互渗透，人类活动造成生物资源的减少必将会引起其他圈层的变化，影响物质的迁移和循环以及能量的传输和转化。我国西部地区的植被破坏，导致中部和东部地区发生洪水灾害。“西伐东洪”是由我国的气候和地理形势决定的，因为中国西部地势高，处于大江大河的中上游地区，植被遭到采伐破坏以后，地表蓄水力下降，“减洪增枯”的能力降低，当雨季来临时，迅速生成洪峰进而引起中下游地区的洪水。同时，植被的破坏加剧了水土流失，大雨过后，泥沙随雨水注入河床并造成淤积，使河床、湖底抬高，河床、湖泊的容积变小，即使水量不大也会造成决堤危害（樊宝敏等，2003）。

（三）造成土壤侵蚀，导致土地退化

植被大规模破坏导致地表无固土植被，动物失去赖以生存的环境，土壤有机物质大量流失，土壤微生物减少，破坏土壤质地，同时地表水分蒸发加快，影响地表反照率、树冠的截流等，影响水循环和大气循环，最终导致水土流失、沙尘暴等生态环境问题，从而降低了生态系统服务功能价值（朱源和康幕谊，2010）。阔叶林、针阔混交林、针叶林等天然林的土壤抗侵蚀能力最强，而不合理的破坏和砍伐会使地表裸露，增加表层土壤的分散率，降低土壤团聚度，降低地表粗糙度并减少蓄水量，容易形成水蚀和荒漠化，增大土壤流失量。植被根系的减少会增加边坡重力侵蚀的形成，加大边坡不稳定性，导致土体下滑（赖仕嶂等，2001）。植被面积的减少也会减少枯枝落叶层的厚度和面积，影响落叶腐烂分解之后将大量的营养物质（如氮、磷、钾等）归还土壤的过程，造成土壤养分缺乏，影响土壤肥力。我国南方山地丘陵区水热条件优越，森林类型多样，植被结构复杂，是我国“两屏三带”的重要组成部分和全国水土保持分区中八大重点区域之一，该区域是我国经济活动最活跃的地区，人为干扰强烈，加上地形复杂、气候多变，植被破坏严重，导致水土流失问题突出，严重影响长江经济带高质量发展和国家生态文明建设（欧阳帅等，2021）。

（四）破坏生境，影响生物多样性

过度开发利用生物资源，对生物多样性产生严重的不利影响。根据岛屿生态学中的物种-面积理论，森林、草地等资源开发利用导致其面积、数量等减少会降低物种多样性。首先，当动植物和微生物生存的原始生境变为人工环境时，植物的多样性通常会减少，进而导致动物多样性的减少；其次，生境破碎程度的增加可能会减少物种迁入，限制动物，尤其是处于食物链顶端的大型食肉动物的生存空间，进而影响生物的多样性；最后，

对动物资源的过度开发利用会干扰生物间的竞争、捕食、合作、共生关系，一旦超出生态系统的自我调节能力，就会导致物种的数量减少，甚至物种灭绝。此外，生物资源数量和种类的变化还会使资源中蕴藏的巨大的物质循环和能量流动失去平衡，破坏生态系统的结构和功能，进而影响整个陆地生态系统和海洋生态系统的运行。

虽然我国已经从生态环境保护的角度禁止大面积林木砍伐与草地、湿地破坏，并且通过设立野生动植物自然保护区等方式保护生物赖以生存的生态环境，但是并未从保护生物多样性的角度合理规划，这也是影响生物多样性的重要因素之一。据统计，我国陆地生态系统有 27 大类 460 类，其中森林生态系统有 16 大类 185 类，占总类的 40%以上，与草原生态系统、湿地生态系统、农田生态系统等相比是结构最复杂的陆地生态系统，植物物种的多样性为动物物种的多样性提供了基础。中国科学院生物多样性委员会发布的《中国生物物种名录（2023 版）》中，收录我国物种及种下单元 14.8 万多个，动物占 6.9 万余种，昆虫及其他无脊椎动物 5 万余种；植物占 4.7 万余种，仅维管植物就达 3.8 万余种。生态环境部和中国科学院联合发布的《中国生物多样性红色名录——高等植物卷（2020）》中，受威胁的高等植物在我国达 4088 种，脊椎动物受威胁物种共 1050 种。联合国《濒危野生动植物种国际贸易公约》列出的 740 种世界性濒危物种中，我国物种数量占 1/4。新疆虎（*Panthera tigris lecoqi*）、普氏野马（*Equus ferus*）、赛加羚羊（*Saiga tatarica*）、直隶猕猴、豚鹿（*Axis porcinus*）、小齿灵猫（*Arctogalidia trivirgata*）、镰翅鸡（*Dendragapus falcipennis*）等 10 种动物已于 20 世纪灭绝，一些野生生物正走向濒危甚至灭绝的危险，还有部分生物物种通过各种途径流失海外。据统计，全球平均每 4 天有 1 种动物绝迹，因此，加快生物资源的保护刻不容缓。

五、海洋资源开发利用的生态环境效应

海洋是地球生命的发源地，其表面积占地球表面总面积的 70.8%，蕴藏着数量庞大、种类繁多的海洋资源。海洋资源是重要的自然资源之一，指的是与海水水体及海底、海面本身有着直接关系的物质和能量。海洋资源包括海水中生存的生物，溶解于海水中的化学元素，海水波浪、潮汐及海流所产生的能量、储存的热量，滨海、大陆架及深海海底所蕴藏的矿产资源，以及海水所形成的压力差、浓度差等。按照资源的性质、特点和存在形态，可将海洋资源划分为海洋生物资源（包括渔业资源、海洋药物资源、珍稀物种资源等）、海洋矿产资源（包括石油和天然气资源、金属矿产资源等）、海水化学资源（盐业资源、水资源等）、海洋空间资源（包括土地资源、港口资源等）、海洋旅游资源（包括海洋自然景观资源、娱乐与运动旅游资源、海洋自然保护区、历史遗迹等）、海洋能源（包括潮汐能资源、波浪能资源、海上风能资源等）等几大类（王开运，2007）。

随着经济社会的发展，人们对海洋资源的需求及依赖更为强烈，各类海洋经济产业逐渐成为区域经济发展的重要驱动力，海洋资源在促进社会经济发展中发挥着不可替代的重要作用。但是不同于陆地资源，海洋资源在很大程度上具有流动易变的特点，海洋中的各种资源往往会随着洋流的运动而四处流动，因此，在开发利用过程中往往会产生一些连带作用，影响到其周边其他海域的正常运作和经济发展，甚至会影响到其临近陆

地的生态及资源环境，对海陆全局的协调发展造成长期深远的影响（贾如，2015）。

（一）海洋资源破坏和浪费严重

不同地区海洋资源开发利用技术不一，缺少成熟的开发利用方法和完善的监管体制，导致近海海洋资源开发利用水平低，造成资源的破坏和严重浪费。主要表现在以下几个方面：首先是海洋生态系统退化，生物资源有所衰退。例如，长期高强度的捕捞开发、水体污染和围填海活动使近海鱼虾种群量不断减少、渔业资源严重衰退、渔获低值化问题凸显，需要加快转型升级。其次是用海矛盾问题持续存在，海洋空间资源趋紧。例如，在一些海洋产业聚集区，特别是大城市岸线附近，各产业竞争性、粗放性地抢占和使用岸线，生产、生活与生态空间缺乏协调，造成港城矛盾凸显、亲水空间缺乏、生态空间受损等一系列问题。再如，油气资源开采区与现行海洋功能区划功能重叠、油气开发与海洋生态红线交织重叠等问题，增加了海洋生态环境保护的潜在风险。最后是海洋产业布局趋同，岸线、港口等优势资源的开发利用效率低。例如，沿海港口布局密度大，同质化竞争问题尚存，资源浪费问题仍未完全解决。

就目前而言，我国海洋资源的开发正处于快速发展的阶段，从最先的油气资源开采到逐渐加大对其他海洋资源的开发和利用。在深海域中，深海石油资源是珍贵的矿产资源，目前我国已经勘测出200多亿吨的深海石油。在浅海域中，存在极其丰富的金属资源和非金属资源，如煤、锌、铜、铬等，可广泛应用于工业生产（崔晓菁，2019）。但是和其他一些发达国家相比，我国海洋科技创新引领和支撑能力不足，海洋资源开发的速度受开采技术水平的限制，且资源的利用率较低，容易造成浪费，在全球海洋经济发展过程中处于劣势地位。例如，我国海水淡化的核心技术尚待提高，反渗透膜、高压泵等核心组件的研发需要进一步突破，万吨级海水淡化工程尚需国外技术支持，海水循环冷却的强制标准和海水冷却化学品环境安全评价体系尚需完善。

（二）海洋环境污染严重

资源的勘探、开采和储藏运输过程中不可避免地会产生严重的污染。在海洋资源，尤其是海洋矿产资源勘探过程中，由于资源开采技术复杂、施工类型多样，开采设备和平台施工现场也会产生各类污染，包括废气、废水、废渣、噪声及放射性污染等。例如，柴油机排放的废气、烟尘等扩散到其他海域和地区，造成海面大气污染；施工后柴油机冷却水、废弃的泥浆、洗井液及平台生活产生的污水直接排放，影响海水环境质量；酸化过程中化学试剂的使用也可造成污染，酸化液会直接破坏水体环境，也可能通过化学反应释放有毒气体，污染大气；开采的岩屑、废弃的钻井液及钻井污水处理后会产生大量污泥，以及汞、铅、砷等重金属污染物和其他污染物，直接污染海洋环境；资源开采时机器爆破及各种设备的运作过程也会产生噪声，形成范围广大的噪声污染；伽马源、中子源和放射性同位素等的运用会产生放射性污染（刘慧，2018）。在储藏运输过程中，海洋资源的开采也会产生各类海洋环境污染。以油气资源为例，油气资源开采后主要通过海上储油池、储油罐、海底油气输送管线等进行存储和运输，而资源存储和运输设备的建造过程中会产生大气污染、固体污染物和噪声污染。

（三）生态环境遭到破坏，生物种类和数量锐减

海洋资源，尤其是海洋矿产资源海底作业爆破瞬间会释放光、热，形成高温高压的水下环境，同时伴随着猛烈的冲击力，导致附近海洋生物幼体和鱼卵死亡。海洋资源，尤其是矿产资源的开采会产生大量有毒化学物质、重金属、悬浮物质和污染物质，严重影响海洋生物的生长、发育、繁殖等行为。悬浮物质能降低海面的能见度，不利于浮游植物的光合作用，导致海洋生物的死亡率增加，而海面上浮游植物光合作用减少会导致地球的氧气产量降低，氧气供给不足，造成地球大气圈中的含氧量不足，严重破坏了大气圈中碳氧交换的平衡性，影响全球气候变化，导致赤潮等灾害频繁发生。资源开采和排放的污染物超过海水的自净能力，海水就会丧失或降低容纳消减污染物的能力，严重影响海洋水质，进而影响海洋生物赖以生存的环境，海洋生物种类和基因多样性受损。资源泄漏（如石油泄漏）后，油膜会附着在海鸟毛发上，堵塞鱼类的腮部和虾蟹类的口腔等，造成海洋生物和鸟类行动不便，影响其正常的呼吸、进食、繁殖和躲避天敌，严重时引发窒息或中毒死亡，最终使得海洋生物数量和种类减少。沿海开发程度的增高和海水养殖业的扩大以及垃圾倾倒等带来严重生态环境污染问题，其释放的有害化学物质和重金属被鱼类、贝类等底栖动物吸收后，在食物链和食物网中层层累积，严重影响海洋生态系统的物质循环和能量流动，受污染的有毒物质和重金属最终进入人体，危害人类身体健康。

据不完全统计，我国目前已记录海洋生物 28661 种，约占全球海洋物种数的 13%，位居世界第三位，其中列入《国家重点保护野生动物名录》的珍稀濒危海洋野生动物 116 种（廖国祥，2023）。近年来我国海洋资源开采中排放的油类物质、挥发酚、悬浮物、可溶性金属、盐类、硫化物和磷化物等呈上升趋势，成为导致我国各类海洋生物物种和濒危保护物种的数量出现不同程度锐减的重要因素之一。根据《2021 年中国海洋生态环境状况公报》，截止到 2021 年底，全国海洋油气平台生产水、钻屑的排海量分别约为 20982 万 m^3 和 10.3 万 m^3；生活污水、钻井泥浆排海量分别约为 118.7 万 m^3 和 10.8 万 m^3，分别较上年增加 28.4%和 11.2%。不同种类的污染物将会通过生态系统的流动特性破坏海洋生态环境，影响我国海洋生物正常的生存和繁殖。

六、旅游资源开发利用的生态环境效应

通常认为，旅游资源是指自然界和人类社会所有能吸引旅游者，在现实条件下能被旅游业开发利用，并可以产生经济、社会和环境效益的各种自然资源和人文资源。随着社会经济的发展，人类不再仅仅局限于基本的衣食住行，旅游资源的开发利用使人类开始追求精神上的满足。旅游资源是旅游业发展的前提，为旅游业提供物质与精神基础。但是，随着旅游业的快速发展，旅游资源开发利用相应地也会形成生态环境效应，影响到人与自然之间的和谐发展。

旅游开发的实质是在自然山水或原有风景区的基础上添加人工建筑，使之适应旅游活动开展的需要。旅游资源的开发利用对生态环境的影响有正负之分。正面效应指旅游

资源的开发对生态环境的有利影响及生态环境随之发生的对人与自然关系及生态系统平衡有益的反应。负面效应即开发旅游资源对生态环境的不利影响及生态环境随之发生的对人与自然关系及生态系统平衡有害的反应。

（一）旅游与生态文明协同发展

我国跨纬度范围广，气候和地质类型复杂多样，各类自然旅游资源丰富。同时，我国历史文化悠久，民族众多，在漫长的历史中和辽阔的国土上，形成了无比丰厚的人文旅游资源。壮丽的山岳河流，丰富多彩的民俗民风，奇特的动植物和数之不尽的名胜古迹，加之独具特色的戏曲、音乐、舞蹈和享誉世界的美食，每年都吸引着大批的国内外旅游者。作为现代服务业的重要组成部分，旅游业已经成为我国国民经济的战略性支柱产业。

旅游资源的开发利用对生态环境影响的正面效应表现为，开发利用稀有生物资源，建立水源地、湿地、脆弱区自然保护区，有助于生物多样性的保护，利于生态系统的平衡发展，促进人与自然的和谐发展。近年来我国旅游业快速发展，旅游融合的趋势明显，“旅游+农业”“旅游+工业”“旅游+装备制造”“旅游+房地产”等旅游新业态与新模式层出不穷（王明康等，2019），例如，发展红色旅游、文化遗产旅游和旅游演艺，培育休闲农业、乡村旅游、民宿经济、森林康养、互联网+旅游等特色旅游形式。旅游产业发展可以促进核心及相关产业的业态发展，带动区域形象与品牌传播、满足人民美好生活需求和文化的传承，形成区域物质文明、文化文明和社会生态文明的内在驱动力，从而更好地促进区域生态文明建设（马建章和程鲲，2008）。此外，旅游资源的开发为旅游与环境保护协调发展提供了一定的经济支撑，景区和保护区等基础设施建设在交通、排污、绿化等方面提供便利，在很大程度上促进了地区旅游资源的保护和民族文化的传播与交流（喇明清，2013）。

据 2022 年《中国统计年鉴》，我国已有 474 个国家级自然保护区，自然保护区面积达 9821.3 万 hm^2。截止到 2021 年底，我国国内游客达 32.46 亿人次，旅游消费 2.92 万亿元，人均消费 899.6 元。旅游业的迅速发展加快了人们对旅游资源的开发，但不合理或过度的开发利用旅游资源已影响到我国旅游业的可持续发展。目前，部分地区的旅游业在追求社会、经济利益的同时却忽视了生态环境问题，旅游资源的不合理开发及游客薄弱的环保意识，影响了大气、水、土壤及生物等环境要素及其生态系统的结构和功能。

（二）破坏旅游资源

随着社会经济的发展，旅游资源的开发利用也对陆地生态系统产生了方方面面的负面影响，推行低层次粗放式的旅游产品可能使珍贵的自然资源遭到破坏，生态质量进一步恶化。人类开发利用活动对自然旅游资源的破坏主要包括 2 个方面。首先是自然资源遭到旅游活动本身（如旅游建设、旅游者等）的破坏。其次是自然资源被周边区域的经济活动所污染和破坏，例如，旅游企业在开发自然资源时肆意砍伐原始森林、工程修建就地取材等都会导致当地植被破坏，水土大量流失。盲目推进旅游基地的开发与建设，开垦山林、湖泊、沼泽、温泉等旅游项目，不仅会使生态资源受到严重破坏，还会造成旅游资源的浪费（杨承玥等，2020）。在旅游活动实施过程中，大众旅游使游客承载量超负荷，加速自然旅游资源的破坏，例如，游人过量加剧了土壤的板结化，加快了古树名木的死亡速度；游客的踩踏、攀折等行为都会对自然旅游资源造成一定的损坏。交通工具是使旅游者从居住地到达风景区的载体，而交通产生的大量汽车尾气不仅污染空气，还会加速酸雨的形成，造成地区树木枯死，例如，峨眉山金顶的冷杉死亡率较高，主要是由酸雨污染造成的。此外，部分企业没有按照行业废弃物处理规定对产生的废弃物集中处理，而是任意排到企业外的旅游区域，致使当地土壤中所含的营养成分减少，土壤盐碱化、酸化等现象严重，影响当地旅游资源质量。不合理的开发或对自然旅游资源保存不当，不仅破坏了当地自然景观，而且对当地自然旅游资源造成了严重的破坏和浪费。

（三）影响动植物，破坏生物多样性

自然保护区能够展示生态系统的原貌，维护生物多样性，但随着旅游设施开发与日俱增，生态环境面临前所未有的人工化改造，如地表铺面、植被更新、外来物种引入等，这会影响当地动植物的栖息地和生存环境。在旅游活动中，游客对植物的践踏、采集，喂食动物，狩猎禽兽等行为会影响景区动植物的正常生长，甚至会对珍稀的动植物物种的生存造成威胁。景区建设和道路修建不仅使旅游资源失去原有的景观特征，还使景区土壤板结硬化，土壤渗透性降低，阻碍植物根部水气交换，减少土壤中微生物的活动空间，随之影响动植物、微生物的物质循环和能量流动（陆诤岚等，2009）。游客从事户外旅游活动时，不可避免地会对生存其中的动物，尤其是较为敏感的鸟类和哺乳动物造成干扰。例如，人类活动范围及强度会影响鸟类的惊飞、取食、能量消耗，甚至繁殖；而兽类则表现为物种数量减少、物种性别失衡、放弃原有生活环境等（马建章和程鲲，2008）。例如，在我国陕西太白山自然保护区，游客大声喧哗惊扰、乱丢乱放垃圾的行为使得大熊猫不得不由原来的活动范围上移到海拔 2400m 的区域（杨佳，2008）。

（四）污染环境

旅游活动是一种消费型的动态生活行为，在开展过程中，会直接造成环境的污染。游客乱丢饮料瓶、食品袋等垃圾的行为会直接污染旅游景区。随着旅游业的发展，景区附近的餐厅、宾馆等服务机构也相应增多，大大增加了旅游地废弃物排放量，造成固体废弃物污染；在天然开放的旅游景区内，游客的呼吸、观光车的尾气等都会直接造成景区的景观破坏或大气污染；水资源是生态旅游地的灵气所在，是旅游观赏和水上项目开展的依托，水上项目的开发、生活用水的增加也会引起水体质量下降，造成水污染，给水生生物和水体环境带来危害。此外，旅游踩踏也会造成土壤环境恶化；决策者因旅游开发战略不当、缺乏系统规划等对旅游资源进行的盲目、粗放的开发也会导致自然生态和社会环境的破坏。

第三节　自然资源开发利用的累积效应：全球变化

地球诞生于 46 亿年前，在几十亿年的地球演化史中，全球变化呈明显的渐变性。直

到 300 万年前人类出现时，全球变化的渐变性都没有明显的改变。自工业革命以来，不断加剧的人类活动大量消耗化石燃料，过度开垦森林、草地和湿地等土地资源，导致全球大气中 CO_2 等温室气体浓度持续增加，全球正经历着以气温上升和气温、降水时空变异加剧为主要特征的气候变化。随着人类对自然资源的开发和利用活动的持续进行，全球气候与环境发生了重大变化，并出现了极端天气事件频发、海平面上升、生物多样性丧失、环境退化、粮食供应不稳定、水资源短缺等现象，对人类的生存、社会经济的可持续发展构成了严重威胁。因此，自然资源开发利用对生态环境造成的负面影响进行长期累积，最终会造成全球变化。

"全球变化"（global change）一词始于 20 世纪 70 年代，首先由一些社会科学团体所使用，主要是表达国际社会、经济和政治系统的变化，尤其是国家安全的变化和生活质量的降低。20 世纪 80 年代，自然科学家借用并拓展了"全球变化"概念，表征以地球环境为中心的变化状况，包括全球大气圈、水圈、生物圈和岩石圈等的变化。目前，"全球变化"一词主要包括 2 种既相互联系又相互区别的含义：其一，系统性变化，指地球系统中一个组分或变量的变化，如全球平均海平面上升，臭氧枯竭等；其二，累积性变化，指发生于全球一些离散的、不连续地区的变化，而当其共同发生，相互联系时，则具有全球的重要性，如酸雨、森林退化和沙漠化等。自 20 世纪 80 年代开始，全球变化科学（global change science）逐步形成。全球变化科学以"地球系统"为研究对象，将大气圈、水圈、岩石圈和生物圈（包括人类自身）视为一个整体，探讨由一系列相互作用过程（包括系统各组成成分之间的相互作用，物理、化学和生物三大基本过程的相互作用以及人与地球的相互作用）联系起来的复杂非线性多重耦合系统——地球系统的运行机制（陈宜瑜等，2002）。目前，全球气候变化研究领域是一个综合体，自然科学家、社会科学家、经济学家、政治家都参与研究，其主要体现在大气化学成分变化、气候变化、生物多样性变化、土地覆被变化等方面。气候变化对自然生态系统与社会经济系统的影响广泛而又深远。系统结构、功能、分布和生态系统服务已经成为气候变化影响自然生态系统的重点；农业、林业、畜牧业和渔业等产业已经成为气候变化影响社会经济系统的重点。全球气候变化已成为国际社会、科技界和公众关注的焦点（刘燕华等，2013）。

一、大气化学成分的变化

地球大气是指地球外围的空气层，是地球自然环境的重要组成部分之一，与人类的生存息息相关。大气为地球生命的繁衍、人类的发展提供了理想的环境。它的状态和变化，时时处处影响到人类的活动与生存。

1）臭氧变化与紫外线辐射

自 20 世纪 70 年代以来，全球（无论是中、低纬度地区还是高纬度地区）臭氧（ozone，O_3）总量呈现下降趋势，科学家早在 1974 年就提出，工业排放的氯氟烃类（chlorofluorocarbons，CFCs）会破坏平流层臭氧，并于 1985 年发现了南极臭氧洞。对平流层中氯和氟的浓度变化趋势的卫星监测已证明，人类活动排放的 CFCs、氢氟碳化物（hydrofluorocarbons，HCFCs）和卤代烃是造成所观测到的平流层中损减臭氧的氯浓度比其自然背景值高出 5 倍的原因。

在臭氧强烈耗减的同时，观测到了地面 UV-B（ultraviolet B，紫外光谱中对生物最有害的部分）辐射的显著增加，南极上空的臭氧洞（1993 年出现了地球自有记录以来的最低臭氧值）使到达南极大陆的紫外线（UV）达到创纪录的水平。在南极的一个监测站上，1993 年记录到比 1992 年的水平高 44%的 UV-B。统计研究表明，从纬度 40°向极地方向，1979～1992 年的地面 UV-B 辐射量显著增加，高纬度的冬春季 UV-B 辐射增加最大。例如，在过去的 20 余年中，45°N 地区春季 UV-B 辐射每 10 年各增加了 8.6%和 5.1%；而在人口密集的 55°N 地区（如英国、北欧地区、俄罗斯），春季 UV-B 辐射增加更大，全年平均 UV-B 辐射每 10 年各增加了 6.8%和 4.3%。

平流层臭氧耗减不仅引起 UV 辐射的增加，而且对全球气候有冷却效应；相反，对流层臭氧的形成不仅污染空气，而且对气候有变暖效应。地面紫外线辐射的增加及其后果与平流层臭氧耗减相关，也受许多非化学变量的影响。

1990～2010 年北半球臭氧年平均浓度呈上升的趋势；另外，随着全球气温逐年攀升，气候变化引起的温度升高会加快了臭氧形成的二次光化学反应速率，导致臭氧前体消耗更快，从而增加地表臭氧浓度，形成“气候惩罚效应”（Lee et al.，2015）。相比而言，2015 年以来，美国 O_3 浓度总体位于 130～140μg/m^3，且呈波动下降趋势；2015～2017 年，欧盟各成员国 O_3 平均浓度基本位于 80～130μg/m^3，总体也呈波动下降趋势（姜华和常宏咪，2021）。详细数据见表 6.5。

表 6.5　2015～2020 年 O_3 年平均浓度（姜华和常宏咪，2021）　　（单位：μg/m^3）

区域	2015 年*	2016 年*	2017 年	2018 年	2019 年	2020 年**
中国京津冀及周边地区	163	160	181	182	196	180
中国汾渭平原	146	153	169	164	171	161
中国长三角地区	144	144	152	153	164	152
美国	136	136	135	138	130	—
欧盟各成员国	80～130	90～130	80～130	—	—	—

*对监测事权上收前的 2015～2016 年空气质量监测数据偏低的城市，根据直管站监测结果进行了数据修正，表中为修正后数据。

**基于 2020 年 1～10 月实测数据和 2019 年 11～12 月同期数据预估得到的全年 O_3 浓度。

2）大气化学组成的变化

大气中温室气体和气溶胶含量的变化，及其导致的地气辐射平衡和地表特性的变化，都会改变气候系统的能量平衡，引起全球气候变化。在人类的长期活动，特别是现代工农业生产活动的影响下，大气环境的化学成分含量水平发生了明显的变化。20 世纪下半叶，全球气温持续升高已经成为不争的事实，而全球增暖与温室气体浓度增长之间密切相关。大气中的温室气体主要包括二氧化碳、氧化亚氮（N_2O）、甲烷（CH_4）和臭氧等，它们能够使太阳短波辐射透过大气到达地面，同时能够吸收地表向外放出的长波辐射，从而导致地表和大气持续增温。大气中温室气体含量的变化虽然也有自然活动的影响，如火山爆发等，但主要原因是人类对于自然资源的过度开发利用。

随着工业化、城市化的不断推进，人类对于能源、矿产等自然资源的需求不断增加，然而，过度的资源开发利用也带来了一系列不可忽视的问题，其中之一就是大气化学组成的变化。

首先，化石燃料的广泛使用是导致大气化学组成变化的主要原因之一。石油、煤炭等化石燃料的燃烧释放出大量的二氧化碳、氮氧化物（NO_x）、硫化物等气体，这些气体被排放到大气中后，与大气中的其他成分发生反应，形成臭氧、颗粒物等污染物。这些污染物不仅影响空气质量，还对大气中的化学平衡产生深远影响，引发酸雨、温室效应等环境问题，改变了大气的化学组成。

其次，森林砍伐等土地利用变化也对大气化学产生了重要影响。森林是地球上重要的氧气产生源，它们通过光合作用吸收二氧化碳，并释放出氧气。然而，大片森林的砍伐导致了生态系统失衡，减少了二氧化碳的吸收量，使得大气中二氧化碳的浓度逐步升高。此外，土地利用变化还可能释放出有机物质，与大气中的气体发生化学反应，形成臭氧等致污物质。

二、气候变化

为了评估气候与气候变化科学知识的现状，分析气候变化对社会、经济的潜在影响，并提出减缓、适应气候变化的可能对策，1988 年 11 月，世界气象组织和联合国环境规划署联合建立了联合国政府间气候变化专业委员会（Intergovernmental Panel on Climate Change，IPCC）。IPCC 成立后，先后组织了世界范围内的数千名专家，完成了 6 次气候变化评估报告。其中第六次评估报告（AR6）得出结论：毋庸置疑的是，自工业化以来，人类的影响已经使得大气、海洋和陆地变暖。气候系统各圈层发生了广泛而迅速的变化，人类排放的温室气体等造成的人为强迫已经对气候系统造成了明显的影响（孙颖，2021）。举例来说，油气资源的利用、植被破坏、水资源及城市水域面积减少以及土地硬化等因素，都在不同程度上对气候变化产生了重要影响。这些影响不仅改变了地球的气候模式，还对生态平衡和人类社会造成了深远的影响。

首先，油气资源的利用是主要的温室气体排放源之一，对气候变化产生了巨大影响。化石燃料的燃烧释放大量二氧化碳等温室气体，导致大气中温室气体浓度升高，进而加强了地球的温室效应。这使得地球表面温度升高，海平面上升，极端天气事件频发。为减缓气候变化，国际社会一直在呼吁减少对化石燃料的依赖，加速可再生能源的开发和利用。

其次，植被破坏对气候变化的影响主要体现在两个方面。第一，大规模的森林砍伐和土地开发导致植被减少，降低了二氧化碳的吸收能力，进而加剧了温室效应。第二，植被的破坏削弱了土壤的保持能力，增加了土壤侵蚀，导致土壤中的有机碳释放到大气中，进一步加速了温室气体的释放。

再次，水资源及城市水域面积的减少也影响着气候模式。城市化进程导致大量的水泥、沥青等硬化材料覆盖了土地表面，减少了地表的蒸发和蓄水能力，造成城市地区热岛效应加剧，使得城市气温更高。此外，许多城市的河流、湖泊和水域被填埋或污染，减少了水体的蒸发散发和调节气温的功能，影响了当地的气候。

最后，土地硬化的现象也与气候变化密切相关。随着城市扩张，土地表面被大量铺装，导致地表的透水性下降，雨水不易渗透，形成了径流。这不仅导致洪水风险增加，还降低了土壤的湿润程度，影响了当地的温湿度调节，进而影响了气候的稳定性。

另外，从 CO_2 浓度与温度的关系（图 6.5）也可以看出，自工业化时代以来，人类开发利用自然资源活动引起的全球温室气体排放增加很可能是导致全球变暖的重要原因（刘秀铭等，2013）。在 20 世纪，包括温度与降水在内的主要气候特征值发生了变化，有的地区还呈现出趋势性变化，这种变化已在世界范围内，特别是在北半球广大地区被观测到。美国、中国、俄罗斯、加拿大、英国、欧洲大陆和澳大利亚等主要国家或地区，几十年乃至近百年的观测资料显示出气候变化的总的变化趋势，即温度增加，降水增多，极端天气情况频繁发生；但地区上的差异很大，气候变化的强烈程度以北纬最大。

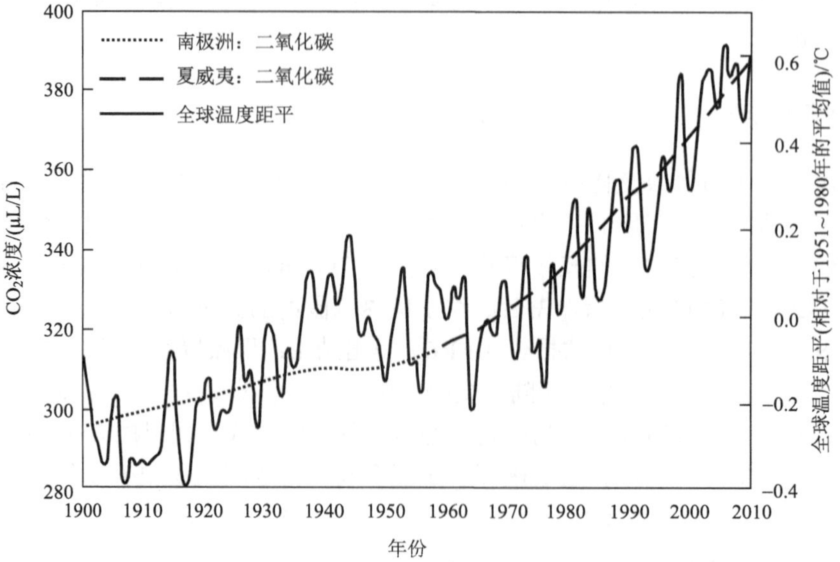

图 6.5　1900～2010 年来 CO_2 浓度与温度关系图（刘秀铭等，2013）

研究表明，气候变化主要体现在如下几个方面。

（1）根据全球地表温度器测得资料，全球气候呈现以变暖为主要特征的显著变化。IPCC 第五次评估报告指出，1986～2005 年较工业化前增暖 0.61℃，IPCC 第六次评估报告订正为 0.69℃。2010～2019 年全球温室气体排放年均增长 1.3%，2019 年总排放量达到 590 亿 t。尽管年均增速低于 2000～2009 年的 2.1%，但年增量达到了 91 亿 t 的历史新高，全球排放增长的趋势尚未得到有效扭转。如果延续当前趋势，到 21 世纪末全球温升或将达到 3.2℃，带来巨大的气候、环境和社会风险（汤维祺和吴力波，2023）。

（2）全球变暖引起的海洋膨胀和冰盖、冰川融化使海平面上升。海平面上升会加剧陆地淹没、盐水入侵、海岸侵蚀和风暴潮等灾害，对海岸自然环境、生态系统和人类活动产生深远影响。IPCC 第六次评估报告估算 1993～2018 年和 2006～2018 年，全球平均海平面（global mean sea level，GMSL）上升速率中值分别为 3.25mm/a 和 3.69mm/a（张通等，2022）。

（3）全球大部分地区的积雪退缩，特别是在春季和夏季。近40年北半球积雪逐月退缩，在20世纪80年代变化明显。高山环境对全球变暖的响应导致高山冰川消融加速，山地冰川和积雪面积呈退缩趋势，雪线和林线位置上升，大多数多年冻土区解冻深度普遍增加，终年冻土面积减少并逐渐过渡为季节性冻土。国外学者利用遥感资料开展的研究表明，2000～2018年全球约78%山地的积雪减少，其中积雪面积减少达13%，积雪持续时间减少达43d；在中等海拔高度山地，积雪变化的不一致性较高，但4000m以上山地则表现为一致减少（马丽娟等，2022）。

（4）全球极端气候事件趋强趋多。IPCC第五次评估以来，人为气候变化对极端事件影响的证据加强，人为影响的信号更清晰。人类活动导致的气候变化已经影响到全球各个区域的许多极端事件的变化，包括极端温度、强降水、干旱、热带气旋、复合事件等（周波涛和钱进，2021）。

三、土地覆被变化

自然资源开发利用是人类社会发展的基础和动力，但是自然资源开发利用过程中也会对土地覆被变化造成影响。造成的影响主要包括以下几点。①城市化对土地覆被变化的影响。城市化是现代化进程中的必然结果，但城市化进程中往往伴随着大面积土地开发和利用，以及城市建设和扩张。这些行为会导致森林、草地、湿地等生态环境的破坏和退化，进而影响土地覆被变化。②农业对土地覆被变化的影响。农业是人类社会最早的生产方式之一，但是农业发展过程中也会对土地覆被变化造成影响。例如，大面积的耕地开发和利用会导致土地的退化和水土流失，进而影响土地覆被变化。③工业对土地覆被变化的影响。工业是人类社会现代化进程的重要推动力，但是工业发展过程中也会对土地覆被变化造成影响。例如，工业区建设和扩张会消耗大量土地资源，同时也会导致土地污染和生态环境破坏，进而影响土地覆被变化。④旅游业对土地覆被变化的影响。旅游业是现代经济发展的重要产业之一，但是旅游业发展过程中也会对土地覆被变化造成影响。例如，旅游业开发和利用会消耗大量土地资源，同时也会导致生态环境破坏，进而影响土地覆被变化。

土地覆被变化是全球变化的重要组成部分。20世纪后半期以来，在农业用地扩张、森林砍伐和大规模工业化、城镇化等人类活动的共同作用下，全球土地利用/覆盖变化进入“人类世”，并出现了新的发展趋势。1978年改革开放以来，快速的人口激增、经济增长、城市化和全球化进程导致中国成为全球土地利用/覆被变化最为急剧的国家之一，仅1978～2017年中国城乡不透水地表面积就从15364km^{2}增至209950km^2，累计增长12.67倍，面临着大量的耕地以及其他自然栖息地的丧失（李广东，2022）。

随着人类活动范围和强度的不断增加，其影响也越来越大。城镇扩展、农业用地增加、森林被毁、围湖垦地等都急剧地改变了地球表层系统，并导致了环境质量的不断下降，对人类的可持续发展造成巨大威胁。例如，三峡大坝修建影响了中国的东海生态环境质量，其中最突出的影响是近海养殖业的衰退。东南亚在1978～2017年人口翻了一番，90%的人口居住在近海100km的范围内，人类活动对土地利用格局的改变使这一地带的近海生态系统发生了巨大的改变，使海岸湿地生态系统受到了明显的破坏，人类活动已成为这一地区生态环境质量水平下降的主要驱动因素（李广东，2022）。中美洲尤卡坦区域土地利用/覆盖变化不仅记录了人与自然相互作用的脆弱性及风险水平的变化，而且还表现出基本的社会单元对区域环境变化的响应过程。正因为如此，恢复退化的生态系统、解决食物安全问题，都必须从经济和文化等各个方面建立适应区域环境变化的社会组织体系（史培军等，2002）。

四、生物多样性变化

20 世纪 70 年代关键环境问题研究（study of critical environmental problems，SCEP）会议后，生态系统服务开始成为生态学研究的热点问题之一。生物多样性与人类的生活和福利密切相关，它不仅给人类提供了丰富的食物、药物资源，而且在保持水土、调节气候、维持自然平衡等方面起着不可替代的作用，表现为经济效益、生态效益和社会效益三者的高度统一，是人类社会可持续发展的生存支持系统。近年来，不断加剧的人类活动，对生物多样性造成了严重破坏。IPCC 第六次评估报告表明，气候变化对陆地和淡水生态系统影响的范围和程度较前期评估结果更为严峻。人为气候变化导致生态系统结构、功能和恢复力恶化，生物群落转移，疾病的传播范围和发病率增加，野火燃烧面积增加且持续时间延长，局部地区物种灭绝，极端天气的频率和强度增加。未来气温升高 2～4℃的情景下，陆地和淡水生态系统中高灭绝风险物种占比为 10%～13%，野火燃烧面积增加 35%～40%，森林地区 50%以上树木面临死亡风险，15%～35%的生态系统结构发生转变，碳损失持续增加（图 6.6）（胡铁伦等，2022）。

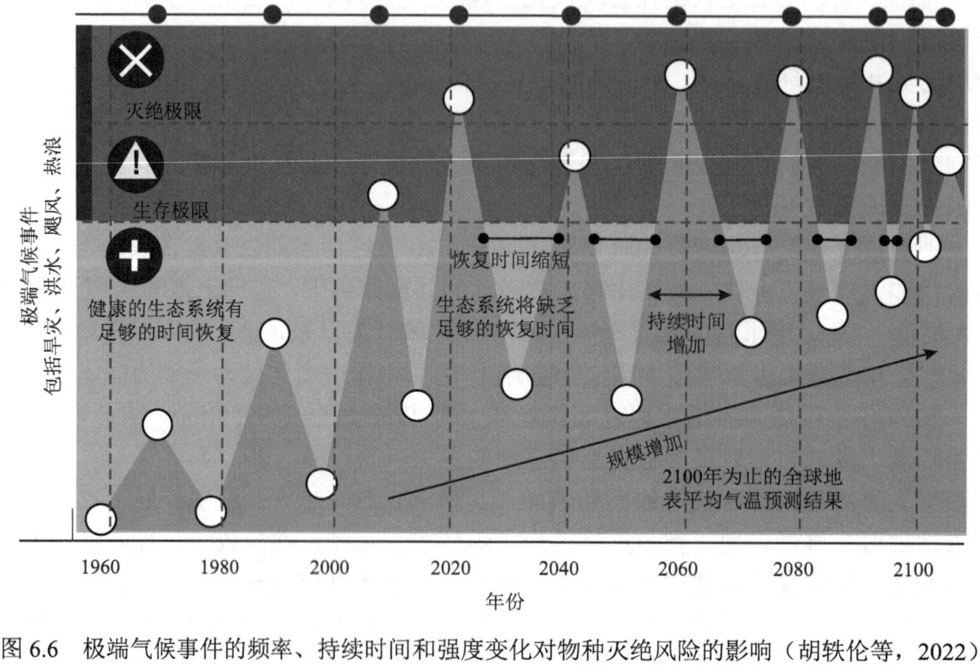

图 6.6　极端气候事件的频率、持续时间和强度变化对物种灭绝风险的影响（胡铁伦等，2022）

已有研究表明，人类活动是引起生物多样性变化的首要驱动因子，其中，土地利用/土地覆被变化是全球生物多样性下降的首要影响因素，人类对 3/4 的陆地自然系统的改变已经持续了至少 1.2 万年，约 75%的陆地已被人类的居所、交通及农业用地等土地利用形式占据或影响（张燕杰等，2022）。

土地利用通过改变地表覆被，将从正反两个方面影响区域的生物多样性。例如，生境恢复和自然保护区的建立，将有利于生物多样性的保护；而城市扩展和道路建设将会引起生境丧失或破碎化，其结果是导致生物多样性下降，同时土地利用变化诱发的环境污染、温室气体增加、碳平衡失调和臭氧层耗损等将会间接影响生物多样性。土地利用变化对生物多样性影响的基本模式可以概括为图 6.7。

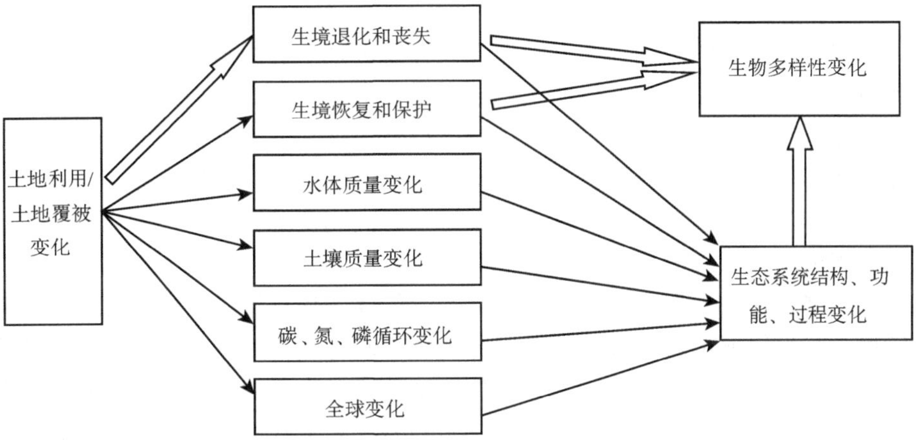

图 6.7　土地利用变化对生物多样性影响的基本模式（丘君等，2002）

土地利用格局在不同尺度上对生态系统的结构与功能产生显著影响。具体而言，在生物群落水平上，土地利用变化引发的景观破碎化、物种灭绝与引入，以及养分和水汽通道的改变，导致大面积植物群落的组成发生显著变化，并严重干扰和破坏了自然群落的发展演替过程。在生态系统水平上，土地利用方式的改变对其结构和功能产生深远影响。在景观水平上，土地利用和土地覆被的变化会导致景观类型及结构的改变。随着景观类型的转变，景观结构相应变化，这些变化进一步影响景观斑块间的相互作用及其功能，最终导致生态系统服务功能的变化。

《地球生命力报告 2022》显示，自 1970 年以来，生物多样性退化趋势严峻，全球哺乳动物、鸟类、鱼类、两栖动物和爬行动物的数量平均下降了 69%。地球上 75%的无冰土地已经被人类活动显著改变，自从 1700 年以来，全球近 90%的湿地已经消失（钟茂初，2023）。中国是生物多样性大国，生物多样性居世界第 8 位，居北半球第 1 位。但是由于人口众多，人均资源占有量低，而且 85%左右的人口在农村，对生物多样性具有很强的依赖性。中国经济的迅速发展，在很大程度上加剧了人口对环境特别是生物多样性的压力（李延梅等，2009）。

生物多样性的丧失是生态系统变化的主要驱动力之一，其对生态系统的影响不弱于大气成分变化和气候变化。生物多样性丧失超过20%会对生态系统的功能和服务产生巨大影响。气候变化和人类活动影响了生物多样性和生态系统功能，生态系统功能的变化直接影响到生态系统服务，进而影响人类福祉，并反作用于全球变化。人类和自然是一个耦合系统。自然为人类活动提供生产生活空间和生态系统服务，同时，人类通过改变土地利用方式等活动对生态系统施加压力。进入人类世后，人类对生态系统服务的需求加速，多项指标超出了地球的物理界限，带来了生物多样性丧失和人类福祉减少等重大问题，约75%的地球陆地表面正面临着显著的人类压力，生物多样性越高的地区承受的压力越大（冯思远等，2022）。

五、全球变化对自然资源的影响

自然界中，地球上的一切都在不断变化。在过去几个世纪里，人类的活动和全球化的影响逐渐加剧，引发了一系列前所未有的全球性变化，我们称之为“全球变化”。全球变化是地球面临的重大挑战，它涉及地球上自然系统和人类活动共同导致的各种全球性变化。这些变化对自然资源产生深远的影响，包括水资源、土地资源、森林资源和矿产资源等。全球变化导致的气候变化、生态系统丧失和资源竞争，威胁着自然资源的供应和可持续利用。

首先，全球变化对水资源的影响尤为显著。气候变化导致了降水模式的改变和干旱频发，使得一些地区的水资源短缺问题日益严重。同时，冰川融化加剧了地下水和河流水位的下降，给水资源供应带来压力。此外，全球变化也影响了水质，污染物的增加和温度升高可能导致水体富营养化和生态系统的破坏，对生态平衡和人类健康带来威胁。

其次，土地资源受到全球变化的多重影响。森林资源受到砍伐和生物多样性丧失的威胁，这导致了生态系统功能退化和碳循环失衡。土地利用变化如城市化和农业扩张，使得大片土地的覆盖和性质发生改变，导致生态系统丧失和生物多样性减少。另外，全球变暖也对土地的农作物产量和生态系统的稳定性产生影响，农业面临着气候极端事件的威胁。

再次，森林资源的丧失也是全球变化对自然资源的重要影响之一。森林是地球上最重要的生态系统之一，它们不仅为地球吸收二氧化碳提供了重要的功能，还是生物的重要栖息地。然而，森林砍伐和生物多样性丧失导致了大量森林资源的减少，加剧了全球气候变暖和生态平衡的问题。为了保护森林资源，我们需要采取行动，遏制森林砍伐，加强保护措施，并推动可持续森林管理。

最后，全球变化对矿产资源的影响也不可忽视。一方面，气候变化导致了极端天气事件频发，可能对采矿业造成影响，如洪灾、干旱等极端气候可能干扰矿业活动。另一方面，全球资源竞争导致矿产资源的稀缺性，资源开发和利用面临着更大的挑战。因此，促进资源的可持续利用和回收，推动资源节约型和循环型发展模式，成为解决资源问题的关键。

综上所述，全球变化对自然资源产生广泛而深远的影响。气候变化导致水资源短缺和质量下降，土地资源面临利用模式的转变和生态系统的退化，森林资源丧失导致生态平衡和生物多样性问题，资源竞争使矿产资源面临稀缺性。为了应对这一挑战，国际社会需要共同合作，采取切实有效的措施，推动可持续发展和资源的合理利用。只有通过全球范围的协作与共同努力，我们才能应对全球变化对自然资源的影响，确保地球的未来和人类的幸福。

复习思考题

1. 论述自然资源开发利用与生态环境效应的逻辑关系。
2. 以水资源、土地资源或者矿产资源为例，阐述其开发利用的生态环境效应。
3. 试分析我国自然资源开发利用现状及存在的问题。
4. 综合分析全球变化对自然资源开发利用产生的影响。

参考文献

陈婷, 郗敏, 孔范龙, 等. 2016. 枯落物分解及其影响因素. 生态学杂志, 35(7): 1927-1935.

陈宜瑜, 陈泮勤, 葛全胜, 等. 2002. 全球变化研究进展与展望. 地学前缘, 9(1): 11-18.

崔晓菁. 2019. 中国海洋资源开发现状与海洋综合管理策略. 管理观察, (17): 63-64.

樊宝敏, 董源, 张钧成, 等. 2003. 中国历史上森林破坏对水旱灾害的影响——试论森林的气候和水文效应. 林业科学, (3): 136-142.

方精云, 朱江玲, 王少鹏, 等. 2011. 全球变暖、碳排放及不确定性. 中国科学（地球科学）, 41(10): 1385-1395.

冯思远, 赵文武, 韩逸. 2022. 变化环境下的生物多样性保护——第四届“一个星球”峰会述评. 生态学报, 42(5): 2050-2058.

付宇佳, 谭昌海, 刘晓煌, 等. 2022. 自然资源定义、分类、观测监测及其在国土规划治理中的应用. 中国地质, 49(4): 1048-1063.

耿雅妮, 戴恩华, 王国兰, 等. 2022. 中国水污染事件时空分布、演变及影响机制研究. 环境污染与防治, 44(3): 413-419.

郭晓东, 王晓光, 刘强, 等. 2021. 松花江——辽河流域地下水资源及其生态环境问题. 中国地质, 48(4): 1062-1074.

郭旭东, 陈利顶, 傅伯杰. 1999. 土地利用/土地覆被变化对区域生态环境的影响. 环境科学进展, 7(6): 66-75.

何万龙. 2003. 山区开采沉陷与采动损害. 北京：中国科学技术出版社.

胡轶伦, 冀国旭, 李积宏, 等. 2022. IPCC AR6 报告解读:陆地和淡水生态系统及其服务变化. 气候变化研究进展, 18(4): 395-404.

贾如. 2015. 我国海洋资源可持续开发利用的科技需求和政策研究. 锦州：渤海大学硕士学位论文.

姜华, 常宏咪. 2021. 我国臭氧污染形势分析及成因初探. 环境科学研究, 34(7): 1576-1582.

姜杰. 2012. 矿业生态化开发的哲学研究及模式探索. 北京：中共中央党校博士学位论文.

蒋文志, 曹文志, 冯砚艳, 等. 2010. 我国区域间生物入侵的现状及防治. 生态学杂志, 29(7): 1451-1457.

匡文慧, 张树文, 杜国明, 等. 2022. 2015~2020 年中国土地利用变化遥感制图及时空特征分析. 地理学报, 77(5): 1056-1071.

喇明清. 2013. 论青藏高原旅游开发与生态环境保护的协调发展. 社会科学研究, (6): 118-120.
赖仕嶂, 吴锡玄, 杨玉盛, 等. 2001. 论森林与土壤保持. 福建水土保持, (2): 11-14.
李柏山. 2013. 水资源开发利用对汉江流域水生态环境影响及生态系统健康评价研究. 武汉：武汉大学博士学位论文.
李波. 2020. 水利水电工程建设对生态环境的影响分析. 工程技术研究, 5(12): 277-278.
李广东. 2022. 全球土地覆被时空变化与中国贡献. 地理学报, 77(2): 353-368.
李国志, 张景然. 2021. 矿产资源开发生态补偿文献综述及实践进展. 自然资源学报, 36(2): 525-540.
李剑锋, 冯李霄. 2023. 湖南某锡矿区土壤重金属污染及健康风险评价. 中国地质, 50(3): 897-910.
李丽娟, 姜德娟, 李九一, 等. 2007. 土地利用/覆被变化的水文效应研究进展. 自然资源学报, 22(2): 211-224.
李秀彬. 1996. 全球环境变化研究的核心领域——土地利用/土地覆被变化的国际研究动向. 地理学报, 51(6): 553-558.
李延梅, 牛栋, 张志强, 等. 2009. 国际生物多样性研究科学计划与热点述评. 生态学报, 29(4): 2115-2123.
廖国祥. 2023. 全球框架下展望我国海洋生物多样性就地保护挑战. 环境经济, (1): 40-43.
林卫星, 张芫涛, 刘奇, 等. 2022. "双碳"目标下矿产资源开发布局思考. 矿业研究与开发, 42(6): 153-159.
刘慧. 2018. 我国海洋油气资源开发的生态补偿机制研究. 青岛：中国石油大学（华东）博士学位论文.
刘纪远, 邵全琴, 延晓东, 等. 2011. 土地利用变化对全球气候影响的研究进展与方法初探. 地球科学进展, 26(10): 1015-1022.
刘珉, 吴志祥. 2012. 森林生态系统水循环研究概述. 热带农业工程, 36(1): 13-20.
刘启宁, 辛卓航, 韩建旭, 等. 2020, 变化环境下东北半干旱地区径流演变规律分析——以洮儿河流域为例. 水力发电学报, 39(5): 51-63.
刘秀铭, 赵国永, 李平原, 等. 2013. 全球变暖与变冷利弊分析. 亚热带资源与环境学报, 8(1): 1-8.
刘燕华, 吴绍洪, 尹云鹤, 等. 2013. 全球变化与地理学综合研究——黄秉维先生学术思想之理解. 地理学报, 68(1): 18-24.
刘彦随, 彭留英, 陈玉福. 2005. 东北地区土地利用转换及其生态效应分析. 农业工程学报, 21(11): 175-177.
刘逸菲, 鲁绍伟, 赵娜, 等. 2021. 森林影响降水水质研究概述. 世界林业研究, 34(5): 14-19.
陆诤岚, 陆均良, 李云云. 2009. 旅游景区生态环境影响国外研究述评. 经济地理, 29(1): 130-133.
马建章, 程鲲. 2008. 自然保护区生态旅游对野生动物的影响. 生态学报, 28(6): 2818-2827.
马丽娟, 效存德, 康世昌. 2022. 全球主要山地气候变化特征和异同——IPCC AR6 WGI 报告和 SROCC 综合解读. 气候变化研究进展, 18(5): 605-621.
欧阳帅, 项文化, 陈亮, 等. 2021. 南方山地丘陵区森林植被恢复对水土流失调控机制. 水土保持学报, 35(5): 1-9.
彭建, 蒋一军, 吴健生, 等. 2005. 我国矿山开采的生态环境效应及土地复垦典型技术. 地理科学进展, 24(2): 38-48.
彭补拙, 黄贤金, 濮励杰, 等. 2008. 资源科学概论. 北京：科学出版社.
秦建桥, 汪永红, 李朝晖, 等. 2012. 韶关矿产资源开采地区土壤生态系统的微生物生态效应研究. 生态环境学报, 21(5): 942-946.
丘君, 陈利顶, 傅伯杰. 2002. 土地利用/土地覆被变化对生物多样性的影响//中国地理学会自然地理专业委员会. 土地覆被变化及其环境效应. 北京：星球地图出版社.

史培军，宋长青，景贵飞. 2002. 加强我国土地利用/覆盖变化及其对生态环境安全影响的研究——从荷兰“全球变化开放科学会议”看人地系统动力学研究的发展趋势. 地球科学进展, 17(2): 161-168.
宋晓猛，张建云，占车生，等. 2013. 气候变化和人类活动对水文循环影响研究进展. 水利学报, 44(7): 779-790.
粟晓玲，褚江东，张特，等. 2022. 西北地区地下水干旱时空演变趋势及对气象干旱的动态响应. 水资源保护, 38(1): 34-42.
孙亚. 2021. 滨海地区地下水资源开发利用对生态环境的影响研究. 大连：大连理工大学博士学位论文.
孙颖. 2021.人类活动对气候系统的影响——解读 IPCC 第六次评估报告第一工作组报告第三章. 大气科学学报, 44(5): 654-657.
汤维祺，吴力波. 2023. IPCC AR6 报告解读：气候治理政策的新视角及对我国的启示. 气候变化研究进展, 19(2): 151-159.
涂小松，濮励杰. 2008. 土地资源开发利用的生态自然观刍议. 生态经济, (6): 40-43, 65.
万羽岳，杜易桓，杨礼，等. 2021. 重金属对水生生物的影响. 安徽农学通报, 27(9): 131-134.
王国庆，张建云，管晓祥，等. 2020. 中国主要江河径流变化成因定量分析. 水科学进展, 31(3): 313-323.
王开运. 2007. 生态承载力复合模型系统与应用. 北京：科学出版社.
王明康，刘彦平，李涛. 2019. 旅游产业集聚对环境污染的差异性影响：287 个地级市例证. 改革, (2): 102-114.
吴琪，陈从喜，崔新悦. 2016. 矿产资源开发利用现状及建议. 中国矿业, 25(12): 21-26.
夏军，翟金良，占车生. 2011. 我国水资源研究与发展的若干思考. 地球科学进展, 26(9): 905-915.
徐朝亮. 2019. 江西省矿产资源开发环境生态补偿研究. 南昌：东华理工大学硕士学位论文.
杨承玥，刘安乐，明庆忠，等. 2020. 资源型城市生态文明建设与旅游发展协调关系——以六盘水市为实证案例. 世界地理研究, 29(2): 366-377.
杨佳. 2008. 太白山自然保护区大熊猫生存干扰因素及其博弈分析. 西安：西北大学硕士学位论文.
余星涤，樊笑英，姜杉钰. 2021. 矿产资源规划与国土空间规划衔接关键问题的思考. 国土资源情报, (11): 3-8.
张通，俞永强，效存德，等. 2022. IPCC AR6 解读：全球和区域海平面变化的监测和预估. 气候变化研究进展, 18(1): 12-18.
张维阳，段学军. 2012. 经济增长、产业结构与碳排放相互关系研究进展. 地理科学进展, 31(4): 442-450.
张晓德. 2018. 矿产开采对草原景观及土壤重金属的影响——以锡林浩特市为例. 北京：中国农业科学院硕士学位论文.
张燕杰，武俊喜，潘影，等. 2022. 净初级生产力的人类占用研究进展. 地理科学进展, 41(2): 341-350.
钟茂初. 2023. 生物多样性保护与可持续发展:内在关系及行为准则. 河北学刊, 43(2): 120-129.
周波涛，钱进. 2021. IPCC AR6 报告解读：极端天气气候事件变化. 气候变化研究进展, 17(6): 713-718.
周浩，王殿武，孙才志，等. 2011. 沈阳中心城区水源地漏斗恢复调蓄模拟研究. 水文, 31(5): 47-51.
朱源，康慕谊. 2010. 森林资源生态学的理论体系研究. 中国人口·资源与环境, 20(11): 112-117.
Friedlingstein P, Jones M W, O'Sullivan M, et al. 2022. Global carbon budget 2021. Earth System Science Data, 14(4): 1917-2005.
Lee J B, Cha J S, Hong S C, et al. 2015. Projections of summertime ozone concentration over East Asia under multiple IPCC SRES emission scenarios. Atmospheric Environment, 106: 335-346.
Wang J, Feng L, Pamler P I, et al. 2020. Large Chinese land carbon sink estimated from atmospheric carbon dioxide data. Nature, 586: 720-723.

第七章　自然资源的可持续利用及其资产管理

内容概要：本章在介绍可持续发展的资源观及习近平生态文明思想等自然资源的持续利用理论基础上，分析了我国自然资源管理的发展历程、问题及主要发展模式，并从自然资源资产负债表编制及领导干部自然资源离任审计等方面介绍了我国自然资源资产管理内容与方法。

关键术语：资源可持续利用；习近平生态文明思想；自然资源资产；自然资源审计

思维导图：

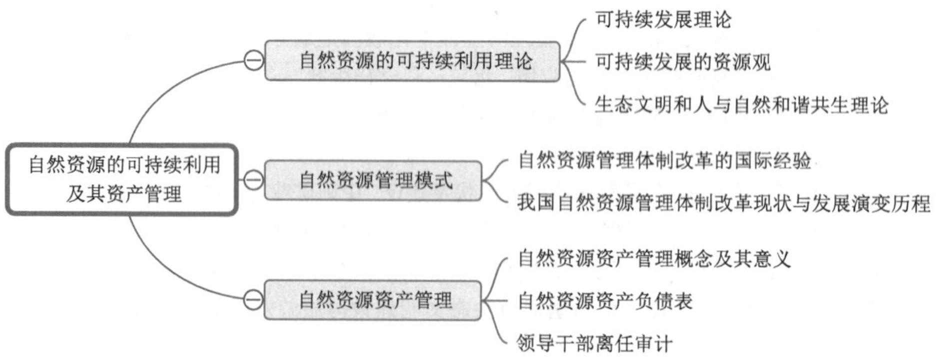

学习目标：

1. 掌握可持续发展的资源观及自然资源可持续利用基本理论。
2. 了解我国自然资源管理的演变历程及其主要管理模式。
3. 学会编制自然资源资产负债表。

第一节　自然资源的可持续利用理论

一、可持续发展理论

可持续发展理论的出现大致可以追溯到20世纪60年代，Carson在《寂静的春天》中指出了有机氯类杀虫剂（dichlorodiphenyltrichloroethane，DDT）将污染人类家园，掀开了世界环境运动的篇章。20世纪70年代，增长极限论、生态平衡和资源节约的循环经济发展观、人类与自然界和谐共处的思想开始陆续出现，联合国首次召开了人类环境会议，开始关注环境与发展的矛盾关系。1987年，联合国在《布伦特兰报告》中指出，可持续发展是既满足当代人的需要，又不对后代人满足其需要的能力构成危害的发展，其主要包括经济、社会与环境可持续发展三大支柱。在千禧年到来之际，全球各国首脑在纽约联合国总部表决通过了《联合国千年宣言》，设立了8项到2015年计划完成的目标，即“联合国千年发展目标”（Millennium Development Goals，MDGs）。2015 年 9 月，联合国可持续发展峰会正式通过《2030 年可持续发展议程》，提出一套包含 17 个领域 169 个具体问题的可持续发展目标（Sustainable Development Goals，SDGs）（冯丹阳等，2022）。可持续发展理论的核心是公平，包括代际公平和代内公平。

代际公平理论系统推出于 20 世纪 80 年代，其核心是“后代人优先原则”，并被视为可持续发展理论的基石。该理论来自美国学者 Weiss（1984）的代际公平思想，即认为人类的每一代人都是后代人地球权益的托管人，并提出实现每代人在开发、利用自然资源方面权利平等的观点，即认为每一代人既应为后代人保存自然和文化资源的多样性，以避免不适当地限制后代人在解决他们的问题和满足他们的价值时可进行的各种选择，又享有可与他们的前代人相对应的多样性的权利。1987 年，世界环境与发展委员会在《我们共同的未来》报告中提出了可持续发展定义，即“可持续发展是既要能满足当代人的需要，又不对后代人满足其需要的能力构成威胁”，这一定义实际来自 Weiss 的代际公平思想。1988 年，佩基在《代际公平和社会贴现率》中进一步阐述其代际公平的思想，提出了代际多数原则，即当某项决策涉及若干代人的利益时，应该让若干代人的多数来做出选择，并认为相对于当代人来说，子孙后代永远是多数，如果某项决策关系到子孙后代的利益，就必须按照子孙后代的选择去办，即在资源利用上要“保证资源基础完好无损”。“代际多数原则”的提出，进一步明确了“后代人优先原则”（方行明等，2017）。

代内公平指同代人之间的横向公平，是可持续发展公平原则在空间维度的要求。1992 年召开的联合国环境与发展大会将代内公平列为大会主题之一，并被许多国际条约和文件认可。其主要是指代内所有的人，不论其国籍、种族、性别、经济发展水平和文化等方面的差异，对于利用自然资源和享受清洁、良好的环境享有平等的权利（王曦，1998），要求在区域内部和不同区域间从成本收益的角度实现资源利用和环境保护两者的公平分配和负担，并在机会选择和结果占有上满足整代人的需要（潘玉君等，2005）。其主要体现在国与国之间的公平，是实现代际公平的基础和前提。同一代人要公平地享用资源，共同地保护生态，合理地承担责任，合适地取得补偿（曾建平，2004）。代内公平更具有现实性和紧迫性（杨成湘和赵建军，2008）。代内不公平会传输给下一代，并会以各种形式影响代际公平（方行明等，2017）。

二、可持续发展的资源观

合理开发和保护自然资源，首先要解决对资源的认识问题，树立可持续发展的资源观。资源观，是指人们对资源问题的根本性看法。资源的调查评价、规划配置、保护管理、开发利用等相关工作，都受到资源观的显著或潜在影响，不同的资源观会导致不同的社会行为，带来不同的效果。国内许多学者从可持续发展战略要求的角度对树立正确的新资源观问题进行了较为全面的研究（吕国平，2000）。综合众家之长，将它称为“可持续发展的资源观”，主要包括 8 个方面。

（一）资源的地位观

在可持续发展过程中，人口、资源、环境是三大要素，其中资源是基础，环境是条件，人口是关键。也可以说，资源是家底，环境是家园，人口是核心。实施可持续发展战略，解决这三方面的问题是具有内在联系的系统工程。在经济发展的同时，需注意人口增长与资源利用及保护的关系，并切实保护好环境。必须注意到资源问题正日益严重地威胁着经济安全，要树立资源危机感和忧患意识。

长期以来，人们对资源的基础地位认识不足，尤其是对处于基础地位的资源目前面临的严峻形势认识不足，对资源问题同国家社会经济安全的关系认识不足，对资源需要珍惜节约、保护和合理利用的特点认识不足。

我国资源的压力不断加大，资源的基础地位必须引起高度重视，树立危机感。有关数据显示，2020 年全国已发现 173 种矿产，在已探明储量的 45 种主要矿产资源中，仅 14 种可完全保证需求，石油、铁矿石等战略资源缺口显著。许多地区土壤肥力下降，大气污染程度加剧，酸雨影响区域扩展，固体废物排放和城市噪声相当严重，水质污染加剧，地下水的超常开采引起地面沉降。我国还是地质灾害最为严重的国家之一。这些既是资源问题，也是环境问题。我国庞大的人口基数及其持续提高的消费标准，正在快速消耗有限的资源。我国人口已接近资源所能承载的极限，水资源、土地资源和矿产资源是最大的制约因素。就耕地而言，如果耕地递减的趋势得不到有效控制，现存耕地面积将骤减，人均耕地面积相应下降，甚至突破联合国粮农组织确定的警戒线①。

紧张的人地关系是影响我国社会发展的重要因素，调整人与资源（特别是土地）间的关系，一直都是历朝历代社会革命与经济建设中的基本问题。资源短缺形势的严峻性，已成为威胁经济社会安全的根本因素之一。对于资源的争夺，无论是战争的方式，还是市场竞争的方式，历来也都是国际政治与外交的焦点。资源的基础地位时刻不能忽视。

（二）资源的前景观

对于世界资源的前景存在着 2 种完全不同的观点，一种是悲观派，另一种是乐观派。悲观论的代表是大家熟知的马尔萨斯的“人口论”，影响深远。1968 年，研究未来学术团体“罗马俱乐部”在探讨了全球关切的 5 种主要趋势，即加速工业化、快速的人口增长、普遍的营养不良、不可再生的资源的耗尽与环境的恶化，以及它们的相互关系和发展前景等问题后，发表了一个《增长的极限》研究报告。他们认为，地球是有限的，人类的活动不能超越地球支撑这种活动的能力限度，“如果在世界人口、工业化、污染、粮食生产和资源消耗方面按照现在的趋势继续下去，这个行星上增长的极限有朝一日在今后一百年中发生。”为了使人类避免陷入这一困境，他们主张必须在 1975 年停止人口增长，到 1990 年停止工业投资的增长，以达到“零度增长”下的“全球均衡”。1977 年美国总统卡特指示政府环境质量委员会，要研究世界随着经济的发展，对地球上的人口、环境和资源会带来什么样的影响。美国政府环境质量委员会根据研究结果，发表了《公元 2000

① 鲁璞. 2007. 保护资源就是保护自己. https://www.mnr.gov.cn/zt/hd/dqr/34/rydq/200711/t20071123_2052213.html.

年的地球》报告。他们认为前景不太妙，如照目前情况继续发展下去的话，到20世纪末，可能发生一些大规模的惊人的全球性问题，人口的压力将不断加剧，地球上的自然资源基础将逐渐衰竭和贫化，生态系统为人类需要提供资源的能力将会下降，到2000年，世界将变得更加拥挤，污染将更加严重，生态系统将更加不稳定，而且更易于受到破坏。

与此相反，许多学者持乐观的看法，认为当前出现的某些资源供不应求，主要是人为的原因，如价格不合理、管理不恰当，何况地球上还有许多资源至今还没有为人类引入到生产领域，还没有得到开发利用，今后随着技术的进步，可以开辟一些利用资源的途径。事实上，世界人口虽在不断增长，但人们的生活水平仍然普遍有所提高，所以不必“杞人忧天”，这种看法和悲观派截然不同。

不论悲观派，还是乐观派，长期以来，两者都将自然界看作是人类的异己力量与对立的实体。基于这种认识，人类对自然不择手段地进行掠夺、改造和“征服”，只知索取，不知保护，只顾眼前，不顾长远，因此在开发利用资源的同时，带来了对环境的破坏。近年来，很多人都认识到这种对立的看法是错误的。“征服自然”实际上是一种政治性的口号，以往把这种提法搬到了科研工作中来，也不一定恰当。人类也是世界生态系统里的一员，人类与自然界是一个整体，如果一味地向自然界索取资源，排斥其他生物，最终必将破坏人类本身生存的条件，毁灭人类自己。所以，向自然索取的同时，要创造条件给它以补偿。对自然资源的开发利用，要强调合理开发和高效利用，即在开发利用自然的同时，要进行保护自然，开发与保护同步进行。

今后，随着技术的进步，人类开发利用自然能力越来越强，人类与自然界的关系向深度和广度发展，双方关系越来越密切，如果处理不好，将会出现更多的偏差，造成更大的恶果。人类对自然的依赖关系将越来越密切，而不是越来越疏远。今后的重要问题是要协调好人类活动与自然环境的关系，这样人与自然才能共同生存和发展下去。

（三）环境的资源观

环境的各项因素是资源，环境的整体是资源的总和。众所周知，人类社会的劳动过程就是生产的消费过程。它从环境中获得资源变成产品，同时又将生产的排泄物返回环境中去。各类环境因素，都是社会的自然财富和发展生产的物质基础，构成了生产力的要素。环境保护的基本任务，就是在生产过程中，合理地开发并且有效地利用资源，避免对资源的不合理利用而导致资源和环境污染，从这个意义上说，“环境污染就是资源浪费”，保护环境就是保护资源。环境保护并不是如西方人所主张的那样，只是消极地保持自然环境和生态平衡的天然状态，而是积极地在改造环境中合理利用资源，促进生态演进，建设优美的环境。环境保护搞得好，可以促进生产发展，搞得不好，势必阻碍和破坏生产发展。

明确环境资源观，可以深入了解环境污染的实质是资源的浪费，防治污染实质上是防止浪费，应当更好地从资源上着眼，寻求经济发展与环境保护相结合的途径。例如，我国许多城市近年来所采取的集中供热、联片取暖、余热利用及煤气化等大气污染防治措施，较之长期采用的消烟除尘措施，节约了大量能源，取得了较高的环境效益和经济效益，得到了有关部门的支持。

环境既然是资源，就应有价值，相关管理部门就应向利用资源的企业单位收取费用，以促进资源的合理分配和节约使用，防止资源枯竭，减轻污染。但是，我国过去很少甚至没有对资源收费，其理论根据是自然资源本身没有价值，取之不尽，用之不竭，可以无偿使用，并且不需要补偿。过去，一些经济学家强调自然资源是大自然对人类的恩赐。实际上，经过长期的兴修水利、平整土地、改良土壤和施肥，土地已成为人类社会长期劳动改造自然的“结晶”。凡是经过地质勘探被发现的各种矿藏，由于付出了社会劳动，就具有价值。明确了环境资源价值观，就可以采取经济、行政等手段加强资源管理，促进资源的合理利用，节约使用，防止环境污染和破坏。

（四）资源的系统观

各种不同的资源都是资源大系统中的一个子系统。必须树立资源的系统观，把每种资源都放到系统中去对待。资源的系统观的核心是要求实现资源系统的动态平衡，实现人与自然系统之间的功能耦合，这是人与自然协调发展的根本原理。从可持续发展战略来观察，人类社会和自然界共同组成的这个巨系统是必须关注的基本系统。只有当人类充分认识到自己是人与自然大系统的一部分的时候，才可能真正追求与自然协调发展。而且，也只有当人类把各种资源都看成人与自然这个大系统中的一个子系统，并正确处理这种资源子系统和其他资源子系统之间的关系的时候，人类才能高效利用这些资源。

系统论的基本原理告诉我们，必须追求系统的动态平衡。一方面，系统之间彼此释放的功能要互相耦合，建立良性的互馈机制。在人与自然这个巨系统中，人类社会系统对自然（资源环境）系统所施加的影响要适应自然系统的功能释放、更新与调整的能力；自然（资源环境）系统对人类社会系统所供应的功能（释放、更新、调整）要合乎人类社会维持生存发展的基本要求。这种系统间的功能耦合关系，便是人与自然关系的协调原则。另一方面，系统内部要实现动态平衡。一些资源系统自身最基本的动态平衡的状况，是维持该系统可持续存在的基础。例如，矿产资源的勘查与开发间的平衡（保有适当储量）、地下水开采与补给的平衡、耕地总量的动态平衡等。系统间的功能耦合原理与系统内的动态平衡原理，对于人类社会与资源环境协调发展而言是最基本的原理。建立这 2 种动态平衡是可持续发展战略的必然要求。

系统观要求注意各个子系统之间的相互联系。就资源而言，各种资源之间往往是紧密关联的。例如，上游开荒或开拓矿床，可能导致植被破坏、水土流失，进而导致河床淤积，甚至危害入海口鱼群的生存。因此，人们不能孤立地只就某个资源来论资源管理保护之类的问题，而应从整体上去把握各种资源所共同构成的大资源系统，合理安排其利用结构，系统进行资源管理的机制、体制、法治建设，推进资源合理开发与科技进步；要转变观念，利用市场，因地制宜地改造资源小系统，如矿产资源，现在我国在各地、各单项矿产开发的主管部门都自成一种产业小系统。尽管各种小系统都为整个社会经济建设做出了重大的贡献，但其自成体系、偏重短期局部利益、互设壁垒阻碍流通的现象，严重地阻碍了资源的优化配置与合理利用；要对全国各类自然资源、各地各部门和资源体系进行系统分析，统筹规划，扬长避短，通过科学的动态规划建立系统性能良好的资源管理机制，实现资源的优化配置和综合利用，保持各类资源的动态平衡；要审时度势，合理定位，抓住机遇，利用全球巨系统。在世界经济一体化的趋势下，力求把握世界政治经济与资源环境这个非平衡态复杂巨系统的特点，正确地选准方位角度和因应对策，开发利用国内外资源。

（五）资源的辩证观

以辩证的观点看待资源问题时，应当认识各种重要的资源范畴，处理好一系列的矛盾关系，这对正确地制定政策具有重要性。主要包括以下几点。

一是辩证认识资源的有限性与资源的无限性问题。自然资源就其物质性而言是有限的，其中有许多是不可再生和耗竭性的。然而，资源系统是开放的，而且人类认识、利用资源的潜在能力也是无限的。因此，资源又具有相对无限的特点。既不能片面地持有限性的看法而抱着悲观论观点，也不能片面地持无限性的看法而盲目乐观。应当努力地把人类认识、合理利用自然资源的潜力充分地发挥出来，通过人类的自觉节约和合理利用资源，通过科技进步不断地发现和开发新资源，并始终注意到利用资源所带来的社会、环境等各方面的问题。辩证地分析资源的有限性和无限性，保持谨慎乐观的态度。

二是辩证认识资源大国与资源小国问题。我国有广袤国土和辽阔海疆，在世界上从资源总量看属资源大国，可以说是“地大物博”。然而，因为人口过多，就人均水平而言又处于相对短缺状况，即“人多物薄”。对此，既要看到宏观上综合经济潜力巨大的因素，坚定发展的信心，又要清醒地认识到在微观上人均可利用资源限度的现实问题，增强国民资源忧患意识，大力节约和有效利用资源。

三是辩证认识资源的有用性与有害性问题。资源只有在一定技术经济条件下进入人类生产和生活利用的环节之中，才是有用的。垃圾分类处理利用后是资源；资源遭到抛弃，或不为人所识别、所利用则为垃圾。有些宝贵资源在一定技术条件之外，就只是一般物质。资源的这种双重性，要求人们最大限度地开发资源的有用性，最大限度地防御和转化资源的有害性。对某一种资源而言（如煤炭），应当在其经济资源价值最高的情况下，用适宜的技术进行清洁开发，高效利用。错失这种时机或不能采取充分利用的途径，资源就可能失去利用价值甚至会成为污染物。

四是辩证认识资源的量与质的问题。资源品质既是绝对的，又是相对的，其决定因素既在于天然禀赋，又在于技术经济水平。我国有相当多的资源，天然禀赋不够理想，如金属矿产小矿多、贫矿多、共伴生矿多、难选冶矿多等。要正视现实的资源条件，开发推广适用技术充分加以利用。由于资源优劣差距很大，就必须改变以往十分简单地以名义总量来反映资源国情的状况，要以一定技术经济条件尺度对各类资源进行标准计量，从而真正对国情心中有数。

当然，用辩证的观点来分析资源，还可以不断得到新的认识。系统分析的方法、历史分析的方法、辩证分析的方法，是建立新资源观的基本方法。

（六）资源的价值观

在可持续发展时代必须进行资源更新建设和保护，资源的价值属性已经显现。只有正确树立资源的价值观，才能理顺资源产业链的相互关系；才能合理进行资源的价值核算并将其纳入国民经济核算体系；才能科学地建立资源的租-税-费体系，依法有序地实现资源的各种权益；才能科学地确定资源性资产的运营监管体制，并逐步建设起一套新的在市场配置资源基础上的宏观调控机制。

在传统观念中，自然资源被视作可以取之不尽、用之不竭的物质，认为其中不含有劳动创造的价值，不被当作是珍贵的有价之物。因为资源的开发和使用都是无偿的，所以企业对资源破坏和浪费的行为不受约束。由于资源不被当作资产，资源无价，资源性产品低价，加剧了资源过快消耗。

人类起初认为耕地资源是无限的，不久就因争夺土地发生了战争。欧洲到 18 世纪还认为耕地资源是无限的，然而，不到 100 年便有大批人因为森林资源殆尽远逃美洲。人们曾经认为水资源是无尽的，然而，今天世界上正在全面发生水危机。人们现在还认为空气资源是无尽的，实际上各种各样的污染已使空气变质为不完全是人类所需要的空气。人们曾经认为阳光资源是无尽的，然而臭氧层的破坏已使强辐射开始伤害人类。这些都迫使人类认真考虑资源的有限性及其利用中的代价问题。

受“资源无价”思想的影响，新中国成立以来，我国的经济增长远低于资源消耗的速度。1953～1986 年国民收入增长仅 6.8 倍，而同期能源消耗增长 14 倍，其中，生铁消耗增长 23 倍，有色金属消耗增长 35 倍，资源开发利用率低（矿产资源采选回收率比发达国家低 10%～20%）（王东升，1998）。

树立资源的价值观，要求对资源的社会再生产进行经济核算，确定资源的价值与价格，理顺资源产业链各环节的关系，改变资源无价、资源产品低价的状况，形成补偿机制和良性循环；要求使国有资源的所有权益在经济上得以实现——建立相应的租金（或权利金）体系，并使资源利用的超额利润得到调节——建立相应的资源税制度，在此基础上完善资源租（金）、税、费体系；要求建立资源的国民经济核算体系，切实防止资源空心化现象；要求对资源进行资产化管理和资源性资产市场化运营配置；要求从根本上引导我国资源管理体制适应社会主义市场经济的要求，用市场经济的规则处理资源问题，在市场配置资源基础上建立以法律和规划为主要方式，综合运用计划、财政、金融等手段的宏观调控体系。

（七）资源的伦理观

规范人类在资源上的社会行为，最普遍有效的自律机制是确立适合于可持续发展要求的资源道德伦理。坚持以协调平衡的原则和公平共享的原则来确立资源道德标准，规范资源社会行为方式，加强资源治理配置、充分利用、有效保护和更新建设，处理好各种资源利益分配关系。

施韦兹在 1923 年出版的《文明的哲学：文化与伦理学》一书中提出尊重生物的伦理学。在他的伦理学中，道德的基本原则是：“善就是保护生命和发展生命，恶就是毁灭生命和妨碍生命”；人对其周围的所有生物负有个人责任。后来，莱奥波尔德从生物伦理学发展并发表《大地伦理学》（1993 年），提出了两个决定性概念：①伦理学正当行为概念，应扩大到对自然界本身的关心；②道德权利概念，应扩大到生命和整个自然界，赋予它永续存在的权利。

伦理学原理可以被借鉴应用于资源系统。莱奥波尔德在《大地伦理学》中改变了对人类地位的认识，即把人类从自然的征服者变为人与自然系统中相互协调共存的一员，并提出道德的对象要从人与人的关系扩展到人与自然的关系，权利的概念要从人类自身扩大到自然界。这也就把道德的对象和权利的概念扩大到了资源系统。同时，建立新的伦理价值尺度不宜只是从经济尺度采取利用或保护自然的措施，社会意识的尺度对自然界、资源与环境显得格外重要。

传统观念在资源意识方面存在的问题是多种多样的，至少常常会碰到“资源无价，尽可无偿使用”“资源无限，尽可随意取用”“资源无主，谁用属于谁”等片面认识。这些社会意识支配下的资源行为及其反映出来的道德规范，显然已不能适应经济社会可持续发展的要求了。资源不是无限而是有限的，不是无价而是有价的，不是无主而是有主的。制定科学的道德规范，并利用社会舆论来约束人类在资源开发利用上的行为方式是十分必要的。

可持续发展时代最主要的资源道德原则，是协调平衡原则和公平共享原则。协调平衡原则体现在以下两方面。

（1）必须自觉地优化配置和节约利用资源。通过优化配置和节约利用资源提高资源利用效率，实现资源利用与其带来的经济社会效益的平衡。

（2）必须自觉注意保护、建设与更新资源，努力实现占用消耗资源与更新、保护、补充资源自身动态的平衡。

公平共享原则要求：①注意自觉地在当代与后代之间合理分配资源利益，联合国《世界自然资源保护纲要》警示：“我们不是从双亲那里继承了地球，而是从子孙们那里借用了它”；②注意自觉地在区域之间、国家企业个体之间合理分配资源利益；③注意自觉地在经济社会发展需要与维持生态系统（自然）需要之间合理分配资源。

三、生态文明和人与自然和谐共生理论

（一）生态文明思想

1. 生态文明概念和内涵

生态文明是指人们在改造客观世界的同时，遵循自然、经济、社会及人类自身发展规律，克服改造过程中的负面效应，积极改善和优化人与自然、人与人的关系，建设有序的生态运行机制和良好的生态环境所取得的物质、精神、制度方面成果的总和。它贯穿于经济建设、政治建设、文化建设、社会建设全过程和各方面，反映了一个社会的文明进步状态。从广义上讲，生态文明是指人类遵循人、自然、社会和谐发展的客观规律，改造世界而取得的物质与精神成果的总和。它是生态经济与生态建设理念的发展与提升。从狭义上讲，生态文明则是人类文明的一个方面，即人类在处理与自然的关系时所达到的文明程度，是指人类社会与自然界和谐共处、良性互动的状态。生态文明与物质文明、精神文明、政治文明等共同组成了人类社会文明的多个维度，其本质就是强调人与自然的和谐。

生态文明是人类在历经了原始文明、农业文明和工业文明，并继承发扬其优秀成果

的基础上所建立的新型的人类文明形态，要求将资源承载力、环境容量作为经济社会发展的先决条件，形成节约资源和保护环境的空间格局、产业结构、生产方式、生活方式（李干杰，2013）。它具有丰富的内涵，概括起来主要包括以下几个方面：①生态文明是一种积极的、良性发展的文明形态。生态文明绝不是拒绝发展，而是要通过生产力的进一步提高、生产生活方式的根本转变，提高人类适应自然、利用自然和修复自然的能力，实现人与自然和谐、健康的发展。②生态文明是可持续发展的文明，包括人类的可持续和自然的可持续。人类所有利用环境、开发资源的活动，都必须以环境可承载和可恢复、资源可接替为前提，是一种可持续的开发利用。③生态文明应是一种科学的、自觉的文明形态。原始文明、农业文明包含的是一种自发的生态文明，未来的生态文明应是一种自觉的生态文明，不仅要有哲学上的自觉，还必须有科学上的自觉，要以科技的发展为基础，自觉地转变发展方式。④生态文明与物质文明、精神文明、政治文明共同构成了人类文明的整体框架。它们紧密联系，既相互促进又相互制约。从自然是人类社会生存的基础来看，生态文明可以看作是其他 3 个文明的基础（耿海斌，2013）。这 4 种文明在人类发展的不同历史时期都有所体现，只不过各种文明的内涵和形式有所变化。因此，我国提出的生态文明，是与物质文明、精神文明、政治文明相对应使用的，是国家处理人与自然关系的伦理要求，是一种治国的理念。

生态文明描述了一个促进人类和地球整体福祉的世界，是工业文明之后一种新的文明阶段。其思想理念是在可持续发展基础上的创新（表 7.1），主要体现在以下方面：①生态文明形态的创新。生态文明是和物质文明、精神文明、政治文明共存的一种人类文明形态，也是超越了传统农业文明、工业文明的一种更高的人类文明形态。面对工业文明下征服自然的发展理念，生态文明从理论与实践的双重维度实现了对这一发展理念的超越。我国生态文明准确把握人类文明必然从人与自然的对立发展走向人与自然的和谐发展这一客观规律，在生态文明建设方面既继承了前人的优秀成果，又进行了创新发展。②生态文明发展维度的创新。我国“五位一体”总体布局把生态文明建设提高到战略角度，拓展了经济、生态、社会可持续发展的 3 个维度。一方面，生态文明建设融入经济建设、政治建设、文化建设、社会建设各方面和全过程，有助于实现以人为本、全面协调可持续的科学发展。另一方面，将可持续发展的 3 个维度进一步深入拓展为经济、政治、文化、社会、生态文明 5 个维度，在更广泛的范围内发挥作用。在实践引领方面，生态文明产生了更加深远的影响。以生态价值观念为准则的生态文化体系，以生态产业化和产业生态化为主体的生态经济体系，以改善生态环境质量为核心的目标责任体系，以生态系统良性循环和环境风险有效防控为重点的生态安全体系，以治理体系和治理能力现代化为保障的生态文明制度体系，界定了生态文明体系的基本框架。③生态文明生态向度的创新。生态文明打造了生态经济新向度和共同体生态新向度。“绿水青山就是金山银山”理念的提出代表了生态经济化和经济生态化的有机统一，摆脱了将发展与保护相对立的旧观念，揭示了绿水青山是实现源源不断金山银山的基础和前提。山水林田湖草生命共同体理念强调了大自然是一个完整的系统，人类只是大自然的一部分，人类活动必须尊重自然、保护自然，统筹山水林田湖草沙系统治理，实现人与自然和谐共生。④生态文明实践深度的创新。我国的生态文明实践提供了可持续发展的中国方案与智慧，是对可持续发展的一种新的更高层面的探索，已成为发展中国家在生态承载力范围之内实现经济社会发展的一种路径探索（冯丹阳等，2022）。

表 7.1　可持续发展和生态文明的比较（冯丹阳等，2022）

特征分类	可持续发展	生态文明
形成关系	基于增长极限理论和知识经济理论的经济学理论、可持续发展的生态学理论、人口承载力理论和人地系统理论	马克思主义生态哲学、中国传统生态智慧和伦理观、可持续发展理论
价值理念	强调环境公平和代际公平，体现了人类与环境共同发展、人类社会生生不息的价值理念	强调人与自然生命共同体、"绿水青山就是金山银山"，包含了可持续发展的世代观
目标指向	围绕贫穷、教育、疾病的减少和环境可持续力的增强	通过经济、政治、文化、社会的全方位绿色转型，提供更多优质生态产品，共建万物和谐美丽家园
内涵构成	关注当代和后代人类福祉，从整个人类的角度以及政府应该实施的对策角度来考虑经济、社会和环境的共同发展	站在对人类文明负责高度，从生命共同体、人类命运共同体等角度，构建人与自然和谐共生发展格局
运行逻辑	如何处理好经济发展与环境保护的关系是其核心主题	从为什么建设、建设什么样和怎么建设的思想脉络出发，科学、历史、系统地看待、协调人与自然的辩证关系
任务体系	围绕人口、资源、环境、生态和经济发展，遵循各国经济发展情况	全方位、全地域、全过程，由宏观到具体、由总体到详细，从整体上布局谋篇并逐步深入、系统地推进
实践机制	联合国制定总体规划，各国政府推进为主，市场和第三部门进行补充	以习近平生态文明思想为指引，国家整体布局，地方具体实施，全民动员

2. 习近平生态文明思想

习近平生态文明思想是习近平新时代中国特色社会主义思想的重要组成部分，其系统回答了建设什么样的生态文明、怎样建设生态文明等重大理论和实践问题。2018 年 5 月召开的全国生态环境保护大会明确提出"习近平生态文明思想"，并指出要坚持"六项原则"：①坚持人与自然和谐共生原则。坚持节约优先、保护优先、自然恢复为主的方针，让自然生态美景永驻人间，还自然以宁静、和谐、美丽。②绿水青山就是金山银山。贯彻创新、协调、绿色、开放、共享的发展理念，加快形成节约资源和保护环境的空间格局、产业结构、生产方式、生活方式，给自然生态留下休养生息的时间和空间。③良好生态环境是最普惠的民生福祉。坚持生态惠民、生态利民、生态为民，重点解决损害群众健康的突出环境问题，不断满足人民日益增长的优美生态环境需要。④山水林田湖草是生命共同体。要统筹兼顾、整体施策、多措并举，全方位、全地域、全过程开展生态文明建设。⑤用最严格制度最严密法治保护生态环境。加快制度创新，强化制度执行，让制度成为刚性的约束和不可触碰的高压线，坚决守住生态保护红线、环境质量底线、资源利用上线三条红线。⑥共谋全球生态文明建设。深度参与全球环境治理，形成世界环境保护和可持续发展的解决方案，引导应对气候变化国际合作。

习近平生态文明思想的基本内容概括为“十个坚持”(习近平生态文明思想研究中心，2022)，即：①坚持党对生态文明建设的全面领导。②坚持生态兴则文明兴。③坚持人与自然和谐共生。④坚持绿水青山就是金山银山。⑤坚持良好生态环境是最普惠的民生福祉。⑥坚持绿色发展是发展观的深刻革命。⑦坚持统筹山水林田湖草沙系统治理。⑧坚持用最严格制度最严密法治保护生态环境。⑨坚持把建设美丽中国转化为全体人民自觉行动。⑩坚持共谋全球生态文明建设之路。这一内容充分体现了我党建设美丽中国、实现中华民族永续发展的宏伟目标（周宏春等，2019）。

（二）人与自然和谐共生现代化理论

党的十九大报告指出：“我们要建设的现代化是人与自然和谐共生的现代化，既要创造更多物质财富和精神财富以满足人民日益增长的美好生活需要，也要提供更多优质生态产品以满足人民日益增长的优美生态环境需要”。报告首次从生态文明的角度明确地将中国特色社会主义现代化界定为“人与自然和谐共生的现代化”，提出了要通过推动形成人与自然和谐共生的现代化建设新格局，到 21 世纪中叶把我国建成富强民主文明和谐美丽的社会主义现代化强国的伟大历史任务。人与自然和谐共生的现代化理念揭示了新时代中国特色社会主义现代化的新内涵，指明了新时代中国特色社会主义现代化的新特征，提出了新时代中国特色社会主义现代化的新追求，为正确认识和处理好人与自然的关系、经济发展与生态治理的关系，以及传统现代化与新时代中国特色社会主义现代化的关系指明了努力方向，并为建设美丽中国、走向社会主义生态文明新时代描绘了绿意盎然的宏伟蓝图（方世南，2018）。

实现人与自然和谐共生的现代化具有重要现实与深远历史意义，其主要体现在以下几方面：①人与自然和谐共生的现代化是对马克思主义生态文明理论和现代化理论的继承和发展。人与自然和谐共生的现代化概念揭示了新时代中国特色社会主义现代化的新内涵，表明新时代中国特色社会主义现代化决不沿袭传统现代化将人与自然对立起来的发展模式，决不走西方现代化所走的先污染后治理的老路，而要走出一条将人与自然当作生命共同体，在尊重自然、顺应自然、保护自然中创造更多物质财富和精神财富以满足人民日益增长的美好生活需要，以及提供更多优质生态产品以满足人民日益增长的优美生态环境需要的新型现代化的崭新道路。②人与自然和谐共生的现代化凸显了新时代中国特色社会主义现代化的诸多新特征，呈现出以绿色发展促进资源节约型、环境友好型、人口均衡型和生态健康安全型社会的新特征，在整体文明系统中实现社会高质量美丽发展的新特征、在保障人民群众经济权益、政治权益、文化权益、社会权益和生态权益中促进人的自由而全面发展进而实现发展价值的新特征。③人与自然和谐共生的现代化是中国共产党以马克思人与自然关系理论为基石，在反思西方现代化模式的弊端和我国处理人与自然关系问题的经验教训过程中所做的理论创新，体现了我国作为全球生态文明建设的重要参与者、贡献者和引领者的责任担当。④人与自然和谐共生的现代化新模式是对西方现代化模式的反拨与超越，为广大发展中国家实现现代化开辟了非西方的道路。人与自然的关系是任何国家实现现代化都要慎重对待的关系，我国探索人与自然和谐共生的现代化道路，拓展了发展中国家走向现代化的途径，给世界上希望加快发展并保持自身独立性的国家和民族提供了全新选择，为解决人类问题贡献了中国智慧和中国方案，将产生强烈的示范效应（解保军，2019）。

第二节 自然资源管理模式

自然资源是国家经济与社会发展的物质基础。自然资源管理是指人类按照经济与生态规律，运用行政、法律和技术等手段，对自然资源的利用和保护进行规划、组织和监督活动的总称，以达到自然资源可持续发展的目的（周国华，1992）。构建新型自然资源管理体制和运行机制，整合优化自然资源管理职能配置，健全自然资源产权制度，创建可复制推广的自然资源管理模式，对有序开发利用与保护改善自然资源，推进生态文明建设，实现社会绿色发展等具有重要意义。

一、自然资源管理体制改革的国际经验

自然资源种类、价值、用途等方面的差异决定了自然资源管理过程的复杂性。从国际经验上来看，目前世界一些主要国家在综合考虑其资源禀赋、发展模式、管理水平、生态压力等状况条件下，基本经历了以下 3 种自然资源管理体制的演化和转变（宋马林等，2022）。

1. 政府（国家）集中管理体制

自然资源的公共产品属性决定了任何类型的自然资源，若不加以控制，则“公地悲剧”都有可能发生。因此，二战以来，一些发达国家政府开始对过去的自然资源管理体制进行重新设计，将原先散乱的资源分类管理模式调整为统一的、综合的严格管制与管理模式，并依托互联网信息技术的迅猛发展，构建中央政府统一管理、政府多部门协同管理、大部制管理、公共行政服务中心统一管理等对自然资源进行政府或国家集中的管理体制与管理模式。

政府集中管理体制目前多被一些资源大国作为主要的管理模式，如中国、美国、俄罗斯。其优势在于通过政府的总体规划和控制，可有效保护自然生态环境，自然资源开发利用效益可以得到大幅度提升，避免了自然资源无目的、无节制、无效率地开采浪费。以美国为例，美国内政部对土地资源及矿产资源开展统筹管理，这为合理开发利用国土资源、统筹规划、维护资源利用与生态和环境的平衡创造了条件。但该管理模式也有一定的弊端，例如，在集中管理体制下，可能出现过长的管理链条而导致的信息不对称问题，亦或是政府管理能力欠缺、权责交叉等问题而产生的集中管理后的过度开发，有些国家甚至由于政府集中管理不善形成了国民贫困加剧，进而导致自然资源非合理开发的恶性循环。因此，实施自然资源的政府集中管理体制要求政府必须要有强大的统筹组织能力和相对完善健全的配套法律作为基础保障。

2. 公众（私人）参与管理体制

公众（私人）参与管理体制是基于自然资源产权完全私有或部分私有，多应用于发

达国家的自然资源管理实践。随着自然资源产权界定手段和技术的不断发展，界定成本持续下降，作为一种合法参与决策并实施行为的管理模式，公众参与管理体制逐渐得到重视。在该管理体制和模式下，作为自然资源的所有权主体，能最大化发挥其应有的价值，利用市场机制，提高自然资源配置和使用效率，在某种程度上避免了自然资源的过度浪费。20 世纪 70 年代，美国环境保护署就已在相关制度中明确了该体制在自然资源管理中的重要作用，并对管理体制的一些实践细节做出了规定和要求，包括财政资助标准和协议、许可证实施细则等。

公众参与管理体制充分发挥了非政府行为主体的参与管理意识，在管理实践过程中培养了公众对自然资源的保护意识，并有效实现了资源价值。虽然公众参与管理体制规避了集中管理体制带来的部分弊端，但自然资源开发利用过程的外部性问题仍未得到解决，公众参与体制下的资源使用主体可能会对稀缺自然资源进行不合理的开发和利用，导致自然生态环境遭受破坏。另外，基于产权私有的管理体制还可能会加剧不同阶层的财富差距，出现资源财富领域的“马太效应”，甚至在一些发展中国家，开展公众参与管理体制在自然资源私有产权界定层面可能还会出现困难和阻碍。

3. 社区自然资源管理体制

社区自然资源管理体制可以看成是上述两种管理体制的综合，是综合自然资源管理理念的具体表现形式。以社区为基础的管理体制在管理的有效性、增加社区的影响、维护公平、发展生计、提升管理效果、保护生物多样性、降低成本以实现更有效治理、推进采取更多公共管理措施等方面有着诸多优势。目前，英国、加拿大、日本等国家实行的自然资源管理体制类似于社区自然资源管理，其将大多数管理决策权和对重要资源的控制权转移至社区。以社区为主体，民众对自然资源管理的参与热情会显著提高：一方面，社区民众是其所在管理范围内自然资源的直接收益群体，更有动力对资源开发利用方式、使用目的等进行监督；另一方面，由社区进行资源管理，能有效促进社区内部的信息交流，增强其抗风险能力，有助于建立更加完善的社区自然资源管理运行机制，并对一些无法进行产权私有化界定的自然资源开发、利用和保护起到重要作用。由社区进行管理，社区群众的资源管理能力也将得到提升，并愿意为之付出努力，不断增强自身参与自然资源管理的责任感与义务感，从而可以优化社区资源的自我管理能力以及持续开发水准。

虽然以社区为基础的管理体制结合了政府集中管理体制和公众参与管理体制的优势，但这种管理体制实际上也存在一定的缺陷。例如，受社区民众知识体系、管理理念、技术方式等方面差异的影响，社区民众参与管理体制可能会导致自然资源管理出现持续混乱，管理过程难以为继，或是一部分群体会受到另一部分群体的影响和制约，以致无法客观地做出正确的管理决策。此外，还可能出现财力支撑不足、管理技术落后、执行力度不够等问题和矛盾。

总之，世界主要国家实施的自然资源管理体制各具特点，各有其适用条件，代表了当前自然资源管理体制的发展方向，并逐步形成协同、合作、统一的管理理念。各个国家或地区均需结合自身社会、经济、制度、文化等方面条件，建立差异化的自然资源管理体制。自然资源管理体制的不断变化，本质上源于人类对自然资源认知的改变，从单一的自然资源管理到自然资源的管理和治理相结合，更加突出了其生态属性和资源价值，管理体制的更迭和创新也促使人们对社会经济可持续发展的越发重视，但目前还没有一种普适性的管理体制能解决所有国家或地区的自然资源管理问题。

二、我国自然资源管理体制改革现状与发展演变历程

我国自然资源属于国家和集体所有，国家所有权由国务院代理，各级政府和有关资源管理部门具体行使自然资源资产管理和行政监督职责。按管理对象划分，自然资源管理可分解成自然资源管理和自然资源资产管理，前者是对资源实体进行管理，后者则为对资源价值进行管理。因此，自然资源管理过程需要同时聚焦到自然资源的自然属性和社会经济属性 2 个方面（宋马林等，2022）。

（一）我国自然资源管理体制发展演变历程

我国自然资源管理体制的发展具有独特性，其发展演进与历届政府机构改革相伴而行，体现出时间阶段随国家经济体制转变而发展、管理机构设置由繁至简、业务类型与“两统一”（统一行使全民所有自然资源资产所有者职责，统一行使所有国土空间用途管制和生态保护修复职责）联系由弱至强三大特征，实现了从自然资源的计划管理和无偿使用向自然资源的资产管理和有偿使用的转变（苏迅和方敏，2004；吴初国等，2015）。如表 7.2 所示，其发展演变历程大致可分为探索、调整、发展和完善 4 个阶段（杨尧等，2023）。

表 7.2　我国自然资源管理体制的演变历程（杨尧等，2023）

时间阶段	管理机构	业务类型
计划经济时期初期探索阶段(1949～1977 年)	1. 能源与矿产资源：中国地质工作计划指导委员会、中国科学院地质研究所、中国科学院古生物研究所、矿产地质勘探局、地质部、冶金工业部、化学工业部、建筑材料工业部、第二机械工业部、煤炭工业部、石油工业部、电力工业部、国家地质总局 2. 土地资源：地政司、建筑工程部、土地利用总局、农垦部、城市服务部 3. 森林资源：林垦部、林业部、森林工业部、农林部 4. 水资源：水利部、水利工业部、水利电力部 5. 海洋资源：国家海洋局 6. 草地资源：农业部	土地改革、土地清丈、登记、发证、林业垦殖与建设等
改革开放初期政策调整阶段(1978～1997 年)	1. 土地资源：农业区划委员会、国家土地管理局、建设部 2. 能源与矿产资源：地质部、地质矿产部、能源部 3. 森林资源：农林部、林业部 4. 海洋资源：国家海洋局 5. 草地资源：农业部 6. 水资源：水利部	土地调查、统计、定级、登记、发证、地质勘探、矿产开发、地质环境保护等

续表

时间阶段	管理机构	业务类型
市场经济时期 职能调整与发展阶段 (1998～2017 年)	1. 土地资源：国土资源部 2. 矿产资源：国土资源部 3. 海洋资源：国土资源部 4. 森林资源：国家林业局 5. 草地资源：农业部 6. 水资源：水利部	编制土地利用、矿产资源、海洋资源、地质环境规划 土地调查登记、耕地开发、农地保护、土地复垦、基本农田保护、矿产资源开发、矿产储量评审、地质灾害防治、地质勘探等
生态文明建设时期 部门与政策完善阶段 (2018 年至今)	1. 土地资源 2. 矿产资源 3. 森林资源 4. 草原资源 5. 湿地资源 6. 海洋资源 7. 水资源 以上由新成立的自然资源部统一管理	自然资源调查、监测、确权登记、开发利用、国土空间规划、用途管制、生态修复 耕地保护、地质勘查、矿产资源保护、海洋战略规划、海域海岛管理、海洋预警监测等

（1）自然资源管理初期探索阶段（1949～1977 年）。1949 年新中国成立初期，我国实行高度集中的计划经济体制，生产由国家统一下达计划任务。为扩大自然资源开发利用规模，管理体制必须与之相适应，经营管理方式较为粗放，几乎没有关注到生态问题（袁一仁等，2019）。自然资源管理机构主要由不同经济产业部门负责，部门机构设置繁多，变化频繁。

（2）自然资源管理政策调整阶段（1978～1997 年）。1978 年，我国社会经济各领域开始转型，自然资源管理体制也随之调整，为服务社会主义现代化建设，管理方式由被动调整为主动。一是国家发展计划中开始出现环境保护与资源节约的内容（王金南等，2018）；二是国家开始对自然资源的开采征收资源税和资源补偿费（曹明德，2007），自然资源市场化、资产化得到体现；三是自然资源相关法律体系开始建立，为自然资源的合理开发利用提供来自法律层面的保障。

（3）自然资源管理职能调整与发展阶段（1998～2017 年）。随着我国确立社会主义市场经济体制的改革目标，国家推行以转变政府职能、实行政企分开为主要特征的机构改革。为适应市场化配置资源的新要求，自然资源管理机构再次得到精简，组建了由国家海洋局、国家土地管理局、地质矿产部和国家测绘局共同构成的国土资源部，负责土地、矿产、海洋等自然资源的调查、规划、利用与保护工作，实现了自然资源管理的相对统一。

（4）自然资源管理部门与政策完善阶段（2018 年至今）。党的十九届三中全会审议通过了《深化党和国家机构改革方案》，提出组建自然资源部，整合国家测绘地理信息局、国家发展和改革委员会、水利部、农业部、国家林业局、住房和城乡建设部、国家海洋局和国土资源部的职责，负责土地、矿产、水、草原、森林、湿地和海洋等自然资源的统一调查监测工作，履行“两统一”职责（杨尧等，2023）。至此，我国自然资源实现了综合化统一管理，为生态文明建设提供了强有力的机构保障。

（二）我国自然资源管理体制改革现状

我国自然资源管理涉及自然资源部、生态环境部、水利部等多个部门，其制度体系可概括为“两大基础、三大环节、四大保障”（马永欢等，2017a；宋马林等，2022）。两大基础主要包括产权基础（自然资源资产产权制度）和空间基础（国土空间规划制度、资源分类和用途管制制度）。其中，国土空间规划制度是资源分类和用途管制的基础，也是区域生产力布局和经济社会发展的基本依据，建立规范的空间规划框架和制度体系，有利于保证国土空间资源的高效及有序开发；自然资源资产产权制度是其合理、有效开发的前提，完善的自然资源资产产权制度有利于我国生态文明建设制度保障与实施。三大环节是指自然资源制度体系中的源头保护、利用节约与破坏修复，它是生态文明建设与实现美丽中国的治本之策，包含了自然资源管理实践过程中的自然资源保护制度、节约集约利用制度、资源有偿使用制度与生态补偿制度 4 个关键制度，及自然资源的确权登记、市场交易、责任追究、离任审计与统计核算等制度。四大保障是指自然资源管理制度体系构建与保障实施过程中的体制保障、法治保障、监督保障和服务保障。其中，体制保障为实现自然资源双属性管理提供全局支撑，法治保障可保证改革有效实施并巩固自然资源改革成果，监督保障将有助于上述核心环节的顺利开展，而服务保障则是推进政府职能转变的关键基础。目前，我国已形成了较为完整的自然资源管理制度体系框架（图 7.1），在生态文明建设的顶层设计和战略部署下，我国自然资源管理发展取得了显著成效，但发展过程中存在的问题和矛盾也逐渐凸显，主要体现为管理对象（自然资源资产）、管理主体（管理行政职责）和管理保障（法律制度建设）等方面的问题与不足（宋马林等，2022）。

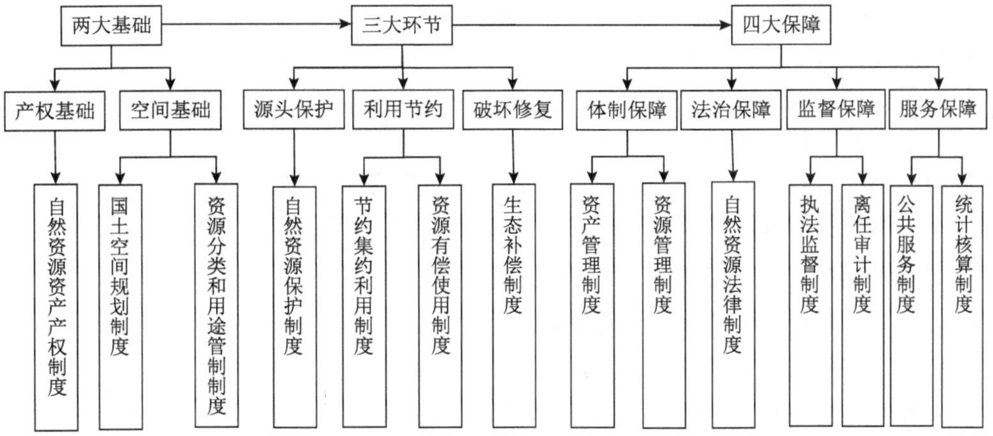

图 7.1　我国自然资源管理制度体系框架（宋马林等，2022）

1. 自然资源管理资产产权归属不清，产权收益流失严重，产权交易偏离市场

自然资源管理体制的核心问题是自然资源资产产权制度问题（卢现祥和李慧，2021）。

自然资源要成为自然资源资产，最为关键的是要产权明晰，以保证自然资源的使用权、占有权、处置权、所有权、收益权等一系列其他权利。我国自然资源资产产权制度经历了从公共到国有、再到现今为促进市场效应建立产权市场的三次关键变革，但仍存在自然资源资产产权归属不清、产权收益流失严重及产权交易偏离市场等主要问题。

产权是一切市场经济的基础保障，没有明晰的产权就没有持续的创新，市场经济就难以存在和发展。自然资源产权的明确界定，不仅可保障产权所有者的利益与开发使用责任，还可保障自然资源交易市场的有序流转，加快资源资产化进程。目前我国自然资源管理领域的许多问题都出自产权归属不清问题，模糊的产权归属导致了行为主体缺失、资源租值耗散、开发利用过度、生态环境恶化、监管成本上升等一系列问题。另外，我国自然资源资产管理形成了全民-国务院-自然资源部-各级政府主管部门-使用占有权主体这样的多级委托-代理模式，部分自然资源所得权益虽有相关法律限定分配关系，但主要是地方政府拥有资源的处置权和收益权，缺乏监督，导致大量自然资源仍被低价转让甚至无偿使用，全民或集体所有的自然资源收益得不到相应保障，产权收益流失严重。此外，自然资源资产的产权交易本质上是围绕其所有权开展的交易，整个市场体系应朝着多元化、多层次的方向发展，我国自然资源资产产权交易市场体系虽实行了资源有偿使用制度，但其本质依然是政府或村组织代表全民或集体以有偿的形式进行自然资源资产出让，脱离了真正的自由市场交易体系，交易过程容易形成设租、寻租行为，不利于产权对行为主体的激励作用，也难以实现资源价值最大化。

2. 自然资源法律重开发行为规范、轻生态保育与发展

法律制度是各类自然资源开发、利用、保护、修复等行为有效开展的基础和保障。我国陆续出台了众多单项法律制度，如《中华人民共和国土地管理法》《中华人民共和国水法》《中华人民共和国矿产资源法》《中华人民共和国森林法》《中华人民共和国草原法》《中华人民共和国海洋环境保护法》等，并在管理实践中不断得到修订完善。但由于不同自然资源之间具有联系，管理工作需要统筹考虑，而现有的各类资源法基本是根据自身属性和使用目的开展具体条文的制定，相互之间关联性较弱，且过于偏重公法对自然资源管理关系与开发行为的规范，对资源开发主体的生态环境保护与可持续发展要求相对较为薄弱，不利于自然资源的系统开发及其生态保育与系统修复，与山水林田湖草生命共同体及生态文明建设理念仍有差距，需要进一步完善与发展。

3. 自然资源管理部门职能交叉、权责不清

受自然资源系统的整体性与功能多样性影响，自然资源之间可能具有天然的交叠性和可转换性，同一自然资源有时可能处在不同部门的管理职责范围下，导致了职能交叉、权责不清等问题。虽然中央政府一直重视对土地、矿产、水等重要资源的统一管理，但其他自然资源的管理权大多被移交至地方政府。有些地方政府存在过于追求区域经济增长的短期行为，忽视长期可持续发展的重要性，加之管理理念相对陈旧、开发技术相对落后等，造成自然资源利用效率低并对生态环境产生了不可逆的破坏性影响。有些地方政府在自然资源管理工作过程中容易混淆所有权和管理权的身份，导致一系列寻租腐败行为，影响了自然资源价值的合理评估、规范流转和国家与集体利益。虽然我国于 2018

年组建了自然资源部，实行对自然资源的统一管理，但在部分资源管理实践方面仍存在一些现实问题，如中央政府与地方政府在资源处置方面结合力度不够、综合协调管理能力不足等，还需进一步强化权责统一，健全山水林田湖草沙的集中化开发和管理，加强不同层级政府以及相关部门之间的协同合作，保障管理信息的有效获取、传递和交流，实现整体性、系统性、协同性和高效性的自然资源管理（潘楚元和苏时鹏，2023）。

（三）我国自然资源管理模式

自然资源具有自然属性和社会经济属性双重属性。自然资源的双重属性也决定了经济持续发展和生态文明建设的路径（宋马林等，2022）。我国是公有制和中央集权制国家，自然资源属于国家和集体所有，中央对自然资源有较大的管理权利。虽然我国有丰富的自然资源，但作为一个发展中国家，发展进程中仍需利用大量自然资源，面临巨大的生态环境保护压力。这些基本国情决定了我国要走资源管理、产业管理和生态管理并重的道路，按照自然生态的整体性、系统性及其内在规律，加强国家对自然资源所有权的控制，对生态区位重要的国有自然资源实行国家、省级分级所有和管理的机制；对集体所有的国家级重点自然资源实行收购，由政府投资国家公园，发挥国土保安作用。加大对自然资源使用权人的产权限制，通过用途管制手段，达到保护自然资源的目的。另外，要建立生态补偿转移机制，突出自然资源的生态价值，促进自然资源的市场化配置，激励保护自然资源（洪旗和陈华飞，2018）。

由于自然资源存在类型多样性、功能差异性与复杂性等特征，可以从不同的视角划分不同的自然资源管理体系或管理模式。考虑到自然资源的特点及组织管理实践的可行性，依据发起、组织、参与自然资源管理的不同主体，按照参与者对自然资源管理认知的重要性程度，将自然资源管理的具体模式分为政府主导型自然资源管理模式、非政府组织主导型自然资源管理模式和公众自觉参与型自然资源管理模式（卢小丽等，2012）。具体特征见表 7.3。

表 7.3　自然资源管理不同模式的特征比较

模式特征	政府主导型	非政府组织主导型	公众自觉参与型
主导者	政府	社会团体、行业协会、社区	公众自身
参与途径	讨论、调查、协商、决策	讨论、访谈、协商	自觉对生活中的资源进行管理和有效利用
参与主体范围	普通民众、企业、社会团体、协会	普通民众、企业、社会团体、协会	普通民众
管理目的	达成意见一致性、提高决策的科学性	拓宽公众参与渠道、提高参与的有效性	减少生活中消耗的资源量、提高资源效率
管理内容与范围	适用于对关系到国家经济发展的大型资源如森林资源、土地资源等的管理	适用于公众多渠道、多角度参与资源管理如社区共同治理、资源管理委员会等实践领域	适用于对生活资源如家庭水资源、能源以及再生利用资源等的管理

1. 政府主导型自然资源管理模式

政府主导型自然资源管理模式是指以政府为主导的带动性参与模式，政府通过新闻媒体发布参与信息，制定相关优惠政策来鼓励公众参与自然资源管理，并在宏观层面上制定参与过程，组织公众按照制定好的参与过程进行参与，充分协调利益相关者之间的利益关系，最大限度地发挥政府的宏观调控作用。典型的政府主导型管理模式主要表现为：政府参与资源评估与资源管理决策制定，并请公众直接对政府制定的项目计划进行评价、提出决策意见，完善最终决策。该模式适用于对关系到国家经济发展的大型资源的管理，如森林资源、土地资源等。

2. 非政府组织主导型自然资源管理模式

非政府组织主导型自然资源管理模式是非政府组织如社会团体、行业协会、社区主导发起的鼓励公众参与自然资源管理的管理模式，社会团体、行业协会和社区作为发起者主要发挥着组织协调、发布参与信息、召集参与者的作用。实施过程中，非政府组织要协调各参与主体的利益关系，实现非政府组织下的整个参与过程的公平性和协调性。该模式适用于公众多渠道、多角度参与资源管理的实践领域，社会团体、行业协会、社区通过号召部门内成员参与自然资源管理，如社区共同治理、资源管理委员会、情景工作团队等，有助于拓宽参与渠道，提高参与的有效性。

3. 公众自觉参与型自然资源管理模式

公众作为自然资源的直接消耗者，在自然资源管理过程中理应扮演重要角色。公众自觉参与型自然资源管理模式强调公众在日常生活中能够自觉地对生活资源进行管理，如用水资源、生活垃圾资源回收再利用等，体现公众参与认知和参与意愿。具有参与认知和意愿的公众能够在面对资源耗尽和管理问题时，自觉将自身看成自然资源的保护主体，从而自觉参与自然资源可持续利用的管理决策和保护规划，减少资源消耗，提高资源效率。该管理模式适用于对生活资源如家庭水资源、能源以及再生利用资源等进行管理，这种参与模式强调公众在参与意识和参与利益的驱动下主动进行资源管理，整个参与过程基本不受参与规则和步骤限制。

上述三种自然资源管理模式既有对自然资源管理认知的重要性逐渐延伸的逻辑联系，又在参与主体范围、参与目的、管理内容等方面存在差异。

第三节　自然资源资产管理

一、自然资源资产管理概念及其意义

自然资源资产是指自然资源中具有稀缺性、有用性（包括经济效益、社会效益、生态效益）以及产权明确的自然资源。自然资源资产作为国有资产管理中的重要内容，在计量、核算、管理等方面存在特殊性。我国对自然资源资产产权制度的探索始于党的十八届三中全会，会议提出“健全国家自然资源资产管理体制，统一行使全民所有自然资

源资产所有者职责”方针政策；党的十八届五中全会提出的坚持绿色发展、加强生态文明建设的要求更是将自然资源资产的管理推上了前所未有的重要位置。党的十九大报告更是明确提出“设立国有自然资源资产管理和自然生态监管机构”“统一行使全民所有自然资源资产所有者职责”，表明自然资源资产管理已然上升到前所未有的国家战略层面。2022年3月，中共中央办公厅、国务院办公厅印发了《全民所有自然资源资产所有权委托代理机制试点方案》，再次引发社会各界对自然资源管理体制改革的重新关注（王鹏飞和于海燕，2023）。

自然资源资产管理是我国自然资源管理过程中形成的一个复杂概念，涉及不同产权主体、不同类型的自然资源资产（张杰，2023）。杨芸芸（2009）认为，自然资源资产化管理是遵循自然资源的客观规律，按照资源生产的实际，从资源的开发利用到资源的生产和再生产，按照经济规律进行的投入产出管理。2015年10月，我国财政部印发了《政府会计准则——基本准则》，将自然资源资产作为非流动资产纳入政府财务会计要素中。根据资产的相关定义，李松森和夏慧琳（2017）依据经济观念，将自然资源资产界定为：以社会当前所具备的知识水平和科技水平为前提，通过开发利用等手段能产生一定经济价值的资源，并认为它是一种多态、多途、多属性的资产。宋马林等（2022）则将自然资源资产概念概括为具有稀缺性和效益性且产权明确，能在未来给所有者带来经济收益或福利的自然资源。

对自然资源进行资产化管理，首先需要明晰资源产权，才能有针对性地开展管理实践工作（宋马林等，2022）。自然资源的产权体系主要包括自然资源所有权体系、自然资源使用权体系以及自然资源收益权体系。其中，所有权是指国家对自然资源拥有所有权，明确了国家对资源的管理责任；使用权是指个体对自然资源拥有使用权，具体包括用益物权以及担保物权；收益权是指个体间通过约定对自然资源拥有一定的收益权。所有权和使用权形成相互依存、相互协调的产权关系（张杰，2023）。加强自然资源资产管理，明晰自然资源产权制度，建立自然资源的核算制度、补偿制度、规划制度、有偿开发使用制度和监督制度，将资源开发利用权逐步推向市场，将有利于为社会提供更好的经济效益和良好的生态环境，促进资源产业的良性循环（杨芸芸，2009），对保障我国社会经济发展、维护国家未来利益等具有重要意义。

二、自然资源资产负债表

自然资源资产负债表是国家资产负债表的主要组成部分，也是构建政府宏观环境会计体系中不可缺少的环节及推进国家治理体系和治理能力现代化的重要工具。编制自然资源资产负债表并开展自然资源资产离任审计，定期核算自然资源资产的变动情况，有助于全面反映政府对各项自然资源占有、使用、维护以及管理绩效，促进领导干部树立科学发展的政绩观，有利于生态文明建设（黄溶冰和赵谦，2015）。

（一）自然资源资产负债表概念及其发展历程

自然资源资产是指特定主体拥有的能加以控制、能以货币计量、可能带来未来效用的自然资源和为降低主体对自然资源的影响而采取措施的资本化成本。自然资源负债是指特定主体为治理生态系统或恢复自然资源状态，需要在未来支付费用或恢复成本的现实义务，履行该义务预期会导致经济利益的流出（蔡春和毕铭悦，2014），其主要包括资源过耗、环境损害和生态破坏三类，并通过环境恢复治理成本核算、生态系统服务功能价值核算等方法来计量（石吉金等，2020）。自然资源资产负债表是一个分析表，是用国家资产负债表的方法，对全国或一个地区的所有自然资源进行分类加总形成报表，显示某一时点上自然资源资产的"家底"，反映一个国家或地区在一定时期内的自然资源资产的增减情况以及平衡关系（谷树忠，2016）。通过编制自然资源资产负债表，可以了解国家或某一区域自然资源资产占有、使用、收益、处分等各项所有权权利实现动态，为维护国家所有者权益、促进自然资源保护和合理利用、支撑国民经济发展等提供基础信息支撑（石吉金等，2020）。

我国自然资源资产负债表最早提出于 2013 年 11 月党的十八届三中全会，提出要对水流、森林、山岭、草原、荒地、滩涂等自然生态空间统一确权登记，形成归属清晰、权责明确、监管有效的自然资源资产产权制度及用途管制，探索编制自然资源资产负债表，并实行自然资源资产离任审计、资源有偿使用和生态补偿机制，建立生态环境损害责任终身追究制。2015 年 11 月，国务院办公厅下发了《编制自然资源资产负债表试点方案》，选取内蒙古自治区呼伦贝尔市、浙江省湖州市、湖南省娄底市、贵州省赤水市、陕西省延安市等五个地区作为试点，参照联合国《环境经济核算体系 2012》等国际标准，分两个阶段探索编制自然资源资产负债表。2017 年 6 月，中央全面深化改革工作领导小组会议审议通过了《领导干部自然资源资产离任审计规定（试行)》，将自然资源资产纳入到对领导干部的离任审计中，使考核指标不再唯 GDP 论政绩，不再局限于经济责任审计。2019 年 4 月，中共中央办公厅、国务院办公厅印发了《关于统筹推进自然资源资产产权制度改革的指导意见》，要求在 2020 年基本建立自然资源资产产权制度，并对自然资源资产产权体系、产权主体、确权登记、集约开发利用、法律监管等提出了明确要求。2022 年 3 月，中共中央办公厅、国务院办公厅印发了《全民所有自然资源资产所有权委托代理机制试点方案》，明确了全民所有自然资源资产所有者职责，对涉及全民所有的土地、矿产、森林、草原、湿地等 8 类自然资源资产开展所有权委托代理试点，通过编制自然资源清单，进一步摸清自然资源资产家底，促进自然资源资产高效配置和保值增值。2022 年 4 月，中央全面深化改革委员会审议通过了《关于建立健全领导干部自然资源资产离任审计评价指标体系的意见》，提出构建科学、规范、合理的审计评价指标体系，要将自然资源、生态耕地红线、减污降碳等国家重大部署贯彻落实情况融入评价指标，进一步强化对领导干部资源环境决策、关键指标、监管履职的审计评价，并计划在 2023 年形成健全完善的所有权委托代理机制（王鹏飞和于海燕，2023）。

（二）自然资源资产负债表编制原则

参照国务院办公厅关于印发《编制自然资源资产负债表试点方案的通知》（国办发〔2015〕82 号）规定要求，结合联合国等国际组织制定的《环境经济核算体系 2012》等国际标准，立足我国生态文明建设实际及自然资源禀赋和统计监测基础，确定以下编制原则。

（1）坚持整体设计。将自然资源资产负债表编制纳入生态文明制度体系，与资源环境生态红线管控、自然资源资产产权和用途管制、领导干部自然资源资产离任审计、生态环境损害责任追究等重大制度相衔接。按照生态系统的自然规律和有机联系，统筹设计主要自然资源的资产负债核算。

（2）突出核算重点。从生态文明建设要求和人民群众期盼出发，优先核算具有重要生态功能的自然资源，要反映自然资源规模的变化，更要反映自然资源的质量状况，并在实践中不断完善核算体系。

（3）注重质量指标。编制自然资源资产负债表将质量指标和数量指标结合，更加全面系统地反映自然资源的变化及其对生态环境的影响。

（4）确保真实准确。按照高质、务实、管用的要求，建立健全自然资源统计监测指标体系，充分运用现代科技手段和法治方式提高统计监测能力和统计数据质量，确保基础数据和自然资源资产负债表各项数据真实准确。编制自然资源资产负债表，不涉及自然资源的权属关系和管理关系。

（5）借鉴国际经验。立足我国生态文明建设需要、自然资源禀赋和统计监测基础，参照联合国等国际组织制定的《环境经济核算体系 2012》等国际标准，借鉴国际先进经验，通过探索创新，构建科学、规范、管用的自然资源资产负债表编制制度。

（6）先实物后价值。基于编制自然资源资产负债表所在区域的各类资源环境统计资料，建立资源、环境、生态三方面的实物账户，之后在确保核算体系科学性、完整性的前提下，采用市场法等计量方法，构建对应于实物账户的价值账户，并最终形成一张价值型的自然资源资产负债表总表，全面反映核算期自然资源资产与负债规模、构成及变动情况。

（7）先存量后流量。在编制自然资源资产负债表时，需优先核算特定时点各类自然资源资产的数量和结构，进行自然资源资产的存量核算；再针对核算期内资源资产在经济活动中的变动进行流量核算。例如，对于水资源资产，首先统计某年某市境内各类水资源资产的总量，其次核算近 10 年该市因降水、蒸发、下渗等引起的水资源变动，水资源流量账户揭示了该市水资源流与经济流之间的动态关系（闫慧敏等，2017）。

（8）先分类后综合。自然资源资产负债表编制由一系列“分表”与“总表”组成，如何获取“自然资源资产”与“自然资源负债”两个总量指标是实践编制的重点。按照自下而上的方式，首先，从资源（土地、水、林木）、环境（大气、水、土壤）、生态（森林、草地、湿地）三方面的各细目指标进行核算；其次，加总得到自然资源、环境质量与生态功能的综合核算账户；最后，汇总得到自然资源资产值与负债值，形成总表（闫慧敏等，2017）。

（9）三并重三结合。自然资源资产负债表编制应当以“三并重三结合”为基础，“三并重”为实物和价值并重、流量和存量并重、数量和质量并重，即不仅要掌握自然资源具体数据，还要尽量控制留存自然资源质量水平，实现自然资源价值与收益的最大化。“三结合”为资源保护与资源过耗的加减法结合、分类与综合结合、科学与实用结合，即运用科学的方法作为支撑，结合实际的自然资源保护和使用状况，最大程度实现科学与实际的有机结合（周霞等，2021）。

（三）自然资源资产负债表编制模式

现有自然资源资产负债表编制成果可归纳为 5 种模式（石吉金等，2020）。第一种是会计核算模式。其主要特点是参照国家、企业资产负债表的编制思路，把自然资源资产负债表分为自然资源资产、自然资源负债和所有者权益（净资产）3 个要素，并遵循“资产=负债+所有者权益（净资产）”的恒等式（杨艳昭等，2018）。第二种是统计表模式（石吉金等，2020）。根据国家统计局制定出台的《自然资源资产负债表编制制度（试行）》来编制，主要特点是以土地、林木、水、矿产等为主要核算内容，采用账户形式统计计量自然资源资产数量、质量等实物量，不涉及负债和价值量，表间遵循“期末资源存量=期初资源存量+本期资源增加量—本期资源减少量”的基本等式（石吉金等，2020）。第三种是平衡表模式（耿建新等，2017，2019）。其主要特点是基于环境经济综合核算体系（system of environmental economic accounting，SEEA）基本原理，编制自然资源资产供应和使用平衡表，并符合“资源供应=资源使用”的平衡关系，不确认自然资源负债。第四种是生态环境模式（杨小毛和姜育良，2016）。其主要特点是分别核算自然资源资产和负债，其中自然资源资产核算范围涵盖了生态价值，表间资产和负债存在平衡（按照“资产=负债+净资产”进行汇总编表）和不平衡（资产和负债在一张表中单列，但不存在平衡关系）2 种形式。第五种是离任审计模式（杜敏等，2016）。其主要特点是根据审计重点内容，设置自然资源资产管理以及生态环境保护责任等方面的考核指标，并分别对资产和负债进行核算，侧重于与审计需要相结合。

（四）自然资源负债表编制内容

自然资源资产负债表将所有自然资源资产作为编制范围，重点反映能体现资源环境状况的自然资源管理内容，为开展生态环境损害综合评价和领导干部自然资源资产离任审计等提供基础数据（石吉金等，2020）。其编制范围不仅要包括自然资源的核算，还应涵盖环境保护和人类健康等更广义的内容，编制内容不仅要反映自然资源规模的变化，还要反映自然资源的质量状况，需从数量和质量两方面探讨负债表编制的内容（黄溶冰和赵谦，2015）。例如，土地资源资产负债表内容主要包括耕地、林地、草地等土地存量情况及其变化，耕地和草地质量等级分布及其变化；林木资源资产负债表内容主要包括各类林地的存量及其变化，森林质量等级分布及其变化；水资源负债表内容主要包括地表水、地下水资源情况，水资源质量等级分布及其变化等。

自然资源资产负债表的编制需要一套理论框架、一系列定义清晰的概念和一套数据处理的科学方法，目前我国在这方面尚没有成熟的经验可供借鉴。由于自然资源资产负债表与国家资产负债表、绿色国民经济核算存在密切联系，在自然资源会计准则中还应揭示三者之间的勾稽关系和整合方案（黄溶冰和赵谦，2015）。负债表的基本平衡关系是：期初存量+本期增加量－本期减少量=期末存量，可按照“资产=负债+所有者权益”的原理从实物量与价值量两方面编制自然资源资产负债表（蔡春和毕铭悦，2014），其基本结构及内容主要有以下 3 种。

一是按照“期初存量+本期增加量－本期减少量=期末存量”的原理核算自然资源资产的期初存量和期末存量，编制自然资源资产存量及变化核算表，其侧重反映自然资源资产存量的数量变化（表 7.4）。为简便起见，表中探讨的自然资源仅包括水资源、土地资源、森林资源、渔业资源和矿产资源 5 类。

表 7.4　自然资源资产存量及变化核算表（黄溶冰和赵谦，2015）

项目	水资源	土地资源	森林资源	渔业资源	矿产资源
期初存量					
一、经济交易引起的变动					
其中：培育和资本形成（如勘探投资等）					
固定资本消耗					
二、存量增加					
其中：新发现					
自然增长					
其他					
三、存量减少					
其中：开发开采					
自然灾害					
其他					
四、重估价引起的持有损益					
五、分类和统计方法引起的变化					
期末存量					

二是采取适当的方法估算因政府管理或人类活动不当导致的自然资源资产功能下降的价值，其侧重于自然资源资产的质量变化，包括因过度开采和使用自然资源而形成的自然资源负债（耗减）和因自然资源受污染等因素影响造成其品质下降而形成的负债（退化）两方面（表 7.5）。

表 7.5　自然资源负债核算表（黄溶冰和赵谦，2015）

项目	水资源	土地资源	森林资源	渔业资源	矿产资源
自然资源耗减					
自然资源退化					

三是按照“资产=负债+所有者权益”的原理编制自然资源资产负债表，反映某一固定时点的自然资源资产负债状况（表 7.6）；报表左边列示自然资源资产，右边列示自然资源负债和所有者权益，按照资源对于人类生存的重要程度、资源负债（治理或恢复）的紧迫程度及政府拥有权益的大小等顺序进行排列（黄溶冰和赵谦，2015）。

表 7.6　自然资源资产负债表（黄溶冰和赵谦，2015）

自然资源资产	期初数	期末数	自然资源负债和所有者权益	期初数	期末数
一、水资源			一、水资源		
其中：Ⅰ类水			其中：Ⅰ类水质退化		
Ⅱ类水			Ⅱ类水质退化		
Ⅲ类水			Ⅲ类水质退化		
……			……		
二、土地资源			二、土地资源		
其中：耕地			其中：耕地退化		
草地			草地退化		
建设用地			建设用地退化		
……			……		
三、森林资源			三、森林资源		
其中：天然林			其中：天然林耗减		
半天然林			半天然林耗减		
人工林			人工林耗减		
……			……		
四、渔业资源			四、渔业资源		
其中：鱼			其中：鱼虾类资源耗减、退化		
虾			蟹贝类资源耗减、退化		
蟹贝			……		
……					
五、矿产资源			五、矿产资源		
其中：煤炭			其中：煤炭资源耗减		
石油			石油资源耗减		
铁矿			铁矿资源耗减		
……			……		
			负债合计		
			所有者权益		
			一、已开发资源		
			其中：国有资源		
			集体资源		
			二、未开发资源		
自然资源资产总计			自然资源负债及所有者权益总计		

三、领导干部离任审计

自然资源资产离任审计是审计机关按照相关法律、法规等标准，获取和评价审计证据，对党政主要领导干部受托管理自然资源资产和履行生态环境保护责任等进行监督、评价和鉴证，并将审计结果传达给预期使用者的系统化过程（陈希晖和吴旋，2017）。我国2017年11月28日中共中央办公厅、国务院办公厅印发《领导干部自然资源资产离任审计规定（试行）》以来，已在全国正式实施领导干部自然资源资产离任审计工作。开展领导干部自然资源资产离任审计，对于领导干部牢固树立和践行新发展理念，坚持节约资源和保护环境的基本国策，推动形成绿色发展方式和生活方式，促进自然资源资产节约集约利用和生态环境安全，完善生态文明绩效评价考核和责任追究制度，推动领导干部切实履行自然资源资产管理和生态环境保护责任具有十分重要的意义，有利于社会经济与资源环境的协同发展及生态文明建设。

（一）领导干部自然资源资产离任审计的重要性及意义

领导干部自然资源资产离任审计是一个特殊的审计领域。开展领导干部自然资源资产离任审计，对促进我国社会经济发展与生态文明建设等具有重要意义。

（1）领导干部自然资源资产离任审计是我国社会经济发展的迫切需求，有助于推进国家治理能力与治理体系现代化。自然资源能否合理开发直接影响到我国社会经济发展及区域生态环境质量。过去有些地区领导及相关管理部门贪图短期利益，采取高污染、高消费、高消耗等不合理资源开发方式，导致自然资源随意被开采，污水废气等随意排放，加上治理不到位，造成自然资源及其生态环境受到了严重的损坏。因此，必须积极开展领导干部自然资源资产离任审计，强化领导干部的自然资源管理责任与环境保护意识，合理地利用自然资源，促进自然资源资产保护责任的考评落实，建立环境保护责任追究制，推进国家治理能力与体系的现代化，实现区域社会经济的高质量发展。

（2）开展领导干部自然资源资产离任审计，有助于完善自然资源资产产权制度，促进环境审计与经济责任审计融合发展。自然资源资产突破了传统经济核算的观念，将自然资源、环境成本内在化，要求对森林、草原、荒地、滩涂、水域等自然生态空间进行统一确权登记，形成归属清晰、权责明确、监管有效的自然资源资产产权制度，是完善自然资源资产产权制度的重要举措。随着社会经济的发展，自然资源资产的公共生态经济将被日益重视，生态保护的重要地位将更加凸显，公共受托经济责任的内涵和外延将不断扩展，赋予各级政府和社会组织及其领导人员的受托经济责任内涵将更加广泛，有助于环境审计与经济责任审计的融合发展（蔡春和毕铭悦，2014）。

（3）领导干部自然资源资产离任审计是国家审计发展的必然需求，有助于生态文明制度建设。随着社会经济不断发展与各项改革的持续深入，国家对审计工作的内容与方法等也在不断创新。开展领导干部自然资源资产离任审计工作，研究自然资源资产与外部经济环境之间存在的相互作用关系，需要以党和政府工作为中心，充分依靠群众，对各级政府和社会组织领导干部的政绩进行科学的评价（胡长飞，2018），增强领导干部的自然资源保护责任与生态保护意识，助推我国生态文明制度建设。

（二）领导干部自然资源资产离任审计的原则

领导干部自然资源资产离任审计不同于常规审计，其审计对象从常规资金转变为土地、水、林地、矿产等自然资源，审计角度从资金流向转变为各类自然资源数量、质量、空间结构及其变化动态（林忠华，2014），具有时间跨度大、涉及范围广、系统性强、任务重等特点，因此，开展领导干部自然资源资产离任审计，按照中共中央办公厅、国务院办公厅印发《领导干部自然资源资产离任审计规定（试行）》中提出的依法审计、问题导向、客观求实、鼓励创新、推动改革的原则要求，制定具体的离任审计实施原则，确保审计质量（赵文闯，2014）。

（1）依法审计原则。要求审计人员按照有关环境保护、土地管理、大气污染防治、水资源管理、森林资源管理等方面法律法规具体条款，围绕审计工作方案内容对领导干部进行自然资源资产离任审计。

（2）问题导向原则。重点探索揭示自然资源资产管理和生态环境保护中存在的突出问题，列出问题清单表及主要问题类型。

（3）客观求实原则。进行领导干部自然资源资产离任审计，必须以客观发生的经济事实与自然资源资产实际消耗情况为依据，如实反映自然资源资产通过会计凭证、报表、账簿等体现出来的信息，避免审计结论的失真。

（4）审计目标至上原则。领导干部自然资源资产离任审计组织管理的首要任务就是要实现审计项目的预期目标，主要是实现计划制定时确定的项目目标，但也包括一些在审计实施过程中形成的新目标。

（5）审计质量为重原则。审计质量在任何时候任何情况下都是审计工作的“生命线”，是审计工作水平和效果的体现。审计项目质量的提高是审计组织管理永恒的追求，领导干部自然资源资产离任审计过程中需要合理配置审计资源，通过审计规范严格约束审计人员行为，强化审计人员质量意识，建立良好的审计质量管理氛围。

（6）改革创新原则。受自然资源在不同地区的功能定位、资产禀赋及其环境承载力差异等因素影响，自然资源审计不同于一般审计，且领导干部自然资源资产离任审计本身为一新生事物，无论是审计机关还是被审计的领导干部，都面临着大量困难和挑战，需从审计方法、评价体系等方面不断总结经验、分析研究与改革创新。

（三）领导干部自然资源资产离任审计的内容

领导干部自然资源资产离任审计内容主要包括审计领导干部贯彻执行中央生态文明建设方针政策和决策部署情况，遵守自然资源资产管理和生态环境保护法律法规情况，自然资源资产管理和生态环境保护重大决策情况，完成自然资源资产管理和生态环境保护目标情况，履行自然资源资产管理和生态环境保护监督责任情况，组织自然资源资产和生态环境保护相关资金征管用和项目建设运行情况，以及履行其他相关责任情况（杜曼和张丽达，2019）。具体可从以下六方面进行审计实施、考核与评价。

（1）生态文明建设重大决策部署贯彻落实情况，主要关注领导干部是否认真贯彻落实党中央、国务院关于生态文明建设的各项决策部署。例如，①自然资源确权登记情况：是否建立健全自然资源资产产权制度，是否完成资源确权登记工作，是否存在权属不清、登记不实等问题。②去产能与产业结构调整：是否完成高耗能、高排放行业的淘汰与转型任务，是否存在虚假整改、数据造假等问题。③自然资源资产负债表编制与应用：是否按要求编制自然资源资产负债表，数据是否真实、完整，是否用于实际管理决策。④与绿色 GDP 考核相关的政策落实情况离任审计。主要审计领导干部在职期间能够提升有关生态文明建设和绿色发展在考核中所占的权重，即经济社会发展考核中有关生态文明建设、绿色发展方面权重是否出现不符合中央要求的变化。⑤生态文明绩效考核与责任追究制度建设：是否建立科学合理的生态文明考核机制，是否落实生态环境损害责任终身追究制度。

（2）生态文明建设相关法律法规执行情况，主要关注领导干部在自然资源管理和环境保护方面的依法履职情况。例如，①法规制度建设与完善：是否建立健全地方性生态文明法规制度，是否与国家法律法规保持一致。②违法违规行为查处与整改：是否对破坏生态环境的行为依法进行查处，是否落实整改措施，是否存在执法不严、处罚不力等问题。③国土空间规划与用途管制：是否严格执行国土空间规划，是否落实生态保护红线、永久基本农田等管控要求，是否存在违规审批、越权开发等问题。④重大经济活动是否遵守环境相关法律法规。主要审查领导干部是否做出违反国家规定的行为，如违规审批、出让自然资源资产使用权等；领导干部是否违规占用自然资源从事不符合法律法规要求的建设项目活动，在建设项目开工前是否已经取得自然资源的相关审批手续。

（3）生态文明建设目标完成情况，主要关注领导干部在自然资源管理和生态环境保护方面的实际成效。例如，①资源储量与质量变化：土地、水、森林、矿产等资源的存量与质量变化情况，如森林覆盖率、水资源保有量、耕地保护率等。②资源利用效率：单位 GDP 能耗、单位 GDP 碳排放、水资源重复利用率等反映资源集约利用水平的指标。③环境质量改善情况：空气质量优良天数比例、地表水水质达标率、土壤污染治理率等。④生态修复与保护成效：历史遗留矿山治理率、湿地保护率、生物多样性保护成效等。⑤生态环境行动计划目标完成情况审计，包括领导干部在职期间是否完成了空气质量、大气污染防治、水质量、水污染防治、土壤质量、土壤污染防治等工作任务的改善，是否有造假行为等。⑥其他生态文明考核目标完成情况审计，包括领导干部承诺完成的其他生态文明规划的考核指标是否全部落实完成，是否存在尚未落实的规划，在落实完成的过程中是否能够保证真实性等方面。

（4）生态文明建设相关资金征管用情况。主要关注自然资源和生态环境相关资金的筹集、管理和使用效益。例如，①资金投入与使用合规性：生态补偿资金、环境治理专项资金等是否足额到位、合规使用。②资源税费征管情况：是否依法征收资源税、环境保护税等，是否存在减免不规范、征管不力等问题。③专项资金统筹与绩效：是否实现资金的统筹使用和效益最大化，是否存在挪用、浪费等问题。④市场化机制建设与运行：是否建立并有效运行排污权、用能权、碳排放权等交易制度，是否推动自然资源有偿使用。⑤相关资金投入与使用情况审计：主要审计生态环境保护方面的资金投入是否充足，投入金额占总支出的比例是否有所降低；主管部门整合投入的相关资金是否有效，是否有资金闲置浪费的情况发生，是否存在挪用、套取生态环境保护资金情况等。

（5）跨部门协同与数据共享机制。主要关注自然资源管理中的部门协作与数据整合情况。例如，①部门协同效率：是否建立跨部门协作机制，是否存在重复工作、数据冲突等问题。②数据共享与平台建设：是否建立统一的自然资源数据共享平台，数据是否及时、准确、完整。③生态保护信息系统建设：能否统一规划生态保护信息系统，避免各部门重复设置；是否将各部门间的数据进行共享，制定统一的标准等。

（6）信息披露与环境保护监督情况。主要关注自然资源管理和生态环境保护工作的透明度和公众参与度。例如，①信息公开与报告制度：是否按时公开环境信息、发布可持续发展报告，是否接受社会监督。②公众参与机制建设：是否建立公众参与自然资源决策的渠道，是否回应公众关切，是否落实生态补偿中的公众权益保障。③环境监测及预警机制建立情况：领导干部在职期间所管理的生态环境区域的承载能力是否有所下降，有没有制定和补充环境保护相关的监督预警机制，该预警机制是否能够有效运行。

（四）领导干部自然资源资产离任审计的方法

结合相关审计内容，可采用以下几种方法开展领导干部自然资源资产离任审计（阳秋林等，2018）。

（1）基于自然资源资产重大决策的审计方法。对领导干部实施离任审计，首先需要评估国家关于资源环境政策的贯彻落实情况，检查领导干部任期内是否执行了相关重大决策，是否有效履行，在执行决策过程中是否对自然资源和生态环境造成损害（包括可以预见的隐形损害）；对专项资金的使用是否合理有效，是否存在利用工程等套资情况。通过查阅会议记录和文件，询问单位内部和外部相关人员政策落实等情况，获取详细有力的审计依据。查看领导干部任期内自然资源资产等的变化情况，对反映领导政绩的指标进行一一调查核实。

（2）基于重大的开发利用和保护活动合规性和有效性的审计方法。领导干部任期内自然资源资产的开发利用和生态环境保护活动的审计分以下阶段进行：首先，采用实地调查法对领导干部所管辖区域自然资源资产的利用情况和环境情况进行深入了解，对附近居民进行访谈，了解其任期内是否存在过度消耗资源、未及时有效处理环境污染的情况，并通过这些信息进行现场调查和资料搜集。其次，采用测量检查法对领导干部任期内反映政绩的指标进行测量，采集数据，例如，采用地理信息系统（GIS）、遥感（RS）及全球导航卫星系统（GNSS）三大核心技术等技术方法对水域、海域、森林、沙漠等难以实地观察的区域收集大量有用信息，并对各类污染源数据进行深度分析等；对恢复费用、防护费用等进行计量。对审计人员获得的自然资源资产及环境保护相关活动记录的真实性等进行复核，保证审计结果的真实可靠。最后，采用数据分析法对所搜集的不同项目的数据进行统计分析，判断领导干部任期内投入项目的效果或自然资源的利用情况等。

（3）基于重要资源存量及变化情况的审计方法。目前，我国正在进行自然资源资产负债表试点，反映一定时间内自然资源资产实物量和价值量的变化，以及环境污染恢复等情况。在自然资源资产负债表还没有足够完善的情况下，审计人员可以只审计一些能够得到其价值的自然资源资产以及负债，对其数据进行对比分析，评价领导干部任期内自然资源资产和环境的变化情况，按照资产及负债的分布等，对领导干部责任进行客观界定，审计发现其在管理过程中可能存在的问题。

（4）全过程跟踪审计方法。资源环境责任是一个动态的、立体的、综合的概念，它不可避免地会受到客观环境的制约和影响，例如，水资源可能横跨几个省，如果被污染会牵连多个区域，此时的责任评价需谨慎、客观。因此，在实际审计过程中，领导干部对资源环境的责任较难界定，在面对被审计领导干部时，要正确地区分责任属于任期责任还是前期责任，是直接责任还是间接责任，是主观责任还是客观责任，要求全过程对污染治理项目进行跟踪、对在建设施监督检查，严格验收竣工工程以及管理控制自然资源资产的利用。

（5）信息化审计方法。随着“互联网+”的理念不断深入，要求审计也要与社会发展接轨，建立离任审计信息系统，促进信息的沟通和交流。审计人员通过直接在线获取需要的自然资源资产等相关资料，对资料进行数据分析，并对在审计过程中遇到的困难以及经验及时共享，使离任审计少走弯路，尽快发展成熟。

复习思考题

1. 简述可持续发展资源观的主要内涵。
2. 简述习近平生态文明思想。
3. 简述我国自然资源管理的发展历程及其主要管理模式。
4. 简述自然资源资产负债表的类型及其含义。
5. 简述开展领导干部自然资源资产离任审计的意义及其主要内容。

参 考 文 献

蔡春，毕铭悦. 2014. 关于自然资源资产离任审计的理论思考. 审计研究, (5): 3-9.
曹明德. 2007. 矿产资源生态补偿法律制度之探究. 法商研究, 24(2): 17-24.
陈希晖，吴旋. 2017. 对自然资源资产离任审计的若干思考. 时代经贸, (33): 70-72.
戴云菲. 2016. 可持续发展理论文献综述. 商, (13): 111.
杜曼，张丽达. 2019. 领导干部自然资源资产离任审计评价体系构建研究. 西安财经学院学报, 32(5): 67-74.
杜敏，周丽旋，彭晓春，等. 2016. 自然资源资产核算与领导干部自然资源资产离任审计研究. 北京：化工出版社.
方世南. 2018. 建设人与自然和谐共生的现代化. 理论视野, (2): 5-9.
方行明，魏静，郭丽丽. 2017. 可持续发展理论的反思与重构. 经济学家, (3): 24-31.
封志明，杨艳昭，闫慧敏，等. 2017. 自然资源资产负债表编制的若干基本问题. 资源科学, 39(9): 1615-1627.
冯丹阳，张强，周美华. 2022. 生态文明视野下可持续发展的未来路径. 生态经济, 38(5): 215-221.
耿海斌. 2013. 从“五位一体”看低碳经济与生态文明. 当代经济, (3): 72-73.
耿建新，李志坚，胡天雨，等. 2017. 自然资源资产平衡表的实践探索——以宁夏永宁的报表编制为例. 会计之友, (5): 9-25.
耿建新，吕晓敏，石吉金，等. 2019. 能源和矿产资源资产负债表编制及应用探讨. 中国国土资源经济, 32(2): 4-14.
谷树忠. 2016. 自然资源资产及其负债表编制与审计. 中国环境管理, 8(1): 30-33.
洪旗，陈华飞. 2018. 差异化产权制度多元化生态管护——国外自然资源管理模式概览. 资源导刊, (6):

52-53.
胡长飞. 2018. 领导干部自然资源资产离任审计研究. 中国国际财经（中英文）, (5): 115-116.
黄溶冰, 赵谦. 2015. 自然资源资产负债表编制与审计的探讨. 审计研究, (1): 37-43, 83.
李干杰. 2013. 充分发挥环境保护的主阵地和根本措施作用努力为生态文明建设作出新贡献. 环境保护, 41(1): 10-14.
李松森, 夏慧琳. 2017. 自然资源资产管理体制:理论引申与路径实现. 东北财经大学学报, (4): 47-54.
林忠华. 2014. 领导干部自然资源资产离任审计探索. 河南商业高等专科学校学报, 27(4): 5-10.
卢现祥, 李慧. 2021. 自然资源资产产权制度改革:理论依据、基本特征与制度效应. 改革, (2): 14-28.
卢小丽, 赵奥, 王晓岭. 2012. 公众参与自然资源管理的实践模式——基于国内外典型案例的对比研究. 中国人口资源与环境, 22(7): 172-176.
吕国平. 2000. 论新资源观. 资源·产业, (9): 12-18.
马永欢, 李晓波, 陈从喜, 等. 2017a. 对建立全国统一空间规划体系的构想. 中国软科学, (3): 11-16.
马永欢, 吴初国, 苏利阳, 等. 2017b. 重构自然资源管理制度体系. 中国科学院院刊, 32(7): 757-765.
潘楚元, 苏时鹏. 2023. 国有自然资源资产管理:功能定位、特征事实与国别比较借鉴. 自然资源学报, 38(7): 1682-1697.
潘玉君, 武友德, 邹平, 等. 2005. 可持续发展原理. 北京：中国社会科学出版社.
石吉金, 王鹏飞, 李娜, 等. 2020. 全民所有自然资源资产负债表编制的思路框架. 自然资源学报, 35(9): 2270-2282.
宋马林, 崔连标, 周远翔. 2022. 中国自然资源管理体制与制度:现状、问题及展望. 自然资源学报, 37(1): 1-16.
苏迅, 方敏. 2004. 我国自然资源管理体制特点和发展趋势探讨. 中国矿业, (12): 28-30.
孙卫来. 2002. 区域国土资源与社会经济可持续发展的系统研究. 北京：中国财政经济出版社.
唐文倩. 2017. 构建国有自然资源资产化管理新模式. 中国财政, (16): 32-34.
王春娟, 陈建均, 刘大海, 等. 2023. 中美自然资源管理模式分析及其可持续发展启示. 资源导刊, (3): 54-56.
王东升. 1998. 资源观与可持续发展. 经济与管理研究, (2): 20-23.
王金南, 万军, 王倩, 等. 2018. 改革开放 40 年与中国生态环境规划发展. 中国环境管理, 10(6): 5-18.
王鹏飞, 于海燕. 2023. 关于我国自然资源资产管理体制演进的探究. 预算管理与会计, (1): 26-28.
王曦. 1998. 论国际环境法的可持续发展原则. 法学评论, (3): 73-78.
吴初国, 池京云, 马永欢. 2015. 自然资源管理改革探讨. 国土资源情报, (8): 12-17.
习近平生态文明思想研究中心. 2022. 深入学习贯彻习近平生态文明思想. 人民日报, 08-18(10).
解保军. 2019. 人与自然和谐共生的现代化——对西方现代化模式的反拨与超越. 马克思主义与现实, (2): 39-45.
闫慧敏, 封志明, 杨艳昭, 等. 2017. 湖州/安吉:全国首张市/县自然资源资产负债表编制. 资源科学, 39(9): 1634-1645.
阳秋林, 张玉, 唐洋. 2018. 领导干部自然资源资产离任审计相关问题研究. 会计之友, (1): 125-127.
杨成湘, 赵建军. 2008. 可持续发展中的代内公平的必要性和稀有性. 理论研究, (2): 9-11, 54.
杨小毛, 姜育良. 2016. 自然资源资产负债表编制研究:以深圳市龙岗区为例. 北京：中国环境出版社.
杨艳昭, 封志明, 闫慧敏, 等. 2018. 自然资源资产负债表编制原型研究. 北京：气象出版社.
杨尧, 赵耀龙, 刘小丁, 等. 2023. 管理视角下自然资源统一调查监测模式. 自然资源学报, 38(3): 808-821.

杨芸芸. 2009. 浅论自然资源的资产化管理. 改革与开放, (6): 57, 59.
袁一仁, 成金华, 陈从喜. 2019. 中国自然资源管理体制改革:历史脉络、时代要求与实践路径. 学习与实践, (9): 5-13.
曾建平. 2004. 寻归绿色——环境道德教育. 北京：人民出版社.
张杰. 2023. 自然资源资产管理与国土空间规划研究. 建筑与预算, (3): 31-33.
赵文闯. 2014. 领导干部自然资源资产离任审计组织管理模式探讨. 无锡：江苏省审计学会第三届理事（会员）论坛论文集.
周国华. 1992. 中国自然资源管理的初步研究. 经济地理, (2): 24-29.
周宏春, 宋智慧, 刘云飞, 等. 2019. 生态文明建设评价指标体系评析、比较与改进. 生态经济, 35(8): 213-222.
周霞, 史文斌, 齐果, 等. 2021. 自然资源资产负债表编制案例研究. 商业会计, (7): 13-17.
Weiss E B. 1984. The planetary trust: Conservation and intergenerational equity. Ecology Law Quarterly, 11(4): 495-581.

下篇　中国主要资源的可持续开发利用

第八章 中国资源总体态势与可持续利用战略

内容概要： 本章主要介绍了中国自然资源的总体特点、国际地位以及不可再生资源安全保证态势，从耕地、森林、草原、水、矿产、生物、海洋、自然资源资产、自然灾害等方面分析了中国自然资源安全问题，进而提出了中国自然资源可持续利用战略实施的具体路径。

关键术语： 中国资源；世界资源；资源安全；可持续利用

思维导图：

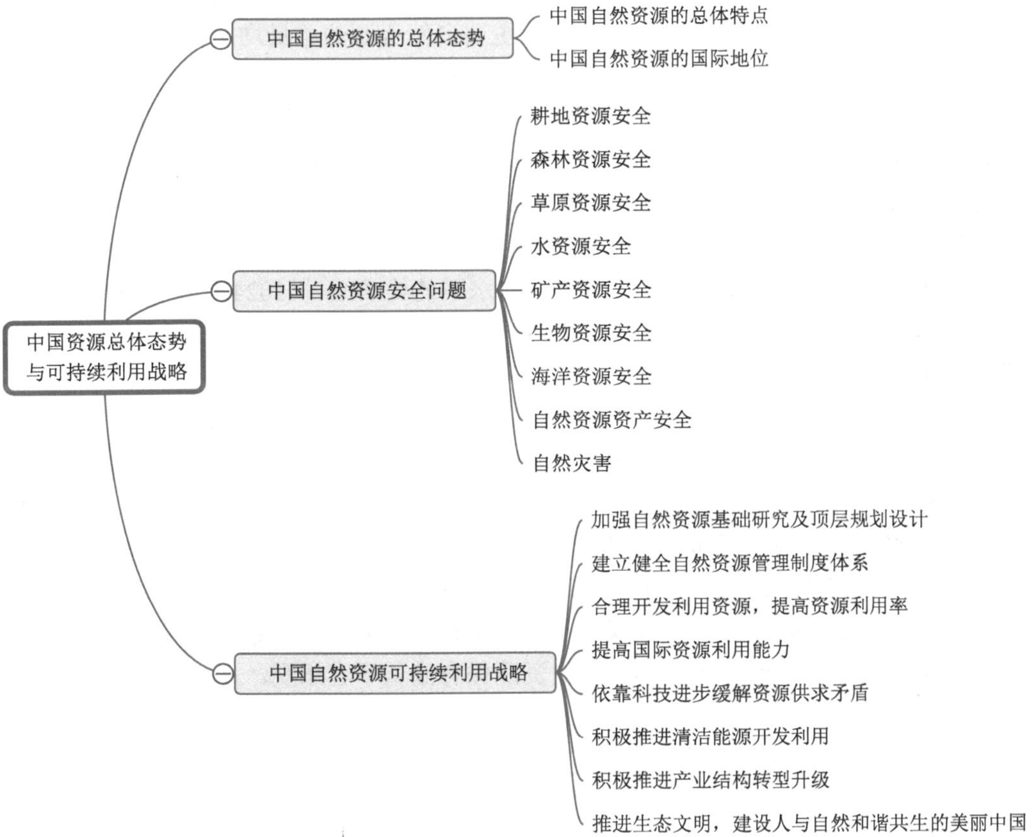

学习目标：

1. 了解我国自然资源的总体态势。
2. 了解我国不同类型自然资源所面临的安全形势。
3. 掌握中国自然资源可持续利用战略实施的具体路径。

第一节　中国自然资源的总体态势

自然资源支撑了中国过去的快速经济发展，但现在及未来的资源需求模式发生了重大变革。在人口众多、资源总量丰富但人均相对贫乏、生产力日渐提升的背景下，要保持国民经济健康的可持续发展，必须系统研究资源可持续利用的策略与措施。

一、中国自然资源的总体特点

（一）自然资源总量多，人均拥有量少

中国国土面积约 960 万 km^2，占世界总面积的 7.2%，仅次于俄罗斯与加拿大，居世界第 3 位。自然海域 473 万 km^2。截至 2024 年底，中国大陆总人口为 14.08 亿（140828 万）人，是世界上最大的发展中国家。中国主要自然资源的总量均居世界前列，但人均拥有量少（表 8.1）。2023 年度全国国土变更调查成果显示，我国共有耕地 12860.88 万 hm^2（19.29 亿亩），与第三次全国国土调查时相比，耕地总量增加 1120.4 万亩。但是若以 14 亿人口为基准进行平均分配，则每人仅能分得 1.38 亩耕地。相较之下，全球人均耕地面积为 4.8 亩，中国人均耕地资源尚不及全球平均水平的 1/3。中国人工林面积世界第一，森林覆盖率已超过 25%，比 1981 年的 12%增加了一倍多，但对比全球 31%的平均数还有差距，人均森林面积也只有世界平均水平的约 30%。《2024 年中国水资源公报》显示，全国水资源总量为 31123 亿 m^3，比多年平均值偏多 12.7%。但是中国人均水资源占有量仅为 $2223m^3$，不足世界平均水平的 1/4，成为全球 13 个人均水资源最匮乏的国家之一（在全球 149 个国家的排名中，中国水资源人均占有量仅位列第 109 位）。截至 2023 年底，中国已发现 173 种矿产，其中，能源矿产 13 种，金属矿产 59 种，非金属矿产 95 种，水气矿产 6 种。除煤炭和部分稀有矿产外的 38 种主要矿产中，有 24 种人均储量低于世界平均水平，特别是石油、天然气、铜、镍、锡、钾盐、钴、锂等对国计民生具有重要影响的大宗矿产，人均储量不足，远低于世界平均水平：石油和天然气储量甚至不到世界人均储量的 7%，铁矿石、铜和铝土矿等大宗矿产人均可回收资源储量分别相当于世界人均水平的 72%、41%和 38%，人均资源保有储量不容乐观。

表 8.1　中国主要资源与世界比较

主要资源	绝对数量	世界位次	人均数量	人均数量占世界人均数量的比例/%
耕地面积	1.2861 亿 hm^2	3	1.38 亩	28.75
林地面积	2.8370 亿 hm^2	5	3.04 亩	22.35
草地面积	2.6322 亿 hm^2	1	2.82 亩	27.12
年均水资源总量	31123 亿 m^3	6	$2223m^3$	25

数据来源：《2024 年中国自然资源公报》《2024 年中国水资源公报》。

（二）自然资源地域分布不平衡，组合错位，分布与生产力布局不匹配

由于生物、气候、地理、地质分异等因素的复合作用，中国资源的空间分布存在着巨大差异。中国各类资源匹配总体看不理想，组合错位。

长江流域及其以南地区总面积占全国的 36.5%，却拥有高达全国 81%的水资源量。相较之下，淮河流域及其以北的广大地区，尽管国土面积占比高达 63.5%，但其水资源量却仅占全国的 19%。华东、华中与华南是矿产资源较为贫乏的地区，煤炭仅占全国的 6.6%，天然气占 30%，铜占 7.7%，铝土矿占 19.7%，磷矿占 11.7%。西南地区水资源占全国的 66.7%，但山高坡陡，耕地资源奇缺，也是石油严重短缺地区①。

中国煤炭资源的 82.74%、铁矿的 62.3%、石油资源几乎全部分布在北方。在北方地区中，华北地区耕地占 17.1%，而水资源仅占 5.5%，水土资源严重不平衡，而且矿产资源丰富，煤炭占 49.3%，石油占 13.5%，铁矿占 38.7%，水是主要限制条件。西北干旱地区耕地占 13.2%，水资源占 9.4%，但西北土地辽阔，土地总面积占全国土地的 30%，大部分因干旱缺水而不能开发。西北地区是中国富能地区，煤炭资源占 37.7%，石油占 42.7%，天然气资源丰富，油气资源前景看好，大有潜力，有色金属资源也很丰富，但铁矿资源只占 8.8%，偏少，水资源是限制西北资源开发与经济发展的约束因素。东北地区耕地占 23.4%，水资源占 7.3%，石油能源丰富，占 17.5%，煤炭略少，占 2.7%，铁占 24.3%，而且森林资源丰富，森林面积占全国的 15.2%，活立木总蓄积量占全国的 17.7%。东北地区除辽河流域缺水严重外，总体上看资源匹配较好②。

从人口分布来看，中国北方人口占 41.63%，土地面积占 63.6%，以黄淮海地区人口最为集中，占全国总人口的 24.5%，土地面积的 15%，人口密度最大；中国南方人口占 58.37%，土地面积占 36.4%，人口密度比北方高，其中，长江流域人口占 30%，土地面积占 19%，人口密度也是全国最大地区。

从人与资源的关系来看，中国南方是人地矛盾，而北方则是水土矛盾，华北地区尤其是黄淮海地区则处在水土矛盾与人地矛盾叠加的焦点。

（三）资源开发难度大，浪费严重

中国资源质量悬殊，低质资源比重大。

在全国国土面积中，65%属于山地或丘陵，33%属于干旱地区或荒漠地区，55%不适合人类生活与生产，35%受到土壤侵蚀或沙漠的影响，全国大于 25°的陡坡耕地有 9000 万亩。从耕作条件看，大多数地区较差，存在水源缺乏、干旱退化、水土流失、污染严重等问题。全部耕地中，中低产田占 79%左右，其中，大部分属风沙干旱、盐碱、涝洼、红壤等地，水源充沛、热量充足的优质耕地仅占全国耕地的 40%，主要分布在东部地区，这些地区又多是经济发展快、建设占地多的地方。在天然草场中，高、中、低产面积基本上各占 1/3。

---

① 自然资源部. 2021 年全国矿产资源储量统计表, 2022 年 7 月.

② 2022 年中国统计年鉴, http://www.stats.gov.cn/sj/ndsj/2022/indexch.htm.

在中国矿产资源中，少部分矿产品位较高，如钨矿、锑矿等，大部分品位较低，如铁、铜、铝土等。中国有一半以上的矿产以共生的形式赋存，尤其是金属矿产。

中国铁矿资源平均品位为31.3%，较世界平均水平低10多个百分点，其中绝大部分为贫矿，富铁矿数量甚少。中国铜矿资源平均品位为0.87%，远低于智利、赞比亚等产铜大国，许多在采的铜矿品位为0.4%～0.5%，有的甚至更低。中国铝土矿虽然具有高铝、高硅、低铁等特点，但多属于选矿冶炼难度较大的矿种，易于开采加工的矿石仅占总量的1/3。中国是磷矿大国，但平均品位偏低，富矿不多，采选难度都比较大。中国锰矿平均品位为22%，不及世界商品锰矿标准的一半。由于开发难度大，加上管理水平低，生产技术、设备落后，致使资源浪费严重，中国矿产资源总回收率仅为30%～50%，比发达国家低10～20个百分点。有色金属行业全国平均采矿损失率达40%，每年损失金属约20万t，相当于3个中型矿山的产量，中国金属矿山尾矿的综合利用率仅约为10%，远低于发达国家60%的利用率。中国工业“三废”综合利用率总体偏低，例如，粉煤灰的利用率为48%，煤矸石为38%；在品种上，中国综合利用的矿种只占可开展综合利用矿种总数的50%左右。伴生金的选矿回收率只有50%～60%，伴生银的选矿回收率只有60%～70%，与国外先进水平相比均落后10%左右，造成了资源的极大浪费，同时还对生态环境造成极大污染。

（四）呆滞资源较多，开发投资大

中国是全球第三大盐碱地分布国家，目前有大约5亿亩盐碱荒地和影响耕作的盐碱地，其中具有农业利用潜力的达2亿亩。草地资源有27%属气候干旱、植被稀疏型。森林中有15亿m^3木材为病腐、风倒、枯损，或是分布于江河上游，或是处于深山峡谷地带。水能富积区多交通不便，远离经济中心区。矿产资源有不少分布在地理地质条件极其恶劣的环境中，很难保证生产、生活的基本条件，其中，煤炭资源近期不能利用的占40%以上，铁矿中长期不能利用的占35%，铜矿占40%，铂族93.5%分布在甘肃以及云南、四川的边远地区，铬铁矿资源少且探明储量主要分布在西藏等交通不便之地。上述资源要开发利用，必须进行大量投资，若同一般条件的资源开发相比，其总投资要高出7～8倍。

二、中国自然资源的国际地位

对于中国的自然资源，要有正确全面的认识，既要看到总量丰富的一面，又要看到人均资源不足的一面，从而科学地、合理地去利用资源，保护资源，探索新资源，使非可再生资源得到合理利用，可再生资源不断再生。要树立正确的资源观，充分合理利用资源，保护好环境。因此，客观地看待中国资源的国际地位，要从总量和人均占有量两个方面分别进行对比分析。

（一）中国资源的总量地位

在资源地位比较中，资源总量是一重要参数，它是综合国力不可缺少的一部分。中国资源总量在世界上占有很重要的地位（表8.2）。部分主要矿产总量居世界首位，如钒、钛、稀土、钨、锑、铋、石膏、砷、钼、汞、钽；居第2位的有锌、菱镁矿、萤石、锡、石棉、锰、铅；居第3位的有石墨、银；居第4位的有锂、重晶石、煤、铁。

表8.2　中国矿产资源在世界上的地位

矿种	位次	矿种	位次	矿种	位次	矿种	位次
钒	1	钼	1	锰	2	磷	5
钛	1	汞	1	铅	2	天然气	6
稀土	1	钽	1	石墨	3	铝土矿	7
钨	1	锌	2	银	3	钴	8
锑	1	菱镁矿	2	锂	4	镍	8
铋	1	萤石	2	重晶石	4	铜	9
石膏	1	锡	2	煤	4	金	9
砷	1	石棉	2	铁	4	石油	13

（二）中国人均资源的国际地位

中国虽是个资源大国，不少资源在世界上占有相当重要的地位，但是中国是个具有庞大人口基数的国家。从表8.3可以看出，中国资源人均占有量在世界上并不具有优势，资源优势被庞大的人口所抵消。由于人口基数大，人均资源量仍呈下降的趋势，估计中国资源人均值的国际地位在未来20～30年中将有所下降。

表8.3　中国资源人均值与世界人均值对比

项目	国土面积	耕地	林地	草地	水资源
中国	0.681hm²/人	0.091hm²/人	0.201hm²/人	0.187hm²/人	1756.6m³/人
世界	2.967hm²/人	0.32hm²/人	0.907hm²/人	0.693hm²/人	8800m³/人
世界/中国	4.357	3.516	4.512	3.706	5.010

数据来源：《2024年中国自然资源统计公报》（由于公报反映的是2023年的数据，人口方面也采用2023年的总人口14.0967亿人计算）。

除表8.3中提到的国土资源、水资源等自然资源与世界人均水平差距较大，重要矿产资源与能源的人均拥有量也严重不足，均未达到世界人均水平。根据2021年英国石油（British Petroleum，BP）世界能源统计年鉴中已探明的资源储量数据，中国煤炭、天然气、石油人均储量分别是世界平均水平的74.59%、24.98%、8.01%。根据2023年美国地质调查局（United States Geological Survey，USGS）发布的数据，铁矿、金矿、铜矿、铝土矿人均储量分别相当于世界平均水平的62.16%、20.44%、16.97%、12.81%（图8.1）。

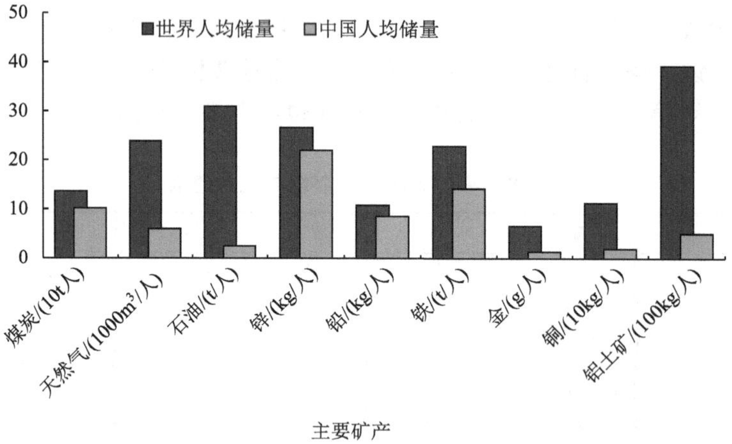

图 8.1　中国主要矿产人均储量与世界人均储量的对比

第二节　中国自然资源安全问题

一、耕地资源安全

耕地资源安全是关乎百姓安居乐业、社会经济稳定、国家长治久安的大事。中国兼具人口大国、粮食生产大国和粮食进口大国的多重身份，在粮食霸权主义、生态环境日趋恶化的现实背景下，为了保护耕地资源，支撑国家粮食安全、生态安全和农民权益安全，中国建立了最严格的耕地保护制度和节约用地制度，坚决守住 18 亿亩的耕地保护红线和粮食安全底线，保障了国家粮食安全，支撑了城市化工业化发展和农村社会稳定。

中国耕地资源有限，2023 年人均耕地面积不足世界平均水平的 30%。由于建设占用、农业结构调整及国土绿化等原因，耕地面积不断减少。根据国务院第三次全国国土调查领导小组办公室、自然资源部、国家统计局联合发布的《第三次全国国土调查主要数据公报》，第二次全国土地调查以来的 10 年间，全国耕地减少了 1.13 亿亩，损失耕地的粮食生产能力是国家平均水平的 1.53 倍。据 2019 年耕地保护督察新闻发布会公布的数据，2017 年以来有 1368 个城市景观公园、城市绿化隔离带等人造工程未办理审批手续，涉及耕地 18.67 万亩，永久基本农田 5.79 万亩，导致耕地数量损失严重，威胁粮食安全基本盘。与此同时，耕地质量持续恶化，作物单产较低。中国耕地有机质含量较低，不及欧洲同类土壤的一半。据中国农业农村部《2019 年全国耕地质量等级情况公报》，全国高产田占耕地面积的 31.24%，中产田占 46.81%，低产田占 21.95%，全国耕地质量中低等级占 2/3 以上，障碍退化耕地占比高达 40%。为追求产量，农户过度施用化肥现象严重，导致土壤酸化和土壤板结，质量退化严重，耕地透水透气性差，保水保肥能力较低。

另外，中国耕地资源利用的生态风险加剧。1990～2015 年中国新增的 1.9 亿亩耕地中有 73.6%为中等或差等耕地，利用这部分耕地进行农业生产，导致风蚀增加 3.47%、灌溉用水量增加 34.42%、自然栖息地减少 3.11%。同时，耕地高强度利用导致氮磷排放量增加，1990～2018 年中国氮排放增长 229%、磷排放增长 579%、蓝水足迹增长 10.03m^3，严重威胁到国家生态环境安全。黄淮海平原区浅层地下水正以 0.46±0.37m/a、深层地下水以 1.14±0.58m/a 的速度下降，已经成为全球三大地下水漏斗之一（孔祥斌等，2022）。

二、森林资源安全

森林资源是生物多样性的基础，具有调节气候、保持水土、防沙减涝、净化空气、涵养水源等生态功能，保护森林资源是公民应尽的义务。根据第九次全国森林资源清查成果《中国森林资源报告》(2014～2018 年)，中国森林资源总体呈现数量持续增加、质量稳步提升、生态功能不断增强的良好发展态势，初步形成了国有林以公益林为主、集体林以商品林为主、木材供给以人工林为主的合理格局。2023 年度全国国土变更调查成果显示，全国共有林地 28369.57 万 hm^2。其中，乔木林地 19660.49 万 hm^2，竹林地 697.79 万 hm^2，灌木林地 5899.77 万 hm^2，其他林地 2111.52 万 hm^2。全国森林面积 2.47 亿 hm^2，人工林保存面积达 9240.87 万 hm^2，居全球首位，森林覆盖率超 25%，森林蓄积量 206.76 亿 m^3。目前，全国森林植被生物量达 218.86 亿 t，全国林草植被总碳储量达 114.43 亿 t。

但森林资源总量相对不足、质量不高、分布不均的状况仍没有从根本上改变。与此同时，在经济社会发展过程中，破坏森林资源的现象依然存在，严守林业生态红线面临的压力依然巨大，森林有效供给与日益增长的社会需求之间的矛盾依然突出（赵其国等，2016）。总体来看，中国仍然是一个缺林少绿、生态脆弱的国家，森林覆盖率低于全球 31% 的平均水平。随着森林资源经营与管理的加强，森林资源面积和蓄积量将持续增加，但木材产量远不能满足日益增长的木材需求，供需缺口将加大。森林资源质量不高，生态功能薄弱。森林资源总量相对不足，木材供应安全形势严峻。目前，中国森林资源供给已难以满足经济社会发展对木材的需求，木材消费量从 2012 年的 4.9 亿 m^3 增长到 2016 年的 6.09 亿 m^3，而木材产量却不足 0.9 亿 m^3。除了循环利用废旧木材外，中国每年还进口大量木材，2011～2021 年，中国木材对外依存度整体保持在 50%左右的高水平范围内。党的十八大以来，全国累计造林 10 多亿亩，森林覆盖率达 25%，森林蓄积量达到 200 亿 m^3 以上，连续 30 多年保持森林面积、蓄积双增长。然而，中国森林中的中幼龄林比例过半，整体生产力较低。中国单位面积森林蓄积量为 77m^3/hm^2，不足世界平均水平的 60%，分别仅为德国和英国的 24%和 37%。现有宜林地质量较好的仅占 10%左右，多分布在西北、西南，立地条件较差。随着中国森林资源开发利用难度增大，木材供需矛盾将更加突出。此外，中国森林生态系统功能较弱，随着人工林占比增多，林相简单，生物多样性减少，生态效益降低。

三、草原资源安全

中国是草原大国，千百年来，草原主要作为生产资料来利用，积淀了源远流长的中华文明。20 世纪 80 年代以来，由于索取多、投入少，草原出现了面积减少、生态退化的严峻局面。党的十八大以来，国家大力推进生态文明建设，随着国家对草原生态保护修复投入的加大，草原总体退化的趋势得到初步遏制，但草原生态脆弱的形势依然严峻（赵金龙等，2023）。

首先是草原退化形势严峻。20 世纪 80 年代，草原生态状况总体良好。随着草原牲畜的无序增长，长期超载过牧使草原得不到休养生息，同时在干旱、风沙、水蚀、盐碱、内涝、地下水位变化，以及开垦草原、不合理的利用草原等因素的作用下，草原退化严重。与 50 年代相比，我国 90%左右的天然草原出现不同程度的退化，中度和重度退化约占 30%。草原生态环境恶化，不仅制约着草原畜牧业发展，影响农牧民收入增加，而且直接威胁国家生态安全，草原生态环境已成为国家生态安全的薄弱环节。随着退牧还草、京津风沙源治理、草原生态补奖政策等工程项目的实施，草原退化趋势减缓，局部地区草原生态有了明显改善，但总体上草原退化的趋势还没有得到根本遏制。

其次是草原面积持续减小。在全国范围内，草原保护与开发利用矛盾依然突出，尤其是其他草地被随意征占用，草原面积持续减少。特别是北方干旱半干旱地区，植树造林、开垦草原等违法违规占用草原的现象依然存在，乱采乱挖等破坏草原资源的行为屡禁不止。同时，国家林草主管部门统计数据表明，近年来全国煤炭保供、基础设施建设、风电光伏建设等项目增多，征占用草原面积总体上日益增加。草原受到扰动破坏，碳排放量也随之增加。

再次是草原生态质量不高。全国草原生态质量总体不高。2021 年，第三次全国国土调查范围内草原综合植被盖度为 50.3%，西藏、内蒙古、新疆、青海、甘肃等草原面积较大的省（区）综合植被盖度均不高，且与之前几年相比略有下降。全国天然草原鲜草总产量仅有 6 亿 t，折合干草总产量约 1.9 亿 t，草原生产力较往年有所下降，有机碳储量也随之下降。同时，全国草原鼠虫害等危害面积近 0.7 亿 hm^2，西藏、内蒙古、新疆等六大牧区危害面积超过 0.6 亿 hm^2，草原扰动破坏面积较大。

最后是草原治理投入不足。中国退化草原修复治理任务十分繁重，中度、重度退化草原修复成本较高，普遍存在工程建设标准低、内容单一，资金投入严重不足等问题。自 2010 年以来，国家用于草原治理的资金仅有 1700 多亿元。中央资金投入较少，目前主要有中央财政的林业草原生态保护恢复资金和国家发展和改革委员会的重点区域生态保护和修复专项两类资金项目，一些十分迫切的建设项目缺乏资金支持。资金投入不足，且尚未建立多元化投入机制，导致草原治理短期难有显著成效（唐芳林等，2021）。

四、水资源安全

中国独有的地理环境、水文特征和特定发展阶段决定了水资源安全已成为当前及未来我国经济社会高质量发展和生态文明高水平保护等重大国家战略的关键之一。2023 年 7 月，习近平总书记在全国生态环境保护大会上再次强调，要统筹水资源、水环境、水生态治理，深入推进长江、黄河等大江大河和重要湖泊保护治理。发展新常态下，水利工作是实现高质量发展的基础性支撑和重要带动力量，建设“系统完备、安全可靠，集约高效、绿色智能，循环通畅、调控有序”的国家水网，完善现代产业体系、提升城镇化发展质量、全面推进乡村振兴、建设美丽中国等，都对水资源安全保障提出了新的更高要求。

新中国成立 70 多年来，已初步形成了水资源调配与供水保障基础设施体系，保障了现有国计民生和经济发展的用水需求，但中国现阶段水资源利用情况与未来经济社会发展战略规划仍存在较大差距，水资源安全方面存在的问题依旧突出。一是水资源稀缺且分布不均衡。截至 2024 年，中国人均水资源量只有 2223m^3，不足世界人均占有水量的 1/4，居世界第 110 位，已被联合国列为 13 个贫水国家之一。全国正常年份缺水量达 500 多亿 m^3，全国 70%以上的城市群、90%以上的能源基地、60%以上的粮食主产区位于水资源紧缺地区，其中，大部分地区水资源已严重超载或临界超载。与此同时，水资源空间分布与人口、经济布局匹配度低，北方地区以占全国 19%的水资源量，支撑了 60%的耕地、46%的人口和 45%的经济总量；且水资源的时间分配也不均匀，大部分地区 60%～80%的降水量集中在夏秋汛期，从而容易造成洪涝干旱灾害频繁。二是水资源利用低效。我国用水效率与效益和国际先进水平相比仍存在较大差距，粗放用水的现象依然突出，低效率的水资源利用方式加剧了水资源短缺状况，已经成为中国生态文明建设和经济社会永续发展的瓶颈。中国万元工业增加值用水量约为英国、新加坡等节水先进国家的 4 倍，农田灌溉水有效利用系数 0.568，距离 0.7～0.8 的世界先进水平还有提升空间。根据 2019 年水利部发布的《节水评价指标及其参考标准》，我国仍有 67%和 35%的地市万元工业增加值用水量与耕地实际灌溉亩均用水量比相应区域省级先进值高 20%以上。三是水生态环境问题严重。中国 70%左右的面积属于干旱、半干旱和半湿润地区，这些地区总体上水面蒸发大于或接近降水，大规模的人类活动将引发这些地区产生严重的水生态环境破坏。随着经济社会的高速发展，水生态系统遭受的破坏不断加剧，造成的累积性问题较为严重（李原园等，2021）。全国水土流失面积 269.27m^2，年均挤占生态环境用水量约 130 亿 m^3，河道断流、湖泊湿地萎缩等问题突出。截至 2021 年，全国地下水超采量约 160 亿 m^3，累计亏损量约 3000 亿 m^3，水污染问题突出①。

五、矿产资源安全

矿产资源是经济社会发展的重要物质基础，矿产资源勘查开发事关国计民生和国家安全，做好矿产资源安全保供工作，是建设现代化经济体系和推进高质量发展不可回避的问题。2035 年以前，我国大多数矿产消费仍将持续增长，但是在国内找矿难度不断增大的趋势下，石油、铁、铜等紧缺矿产供应“大头在外”的被动局面短期难以改变。在百年未有之大变局下，越来越多的国家更加重视矿产资源安全问题，使得全球资源竞争变得更为激烈，我国矿产安全形势也变得更为严峻（陈甲斌等，2023）。

新中国成立之初，国内矿产资源供应处于非常低的水平，例如，1950 年，全国煤炭、粗钢产量分别仅为 4300 万 t、61 万 t，分别占全球总产量的 2.3%、0.3%，资源供给不足成为建设社会主义工业体系的物质“瓶颈”。党和国家领导人高度重视矿产资源工作，70 多年来，矿产资源勘查开发取得了长足发展。但是，从矿产资源供应保障的来源结构和数量上看，改革开放前的保障基本上是“自给自足”模式。改革开放后，尤其是党的十八大以来，我国围绕守住资源安全底线和增强保供托底能力，持续推进“找矿增储”

① 中华人民共和国水利部. 2022. 中国水资源公报: 2021. 北京：中华人民共和国水利部.

工作，并依托技术创新积极开辟资源新空间。不过，在较长时间内，为保证各行各业有序推进，中国的矿产资源需求仍将保持高位，而中国未来矿产资源储量总体增量不足，供需矛盾突出。中国人均占有资源量低于世界平均水平的态势在短期内很难改变。中国矿产资源消费量高，《中华人民共和国 2024 年国民经济和社会发展统计公报》显示，全年能源消费总量 59.6 亿 t 标准煤，比上年增长 4.3%。煤炭消费量增长 1.7%，原油消费量下降 1.2%，天然气消费量增长 7.3%，电力消费量增长 6.8%。煤炭消费量占能源消费总量的 53.2%，比上年下降 1.6 个百分点。在 43 种主要矿产资源中，有 32 种消费量居世界第一，24 种消费量占比超过全球 40%（翟明国和胡波，2021）。与此同时，中国长期大量依赖矿产资源进口，对外依存度高。18 种大宗和关键金属矿产对外依存度居高不下，铁、铜、铅、锌、铝、锰、镍、钾盐等大宗矿产对外依存度多接近或超过 50%的警戒线，国家政治安全在资源需求方面受掣肘的程度和风险不断增大。此外，根据 2021 年中国矿产资源的储量调查报告[①]，国内大宗矿产资源地域分布非常不均衡，中西部资源分布高度集中，但产业集中度低，开发利用条件差、成本高；仅部分矿种可满足国内供应，大多数矿产对外依存度相对较高，部分矿产严重依赖进口。从目前的技术经济条件来看，短时期内难以改变，国内资源可持续供给存在较大风险，形势严峻。

六、生物资源安全

生物资源是自然资源的有机组成部分，是保护国土生态文明的重要战略资源。丰富的生物多样性和良好的生态环境是国家和区域可持续发展的必要基础。近年来，在国家需求和社会需求的拉动下，我国生物资源领域日益受到关注并得到各方支持，保藏能力与研究水平同步大幅提升。但由于对生物资源的收集保藏起步较晚，我国生物资源开发利用仍然面临诸多严峻的挑战（曾艳和周桔，2019）。

首先是生物资源储备不足，种类不丰富。中国的生物资源虽物种数量多，但资源总量少、“天然”储备量不足的问题突出。中国虽然已针对珍稀濒危植物的保护开展了大量工作，但目前已经实现迁地保护的珍稀濒危植物数量仅仅涵盖了“中国物种红色名录”的 1/3 左右，这远低于《全球植物保护战略》和《中国植物保护战略（2021—2030）》中的既定目标，因此亟待加强对我国资源储备量特别少的珍稀濒危物种的收集保藏和研究工作。同时，中国对生物资源的收集保藏工作主要集中于高等植物和大型动物，对微生物、昆虫等的生物资源、特种物种、特殊生境的认识、收集、保藏和利用不足。此外，对国外重要战略生物资源的收集保藏量不足。

其次是生物资源开发利用不够。中国在开发利用生物资源方面集中于主要的经济作物和动物品种，对野生动植物资源的评价和挖掘重视不够。近年来，环境问题导致物种灭绝速度加快，列入红色名录的物种日益增多。同时，对于具有潜在经济价值的物种和基因的研究尚在起步阶段，未形成特种资源的专库，缺乏与欧美国家类似的系统基因挖掘计划，重大成果缺乏，亟待进一步加强平台建设及研发投入。

最后是生物资源管理制度不健全。目前，中国各类生物资源库分属不同部门、地方，

① 中华人民共和国自然资源部. 2022. 中国矿产资源报告. 北京：地质出版社.

覆盖众多资源类型，资源库缺乏统一的建设规范与数据标准，资源质量差异大，资源收集保藏能力和利用、分享水平参差不齐，专业人才匮乏，传统分类及新生物技术支撑不足，基因挖掘技术不强，信息化水平较低。

七、海洋资源安全

中国是一个陆海兼备的国家，拥有良好的海洋地理优势和资源禀赋，能否持续高效地利用海洋资源，创新海洋发展科学技术，健全相关政策法规，保护海洋生态环境，对于新常态下保障海洋经济质与量协同提升，实施海洋强国战略具有重大深远的意义。

中国实施改革开放 40 多年来，在经济社会建设领域取得了前所未有的成就。在此过程中，海洋资源的持续开发与利用对经济总量的贡献是不可忽视的。《2024 年中国自然资源公报》显示①，2024 年中国海洋生产总值为 10.54 万亿元，同比增长 5.9%，占国内生产总值的比重为 7.8%。但是人们的海洋生态文明意识并没有随着海洋经济的发展而大幅提高，海洋资源的开发呈现不合理的状态。一是海洋生物资源过度开发，捕捞强度已经大大超过了生物资源的良性再生能力，渔获物从数量和质量上都呈现逐年下降的趋势。二是海洋产业结构落后，按照中国目前执行的产业分类标准，海洋产业可以分为 3 个层次，第一产业包括海洋捕捞和海水养殖，第二产业包括滨海砂矿业、海洋油气业和海洋盐业，第三产业包括海洋交通运输业和滨海旅游娱乐业。在中国，第三产业中相对环保、节能的海洋旅游业、海洋运输业占比不高，高技术如海洋生物制药等相比日本、美国等发达国家不仅科技水平低，总量也相对落后，海洋产业基础设施薄弱，“无用设施”与“重复设施”问题突出（钟鸣，2021）。

中国沿海地区集中了全国 70%以上的工业人口和基础设施，部分企业和社区进行长期、无序、无度的粗放式海洋资源开发，完全无视了海洋生态承载力。在某些本身生态环境较为脆弱的地区，海洋生态承载力受全球气候变化、不合理开发活动等影响，已经退化至不适宜人类生存的境地。生物多样性的降低，使得海水富营养化等问题突出，赤潮等海洋生态灾害频发，进一步恶化了这些地区的生态环境。生态承载力的变化与人类活动一旦形成恶性循环，将导致该海域的海洋生态承载力逐步下降，直至破坏殆尽。

八、自然资源资产安全

尽管目前国有自然资源资产基础管理已取得初步成效，自然资源资产配置得以优化，生态环境得到改善，但仍然存在地方政府部门间国有自然资源资产管理碎片化、确权登记推进缓慢、资产盘活受限等问题。

首先是自然资源资产产权体系还不健全，确权登记效率不高。全民所有自然资源资产所有权与集体所有自然资源资产所有权之间范围、界限和底数等尚不清晰，自然资源资产所有权实现方式、所有权与使用权及经营权的权责利关系还未明确，自然资源资产使用权结构还不完善，国有农用地、未利用地等使用权制度尚未建立，各类自然资源资

① 中华人民共和国自然资源部. 2023. 中国自然资源统计公报: 2022. 北京：中华人民共和国自然资源部.

产使用权之间尚未形成配合衔接。自然资源统一确权登记是一项全新的工作，资料收集涉及部门多，类型复杂，需要协调的力度大，因没有相关权限，部分资料需向上一级部门申请收集。不少地方仍分散实施各类自然资源的监管职责，尚未确立各部门协同管理规则或成立新部门集中管理地方自然资源。登记机构在登记范围的确定、工作的时序节奏上很难把握，权责不对等。目前，自然资源地方统一确权尚未全面展开，地方自然资源统一确权登记工作尚未实现自然资源确权登记全覆盖，亟待相关部门划定各类自然资源资产所有权和使用权边界，加快建立健全登记基础平台以加强信息化管理。除此之外，对于自然资源确权登记范围内存在的权属纠纷、违法用地等问题，部分地区缺乏妥善解决处理的方案。

其次是地方部门间国有自然资源资产管理待整合、资产待盘活。虽然依据自然资源改革方案，成立自然资源部统一监管国有自然资源资产，但在实践中，由于自然资源种类繁多，涉及管理部门不一，部分国有自然资源资产管理职责依然分散在不同部门，有些部门与自然资源部在这些自然资源资产管理上的责任分工尚不明确。因此，地方在进行自然资源管理时存在部门间管理目标的差异化，不同部门依据不同效益目标进行管理，部分资源存在碎片化管理的情况。目前，在自然资源资产管理和配置方面，一些政府对部分自然资源保护与修复引导不足，市场在自然资源资产配置中发挥的作用不够，需要政府与市场共同发挥作用，根据自然资源兼具公益性和经济性的资产特点，盘活闲置或者存量自然资源。例如，土地、草原、林地等生态产品市场发展滞后，存在大量闲置资源，未充分发挥其生态效益和经济效益，需要行政干预和市场机制的共同作用。实现自然资源资产领域管理的有为政府与有效市场仍是需要深入研究和探索的重要课题。

最后是自然资源资产管理体系还不完善。自然资源资产管理在国家发展全局、国家经济制度体系、国有资产管理整体管理中的定位和作用等尚不明确。国有自然资源资产管理与资源、生态管理尚未建立起有效的衔接机制。自然资源资产管理由分类分散向统一综合转变不够到位，各方面的政策统筹和工作融合不够，缺乏多层次自然资源资产管理协调沟通机制，依然延续以单门类资源资产管理为主的模式。所有权管理纵向层面的顶层设计的 3 种行权方式（中央直管、委托地方政府和法律授权地方政府）尚待试点探索和实践落实。自然资源资产有偿使用、收益管理、资产负债表编制、生态产品价值实现等重点改革领域需深入推进，确权登记、资源调查、资产清查核算等基础管理工作有待加强。自然资源资产监管问责不到位，自然资源资产法治和治理比较薄弱。

九、自然灾害

中国是世界上因自然灾害死亡人数最多、经济损失最为严重的国家之一。在全球变暖、城镇化进程不断快速的大背景下，中国原本脆弱的资源、生态和环境不断恶化，灾害系统复杂性更加突出，无疑给综合灾害风险防范和防灾减灾带来更大压力。与世界自然灾害相比，中国自然灾害呈现出以下特征。

（1）灾害种类多，分布范围广。地震、崩塌、滑坡、泥石流等组成的地质灾害，水旱、台风等组成的气象灾害，风暴潮、海冰、赤潮等组成的海洋灾害，病虫鼠害、火灾等组成的生物灾害，环境污染、沙漠化、水土流失等组成的生态环境灾害构成中国多灾格局。近25年来，除现代火山活动外，地震、台风、洪涝、干旱风沙、风暴潮、崩塌、滑坡、泥石流、风雹、寒潮、热浪、病虫鼠害、森林草原火灾、赤潮……几乎所有重要灾害都在中国发生过。全国各省（自治区、直辖市）都受到灾害的严重影响，洪涝灾害影响着60%以上的大陆地区；台风、风暴潮主要影响广大东南部发达地区；旱灾、风沙威胁广大三北地区；近年来特大旱灾频发在南方各地，尤其以西南更严重。华北、西南、西北、台湾等地区地震多发、影响趋重，因复杂的地质构造和广布的山区等地质地理条件，崩塌、滑坡、泥石流等地质灾害频繁发生在占国土面积60%以上的山地、丘陵和高原。海域风暴潮和赤潮多见，森林和草原火灾易发。全国超过2/3的城市和半数人口广受水旱、地震、崩塌、滑坡、泥石流、台风、暴雨等灾害的严重危害。

（2）发生频率高。由于受季风不稳定影响，中国水旱、台风等气象灾害频发，绝大多数年份都会发生局地或区域性干旱灾害，年均大约7个台风登陆东南广大沿海地区。受板块运动影响，中国大部分地区位于亚欧、印度及太平洋板块交会地带，活跃的新构造运动造成频繁的地震活动，因而中国是世界上大陆地震最多的国家，其占全球陆地破坏性地震的33%左右。中国多山，崩塌、滑坡、泥石流在山地、丘陵区年均发生数千处。森林和草原火灾也时有发生。

（3）设防水平低，城乡差异大。中国城市整体设防水平偏低，除个别大城市外，一般城市抗震设防水平低于7～8级烈度；抗台风与防洪水平大部分低于50～100年一遇。中国广大农村对地震、台风与洪水几乎无设防，从而造成“小灾大害”的局面。设防水平低是中国自然灾害形成的主要原因。中国自然灾害的时空演变比较复杂，主要依赖于各种自然致灾因子与社会经济系统之间的相互作用过程，以及各级政府、企业和公民社会对自然灾害风险的认识水平与防御能力，快速城市化提高了许多城市化地区的灾害风险水平。就全球而言，中国处于北半球中纬度与环太平洋多灾地带，再加上较为稠密的人口和区域经济社会水平发展的巨大差异，又由于设防水平低，从而形成在全球尺度上较为偏重的灾情和较高的脆弱性；特别是由于中国城乡在自然灾害设防水平上的巨大差异，从而形成广大农村、牧区较高的脆弱性。与此同时，在广大城镇地区，特别是广大县城及其所属乡镇所在地区，由于快速的景观城市化，也使脆弱性明显升高，形成高脆性的城镇连片分布区（史培军等，2017）。

第三节　中国自然资源可持续利用战略

一、加强自然资源基础研究及顶层规划设计

基础研究既是大幅提升原始创新能力的关键环节，又是自然资源研究服务于国家战略需求目标的重要保障。在双循环的新发展格局下，从国际看，当今的关联分析、模型构建与情景模拟分析，需要把自然资源的综合问题与全球目标（如SDGs）、气候变化以及国内目标（如“一带一路”倡议、长江经济带）紧密结合起来；从国内看，为深入贯彻落实《国务院关于全面加强基础科学研究的若干意见》，发挥基础研究对科技创新的源

头供给和引领作用，解决国内基础研究缺少“从 0 到 1”原创性成果的问题，2020 年 1 月科技部联合国家发展和改革委员会、教育部、中国科学院、国家自然科学基金委员会发布了《加强“从 0 到 1”基础研究工作方案》，对整个基础研究进行了系统安排，从优化原始创新环境、强化国家科技计划原创导向、加强基础研究人才培养、创新科学研究方法手段、强化国家重点实验室原始创新、提升企业自主创新能力、加强管理服务等 7 个方面提出具体措施。自然资源基础研究应继续突出国家需求和问题导向，寻找基础前沿领域和关键核心技术的重大科学问题，注重跨领域、跨学科的交叉研究，注重青年人才和创新团队的培育，注重方法创新，特别是适应大科学、大数据、互联网时代的新特点，提高资源科学的基础研究原始创新能力，寻找稳定的经费支持并取得重大原创性成果或突破关键核心技术。

同时，要开展自然资源战略顶层规划设计。中华人民共和国第十三届全国人民代表大会第一次会议通过了组建自然资源部和生态环境部的方案，自然资源部将行使全民所有自然资源资产的“所有者”职责，避免“九龙治水”造成的自然资源所有者不到位、空间规划重叠等问题，实现山水林田湖草沙整体保护、系统修复、综合治理。在这样的机构改革背景下，自然资源综合研究工作再次提到重要高度，这对完善现有自然资源相关制度是难得的机遇。近年来，美国和英国等发达国家纷纷提出了面向 2030 年、2035 年、2040 年甚至 2050 年的全球资源安全战略研究。在发展新常态下，中国也将面临大量的资源科学理论和实践问题，仍需从资源安全角度加强综合的战略研究和顶层设计，系统总结自然资源消耗规律和经济社会发展规律、生态环境规律之间的内在联系。对国内，全国和各地区资源消耗急需实行严格的红线管控制度，在此基础上，应严格落实并不断修订完善相关法规制度，守住影响全局的资源消耗“天花板”；对国际，应全面梳理现有的各种国际性资源治理机制，提高国际能源和资源话语权，构建新秩序。

二、建立健全自然资源管理制度体系

（一）健全现有的自然资源资产产权制度

健全自然资源资产产权制度，既是加强生态文明建设的根本任务，又是实行有偿使用制度，发挥市场配置资源的核心。未来关于自然资源资产产权管理需要继续深入开展如下几个方面的工作。首先，需要明确自然资源资产分类，科学地进行分类是自然资源管理的首要步骤。将自然资源资产划分成经营性自然资源资产和公益性自然资源资产，前者包含如生产建设用地等，以资源的社会经济属性为主导，并建立相应的自然资源资产产权制度；而后者包含如风景名胜区、森林公园等，则以资源的自然属性为主导，建立相应的环境质量产权制度。其次，要加快推进资产的统一确权登记。对水域、森林、山岭、草原、荒地、滩涂等所有自然生态空间统一进行确权登记，清晰界定全部国土空间各类自然资源资产的产权主体，逐步划清全民所有和集体所有之间的边界，划清全民所有、不同层级政府行使所有权的边界，划清不同集体所有者的边界。加快推进自然资源统一确权登记试点，形成可复制、可推广的经验。同时，搭建自然资源资产产权市场化交易平台，助推产权交易流转。要遵循有偿使用准则，健全自然资源资产价格体系，推行全成本定价，从经济、生态、社会文化等角度对自然资源资产的价值进行有效评估，同时构建有效市场促进资源从低效到高效的顺畅流转，通过增强要素流动提高市场活力，努力实现自然资源价值的最大化。此外，要遵循代际公平原则构建市场化交易保障机制，完善市场交易监管机制。最后，要构建全过程、多元化监督管理体系。除了政府部门之外，还应集合社会组织、企事业单位、广大民众等第三方力量，相互支持、互为补充。运用行政、审计、司法、舆论等多种形式开展对自然资源资产全方位的监管。实施“源头防控-过程监督-后果严惩”的整体监管，通过权力倒逼以划清公权边界，从而将“公权管治+私权保护”的原则真正落实到全民监管之中。

（二）建立科学的自然资源有偿使用制度

有偿使用制度是保证自然资源市场机制顺利实现的基础，也是提高自然资源利用效率的重要途径。2018 年 11 月，《中共中央 国务院关于建立更加有效的区域协调发展新机制的意见》明确指出，“进一步完善自然资源资产有偿使用制度，构建统一的自然资源资产交易平台”。虽然我国自然资源资产有偿使用制度建设取得了显著进展，但是仍然存在制度不健全、产权体系不协调、利益机制不合理、监管不完善等问题。应加快制定各类自然资源资产有偿使用政策。这既是统筹推进自然资源资产有偿使用的工作需要，也是将自然资源资产有偿使用制度化、法治化的前提和基础。同时整合重构自然资源管理部门规章，充分体现有偿使用内容。对中央明确要求推进有偿使用的自然资源，在修订整合出台自然资源管理方面的部门规章中，要及时、充分地体现有偿使用和市场配置的内容，推动自然资源资产有偿使用政策进入法治化轨道。此外，根据国务院印发《国务院关于全民所有自然资源资产有偿使用制度改革的指导意见》，未来的改革方向可围绕在取消土地供应双轨制、从严控制矿产资源协议出让和明晰水、森林、草原有偿使用范围等重点工作上。

（三）健全生态保护补偿制度

自然资源是生态的重要组成部分，对其进行系统、有效的管理是生态保护建设的核心环节，也是生态文明建设的重要内容。生态系统具有统一性、多样性、复杂性等特征，自然资源管理部门在实践过程中需要统筹考虑。因此，需要更进一步强化地方政府的可持续发展理念、明确“人与自然和谐共生”的生态哲学思想以及“绿水青山就是金山银山”的生态价值思想。在协调国家、集体、个人义务和权益的基础上，建立、健全生态保护补偿制度，并适当提高生态补偿标准。

中国现行的生态保护补偿机制主要以中央纵向补偿为主导，区域间横向补偿不够明晰，造成中央财政逐级拨款后补偿资金容易流失，难以达到有效激励并获得良好的生态保护效果。为了构建完备的生态保护补偿机制，首先需要扭转单一的政府主导补偿模式，开拓多元化的补偿途径，以激发全社会参与到自然资源资产保护活动中来；其次是发挥政府财政资金的主导作用。深入推进生态补偿制度改革，首先要在强化财政支出责任方面加大突破力度，明确中央财政在生态补偿事权中的支出责任，加大中央财政对重要生态保护区域、重点要素领域的投入，确保中央财政资金为生态补偿实施提供足额保障，切实发挥好政府在生态补偿工作中的主导作用；同时强化生态安全重点纵向补偿。针对青藏高原、南水北调水源地等生态功能重要性突出的地区，在重点生态功能区转移支付测算中通过提高转移支付系数、加计生态环保支出等方式加大支持力度，推动其基本公共服务保障能力居于同等财力水平地区前列。对于自然保护地体系，着力建立健全以国家公园为主体的自然保护地体系生态补偿机制，根据自然保护地规模和管护成效加大保护补偿力度；最后需要建立自然资源资产保护的奖惩机制，借助自然资源资产负债表推动完善领导干部离任审计制度，进一步健全生态环境监管体系，促进法治体系与监管体系紧密协作，共同为自然资源资产产权保护提供完备的制度保障。

三、合理开发利用资源，提高资源利用率

资源的过度消耗与利用的不充分使得资源基础更加脆弱。在资源利用领域，资源利用的低效，使得民族经济的发展与国际其他国家相比，要付出更高的资源代价。虽然中国已进入资源短缺阶段，然而大多数人并未对日益追近的资源危机有任何察觉，大多数人的资源消费观仍然是原始的、非理性与无责任的。与发达国家相比，中国生产领域的资源有效利用率十分低下。中国 GDP 单位产出的能耗是发达国家的 2.1 倍，主要工业产品能量消耗比国外平均水平高 10%～20%。由于矿山采矿回收率、采矿贫化率、选矿回收率普遍较低，中国矿产资源开发损失约 1000 亿元（纪明等，2014）。目前中国三废利用率低，钢渣、粉煤灰、煤矸石等综合利用率分别只有 30%、78%、73.1%，国外最好水平为 100%。据估计，中国每年有 300 亿元的宝贵资源作为三废抛弃。因此，资源的节约与高效利用将是中国走出资源困境的主要途径之一。具体来说，要采取以下对策。

1. 提高资源利用率

一般来说，提高资源利用率有 2 种途径。

一是提高生产环节和过程的利用率。大工业生产使资源开发利用要流经许多环节和过程，这些环节和过程再通过企业内部、企业之间，甚至区域之间的分工协作联系起来，从一个环节到另一个环节、从一个过程到另一个过程，资源在空间中的传输有一定比例的物质和能量损耗，如果从第一环节起在每一过程都注意节约，中国资源利用率将有较大幅度的提高。例如，中国灌溉水、工业用水、矿产资源与能源的利用率分别有 30%～40%、50%～60%、30%与 30%～40%的提升潜力。可见，中国资源利用率提高还有很大的潜力。

二是提高资源配比利用率。绝大部分资源利用都是以 2 种或 2 种以上资源配比而成的，通过配比可以改善资源产品的性能和品质，以达到用量少、功效高的目的。例如，混合饲料养殖就明显优于原粮养殖，而且节约率在 30%以上；等量的钡钛钢铁是普通钢量的 1.2～1.4 倍；汽柴油混合并加一定乳化剂，则利用率大为提高；类似配比的还有合金、合材、合料等。可见，用科学的配比利用资源能发掘巨大的资源利用率。

2. 加强资源综合利用

资源综合利用的范围和意义比提高资源利用率更广，它包括资源在整个循环中的综合利用及生产、流通、消费过程中的废弃物综合利用。加强资源综合利用，具有显著的经济效益、社会效益和环境效益。2021 年，中国回收废钢铁 2.5 亿 t，炼出钢 2.3 亿 t，相当于鞍钢 25 年的钢产量，节约铁矿石 10.35 亿 t，相当于全国铁矿 5 年的产量；回收的铜相当于节约铜矿石 3.6 亿 t；节约木材 1.95 亿 m^3，相当于全国年产木材的 2 倍；节约能源 4.6 亿 t 标准煤，够全国人民生活消费 2 年半；节约电力 351 亿 kW·h，相当于 5 座 90 万 kW 大型电厂 1 年的发电量；节约矿山投资 3712.8 亿元（仅钢铁和铜工业），减少运量 168 亿 t。至 2021 年底，中国回收废有色金属 1348 万 t，废纸 6491 万 t，废轮胎 640 万 t，废塑料 1900 万 t，废玻璃 1005 万 t。2015～2020 年中国固体废物综合利用和处置量呈现波动上升趋势，其中综合利用的工业废渣达 20.38 亿 t，处置量为 9.2 亿 t。

可见，资源综合利用不仅能节约资源，扩大资源再生产的潜力，延续资源的服务年限，而且还能减少环境污染和生态系统的破坏，为国民经济增加巨额产值和利润。资源综合利用逐步成了一个行业，它的发展壮大将为国民经济持续稳定发展做出重大贡献。

3. 加强资源的管理与保护

合理开发利用资源，不仅需要提高资源利用率，加强资源综合利用，而且也离不开资源的有效管理与保护。资源的管理和保护是相辅相成的，管理和保护的目的是永续利用好资源。良好的管理是利用好资源的基础，也是保护好资源的前提，保护就是为了使资源在相当长的时期为国民经济提供富有保证的物质来源。中国的资源开发伴随着国民经济的建设过程走过很大的弯路，资源破坏和资源浪费给当前的经济发展造成了很大的压力，特别是矿产资源的破坏和浪费、土地生产力的下降、荒漠化、草场退化以及水土流失，将威胁着国民经济的持续发展。

中国资源管理与保护在最近 20 多年中发展很快，到目前为止已颁布了水、土、矿产、生物、森林、草原等资源法，全民所有自然资源资产所有权委托代理机制、自然资源统一确权登记、自然资源有偿使用制度、生态补偿制度等正在稳步推进，在实践中取得了巨大的成绩，积累了不少经验。由于中国法治建设正在完善过程中，同时正处经济转型的新发展阶段，资源管理与保护法规及机构也面临着新的转变，需要更大力度地解决目前存在的和新时代所衍生的新问题。要实现资源管理与保护目的，不仅是管理与保护机构本身的义务，也是全民的义务，是中央与地方的共同义务。因而必须做到以下几点。

（1）强化宣传。对资源管理和保护的意义与义务进行宣传，要利用互联网、短视频等新媒体和广播、电影、电视、报纸、杂志等传统媒介向广大民众介绍合理利用与保护的意义，以及实现合理利用与保护的普及性措施，增强每一个人合理利用和保护资源的责任感和使命感。

（2）加强专业队伍的建设。管理和保护的法规制定在人，实施也在人，特别是直接参与管理和保护的专业人员不仅要从深层次上理解法规的含义，而且在实践中要能掌握好尺度和力度，以便通过有效的管理和保护实现其最终目的。

（3）完善法治建设。中国虽然制定了一系列资源法，但法律规章不够具体，而且有许多不协调之处，执行难度很大，执法人员很难掌握，解决一个问题往往需要大量时间，导致一个问题没解决，其他问题又出来了，影响了执法和管理与保护的实效。

（4）利用经济手段进行管理。实现资源产业化管理，建立资源核算制度，利用经济杠杆作用，变无偿使用为有偿使用，建立全国统一的资源市场，把资源纳入社会主义市场体系，建立合理的资源价格体制。

（5）建立科学的政绩考核标准体系。要把资源消耗、环境损害、生态效益纳入经济社会发展评价体系，建立体现生态文明要求的目标体系、考核办法、奖惩机制，扭转地方政府仅仅追求 GDP 的政绩观，充分发挥干部政绩考核在环保和发展中的重要作用。

四、提高国际资源利用能力

中国快速城市化过程中面临自然资源供求的尖锐矛盾，在寻求保持资源长期稳定供给政策中，要依托 2 种资源、2 个市场建立资源安全供应的贸易体系，即一方面要加速矿产资源勘探，增加储量，合理开发利用国内各种自然资源，另一方面要不断提高分享和利用世界资源的能力。

1. 加强对国际资源的研究

多年来中国各有关部门、大专院校和科研单位对世界资源进行了不少的研究工作，积累了较丰富的资料，撰写了一些相关专著，也培养了一大批专业研究人才，但这些研究工作多是分散进行的，缺乏系统性和综合性，尚不能从全局的战略高度进行研究。中国必须从长远的全球资源战略的高度加强对世界资源的研究工作。要研究世界自然资源数量、质量与地区分布，不同时期世界资源消长状况和供求关系，世界资源贸易动态变化和资源储备状况，世界潜在资源的开发研究趋势与前景预测等。应组建中国的世界资源研究中心，建立世界资源信息系统。国家有关部门应协调和组织中国各种驻外机构开展资源信息的收集和研究工作，同时继续加强各有关部门、大专院校和科研单位对世界资源的研究工作，积极参加国际有关机构组织的资源研究工作和学术活动，通过交流提高中国的资源研究水平。只有随着中国国际经济地位和实力的提高不断加强对世界资源的研究，才能为制定中国全球资源战略提供可靠的科学依据。

2. 促进国际贸易，增强资源进口能力

新中国成立初期，短缺经济和开放不足制约工业贸易发展，我国仅有少量的对外出口。改革开放后，中国依托不断夯实的产业基础全面融入全球产业分工体系，中国经济逐步走向世界，对外贸易迅速增长，快速成长为世界贸易大国。对外贸易进出口总额由 1978 年的 355 亿元，上升至 2024 年的 43.85 万亿元。2024 年底全年对外贸易顺差 70623 亿元，年末国家外汇储备达到 3.2 万亿美元，连续 19 年稳居世界第一。

外贸总额的增加为中国分享和利用世界资源创造了必要的物质条件，通过对外贸易，可以换取中国所需要的资源，弥补国内资源的不足。

3. 调整对外贸易结构，保证中国短缺资源的国际供应

随着中国经济的发展和工业化水平的提高，中国外贸结构将发生根本变化，我们必须充分利用有利时机，提高利用世界资源能力，保证中国短缺资源的国际供应。新中国成立初期，我国出口商品中80%以上是初级产品。改革开放以来，中国不仅进出口贸易总额有了大幅度的增长，外贸结构也发生了可喜的变化。1978 年，初级产品出口比重下降到 53.5%，工业制成品出口占到 46.5%，2000 年以后工业制成品上升到 90%以上。2023 年机电产品在出口总额中占比达 58.5%，其中汽车出口 522 万辆，中国首次成为全球第一大汽车出口国。

从上述对外贸易结构变化中可以看出，在出口商品中，中国初级产品的比例在迅速下降，而工业制成品比例急剧增加。在矿产资源方面，石油、铁矿石、铜、钾肥和铝等必须大量进口；对于长期需要依赖进口国际资源的资源种类，应有长远的战略安排。为了确保国内资源供给，中国需要从长计议，正确制定国际贸易战略和方针政策，调整进出口贸易结构，保证进口国内所需资源的必要的外汇来源。

4. 广开国际资源进口渠道，确保资源安全供应

世界经济在逐渐走向一体化过程中，已同时出现区域集团化趋势，这种格局必将导致对市场和资源的争夺。同时某些世界经济大国或集团也会通过各种途径和措施，抑制中国经济的迅速发展，包括挤占中国国际市场和控制资源贸易。因此，中国尽快改变单纯依靠贸易进口资源的状况，采取贸易与开发并举，建立多渠道、多种形式的资源供给来源，把资源供应分散到世界各地，以确保中国所需国际资源的安全供应，在平等互利的基础上发展同各国，尤其是周边国家以及第三世界国家的友好合作关系，通过发展经贸关系，如发展互利贸易和投资开发当地资源，争取资源长期稳定供给来源。通过多种方式利用国外资源，把经济技术援助同开发海外资源结合起来，与资源国建立“资源伙伴关系”，从组织上、政策上和经济上支持本土公司到海外寻找勘探开发机会。中国石油、有色金属、冶金工业已向海外迈出了勘探开发步伐，并取得一定成效，为进一步实施“走出去”开发境外资源战略积累了经验。同时处理好与能源资源过境国家的双边或多边关系，减少运输中断风险，通过更深层次的国际合作维护全球能源资源供应链安全稳定。

5. 加快建立战略性资源储备制度

美国、日本等发达国家已制定了较为完备的矿产战略储备制度和储备系统，涉及的矿产主要包括石油、各种有色金属以及稀有金属。印度等发展中国家也在相继建立矿产储备制度。

中国战略资源储备处于起步阶段，形势十分紧迫。应尽快制定中国战略资源储备规划，将矿产资源储备纳入法律框架，以保障在国际风云变幻和激烈的竞争中取得主动，避免受制于人。从中国经济承受能力考虑，首先，应做好关系国家经济命脉的国内紧缺矿产的储备，如石油、铜、铁、铝、钾盐等，储备形式采取矿产品储备和资源基地储备相结合，政府储备和民间储备相结合。同时，加强优势矿产的资源储备，如煤、钨、锡、稀土等矿产，防止因竞相出口导致国际市场供过于求、优势价格下跌的局面。

五、依靠科技进步缓解资源供求矛盾

当今世界，与其说是经济竞争时代，不如说是科学技术竞争时代，一个国家的科技发展水平将决定其在世界的地位。中国是个人均资源拥有量少的国家，要确保社会经济持续发展，必须依靠提高全民素质，依靠科学技术进步。科教兴国战略的提出，对中国社会经济发展产生了深远的影响。

中国人口增长与资源供应短缺将是一对长期存在的主要矛盾。要解决资源供求矛盾，必须要发展科学技术，充分发挥科技第一生产力和人才第一资源作用，提高教育现代化水平，增强自主创新能力，壮大创新人才队伍，推动发展向主要依靠科技进步、劳动者素质提高、管理创新转变，加快建设创新型国家。要依靠科学技术进步提高农业资源的生产率和利用率，提高土地资源的生产能力，保证满足人口增长对食物的需求。应用科学技术改造自然环境，减少各种自然灾害，降低农业生产的波动性。应用新技术加强矿产资源的勘探，不断增加矿产资源储量。例如，2010～2019 年，煤炭、石油、天然气查明资源储量均有较大增长，煤炭查明资源储量从 1.34 万亿 t 增至 1.77 万亿 t，增长 32.1%；石油剩余技术可采储量从 31.4 亿 t 增至 35.55 亿 t，增长 13.2%；天然气从 4 万亿 m^3 增至 6 万亿 m^3，增长 50%。提高现有矿产资源的利用率，尤其中国矿产资源中共生矿和伴生矿多，低品位、难选矿多，应研究新的采、选、冶等技术或工艺。推广先进技术，实现难利用资源开发利用的规模化和产业化，不断提高矿产资源节约与综合利用水平。要大力研究资源的二次利用和综合利用。要抓紧开发利用潜在资源和替代资源，特别是新能源、新原料的研究。要改造生产技术设备，降低物耗，提高产出率。在发展科学技术中应遵循“有所赶，有所不赶”的方针，对于中国长期短缺资源的研究应下大力气，加大投资力度，确保资源供应。

六、积极推进清洁能源开发利用

目前世界能源结构已进入清洁化和便利化的调整过程。作为传统能源的补充，清洁能源可有效降低环境污染。中国清洁能源开发潜力巨大，应着力推进可再生资源开发利用力度，加大非常规天然气资源开采力度，向绿色、低碳化能源发展，以缓解中国未来能源紧张局面。

1. 积极开发和利用可再生资源

目前全球已有 81 亿人口，不能与过去完全依靠自然能源生活的人口规模相提并论。如果不使用化石能源，很难养活这 81 亿人口。但我们也必须考虑到化石能源总会有枯竭的那一天，虽然这一天不会那么快地到来。如果化石能源枯竭，人类将如何生存，这是我们必须思考的问题。人们要把能源利用方向转向可再生能源的开发利用，这样可以有效地延缓不可再生能源（如煤、石油、天然气等化石燃料）的消耗速度以及资源逐渐匮乏的趋势。同时，《巴黎协定》作为已经到期的《京都议定书》的后续已于 2016 年开始实施，新的温室气体减排机制将进一步促进绿色经济的全面发展。如何面对“后京都议定书时代”，可再生能源的开发利用成为我们势在必行的发展之路。

目前，中国经济建设和社会发展每年需要消耗各种资源总量达 60 亿 t，仅靠原生资源供给十分困难，特别是主要矿产、能源资源对外依存度很高，涉及供货数目、品种、时间、价格以及运输等多方面的制约和风险。因此，扩大再生资源入口，提高再生资源利用效率，有利于减少主要矿产资源入口总量和对外依存度，有利于增强资源的获取能力和安全保障程度。2024 年全国能源消耗 59.6 亿 t 标准煤，其中水电、核电、风电等可再生能源仅占了 25.9%。而中国可再生能源资源品种齐全、数量多，资源基础雄厚。全国小型水电（指≤5 万 kW 的水能资源）的可开发量为 1.28 亿 kW，目前仅开发了 1/2。全国陆地每年接收的太阳辐射能相当于 2.4 万亿 t 标准煤，如果按陆地面积的 1%、平均转换效率按 20%计，一年可提供的能量达 48 亿 t 标准煤，几乎是 2011 年全国的能源消费总量（34.8 亿 t 标准煤）的 1.4 倍。中国 10m 高度层的风能总储量为 32 亿 kW，实际可开发为 2.53 亿 kW，加上近海（1～15m 水深）风力资源，可装机容量达 10 亿 kW。生物质能资源也十分丰富，秸秆等农业废弃物资源每年约有 3.0 亿 t 标准煤，薪柴资源为 1.3 亿 t 标准煤，加上城市有机垃圾等，资源总量近 7 亿 t 标准煤。通过品种改良和扩大种植，生物能的资源量可以在此水平上再翻一番。此外，还有地热能和海洋能等，可供大规模长期开发利用。

总之，中国可再生能源资源丰富，具有大规模开发的资源条件和技术潜力，可以为未来社会和经济发展提供足够的能源。开发利用可再生能源大有可为，是实现中国经济社会可持续发展能源战略的必然选择。

2. 加大非常规天然气资源开采力度

非常规天然气是指在成藏机理、赋存状态、分布规律或勘探开发方式等方面有别于常规天然气的烃类（或非烃类）资源，主要指致密砂岩气、煤层气、页岩气、天然气水合物等。近年来，以致密气、煤层气和页岩气为代表的非常规天然气快速发展引起了世界的关注，特别是美国非常规天然气的迅速发展使天然气工业发生了翻天覆地的变化。

从能源利用效率和 CO_2 排放特征来看，天然气无疑是当前一个时期较为理想的清洁能源。中国天然气探明储量约 12.4 万亿 m^3，但是利用率并不高，2023 年中国全年天然气消费量 3945 亿 m^3，同比增长 7.6%，天然气在一次能源消费总量中占比 8.5%，而全球平均水平是 25%左右。非常规天然气作为天然气家族中较年轻的成员，在中国天然气发展中占据举足轻重的战略地位。中国的地质条件有利于非常规天然气资源的形成和赋存，其资源都相当丰富，其中页岩气、致密气和煤层气技术可采资源量是中国常规天然气可采资源总量的 3.7 倍左右。

中国煤层气资源量约 38.6 万亿 m^3，居世界第 3 位，相当于常规天然气资源量的 70%。但在过去并没有得到有效的利用，而是在煤炭开采的过程中简单地排放和燃烧，不仅造成了浪费而且污染了资源。为此，中国应将煤层气的开采与煤炭的开采相结合，积极推进与国际企业的技术合作以推进其开发利用。

中研普华产业研究院发布的《2025—2030 年中国页岩气行业深度全景调研及投资战

略咨询报告》显示，中国页岩气技术可采资源量达 31.57 万亿 m^3，位居全球第 1。然而，其在 2024 年的产量仅占全国天然气总产量的 15%，远低于美国 70%的渗透率，开发潜力巨大。根据国际能源署发布《2019 年世界能源展望》，预测 2050 年世界能源结构或将发生改变，页岩气将在满足世界能源需求方面扮演重要角色。

另外，中国的致密气、天然气水合物等非常规天然气的储量可观，开发潜力巨大，具有较广阔的市场前景。

因此，大幅提高非常规天然气在中国基础能源消费结构中的比例，是实现中国节能减排目标最有效的途径。

七、积极推进产业结构转型升级

改革开放以来，中国取得了举世瞩目的伟大成就，创造了人类经济发展史上的奇迹，使中国的综合国力和国际影响力大幅度提高，人民生活水平明显改善。同时，也要看到，当前中国仍然是以高投入、低产出、低效益的粗放型增长方式为主导，经济增长是以大量的资源和能源投入来实现的，产业结构尚未得到根本性优化。2024 年，中国第二产业增加值比重高达 36.5%，其中，工业增长超过 GDP 增长，工业增长中高耗能、高污染的行业增长超过整个工业增长。这种资源环境成本低以及相应的粗放型增长模式，一方面，推动了出口的持续增长，使中国长期保持巨额贸易顺差；另一方面，推动了国际产业向国内的转移，使中国在资本项目下也维持了长期的顺差格局。资源环境成本扭曲通过产业与贸易的传导，成为导致中国国际收支长期失衡、外汇储备持续快速增加的重要原因之一。

我们必须扭转这种不可持续的经济发展模式，调整经济结构，减少能耗高的产业的发展，加快淘汰落后产能，推动传统产业改造升级，把经济发展的重点转移到能耗小、资金技术密集的产业上，并大力发展服务业和高新技术产业，提高服务业和战略性新兴产业在国民经济中的比重，尽快形成服务经济为主的产业结构。

坚持走中国特色新型工业化道路。适应市场需求变化，根据科技进步新趋势，发挥中国产业在全球经济中的比较优势，发展结构优化、技术先进、清洁安全、附加值高、吸纳就业能力强的现代产业体系。

大力发展循环经济。以提高资源产出效率为目标，加强规划指导、财税金融等政策支持，完善法律法规，实行生产者责任延伸制度，推进生产、流通、消费各环节循环经济发展。加快资源循环利用产业发展，加强矿产资源综合利用，鼓励产业废物循环利用，完善再生资源回收体系和垃圾分类回收制度，推进资源再生利用产业化。开发应用源头减量、循环利用、再制造、零排放和产业链接技术，推广循环经济典型模式。

制定支持企业技术改造的政策。加快应用新技术、新材料、新工艺、新装备改造提升传统产业，提高市场竞争能力。支持企业提高装备水平、优化生产流程，加快淘汰落后工艺技术和设备，提高能源资源综合利用水平。鼓励企业增强新产品开发能力，提高产品技术含量和附加值，加快产品升级换代。推动研发设计、生产流通、企业管理等环节信息化改造升级，推行先进质量管理，促进企业管理创新。推动一批产业技术创新服务平台建设。

调整空间结构的理念，推进形成人口、经济和资源环境相协调的国土空间开发格局。把调整空间结构纳入经济结构调整的内涵中，把国土空间开发的着力点从占用土地为主转到调整和优化空间结构、提高空间利用效率上来。积极发展科技含量和附加值高的海洋产业。

加强共伴生矿产资源及尾矿综合利用，建设绿色矿山。推动煤矸石、粉煤灰、工业副产石膏、冶炼和化工废渣、建筑和道路废弃物以及农作物秸秆综合利用和农林废物资源化利用，大力发展利废新型建筑材料。

强化市场的资源配置作用。在资源配置方面要逐步减少计划配置的范围，强化市场的资源配置作用。深化资源价格改革，使资源价格既能反映市场供求关系，又能反映资源的稀缺性，建立健全资源有偿使用制度和生态环境补偿机制，避免人为干预造成市场失效。

八、推进生态文明，建设人与自然和谐共生的美丽中国

1. 推进生态文明建设

生态文明是实现人与自然和谐发展的必然要求，生态文明建设是关系中华民族永续发展的根本大计。自党的十八大以来，我国生态文明建设实施了一系列根本性、开创性和长远性的工作，到党的十九大时生态文明建设已取得显著成效。“十四五”时期，我国生态文明建设进入了以降碳为重点战略方向、推动减污降碳协同增效、促进经济社会发展全面绿色转型、实现生态环境质量改善由量变到质变的关键时期。习近平总书记在庆祝改革开放40周年大会上指出，新时代推进生态文明建设必须坚持六项重要原则，分别是坚持人与自然和谐共生；绿水青山就是金山银山；良好生态环境是最普惠的民生福祉；山水林田湖草是生命共同体；用最严格制度最严密法治保护生态环境；共谋全球生态文明建设。具体而言，包括以下内容。

（1）坚持节约优先、保护优先、自然恢复为主的方针，形成节约资源和保护环境的空间格局、产业结构、生产方式、生活方式，统筹污染治理、生态保护、应对气候变化，协同推进降碳、减污、扩绿、增长。

（2）贯彻创新、协调、绿色、开放、共享的新发展理念，按照生态优先、节约集约、绿色低碳发展的要求，做好顶层设计和战略安排，建立健全生态产品价值实现机制，加快划定并严守生态保护红线、环境质量底线、资源利用上线三条红线。

（3）生态环境质量实现根本好转，关键在于大气、水和土壤三大领域污染防治，要统筹优化产业结构、能源消费结构、交通运输结构等，从源头减少大气污染，开展城市黑臭水体治理、长江保护修复、水源地保护及农业农村污染治理攻坚战，全面推进土壤污染防治，开展土壤污染治理与修复技术应用试点，强化污染土壤风险管控和治理修复。

（4）深入实施山水林田湖草沙一体化生态保护和系统治理，开展大规模国土绿化行动，加快构建以国家公园为主体的自然保护地体系，提升生态系统多样性、稳定性、持续性，加快水土流失和荒漠化石漠化综合治理。

（5）加快生态文明体制改革，实行最严格的生态环境保护制度，构建完善配套的生态环境保护政策体系、生态文明建设目标评价考核制度，严格推进生态环境保护行政执法，对破坏生态环境的行为决不手软，对生态环境违法犯罪行为严惩重罚。

（6）积极参与全球环境治理，引导应对气候变化国际合作，增强我国在全球环境治理体系中的话语权和影响力，秉持人类命运共同体理念，坚定践行多边主义，推进共建绿色“一带一路”，为推动全球可持续发展、共建繁荣清洁美丽的世界贡献中国智慧和中国力量。

2. 建设人与自然和谐共生的美丽中国

2012 年党的十八大明确提出了“建设美丽中国”。然而，中国对生态文明理念的认识，经历了一个螺旋式上升和日臻成熟的历史过程。新中国成立初期，国家建设任务艰巨，提出“人定胜天”“向自然界开战”等口号。随着人口、资源、环境之间的矛盾日益凸显，环境保护提上议程，于 1973 年召开第一次环境保护会议。20 世纪 80 年代初，随着改革开放的开展与深入，国家进入经济高速发展时期，生态与环境问题更为凸显。1983 年 12 月 31 日至 1984 年 1 月 7 日召开第二次全国环境保护会议，将环境保护确立为基本国策。20 世纪 90 年代，走可持续发展之路成为全世界的共识。进入 21 世纪，中国进入工业化快速发展阶段，经济发展与资源环境之间的矛盾更加突出。党的十六大将“可持续发展能力不断增强，生态环境得到改善，资源利用效率显著提高，促进人与自然的和谐”作为全面建设小康社会的四大目标之一。党的十七大则正式将“建设生态文明”作为 2020 年全面建成小康社会的五大奋斗目标之一。这是在反思传统经济发展模式、扬弃旧的工业文明理念基础上提出的重大战略思想。到了党的十八大，“建设美丽中国”终于水到渠成，瓜熟蒂落，成为中国特色社会主义发展道路的一个全新目标。在此基础上，党的十九大提出加快生态文明体制改革，建设美丽中国；党的二十大也强调进一步推进美丽中国建设，坚持山水林田湖草沙一体化保护和系统治理。建设美丽中国既是全面建设社会主义现代化国家的目标要求，也是建设人与自然和谐共生现代化的必然要求。这一重大战略安排，明确了美丽中国建设的时间表、路线图，绘就了建设人与自然和谐共生现代化的美好蓝图。

过去我们曾经片面强调“人定胜天”，结果造成了北方的荒漠化和南方的洪灾泛滥和水土流失，教训是极其深刻的。而后在改革开放 40 多年的经济快速发展中，所依赖的内需及外贸传统制造业、“人口红利”，以及土地、矿产等资源利用优势，不仅正在逐渐消逝，而且人力成本、各种原材料和燃料等价格持续上涨，正在给经济持续健康快速发展制造各种障碍和矛盾，总体治理并彻底解决各种环境保护难题并非一日之功。同时，这样的粗放式的发展可以让中国迅速实现温饱，但要实现富裕和发达，现有的资源远远不够。

面对资源约束趋紧、环境污染严重、生态系统退化的严峻形势，树立尊重自然、顺应自然、保护自然的生态文明理念，把生态文明建设放在突出地位，融入经济建设、政治建设、文化建设、社会建设各方面和全过程，建设人与自然和谐共生的美丽中国，实现中华民族永续发展。这是对“既要金山银山，也要绿水青山”目标的追求，同时又是对长期“重经济、轻环境”行为偏差的一种调整。建设美丽中国的重点任务是推进绿色发展、着力解决突出环境问题、加大生态系统保护力度、改革生态环境监管体制，必须站在人与自然和谐共生的中国式现代化的高度谋划发展，持续推进生态文明建设，推进生态优先、节约集约、绿色低碳发展。

复习思考题

1. 当前中国自然资源的总体态势如何？
2. 中国自然资源安全的表现有哪些？
3. 结合实际谈谈解决中国自然资源安全问题的出路和策略。

参考文献

陈甲斌, 刘超, 聂宾汗, 等. 2023. 矿产资源安全需要重点关注十种矿产. 中国国土资源经济, 36(5): 14-21, 41.
纪明, 纪玉山, 刘洋. 2014. 中国矿产资源开发利用的问题分析与对策研究. 社会科学战线, (9): 250-253.
孔祥斌, 陈文广, 温良友. 2022. 以耕地资源三个安全构筑大国粮食安全根基. 农业经济与管理, (3): 1-12.
李原园, 李云玲, 何君. 2021. 新发展阶段中国水资源安全保障战略对策. 水利学报, 52(11): 1340-1346, 1354.
沈镭, 张红丽, 钟帅, 等. 2018. 新时代下中国自然资源安全的战略思考. 自然资源学报, 33(5): 721-734.
史培军, 王季薇, 张钢锋, 等. 2017. 透视中国自然灾害区域分异规律与区划研究. 地理研究, 36(8): 1401-1414.
唐芳林, 杨智, 王卓然, 等. 2021. 生态文明视域下草原治理体系构建研究. 草地学报, 29(11): 2381-2390.
曾艳, 周桔. 2019. 加强我国战略生物资源有效保护与可持续利用. 中国科学院院刊, 34(12): 1345-1350.
翟明国, 胡波. 2021. 矿产资源国家安全、国际争夺与国家战略之思考. 地球科学与环境学报, 43(1): 1-11.
赵金龙, 刘永杰, 韩丰泽. 2023. 碳达峰、碳中和目标下草原增汇路径的思考. 草地学报, 31(5): 1273-1280.
赵其国, 黄国勤, 马艳芹. 2016. 中国生态环境状况与生态文明建设. 生态学报, 36(19):6328-6335.
钟鸣. 2021. 新时代中国海洋经济高质量发展问题. 山西财经大学学报, 43(S2): 1-5, 13.

第九章　中国土地资源的可持续开发与利用

内容概要： 本章介绍了中国土地资源的基本特征，分析了中国土地资源开发利用的态势，并针对中国土地资源开发利用中存在的问题，提出了可持续开发利用的策略。

关键术语： 土地资源；非粮化；非农化；土地退化；土壤污染；土地承载力

思维导图：

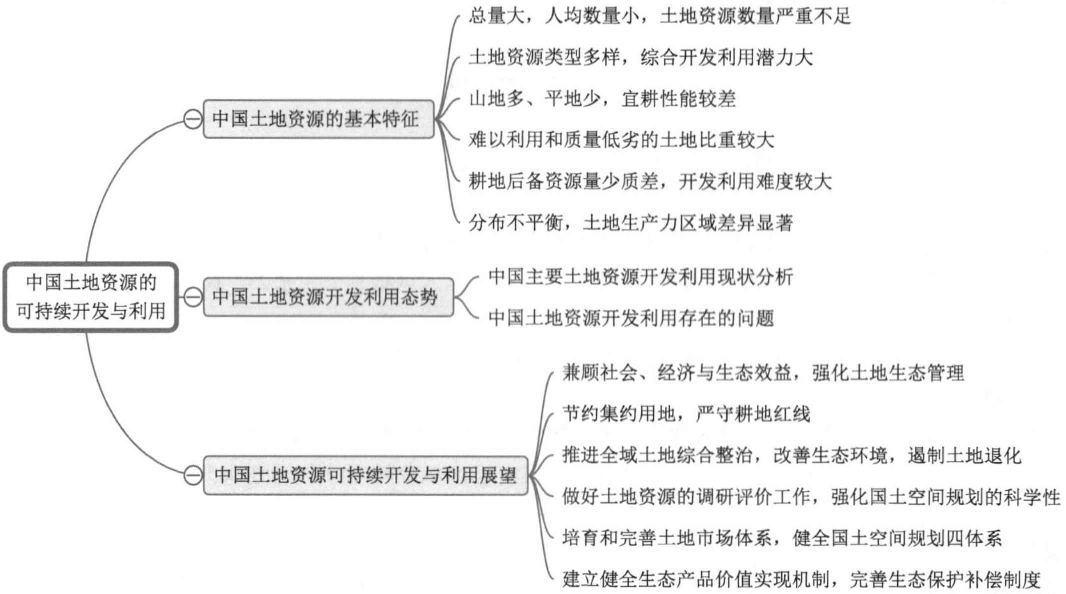

学习目标：

1. 通过学习，系统掌握中国土地资源的基本特征。

2. 了解中国土地资源开发利用的现状及问题，掌握土地资源可持续开发利用的应对策略。

土地是地球表面一定范围内，由气候、地貌、岩石、土壤、植被、水文和人类活动等自然、人文要素共同作用所形成的自然经济综合体。土地资源是对人类当前和可以预见到的未来有用的土地。土地资源是人类赖以生存与发展的根本条件，人类的生存空间、生产活动等无一不与土地发生联系。土地对于工商业、交通运输业等非农产业而言，为之提供地基和空间，充当立足点；对于农业而言，土地不仅是劳动力和其他生产要素的活动基地，而且直接参与产品的形成，是人类不可或缺的生产资料和劳动对象。土地资源的可持续开发利用是实现人类经济和社会可持续发展的重要基础，是影响子孙后代生存的核心问题。因此，合理开发、利用和保护土地资源，是国家经济建设中一项长期而重大的任务，从而引起世界各国和地区的普遍关注。2021 年 12 月，联合国粮农组织发布报告《世界粮食和农业领域土地及水资源状况：系统濒临极限》，指出“成败将取决于我们能否管理好土地及水资源生态系统所面临的质量风险，如何将创新性技术及制度性解决方案因地制宜地相互结合，最重要的是，如何重点关注打造更好的土地及水资源治理体系。”

第一节　中国土地资源的基本特征

中国以占有全球 1/14 的土地养活了全球 1/5 的人口，人地矛盾较世界多数国家更为尖锐。这意味着只有更加清醒地认识和了解我国土地资源的基本特征，才能有的放矢、合理开发利用土地资源。从整体上看，中国土地资源具备以下基本特征。

一、总量大，人均数量小，土地资源数量严重不足

我国国土总面积约 1433 万 km^2，包括陆地面积约 960 万 km^2 和海域面积约 473 万 km^2。其中，陆地面积占世界陆地总面积的 7.2%，占亚洲面积的 25%，仅次于俄罗斯和加拿大，居世界第 3 位。2024 年末我国有 140828 万人，人均陆地面积仅为 0.68hm^2，只有世界人均 1.8hm^2 的 36.56%。根据《2022 年中国自然资源统计公报》，目前我国耕地、林地、草地、湿地总量分别为 127.601 万 km^2、283.527 万 km^2、264.272 万 km^2、23.573 万 km^2，分列世界第 3 位、5 位、2 位、4 位，总量位居世界前列。但人均分别约为当前世界平均水平的 48.2%、39.57%、45.39%和 11.14%。因此我国土地资源总量丰富，人均贫乏，土地资源严重不足（表 9.1）。与一些地广人稀的大国相比（如美国、俄罗斯、加拿大、澳大利亚等），差距则更大。以耕地为例，我国人均耕地面积仅 1.36 亩，不足美国人均耕地的 1/5，人地矛盾十分突出（黄祖辉等，2022）。土地资源人均数量少是中国的劣势，这就决定了中国土地利用只能精耕细作，走产出高效、产品安全、资源节约、环境友好的现代农业发展道。

表 9.1　中国土地资源与世界比较

土地类型	绝对数量/亿 hm^2	总量占世界比例/%	总量在世界上的排位	人均数量/亩	世界人均/亩	人均占世均比例/%
耕地	1.276	8.51	3	1.36	2.81	48.2
林地	2.835	6.98	5	3.01	7.61	39.57
草地	2.643	11.01	2	2.81	6.19	45.39
湿地	0.236	4.14	4	0.25	2.25	11.14

注：根据《2022 年中国自然资源统计公报》，结合 2022 年人口数据、《世界粮食和农业领域土地及水资源状况：系统濒临极限》《2022 年全球森林资源评估》等数据整理。

二、土地资源类型多样，综合开发利用潜力大

中国疆域辽阔。南北相距 5500km，南起南沙群岛的曾母暗沙（3°52′N），北至黑龙江省漠河附近的黑龙江江心（53°31′N），南北跨距近 50 个纬度及 9 个热量带—南热带、中热带、北热带、南亚热带、中亚热带、北亚热带、暖温带、温带、寒温带；东起 135°03′E，位于黑龙江省抚远市的东乌苏里江汇入黑龙江处的耶字界碑东南，西至 73°22′E，位于新疆乌恰县西侧的帕米尔高原东部。东西跨经度约 62°，延伸 5200km，时差达 4h 以上。受季风气候影响，从东到西又可以分为湿润地区（占土地面积 32.2%）、半湿润地区（占 17.8%）、半干旱地区（占 19.2%）和干旱地区（占 30.8%）。同时，由于地形条件复杂，山地、平原、高原、丘陵和盆地等各类地形交错分布，我国土地资源类型呈现更为复杂的地域差异，从而形成丰富多样的土地资源类型（图 9.1）。根据《中国 1∶100 万土地资源图》显示，我国土地类型多达 2700 种，土地资源的类型不同，其适宜性与潜力也不相同。

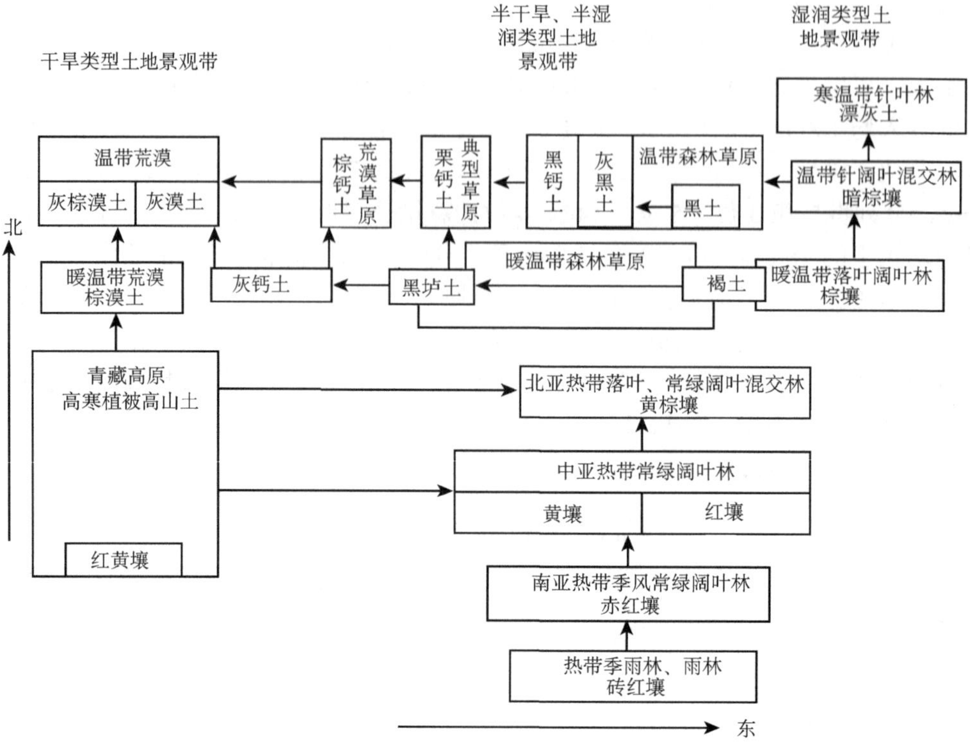

图 9.1　中国土地景观变化示意图

土地资源类型多样，表明我国土地利用方式多种多样，综合开发利用潜力大，为各种产业尤其是农林牧副多种经营、全面发展提供了便利条件。同时，这一特征也决定了我国各地在土地利用过程中，必须因地制宜进行综合利用，切忌“一阵风”“一个模式”进行土地开发利用。

三、山地多、平地少，宜耕性能较差

按中国地形面积统计，全国平地、丘陵与山地之比为33.6∶19.9∶46.5，山地与丘陵合计占国土面积的2/3，平地仅占1/3；而且中国陆地平均高度较高，是世界平均高度的1.83倍，其中海拔超过3500米（含）的区域面积占比高达23.23%（表9.2）。与美国、加拿大、澳大利亚等领土较大的国家相比，中国山地和丘陵比重最大。山区（含山地与丘陵）一般高差大、坡度陡、土层薄，与平原地区相比，土地的适宜性单一，宜耕性能差，农业发展受到较大制约。同时，山地的生态系统一般比较脆弱，一旦利用不当，容易导致生态失衡，引起水土流失和资源破坏。但是，山地既是我国江河水域水源的聚水区，又是发展林、牧、旅游业的重要地域，其合理的开发利用对于我国科学整治山河，积极开展多种经营具有特别重要的意义。相比之下，平原地区土地的适宜性较强，耕作性能强，农业发展的制约因素相对较少，多为我国主要的农业稳产、高产区域。

表9.2　不同海拔陆地国土面积构成

海拔分区	海拔分级	构成比/%
低海拔区域	50m以下	6.75
	50（含)～100m	3.36
	100（含)～200m	5.6
	200（含)～500m	11.85
	500（含)～800m	8.87
	800（含)～1000m	6.93
中海拔区域	1000（含）～1200m	8.14
	1200（含）～1500m	9.75
	1500（含）～2000m	6.67
	2000（含）～2500m	3.09
	2500（含）～3000m	2.97
	3000（含）～3500m	2.79
高海拔区域	3500（含）～5000m	16.65
极高海拔区域	5000m（含）以上	6.58
合计		100

数据来源：第一次全国地理国情普查公报。构成比指不同海拔陆地国土面积与全国陆地国土面积的比值。

四、难以利用和质量低劣的土地比重较大

中国有相当一部分土地难以利用。据统计，全国荒漠化土地总面积261.16万km^2，占国土面积的27.2%。岩溶地区石漠化土地面积为10.07万km^2。

从土地资源的质量来看，我国有33%的国土面积为干旱区、荒漠区；70%的国土面

积深受东亚季风强烈影响，35%的国土面积经受土壤侵蚀和荒漠化；30%的耕地面积为pH 值小于 5 的酸性土壤；20%的耕地面积存在不同程度的盐渍化或海水入侵。总的来说，土地资源的整体质量不高。

五、耕地后备资源量少质差，开发利用难度较大

耕地后备资源，主要是指适宜开垦种植农作物、人工牧草及经济林木的天然草地、疏林地带、灌木林地、湖沼和其他未利用土地。耕地后备资源是实施土地整治的重要基础，与严格保护耕地红线、有效利用国土资源、切实保障国家粮食安全等工作密切相关，直接反映耕地开发的潜力。2022 年中央一号文件提出，积极挖掘潜力增加耕地，支持将符合条件的盐碱地等后备资源适度有序开发为耕地。

2014 年启动的全国耕地后备资源调查评价结果显示，全国耕地后备资源总面积为8029.15 万 hm^2，较此前一轮减少近 3000 万 hm^2。其中，集中连片的耕地后备资源 2832.07 万 hm^2，零散分布的耕地后备资源面积 5197.08 万 hm^2。从区域分布看，耕地后备资源主要集中在中西部经济欠发达地区，其中新疆、黑龙江、河南、云南、甘肃等 5 地后备资源面积占到全国总面积的近一半，而经济发展较快的东部各省份耕地后备资源之和仅占到全国总面积的 15.4%。

总体来说，我国耕地后备资源分布不均，主要包括荒草地、盐碱地和裸地等，近半分布在新疆、黑龙江、河南、云南、甘肃 5 地。集中连片的耕地后备资源减少明显，耕地后备资源大多数零散破碎，耕地后备资源利用受生态环境制约大，当前可供开发利用的耕地后备资源数量有限。从社会经济条件上看，耕地后备资源多分布于人口稀少、交通不便、少数民族聚居、经济相对落后的边远地区，开发投入不足，多为粗放式经营利用，耕地产出低，经济效益低下。从水热条件上看，耕地后备资源大约 60%分布在温带半干旱、干旱地区，20%分布在暖温带地区，4%分布在高寒地区。这些地区热量条件不很丰富，且水分成为种植业的重大障碍因子，耕作方式多为一年一熟。

六、分布不平衡，土地生产力区域差异显著

根据自然地理特征的显著差异，可将中国土地相应划分为三大区域，即东部湿润、半湿润季风区，西北部干旱、半干旱内陆区和西南部青藏高原区。

东部季风区水热条件好，雨热同季，土壤可耕性强，生物多种多样，土地生产能力较高，开发潜力大，集中了全国 87%的生物生产量和 92%左右的耕地和林地，以及 95%左右农业人口和农业总产值，是中国最重要的农区和林区，同时也是家禽家畜的重要产区。但是，由于受到季风气候的影响，降水不稳定，降水变率大，旱涝灾害频繁。林地主要集中于区内的东北和西南部，位置较偏，开发利用难度大。草地主要集中于东北的西部，牧草资源较丰，载畜率高。区内土地资源性质和土地利用的条件差别很大。东北地区属温带、寒温带，平原面积大，耕地、林地资源在全国来说最为集中，土壤肥沃，但热量略显不足，低温大风及冻土广布，影响土地利用。华北地区地形平坦开阔，耕地较多，但林地少，水源不足，降水变率极高，旱涝、盐碱灾害严重制约土地的开发利用。

尤其在黄土高原，虽土层深厚，但土质孔隙度大，地面破碎、沟壑纵横、植被稀疏、水土流失严重，严重制约土地的生产潜力，并威胁华北地区的生存环境。南部亚热带、热带地区水热丰富，生物资源多样。土地利用率高，产出大，但土壤多呈酸性，涝灾频繁，且平地少，山地丘陵多，人多地少矛盾突出。

西北内陆区属温带，光照充足，热量较为丰富，但海洋季风影响微弱，干旱少雨，水源不足，沙漠、戈壁地形比重大，土壤多呈碱性。根据距海洋远近而引起的湿度差异，本区土地可进一步划分，即东半部为典型草原与荒漠草原土地，多为畜牧业开发利用；西半部为干旱荒漠土地，无灌溉即无农业，山地多，草场多，耕地、林地少，土地生产能力较低。

青藏高原区从纬度位置上看接近于我国长江中下游地区，但其平均海拔高度超过4000m，虽日照充足，太阳辐射强，但空气稀薄、气温低，风多风大，土地生产能力低，土地利用难度大。

总之，土地资源空间分布上的不平衡，加之土地内在因子构成的差异性，导致区域土地利用的巨大差异性，土地生产力区域差异明显。全国62%的耕地分布于淮河流域以北地区，只有38%的耕地分布在拥有全国80%水资源且水热条件组合较好的秦淮一线以南地区。耕地后备资源分布不均，东少西多，北多南少；土地匹配条件东好西差，南好北差；土地利用能力季风区高，干旱区、高寒区低。

第二节　中国土地资源开发利用态势

一、中国主要土地资源开发利用现状分析

2022 年度全国国土变更调查汇总结果显示，我国现有耕地 12760.1 万 hm^2，占总面积 13.29%；园地 2012.8 万 hm^2，占 2.1%；林地 28352.7 万 hm^2，占 29.53%；草地 26427.2 万 hm^2，占 27.53%；湿地 2357.3 万 hm^2，占 2.46%；城镇村及工矿用地 3596.7 万 hm^2，占 3.75%；交通运输用地 1018.4 万 hm^2，占 1.06%；水域及水利设施用地 3628.7 万 hm^2，占 3.78%①。

（一）耕地资源开发利用现状

一是耕地资源总量和人均量呈总体下降的趋势。据统计，1996～2022 年，我国耕地减少 0.36 亿亩。特别是 1999～2003 年，耕地面积减少 0.87 亿亩，2003 年耕地面积减少量达到顶峰，全国耕地净减少 3806.08 万亩。从 2004 年开始，减少趋势有所平缓，2004～2009 年，耕地增加 1.94 亿亩，年均增加耕地 3882.07 万亩；2009～2019 年，耕地减少 1.13 亿亩，年均减少耕地 1128.40 万亩；2019～2022 年，耕地减少 0.04 亿亩，年均减少耕地 130.43 万亩。我国人均耕地 1996 年 1.59 亩，2009 年降至 1.52 亩，2019 年至今 1.36 亩，均显著低于世界平均水平。

① 资料来源：《2022 年中国自然资源统计公报》。

二是耕地资源整体质量欠佳，优质高产田在减少，劣质田在增加，耕地质量总体水平下降。中国耕地有近 2/3 分布在山区、丘陵和高原；全国半数耕地为无灌溉条件的雨养农田；全国近 40%的耕地为坡耕地，全国耕地土壤有机质含量在 1.37%～4.04%，多数地区低于 2%；全国耕地面积的 48%集中于热量条件较差的一年一熟区；全国有 3 亿亩的耕地位于年降水量小于 400mm 的干旱地区；全国 40%的耕地因水土流失、风蚀沙化、盐碱化、酸化等而退化。根据农业农村部发布的《2019 年全国耕地质量等级情况公报》，全国一至三等地占耕地总面积的 31.2%，四至六等地占 46.8%，七至十等地占 22.0%，劣等耕地面积超过了 1/5，耕地的总体质量欠佳。

表 9.3　全国耕地质量等级面积比例及主要分布区域

耕地质量等级	面积/亿亩	比例/%	主要分布区域
一等地	1.38	6.82	东北区、长江中下游区、西南区、黄淮海区
二等地	2.01	9.94	东北区、黄淮海区、长江中下游区、西南区
三等地	2.93	14.48	东北区、黄淮海区、长江中下游区、西南区
四等地	3.5	17.3	东北区、黄淮海区、长江中下游区、西南区
五等地	3.41	16.86	长江中下游区、东北区、西南区、黄淮海区
六等地	2.56	12.65	长江中下游区、西南区、东北区、黄淮海区、内蒙古及长城沿线区
七等地	1.82	9	西南区、长江中下游区、黄土高原区、内蒙古及长城沿线区、华南区、甘新区
八等地	1.31	6.48	黄土高原区、长江中下游区、内蒙古及长城沿线区、西南区、华南区
九等地	0.7	3.46	黄土高原区、内蒙古及长城沿线区、长江中下游区、西南区、华南区
十等地	0.61	3.01	黄土高原区、黄淮海区、内蒙古及长城沿线区、华南区、西南区

资料来源：《2019 年全国耕地质量等级情况公报》。

三是耕地空间布局总体趋向劣化。2009～2019 年，西北区、东北区耕地总面积分别增加 6195 万亩、2907 万亩，耕地增减率分别为 26.5%、6.9%；东南区、西南区、黄淮海区、黄土高原区、长江中下游区、青藏区耕地总面积分别减少 3010 万亩、7683 万亩、3994 万亩、2194 万亩、3467 万亩、37 万亩，耕地增减率依次为−29.6%、−21%、−11.5%、−10.9%、−10%、−2.4%。依据表 9.4，我国耕地数量从水热条件较好的地区向水热条件差的西北、东北区集中，耕地空间布局总体趋于劣化。

表 9.4　全国分区耕地面积变化（陈印军，2022）

分区	2009～2019 年耕地增减量/万亩	2009～2019 年耕地增减率/%
西北区（包括宁夏、新疆、内蒙古）	6195	26.5
东北区（包括黑龙江、吉林、辽宁）	2907	6.9

续表

分区	2009～2019年耕地增减量/万亩	2009～2019年耕地增减率/%
东南区（包括上海、浙江、福建、广东、海南）	−3010	−29.6
西南区（包括云南、贵州、四川、重庆、广西）	−7683	−21
黄淮海区（包括北京、天津、河北、山东、河南）	−3994	−11.5
黄土高原区（包括山西、陕西、甘肃）	−2194	−10.9
长江中下游区（包括江苏、安徽、江西、湖南、湖北）	−3467	−10
青藏区（包括青海、西藏）	−37	−2.4

（二）林地资源的开发利用现状

根据《2022年中国国土绿化状况公报》，2022年度全国共有林地28352.7万hm^2。其中，乔木林地19675.2万hm^2，竹林地699.1万hm^2，灌木林地5841.3万hm^2，其他林地2137.1万hm^2。森林覆盖率24.02%①。我国森林面积居世界第5位，但人均森林面积却位居世界第119位。

我国森林资源空间分布不均匀。现有森林90%分布在东半部，主要集中连片分布在东北大兴安岭、小兴安岭和长白山地，该林区是全国最大的原始森林区，同时也是全国最大的天然用材林区。林地面积约0.47亿hm^2，有林地面积0.36亿hm^2。森林立地条件好，兴安落叶松、红松，水曲柳等优质树种材质佳，林区海拔多在1000m以下，地形平坦，坡度不大，利于营林。除大兴安岭北段属寒温带外，其余属中温带、暖温带湿润、半湿润气候，山区年降水量超过600mm，长白山地更达1000mm以上，土层肥沃深厚，肥力因子好，造林及迹地更新条件好。

西南的川西、滇西北横断山林区，也是我国重要的林区，森林面积和木材蓄积量均仅次于东北而居全国第二位。树种多，几乎从热带雨林一直到寒温带针叶林等各种阔叶、针叶树种均有分布，仅乔木就有1000多种，是我国乔木种类最多的林区。本林区原始林和成熟林比重大，珍稀树种主要有水杉、银杉、四川冷杉、云南红豆杉等。

除以上两大林区外，还有新疆和青海的高山地段，甘肃白龙江流域、湖北神农架、海南岛、西藏南部、台湾中部等地也有较集中林地。

我国森林资源开发利用现状如下。

（1）森林面积和森林总量持续增长。从2013～2022年，森林面积由2013年的2.08亿hm^2增加到2022年的2.31亿hm^2，净增量0.23亿hm^2；森林覆盖率由21.63%提高到24.02%，提高2.39个百分点；森林蓄积由151.37亿m^3增加到194.93亿m^3，净增43.56亿$m^3$②。

（2）森林植被总碳储量呈增加趋势。依据全国第九次森林资源清查结果，全国森林植被总碳储量91.86亿t，与第八次（2009～2013年）森林清查结果相比，2014～2018年

① 2022年中国国土绿化状况公报. 中国政府网. https://www.gov.cn/xinwen/2023-03/20/content_5747510.htm

② 国家林业局. 第八次全国森林资源清查结果. 林业资源管理，2014，(1): 1-2.

森林植被总碳储量增加了 7.59 亿 t。森林的碳汇能力得到提升。碳储量约占全国陆地生态系统总碳储量的 38.9%，约占世界森林碳储量的 1.43%。

（3）单位面积蓄积量不高。第九次全国森林资源清查结果显示，我国每公顷森林蓄积量和年均生长量均分别是 94.83m^3、4.73m^3，单位面积蓄积量不到世界平均水平的 70%。经过科学抚育，每公顷森林蓄积量可增加 20%～40%，年均生长量可达 7m^3。

（4）省（区、市）之间森林覆盖率差异大。第九次全国森林资源清查结果显示，森林覆盖率超过 50%的省（区、市）有福建、江西、台湾、广西、浙江、海南、云南、广东，森林覆盖率低于 20%的省（区、市）有山东、江苏、上海、宁夏、西藏、天津、甘肃、青海、新疆。森林覆盖率最高的福建与最低的新疆之间相差 61.93%[①]。

（三）草地资源利用现状

中国是世界上第二草原大国（仅次于澳大利亚），2022 年度全国国土变更调查初步汇总结果显示，草地面积 2.64 亿 hm^2。其中，天然牧草地 21329.4 万 m^3，人工牧草地 58.8 万 m^3，其他草地 5039.1 万 m^3。草地面积是耕地面积的 2.07 倍，占我国陆地总面积的 27.5%。我国 80%的草原分布在北方，20%分布在南方，北方以传统的天然草原为主，南方则主要是草山、草坡。

中国草地资源类型复杂多样，时空分布差异性很大，从东到西依次为湿润、半湿润气候区的草地草原，半干旱气候区的干草原，干旱气候区的荒漠草原。不同类型的草场适合于不同的牲畜种类和品种。

20 世纪 50 年代以来中国草地持续减少。1950 年，我国草场约为 3.92 亿 hm^2，1990 年减至 3.27 亿 hm^2，2022 年减至 2.64 亿 hm^2，与 1950 相比减少了 32.65%，至今仍有不断减少的趋势。同时，由于垦荒、过度放牧和鼠虫害，许多优质牧场急剧退化，致使可利用草场迅速减少。航片资料显示，我国草场退化面积近年来年均达 0.16 亿 hm^2。其中，草场面积减少最显著和退化最快的地区为我国北方农牧交错地带。

中国草场生产能力低下。据《中国 1∶100 万土地资源图》的评价方案，在草地资源中，一等草地占 12.85%，二等草地占 38.93%，三等草地占 47.86%，不宜放牧草地占 0.36%，中下等草地所占比重接近 90%，与澳大利亚、加拿大、美国、阿根廷等草地大国相比，我国草地质量的劣势就显得十分突出。在质量低下的北方草原区，需用 2hm^2 草地才能供养一只羊。

草原具有独特的生态、经济、社会功能等，是不可替代的重要战略资源。党的十八大以来，以习近平同志为核心的党中央将生态文明建设纳入中国特色社会主义“五位一体”总体布局和“四个全面”战略布局，高度重视草原保护建设，从全面推动草原事业发展，取得以下成绩：一是推进依法治草。《中华人民共和国草原法》是我国实施草原管理的根本性法律，此外还有《最高人民法院关于审理破坏草原资源刑事案件应用法律若干问题的解释》《草原防火条例》《甘草和麻黄草采集管理办法》《草畜平衡管理办法》《草种管理办法》《草原征占用审核审批管理办法》等部门规章等。各省方面，甘肃省于 2022

① 第九次全国森林资源清查. 国家林业和草原局政府网. https://www.forestry.gov.cn/main/65/20150428/761403.html

年 3 月修订了《甘肃省草原条例》，并于 2022 年 5 月 1 日施行；二是强化合理利用。大力推进草原承包，积极落实禁牧休牧轮牧制度。草原利用更趋合理，2017 年全国重点天然草原的家畜平均超载率为 11.3%，较 2010 年降低 18.7 个百分点；全国草原鼠害、虫害及火灾受害面积较 2010 年分别减少 36%、39%、69%①；三是大力实施退牧还草、京津风沙源治理、草原防火防灾、草原监测预警、石漠化治理、草种基地建设等草原重点工程。四是实施生态奖补。从 2011 年起，国家在主要草原牧区省（区）及新疆生产建设兵团启动实施草原补奖政策，即对实行禁牧管理的草原给予适当补助，对实行草畜平衡的草原进行奖励，以调动农牧民保护草原的积极性，到 2020 年已实施两轮，并继续启动第三轮草原生态保护补助奖励政策。

（四）湿地资源利用现状

2022 年度全国国土变更调查初步汇总结果显示，全国共有湿地 2357.3 万 hm^2。其中，红树林地 2.9 万 hm^2，森林沼泽 220.7 万 hm^2，灌丛沼泽 75.4 万 hm^2，沼泽草地 1112.9 万 hm^2，沿海滩涂 149.9 万 hm^2，内陆滩涂 602.4 万 hm^2，沼泽地 193.2 万 hm^2。

中国湿地分布具有范围广、区域差异显著的特点，主要分布于长江、黄河、西北以及东北诸河流域。

湿地有着丰富的动植物以及微生物资源，作为重要的自然资源为人类提供了多种具有社会价值的功能，包括净化功能、蓄水防洪功能、调节气候与固碳功能等。早在先秦时期，湿地就被用于皇家园林中（陈梦雷，2006）。湿地资源利用类型广泛，一是湿地农业，常见利用形态包括湿地种植利用、湿地养殖利用，例如，东北三江平原地区的“稻-苇-鱼”复合生态系统湿地生态农业、珠江三角洲地区的桑基鱼塘模式等；二是湿地旅游，旅游形式主要包括乡村湿地旅游和湿地公园旅游，乡村湿地旅游如江西婺源、山东微山湖，杭州西溪国家湿地公园是湿地公园旅游的典型代表；三是湿地产品加工，除了鱼、水生蔬菜等食用产品，湿地还可提供大量原材料，用以加工制成各种造纸、枕席等生活和建筑用品，以及药用、工艺等产品（Mitsch and Gosselink, 2007）；四是提供泥炭资源，泥炭在农业上常被用作有机肥料和育苗及花卉培植的基质，在工业上被用作燃料发电以及化工、医药、制陶和建筑材料等。与国外多为高位泥炭相比，中国泥炭资源以低位草本泥炭为主，工业开发成本相对较高，缺乏规模化、标准化、产业化，经营效益不佳（裴理鑫等，2023）。

由于自然和人为因素影响，气候变化和人类活动的双重影响导致湿地严重退化。例如，2005～2019 年黄河三角洲湿地面积减少 27%（高瑞等，2021）；1991～2018 年盐城滨海湿地面积减少 40.9%（闫文文等，2022）；1990～2019 年太湖流域湿地面积减少 29.4%（朱颖等，2022）；1980～2015 年东北沼泽湿地面积减少 30.8%（王延吉等，2020）。2022 年，国家林业和草原局、自然资源部联合印发《全国湿地保护规划（2022—2030 年）》，提出到 2025 年全国湿地保护率达到 55%，到 2030 年初步建立湿地保护高质量发展新格局。

① 我国草原资源现状、保护建设成效和今后的工作重点. 2018 年 7 月 17 日国家林业和草原局举行第三季度新闻通气会. http://www.isenlin.cn/sf_8A005ED325874C87A5108BB4C1CBE1BE_209_yuyanqi.html.

（五）难以利用的土地状况

我国目前难以利用的土地主要包括沙漠、戈壁、石山、珊瑚礁等，沙化土地是人与自然不协调的恶性产物，其生境条件恶劣，是人为条件下的难以开发利用的土地。

我国沙漠、戈壁面积总计达 1.16 亿 hm^2，占全国总面积约 12%，是全球沙漠化严重的国家之一。沙漠戈壁交错分布于我国西北、内蒙古和东北西部的高原、盆地内部。华北的黄河故道及滨海地区也有零星分布的沙地。在乌鞘岭、贺兰山一线以西，占有全国戈壁面积的 97%、沙漠面积的 93%。沙漠、戈壁地区光热条件虽然丰富，但气候干旱、地表水资源十分匮乏，加上风多风大，开发利用极其困难。仅在地下水蕴藏较丰地区，才有可能开发绿洲农业。今后沙漠、戈壁地区的改造利用首先应放在种植植物防风固沙上，工业及农业用地选择在水源相对较好的区域，与生物工程相结合，进行“点式”开发利用，保证沙地不被扩大，减少开发利用风险，以免形成影响“三北地区”乃至秦淮一线以南局部地区的大范围的沙尘暴危害。

石山是指岩石裸露的光山秃岭，或者是在岩石表面生长极其稀疏的垫状植物的山地。我国石山面积 0.46 亿 hm^2，占全国土地总面积的 4.8%，主要分布于西北内陆和高寒的青藏高原上，华北北部也有少量分布。由于石质山地气候条件多较恶劣，几乎没有土壤层，植物生长困难，因此农、林、牧利用都很困难。目前仅在局部山地进行矿业开发。

珊瑚礁主要分布于中国南海海域，总数约 200 多个。由于面积小，礁石多，积土薄，难以为农业尤其是耕作业所利用。但作为一种海洋生态系统，珊瑚礁以造礁石珊瑚为主，各种海绵动物、腔肠动物、软体动物及甲壳动物生存其中。应当充分保护珊瑚礁资源，以免该生态系统遭破坏，最终导致相关海洋生物资源的毁灭。

二、中国土地资源开发利用存在的问题

上述分析表明，自然条件好、易利用的土地已基本开发完毕，后备土地资源量少质差，开发利用难度大。随着中国人口的持续增长，城市化进程的不断深入，人地矛盾日趋紧张，中国土地资源面临着资源短缺及土地生态环境脆弱的双重压力，态势极为严峻。

（一）非农化、非粮化问题凸显

耕地“非农化”主要表现为农用地及耕地总面积的减少。造成近年来中国耕地总量呈明显的下降的原因较多，主要有非农建设占用、生态退耕、灾毁耕地、农业结构调整等。尤其是 2007 年、2008 年，非农建设占用耕地的比例更是高达 79%和 76%（段玉婉等，2012）。伴随着耕地总量持续减少的是人口的刚性增长，其直接的结果是人均耕地的下降，1952～2022 年，中国人均耕地由 2.83 亩下降到 1.36 亩，下降幅度高达 51.94%。

2006～2020 年，全国建设用地占用耕地面积总体上升，平均每年征用耕地面积 116.65 万亩。从省域分布情况看，2020 年各省（区、市）建设占用耕地面积中，除辽宁、福建、甘肃等 12 地外，其余各省（区、市）征用耕地进行“非农化”建设的面积均较 2015 年有所增长。整体来看，我国耕地“非农化”呈扩大态势，且“非农化”建设重心逐步向

东南沿海区域转移（黄祖辉等，2022）。

“非粮化”是指耕地利用方式由种植粮食作物调整为种植经济作物，发展林果、畜禽和水产养殖业等其他生产活动的过程（王勇等，2011），未改变土地的农用地属性（孟菲等，2022）。第三次全国国土调查显示，2009～2019 年我国耕地净流向林地 1.12 亿亩，净流向园地 0.63 亿亩，有 6200 多万亩坡度 2°以下的平地被用来种树（徐涵等，2022）。从粮食播种面积视角，1978 年至今我国“非粮化”经历了三个阶段。第一阶段是 1978～2005 年的“非粮化”扩张阶段，粮食播种面积占比大幅下降，由 1978 年的 80.34%降至 2005 年的 67.06%；第二阶段是 2006～2015 年的“非粮化”遏制阶段，粮食播种面积占比下降趋势得到改善，稳定在农作物播种总面积的约 70%；第三阶段是 2016 年以后的“非粮化”扩大态势阶段，粮食播种面积占比由 71.42%逐年下降至 2020 年的 69.72%。

造成耕地“非农化”“非粮化”的驱动力因素主要包括人口增长及高人口密度、经济发展及产业结构调整、土地流转、种粮净利润低等诸多因素。

（二）土地资源生态环境脆弱

1）水土流失面积占比大

水土保持是生态文明建设的必然要求。水土保持率指标已经纳入美丽中国建设评估指标体系。2021 年底，全国水土保持率是 72%。据水利部最新监测成果，2021 年全国水土流失面积 267.42 万 km^2，约占全国陆地总面积的 27.86%，较 10 年前减少 27.49 万 km^2，强烈及以上等级面积占比由 33.8%下降至 18.93%，水土流失面积和强度持续“双下降”。现有水土流失面积中有 122.92 万 km^2 是不宜治理或不需要治理的，主要分布在沙漠、戈壁腹地和高寒高海拔地区。在需要治理的 144.5 万 km^2 面积中，综合考虑水土流失规律、自然地理条件以及技术经济等因素，最终只有约 52 万 km^2 有望彻底治理。中共中央办公厅、国务院办公厅印发的《关于加强新时代水土保持工作的意见》提出，到 2025 年，水土保持体制机制和工作体系更加完善，管理效能进一步提升，人为水土流失得到有效管控，重点地区水土流失得到有效治理，全国水土保持率达到 73%（李晓晴，2023）。

2）荒漠化和沙化土地面积占比高

中国是世界上荒漠化面积最大、受影响人口最多、风沙危害最重的国家之一。第六次全国荒漠化和沙化调查结果显示，我国荒漠化和沙化土地面积持续减少。截至 2019 年，我国荒漠化土地面积 257.37 万 km^2，沙化土地面积 168.78 万 km^2，与 2014 年相比分别净减少 37880km^2、33352km^2，二者共计约占全国陆地总面积的 44.39%，比重大（严赋憬，2022）。

3）土地盐渍化，潜育化现象严重

据中国盐渍土地资源调查，现有盐渍土地 9913 万 hm^2，其中现代盐渍化土壤 3693 万 hm^2，残余盐渍化土壤 4487 万 hm^2，潜在盐渍化土壤 1733 万 hm^2。由于排灌工程不配套，管理措施不当，我国半干旱、干旱地区次生盐渍化和半湿润、湿润地区次生潜育化现象普遍。据统计，我国现有耕地中有 920.9 万 hm^2（He and Luo，2021）已经产生次生盐渍化，约有 500 万 hm^2 的稻田发生了次生潜育化。土地的盐渍化和潜育化破坏了土壤系统自身的物质、能量平衡规律，导致土壤肥力下降，作物生长困难，土地生产力下降，土地质量严重退化。

4）草地退化严重，生物多样性受到威胁

中国草场大部分已经或正在退化，草地退化、沙化和碱化面积逐年增加。其中中度退化程度以上的草地达 1.3 亿 hm^2，约占草地面积的 1/3，并且每年以 200 万 hm^2 的速度增加。由于不合理的土地利用和盲目开垦，以及乱砍滥伐和狂捕滥猎，破坏了生态系统，少数物种濒临灭绝，许多物种受到严重威胁。我国已有 15%～20%的动植物物种受到威胁，高于世界 10%～15%的平均水平。在全球公布的 640 个濒危物种中，我国占 156 个。全国被列为一级保护动物的有 97 种，二级保护动物 238 种。在植物资源中我国珍稀濒危物种达 389 种。

5）资源配置不十分协调，自然灾害频繁，经济损失重大

在光、热、水、土的配置中，全国总体态势是东部优于西部，南方优于北方，平原优于山区。但水资源在各种资源的配置中成为重大的障碍因素，严重制约土地的产出率。中国目前已处于中高度缺水国家之列。全国 600 多个城市中一半缺水，因缺水每年产生的经济损失超过千亿元。三北地区以及青藏高原为我国常年缺水区域，即使在水分充足的东部和南方，少数地区近年来也出现了闹“水荒”现象。同时，过度采用地下水造成地面下沉、海水倒灌等生态环境问题。水资源利用不合理导致北方地区河流断流现象日趋严重。自然、人为原因导致我国灾害不断，损失严重。新中国成立以来，每年仅旱涝、海洋、地震等 7 类自然灾害所造成的直接经济损失（折合 1990 年价格）呈明显上升趋势：20 世纪 50 年代平均每年 480 亿元；60 年代 570 亿元；70 年代 590 亿元；80 年代 690 亿元，90 年代前 5 年平均每年 1190 亿元；1996 年仅因水灾造成的直接经济损失就达 2200 亿元，1998 年自然灾害导致的经济损失更是高达 3007 亿元。从土地资源角度上看，土地的抗灾害能力不强，遇灾受损。

6）土壤环境状况总体不容乐观

土地污染是指土地因受到采矿或工业废弃物或农用化学物质的侵入，恶化了土壤原有的理化性状，使土地生产潜力减退、产品质量恶化，并对人类和环境造成危害的现象和过程。伴随人口急剧增长，工业迅猛发展，传统农业向现代农业的转变，固体废弃物、化肥、农药、工业废水等不断向土地表面堆放和倾倒，不仅导致耕地数量减少，而且造成耕地污染。随着污染程度不断加剧，耕地质量下降，并通过粮食、蔬菜甚至空气、水资源等影响人体健康，成为制约中国耕地保护、生态环境保护以及公众健康的重要原因。2024 年 6 月 5 日，生态环境部在六五环境日国家主场活动上正式发布《2023 中国生态环境状况公报》，公报指出全国土壤环境风险得到基本管控，土壤污染加重趋势得到初步遏制。农用地土壤环境状况总体稳定，受污染耕地安全利用率达到 91%以上。重点建设用地安全利用得到有效保障。

第三节　中国土地资源可持续开发与利用展望

改革开放以来，我国十分重视土地问题，制定了“十分珍惜和合理利用每一寸土地，切实保护耕地”的基本国策，坚持土地合理利用的方针，使土地资源的开发利用在满足

世界近 1/4 的人口的生存及其不断增长的食物需求、满足我国社会和经济发展的需要中基本上达到了预期目的。但是在我国土地开发利用过程中，由于对土地供需矛盾的严重性认识不深刻，缺乏宏观控制和科学管理，土地开发利用不尽充分，土地利用结构不够合理，资源的破坏与浪费严重，地力的退化与环境的恶化较为普遍。为此，针对我国土地资源的严峻态势，切实保护土地资源，实现土地的合理开发，走可持续的土地资源利用之路，必须采取以下对策和措施。

一、兼顾社会、经济与生态效益，强化土地生态管理

开发利用土地是为了形成一定的经济效益。如何实施投入少、产出多是开展土地利用研究的基本前提，是土地利用所追究的首要目标。但土地利用不仅仅是一个经济问题，不能一味考虑经济效益，同时还要考虑社会效益和生态效益。《世界粮食和农业领域土地及水资源状况：系统濒临极限》报告指出“相互关联的土地、土壤及水资源系统已濒临极限”“三效益”的互动、协调才是土地可持续利用的基础和前提。我国过去的土地利用开发走了弯路，尤其是过分强调经济效益，而轻视生态效益，使得我国土地资源及环境都处于危险的境地。主要表现在 3 个方面：①生态关系失衡，引起生态环境恶化。例如，中国科学院地理科学与资源研究所在长江三角洲等地调查的主要农产品，农药残留超标率高达 16%以上，致使稻田生物多样性不断减少，系统稳定性不断降低。②土壤质量下降，使农作物减产降质。重金属污染的增加，农药、化肥的大量使用，造成土壤有机质含量下降，土壤板结，导致农产品产量与品质下降。生态环境部南京环境科学研究所研究员单艳红的研究结果显示，华南部分城市约有一半的耕地遭受镉、砷、汞等有毒重金属和石油类有机物污染；长三角有的城市连片的农田受多种重金属污染，致使 10%的土壤基本丧失生产力，成为“毒土”。国内多个省份出产的稻米也被查出镉超标。土壤污染已成我国众多地方的“公害”。③重金属病开始出现，对人们的身体健康和农业可持续发展构成严重威胁。南京农业大学潘根兴教授在全国各地市场上进行的调查也显示，约有10%的大米存在重金属镉超标。为此，在兼顾“三种效益”的前提下，我国尤其要强化土地的生态化管理，建立生态产品价值实现机制。首先，采取相应的经济手段，积极推行“持续农业”思想，发展“替代农业”，从而有效地保护土地生态系统。政府可增设各种补贴，对那些不适宜农业生产并造成水土流失的土地实行退耕还林、退耕还湖的，对草场种草固沙防风的，对耕地减少农药和化肥投入而利用有机肥和生物防治的经营单位和个人，进行专项补贴。其次，建立生态监控网络，谨防生态污染。此外，推行草原森林河流湖泊湿地休养生息，实施好长江十年禁渔，健全耕地休耕轮作制度。

二、节约集约用地，严守耕地红线

二十大报告提出“全方位夯实粮食安全根基，全面落实粮食安全党政同责，牢牢守住十八亿亩耕地红线”。虽然我国幅员辽阔，但按照宜居、宜开发土地数量，我国仍属于典型的土地资源稀缺国家，“节约集约用地，严守耕地红线”是牢牢端稳饭碗的重要保障，也是当前国土资源管理工作任务的重中之重。其一，增加投入，不断改善土地利用的环

境条件。总体来看，我国土地的现有生产力水平处于世界中游水平，仍有较大潜力，关键是投入不足影响土地的产出率。尽管资金密集型农业难以完全取代劳动密集型农业，但单纯的劳动密集型农业也是不可能支撑我国农业的持续发展。为此，要改变近二十年来对土地投入严重不足的问题，通过加强高标准农田建设等方式，完成高标准农田新建和改造提升任务，重点补上土壤改良、农田灌排设施等短板，统筹推进高效节水灌溉，健全长效管护机制。制定逐步把永久基本农田全部建成高标准农田的实施方案。加强黑土地保护和坡耕地综合治理，严厉打击盗挖黑土、电捕蚯蚓等破坏土壤行为。强化干旱半干旱耕地、红黄壤耕地产能提升技术攻关，持续推动由主要治理盐碱地适应作物向选育更多耐盐碱植物适应盐碱地转变，做好盐碱地等耕地后备资源综合开发利用试点。其二，规范土地流转，推进土地适度规模经营，优化配置土地资源。严格遵守《中华人民共和国土地管理法》《中华人民共和国农村土地承包法》《农村土地经营权流转管理办法》等法律法规和相关政策规定，规范承包农户和流入方（农业经营主体）双方的土地流转行为；发展农业适度规模经营。总结地方“小田并大田”等经验，探索在农民自愿前提下，结合农田建设、土地整治逐步解决细碎化问题，加强资本下乡引入、使用、退出的全过程监管，优化配置土地资源。其三，大力推广适用的农业技术，因地制宜提高复种指数，提高土地产出率。一方面，依靠科技进步，推广优良品种，增加耕地产量；另一方面，充分利用光热水土资源，改革耕作方式与制度，提高复种指数，实行复种、套种，增加播种面积，挖掘土地资源潜力。其四，强化土地复垦制度。据统计，全国累计因挖损、塌陷、压占等造成破坏的土地面积约 200 万 hm^2，现在每年仍以 3 万 hm^2 的速度增加。为了缓解用地矛盾，恢复土地资源系统，应加强土地复垦工作。我国土地复垦率不足 10%，而美国接近 80%。今后应采取经济、法律等手段强化土地复垦工作，推行“谁破坏谁复垦”“谁复垦谁受益”的原则，逐步提高土地复垦率，用好每一寸可用土地。其五，审议修订《耕地保护法》，完善良好的土地管理法治环境。落实“长牙齿”的耕地建设硬举措，严守耕地红线，提高耕地质量，强化耕地的用途管制，挖掘潜力增加耕地。坚决维护“三区三线”划定成果的严肃性，严格控制耕地和永久基本农田调整，稳定农业空间。坚决防止耕地和永久基本农田阶段性流失和质量降低，坚持先补后调原则，严格落实耕地保护目标责任。遏制耕地非农化，防止耕地非粮化，严禁耕地撂荒。

三、推进全域土地综合整治，改善生态环境，遏制土地退化

土地整治是土地资源开发、利用、保护和治理工作的总称，是一项长期的、艰巨的、综合性工作。21 世纪初我国土地整治重点方向包括“四荒地”开发、水土保持、治理土地退化等。为解决乡村耕地碎片化、空间布局无序化、土地资源利用低效化、生态质量退化等多维度并存的问题，2019 年 12 月自然资源部发布《关于开展全域土地综合整治试点工作的通知》（自然资发〔2019〕194 号），提出在全国范围内部署国土空间全域综合整治项目试点，标志着国土空间全域综合整治项目正式开启全国试点工作。2020 年 6 月自然资源部印发《全域土地综合整治试点实施要点（试行）》（自然资生态修复函〔2020〕37 号），围绕试点乡镇的选择、区域的划定、耕地和永久基本农田保护的要求、整治内容

的审查、实施保障等方面明确了土地整治的核心问题。2021 年 4 月国土空间生态修复司印发《全域土地综合整治试点实施方案编制大纲（试行）》，指导实施方案编制。“十四五”规划将“规范开展全域土地综合整治”作为实施乡村建设行动的一项重点内容。2023 年 4 月，自然资源部办公厅发布了《关于严守底线、规范开展全域土地综合整治试点工作有关要求的通知》，通过规范实施全域土地综合整治对整治区内的田、水、路、林、村统一规划，实现整齐划一，打造良好景观生态效果；建设高标准农田，补充耕地数量，提高耕地质量，增加农田亩均产出和提升粮食总产量，增加农民收入，产生经济效益；打造集约高效的生产空间、宜居适度的生活空间、山清水秀的生态空间，有效保障美丽乡村建设、新产业新业态和一二三产业融合发展用地，助推乡村全面振兴。

四、做好土地资源的调研评价工作，强化国土空间规划的科学性

首先，做好土地资源的调研、评价工作，是科学、合理开发利用土地的基础和前提。为了有效保护土地，提高土地质量，必须做好对土地质量的调查和评价工作，包括土地适宜性评价、国土空间开发适宜性评价、地下空间生态地质适宜性评价、土地生产潜力评价、土地与资源环境承载力评价等。土地利用几乎涉及国民经济的所有部门，因此必须按照经济规律、土地的适宜性以及土地的自然、人文环境特点，做好土地区划及开发的总体规划。各地区、各部门制定土地利用计划都必须以国土空间规划为指导，有效地调控各业用地总量，做到总需求与总供给的动态平衡，合理安排各行业用地，为各类开发保护建设活动提供基本依据。

其次，开展“新时代中国土地的人口压力研究”工作，进一步服务国土空间规划。2023 年的中央一号文件提出“树立大食物观，加快构建粮经饲统筹、农林牧渔结合、植物动物微生物并举的多元化食物供给体系”。同时，我们面临着人口负增长、劳动人口数量下降但质量提高、老龄人口越来越多等诸多压力，落实“大食物观”给资源环境与土地利用带来了新要求，有必要通过开展“新时代中国土地的人口压力研究”，搞清中国耕地、草地、园地、湿地、水域、林地等食物来源地的食物生产潜力；预测未来不同发展阶段中国的人口数量、人口构成，及不同人群的特殊需要等，并进一步测算出各发展阶段的各类食物需求；按照供需平衡的原则，明确各阶段各类中国人群高质量生存发展所需的营养标准和主要食物构成；提出不同阶段的以耕地保护为重点的土地利用建议（黄小虎，2023）。

五、培育和完善土地市场体系，健全国土空间规划四体系

培育土地市场，完善土地三级市场体系，可促进我国土地资源的合理配置、优化配置，节约用地，提高土地利用率，从而实现土地资源的可持续利用。

利用卫星遥感技术、卫星导航定位技术、计算机信息技术等建立和健全土地信息系统（包括国土监控系统、土地整治监测监管系统、土地储备监测监管系统等），有利于对我国的土地资源和土地资产进行有效管理。通过土地信息系统，可以及时准确掌握土地资源的构成、利用现状和变化动态，掌握土地资产的数量及分布，为决策部门合理组织

利用土地、解决部门、行业之间争地矛盾提供准确、全面的资料和依据。同时，根据系统信息确认不合理的土地用途变更和违法占用土地行为，进行及时、严格处罚。充分依靠土地信息系统，对土地开发、利用、治理和保护进行检查和监督，为土地资源的可持续利用提供保障措施。

此外，继续健全国土空间规划编制审批体系、规划实施监督体系、法规政策体系和技术标准体系，为我国实现持续性发展提供有效保障。

六、建立健全生态产品价值实现机制，完善生态保护补偿制度

建立健全生态产品价值实现机制是深入贯彻习近平生态文明思想的关键举措，是“绿水青山”向“金山银山”转化的重要实践探索。2016 年至今，我国先后开展了国家生态文明试验区、国家生态产品市场化省级试点、国家生态产品价值实现机制试点城市、国家生态文明建设示范市县（区）、国家“绿水青山就是金山银山”实践创新基地、国家自然资源领域生态产品价值实现机制试点共 6 种类型的试点，2021 年，“十四五”规划和 2035 年远景目标纲要要求“建立生态产品价值实现机制”，中共中央办公厅、国务院办公厅印发了《关于建立健全生态产品价值实现机制的意见》，在全国部署推动生态产品价值实现。2022 年，二十大报告提出“建立生态产品价值实现机制，完善生态保护补偿制度”。当前，对生态产品价值实现机制的探索取得了重要进展，但以下几个方面有待进一步完善：一是立足生态文明建设全局深化对生态产品的认识。多数研究基于生态产品定义，将高质量人力资本、绿色低碳技术参与产业生态化改造所生产的“生态中性产品”排除在生态产品范畴之外，忽视了生态修复与环境保护中人类活劳动、技术要素参与带来的价值创造。二是统筹推进自然资源资产产权制度改革。受一系列体制机制的约束，自然资源资产“家底”不清、产权不明晰等问题突出，制约了生态权益市场化交易以及生态产业化发展。清晰界定自然资源资产产权是利用市场机制实现自然资源资产价值的前提。此外，各地自然资源资产负债表编制还处于探索阶段，自然资源资产确权登记工作面临诸多技术制约，有必要统筹推进自然资源资产产权制度改革。分类推动自然资源资产所有权与经营权分离，健全全民所有自然资源有偿制度，探索市场主导下多种类型的有偿使用方式。三是完善生态产品价值核算、评价与考核机制。现有的实践探索结果面临着核算方法不统一、核算指标体系差异大、供需关系因素考虑不足、市场认可度不高、数据质量有待提升等问题，需要加快建立针对不同区域、不同功能属性、不同生态产品类型的科学的价值核算体系，探索生态产品价值实现评估技术，开展生态产品供给能力和价值实现程度评价。四是进一步深化生态保护补偿制度改革。其一是提升生态保护补偿标准科学性；其二是细化分类补偿制度实施方案；其三是提升纵向转移支付制度补偿力度；其四是构建政府、市场、社会协同支撑的多层次生态保护补偿资金体系，丰富生态补偿资金来源渠道。五是健全生态产品市场化交易机制。一方面，健全生态产品市场经营机制，打通生态产品生产、流通、消费堵点；另一方面，健全生态环境要素交易机制，加快推进自然资源资产产权确权工作，并基于此建立生态资产确权、核算、交易、转移登记体系，打造集生态产品品牌推介、生态产品交易的一体化综合管理平台。

六是加强配套支撑体系建设。其一是健全生态金融体系，打通“两山”转换通道；其二是加强数字技术应用赋能生态产品价值实现；其三是着力建设生态产品价值实现法治保障体系（孙博文，2022）。

复习思考题

1. 简述中国土地资源的基本特征。
2. 结合所在地区实际情况，分析土地资源开发利用中的问题，并分析主要原因。
3. 论述如何“确保国家粮食安全，把中国人的饭碗牢牢端在自己手中”。

参考文献

陈梦雷. 2006. 古今图书集成图集. 济南：齐鲁书社.
陈印军. 2022. 强化耕地保护与改造提升 保障国家粮食安全. 农业发展与金融, (10): 19-23.
段玉婉, 刘用, 杨翠红. 2012. 中国耕地面积变化及分区域面板数据建模分析. 统计与决策, (3); 116-119.
高瑞, 王志勇, 周晓东, 等. 2021. 利用多时相遥感监测与分析黄河三角洲湿地变化动态. 测绘通报, (4): 22-27.
黄小虎. 2023. 确定耕地保有量需要研究土地人口承载潜力. 中国改革, (4): 36-39.
黄祖辉, 李懿芸, 毛晓红. 2022. 我国耕地“非农化”“非粮化”的现状与对策. 江淮论坛, (4): 13-21.
黄祖辉, 李懿芸, 毛晓红. 2022. 中国耕地“非粮化”的时空格局演变及其影响因素. 中国土地科学, (4): 13-21.
李晓晴. 2023. 我国水土流失面积和强度持续“双下降”. 人民日报, 2023-01-13(004).
孟菲, 谭永忠, 陈航, 等. 2022. 中国耕地“非粮化”的时空格局演变及其影响因素. 中国土地科学, 36(1): 97-106.
裴理鑫, 叶思源, 何磊, 等. 2023. 中国湿地资源与开发保护现状及其管理建议. 中国地质, 50(2): 459-478.
全国绿化委员会办公室. 2023. 2022 年中国国土绿化状况公报. 人民日报, 2023-03-16(014).
孙博文. 2022. 建立健全生态产品价值实现机制的瓶颈制约与策略选择. 改革, (5): 34-51.
王万茂, 王群. 2021. 土地利用规划学. 9 版. 北京：中国农业出版社.
王延吉, 神祥金, 吕宪国. 2020. 1980～2015 年东北沼泽湿地景观格局及气候变化特征. 地球与环境, 48(3): 348-357.
王勇, 陈印军, 易小燕, 等. 2011. 耕地流转中的“非粮化”问题与对策建议. 中国农业资源与区划, 32(4): 13-16.
徐涵, 乔金亮, 黄晓芳, 等. 2022. 耕地问题调查. 经济日报, 2022-02-14(001).
严赋憬. 2022. 我国荒漠化和沙化土地面积持续减少. 新华每日电讯, 2022-12-31(006).
闫文文, 谷东起, 孙惠凤, 等. 2022. 近 40 年盐城海岸带湿地景观结构动态研究. 海洋环境科学. 41(3): 437-443.
赵济, 王静爱, 朱华晟. 2013. 中国地理. 2 版. 北京：高等教育出版社.
朱颖, 王杉, 冯育青. 2022. 近 30 年太湖流域湿地生态系统服务价值对景观格局变化的响应：基于“退田还湖”工程的实施. 中国园林, 38(1): 88-93.

朱道林. 2022. 土地管理学. 3 版. 北京：中国农业大学出版社.

自然资源部. 2023. 2022 年中国自然资源统计公报（摘登）. 中国自然资源报, 2022-04-13(007).

He L, Luo Y. 2021. Effects of long-term sand mixing ameliorating measures on soil salinity characteristics of saline-alkali land in northern Shaanxi. IOP Conference Series: Earth and Environmental Science, 781(2): 022084.

Mitsch W J, Gosselink J G. 2007. Wetlands. 4th ed. Hoboken: John Wiley & Sons.

第十章　中国水资源的可持续开发与利用

内容概要：本章概要介绍水资源的特点，简述了中国水资源的基本国情和开发利用的态势，分析了中国水资源开发利用存在的问题，阐述了中国水资源可持续开发利用的战略与展望。

关键术语：水资源；可持续开发；利用

思维导图：

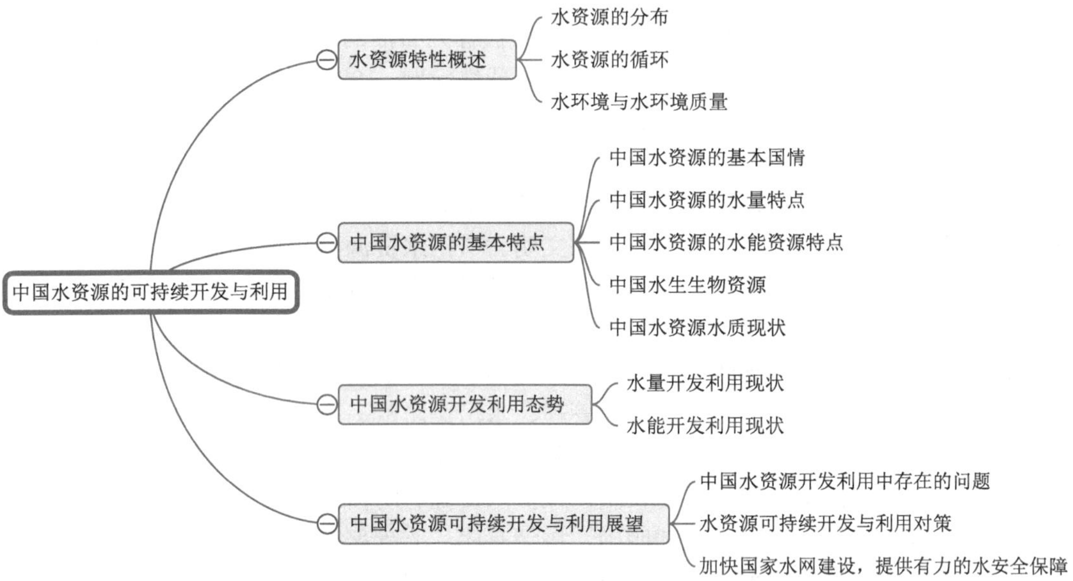

学习目标：

1. 掌握中国水资源特点，了解水资源开发利用的现状及问题。
2. 通过学习树立可持续发展的水资源观。
3. 掌握中国水资源可持续开发利用的策略。

水资源是一种不断循环更新的自然资源，但在一定时间和一定范围内，还是有限的，并不是“取之不尽，用之不竭”的。从20世纪80年代初开始，全世界，特别是亚洲和非洲许多国家，面临着一场严重的、普遍的水资源危机，水资源不足已成为许多国家制约经济增长和社会进步的瓶颈。并且，水资源也是自然环境的重要组成部分和最为活跃的要素，它与其他自然要素相互联系、相互制约，在自然景观的演化过程中，发挥着决定性作用。人类开发利用水资源，其目的是满足生活需要，促进经济发展以及改善自然环境。但是，开发利用水资源的同时，也人为地改变了水资源的数量、质量及其时空分布，必然会引起水资源与其他自然要素之间原有的相对平衡状态发生变化，这种偏离原有平衡的变化反过来又促进或限制人类生产、生活的各个方面。当水资源的开发利用规模不大时，引起的这种变化不显著。然而，随着人口的增加，工农业生产的发展，特别是近代工业的兴起，以及城市建设的扩大，人类社会对水资源的需求量也越来越大。为了满足不断增长的用水需要，人们采取各种措施扩大水资源的开发。国内外多年实践证明，伴随着水资源大规模的开发利用，人们在经济方面虽取得了暂时效益，但对生态环境的影响却越来越大，这既可能引起有利的变化，也可能造成严重的，甚至无法挽回的不利后果。因此，如何科学地管好、用好有限的水资源，使有限的水资源发挥最大经济效益、社会效益和生态效益，保证水资源开发利用的可持续发展，已成为世界各国所面临的重大课题。联合国可持续发展高级顾问委员会选出了可持续发展 3 个非常重要的战略部门，即能源、运输与水。而能源、运输都与水资源有关，所以水资源是可持续发展中的重要问题。

国际社会对水资源已比较重视，20 世纪曾被称为石油的时代，曾爆发过多次石油危机；而 21 世纪则是水的时代，水危机将成为全球性问题。1993 年联合国大会将每年 3 月 22 日定为“世界水日”（World Water Day）。我国几经修改，将每年 3 月 22～28 日定为“中国水周”。

为了合理开发利用水资源，中国在水资源观上面提出了一系列以可持续发展为基础层面的理念：加强河湖管理，建设水生态文明。节约水资源，保障水安全。牢固树立并切实贯彻创新、协调、绿色、开放、共享的新发展理念。以水定产、以水定城，建设节水型社会。落实绿色发展理念，全面推行河长制。

河长制即由我国各级党政主要负责人担任“河长”，负责组织领导相应河湖的管理和保护工作，包括水资源保护、水域岸线管理、水污染防治、水环境治理等，牵头组织对侵占河道、围垦湖泊、超标排污、非法采砂、破坏航道、电毒炸鱼等突出问题依法进行清理整治，协调解决重大问题。河长制以保护水资源、防治水污染、改善水环境、修复水生态为主要任务，通过构建责任明确、协调有序、监管严格、保护有力的河渠管理保护机制，为维护河渠健康生命、实现河渠功能永续利用提供制度保障，贯穿了绿色发展理念，明确了地方主体责任和河湖管理保护各项任务，具有坚实的实践基础，是水资源治理体制的重要创新，对于维护河湖健康生命、加强生态文明建设、实现经济社会可持续发展具有重要意义。

第一节　水资源特性概述

一、水资源的分布

水资源是指可以利用或有可能被利用的水源，这种水源应当有足够的数量和可用的质量，并在某一地点为满足某种用途而得以利用。广义上讲，水资源包括地球外部圈层中的水量总体；而狭义上是指目前技术条件下可供人类利用的那一部分淡水资源。海水、冰川在一定条件下也属于水资源的范畴。在目前技术和经济条件下，比较容易被人类利用，补给条件好的那部分淡水资源包括：湖泊淡水、土壤水、大气水、河川水和地下水。

地球上的水主要分布于水圈、大气圈、生物圈与土壤、地壳浅部。地球上的水主体构成了水圈，其中约96.5%的水存在于海洋中，湖泊咸水占0.97%，淡水仅占全球总水量的2.53%。而淡水中68.7%为冰雪覆盖于两极及其他高寒地区，30.01%为地下水，1.29%分布于江河湖泊和大气中。世界水资源分布极不均衡，影响水资源分布的因素主要为降水量的空间分布，而衡量水资源丰富程度的主要指标为多年平均径流总量。世界各地自然条件不同，降水和径流相差也很大。年降水量以大洋洲（不包括澳大利亚）的太平洋群岛最多；其次是南美洲，那里大部分地区位于赤道气候区内，降水充沛，降水量和河流径流量均为全球平均值的2倍以上。欧洲、亚洲和北美洲与世界平均水平相接近，而非洲大陆是世界上最为干燥地区之一，大洋洲的澳大利亚最为干燥。按国家地区分，巴西、俄罗斯、加拿大、中国、美国、印度尼西亚、印度、哥伦比亚和刚果等9个国家的淡水资源占了世界淡水资源的60%。总之，淡水资源的分布分异极大，又由于人们居住的地理位置与水的分布并不相称，水资源的供应与需求之间存在冲突，尤其是在工业化和城市化加剧的当下，这个矛盾更加突出。

现在人们大量利用的淡水资源主要是河水、湖泊水（淡水湖的水）和部分（浅层）地下水。易于利用的淡水占全球淡水总储量的0.3%。在流域或地区范围内，由水文、水力和水利上互相联系的河流、湖泊、水库、地下水等水体和有关水工程及各需水部门所构成的综合体，称为水资源系统。

河流，是指降水、冰川融水、地下水出露汇集在地面低洼处，在重力作用下长年或季节性沿流水本身造成的洼地流动。河流可分为内流河和外流河，内流河注入内陆湖泊或沼泽，或因渗透、蒸发而消失于荒漠中；外流河则注入海洋。河流沿途接纳众多支流，并形成复杂的干支流网络系统，构成水系。河流通常分为5个区段，即河源段、上游段、中游段、下游段和河口区。不同河段由于流经不同的地质地貌部位、不同的地理环境，形成较为独特的形态和景观。亚马孙河是世界上水量最大的河流，河口年平均流量为12万m^3/s，据估计，所有在地球表面流动的水约有20%～25%在亚马孙河；第二位为刚果河，河口年平均流量4.1万m^3/s；第三位为长江，河口年平均流量3.05万m^3/s。

湖泊，一般位于地表，相对封闭，常年或季节性蓄水的天然洼地。湖泊的分类按出水口分：泄水湖，分布在潮湿气候区，以流泻方式消耗湖水；不泄水湖，分布在干旱区，以蒸发方式消耗湖水。按盐度分为淡水湖（盐度小于0.3‰）、半咸水湖（盐度0.3‰～24.7‰）、咸水湖（盐度大于24.7‰）、盐湖（过饱和结晶）。淡水湖主要为潮湿气候区的泄水湖，其他几种则多为干旱、半干旱气候区的不泄水湖。

湖盆形成动力分为内动力地质作用、外动力地质作用。内动力地质作用形成的有：由地壳的构造运动（如断裂和褶皱等）形成的构造湖盆；火山喷发后形成的火山湖盆（如火山口湖和玛珥湖）；山崩、滑坡或火山喷发使物质阻塞河谷或谷地形成的堰塞湖盆。外动力地质作用形成的有：①冰川湖，主要是由冰川的挖蚀和冰碛物的堆积而形成的；②溶蚀湖，由岩溶作用而形成的湖泊；③陷落湖，湖盆由地面塌陷（包括重力塌陷、岩溶崩塌等）而成；④风成湖，由风蚀作用形成的湖盆；⑤河成湖，湖盆由河流侵蚀与沉积而成；⑥海成湖，湖盆由海水的侵蚀和沉积而成；⑦生物成因湖，包括由植物围堵形成的植物水坝、海狸水坝和珊瑚湖等；⑧其他成因，包括陨石撞击，人工作用等。

地球上湖泊总面积为 270 万 km^2，占陆地面积的 1.8%，面积大于 5000km^2 的湖泊有 35 个。芬兰的湖泊最多，被称为“万湖之国”，拥有大小湖泊 6 万多个。面积最大的淡水湖为美国与加拿大边境的苏必利尔湖，面积 8.21 万 km^2，储水量 11.6 万亿 m^3；俄罗斯的贝加尔湖最深，最大水深 1620m，储水量 23.6 万亿 m^3。最高的湖为中国西藏自治区的纳木错，湖面海拔 4718m。最低的湖为巴勒斯坦、以色列与约旦边境的死海，湖面高程在海平面以下 395m。

浅层地下水，地下水是指埋藏在地表以下各种形式的重力水，能够被人类利用的浅层地下水是水资源的重要组成部分。由于水量稳定、水质好，是农业灌溉、工矿和城市的重要水源之一。但在一定条件下，地下水的变化也会引起沼泽化、盐渍化、滑坡、地面沉降等不利自然现象。此外，地下水补充困难、污染后难以恢复都是地下水资源开发中必须注意的特点。

以地下水的埋藏条件为分类基础，具体地说，以含水层在地质剖面中所处部位和含水层与隔水层的相互组成关系为分类依据，可将地下水分为上层滞水、潜水和承压水三大类。上层滞水是埋藏在离地表不深、包气带中局部隔水层之上的重力水，一般分布不广，呈季节性变化，雨季出现，干旱季节消失，其动态变化与气候、水文因素的变化密切相关。潜水指地表之下第一个区域性隔水层之上、具有自由水面的饱水岩层地下水，潜水没有隔水顶板，潜水面直接承受大气压力，在重力作用下，始终是由高水位向低水位不断地运动。潜水由于无隔水顶板且埋藏较浅，因此容易受到人为因素的污染。潜水的水量、水位、水质等动态变化与气象水文因素的关系密切。因此，潜水动态变化有明显的季节性。承压水是埋藏并充满两个稳定隔水层之间的含水层中的重力水，凡是具备上述埋藏条件的孔隙水、裂隙水和岩溶水，都称为承压水，承受静水压力。当承受的静水压力较大、地形较低时，即可喷出地表而自流。承压含水层的动态变化与当地季节性变化的气象、水文因素等关系不显著，经常表现出较稳定的状态。

泉水是地下水天然出露至地表的地点，可分为上升泉、下降泉。根据水流状况的不同，可以分为间歇泉和常流泉。如果地下水露出地表后没有形成明显水流，称为渗水。根据水流温度，泉可以分为温泉和冷泉。泉水可提供饮用、灌溉、旅游（有泉的地方一般都是景色秀美、闻名遐迩的游览胜地）、医疗（矿泉水）、工矿（盐泉、温泉等）方面的资源。

在不造成水量持续减少、水质恶化及水环境破坏等不良后果的条件下，可供开发利用的水资源量称为可利用量；考虑来水和用水条件，通过各种工程措施可提供的水资源量，称为水资源可供水量。

二、水资源的循环

自然界的水循环包括水文循环和水的地质循环。水文循环发生于大气水、地表水与地壳浅部地下水之间，循环速度相对迅速。而在水的地质循环中，水参与沉积、变质与岩浆作用过程，地壳浅层的水与地壳深部乃至地幔的水发生交换，循环路径长，循环速度缓慢，此类水循环是在地质历史过程中进行的。

水文，指自然界中水的变化、运动等各种现象。现在一般指研究地球上水的形成、循环、时空分布、化学和物理性质以及水与环境的相互关系，为人类防治水旱灾害、合理开发和有效利用水资源、不断改善生存和发展的环境条件提供科学依据。水文循环指的是地球上外部圈层的水在太阳辐射、地球引力等的作用下，通过蒸发、水汽输送、凝结降落、下渗和径流等环节，不断发生的周而复始的运动过程（水相不断转变的过程）。按水文循环的规模与过程，可分为大循环和小循环。从海洋蒸发的水气被气流输送到大陆形成降水，其中一部分以地面和地下径流的形式从河流汇入海洋，另一部分蒸发返回大气，这种海陆间的水分交换过程称为大循环或外循环；海洋上蒸发的水汽在海洋上空凝结后，以降水的形式落到海洋，或陆地上的水经蒸发凝结又降落到陆地，这种局部的水文循环称小循环或内循环，前者为海洋小循环，后者为陆地小循环。

水量平衡是指在水文循环过程中遵循量守恒原理，某一区域在任一时段内输入的水量应等于输出的水量与蓄水变量之和。水量平衡方程是其一种表达形式。水量平衡方程中的输入项和输出项通常是指降水量、径流量、蒸发量等。降水是指从大气中降落到地面的液态水和固态水。降水的特征常用降水量、降水历时、降水强度、降水笼罩面积、暴雨中心等要素进行描述。降水量是一定时段内降落到某一点或某一面积上的总水量，用深度表示，单位为毫米。径流是指在水文循环过程中，沿流域的不同路径向河流、湖泊、沼泽和海洋汇集的水流。在一定时间内通过河流某一过水断面的水量称为径流量。一个年度内在河槽里流动的水流称为年径流。年径流可以用年径流总量 W（m^3）、年平均流量 Q（m^3/s）、年径流深 R（mm）、年径流模数 M[$mm/(s \cdot km^2)$]等表示。蒸发是指液态水转化为气态水逸入大气的过程。自然界凡有水的地方，几乎都存在着蒸发过程。由于蒸发面的不同而有各种蒸发，蒸发面为水面的为水面蒸发，裸土里的水分蒸发为土壤蒸发，通过植物茎叶而产生的水分耗散为植物蒸腾。考虑流域蒸发时，则因其由复杂的水面、裸土和植物等组成，而统称为流域总蒸发。降水、蒸发和径流是水循环过程的 3 个最重要环节，这 3 个环节构成的水循环决定着全球的水量平衡，也决定着一个地区的水资源总量。

地球各种水体通过水文循环的一系列过程和环节（蒸发、输送、降水、下渗、径流等）把地球的外部圈层（大气圈、水圈、岩石圈和生物圈）联系起来，构成一个处于动态平衡下的复杂大系统。水文循环的实质就是物质与能量的传输过程，导致了地球系统中各种水体不断更新，使得水成为可再生资源，可以保证在其再生速度水平上的永续利用——这也是可持续发展保证。

关于地球上的水的起源假说，目前普遍接受的看法是：组成地球水圈的水（包括地表水与地下水）是在原始地壳形成以后，在整个地质时期内从地球内部不断逸出的。地球上的水不仅存在于大气圈、地球表面、岩石圈、生物圈等浅部圈层，也存在于地球深部的地幔乃至地核中，称为深部圈层水。地球浅部圈层和深部圈层之间水的相互转化过程称为水的地质循环。在这一过程中水不仅以分子状态进行转化，同时还常常伴有水分子的分解与合成。上地幔熔融物质进入地壳或喷出地表时，地幔岩石中的水分也随之上升与分异，转化为地球浅部圈层的水；而含有大量水的地壳岩块俯冲沉入地幔时，地幔得到浅部圈层水的补充。具体过程包括：①沉积物被埋藏后，经受上覆沉积物的挤压而失水，一部分水返回沉积盆地，在沉积物转变为沉积岩的过程(成岩后生作用)中，沉积物中水成分也发生了系列的变化，通过生物化学作用、阳离子交替吸附等结合于岩石当中。②在地壳较深处构造、岩浆活动强烈区，沉积岩发生重结晶并释出水，即在生成变质岩的同时形成了变质成因水。③在下地壳、上地幔较高的温压条件下，岩石重熔形成熔融态岩浆，水可以挥发分溶于岩浆当中。④熔融的岩浆上侵到沉积盆地，在岩石脱水、重结晶过程中，地幔物质初生水也可被岩石吸收。水的地质循环促进了地球深部与浅部物质和能量的传输和转化，拓展了水循环的作用范围，影响了水与矿物资源的分异。

三、水环境与水环境质量

水环境是指自然界中水的形成、分布和转化所处空间的环境，是指围绕人群空间、可直接或间接影响人类生活和发展的水体，其正常功能的各种自然因素和有关的社会因素的总体。

水环境主要由地表水环境和地下水环境两部分组成。地表水环境包括河流、湖泊、水库、海洋、池塘、沼泽、冰川等，地下水环境包括泉水、浅层地下水、深层地下水等。水环境是构成环境的基本要素之一，是人类社会赖以生存和发展的重要场所，也是受人类干扰和破坏最严重的场所。

随着人类对资源的开发利用，污染物进入水体，使水质恶化，降低水的功能及其使用价值，造成了水体污染和水资源破坏。水体污染主要是由人类活动产生的污染物造成，它包括工业污染源、农业污染源和生活污染源三大部分。水体污染主要通过污水排放、水土流失、过度开采三大方式产生。在生产方面，其影响工农业生产，增大设备腐蚀，影响产品质量，甚至使生产不能进行下去；而在生活方面，其又降低生活质量，破坏生态，直接危害人的健康。日趋加剧的水污染，已对人类的生存安全构成重大威胁，成为人类健康、经济和社会可持续发展的重大障碍。

为了应对水资源污染，按照水的循环规律（降水、地表水和地下水），对水的质和量以及水体中影响生态与环境质量的各种人为和天然因素进行的统一的定时或随时监测，从而获得水环境质量数据。水环境质量指的是用类别指标和综合指标(质量指标)表征的水环境属性及其优劣的情况，通常指水环境遭受污染的程度。水环境质量标准也称水质量标准，是指为保护人体健康和水的正常使用而对水体中污染物或其他物质的最高容许浓度所做的规定。按照水体类型，可分为地面水环境质量标准、地下水环境质量标准和海水环境质量标准；按照水资源的用途，可分为生活饮用水水质标准、渔业用水水质标准、农业用水水质标准、娱乐用水水质标准、各种工业用水水质标准等；按照制定的权限，可分为国家水环境质量标准和地方水环境质量标准。其具体表征指标包括：色度、嗅味、浑浊度、肉眼可见物、pH、总硬度、总溶解性固体、硫酸盐、氯化物、铁、锰、铜、锌、钼、钴、挥发性酚类、阴离子合成洗涤剂、高锰酸盐指数、硝酸盐、亚硝酸盐、氨氮、氯化物、碘化物、氰化物、汞、砷等。

水质站是进行水环境监测采样和现场测定，定期收集和提供水质、水量等水环境资料的基本单元，可由一个或多个采样断面或采样点组成。按目的与作用，水质站可分为基本站和专用站。按水体类型，水质站可分为地表水水质站、地下水水质站与大气降水水质站等。

水环境容量是指在不影响水的正常用途的情况下，水体所能容纳的污染物的量或自身调节净化并保持生态平衡的能力。水环境容量包括稀释容量和自净容量。它与现状排放无关，只与水量和自净能力有关。水环境容量也是一种资源，是制定地方性、专业性水域排放标准的依据之一，环境管理部门还利用它确定在固定水域到底允许排入多少污染物。

水环境质量的保护措施主要有加强污水处理、治理水土流失、合理规划水资源开发。

第二节　中国水资源的基本特点

一、中国水资源的基本国情

根据国家公报，近年来中国水域面积、水资源总量、地表水和地下水基本国情如下。

2021 年 8 月 26 日上午，自然资源部召开新闻发布会，公布第三次全国国土调查主要数据成果。其中公布中国水域面积数据如下：水域及水利设施用地 3628.79 万 hm^2。其中，河流水面 880.78 万 hm^2，占 24.27%；湖泊水面 846.48 万 hm^2，占 23.33%；水库水面 336.84 万 hm^2，占 9.28%；坑塘水面 641.86 万 hm^2，占 17.69%；沟渠 351.75 万 hm^2，占 9.69%；水工建筑用地 80.21 万 hm^2，占 2.21%；冰川及常年积雪 490.87 万 hm^2，占 13.53%。西藏、新疆、青海、江苏等 4 个省份水域面积较大，占全国水域面积的 45%。

水利部 2021 年度《中国水资源公报》中公布的中国水资源量为：2021 年，全国平均年降水量为 691.6mm，比多年平均值偏多 7.4%。全国水资源总量为 29638.2 亿 m^3，比多年平均值偏多 7.3%。其中，地表水资源量为 28310.5 亿 m^3，地下水资源量为 8195.7 亿 m^3，地下水与地表水资源不重复量为 1327.7 亿 m^3。

2021 年，全国用水总量为 5920.2 亿 m^3。其中，生活用水为 909.4 亿 m^3，占用水总量的 15.4%；工业用水为 1049.6 亿 m^3（其中火核电直流冷却水 507.4 亿 m^3），占用水总量的 17.7%；农业用水为 3644.3 亿 m^3，占用水总量的 61.5%；人工生态环境补水为 316.9 亿 m^3，占用水总量的 5.4%。地表水源供水量为 4928.1 亿 m^3，占供水总量的 83.2%；地下水源供水量为 853.8 亿 m^3，占供水总量的 14.5%；其他水源供水量为 138.3 亿 m^3，占供水总量的 2.3%。

全国人均综合用水量为 419m^3，万元国内生产总值（当年价）用水量为 51.8m^3。耕地实际灌溉亩均用水量为 355m^3，农田灌溉水有效利用系数为 0.568，万元工业增加值（当年价）用水量为 28.2m^3，人均生活用水量（含公共用水）为 176L/d，城乡居民人均用水量为 124L/d。

2022 年度《中国水资源公报》显示，2022 年，全国平均年降水量为 631.5mm，比多年平均值偏少 2%。全国水资源总量为 27088.1 亿 m^3，比多年平均值偏少 1.9%。其中，地表水资源量为 25984.4 亿 m^3，地下水资源量为 7924.4 亿 m^3，地下水与地表水资源不重复量为 1103.7 亿 m^3。

2022 年，全国用水总量为 5998.2 亿 m^3。其中，生活用水为 905.7 亿 m^3，占用水总量的 15.1%；工业用水为 968.4 亿 m^3（其中直流火核电冷却水 482.7 亿 m^3），占用水总量的 16.2%；农业用水为 3781.3 亿 m^3，占用水总量的 63%；人工生态环境补水为 342.8 亿 m^3，占用水总量的 5.7%。地表水源供水量为 4994.2 亿 m^3，占供水总量的 83.3%；地下水源供水量为 828.2 亿 m^3，占供水总量的 13.8%；其他（非常规）水源供水量为 175.8 亿 m^3，占供水总量的 2.9%。

与 2021 年相比，用水总量增加 78.0 亿 m^3，其中，生活用水量减少 3.7 亿 m^3，工业用水量减少 81.2 亿 m^3，农业用水量增加 137.0 亿 m^3，人工生态环境补水量增加 25.9 亿 m^3。地表水源供水量增加 66.1 亿 m^3，地下水源供水量减少 25.6 亿 m^3，其他（非常规）水源供水量增加 37.5 亿 m^3。

2022 年，全国人均综合用水量为 425m^3，万元国内生产总值（当年价）用水量为 49.6m^3。耕地实际灌溉亩均用水量为 364m^3，农田灌溉水有效利用系数为 0.572，万元工业增加值（当年价）用水量为 24.1m^3，人均生活用水量为 176L/d（其中人均城乡居民生活用水量为 125L/d）。

2021 年，中国地质调查局首次完成全国地下水储存量评价。目前全国地下水总储存量约 52.1 万亿 m^3。北方地下淡水总储存量约 35.5 万亿 m^3，占全国的 95%，主要分布于鄂尔多斯盆地、东北平原、河西走廊、华北平原等地区，可为保障北方水安全提供战略储备。南方地下淡水总储存量约 1.9 万亿 m^3，仅占全国的 5%，主要分布于江汉洞庭平原、长江三角洲、成都平原等地区。此外全国还有约 14.7 万亿 m^3 的地下咸水储存量，主要分布在塔里木盆地、准噶尔盆地、柴达木盆地等地区。

二、中国水资源的水量特点

由于中国处于中低纬度亚洲大陆的东部，东临太平洋，幅员辽阔，地貌类型多样，形成了大陆性季风气候和类型复杂多样两大气候特点，而带来雨泽的夏季风活动范围不到国土总面积的一半(约 47.5%)，受大陆干旱、半干旱气候控制的地区占国土面积的 52.5%，因此，使得中国降水与径流的时空变化相应出现 2 个特点：一是总水量比较多，但地区分布不均匀；二是表现为时间上的不均衡，年内分配与年际变化显著，从而也影响到中国水资源具有以下 3 个特点。

1. 径流总量不甚丰富，人均、亩均数量相当少

中国水资源的总补给水源是大气降水，地表多年平均降水总量约 61889 亿 m^3，年平均降水深 648mm。地表水平均年资源量 27115 亿 m^3，地下水平均年资源量 8288 亿 m^3，扣除重复计算水量 7278.5 亿 m^3，平均年水资源总量为 28124 亿 m^3，其中河川径流 27115 亿 m^3，折合径流深约 271mm。按水资源总量考虑，少于巴西、俄罗斯、加拿大，居世界第 4 位；按降水深和径流深来看，全球陆面上多年平均河川径流量有 47 万亿 m^3，多年平均降水深 1130mm、陆面上平均降水深 800mm，折合径流深 315mm，中国的降水深（648mm）和径流深（271mm）均低于世界平均值，少于巴西、俄罗斯、加拿大、美国和印度尼西亚等国，居世界第 6 位。所以，中国水资源总量虽不甚丰富，但也不算少。

但中国人口众多，国土辽阔，人均、亩均占有水量相当低。中国人均水资源占有量大约为 2200m³，只有世界人均占有水量的 35%，相当于美国的 19.2%，俄罗斯和印度尼西亚的 15.3%，巴西的 5%，加拿大的 2.3%，居世界第 110 位左右。我国亩均耕地水资源占有量约 1400m³，不足世界平均水平的一半。可见，按我国人均拥有水量及单位面积耕地拥有水量来看，我国是一个水资源比较贫乏的国家，被联合国列入 13 个贫水国之一。分省份来看，全国 31 个省份中，有 21 个省份处于缺水状态，全国 670 个城市中，一半以上有着不同程度的缺水现象。

2. 水资源区域分布不平衡

东西差异明显。东南半壁外流区域地广水丰，人口密集，土地垦殖利用率高，耕地面积大，总面积占全国面积的 63.76%，径流总量占全国总量的 95.56%；西北半壁内流域占全国土地面积的 36.24%，而径流量仅占全国总水量的 4.44%，地广、水少、人稀，耕地垦殖利用率低，耕地少而荒地多。

南北不平衡。全国南北方水资源的分布与人口、耕地的分布也不相适应。北方地区人口占全国人口的 2/5，耕地面积占全国耕地面积的 3/5，但水资源占有量不足全国水资源总量的 1/5，平均每公顷水量 9456m³。华北地区人口占全国的 26%，但水资源只占全国的 6%，人均水量仅 556m³，不及全国人均量的 1/4，平均每公顷水量 5646m³。其中以黄、淮河流域问题更为突出它的总面积占全国的 14%，耕地面积占全国的 36.7%，人口占全国的 30.1%，而水量仅占全国的 5.1%，地多、人多、水少，水土资源组合极不平衡。特别是海、滦河流域，水资源更缺，耕地水量小于 3000m³/hm²，人均占有水量仅 430m³，为全国人均值的 19%，不足世界人均值的 4%。南方地区人口占全国人口的 3/5，耕地面积占全国耕地面积的 2/5，而水资源占有量为全国水资源总量的 4/5，平均每公顷水量 28695m³。其中西南地区水资源尤其丰富，人均占有水量达 38400m³，约为全国人均值的 17 倍。北方地区人均水资源拥有量为 1127m³，仅为南方地区人均量的 1/3。各省区的水资源组合状况差异性也很大，西藏、青海、新疆人口稀少，人均水量都很高，而上海和江苏人均占有水量分别只有 201m³ 和 481m³。

地下水分布不均衡。全国地下水储量达 8288 亿 m³，约占水资源总量的 29.5%，在全国水资源结构中占有重要地位。其分布的基本趋势如河川径流资源一样，东部多西部少，南部多北部少。长江及其以南诸河，地下水储量共 5736.3 亿 m³，占全国地下水总量的 69%；淮河及其以北诸河和西部广大地区，地下水资源量仅分别占全国的 19.38%和 10.6%。在区域水资源结构上，地下水所占比重却是西部比东部大，北部比南部大。西北地区地下水占区域水资源总量的 43.1%；淮河以北地区地下水占 32.4%，其中黄河流域占 38%，海滦河流域占 47.9%；长江以南地区地下水仅占区域水资源总量的 20.2%。

3. 年内、年际分配不平衡，变率大，水旱灾害频繁

中国大部分地区季风气候显著，雨季旱季分明，各地雨季分别为：东南季风区 4 月东南沿海，6 月长江中下游流域，7～8 月华北、东北南部西北内地；西南季风区 6～9 月；大西洋气流区 5～6 月。一般主要集中在夏季，雨热同期，较高的气温、充足的雨水是农作物生长必须同时具备的良好条件，这是我国降水和水资源最突出的优点。但是，降水和径流的年内、年际变率大，在雨季和丰水年往往出现不同程度的洪灾，大量的水资源不仅不能利用，而且还得弃之，甚至造成灾害。干季或少雨年，缺水问题又十分突出，水资源不仅不能满足农业灌溉和工业生产的需要，甚至某些地方人畜用水也发生困难。正是我国降水与径流这一特征的影响，使得水资源的利用受到很大限制，而且旱涝频繁，造成工农业生产的极不稳定。

从年内变化看，由于我国绝大部分地区降水集中在夏季，所以多数河流夏季丰水，冬季枯水，春秋两季属于过渡情况，秋季水量一般比春季要大。以雨水补给为主的我国南方河流，月径流集中度一般为 40%～50%，北方为 60%～70%，最高的地区为山东和辽东半岛、东北内流区及新疆的阿尔泰山、昆仑山区，达 70%以上。集中期南方出现在3～6 月，为洪水季节，洪水期较长，华北部分河流出现在 8～9 月。连续 4 个月径流量占年径流的比例，江南地区为 60%左右，多出现于 4～7 月；长江以北为 80%以上；海河平原高达 90%，多出现于 6～9 月；西南地区为 60%～70%，出现于 6～9 月或 7～10 月。短期集中的径流往往形成洪水，华南及东北地区的河流春季会出现桃汛或春汛，大多数河流为夏汛或伏汛。东南沿海、海南岛及台湾东部受台风影响会出现秋汛。从降水强度来看，我国东部，特别是淮河以北河流的汛期雨量往往以大暴雨的形式出现，容易造成严重的水灾，其水量不仅难以调节利用，而且破坏力极大。例如，1975 年 8 月 5～7 日，淮河上游洪汝河一带出现了大范围的特大暴雨，中心在板桥水库附近，3 天降雨 1605mm，最大 1 日降水为 1005mm，其中最大时 6 小时雨量 830mm，创世界纪录。洪水冲垮了板桥、石漫滩两座水库，造成严重的水灾。

河流年径流量的年际变化也很明显，且不同区域相差较大。我国 K_m 值（系列中的最大值与最小值之比）多在 2～8，并且有由东南向西北增大的趋势，秦岭以南广大地区多为 2～4，东北地区为 3～5，华北地区为 4～6，西北大部分地区达到 5～8（赵济和陈传康，1999）。

此外，年径流量还存在着连年干旱或连年丰水。例如，黄河在 1922～1931 年连续 11 年少水，该时段年均流量比正常年份少 24%；1943～1951 年为连续 9 年的丰水期，年均流量比正常年份偏多 19%左右。松花江在 1960～1966 年年均流量比正常年偏多 32%，1916～1928 年年均流量比正常年份偏少 40%。连旱连涝加剧了工农业生产对水资源的利用难度，极大地限制了国民经济的持续稳定发展。

三、中国水资源的水能资源特点

中国的山地面积广大，地势梯级明显。有世界上海拔最高的青藏高原，还有一系列自西向东逐级降低、南北方向大致平行的山脉。在这些山脉和纵横交错的高原盆地和平原中，既发育着源远流长、落差达数千米的大河，又有许多坡陡流急、蜿蜒曲折的中小河流。正是因为我国大多数河流落差较大，河流水量也比较丰富，所以我国是一个水能资源蕴藏量特别丰富的国家。巨大的水能资源给我国经济建设提供了大量清洁而廉价的动力，在国民经济发展中起着重要的作用。我国水能资源具有以下特点。

1. 水能资源蕴藏量极为丰富

根据 2005 年全国水力资源复查成果，我国水能资源理论蕴藏年发电量 6.08 万亿 kW·h，平均功率 6.94 亿 kW；技术可开发年发电量 2.47 万亿 kW·h，装机容量 5.42 亿 kW；经济可开发年发电量 1.75 万亿 kW·h，装机容量 4.02 亿 kW。随着经济社会发展、技术进步和勘察规划工作不断深入，我国水能资源技术可开发量和经济可开发量将进一步增加。根据雅鲁藏布江下游河段现场考察和初步规划情况，目前我国水电技术可开发装机容量可增加到 5.7 亿 kW。我国水能资源理论蕴藏量、技术可开发量和经济可开发量均居世界第一。2012～2021 年，我国水电装机容量从 2.49 亿 kW 增长至 3.91 亿 kW，水电发电量从 0.9 万亿 kW·h 增长至 1.3 万亿 kW·h。至 2023 年上半年，我国水电总装机容量 4.18 亿 kW。预计到 2030 年，水电（含抽水蓄能）装机规模将超过 5.4 亿 kW，2014 年以来，我国的水电装机容量和发电量一直稳居世界第一，水电开发利用将长期领先于国际。

2. 水能资源的分布极不平衡

我国幅员辽阔，地形与雨量差异较大，因而形成水力资源在地域分布上的不平衡，水力资源分布是西部多、东部少。按照技术可开发装机容量统计（李如成，2006），我国经济相对落后的西部云南、贵州、四川、重庆等 12 个省（区、市）水力资源约占全国总量的 81.46%，特别是西南地区云南、贵州、四川、重庆、西藏就占 66.70%；而经济发达、用电负荷集中的东部辽宁、北京、浙江、上海、广东等 11 个省（市）仅占 4.88%。我国的经济是东部相对发达、西部相对落后，因此西部水力资源开发除了西部电力市场自身需求以外，还要考虑东部市场，实行水电的“西电东送”。

3. 水力资源时间分布不均

我国位于亚欧大陆的东南部，濒临世界上最大的太平洋，具有明显的季风气候特点，因此大多数河流年内、年际径流分布不均，丰、枯季节流量悬殊，需要建设调节性能好的水库，对径流进行调节。这样才能提高水电的总体发电质量，以更好地适应电力市场的需要。

4. 水力资源较集中地分布在大江大河干流

我国水力资源富集于金沙江、雅砻江、大渡河、澜沧江、乌江、长江上游、南盘江红水河、黄河上游、湘西、闽浙赣、东北、黄河北干流以及怒江等水电基地，其总装机容量约占全国技术可开发量的 50.9%。特别是地处西部的金沙江中下游干流总装机规模 58580MW，长江上游干流 33197MW，沿着长江干流一路向下，依次有乌东德、白鹤滩、溪洛渡、向家坝、三峡、葛洲坝 6 座大型水电站，构成了世界最大清洁能源走廊。6 座梯级水电站现已投产的发电机组为 101 台，装机总量超过 6200 万 kW，约占全国水电装机容量的 16%。长江上游的支流雅砻江、大渡河以及黄河上游、澜沧江、怒江的总装机规模都超过 20000MW，乌江、南盘江红水河的规模也超过 10000MW。这些河流水力资源集中，有利于实现流域、梯级、滚动开发，有利于建成大型的水电基地，有利于充分发挥水力资源的规模效益和实施“西电东送”。

四、中国水生生物资源

中国地处温带、亚热带和热带，自然分布于中国的土著淡水鱼类有 804 种，绝大部分是温水性鱼类，其中大约 1/2 的种类可供食用，常见的经济鱼类有 50 多种，可作为养殖对象的有 20 余种；河口海(咸)淡水洄游性鱼类和入河口的海洋鱼类共有 238 种，分别隶属 22 目 73 科 144 属，大半是有食用价值的名贵经济鱼类；此外，还有大量河口半咸水鱼类。淡水水生野生动物包括鱼类、两栖类、爬行类、哺乳类等，被列为国家一级、二级重点保护的濒危水生野生动物 63 种，亟需保护的种类现已达 100 多种。我国内陆水域浮游生物总计 110 属 201 种；底栖生物约有 600 种；水生维管束植物有 186 种，隶属于 40 科 76 属。除了大型水生动植物种类以外，还有可以作为饲料或饲料添加剂和可以作为鱼用疫苗或生物防治(载体)的微生物，例如，芽孢杆菌、双歧杆菌、乳酸菌、类链球菌、酵母菌等。我国水域中丰富的生物多样性是一笔宝贵的自然财富。

此外，水域也是我国水产养殖业的重要基石。中国是世界渔业大国、水产养殖第一大国，是世界上养殖水产品总量超过捕捞总量的主要渔业国家。中国水产蛋白占人均动物蛋白消费量的 1/3 以上，到 2020 年，中国水产品总产量已达 6545 万 t，已连续 32 年居世界首位，其中水产养殖种类达到 300 种以上，养殖水产品人均年有量 37kg，是世界平均水平的 2 倍。1994 年，美国学者莱斯特·布朗著述《谁来养活中国？》一书，对中国的粮食安全提出疑问。2008 年布朗来华，在接受《环球时报》采访时承认："中国对世界的贡献是计划生育和淡水渔业。中国是世界渔业大国，水产养殖产量占世界养殖总产量的 2/3，不仅为人们提供了大量优质蛋白质，还为国家粮食安全提供了重要保障"。

淡水养殖是指利用池塘、水库、湖泊、江河以及其他内陆水域（含微咸水），饲养和繁殖水产经济动物及生产水生经济植物，是内陆水产业的重要组成部分。按生产方式的不同，淡水养殖可分为池塘养殖、水库养殖、稻田养殖、工厂化养殖和网箱养殖。淡水养殖行业产业链上游主要为水产饲料、种苗、水产用药、养殖用具等；中游为淡水养殖产业，主要产品种类包括鱼类、甲壳类、贝类、观赏鱼类等；下游主要为水产品加工及各类销售渠道。

《2021 年全国渔业经济统计公报》数据显示：2021 年，全国水产品总产量 6690.29 万 t，比上年增长 2.16%。其中，养殖产量 5394.41 万 t，同比增长 3.26%，捕捞产量 1295.89 万 t，同比下降 2.18%，养殖产品与捕捞产品的产量比例为 80.6∶19.4。全国水产养殖面积 700.934 万 hm^2，同比下降 0.38%。其中，海水养殖面积 202.55 万 hm^2，同比增长 1.50%；淡水养殖面积 498.39 万 hm^2，同比下降 1.12%；海水养殖与淡水养殖的面积比例为 28.9∶71.1。

水产养殖业的发展，不但改善了中国人民的食物营养结构，繁荣了农村经济，也为保障食物安全、减少贫困人口、保护生态环境发挥了重要作用。中国将以满足人民对优质水产品和优美水域生态环境的需求为目标，以推进供给侧结构性改革为主线，加快构建水产养殖业绿色发展的空间格局、产业结构和生产方式，推动我国由水产养殖业大国向水产养殖业强国转变。

五、中国水资源水质现状

水质评价方法常采用断面水质评价。断面水质类别评价采用单因子评价法，即根据评价时段内该断面参评的指标中类别最高的一项来确定。描述断面的水质类别时，使用“符合”或“劣于”等词语，以评价水体质量情况及其功能，如表 10.1 所示。

表 10.1　断面、河段水质定性评价

水质类别	水质状况	水质功能
Ⅰ、Ⅱ类水质	优	饮用水源一级保护区、珍稀水生生物栖息地、鱼虾类产卵场、幼鱼的索饵场等
Ⅲ类水质	良好	饮用水源二级保护区、鱼虾类越冬场洄游通道、水产养殖区、游泳区
Ⅳ类水质	轻度污染	一般工业用水和人体非直接接触的娱乐用水
Ⅴ类水质	中度污染	农业用水及一般景观用水
劣Ⅴ类水质	重度污染	除调节局部气候外，使用功能较差

从空间分布来看，中国水质最优地区主要集中在青藏高原及周边；平原区污染程度偏高，其中华北平原、东北平原、长江中下游平原和珠三角水质较差；长江流域及以南整体优于长江流域以北。

从具体的水质情况来看，根据生态环境部通报，2021 年 641 个国家地表水考核断面中，水质优良（Ⅰ～Ⅲ类）断面比例为 84.9%，与 2020 年相比上升 1.5 个百分点；劣Ⅴ类断面比例为 1.2%，均达到 2021 年水质目标要求，主要污染指标为化学需氧量、高锰酸盐指数和总磷。

长江、黄河、珠江、松花江、淮河、海河、辽河等七大流域及西北诸河、西南诸河和浙闽片河流水质优良（Ⅰ～Ⅲ类）断面比例为 87.0%，同比上升 2.1 个百分点；劣Ⅴ类断面比例为 0.9%，同比下降 0.8 个百分点，主要污染指标为化学需氧量、高锰酸盐指数和总磷。其中，长江流域、西北和西南诸河、浙闽片河流和珠江流域水质为优；黄河、辽河和淮河流域水质良好；松花江和海河流域为轻度污染。

监测的 210 个重点湖（库）中，水质优良（Ⅰ～Ⅲ类）湖库个数占比 72.9%，同比下降 0.9 个百分点；劣Ⅴ类水质湖库个数占比 5.2%，同比持平，主要污染指标为总磷、化学需氧量和高锰酸盐指数。209 个监测营养状态的湖（库）中，中度富营养的 9 个，占 4.3%；轻度富营养的 48 个，占 23.0%；其余湖（库）为中营养或贫营养状态。其中，太湖为轻度污染、轻度富营养，主要污染指标为总磷；巢湖为轻度污染、中度富营养，主要污染指标为总磷；滇池为轻度污染、中度富营养，主要污染指标为化学需氧量、总磷和高锰酸盐指数；丹江口水库和洱海水质均为优、中营养；白洋淀水质良好、中营养。与去年同期相比，白洋淀水质有所好转，太湖、巢湖、滇池、丹江口水库和洱海水质均无明显变化；白洋淀营养状态有所好转，巢湖营养状态有所下降，太湖、滇池、丹江口水库和洱海营养状态均无明显变化。

全国地级及以上城市中，柳州、嘉峪关和桂林等 30 个城市国家地表水考核断面水环境质量相对较好（从第 1 名至第 30 名），临汾、吕梁和商丘等 30 个城市国家地表水考核断面水环境质量相对较差（从倒数第 1 名至倒数第 30 名）。

第三节　中国水资源开发利用态势

一、水量开发利用现状

中国是世界上水资源开发利用历史悠久的国家之一。远在公元前 16 世纪就有农田沟洫的记载，春秋战国时期，修建的黄河流域的郑国渠、海河流域的引漳十二渠、淮河流域的芍坡、长江流域的都江堰等在农业灌溉方面发挥了重要作用。开凿于公元前 486 年、沟通钱塘江、长江、淮河、黄河、海河五大水系的京杭大运河，对发展当时的南北交通起了重要作用。但是，由于封建社会生产力发展缓慢，水利多年失修，水旱灾害频繁，直到 20 世纪中叶，我国河川径流的总利用量只有 1000 亿 m^3 左右。新中国成立后，党和政府非常重视河流的利用改造与流域治理，投入了大量人力、物力和财力，在全国兴建了一大批水利蓄水工程。至 2011 年，全国建成大中小型水库 9.7 万座，总库容 8104 亿 m^3，初步控制了大江大河的常遇洪水。灌溉面积已由新中国成立初期的 1600 万 hm^2 发展到 6147 万 hm^2。灌溉事业的发展使灌区粮食产量大幅度提高，全国 70%的粮食、80%的棉花、90%的蔬菜来自灌区。

我国水资源总体开发利用率低，南北方开发不均衡。2011 年全国总供水量 6107.2 亿 m^3，占当年水资源总量的 26.3%。地区间各类水资源开发利用率差异很大，总体上，南方多水地区利用程度较低，北方少水地区水资源开发利用程度都比较高。以多年平均年径流量为基础，黄、淮、海及辽河流域水资源利用率都在 50%以上，其中海河利用率达 69%；而南方河流如长江、珠江及浙、闽诸河都在 15%左右，西南诸河还不到 1%。地下水开发量，海河流域已高达 90%，黄河及辽河流域分别为 48.6%和 32%，松花江为 13.3%。而南方地区地下水开发量很少，长江流域地下水开发利用率为 5.6%，珠江及西南诸河利用率更低。

21 世纪前 10 年我国水利基础建设投资超过 1 万亿元，三峡工程已建成并成功实现 175m 水位试验性蓄水，黄河小浪底工程通过竣工验收，淮河临淮岗、嫩江尼尔基、广西百色等重点水利枢纽工程投入运行，南水北调东、中线一期工程稳步推进，辽宁大伙房输水工程正式开通，西南中型水库等一批水资源配置工程和骨干水源工程开工建设，兴建了一大批骨干水源工程和水资源配置工程，病险水库除险加固工程目标如期实现，大中型灌区节水改造任务大部分完成，再生水、雨水、海水等非常规水资源利用能力显著提高。全国城乡供水能力超过 7000 亿 m^3，实际供水量超过 6000 亿 m^3，有力地支撑了粮食增产以及工业化、城镇化进程的稳步推进。

2011 年，全国总用水量 6107.2 亿 m^3，其中农业用水占 61.3%，工业用水占 23.9%，生活用水占 12.9%，其他用水量占 1.9%。全国总用水量中，地表水源占 81.1%，地下水源占 18.2%，其他水源占 0.7%。全国用水消耗量 3201.8 亿 m^3，占总用水量的 52.4%。2011 年全国人均用水量 454m^3，万元 GDP（当年价）用水量 129m^3，农田灌溉亩均用水量 415m^3，万元工业增加值（当年价）取水量 78m^3。

中国水资源时空分布极不均衡，水旱灾害多发频发，是世界上水情最复杂、江河治理难度最大、治水任务最繁重的国家之一。以习近平同志为核心的党中央始终高度重视水利工作。党的十八大以来，习近平总书记站在中华民族永续发展的战略高度，提出“节水优先、空间均衡、系统治理、两手发力”治水思路，确立国家“江河战略”，擘画国家水网重大工程，为新时代水利事业发展提供了行动指南和强大动力。初步形成“南北调配、东西互济”的水资源配置总体格局，加快构建“系统完备、安全可靠，集约高效、绿色智能，循环通畅、调控有序”的国家水网，进一步增强了我国水资源统筹调配能力、供水保障能力、战略储备能力。完善国家骨干供水基础设施网络，南水北调东、中线一期工程建成通水，累计供水量达到 565 亿 m^3，惠及 1.5 亿人。开工建设南水北调中线引江补汉、滇中引水、引江济淮、珠三角水资源配置、环北部湾广东水资源配置等重大引调水工程，以及贵州夹岩、西藏拉洛等大型水库，在推动区域协调发展、服务国家重大战略等方面发挥了重要作用。推进省级水网建设，按照“确有需要、生态安全、可以持续”的原则，各地加快骨干水系通道和调配枢纽建设，加强国家重大水资源配置工程与区域重要水资源配置工程的互联互通。打通国家水网“最后一公里”，加强农田灌溉工程建设，建成 7330 处大中型灌区，全国农田有效灌溉面积从 2012 年的 9.37 亿亩增加到 10.37 亿亩，在占全国耕地面积 54%的灌溉面积上，生产了全国 75%的粮食和 90%以上的经济作物，夯实了保障国家粮食安全的水利基础。十年来，全国水利工程供水能力从 2012 年的 7000 亿 m^3 提高到 2021 年的 8900 亿 m^3。截至 2021 年底，农村自来水普及率达到 84%，困扰亿万农民祖祖辈辈的吃水难问题历史性地得到解决。

二、水能开发利用现状

新中国成立以来，我国水利事业得到蓬勃发展。在坚持大、中、小型并举发展水电建设的方针指导下，我国已建成数十座大型骨干水电站。

截至 2024 年底，全国发电装机容量 33.5 亿 kW，其中水电 4.4 亿 kW（含抽水蓄能 5869 万 kW），占全部装机容量的 13%；根据水利部数据显示，截至 2020 年底，全国建成农村水电站 43957 座，装机容量 8133.8 万 kW，占全国水电装机容量的 22%。

除了提供清洁电力外，水电建设还以其防洪、交通、向下游补水、旅游、养殖、移民致富等综合效益显示了其重要性和必要性。有了三峡工程，长江中游荆江河段防洪标准由十年一遇提高到百年一遇，洪灾对人民生命财产威胁大大降低，江汉平原和洞庭湖区 1500 万人口得到安全保护。

水电作为清洁能源对我国建设绿色生态文明起着重要的作用。水电能减轻大气污染和控制温室气体排放，从而产生巨大的生态效益，对促进能源结构绿色低碳转型具有重要意义。

水是人类生产和生活必不可少的宝贵资源，但其自然存在的状态并不完全符合人类的需要。只有修建水利工程，才能控制水流，防止洪涝灾害，并进行水量的调节和分配，开发水能，养殖水产，便利交通，以满足人民生活和生产对水资源的需要。防洪、除涝、灌溉、发电、供水、围垦、航运水土保持、移民、水资源保护等工程（包括新建、扩建、改建、加固、修复）及其配套和附属工程统称为水利工程，其用于控制和调配自然界的地表水和地下水，以达到除害兴利目的。新中国成立以来我国水利建设成效主要体现在 3 个方面：①基本建成了流域防洪工程体系，大江大河干流基本具备了抗御新中国成立以来发生的最大洪水的能力。到目前为止，全国已经建成了 98000 多座水库，总库容 8983 亿 m^3。②经济社会用水保障能力和水平得到大幅度提升。相继建成了南水北调东线、中线一期工程，以及其他一大批跨流域、跨区域调水工程，全国水资源配置和城乡供水体系逐步得到完善，现在年供水能力达到了 8500 亿 m^3；城市多水源的供水保障体系日渐完善，农村自来水普及率由“十三五”初期的 76%，提高到现在的 92%，灌区续建配套大规模的节水改造在加快推进，灌溉面积占到全国耕地面积的 54%，但是却生产了全国 75%的粮食和 90%的经济作物。③生态系统保护治理成效显著。实施了黄河上中游、长江上中游、京津风沙园、东北黑土地、西南岩溶地区石漠化等国家重点水土流失治理工程，大规模推进坡耕地整治和清洁小流域治理，水土流失强度明显减轻，严重的水土流失状况得到有效的遏制，河长制、湖长制从有名走向了有实、有能，治山治水换来了青山绿水，越来越多的江河湖泊正在成为造福人民的幸福河湖。

第四节　中国水资源可持续开发与利用展望

一、中国水资源开发利用中存在的问题

（一）水资源供需矛盾突出

1. 中国水资源需求预测

据研究（刘永懋等，2001），在 21 世纪的前 50 年，随着我国人口数量的变化，生活水平的提高，对水的需求量将越来越大。

从工业用水来看，到 2030 年，取水量将约为 1899 亿 m^3；2050 年工业取水量将达到 3436 亿 m^3，此时的取水量是 1990 年全国工业取水量的 7 倍；从农业用水量来看，农业灌溉面积增加，农业用水量也将随之增加。由于科技进步和社会发展，农业节水技术将得到广泛应用与推广，在此前提下，农业节水前景看好。2000 年灌溉面积为 5435 万 hm^2 时，用水量已达到 4848 亿 m^3；预计 2030 年灌溉面积达到 6040 万 hm^2 时，用水量为 4530 亿 m^3；2050 年灌溉面积达 6450 万 hm^2 时，用水量为 4157 亿 m^3；从城镇生活用水量来看，城市化进程加快，城镇人口增加，用水量也将随之增加。预计 2050 年用水人口达到 8 亿人时，用水指标为 250L/(人·d)，取水量将达到 730 亿 m^3/a。

从供水能力分析，我国目前所有大、中、小型水库的总库容 4700 多亿 m^3，其中有效库容 2200 亿 m^3。同时，建成的大批蓄、引、提工程使我国的供水能力从 1949 年的 1000 亿 m^3 增加到目前的 5000 亿 m^3 左右。这些供水工程大多分布在东南沿海和华北经济发达区，水资源开发利用程度已相当高。其他有开发潜力的江河水域都远离用水功能区，开发难度极大。如何合理规划和利用江河中上游的水利工程，调节河川径流，满足

中下游用水要求，是21世纪水资源开发的关键。

2. 水资源供需矛盾突出的表现

中国水资源条件先天不足，全国平均单位国土面积水资源量仅为29.9万m^3/km^2，为世界平均水平的83%。受庞大人口规模影响，我国人均水资源量仅为约2100m^3，不足世界人均占有量的1/3，在水资源有统计的国家中排名第110位，位居后列。我国耕地面积大，亩均水资源量为1440m^3，约为世界平均水平的1/2。我国水资源时空分布很不均匀，与耕地资源和其他经济要素匹配性不好，加上工程设施体系的不完善，华北、西北、西南以及沿海城市等地区水资源供需矛盾突出，正常年份全国缺水达500亿m^3。

中国水资源紧缺普遍严重。研究表明，中国城市缺水矛盾非常突出，缺水城市数目在逐年增加。1980年缺水城市223个，年缺水量约30亿～40亿m^3；20世纪90年代初缺水城市约300个，其中严重缺水城市114个，年缺水量58亿m^3；近年来，全国600多个城市中，缺水城市数已达400多个，预计2030年城市缺水量将达到300亿m^3。

农村水的形势也很严峻。近年来，我国洪旱灾害发生的频度增强，北方地区主要农业区的干旱面积呈现扩大趋势，全国特大旱涝事件发生频繁，2003年和2007年淮河大水，2005年珠江流域大水，2006年川渝大旱，2008年新疆大旱，2009年北方大旱，2010西南地区特大干旱，2011年北方干旱，等等。

造成水资源供需矛盾的主要原因是水资源分布不均和水资源开发利用率低，而用水量却随国民经济发展迅速增长。全国每亩地平均每年占有径流量为1807m^3，珠江及东南沿海耕地亩均水量5080m^3，约为全国平均值的2.8倍；长江流域亩均占有径流量为2600m^3，约为全国平均值的1.4倍；淮河以北地区均远小于全国平均值，其中以海河、滦河和淮河流域更为突出，这两个地区的总面积占全国的6.7%，人口和耕地都占全国的27%，而水量只占全国的4%，地多人多水少，缺水严重。正由于这一原因，我国南北水资源开发利用率极不平衡。中国平均每年入海和出境水量为河川径流量的90%，南方地区每年入海和出境水量占河川径流量的94%以上，西南地区平均都在99%以上，河川径流量几乎全部流出国境，开发利用程度极低。北方地区入海水量都在80%以下，20世纪50年代黄河流域为62%，海滦河流域为56%；20世纪70年代分别降为55%和41%。在枯水年份，入海水量比例更小。潘家口水库修建后，海滦河流域入海水量进一步减少，1983年入海水量仅有3亿m^3，为当年天然年径流量的1.6%。海滦河流域平均年径流总量仅287.8亿m^3，而20世纪80年代初该区需水量已达383.8亿m^3，即使将海滦河的水全部截留，仍缺96亿m^3。由此可见，北方地区水资源开发利用程度已经很高，缺水矛盾相当突出。

地下水是我国城市和工农业用水的重要供水水源，全国约有2/3的城市和部分农田以地下水作为主要的供水源和灌溉用水，后者占地下水总开采量的81%。一些地方由于水资源的供给跟不上经济快速发展的需要，不得不转而过量开采地下水。据统计，我国北方包括京、津、晋、豫北、鲁北、胶东和辽中南等的缺水区总面积约58万km^2，这些地区水资源的开发程度已多达70%。目前北方地区除辽宁、豫北、鲁南和晋东南部分地区外，可供开发的当地水资源已极少。1997～2011年北方平原地下水开采区浅层地下水储存量的累积变化情况，除 1998 年和 2003 年浅层地下水储存量有明显增加外，其他年份均持续减少或基本持平。总体上看，北方平原地下水开采区浅层地下水储存量累积变化从 2003 年以来呈现连续下降趋势。2011 年与 1980 年比较，河北、北京、吉林、陕西和山东的平原区浅层地下水储存量累计分别减少 721 亿 m^3、91 亿 m^3、38 亿 m^3、33 亿 m^3 和 29 亿 m^3。

水质污染导致水资源的破坏，气候变迁导致水资源的分布变化，这些因素也加剧了水资源供需矛盾冲突。

（二）控水工程不足，旱涝灾害频繁

我国东半部主要受季风控制，降水量在区域分布上表现为南多北少；时间上分配极不均匀，主要集中在夏季，约占全年的 60%以上，其中北方有些地区可达 90%以上；且每年的径流量也极不稳定，极易造成旱涝灾害。我国旱涝格局中最常见的是“北旱南涝”，大约平均每 4 年就可能出现一次，也就是说大多年份南方易偏涝，北方偏旱。容易发生涝灾的地区主要集中在东部地区，尤其是长江中下游及以南地区，旱灾最易发生在华北平原及西北的陕甘宁地区。

旱灾和涝灾历来是影响中国历史、社会最严重的自然灾害，尤其是过去以“靠天吃饭”为主的农业社会饱经磨难，灾害往往直接导致农作物减产或绝收，进而出现蝗灾、瘟疫等次生问题。如果灾害连年，则灾荒会进一步加重，甚至影响社会变迁或朝代更替。中国历史上多次发生的农民起义，导火线往往是旱涝导致的灾荒。

据不完全统计，公元前 206 年至 1949 年发生的水灾有 1092 次，较大的旱灾 1056 次，几乎平均每年都有一次较大的水灾或旱灾，死亡万人以上的水旱灾害平均每 10～20 年发生一次。新中国成立以来，通过许多水利工程的建设，在一定程度上调节了水量的地区和时间上的不均衡，使旱涝灾害出现的次数明显减少，危害程度大大减轻。但是，现有水利设施的控水能力尚很有限，有些江河的防洪标准还很低（如黄河下游大堤仅可防御 1958 年洪水，长江大堤仅可防御 1954 年洪水），还有相当多的河流没有防洪工程措施或防洪大堤，人为破坏严重，隐患重重。正是由于自然因素和人为的消极影响（如盲目围垦湖泊、与河流争地等），水灾仍然在局部地方经常发生。例如，1998 年爆发的百年不遇特大洪水就对经济社会造成极大危害。当时，长江、嫩江、松花江等江河同时洪水泛滥，长江上游出现 8 次洪峰，与中下游洪水遭遇，形成全流域型大洪水；嫩江、松花江出现 150 年来最严重的全流域特大洪水。洪灾造成 29 个省份的 4150 人死亡，直接经济损失 2551 亿元。

尤其值得注意的是，黄河、淮河、长江、珠江、海河、松花江和辽河等七大江河的中下游冲积平原地区和湖泊周围的低洼地区土地肥沃、人口密集，是我国的主要经济文化地区，然而这些地区的地面高程大部分在江河洪水位以下，也是洪涝灾害主要分布区，一旦发生洪水，将造成无法估量的损失。因此，加强现有水利设施的管理和改造，在适当河段建设大型水库，是解决洪水威胁的主要途径。例如，2012 年建成的三峡水利枢纽工程，可控制荆江地区洪水来源的 95%以上，控制汉口以上洪水总量的 66%左右，使荆江河段的防洪标准由 10 年一遇提高到 100 年一遇，大大提高了长江中下游的防洪能力。

旱灾也是我国经常发生的自然灾害，全国各地都有发生的可能。旱灾的致命性在于破坏力强、时间长且范围广泛，经常会造成大片绝产绝收，特大型灾荒往往是由持续干旱造成的。黄河流域和海河流域是我国遭受旱灾范围最大和最频繁的地区，素有“十年九旱”之说。由于水资源条件的制约，上述两区抗御旱灾的能力较弱，当发生旱情时，地表水源水量急剧减少，地下水位大幅下降，灌溉得不到保证，造成农业减产。尤其是许多“靠天吃饭”的旱地农业，会面临无法播种或绝收的困境。因此，旱灾所造成的经济损失也更为严重。

近 50 年来全国平均每年因水旱灾害引起的受灾面积约 2700hm^2，占总耕地面积的 27.7%，成灾面积约 1000 万 hm^2，占总耕地面积的 10.3%。目前全国还有约一半耕地无灌溉措施，每年约有 2000 万 hm^2 耕地常常受到干旱的威胁。全国的灌区农业年均缺水量约为 300 亿 m^3，因旱减收的粮食为 100 亿～150 亿 kg。

据统计，随着社会的发展，中国旱涝等气象灾害导致的死亡人数从 20 世纪 80 和 90 年代平均每年 5000 人降至 21 世纪的 2000 人左右。但不容忽视的是，随着工业社会发展、城市化进程推进，旱涝灾害造成的经济影响更严重。1965～1989 年，旱涝等气象灾害导致的平均直接经济损失（2013 年价格）为 1192 亿元，而 1990～2013 年，这一数字蹿升至 3079 亿元，增长了约 1.6 倍。

我国旱涝灾害多发还有人水争地、环境破坏、气候变化等因素的影响。

城市化对洪涝灾害的影响。城市化引发的“热岛效应”和“雨岛效应”也会导致城市突发性、短历时、强降雨更加频繁、强度更大。同时，城市化快速扩张过程中，原有的农田、绿地等透水能力强的地面被不透水的“硬底化”水泥地面所取代，雨水的下渗量和截流量下降，径流峰值增加。城市建设截断了排水管网，破坏了排水系统，老城区排水系统老化失修，淤积堵塞严重，都进一步降低了排水能力。另外，河道中的阻水桥梁、桥涵以及各类垃圾倒弃等使得河道行洪空间被占用、堵塞，造成了行洪不畅。

水土流失对洪涝灾害的影响。河流上游发生水土流失，大量的泥沙随水流入河流湖泊，使河床抬高，湖泊淤积变浅。河床抬高导致泄洪能力下降，湖泊变浅、湖泊面积缩小，引起湖泊蓄洪滞洪能力下降，加剧洪涝灾害。而水土流失与人类的滥砍滥伐、围湖造田等行为息息相关。

中国是受全球气候变化影响最敏感的区域之一，升温速率高于全球平均水平，降水时空分布差异大，强降水事件趋多趋强，未来将面临洪涝和干旱的双重影响；气候增暖在改变区域水热资源分配的同时，对水资源、海洋与海岸带、陆地生态系统等自然系统产生了十分明显的影响。《第三次气候变化国家评估报告》显示：中国西部干旱和半干旱地区近 30 年降水持续增加；沿海海平面在 1980～2012 年的上升速率为 2.9mm/a，高于全球平均速率。20 世纪 70 年代至 21 世纪初，冰川面积退缩约 10.1%，冻土面积减少约 18.6%。在未来发展趋势部分，报告认为暴雨、强风暴潮、大范围干旱等极端天气发生的频次和强度将增加；中国海区海平面到 21 世纪末将比上世纪高出 0.4～0.6m。到本世纪末，中国将持续降水变多的趋势。全国降水平均增幅为 2%～5%，北方降水可能增加 5%～15%，华南地区降水变化不显著。

（三）水土流失严重，河流含沙量大

由于自然条件的限制和长期人类活动的结果，中国森林覆盖率较低，水土流失严重。据统计，全国水土流失面积约 150 万 km^2，占国土面积的 1/6 左右。根据实测资料分析，20 世纪我国平均每年从山地、丘陵带走的泥沙约 35 亿 t，其中外流河的输沙量约 33 亿 t，占全国总输沙量的 94%，内流河的输沙量约 2 亿 t，占全国总输沙量的 6%。外流河输沙量的 56%由我国直接入海，8%带入邻国，其余的 36%沉积在中下游平原河道、湖泊和水库中，或进入灌区以及分洪区内。水土流失造成许多河流的含沙量大，例如，黄河年平均含沙量为 37.7kg/m^3（是埃及尼罗河的 37 倍、美国密西西比河的 62 倍），曾经年输沙总量为 16 亿 t，居世界大河之首。水土的大量流失，不仅造成了流失区耕地面积减少、肥力下降，河流含沙量增大，而且大量泥沙沉积致使水库淤积、河床升高，甚至某些河段已发展成地上河，影响水资源的开发利用。

由于我国各地区的水源补给不同，自然条件的差异以及人类活动影响的程度不同，各地河流含沙量很不一致。黄土高原地区，由于黄土质地疏松，易受侵蚀，加上流域内植被遭受破坏，且多暴雨，使疏松物质大量被冲刷而进入河道，河流含沙量极大，如黄河支流窟野河多年平均含沙量达 184kg/m^3；流经较易侵蚀的四川盆地的紫色砂页岩系的河流含沙量次之，如嘉陵江（北碚站）为 2.31kg/m^3。含沙量最小的河流是黑龙江各河和东南沿海河流，如松花江（佳木斯站）只有 0.16kg/m^3，闽江（竹歧站）更小，仅 0.14kg/m^3，主要是流域内山地有较好的森林覆盖。流经石灰岩地区的河流含沙量也很小，如西江（梧州站）只有 0.34kg/m^3。

河流输沙量与河流含沙量及年径流量呈正相关关系。黄河是中国输沙量最大的河流，曾经年总输沙量 16 亿 t；长江含沙量虽不算高，但年径流量大，年输沙量 5.14 亿 t，位居全国第 2，在世界上仅次于布拉马普特拉河与印度河而位居第 4。其他河流因其含沙量少或径流量少而年输沙量不大。

从侵蚀模数来看，全国最高值出现在黄河中游、辽河上游以及部分海河流域，水蚀模数一般都在 500t/(km^2·a)以上。陕北的秃尾河、窟野河的下游地区，水蚀模数甚至超过了 30000t/(km^2·a)。黑龙江流域是低水蚀模数区，大多只有 10～50t/(km^2·a)。

自然因素（如土质疏松、降水变率大等）是导致水土流失的主要原因。应该注意的是，由于我国人口的不断增加，特别是在一些经济不发达地区，为了短期利益大量毁林造田、过度放牧、无计划开矿等，致使区域植被破坏严重，加剧了水土流失。

河流泥沙的产生、输送和沉积，对国民经济影响很大。河流泥沙尽管可以通过淤灌而改善灌区土壤，但大量水土流失使农田面积减少、肥力下降，使河道、水库淤积，缩短水利设施的使用寿命，甚至导致水库报废、河流改道等，给水资源的开发利用增加了困难。

水土保持是江河治理的根本措施，是生态文明建设的必然要求。党的十八大以来，我国水土保持工作取得显著成效，水土流失面积和强度持续呈现“双下降”态势，为促进生态环境改善和经济社会发展发挥了重要作用。据水利部最新监测成果，2021 年全国水土流失面积 267.42 万 km^2，较 10 年前减少 27.49 万 km^2，强烈及以上等级面积占比由

33.8%下降至 18.93%。全国水土保持率为 72%。2022 年我国主要河流代表站年总输沙量为 3.90 亿 t，较多年平均年输沙量偏小 73%。

新中国成立以来，黄河流域的水土保持成效非常显著。从 20 世纪 80 年代起，黄河的输沙量开始不断地降低，近期的监测结果显示，黄河的输沙量大约只是峰值时期的 1/10，和长江的水平非常接近。2022 年水利部《中国河流泥沙公报》显示，黄河流域代表站 2022 年实测径流量和实测输沙量分别为 263.8 亿 m^3 和 2.03 亿 t。

（四）水域污染严重

1974 年官厅水库污染治理，拉开了中国治理水环境的序幕。经过多年治理，尽管大江大湖的水环境恶化趋势基本得到控制，水质向着好的方向转变，但是目前污染状况仍很严重。

据《2011 年中国环境状况公报》，2011 年，全国废水排放总量为 652.1 亿 t，化学需氧量排放总量为 2499.9 万 t；氨氮排放总量为 260.4 万 t。在 2011 年度长江、黄河、珠江、松花江、淮河、海河、辽河、浙闽片河流、西南诸河和内陆诸河十大水系监测的 469 个国控断面中，Ⅰ～Ⅲ类、Ⅳ～Ⅴ类和劣Ⅴ类水质断面比例分别为 61.0%、25.3%和 13.7%，主要污染指标为化学需氧量、五日生化需氧量和总磷。各水系干流水质好于支流。

主要湖泊的营养化问题突出。据《2011 年中国水资源公报》，2011 年，对全国 103 个主要湖泊的 2.7 万 km^2 水面进行了水质评价。全年水质为Ⅰ类的水面占评价水面面积的 0.5%、Ⅱ类占 32.9%、Ⅲ类占 25.4%、Ⅳ类占 12.0%、Ⅴ类占 4.5%、劣Ⅴ类占 24.7%。对上述湖泊进行的营养状况评价结果显示：中营养湖泊有 32 个，富营养湖泊有 71 个。在富营养湖泊中，处于轻度富营养状态的湖泊有 42 个，占富营养湖泊总数的 59.2%；中度富营养湖泊 29 个，占富营养湖泊总数的 40.8%。河北的白洋淀，江苏的滆湖、洮湖，安徽的天井湖、巢湖，江西的西湖，湖北的南湖、南太子湖、墨水湖，云南的滇池、杞麓湖、异龙湖富营养化程度较重。

2011 年，北京、辽宁、吉林、黑龙江、上海、江苏、海南、宁夏、广东 9 个省（区、市）采用《地下水质量标准》（GB/T 14848—2017），对所辖区域的 857 眼监测井的水质监测资料进行了地下水水质分类评价。评价结果显示：水质适用于各种用途的Ⅰ～Ⅱ类监测井占评价监测井总数的 2.0%；适合集中式生活饮用水水源及工农业用水的Ⅲ类监测井占 21.2%；适合除饮用外其他用途的Ⅳ～Ⅴ类监测井占 76.8%，主要污染指标是总硬度、氨氮、矿化度等。在 9 个省级行政区中，海南的监测井水质以Ⅱ类为主；上海、北京以Ⅲ类为主；黑龙江、江苏以Ⅳ类为主；吉林、辽宁、广东、宁夏的监测井水质以Ⅴ类为主。

中国广大农村大量使用农药、化肥，对河流及地下水的污染也是不容忽视的。有关资料显示，2023 年全国农用化肥施用量 5022 万 t，另外中国农药使用量（折百量）为 24.48 万 t，占世界农药总用量的 6.93%，位列全球第 5。中国是世界上水土流失最严重国家之一，每年表土流失量约 50 亿 t，致使大量农药、化肥随表土流入江、河、湖、库，随之流失的氮、磷、钾营养元素，使 2/3 的湖泊受到不同程度富营养化污染的危害，造成藻类以及其他生物异常繁殖，引起水体透明度和溶解氧的变化，致使水质恶化，最终将影响人体健康。

水资源（特别是饮水水源）污染的日趋严重，是对城乡人民健康的最大威胁。全国有 24%的人口在饮用天然水质低差和水质不良的水，其中饮用高氟水的有 0.7 亿人，饮用高硝酸盐水的有 0.3 亿人，饮用高氯化物水的有 0.5 亿人，饮用高硬度水的有 1.1 亿人。全国有 79%的人口在饮用有害的污染水，其中 7 亿人饮用超标准的大肠杆菌水，约 1.7 亿人饮用有机物污染水。应该注意的是，全国约有 0.4 亿人的饮用水污染尤为严重，主要分布在长江沿岸以地表水为水源和以浅层地下水为水源的人口稠密地区。

水域污染破坏了水生态系统，使水产品质量下降，产量衰减，甚至导致某些水生生物绝迹。水域污染严重也影响到工业产品的质量和产量，甚至因水质恶化而被迫停产。污染的加剧使我国水资源原本供需紧张的矛盾更加突出，水污染已经成为制约我国国民经济持续、稳定发展的主要障碍因素。

（五）管理混乱、浪费严重

我国水资源管理工作滞后于社会经济发展步伐。从横向上看，一个完整的流域往往跨越多行政区。在水量利用上因缺乏上下游协调统一，往往出现上游地区无节制过量用水，水资源浪费严重，而导致下游水量锐减，影响工农业生产及人民生活。在干旱年份或季节，这种矛盾更为突出，甚至出现下游断流现象。黄河水量是山东省水资源的重要组成部分，近 40 年来黄河曾多次出现断流，成为不折不扣的季节河。黄河的自然断流始于 1972 年。以利津站为例，1972～1996 年有 19 年出现断流，1972～1996 年断流天数共计 669 天。20 世纪 80 年代以前主要集中在每年的 5～6 月，进入 90 年代后，断流时间迅速向春季延伸，且断流时间、河长迅速增长。1992 年断流历时 83 天；1995 年断流 4 次，达 122 天；1996 年断流 136 天；1997 年甚至出现 330 天无黄河水入海的记录，断流河段延伸至河南开封夹河滩断面，总长 622km，占下游总河长的 79%。从 1999 年开始，黄河水利委员会对黄河水资源实施统一管理调度，至今已实现黄河干流连续 26 年不断流。我国最长的内陆河塔里木河，从 1974 年开始，下游自大西海子水库以下 363km 的河段全部断流，下游绿色走廊岌岌可危。发源于青海祁连山、纵贯甘肃河西走廊、蜿蜒于内蒙古草原的我国第二大内陆河黑河，也连续 10 个汛期出现断流，导致下游地区的胡杨林大片死亡。水资源生态恶化引发的环境及社会问题日渐突出。断流固然有自然因素的影响，但沿河缺乏统一管理和调度，水资源浪费严重也是不容忽视的重要因素。同时，由于上游地区用水的技术或地方保护政策落后，致使工矿企业（特别是乡镇企业）的污水基本上未经处理而直接排放入河，造成水质污染，使下游利用水资源雪上加霜，由此而引起的矛盾冲突已屡见不鲜。纵向上看，水利、林业、环保、城建等部门分别管理农、林、工矿、城市用水，这种“各自为政”的格局，使得水资源的管理更加混乱。

水利设施不足，无法满足社会和经济发展的需要。20 世纪 70 年代全国农田年均受旱面积 1100 万 hm^2，而 90 年代增加到 2700 万 hm^2，1998 年冬至 1999 年，我国作物受旱面积达到 3000 万 hm^2。从我国水资源开发利用情况来看，1980 年以前，每 10 年大体上增加 1000 亿 m^3。1980～1993 年，我国人口增加了 2 亿多，经济翻了两番，国内生产总值年增长率为 11.34%，而年供水量增长率仅为 1.31%，考虑到人口因素，人均供水量几乎没有增长。在我国农田水利基本建设中，水源工程发展较快，但灌区内重建轻管、灌排渠系不配套的现象普遍存在。因为管理不足，全国很多灌溉系统都未能充分发挥其应有效益。

全世界用水的70%为农业灌溉用水。据估计，全世界只有37%的灌溉水用于农作物生长，其余63%都浪费掉了。渠道渗漏是世界各国在发展灌溉事业时遇到的共同问题。据国际灌溉排水委员会的统计，灌溉水渗漏损失量一般为15%～30%，高的甚至达到50%～60%。我国渗漏损失一般为40%～50%，高的甚至达到70%～80%。由于大部分灌区的渠道没有防渗措施，我国长江、珠江、东南沿海等地渠系水利用系数平均为0.6，其他各地区平均为0.5。也就是说，灌溉总用水量3800亿m^3中，有一半的水在进入田间之前就损失掉了，这是农业用水浪费的大头。估计全国渠道渗漏损失的水量可达到1700多亿m^3。进入田间的水由于采用大水漫灌，又有近一半渗漏、蒸发掉了，真正被农作物利用的，只是灌溉总用水量的1/3左右。

我国许多工厂企业设备陈旧，工艺落后，水的重复利用率只有50%～60%，而发达国家却在70%以上。我国城市工业万元产值耗水量近200m^3，发达国家仅为20～30m^3，相差10倍。例如，我国目前生产1t钢耗水25～30m^3，每造1t纸用水450～500m^3，而美国、日本等发达国家分别是6m^3和200m^3。此外，城市中自来水管的跑、冒、滴、漏等浪费现象也十分严重。水资源的严重浪费，不仅使工农业生产的成本增大，更加剧了区域水资源的紧缺。

（六）湖泊面积减少，影响水资源综合开发效益

湖泊是水资源的重要组成部分，合理开发利用湖泊淡水资源，可以获得多种经济效益。过去，我国农业生产在较长时间内片面强调抓好粮食生产，不少有湖泊的地区提出向水面要粮食的口号，在没有科学论证和统筹规划的情况下，盲目地开展围湖造田，使全国湖泊面积逐年减少，湖泊(面积在1km^2以上者)数量在30年间减少了543个。新中国成立后全国围垦湖泊面积达到138192km^2，超过鄱阳湖、洞庭湖等五大淡水湖之和，其中长江中下游平原区湖泊围垦面积达1.3万km^2，占全国湖泊围垦面积的94%。昆明滇池从1971年至20世纪80年代初期，由于大规模围湖造田或逐年“蚕食”，围湖造田面积近3000hm^2，使湖泊水面缩小10%；有千湖之誉的湖北省，仅江汉湖群，新中国成立初期有水面80多万hm^2，至1977年已围垦近60万hm^2，湖泊面积缩小约70%；洪湖和洞庭湖面积分别比新中国成立初期缩小1/2和3/5；鄱阳湖及其他一些湖泊也都有显著缩小水面的情况。水面的缩小、水位的下降、水环境的恶化导致渔产品和其他资源的大量损失。位于新疆阿勒泰地区的乌伦古湖，1960年湖水面积995km^2，容积约119亿m^3，至1981年，水面缩小约1/10，容积约减少45亿m^3，渔业产量由1970年的4500t降至1981年的1600t。该湖泊的水位下降、水体环境恶化，不仅使渔业生产遭受损失，而且对湖泊周围附近地区也产生了明显的不利影响。原来乌伦古湖的芦苇资源比较丰富，而大片草滩、芦苇干枯后，芦苇产量锐减，同时造成湖岸地区沙滩裸露，风沙无阻，使沙漠化土地扩大，而且使当地约10万头牲畜不能在湖区苇滩越冬，对发展牧业也十分不利。

湖泊水面的缩小、湖泊水容积的大幅度削减，改变了湖泊水体原有的水热平衡和水生生物繁殖发育的生态环境，使鱼类、水禽及经济价值较高的芦苇、莲、菱等资源遭受损失，其结果不仅严重地影响了湖泊资源的综合开发利用效益，而且也降低了湖泊的调洪能力，使江河发生洪水灾害的威胁增加。

二、水资源可持续开发与利用对策

作为宝贵自然资源的水资源，其作用与血液对人体生命同等重要。随着人口、经济的增长和人民生活水平的提高，人类的需水量将不断增长，有限的水资源供给压力将日益加重。我国水资源地域与时空分布不均，加之人均水资源匮乏、水污染严重与浪费惊人，水危机已成为许多地区必须面对的问题，实现水资源可持续利用是战胜水危机的唯一抉择。水资源可持续发展内涵包括：①当代水资源的开发利用，不应有任何削弱未来发展的机会，以提高人类生活质量为重点；②在保护水资源的质与量的前提下，与经济协调发展，使经济净利益增加到最大限度；③水的开发、利用和保护不能危及生态平衡；④开发和使用清洁、高效的生产工艺，尽可能减少水资源的消耗，减少人类活动对环境的破坏及对地球的压力。

我国水资源保护与可持续利用的总体目标是：积极开发利用水资源和实行全面节约用水，以缓解目前存在的城市和农村严重缺水危机，使水资源的开发利用获得最大的经济、社会和环境效益，满足社会、经济发展对水量和水质的日益增长的需求，同时在维护水资源的水文、生物和化学等方面的自然功能以及维护和改善生态环境的前提下，合理、充分地利用水资源，使得经济建设与水资源保护同步发展。要实现这一总体目标，需要重点做好以下几方面工作。

（一）树立正确的水资源观念，建立节水型社会

长期以来，人们对水资源的认识存在两种模糊观念：一是无限可用论，认为水是“取之不尽，用之不竭”的天赐之物，不存在危机问题；二是有值无价论，认为水不具备资产特征，其所有权不明确，人们可以自由索取。由于上述观念的左右，人们惜水、爱水、节水意识十分淡薄，对水资源的浪费已成为一种社会痼疾。在水量不变的情况下，要保证工农业生产用水、居民生活用水和良好的水环境，必须建立节水型社会。建设节水型社会是解决我国水资源短缺、实现水资源可持续利用的根本性措施，也是最为现实、最为可行的战略性选择。农业方面，通过综合运用灌区节水改造、田间高效节水等工程措施和种植结构调整等非工程节水措施，提高农业综合节水能力；工业方面，重点推进高耗水行业节水技术改造，合理调整经济布局和产业结构，推广循环用水，提高工业用水效率；城乡生活方面，通过强化公共用水管理、合理调整水价、推广城市建筑节水技术、加强城镇污水集中处理与再生水回用等措施促进节水。到 2030 年，通过采取工程、技术、法律、行政、经济等综合节水措施，全国可形成年均 800 亿 m^3 的节水量，既缓解水资源供需矛盾，又促进节水减排。

《“十四五”节水型社会建设规划》明确提出，到 2025 年，基本补齐节约用水基础设

施短板和监管能力弱项，节水型社会建设取得显著成效，用水总量控制在 6400 亿 m^3 以内，万元国内生产总值用水量比 2020 年下降 16.0%左右，万元工业增加值用水量比 2020 年下降 16.0%，农田灌溉水有效利用系数达到 0.58，城市公共供水管网漏损率小于 9.0%。

合理开发利用水资源，在工农业用水和城市生活用水的方方面面大力提高水的利用率，使水危机的意识深入人心，养成人人爱护水、时时处处节水的局面。

（二）加强水资源综合管理，提高管理手段及能力

1. 改革传统的水资源管理体制

传统的水资源管理体制已不再完全适应市场经济对水资源管理的要求和变革，不利于水资源有效的开发、利用与保护。由于条块分割和人为地将系统完整的水系分开，“多龙管水”实际上很难实现水资源的统一和合理分配，这导致出现了许多部门之间、地区之间以及流域上下游之间的水事纠纷。因此，必须尽快改革传统的水资源管理体制。国家要加强或扩大水资源综合管理的能力；流域应完善现行的水资源管理体制，加强水资源管理的权威，尤其是建立和完善以河流流域为单元的水资源统一管理体制，把城市和农村、地表水和地下水、水质和水量、开发与保护、利用和管理统一起来。在流域水资源管理机构中建立一种协调机制，以协调流域范围内有关的水资源合作和保护者之间的利益分配，避免治理中的推诿扯皮和利益前的一哄而上。在条件可能的情况下，按有关法律下放权力，让市、县和村镇政府机构直接负责水资源的综合管理，包括水污染控制，适当条件下，可明确水资源产权，实行水资源的企业化综合管理。

2. 以市场为导向，建立水资源市场

建立水资源市场是水资源可持续发展的需要，是水资源供给和需求之间矛盾加剧的必然产物。对于建立水资源市场，我们应该执行“使用者付费”的经济原则，利用经济手段和法律手段，确保政府在规范市场和价格政策中的调控作用。水资源价格在水资源调控方面发挥着重要作用，一套完善的水资源价格体系是实现水资源市场化的关键。通过价格调控，实现地表水和地下水开发利用的联合调度。通过跨县区、跨流域调水，对水资源进行人为的空间优化配置，缓和水资源供给和需求之间的矛盾，改善城市和农村地区的水资源短缺的现状。

3. 制定合理的水价政策体系

长期以来，我国水价严重脱离价值轨道，这不仅造成了水资源的浪费，而且使水利资金捉襟见肘，大多数水利设施因经费短缺而带病运行。为此，要根据不同的产业和用途合理确定水价，建立用水和超额累进收费制度，逐步实行分质供水、优质优价，使水价体现国家水利产业政策并得到合理的成本补偿，建立起与社会主义市场经济相适应的水价机制。在此方面，我国已迈出了成功的步伐。例如，我国为解决向香港供水而建设的东深供水系统，就是以水价作为调节杠杆而实行有偿供水的范例。自 1964 年以来，该系统已向香港供水 1000 亿 m^3 以上，占同期香港供水总量的 90%，仅 1993～1996 年就实现利润 48.47 亿元。东深供水系统水利产业化的成功经验可为全国所借鉴。

4. 建立健全水环境监测与管理信息系统

为了及时、完整地取得水环境监测资料，全面系统地评价水环境质量状况，发挥水环境监测的整体功能，大江大河、大湖、大型水库及其重点保护的水环境，应该建设水环境监测站网。监测网为落实或制定生态环境污染与破坏的防治和恢复措施提供及时、系统的科学依据，并为环境监督管理服务。其中心任务有：监视工程施工过程中及运行后对生态环境产生影响的范围和程度，对减免工程对生态环境不利影响所采取措施的效果进行定期监测，对工程可能引起的环境污染、生态与自然资源的破坏事故进行应急监测，对与工程有关的环境纠纷进行仲裁监测，对生态环境进行系统监测并及时编写环境质量报告，提出防治建议等。目前我国已着手建立长江三峡生态环境监测网。

建立健全全国重点江河和水资源自动监测系统，提高水资源监测、管理与决策能力。随着科学技术进步，越来越多的最新科学成果，如激光、红外、超声、质谱、等离子等被引进水质分析领域，正在逐步取代传统的化学分析方法，计算机的普遍使用为全面实现自动化分析开辟了道路，水质分析正朝着自动、连续、计算机控制及高灵敏度方向迅速发展。自动监测技术是未来环境监测工作发展的必然趋势。随着水质监测工作的发展，一些先进国家在一些河、湖建立了水质全自动监测网。它是由自动监测站与监测中心连接，由计算机控制的自动监测系统。该系统将计算机与先进的分析仪器和通信技术相结合，采用微处理机控制分析的全自动化过程，可进行自动测试、传送和数据处理。我国近年来开始采用，例如，官厅、密云、引滦入津等单位或工程均引进了较先进的水质自动监测系统。水利部珠江水利委员会建立了天河水质自动监测站，可自动监测 5 个参数。上海、沈阳、洛阳等地也建立了水质监测站自动化控制系统。

从 20 世纪 80 年代后期至今，水资源综合利用信息管理系统发展迅速。GIS 在水资源开发中的应用从较为简单的防洪 GIS 发展到现在的水资源规划、水环境、水土保持、水利工程规划与管理等各个方面，尤其是在洪涝灾害防治和水资源规划设计方面成效显著，大大节约了经费开支，提高了劳动效率，产生了巨大的社会和经济效益。

5. 健全立法与管理规划

审查现行的有关水资源开发、利用和保护有关的政策、法规、条例以及管理规划，同时革除现行政策法规中不利于水资源综合管理的因素；在国家和流域两级制定全国性的和流域性的水资源开发利用和保护规划，而且这种规划必须与地下水结合考虑，规划要兼顾各个部门的利益；地方一级的水资源综合管理要实施开发许可证和使用定额分配制度，在保证生活供水的基本条件下实现供需平衡和水环境质量的逐步改善。

（三）保护水源，防止污染与节约用水并重

水源保护是指保护给水源不受污染的各种措施，是对江、河等水体上游（或源头）地区周围环境的保护。其目的是保蓄和增加上游清洁用水量，使下游有足够的清水径流下泄，提高下游水体对污染物的推移、稀释、扩散能力。

我国水源保护区等级的划分依据为对取水水源水质影响程度大小，将水源保护区划分为水源一级和二级保护区。结合当地水质、污染物排放情况将位于地下水口上游及周

围直接影响取水水质（保证病原菌、硝酸盐达标）的地区划分为水源一级保护区。将一级水源保护区以外的影响补给水源水质、保证其他地下水水质指标的一定区域划分为二级保护区。

在水资源日益紧张的情况下，要保证国民经济持续稳定增长，防治污染、节约用水是目前缓解水资源供需局面的关键措施。因此，必须加强水生态环境保护，在江河上游建设水源涵养林和水土保持防护林，中下游禁止盲目围垦，保护鱼类及其他水生生物的生存环境，防止水质恶化，划定水环境功能区，制定行政区域跨界水质控制标准，明确辖区水资源实施责任，并对划定的水环境保护区实施总量控制和排污许可证制度；完善水环境质量标准，制定污染物排放时限标准和生产工艺标准。根据“谁污染谁治理”的原则，现有的工矿企业排放废水的污染问题应严格要求，限期治理，不能再走先污染后治理的道路。对新建项目要推行“三同时”制度，把污染问题解决在建厂过程中，更不能完全指望靠收排污费或罚款的办法暂时解决问题。实际上，这种收费或罚款的办法不能从根本上解决生态环境的恶化问题，反而把现在的污染留给后人去治理，这不仅非常不合理，而且拖延的时间越长，治理难度也越大，后代人将要付出更大的代价。特别是发展中的乡镇企业的污染问题，影响面广，后果更为严重，应及早采取有效措施。尤其对污染严重的企业，如电镀、制革、造纸、炼油、水泥、采矿等更应严加管理。对造成严重污染而又没有治理价值的企业，坚决采取关、停、并、转措施，对超标排放污染物的企业责令限期治理，逾期仍不达标的，坚决依法关闭或停业。对国有大中型企业，要一视同仁。

农业生产中要尽量控制农药、化肥的投入量，大力提倡施用有机肥，积极开展生态农业，研究和使用高效、低毒、低残留的农药，并发展以虫治虫、以菌治虫等生物防治病虫害技术，以防止和减轻农药、化肥对水质的污染。

在地下水的保护和污染控制方面，要划分和确定地下水资源保护区，实施地下水人工补给和地表水联合调蓄，对可供开发利用的地下水源地进行补查勘查，实施地下水采补平衡措施，并通过水价格机制抑制对地下水资源的浪费；起草和颁布有关控制地下水污染的法规和技术规范；严格控制工业废水、固体废物和有毒有害物质对地下水的污染。

全面推行节约用水是缓解水资源供求矛盾最现实、最有效的措施，也是必须长期坚持的方针。农业是用水大户，抓好农业节水意义重大。为此，加强农田基本建设，平整土地、改大块灌为小块灌、改漫灌为畦灌等都是最简单有效的节水措施，节水潜力可达10%～15%。也可用喷灌、滴灌、微灌、低压管道灌水和地膜覆盖耕作等新的节水技术，节水潜力更大。北京市顺义区是全国第一个实现喷灌化的地区，粮食喷灌面积超过 4 万 hm^2。喷灌化不仅节水 50%，而且带来了节能 20%、增产 20%的巨大收益，土地利用率提高一倍。对于城市工矿企业，要改革节水工艺，采取循环用水、一水多用和中水回用等措施，提高水的重复利用率，降低单位产值的淡水取用量；引进国外污水再生利用方面较为成功的技术、经验、设备，建设多种类型的污水再生利用工程，减轻对地表水和地下水的污染。同时，要限制耗水大的企业盲目发展，特别在缺水城市应禁止此类项目的建设。

（四）完善水资源调度体系，构建国家水资源配置工程格局

在全面节水的基础上，加快南水北调东、中线一期工程及配套工程建设，适时开展南水北调西线工程前期工作，逐步构建全国水资源宏观配置格局，有效解决北方地区缺水问题。在保护生态环境和充分论证的前提下，适当建设一些区域性水资源调配工程和必要的水库工程，尤其是加强西南地区重点骨干水源工程和小型农村水利设施建设，提高供水保障能力和抗旱蓄水能力。在综合考虑区域水资源条件、河流水系分布、工程布局特点、生态环境影响等基础上，因地制宜研究实施江河湖库水网连通，发挥河湖水系水资源调配功能。加强水资源科学调度，逐步完善水资源调度体系，加强水库优化调度及梯级水库群水资源综合调度，统筹外调水和当地水、地表水和地下水，重视生态调度，合理高效配置水资源。

中国正在拟议之中与已开始施工的跨流域调水工程主要有：松花江北水南调济辽河中下游，额尔齐斯河水南调济玛纳斯，黄河小浪底水库北调济华北平原。而具有全局意义的调水工程，是把长江流域一部分水量从东、中、西三条线路，北调入淮河、大运河、黄河、海河，把长江、淮河、黄河、海河流域联成一个统一的水利系统，以解决西北、华北地区的缺水问题，即南水北调，其方案如下。

1. 南水北调的西线方案

在西南海拔 2000～4000m 的长江上游干支流河谷中建筑高坝，由于穿越众多的山地，沿途需开凿隧道或盘山渠道，从通天河、金沙江引水到柴达木和黄土高原，以解决西北干旱地区缺水问题。西线调水所经地区地形条件复杂，要通过高山峻岭，路线长，工程艰巨，技术复杂，耗资巨大，近期内难以考虑。

2. 南水北调中线工程方案

中线引水主要解决海河平原、京津用水和黄河下游补水。远景设想是从三峡水库引水，近期先从丹江口水利枢纽工程引汉水，平均每年从汉水引水 100 亿 m^3，通过陶盆渠经南阳盆地边缘向东北到方城，过分水岭后大致沿伏牛山山前向北，经宝丰、禹州到郑州西北，采用渡槽工程过黄河，然后沿太行山东麓向北经焦作、安阳、邯郸、邢台、石家庄、保定至北京玉渊潭。渠首高程 150m，北京玉渊潭约 50m，从南向北自流输水，不消耗电力。中线引水总干渠全长 1200km，其中黄河以南 480km，黄河以北新开挖渠道超 700 km，全线采用全封闭式输水，途中穿越 200 多条河道，大多采用立体交叉式，仅留 70 个分水口。沿途尽量避开大城市与工矿区污染源，引到北京的水至少达Ⅱ级标准。

3. 南水北调东线方案

从长江下游引水，大体上沿京杭运河输水到北京。主要解决淮河下游、沂沭河下游、海河流域东部、胶东半岛及天津用水问题。

南水北调东、中线工程先后于 2002 年 12 月 27 日、2003 年 12 月 30 日开工，于 2013 年 11 月 15 日、2014 年 12 月 12 日分别建成正式通水。截至 2021 年 1 月 6 日，工程已累计供水超过 400 多亿 m^3，其中向北京、天津的供水量已达到设计能力，1.2 亿人直接

受益。中线一期工程供水范围由规划包括的 19 个大中城市、111 个县（市）增加至 23 个大中城市、152 个县（市）。

南水北调中、东线工程的实施，将扭转华北地区水资源严重紧张的局面，使供水范围内的工农业生产和人民生活用水得到满足。需要注意的是，南水北调工程也可能带来一些不利的环境变化，例如，长江水量的减少将导致长江口拦门沙的发展，影响长江航运；枯水期调水可能会影响上海市水质的变化；输水通过区及水量输入区由于地表水的下渗量增多，可能会导致局部区域产生土壤盐渍化等。针对可能出现的问题，应尽早采取有效措施加以防治。

（五）加强水资源保护，修复河湖生态环境

全面治理工业污染源，强化城镇、乡村污水收集处理，有效治理农业面源污染，打造良好河流生态环境，确保流入水质达标；合理划定清淤范围，科学有序实施淀内生态清淤，消除内源污染，修复水体底部水生动物栖息生态环境等。加强保护水域生态环境，维护水域生物多样性，提升水资源承载能力。

保护水资源和修复水环境是实现水资源可持续利用的长期性任务。通过划定各流域和区域水资源开发利用上限、采取强化节水措施、控制用水需求过快增长、进一步对现有水源挖潜配套和适度开发新水源、合理调配水资源等措施，满足经济社会可持续发展、生态安全对水资源的总体需求，保证水资源开发利用总体上控制在水资源承载能力之下，为国家生态文明建设提供坚实基础。为维护河湖基本功能，全国河道内基本生态环境需水量为 8674 亿 m^3；通过水源置换等措施压减地下水开采量约 250 亿 m^3，基本实现地下水采补平衡；通过水资源合理调配，增加河道外生态环境建设用水，达到 296 亿 m^3，比现状增加 72%。

（六）加强重点领域和地区水资源安全保障

保障饮水安全方面，“十二五”期间解决农村饮水安全问题；截至 2020 年底，我国提升了 2.7 亿农村人口供水保障水平，其中解决了 1710 万贫困人口饮水安全问题，已形成较为完整的农村供水工程体系。贫困地区农村集中供水率、自来水普及率分别由 2015 年的 82%、76%提升到 88%、83%。保障粮食安全方面，在大力提高农业用水效率的基础上，通过水资源合理配置，2030 年农田灌溉供水量维持在 3500 亿～3800 亿 m^3，改善农业灌溉条件，提高农业灌溉保证率。保障城市供水安全方面，大力加强城市节水，合理调配区域水资源，加强城市供水水源和备用水源建设，提高城市供水应急能力。保障重点区域供水安全方面，通过采取全面强化节水，着力提高水源调蓄能力，实施必要的跨流域调水，加大污水处理回用、海水利用力度等多种措施，保障长三角、珠三角、环渤海等国家重点经济区和能源基地供水安全。采取各种手段，解决农村饮水安全。

三、加快国家水网建设，提供有力的水安全保障

水是生存之本、文明之源。高度重视水资源的保护利用，才能为中华民族永续发展

提供安全保障。2023 年 5 月 25 日，中共中央、国务院印发《国家水网建设规划纲要》。这是当前和今后一个时期国家水网建设的重要指导性文件，是完善国家水网主骨架和大动脉的宏伟蓝图。

我国基本水情一直是夏汛冬枯、北缺南丰，水资源时空分布极不均衡，与国土空间开发保护、人口经济发展布局不匹配的问题突出。国家水网是以自然河湖为基础、引调排水工程为通道、调蓄工程为结点、智慧调控为手段，集水资源优化配置、流域防洪减灾、水生态系统保护等功能于一体的综合体系。加快构建国家水网，建设现代化高质量水利基础设施网络，统筹解决水资源、水生态、水环境、水灾害问题，是以习近平同志为核心的党中央作出的重大战略部署。

习近平总书记强调，要加快构建国家水网，“十四五”时期以全面提升水安全保障能力为目标，以优化水资源配置体系、完善流域防洪减灾体系为重点。《国家水网建设规划纲要》提出完善水资源配置和供水保障体系、流域防洪减灾体系、河湖生态系统保护治理体系，要求进一步提升水旱灾害防御能力、水资源节约集约利用能力、水资源优化配置能力、大江大河大湖生态保护治理能力。

我国已基本建成防洪减灾、城乡供水、农田灌溉等水利工程体系，水利基础设施网络基本形成，三峡工程、南水北调工程等国之重器发挥巨大效益。我国已建成各类水库 9.8 万多座，总库容超 9000 亿 m^3，水资源调控能力约 30%；5 级及以上堤防约 32 万 km，保护了全国大部分人口和经济区；建成大中型灌区 7330 多处，农田有效灌溉面积 10.37 亿亩。各类水利工程逐步由点向网、由分散向系统发展，成为国家水网的重要组成部分。

《国家水网建设规划纲要》提出，要立足流域整体和水资源空间均衡，结合江河湖泊水系特点和水利基础设施布局，加快构建国家水网主骨架，畅通国家水网大动脉，建设骨干输排水通道，加强国家骨干网、省市县水网之间的衔接，推进互联互通、联调联供、协同防控，逐步形成国家水网“一张网”，促进水资源与人口经济布局相均衡，支撑经济社会高质量发展。

要完善水资源配置和供水保障体系，聚焦国家发展战略和现代化建设目标，坚持节水优先、量水而行、开源节流并重，完善水资源配置格局，实现水资源互济联调，全面增强水资源总体调配能力。实施重大引调水工程建设，推进南水北调后续工程高质量发展。完善区域水资源配置体系，开展水源工程间、不同水资源配置工程间水系连通，新建一批节水型、生态型灌区，实施大中型灌区续建配套和现代化改造。推进水源调蓄工程建设，充分挖掘现有水源调蓄工程供水潜力，加快推进已列入规划的骨干水源工程建设，提升水资源调蓄能力。

到 2025 年，建设一批国家水网骨干工程，国家骨干网建设加快推进，省市县水网有序实施，着力补齐水资源配置、城乡供水、防洪排涝、水生态保护、水网智能化等短板和薄弱环节，水旱灾害防御能力、水资源节约集约利用能力、水资源优化配置能力、大江大河大湖生态保护治理能力进一步提高，水网工程智能化水平得到提升，国家水安全保障能力明显增强。

到 2035 年，基本形成国家水网总体格局，国家水网主骨架和大动脉逐步建成，省市县水网基本完善，构建与基本实现社会主义现代化相适应的国家水安全保障体系。水资源节约集约高效利用水平全面提高，城乡供水安全保障水平和抗旱应急能力明显提升；江河湖泊流域防洪减灾体系基本完善，防洪安全保障水平显著提高，洪涝风险防控和应对能力明显增强；水生态空间有效保护，水土流失有效治理，河湖生态水量有效保障，美丽健康水生态系统基本形成；国家水网工程良性运行，管护机制健全，数字化、网络化、智能化调度运用基本实现。

复习思考题

1. 简述中国水资源的特征。
2. 简要分析中国水资源开发利用中的问题。
3. 论述中国水资源可持续开发利用的对策。

参 考 文 献

边志明，张蕾. 2011. 中国水资源存在的主要问题及合理开发利用新理念. 环境科学与管理, 36(10): 147-153.
车武，李俊奇，张雅君. 2001. 中国的水资源危机及其对策. 北京建筑工程学院学报, 17(3): 4-7.
陈太政，侯景伟，陈准. 2013. 中国水资源优化配置定量研究进展. 资源科学, 35(1): 132-139.
方子云，汪达. 2001. 国际水资源保护和管理的最近动态——水与可持续发展. 水资源保护, (1): 1-6.
高俊才. 2012. 水利基础设施建设和改革发展 10 年成就辉煌 建设全面提速 能力显著提升. 中国水利, (19): 1-2.
贾绍凤，张杰. 2011. 变革中的中国水资源管理. 中国人口·资源与环境, (10): 102-106.
李国英. 2012. 中国水利发展中的防洪与灌溉问题. 水利发展研究, 12(10): 11-14.
李鹏，李洪波，代燕. 2012. 中国水利风景区发展的思考. 水利经济, 30(1): 63-67.
李如成. 2006. 我国水力资源分布及开发利用情况. 贵州水力发电, 20(2): 1-3.
李雪松，夏怡冰，张立. 2012. 中国水资源制度创新目标模式. 水利经济, 30(2): 1-5.
刘昌明，陈志恺. 2001. 中国水资源现状评价和供需发展趋势分析. 北京：中国水利水电出版社.
刘永懋，宿华，刘巍. 2001. 中国水资源的现状与未来——21 世纪水资源管理战略. 水资源保护, 17(4): 13-15.
普书贞，吴文良，陈淑峰，等. 2011. 中国流域水资源生态补偿的法律问题与对策，中国人口·资源与环境, (2): 66-72.
汤奇成，熊怡. 1998. 中国河流水文. 北京：科学出版社.
汪党献，汪院生，回晓莹，等. 2013. 中国水利现代化发展方向及实现途径. 水利发展研究, (3): 19-24.
王广深. 2012. 中国农村水利投融资机制的历史回顾与前瞻. 社会科学, (1): 47-57.
王浩. 2010. 中国水资源问题与可持续发展战略研究. 北京：中国电力出版社.
王浩. 2011. 中国未来水资源情势与管理需求. 世界环境, (2): 16-17.
王浩，王建华. 2012. 中国水资源与可持续发展. 中国科学院院刊, 27(3): 352-357.
王亚华，黄译萱. 2012. 中国水利现代化进程的评价和展望. 中国人口·资源与环境, 22(6): 120-127.
吴伟，吴斌. 2012. 中国水资源经济安全初探. 水利经济, 30(6): 55-57.
徐海江. 2002. 由国内外比较看浙江省水资源利用现状. 浙江水利科技, 30(3): 64.

许新宜，杨丽英，王红瑞，等. 2011. 中国流域水资源分配制度存在的问题与改进建议. 资源科学, 33(3): 392-398.
袁志彬. 2012. 中国水资源实现绿色发展的主要领域和政策选择. 水利发展研究, (7):38-41.
赵济，陈传康. 1999. 中国地理. 北京：高等教育出版社.
郑一. 2010. 中国水资源报告. 上海经济, (6): 36-38.
中国水力发电工程学会. 2013. 中国水力发电的新进展. 中国三峡, (5): 49-50.

第十一章　中国矿产资源的可持续开发与利用

内容概要：本章重点介绍了中国矿产资源的特点、分析了中国矿产资源开发现状与存在的主要问题，并探讨了我国矿产资源可持续开发与利用对策。

关键术语：矿产资源；开发现状；资源危机；资源安全；利用对策

思维导图：

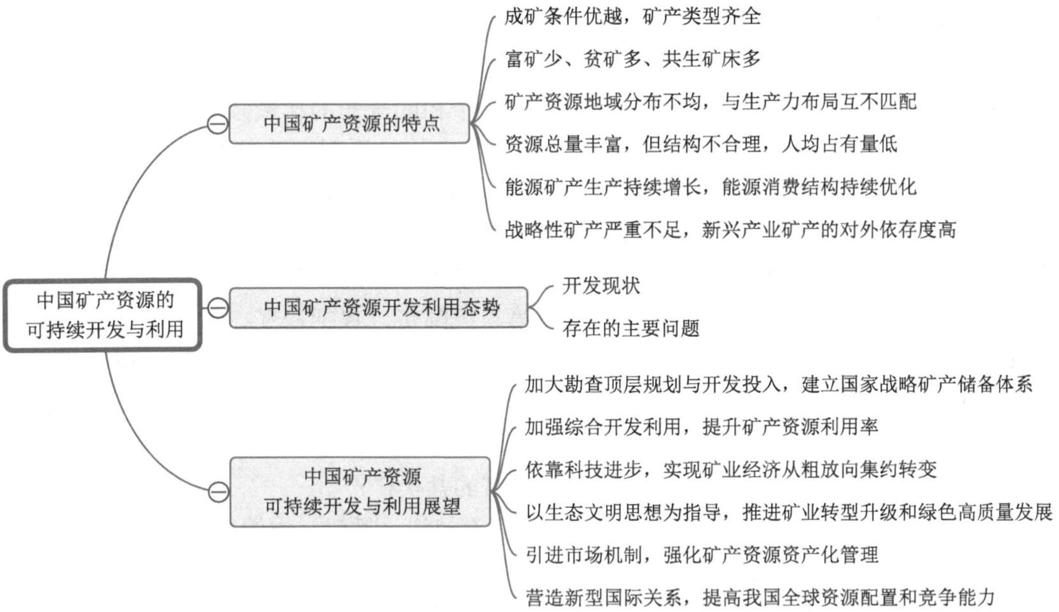

学习目标：

1. 通过学习，掌握中国矿产资源的主要特点。
2. 了解中国矿产资源开发利用现状及存在的主要问题。
3. 掌握我国矿产资源可持续开发利用的策略。

第一节　中国矿产资源的特点

一、成矿条件优越，矿产类型齐全

中国地域广阔，地质构造复杂，构造运动活跃，岩浆活动频繁，地层发育齐全，具有极为优越的成矿地质条件，形成了复杂多样的矿产类型。

（一）成矿构造与矿产

中国处于太平洋板块、亚欧板块和印度洋板块的交会地带，受板块活动影响，地壳活动性大，形成了规模宏大的构造成矿带。从总体上看，我国包括 3 个全球性的构造域，即古亚洲构造域、滨太平洋构造域和特提斯—喜马拉雅构造域；在横向上，我国境内发育有 3 条具有全球意义的纬向构造成矿带，即阴山—天山构造成矿带、秦岭—昆仑构造成矿带和南岭构造成矿带。①阴山—天山构造成矿带，大致位于 40°30′N～42°30′N，以产铁、铬、镍等矿产为特征，其次为钒、钛、铜、铅、锌矿等；②秦岭—昆仑构造成矿带，大致位于 32°30′N～34°30′N，主要矿产有铬、镍、铜、铝、铁以及铅锌矿等；③南岭构造成矿带，大致位于 24°30′N～25°30′N，有钨、锡、有色金属、稀有-稀土金属等矿产。上述 3 个构造带，为我国内生矿床的形成提供了场所。而相邻两条构造带之间大致呈间距为纬度 8°的等距离空间，是我国外生矿床发育的场所。

在纵向上，我国东部地区存在北北东向的 3 个相间分布的构造隆起带和沉降带，自东向西依次为：第一隆起带，指包括我国台湾岛在内的一系列东亚岛弧，主要矿产有铜、金、铅、锌、硫等，如台湾岛金瓜石铜和金矿；第一沉降带，包括黄海、东海、南海及我国广大陆棚区，油气储量非常可观；第二隆起带，包括张广才岭、老爷岭、长白山脉、辽东半岛、胶东半岛、武夷山脉和戴云山脉。该带矿产极为丰富，主要有钨、锡、稀有金属、铜、铁、金刚石、滑石、菱镁矿等；第二沉降带，包括松辽、华北、江汉三大平原和渤海及北部湾，具有丰富的石油、天然气以及盐类矿产；第三隆起带，包括大兴安岭、太行山、湘黔边境山脉，矿产有燕山、太行山的铁、铜、钼、多金属矿及石棉矿，湘西、黔东汞矿、锑矿及钨、金矿等；第三沉降带，包括鄂尔多斯盆地和四川盆地，有丰富的石油及天然气资源，四川盆地中还有丰富的盐类矿产。

此外，我国西部由河西系控制的成矿带中，有铬矿、铁矿、铜镍矿及青海盐湖矿等；在青海东南部、藏东、川西及云南大部分地区由“歹”字形构造控制的成矿带中，有铬铁矿、铜矿、铅锌矿、稀有金属矿、铁矿、钾盐矿等。

（二）成矿地质时期与主要矿产

中国特殊的地质环境、悠久漫长的成矿期，为多种矿产的形成提供了时间保证。中国的矿产资源主要形成于以下阶段。

1. 前寒武纪成矿期

主要包括早太古代、晚太古代—早元古代及晚元古代 3 个成矿期。其中早太古代成矿期（38 亿～25 亿年前），主要包括由超基性、基性岩侵入体、火山沉积作用、花岗岩化作用及混合岩化作用形成的矿产，主要有铁、金、铜、磷、滑石、菱镁矿、石墨、云母等；晚太古代—早元古代成矿期（25 亿～18 亿年前），主要有火山作用、花岗岩化生物化学沉积作用形成的矿产，如铁、镍、铬、钛、铂、铜、铅、锌、金刚石、稀土、菱镁矿、云母、滑石等；晚元古代成矿期（18 亿～6 亿年前），主要形成铁、铜、磷、石墨、石棉等。

2. 后寒武纪成矿期

主要包括加里东、海西、印支、燕山和喜马拉雅山 5 个成矿期。其中加里东成矿期的矿产主要产于浅海和大陆边缘海底部，以铁、锰、磷、铀等为主。海西成矿期在我国东部主要以沉积矿产为主，西部以铬、镍、铜、铅、锌、钨、锡及稀有金属等内生矿产为主。我国北方的大型煤田主要是本成矿期形成的；印支成矿期大部分为外生矿产，主要有铜、石膏、盐类、石油、油页岩等；燕山成矿期矿产类型较多，主要有钨、锡、钼、铂、铋、铁、铜、铅、锌、汞、锑、金、银、稀有金属、萤石、明矾石、铬、镍、铀、煤、油页岩和盐类矿产；喜马拉雅山成矿期主要为沉积和风化淋滤型矿产，主要有铜、镍、铝土矿、高岭土、盐类等矿产。

二、富矿少、贫矿多、共生矿床多

中国矿产资源富矿少、贫矿多，大部分矿产品位低，可直接用于冶炼和化工利用的少；且单一矿种矿少，共生伴生矿多，有 80 多种矿产是以共生、伴生的形式赋存于主矿产中。例如，钒、钛、稀土、钼等大部分矿产伴生在其他矿产中，1/3 的铁矿和 1/4 的铜矿是多组分矿等（张照志等，2022）。煤矿、钨矿、锑矿和部分优质冶金辅助原料在我国是规模大、品位高的矿产，但其余大部分矿产品位较低，多为贫矿。例如，我国的铁矿探明总储量居世界第 4 位，但品位大于 50%的富矿仅占 2.3%，而平均品位 33%上下的中低品位矿却占 95%以上；我国铜矿的探明储量全球排名第 8，但品位大于 1%的富矿仅占 35%，平均品位仅为 0.87%；论储量，我国铝土矿也很丰富，但矿床类型以一水硬铝石为主，二氧化硅含量大，品位低，富矿仅占 27%；其他一些矿产也都有类似特点，例如，磷矿的平均品位仅为 16.95%，锰矿的平均品位仅为 22%，都大大地低于世界平均品位。我国的共生矿床较多，对于选矿非常不利。例如，我国具有与其他矿物组分共生、伴生的铁矿，占全国铁矿储量的 41%；而有色金属矿床几乎 90%以上都属于具有多种组分的矿床，例如，甘肃金川镍铜矿，伴生的组分有金、银、铂、铱、锗、硒、碘、铝等 20 余种；云南个旧的锡矿有锡、铜、铅、锌等多种金属矿伴生；湖南柿竹园的钨矿则是一个由钨、锡、铋、钼等组成的综合矿床。此外，一些非金属矿藏，包括煤、石油、磷等均有多组分的特点。例如，磷矿常伴有稀土、铀、铁、钒、钛、硫等元素（中华人民共和国自然资源部，2022a）。

三、矿产资源地域分布不均，与生产力布局互不匹配

中国矿产资源分布不均。矿产产品加工和消费区域集中在东南沿海地区，矿产资源主要集中在中西部地区（Zhang and Wang，2019）。我国的许多重要矿藏虽然分布地区很广，但这些矿藏大部分储量却相对集中于少数省份。例如，全国各个省份都有煤炭资源分布，但其 68%的探明储量集中于山西、陕西和内蒙古 3 省，而南方缺少煤炭的省份多达 10 个；石油主要分布于东部和西北地区。金属和非金属矿产的分布也具有明显的地域特点。全国 27 个省份有铁矿分布，但其保有储量的 60%集中分布在辽宁、河北、山西和

四川 4 省，主要集中在鞍（山）-本（溪）、冀东、攀西、五台-岚县四大片；铝土矿 83%的储量集中分布于山西、河南、贵州、广西 4 省（区）；磷矿的 80%以上分布在云南、贵州、湖北、四川、湖南 5 省；钨矿的 65%集中在江西、湖南 2 省；锑矿储量的 64%集中分布于湖南和广西 2 省（区）；而内蒙古包头市拥有全国 83.7%、全球 37.8%的稀土储量，贵州汞的累计探明储量占全国的 60%以上，青海柴达木盆地的钾盐占全国的 96.8%，辽宁菱镁矿的储量占全国的 86.1%。

从我国矿产资源分布态势可以看出，经济欠发达的中西部地区其矿产品具有一定的资源优势或是潜在优势，但经济力量不足；而东部经济发达地区尽管其产值对全国国内生产总值的贡献率达到 60%以上，但一些矿产加工业远离原材料、能源资源和市场，地区发展受到资源的限制。矿产资源的空间分布与国民经济生产力布局互不匹配，极大增加了交通运输成本，资源利用的用途范围与经济性也出现下降（范振林和马正己，2022）。

四、资源总量丰富，但结构不合理，人均占有量低

中国幅员辽阔，成矿地质条件优越，矿产资源种类齐全，总量丰富，为世界五大矿产国之一。截至 2021 年底，中国已发现 173 种矿产，其中，能源矿产 13 种，金属矿产 59 种，非金属矿产 95 种，水气矿产 6 种。探明储量的矿种从十几种增至 162 种，矿产资源储量大幅增长，是世界上少数几个矿种齐全、矿产资源总量丰富的大国之一（中国矿产资源报告，2022）。中国探明储量居世界首位的矿种有钒、钛、钨、锡、钼、锑、稀土、锶等。中国储量占全球比例超过 30%的矿产有铋、钨、钼、钒、稀土和钛等 6 种。钨、钼、钒、稀土、钛、锑、石墨、锡和铅等 9 种矿产人均储量高于世界平均水平。

2021 年，全球 45 种主要矿产中，中国有 36 种矿产消费量位居全球第一，其中有 20 种矿产消费量超过全球消费量的 50%。消费量占比超过全球 40%的金属矿种有铁、铜、铝、铅、锌、锑、钨、锰、锡、钼、锂、钴、钒、铬、镍等十多种。据全球矿产资源战略研究中心预测，除铁矿石、锰、锌外，大部分矿产品的消费峰值约在 2020～2025 年，或持续增长（李平，2018）。

中国矿产资源总量居世界第三位，但人均仅占世界人均水平的 58%，排名第 53 位（Zhang and Wang，2019）。

五、能源矿产生产持续增长，能源消费结构持续优化

中国能源矿产品种齐全，总量可观。目前已发现大量的煤炭、石油、天然气、油页岩和铀、钍等能源矿产及丰富的水能资源。截至 2021 年底，中国石油、天然气剩余探明技术可采储量分别已达 36.89 亿 t、63392.67 亿 m^3，油气地质勘查在鄂尔多斯、准噶尔、塔里木、四川和渤海湾等多个盆地新层系、新类型、新区勘探取得突破。而且，2021 年，中国非油气矿产地质勘查投资自 2013 年以来首次增长。非油气矿产地质勘查取得重大进展，2021 年全国新发现矿产地 95 处，其中，大型 38 处，中型 34 处。

中国能源矿产生产持续增速，有力保障国民经济的平稳运行。2021 年一次能源生产总量为 43.3 亿 t 标准煤，比上年增长 6.2%。能源生产结构中煤炭占 67%，石油占 6.6%，

天然气占 6.1%，水电、核电、风电、光电等非化石能源占 20.3%。能源消费总量为 52.4 亿 t 标准煤，增长 5.2%，能源自给率为 82.6%（中国矿产资源报告，2022）。

能源消费总量快速增长，能源矿产消费占比持续下降，能源消费结构显著改善。2021 年煤炭消费占一次能源消费总量的比重为 56%，石油占 18.5%，天然气占 8.9%，水电、核电、风电等非化石能源占 16.6%。与十年前相比，煤炭消费占能源消费比重下降了 14.2 个百分点，水电、核电、风电等非化石能源比重提高了 8.2%。2021 年煤炭产量为 41.3 亿 t，比上年增长 5.7%，消费量 42.3 亿 t，增长 4.6%。石油产量 1.99 亿 t，增长 2.1%，消费量 7.2 亿 t，增长 4.1%。天然气产量 2075.8 亿 m^3，增长 7.8%，消费量 3690 亿 m^3，增长 12.5%。核电、风电、水电等非化石能源消费占比上升较快，不断压低能源矿产消费所占比例，我国能源消费结构向清洁低碳转变不断加快（中华人民共和国自然资源部，2022a）。

六、战略性矿产严重不足，新兴产业矿产对外依存度高

我国矿产资源质量存在很大的差异性，大宗矿产、战略性矿产严重不足，多数大宗矿产储采比相对较低，油气、铁、铜、铬等大宗矿产及锆、锂等战略性新兴产业矿产的对外依存度高（张照志等，2022）。2022 年，原油进口量 5.1 亿 t，同比减少 0.9%；石油对外依存度 70.2%，比 2021 年下降 0.5 个百分点。受国际天然气价格高的影响，天然气进口量大幅减少，为 1507.6 亿 m^3，同比减少 9.9%；天然气对外依存度 40.9%，比 2021 年下降 3.8%。2022 年，铁矿石进口量 11.1 亿 t，同比减少 1.5%；铁矿石对外依存度 74.1%。2022 年，铜精矿进口量 2527 万 t，同比增长 8.0%。大宗矿产进口成本持续增长。随着大部分矿产品价格的上涨，我国大宗矿产的进口成本也不断增加。2022 年，在大部分矿产品进口量减少的情况下，进口额反而增加。2022 年，我国石油、天然气、煤炭、铁和铜矿的进口额合计为 4.5 万亿元，同比增长 16.0%。而 2021 年，以上五大类矿产品进口额合计为 3.9 万亿元，同比增长 43.4%（郭娟等，2023）。

第二节　中国矿产资源开发利用态势

一、开发现状

（一）我国矿产资源开发利用概况

我国具有开发利用矿产资源的悠久历史。早在旧石器时代，中华民族的祖先就开始利用燧石、玉髓、石英及其他一些坚硬矿物和岩石制作石斧、石刀、石片等多种石器；到中石器时代便开始利用黏土矿烧制陶器；进入新石器时代后，不仅能制作一般的陶器，还会烧制彩陶，并能利用玉石制作玉器。人们对矿产资源的认识不断加深，开发利用矿产资源的技能不断提高，应用面不断扩展，并由此而产生了质的飞跃，由石器时代过渡为青铜器时代。

公元前 21 世纪，我国历史上出现了第一个奴隶制国家夏朝，此时已开始使用铜器；到了商朝，不仅制陶业、玉雕业有了相当的发展，而且出现了青铜器制造业。人们懂得

将铜、锡、铅熔铸在一起，形成比铜要坚硬得多的青铜，并利用青铜制造工具和武器。由于青铜器工具坚硬，武器锋锐，大大超过了石器，从而极大地提高了生产力。人类进入了青铜器时代。

到春秋时期，我们的祖先又学会了开采和冶炼铁矿的技术。由于铁器更加坚硬、锋利，不仅胜过石器也胜过青铜器，因而在农业、手工业和战争中获得较为广泛的应用。到战国时期，铁制品使用更为广泛，社会开始向铁器时代迈进。

从西汉时期开始，铁器已普遍使用于生产，并开始利用煤作燃料炼铁，钢铁质量达到很高的水平。这时，在全国范围内，金、银、铜、铁、锡、铅、锌、汞等 8 种金属矿产，以及煤、石油、天然气等能源矿产和盐、石棉、黏土、宝石和玉石等多种非金属矿产均获得不同程度的开发利用。我国古代矿业在隋唐时代进入了繁荣时期，在全国许多地区采矿业都获得发展。在此之后，直至新中国成立之前，矿业活动虽在继续，但发展非常缓慢。到 1949 年，全国年产煤仅 3243 万 t，石油 12 万 t，钢铁 15.8 万 t，有色金属 1.3 万 t，水泥产量仅 66 万 t，硫酸产量仅 4 万 t，磷矿石 1951 年仅产 2 万 t，其他非金属矿产量也很有限。

（二）我国矿产资源开发利用现状

1949 年以来，我国矿业获得全面、高速发展，同时也有力地促进了能源、原材料工业的发展，使我国进入了矿业大国和能源、原材料生产大国的行列。

（1）全国地质勘查投资近年来连年增加，取得多项重要突破和进展。2022 年，预计全国地质勘查投资约 1100 亿元，同比增长一成以上。其中，油气矿产地质勘查投资同比增长约 10%，非油气矿产增长约 20%。2021 年，全国地质勘查投资 972.87 亿元，较上年增长 11.6%。截至 2021 年底，中国石油、天然气剩余探明技术可采储量分别已达 36.89 亿 t、63392.67 亿 m^3，油气地质勘查在鄂尔多斯、准噶尔、塔里木、四川和渤海湾等多个盆地新层系、新类型、新区勘探取得多项重大突破；煤层气、页岩气剩余探明技术可采储量分别为 5440.62 亿 m^3、3659.68 亿 m^3（中华人民共和国自然资源部，2022a）。

（2）主要矿产品产量继续保持增长，但矿产品供应总量仍然滞后于发展需求，影响矿产品供应安全。2022 年，煤炭生产增速加快，全年产量 45.0 亿 t，增产 4.2 亿 t，同比增长 9%，创历史新高。原油产量 2.05 亿 t，同比增长 2.9%，重回 2 亿 t 以上，连续 4 年保持增长；天然气产量超过 2178 亿 m^3，同比增长 6.4%，连续 6 年增产超 100 亿 m^3。大企业特别是中央企业发挥了积极带头作用，完成了我国 25%以上的煤炭供应、90%以上的油气供应和 60%以上的电力供应（郭娟等，2023）。1949 年全国的原油产量只有 12 万 t，2021 年原油产量达到 19888.1 万 t，天然气产量达到 2075.8 亿 m^3，能源增产保供能力显著增强。

经济的快速发展使得矿产品需求量不断增加，一些对国民经济发展起重要作用的战略性和新能源矿产，如石油、铁、铜、铝、钾盐、铬、锰、镍和锂等，供应缺口日益增大，进口数量不断增多，国内矿产资源保障能力呈持续减弱趋势（范振林和马正己，2022）。粗钢、水泥等与基础设施建设相关的矿产品产量出现减少。2022 年，铁矿石产量 9.7 亿 t，同比减少 1%；粗钢产量 10.1 亿 t，同比减少 2.1%；水泥产量 21.2 亿 t，同比减少 10.8%；平板玻璃 10.1 亿重量箱，同比减少 3.7%。

中国是全球矿产资源消费第一大国。2021 年，中国有 36 种矿产消费量位居全球第 1，2 种矿产消费量位居全球第 2，6 种矿产消费量位居全球第 3～第 5 位。中国 45 种主要矿产中，28 种消费量同比增长，15 种下降，1 种基本不变。从数量上讲，我国部分战略性矿产资源（如石油、天然气和铜矿等），自给严重不足，需要进口，石油、天然气对外依存度分别超过 70%、40%；从质量上讲，受制于我国矿产资源的禀赋特点与生产工艺、技术水平，一些初级矿产品（如铜、铁矿石等）的品质不能满足后续加工利用的要求；从品种上讲，我国的一些矿产资源潜力较小，且长期供给不足，必须依靠进口，例如，铝土矿对外依存度超过 50%，铁矿、铜矿、锰矿、镍矿均超过 80%，铬矿接近 100%（范振林和马正己，2022）。我国矿产资源需求持续维持高位态势，重要战略性矿种消耗速度超过其探明储量增速，一些优势矿产（如钨、金等）生产总量略显过剩，但资源储量增长不明显，与资源消费趋势或消费量不协调，导致供需结构失衡，储采比持续降低。

（3）能源生产结构向清洁低碳转型速度加快，能源消费结构显著改善。我国风电、太阳能发电等新能源发展速度快速增长，2022 年新增风电、太阳能发电装机能力 1.2 亿 kW·h 左右。2022 年，全国发电量约 8.4 万亿 kW·h，同比增长 2.2%。其中，风力和太阳能发电量分别为 6867.2 亿 kW·h 和 2290.0 亿 kW·h，同比分别增长 12.3%和 14.3%，合计占全国发电量的 10.9%，同比提高 1.7 个百分点，保持较快增长。

2012～2021 年，全国煤炭消费占一次能源消费的比重稳步下降，从 2012 年的 68.5%下降到 2021 年的 56%，年均下降 1.4%，是历史上下降速度最快的时期。天然气、水电、核电、风电、太阳能等清洁能源比重提高，从 14.5%上升到 25.5%，占能源消费增量的 60%以上。2022 年煤炭消费占一次能源比重同比提高 0.2%，清洁能源占比提高 0.4%。

（4）开展历史遗留矿山生态修复，高质量推进绿色矿山建设。2021 年，在《全国重要生态系统保护和修复重大工程总体规划（2021—2035 年）》6 个专项规划中布局矿山生态修复重点工程；组织编制《“十四五”历史遗留矿山生态修复行动计划》；开展全国历史遗留矿山核查；联合相关部门指导沿黄河 9 省（区）开展黄河流域历史遗留矿山生态破坏与污染状况调查评价；指导相关省份科学组织实施青藏高原、黄河流域重点区域历史遗留矿山生态修复（中国矿产资源报告，2022）。2022 年，部署实施“十四五”第一批共 11 个历史遗留废弃矿山生态修复示范工程，中央财政分两批下达支持资金 31 亿元，预期治理面积 1.5 万 hm^2（中华人民共和国自然资源部，2022b）。

全面开展绿色矿山“回头看”工作，各地认真对照标准要求，对所有绿色矿山逐一实地核查，指导督促矿山企业对存在问题制定整改措施，立行立改或限期整改；对不符合标准要求且未完成整改的绿色矿山，坚决从绿色矿山名录中移出，做到整改一批、提升一批、移出一批，全面巩固提升绿色矿山建设成果，高质量持续推进绿色矿山建设。

（5）矿产资源节约与综合利用水平稳中有升。全国大中型矿山数量占比突破 20%，矿业产业集中度稳步提升。矿产资源开发（非油气）全员劳动生产率由 1310t/(人·a)大幅提升至 2120t/(人·a)。矿山企业在原矿采选难度持续增加、采出品位总体下降的情况下，主要采选指标总体保持基本稳定或有所增长。例如，地采铁矿平均回采率为 86.7%，平均选矿回收率达到 76.5%（中华人民共和国自然资源部，2022b）。

（6）加强矿产资源领域国际合作，创新交流合作方式。近年来我国全面推动地质矿产领域双边与多边合作，通过中国国际矿业大会、中国-东盟矿业合作论坛等国际交流平台，推进地质矿产领域务实合作，进一步夯实友好合作关系。积极推动与哈萨克斯坦、沙特阿拉伯、俄罗斯、摩洛哥、利比里亚、卢旺达、土耳其等国在地质矿产领域的务实合作，进一步促进在地学研究、地质调查、矿产资源开发管理、矿产勘查技术方法、矿业投资等方面的合作交流。例如，成功召开中哈合作委员会地矿分委会第十次会议、中沙“沙特阿拉伯岩心库翻修和数字岩心馆建设”项目的合作以及中俄联合开展的“地球CT”国际大科学计划等。同时，通过中国国际矿业大会、中国-东盟矿业合作论坛暨推介展示会和欧亚经济论坛“一带一路”国际地学合作与矿业投资论坛等交流平台，推进地质矿产领域务实合作，进一步夯实友好合作关系（中华人民共和国自然资源部，2022b）。

二、存在的主要问题

受认知水平、历史阶段和科技水平主客观条件的限制，我国矿业传统的粗放型开发模式仍然存在，主要依靠增加资金、人力、物力等生产要素的投入量和扩大规模来提高产量或产值推动矿业经济增长，开发强度大，矿业集中度不高，资源综合利用率较低，浪费资源现象也普遍存在，对生态环境造成了一定程度的扰动。资源开发利用所产生的自然生态环境问题超出了资源问题本身，资源的结构性矛盾比较突出，矿业企业经济效益低下，国际竞争力低，部分矿产对外依存度过高。与此同时，我国经济社会转向高质量发展阶段，资源环境约束趋紧的总体态势没有改变，资源供需矛盾在较长时期内难以逆转，这必然要求矿业提供更多的矿物原料，而生态文明建设和自然生态环境保护也对矿业提出了新的要求，矿产品贸易争端、资源民族主义与贸易保护主义和国际矿业秩序格局的新旧交替，使我国矿业面临严峻的形势和挑战（范振林和马正己，2022）。

（一）开发利用粗放，资源利用率低

虽然国家在资源节约和矿山环境保护方面做了很大的努力，取得了显著的进展。但是，由于小矿山特别是个别矿山的人员素质、技术水平和机械设备等因素，开发利用粗放，资源回收率普遍较低。富矿开采破坏甚至破坏贫矿，主矿开采时浪费或破坏伴生矿，多种金属开采时只使用单一元素。伴生矿石综合利用率不足20%，比国外40%～50%的平均水平低20～30个百分点（Zhang and Wang, 2019）。同时，矿山生产中存在资源损失和浪费现象，资源利用效率低，例如，2017年我国资源产出率为7782元/t，欧盟、日本、瑞士分别是我国的2.2倍、3.6倍、5.5倍（张德元，2021）；资源回收利用水平较低，我国废钢利用率仅为10%左右，而世界平均利用率为35%左右，美国的利用率高达70%；共伴生资源综合利用程度差距较大。我国各类型矿山共伴生组分综合利用率为20%～80%；矿产固体废弃物排放量大，利用程度较低。我国年废石、尾矿排放量约12亿t，约占原矿产出总量的20%，特别是铁矿、铜矿、钼矿、金矿和铅矿等尾矿排放量大，占尾矿排放总量的79.3%。年利用废石3.5亿t，每年有超过70%的尾矿未得到利用。

（二）矿产资源供需前景不容乐观

当前我国正处于工业化快速增长阶段，矿产资源消耗量巨大，尤其是对重要矿产资源的消费和生产，现在及今后相当长一段时间内都将保持在较高水平，其中一些矿产资源需求量将在10年内达到峰值。中国作为全球能源和重要矿产资源第一消费大国、生产大国和贸易大国的地位和态势将难以改变，矿业将长期是我国重要的支柱产业，但矿产资源可利用量已不足以支撑我们对成倍经济发展的需求。对矿产资源巨大的需求和开发量致使我国自产矿产资源供不应求，资源严重短缺，矿产资源进口量连年大幅增长，国内矿产资源安全形势十分严峻。近年来，随着全球对发展和需求的快速增长，矿产资源价格持续上涨。2021年以来，关键矿产资源尤其是锂、钴、镍、铜和铝等矿产资源的价格涨幅创造了10年来新高，其中锂的价格翻了一番，2022年初更是在此基础上又上涨了两倍多。进口矿产资源和矿产品价格逐年急速攀升，给我国经济造成了不小的压力。

按照经济发展规律，在工业化进程中，国内生产总值与资源消耗成正比，工业化后期，资源消耗会变得缓慢甚至下降。已完成工业化的国家对矿产资源的需求虽然已经减少，但是这些目前不足世界人口15%的发达国家仍然消耗着全球一半以上的矿产资源，所以即使是我国进入后工业化时期，矿产资源供应问题仍不乐观。同时，已完成工业化的发达国家近年将战略重点聚焦于新兴产业，开始推行“再工业化”，矿产资源争夺的重点也随之从大宗矿产转向战略性矿产资源，关键矿产资源和战略性矿产资源的必要性更加突显。发达国家纷纷通过法案和战略性矿产资源储备规划，加强对关键和战略性矿产资源的储备与安全保障。面对这一全球战略性矿产资源竞争加剧局面，影响我国国民经济社会发展的大宗紧缺矿产资源和战略矿产资源在相当长一段时间内仍将严重短缺，对外依存度居高不下，我国矿产资源供需形势将进一步失衡，对国家经济发展和国防安全都将构成威胁。

（三）矿产资源综合利用产业链的核心技术短缺

我国矿产资源领域的领先性、原创性成果不够突出。近年来，随着创新驱动发展战略的深入实施，我国能源行业和矿业行业在国际上先后实现了并跑和领跑。2020年，《财富》杂志评出的世界500强企业中，有26家中国能源公司和矿业公司上榜，数量仅次于美国。但在全球产业从资源驱动向创新驱动变革的过程中，我国所掌握的如“手撕钢”“可燃冰开采”等具有完全知识产权的前沿引领性技术还不够充足，资源相关基础理论研究不够领先。自2010年起，中低成熟度页岩油就被认为是我国陆上原油增储上产的战略接替资源，但由于页岩油的“甜点层”富集机理、“甜点区”评价优选方法等关键理论技术未实现突破（胡素云等，2020），我国“陆相页岩油革命”仍处于搁置状态。

产业链上能有效提升资源综合开发利用能力的新技术、新工艺、新装备缺口依然较大。目前我国使用的水平井旋转导向工具和随钻测井探边技术仍然依赖斯伦贝谢

（Schlumberger）、哈里伯顿（Halliburton）、贝克休斯（Baker Hughes）三大国外油田服务公司；用于海洋调查的深海作业型遥控潜水器，其声呐、机械手、浮体材料、脐带缆等关键零部件还不能自给（沈克等，2020）；稀土的核心专利主要被日本和美国掌控，比较适合我国原料和燃料条件的非高炉炼铁的 Finex 新型专利技术则由韩国浦项钢铁公司所掌握（李新创，2020）。

（四）矿产资源开发秩序混乱，管理制度及法规不健全

我国矿山管理工作经过一系列改革取得了明显成效，但由于我国地广、人多、矿产丰富、分布广阔，使得管理工作十分复杂。就目前的管理体制看，距离有序、高效和可持续开发利用的要求还相差很远。目前存在的问题如下。

（1）矿产资源的开发和使用的秩序很乱，非法开采和使用的现象屡禁不止，无证开采仍然存在。例如，2022 年 3 月自然资源部公布的 2020～2022 年超 20 起无证采矿、越界采矿等矿产违法案件，总非法所得逾 7 亿元。在某些地区，大型珍贵矿产如金矿、建材矿等，尤其是几个主要的金属矿，都被大量的小型矿场开采，造成了严重的弃矿，也造成了资源和环境的严重破坏（刘鑫，2022）。

（2）矿产资源相关管理部门在管理上监管不力、执法不严，没有正确认识并处理好发展矿产经济和法律法规之间的关系，导致矿产企业的违法违规经营活动越发猖狂。违法开采、生产、经营，造成了严重的社会影响，大量的不可再生矿物资源被浪费、森林植被被破坏；一些公司非法开采、废水外排，造成了严重的土壤侵蚀、河流破坏、生态环境恶化（冯雪，2019）。

（3）我国矿业开发的管理制度还不完善。矿产资源对于保障国家的经济发展和国家的安全，都有很大的影响，所以很多的矿业公司都是国有的，为了更好地利用这些资源，政府对矿业公司进行了一次改革，建立了一个统一的组织结构，形成了一个特殊的制度，但是在实践中，却暴露出了许多的制度问题。例如，矿业公司管理体制的不够完善导致了矿业公司对政府的过度依赖，矿业公司在发展的过程中无法吸收社会资源；在经营管理方面，上级单位不能很好地控制下属单位的编制和使用经费，因而在经营过程中往往会产生两难的局面。目前的资源管理体制在协调各方面的作用并不理想，导致了矿产资源的管理工作中存在着许多不合理的现象（俞磊，2017）。在进行矿业开发的过程中，要充分发挥矿业权的作用，协调好土地产权、林业权、环境保护等方面的关系，各级主管部门在开发矿产资源的过程中，要注重自己的利益。

（五）矿业生产不可避免地对生态环境造成污染和扰动

矿业生产过程中引发的环境问题表现为一定程度的负外部性影响，主要是造成对岩石圈的破坏和大气圈、水圈的污染（表 11.1）。①矿山建设与生产占用、破坏一定量的土地，同时也造成部分金属和非金属资源的损耗。②废石、废渣和尾矿等固体废弃物堆放占用土地并影响周边自然生态空间，各类矿产资源开发利用过程中产出了大量的尾矿、煤矸石、粉煤灰、冶金渣、工业副产石膏、建筑垃圾等工业固体废弃物，这已成为我国排放量最大的固体废弃物，约占工业固体废弃物总量的 35%。③矿山开采过程中一定程

度上引起地面塌陷、地面沉降和地裂缝等地质灾害，废水废气外排，可能造成矿区周围的河流、大气、农田和林草资源污染，影响生物圈平衡，导致生物多样性丧失等（范振林和马正己，2022）。例如，某些矿山被企业露天开采，过程中对山体的植被造成了大量破坏，导致山体滑坡，引发泥石流等灾害；一些矿山所近邻的耕地遭到开采破坏，水资源受到污染，有毒废石流入河流，影响当地人民的生活用水和农田灌溉，从而造成水土流失、农田减产。与此同时，露天开采、矿产资源车辆运输过程中，产生了大量的粉尘，造成了矿区环境空气质量的严重恶化。矿山开采和选矿过程中产生的环境污染已经对人们的生活质量造成较大影响（刘鑫，2022）。

表 11.1　矿业活动导致的生态环境问题（苗泽华，2019；范振林等，2020）

矿业活动	生态环境要素	具体表现	生态环境问题
采矿	地表环境	岩层掘损；采空引起地面沉陷；堆放废渣、尾矿等	破坏土地及植被；地面塌陷；山体崩塌；水土流失；土壤污染及退化；安全事故等
	大气环境	废气、烟尘和粉尘；排放废渣及有毒有害物质等	污染大气；引发酸雨；产生沙尘和雾霾等
	水环境	废水；地下水位降低；排放矿渣；尾矿堆放引发地表和地下水污染等	污染地表和地下水；水位下降及渗流；区域水环境共生与可持续利用受到损坏等
选矿	地表环境	原矿精矿的堆积；采选所堆放大量的废渣及尾矿等废弃物；选矿所用的残留药剂等	选矿占用地表；土地荒漠化；土壤重金属污染；水土流失；尾矿库存崩塌；引发泥石流等次生灾害
	大气环境	废气、烟尘与粉尘排放；尾矿产生的有毒物质	污染大气；引发酸雨；产生沙尘与雾霾；形成温室效应等
	水环境	尾矿水、生活污水；化学方法选矿残留物，如氯化物、氰化物与硫化物等	污染地表和地下水；污染耕地；生物多样性受破坏等
冶炼	地表环境	原材料堆放；废渣、烟尘、粉尘和煤灰等	引发地表环境污染；相关生物受损；土地污染；重金属引发的土壤腐蚀等
	大气环境	废气、烟尘和粉尘等	污染大气；引发酸雨；产生沙尘和雾霾等
	水环境	排放具有重金属及有毒有害的废水、废渣及化学危险物等	污染地表和地下水；破坏地表与地下水环境；间接危害生物多样性等

（六）参与全球化能力不足

当前正处于重塑全球资源产业结构的关键期，全球矿产资源消费重心已经转向新兴经济体国家，但国内矿产资源供给体系并未发生相应的改变。矿产资源国际投资需要涉及金融、装备、远洋运输、商贸、技术服务和下游加工制造业，这不仅需要平台扶持，更需要政策作为后盾，这方面也影响我国矿业参与国际化投资的竞争优势（徐斌和彭秋松，2021）。

（七）矿产资源安全保障面临挑战

新一代信息技术、高端装备制造等新兴产业的快速发展，助推战略性矿产需求持续增加，特别是一些用量较小的战略性矿产（如稀土、钴、锂等）需求快速增长。在全球局势变幻和部分资源富裕国频繁调整矿业政策等因素的影响下，战略性矿产资源区域供应风险可能会持续上升，安全保障面临着严峻挑战。主要包括以下两个方面。

（1）新增战略性矿产资源储量滞后于储量消耗增长。矿产资源属于不可再生资源，短期内通过勘查来增加战略性矿产资源储量面临着瓶颈。一方面，矿产资源勘查对科技的要求提高。长期以来，我国勘查技术创新驱动不够，深部资源勘查能力有限，特别是海洋矿产资源开发利用技术创新滞后，导致战略性矿产资源储量新增缓慢。另一方面，工业化和城镇化的快速发展对战略性矿产资源依附度进一步加强。近年来，受经济快速发展影响，矿产资源消费呈明显递增趋势，导致战略性矿产资源储量增长滞后于需求量的增长，资源透支严重。

（2）战略性矿产品的生产供应滞后于实际消费增长。经济快速发展驱动矿产品生产和消费的快速增长，但战略性矿产品国内生产供应增长一直跟不上实际消费增长的速度，对外进口量依存度明显，影响国家发展安全。一方面，关键性技术壁垒加大了战略性矿产资源生产难度。我国科技在某些方面落后并受制于西方发达国家，“卡脖子”技术在战略性矿产品生产上表现得尤为突出，导致战略性矿产品内部生产能力有限。另一方面，能源外交并不能从根本上消除战略性矿产品供应风险。战略性矿产品在国际交易中受到发达国家的严控，我国战略性矿产品国际竞争力和话语权不足，国外进口受制于人，影响了战略性矿产品的供应安全（汪金峰等，2022）。

第三节　中国矿产资源可持续开发与利用展望

中国矿产资源种类齐全，总量可观，是世界矿产资源大国之一。但我们也应该看到，中国人口基数大，并且处于经济的快速发展时期，人口与经济发展对于资源的压力非常大。如何能够协调好人口、资源、环境与经济建设的关系，合理开发利用现有资源，保证有限资源的可持续利用，意义极为重大。

实现我国矿业高质量发展，必须立足社会主义初级阶段，充分吸收历史经验，紧跟时代潮流，正确认识和把握世界矿业发展的总体趋势，从系统和战略上把握大局，处理好矿产资源保护利用与经济发展协调平衡、量质并重的关系。我国进入新发展阶段，经济增长速度、经济发展方式、经济结构和经济发展动力发生重大变化，尤其是“双碳”战略目标的提出和实施，对实现矿业高质量提出了更高要求，也提供了良好条件。矿业高质量发展是时代发展的必然要求，我国具备实现这一目标的能力。问题在于如何客观分析和正确认识、实事求是地认清当前的有利条件和不利因素，特别是要统筹分析面临的难点和问题，充分认识到目标实现的长期性和艰巨性：如何通过勘查将潜在矿产资源加以探明，如何依靠科技进步来发现替代资源和提高资源利用率，如何合理开发利用已探明的资源，如何加强生态环境保护，如何进行自身改革等（范振林和马正己，2022）。因此，中国矿业要实现高质量发展，提高矿产品供应保障能力，需要做好以下几方面的工作（陈甲斌等，2022）。

一、加大勘查顶层规划与开发投入，建立国家战略矿产储备体系

勘查顶层规划与开发投入是保障战略性矿产资源安全供给的基础。首先，加快制定战略性矿产资源勘查专项规划。在国家制定“十四五”矿产资源规划和2035年矿产资源远景目标的基础上，要坚定落实《战略性矿产找矿行动（2021—2035年）》。其次，增强战略性矿产的勘查力度。尊重矿产资源勘查继承性和连续性规律，充分调动地勘单位的积极性，有针对性地加大锂、钴、离子型稀土等矿产的勘查，增强战略性矿产资源储备和供应。最后，加大战略性矿产资源勘查资金投入。构建常态化的中央－地方－企业投资体系，加大中央和地方勘查资金投入，鼓励和引导社会资金参与战略性矿产勘查领域，推动科技创新，提升战略性矿产资源勘查开发利用水平。

对石油、铁矿石、铜矿、钾矿等国民经济急需但存在供应风险的重要矿产，实行战略储备和商业性储备。做好重要战略矿产的储备工作，要做好规划，分步实施。为了储备战略资源，有必要研究相关法律法规。确定管理机构并逐步推进；制定投融资政策，解决资金来源问题；形成资源储备技术支撑体系。中国石油战略储备工作已有初步框架，矿产储量研究也应提上日程。建立战略矿产安全供应预警体系，建立适合中国国情的战略矿产储备体系，增强抵御突发事件、国际形势动荡和国际市场风险的能力。

二、加强综合开发利用，提升矿产资源利用率

一是提高矿产开发效率。矿产资源合理适度开发，就是要探寻矿产资源的最优耗竭速率，这种耗竭速率应低于寻找与发现后备和可替代资源的速率，在依靠科技进步、找矿增储和发现可替代资源的基础上，运用市场配置资源的决定性机制，调控矿产资源开采的最佳耗竭率。二是提高矿产资源利用率。矿山企业以绿色矿山建设和净矿出让为契机，通过挖掘资源潜力，重塑开发利用格局，促进矿业现代化，提高资源利用率，延长矿山寿命。同时，对矿产资源实行综合勘查、综合开发和综合利用，重点是提高我国共伴生矿和难选冶矿的资源开发利用水平，确保资源的多元供给。三是适应供给侧结构性改革要求，提高矿业集中度和供给质量，保障矿产品供应安全。

三、依靠科技进步，实现矿业经济从粗放向集约转变

科技进步是矿业高质量发展的重要途径。一是加强矿产勘查技术研究，从我国矿产资源特点和条件出发，推动寻找西部天然气、海上油气、深部矿和隐伏矿的技术攻关；二是提高矿产勘查、开发科技创新和制度创新能力，研发新工艺、新技术，并创新技术方法对开采过程中产生的废石（煤矸石、夹石、围岩、尾矿）进行处理、回收和综合利用，把矿产资源综合利用的科技攻关与碳中和的技术改造、技术推广有机结合；三是注重矿产资源储量数量增长向资源质量增长转变（如经济性和环境许可等），加强矿产资源和生态空间的技术经济评价，增加有效供给；四是研制开发新型、高效环保设备和技术，提高水循环利用率，减少污染源；五是发展资源循环利用和废旧金属的回收利用，改善

资源利用和替代产品的品质、结构，降低对外依存度和生产成本，提高经济、社会、生态和安全效益。

随着我国矿产资源产业的大力建设和深度推进，智能化将由下游的制造业传导至上游矿业，全球矿业将继续朝着“智慧矿山”方向推进。智慧矿山基于自动化和智能控制的生产设备以及自动化管理系统完成冶炼技术升级和产能提升，实现“高效、精准、综合”开发与利用。同时，还将深入运用新一代互联网技术，包括云计算、大数据、5G等，使得矿产品供给精准满足智能化领域对于矿产资源的需求，并朝“数字化、智能化”的改革方向迈进（徐斌和彭秋松，2021）。

四、以生态文明思想为指导，推进矿业转型升级和绿色高质量发展

生态文明建设已经纳入中国特色社会主义事业“五位一体”的总体布局，在发展包括矿业经济在内的产业经济过程中，必须服从于生态文明建设这个大局。因此，矿业发展既要坚持绿水青山就是金山银山的理念，也必须统筹协调好加快发展与绿色发展的关系，既不能以牺牲生态环境来换取矿业的繁荣与发展，也不能把生态文明建设与矿业经济发展对立起来，而是要在生态文明思想的指导下，推进矿业转型升级和绿色高质量发展。发展是基础和前提，绿色发展是战略方向和目标要求，必须做到两轮驱动、协调推进。坚持人与自然和谐共生，落实矿产资源“在保护中开发，在开发中保护”的基本原则，将生态环境保护贯穿于矿业生产的全过程；强化实施矿山地质环境保护与恢复治理及废弃物利用，将矿产资源开发利用与生态环境保护有机结合，降低对自然生态环境的扰动和破坏；建立健全矿山安全生产、矿业用地和矿山地质环境恢复治理、矿产“三率”、矿山越界开采处罚和绿色矿山建设等制度标准，并在矿山生产中坚决贯彻执行（范振林和马正己，2022）。

五、引进市场机制，强化矿产资源资产化管理

矿产资源是有价值的，这取决于矿产资源本身具有使用和交换价值，并与它的不可再生性、稀缺性和矿产资源归国家所有的所有权属性有关，这要求引入市场规制，明晰政府管护配置手段。实行所有权和使用权分离制度，基于摸清实物量和价值量家底及其使用变化情况，通过征收资源税、占用费和矿业权出让收益，以及探矿权和采矿权的有偿转让来明晰产权关系，实现对矿产资源的“数量、质量、生态”综合管理，切实落实利益相关者合法权益；在此基础上，通过矿业权有偿取得和依法转让，切实保障矿业权人的合法权益，使资源得到合理配置。促进矿山企业间的平等竞争，这需要与时俱进，为国计利，把矿产资源作为资产管理，科学规划投放时序、规模和结构，按市场经济的运行规则来配置矿业权，合理计征矿业权出让收益（张华，2019）。提升产需平衡能力、快速调节能力和灵活应对能力，以资源的可持续利用推动经济社会的高质量发展。

六、营造新型国际关系，提高我国全球资源配置和竞争能力

构建从供应国经通道国到消费国的供应链保障体系，以“一带一路”倡议为契机，全面融入国际资源经济新格局。首先，通过多边合作，主张贸易投资自由化，做大供应市场。建立并巩固同世界矿产资源富裕国的能源供应链，增强贸易体系能力建设，保障进口稳定和运输通道安全。同时，加大与矿业大国和地区间的合作，实施核心国家和地区矿业投资保障工程。其次，建立多功能、协同性情报网络。利用现有的外交和国际合作网络，为企业提供各国战略性矿产资源的发展趋势、关税法规、营销建议、有效的链接和行业联系方式等信息，促进战略性矿产资源国际合作。最后，提升我国企业竞争力。将提升我国企业竞争力作为参与国际能源合作的根本落脚点，加强战略性矿产资源专业人才培养和政策倾斜，助推我国企业在国际能源贸易中抢占主导地位（汪金峰等，2022）。

积极参与矿业全球治理，提高我国全球资源配置和竞争能力。矿产资源具有稀缺性、有限性和分布上的不均一性，世界各国都无法做到所有种类矿产资源的自给自足，需要实施“走出去，引进来”的矿产资源全球战略（张应红和文志岳，2000）。对我国而言，一是完善顶层设计，坚持全球思维、底线思维、系统思维、战略思维，按照“守住底线、内外兼修、主动作为、分类施策、系统发力”的原则，寻求国外多元化供给，提高运输保障能力；二是全链条提高战略性矿产资源勘查开发利用水平、市场机制建设和后端产业核心技术突破，并筛选、培育和启动一批重点攻关工程，例如，与煤共生的镓、锢、锗的提取技术和卤水提锂技术，以及碳捕集及地质建造调查评价应用等；三是构建战略性矿产资源储备体系，推动初级产品、产能、矿产地储备相结合，扩大储备品种和规模，明确规划、收储、轮换、动用和监管等机制，全面提升我国战略性矿产安全应急管理水平；四是积极参与全球矿产治理体系变革，对接拓展全球治理机制，在制定全球治理规则、创新治理工具方面发挥更大作用，增强我国在全球矿产资源治理中的话语权（范振林和马正己，2022）。

复习思考题

1. 简述中国矿产资源的特点。
2. 综合分析我国矿产资源开发利用中存在的主要问题，提出应对策略。

参考文献

陈汉. 2020. 矿产资源安全与矿业经济发展几个重大问题的思考. 中国国土资源经济, 33(1): 16-20, 34.

陈甲斌, 霍文敏, 冯丹丹, 等. 2022. 我国矿产品供给形势分析:基于 2021 年基本态势. 中国国土资源经济, 35(5): 42-48.

樊大磊, 李富兵, 王宗礼, 等. 2021. 碳达峰、碳中和目标下中国能源矿产发展现状及前景展望. 中国矿业, 30(6): 1-8.

范振林, 马正己. 2022. 中国矿业高质量发展问题探讨. 中国国土资源经济, 35(8): 17-26.

范振林, 李晶, 王磊. 2020. 矿产资源资产价值核算方法探究：以铁矿为例. 中国矿业, 29(9): 50-55.
冯雪. 2019. 我国矿产资源管理中存在的问题及对策研究. 世界有色金属, (24): 246-247.
贵州省自然资源厅. 2022. "爱国汞"的千年史诗. (2022-08-04)[2023-05-01]. https://zrzy.guizhou.gov.cn/wzgb/xwzx/xtyw1/202208/t20220804_75950766.html.
郭娟, 崔荣国, 周起忠, 等. 2023. 2022 年中国矿产资源形势回顾与展望. 中国矿业, 32(1): 1-6.
胡海林. 2022. 辽宁出台建设规范为菱镁矿"达绿"定标准. (2022-06-11)[2023-05-01]. http://ln.people.com.cn/n2/2022/0611/c378317-35310434.html.
胡素云, 赵文智, 侯连华,等. 2020. 中国陆相页岩油发展潜力与技术对策. 石油勘探与开发, 47(4): 819-828.
李平. 2018. 智能＋绿色, 引领中国走向矿业强国——中国工程院院士于润沧为矿业未来发展出谋划策. (2018-10-22)[2023-05-01]. https://www.mnr.gov.cn/zt/hu/gjkydh/2018nzggjkydh/mtsy_33152/201810/t20181022_2361378.html.
李新创. 2020. 钢铁关键技术和装备国产化势在必行. (2020-09-11)[2023-05-01]. http://www.csteelnews.com/sjzx/hyyj/202009/t20200911_39903.html.
林伯强. 2022. 中国能源发展报告 2022. 厦门：厦门大学出版社.
刘鑫. 2022. 我国矿产资源管理中存在的问题及对策研究. 世界有色金属, (19): 205-207.
苗泽华. 2019. 以良善价值观为核心的矿山企业生态责任及其管理模式. 河北地质大学学报, 42(2): 61-66.
覃莉. 2022. 全球稀土储量现状分析及我国的应对建议. (2022-07-24)[2023-05-01]. http://www.cmisi.com.cn/default/index/newsDetails?newsId=1569.
沈克, 严允, 晏红文. 2020. 我国深海作业级 ROV 技术现状及发展展望. 控制与信息技术, (3): 1-7.
唐珏. 2022. 浅谈当前我国矿产资源与矿业经济可持续发展. 国有资产管理, (10): 47-51.
汪金峰, 赛娜, 康契瀛. 2022. 构建战略性矿产资源安全保障体系. (2022-04-20)[2023-05-01]. http://sscp.cssn.cn/xkpd/jjx_20146/202204/t20220420_5404410.html.
徐斌, 彭秋松. 2021. 新中国成立以来矿产资源产业转型发展回顾与展望.企业经济, 40(6): 40-50.
俞磊. 2017. 我国矿产资源管理中存在的问题及对策研究. 现代经济信息, (19): 374.
张德元. 2021. "十四五"时期全面提高资源利用效率的思考. 宏观经济管理, (1): 25-29, 43.
张华. 2019. 区域性矿产采矿权出让收益研究. 中国国土资源经济, 32(9): 70-75.
张应红, 文志岳. 2000. 试论我国矿业形势及其对策. 资源产业, 6(10): 27-28.
张照志, 李厚民, 潘昭帅, 等. 2022. 新发展阶段中国矿产资源国情调查与评价现状及其技术体系. 中国矿业, 31(2): 21-27.
朱欣然, 乔江晖, 李文超, 等. 2021. 矿产资源节约与综合利用报告. 北京：地质出版社.
中华人民共和国国家统计局. 2022. 中国统计年鉴 2022. 北京：中国统计出版社.
中华人民共和国自然资源部. 2022a. 中国矿产资源报告. 北京：地质出版社.
中华人民共和国自然资源部. 2022b. 中国自然资源统计公报. (2023-04-12)[2023-05-01]. https://www.mnr.gov.cn/sj/tjgb/202304/P020230412557301980490.pdf.
Zhang Y, Wang Z M. 2019. Research on characteristics and sustainable development of mineral resources in China. IOP Conference Series Earth and Environmental Science, 300(2): 022155.

第十二章　中国生物资源的可持续开发与利用

内容概要：本章主要介绍了生物资源中森林、草场、动物资源在中国的分布状况，根据生物资源在不同区域的分布和开发利用状况，结合区域和综合状况总结了森林、草地和动物资源的特点，依据三大类资源的种类及其在中国的开发利用程度，提出了相应的可持续利用对策。

关键术语：生物资源；森林资源；草场资源；动物；可持续利用

思维导图：

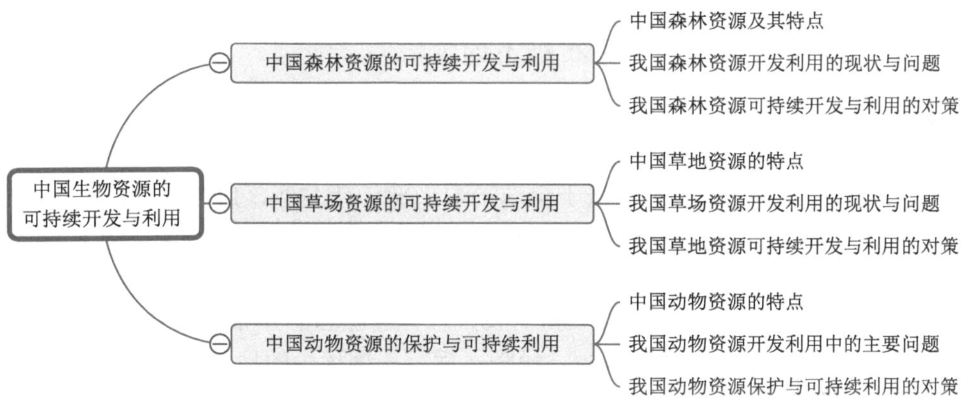

学习目标：

1. 认识中国森林资源、草场资源、动物资源的分布特点。
2. 掌握森林、草场、动物资源开发利用的现状与存在问题。
3. 依据三大类资源的分布及其在中国的开发利用程度，掌握其相应的可持续利用对策。

第一节　中国森林资源的可持续开发与利用

森林是陆地生态系统的主体，是人类社会赖以生存和发展的物质基础，其在满足人们生产生活需要、改善人类居住环境、维护全球生态平衡、保障国土生态安全中发挥着不可替代的作用。森林不仅持续不断地为社会提供木材等多种有形产品，而且保存了世界上绝大部分物种基因资源和碳储量，因而是生物多样性保护的核心和全球气候变化的重要调节器，也是地球上最重要的碳汇之一；森林还在保持水土、防止沙漠化、防治污染及恢复退化与受污染危害土地方面有着不可低估的作用（刘世荣等，2022）。

一、中国森林资源及其特点

（一）森林资源总量丰富，但人均占有量较低

《中华人民共和国森林法》规定中国森林包括乔木林、竹林和国家特别规定的灌木林（简称“特灌林”）。从总量上看我国森林资源比较丰富，第三次全国国土调查数据显示，截至 2019 年底，我国林地 28412.59 万 hm^2。其中，乔木林地 19735.16 万 hm^2，占 69.46%；竹林地 701.97 万 hm^2，占 2.47%；灌木林地 5862.61 万 hm^2，占 20.63%；其他林地 2112.84 万 hm^2，占 7.44%。《2020 年全球森林资源评估》报告显示，我国森林面积排名第 5，森林蓄积量列第 7 位。但是，从森林人均占有量看，我国属于少林国家之一。我国人均森林面积 0.16hm^2，不足世界人均森林面积的 1/3；人均森林蓄积量为 12.54m^3，仅约为世界人均森林蓄积量的 1/6。

（二）森林覆盖率低，且分布极不均匀

根据联合国粮农组织发布的《2020 年全球森林资源评估》信息来看，中国森林覆盖率（23.34%）、单位面积立木蓄积量（87.2m^3/hm^2）、人均森林面积（0.16hm^2/人）和人均蓄积量（12.35m^3/人）均低于或远低于全球平均水平（31.13%、137.11m^3/hm^2、0.55hm^2/人和 72.37m^3/人），而德国、奥地利、巴西等先进林业国家的单位面积立木蓄积量分别为 320.78m^3/hm^2、299.04m^3/hm^2、242.35m^3/hm^2，即便是水热条件差、经营粗放的俄罗斯，其单位面积立木蓄积量都为 99.44m^3/hm^2。我国森林资源总的分布特点是边疆省区多，内陆少；经济发达、人口众多的地区少，经济落后、人烟稀少的地区多；东北和西南地区较集中，东南和华南地区次之，西北地区较少。根据第三次全国国土调查数据，四川、云南、内蒙古、黑龙江等 4 个省（区）林地面积较大，占全国林地的 34%。第九次全国森林资源清查结果表明，2014～2018 年全国所有省（区、市）的森林覆盖率都有不同程度的提高，但分布极为不均（表 12.1）。新疆维吾尔自治区的森林覆盖率仅为 4.87%，而福建省的森林覆盖率却高达 66.8%，居全国之首。

表 12.1　2014～2018 年中国各省（区、市）森林覆盖率

森林覆盖率/%	省（区、市）
＞40	福建（66.8%）、江西（61.16%）、台湾（60.71%）、广西（60.17%）、浙江（59.43%）、海南（57.36%）、广东（53.52%）、湖南（49.69%）、云南（47.5%）、黑龙江（43.78%）、北京（43.77%）、贵州（43.77%）、重庆（43.11%）、陕西（43.06%）、吉林（41.49%）
30～40	湖北（39.61%）、辽宁（39.24%）、四川（38.03%）、澳门（30%）
20～30	安徽（28.65%）、河北（26.78%）、香港（25.05%）河南（24.14%）、内蒙古（22.1%）、山西（20.5%）
10～20	山东（17.51%）、江苏（15.2%）、上海（14.04%）、宁夏（12.63%）、西藏（12.14%）、天津（12.07%）、甘肃（11.33%）
＜10	青海（5.82%）、新疆（4.87%）

资料来源：根据第九次全国森林资源清查数据整理。

（三）森林类型多样，种类繁多

中国地域辽阔，地貌类型齐全，横跨寒温带、温带、暖温带、亚热带、热带5个气候带，自然条件复杂多样，从而形成了我国森林类型多样、植物种类繁多的特色。

根据森林在陆地上的分布特征，可划分为针叶林、针叶阔叶混交林、落叶阔叶林、常绿阔叶林、热带雨林、热带季雨林、红树林、珊瑚岛常绿林、稀树草原和灌木林；按发育演替过程，可分为天然林、次生林和人工林；以起源划分，有实生林和萌芽林（无性繁殖林）两类；按树种组成又可分为纯种林和混交林；按效益可分为用材林、防护林、薪炭林、经济林和特种用途林；按林龄可分为幼林、中龄林、成熟林和过熟林；按年龄结构可分为同龄林和异龄林等（宋保平，2011）。

据统计，木本植物中乔木树种有111科2800余种，其中，木质优良、经济价值较高的近1000种。我国几乎具有北半球的全部植被类型。中国东部湿润区分布着各类森林。最北部寒温带为针叶林，向南是温带落叶阔叶林区；亚热带林区在中国面积最大，局部地区还残存着世界上其他地方早已绝迹的小片“活化石”林——水杉、银杉、银杏等，此外还有水松、杉木、金钱松、台湾杉、福建柏、杜仲等树种为中国所特有。南部有热带的半常绿季雨林、雨林和红树林，并引种了一些热带植物，如橡胶、油棕、剑麻等。中国竹资源无论其种类或面积，均十分丰富，种类约占世界的1/2，面积约占世界的1/3。截至2022年，中国有竹类植物47属770种55变种251栽培品种（史军义等，2022）。

二、我国森林资源开发利用的现状与问题

依据1973～2018年实施的9次全国森林资源连续清查，我国森林资源发展经历了过量消耗、治理恢复、快速增长3个阶段（郝天象等，2022）。新中国成立后，林业为国民经济的恢复、发展做出巨大贡献，但也因科学技术和落后观念的影响，造成了蓄积和质量的急剧下降。十一届三中全会以后，我国林业进入了一个快速发展的新阶段。近年来，人工造林、飞播造林和封山育林速度进一步加快，尤其是人工林的扩展规模扭转了长期以来森林蓄积量持续下降的局面。经过几十年的实践探索，我国在保持社会经济高速发展的同时，实现了森林资源与生态系统质量稳步提升，森林资源总量不断提升。从第一次清查期（1973～1976年）到第九次清查期（2014～2018年），我国森林覆盖率由12.70%提升到22.96%，森林面积由1.22亿hm^2增长到2.20亿hm^2，森林蓄积量由86.56亿m^3增加到175.60亿m^3。

我国森林资源总量发生变化受多方面影响，其中，国家生态工程建设发挥了重大作用，推动了森林经营管理水平的提升和特定树种的大面积种植等。我国共开展了9次森林资源清查工作，表12.2展示了第二次至第九次清查期的部分数据，可以看出，全国总造林面积和六大重点林业生态工程造林面积常年维持在较高水平（郝天象等，2022）。

表 12.2 全国总造林面积和六大重点林业生态工程造林面积 （单位：10^4hm^2）

清查期	总造林面积	天然林保护工程	退耕还林工程	京津风沙源治理工程	三北和长江防护林工程	速生丰产林工程
第二次	2244.09	—	—	—	1334.53	446.01
第三次	3271.19	—	—	—	—	—
第四次	2776.01	—	—	13.28	926.59	51.5
第五次	2529.26	29.07	—	92.09	1156.34	197.05
第六次	3184.88	339.64	1262.23	221	608.53	44.1
第七次	2233.6	358.3	841.22	207.52	272.34	9.6
第八次	2986.47	872.85	388.37	258.69	908.58	0.47
第九次	3451.53	584.35	363.47	107.74	518.18	188.83

资料来源：根据第二次至第九次全国森林资源清查数据整理。

中国已成为世界上森林资源增长最多的国家，近年来，国家和政府对森林资源保护、培育的重视程度不断提高，使得森林资源在覆盖率、森林结构、种类、数量质量、利用率、经营管理技术体系与治理体系等各方面有了很大的改善，森林固碳能力、涵养水源、保育土壤、净化大气环境等生态服务功能得到显著增强。尽管如此，中国森林生态系统质量目前仍尚处于全球较低水平，中国森林生态系统质量和稳定性的全面提升仍面临着诸多严峻问题与挑战。森林资源开发利用中存在的问题主要表现在以下方面。

（一）森林质量相对较低，森林生态功能不强

森林资源作为陆地生态系统的重要组成部分，在完善自然功能及蓄水、调节局部气候、防风固沙及改良土壤和减少污染方面发挥着极为重要的作用，具有重大的生态效益（范吴明等，2004）。自 1949 年以来，我国森林资源状况有了很大改善，然而森林资源质量与生态服务供给能力差的状况没有得到根本扭转。目前，我国森林资源绝对量大，但人均占有量不足、质量不高且分布不均。根据第九次全国森林资源清查结果，全国林地质量为“中”或“差”的占 60.04%。我国森林每年每公顷提供的生态服务价值仅相当于德国、日本的 40%；其中，我国森林平均固碳能力（$91.75t/hm^2$）远低于全球中高纬度地区的平均水平（$157.81t/hm^2$）。近年来，随着大规模推进造林绿化，可造林的面积越来越少，造林管护难度越来越大。

（二）森林病虫鼠害严重，抗自然灾害能力低

我国是受森林病虫鼠害危害最严重的国家之一，包括松毛虫、松材线虫、美国白蛾、长林小蠹、枯梢病、黑斑病等。根据《2020 年全球森林资源评估》数据，2017 年中国森林病虫鼠害受灾面积占当年森林总面积的 4.8%，高于同期的德国（1%）和奥地利（3.7%），而巴西和俄罗斯几乎为零，但两国的森林火灾十分严重。近年来，随着我国森林有害生物防治制度建设不断推进、防控机制和防控管理全面加强、支撑保障能力有效提升，我国森林有害生物防治水平整体提升。例如，2021 年松材线虫发生面积和病死树数量较 2020 年同比下降 5.1%和 27.7%。尽管如此，由于森林经营不科学、人工林树种单一、防

治措施不及时等，我国连续多年森林病虫鼠害发生面积约 1200 万 hm^2，导致林木存活率降低和林木生长量减少，严重威胁森林资源与生态安全。我国森林病虫鼠害通常呈现针叶林比阔叶林严重、人工林比天然林严重、纯林比混交林严重、外来树种比乡土树种严重、没有抚育的森林比抚育的森林严重的特点（郝天象等，2022）。

（三）森林资源的供需矛盾突出

从我国目前森林资源的利用情况来看，目前我国森林面积仍以中幼龄林为主，占森林总面积的 63.94%；用材林中，过成熟林面积和蓄积量占比仅为 15.19%和 26.96%；其中，可采资源仅占林分面积和森林蓄积量的 6.24%和 10.61%。同时，我国乔木林总面积中纯林和混交林的比例约为 6∶4，通常纯林的生态功能不强，稳定性差，病虫害等风险相对较高。由此可见，我国森林结构并不理想，可利用森林资源十分有限，导致了中幼龄林与防护林的消耗现象普遍，增加了天然林保护和森林后备资源培育的压力（郝天象等，2022）。与此同时，我国是全球木材消费第一大国，也是最大的木材与木制品加工国与贸易国，对木材的需求量极大。尽管速生丰产用材林基地建设部分缓解了我国木材和林产品供应短缺压力，但由于国内市场需求量大，仍要依靠大量进口木材来稳定严峻的木材供给形势。根据《中国林业和草原统计年鉴（2019）》（国家林业和草原局，2020），1949～2018 年我国木材对外依赖度不断增加，木材进口量已超过国内木材产量，木材对外依赖度维持在 50%以上且持续走高。

（四）生态系统管理科技化水平不高，林业专业人才队伍匮乏

目前，我国森林生态系统管理的科技化水平不高，经营管理手段相对落后，现代化、信息化、智能化的监测与管理设施缺乏，制约了信息采集与传递、资源监测、灾害防控等林业工作，且生态系统质量机理认知与提升技术尚处于发展的积累沉淀阶段，可以大规模推广的科技创新储备不足（林德荣，2020）。目前，我国林业科技进步贡献率仅为 53%，科技成果转化率为 35%，林草产业人均生产率和产品附加值仅约为发达国家的 1/6 和 1/3。尽管我国已经开展了大量的森林生态系统科学观测、实验、理论研究及经营管理实践等，但仍存在诸多科学基础与技术研发的“短板”，且尚没有在生态系统层面形成完整且精细的规划、决策、经营模式等用以支撑生态系统管理实践。同时，我国林业人力资源总量不足，存在高层次人才短缺、后备力量不足、非林业专业人员占比较高等人员结构问题，以及基层林业科技推广人才缺乏严重等问题（李俊魁等，2022）。根据《中国森林资源报告（2014 2018）》，我国现有林地面积 28412.59 万 hm^2，其中集体林地 3874.24 万 hm^2，个人所有林为 9673.80 万 hm^2，而目前全国林草科技推广员仅 3 万名，人员与任务严重不匹配。

三、我国森林资源的可持续开发与利用的对策

面向新时期林业转型发展的战略需求，提升森林生态系统质量与稳定性是确保中国森林资源可持续开发的重要抓手。立足国情长远布局，今后应采取如下对策。

（一）统筹落实森林生态系统质量提升的三大支撑体系建设

森林资源科学经营要综合运用法律、行政、经济、社会、科学以及技术等多种手段，需要强有力的科学、技术与体制支撑。为此，应该围绕林业高质量发展和森林资源可持续利用与保护，重点开展以下 3 个方面的支撑体系建设。一是打造森林精细化治理的制度支撑体系。充分发挥全民绿化的制度优势，进一步完善森林资源保护制度，协调好保护与发展的关系，明确不同主体生态功能林地的优先等级，精细开展森林保护发展规划实施方案（史军义等，2022）。二是完善全方位的科技支撑体系。包括构建规模化的森林生态系统质量和稳定性立体监测系统，提升森林生态系统科学的研究能力与经营模式成效的评估能力；重点围绕森林生态系统质量和稳定性的巩固，研发病虫害防治和林火控制等森林防灾技术，提升对森林灾害的快速感知与应对能力；开展资源禀赋下的森林生态系统质量提升潜力分析，加强基于自然的森林经营技术的研发与集成创新，形成区域森林提质规模化范式；构建以“五库”（水库、粮库、钱库、碳库、种库）为核心的森林生态资产核查体系与生态工程评估体系，量化森林生态、社会和经济价值，加快建设全国碳排放权交易市场，以生态资产促进新型森林生态经济，助力森林产业结构调整（郝天象等，2022）。三是健全多层次人才支撑体系。多层次林业科技人才支撑体系建设应全面落实林长制改革，加强务林人才队伍建设，包括准确识别人才，精准引进紧缺、实干的多层次人才。发挥“传帮带”精神，培养一批懂政策、懂技术、懂管理、有理想、有作为、有担当的新一代务林人。

（二）加强“分区分类、精准施策”经营管理

“分区分类、精准施策”是森林经营的基本原则，森林经营主体应根据林地类型及其经营主要目的等实际情况制定具体经营实施方案，并有序开展相关工作。我国幅员辽阔，不同区域的森林生态系统具有不同的发育过程、结构与功能特征，加上人为活动与气候变化的区域异质性，形成了不同林区的区域性特点与问题，其森林生态系统质量和稳定性的提升措施也存在一定差异。分区域规划、分类型经营是在综合森林资源状况、资源禀赋、社会经济发展与需求的区域分布特征等因素后，瞄准不同重要林区/森林类型的核心生态价值与经营目标开展的尊重自然规律的精细化森林管理措施，是科学提升森林生态系统质量和稳定性的实施方略。虽然目前我国现有林地管理模式已经基本完善，但面对新时期国家对林业新功能和多功能转型的期许，还需要进一步提升和发展。

（三）适度利用和参与开发海外森林资源

为弥补国内木材及林产品的结构性短缺，应积极拓宽进口渠道，除继续从美国、俄罗斯、新西兰、加拿大等国家进口针叶林材和从马来西亚、缅甸、巴布亚新几内亚、加蓬、印度尼西亚、加纳、新加坡等国进口热带原木外，还应有计划、有步骤地积极进行海外森林资源开发，我国在巴西森林资源开发中已经盈利、加蓬森林资源开发完成立项、俄罗斯远东赤塔地区的森林资源合作开发启动，要加大与南美、非洲及东南亚合作开发的力度，适度进口以珍贵树种为主的大径材和高档纸浆及其制品等产品，并力争以合作

方式参与开发国外森林资源。

第二节　中国草场资源的可持续开发与利用

草地资源是我国陆地上面积最大的生态系统，承担着防风固沙、保持水土、涵养水源、调节气候、维护生物多样性等重要生态功能，还有独特的经济、社会功能。其中，草地是发展草地畜牧业的最基本的生产资料和基地，为家畜提供饲料和放牧地，为农业提供有机肥，同时也为轻工业提供原材料。草地也是物种资源的遗传基因库，草地生态系统通过碳储存在平衡大气温室气体浓度方面发挥着重要作用，其为人类的生存和发展贡献了重要的生态系统服务功能。

一、中国草地资源的特点

（一）草地面积广大，但分布不均衡

中国是一个草地资源大国，拥有各类天然草地约 3.93 亿 hm^2，约占全球草原面积的 12%，居世界第一，其他草原面积较大的国家及全球占比分别是澳大利亚 9.76%、美国 7.67%、巴西 5.99%。从我国各类土地资源来看，草地资源面积最大，约占国土面积的 40.9%，是耕地面积的 2.91 倍、森林面积的 1.89 倍①。不考虑草原的自然地理特性，仅从行政区域分布看，天然草地虽在全国各地均有分布，但分布不均衡。中国天然草原面积最大的 3 个省级行政区为西藏、内蒙古、新疆。其中，西藏草原面积占全国草地面积的 20.9%；内蒙古草原面积占全国草地面积的 20.06%；新疆草原面积占全国草地面积的 14.58%。中国天然草原集中分布在东北、西北和青藏高原区，草原区面积占全国草原面积的 80%。南方的草地资源多为草山、草坡和疏林草地，面积约占全国草原面积的 20%（国家林业和草原局，2020）。

从地貌分级来看，第一级阶梯青藏高原平均海拔在 4000m 以上，西藏自治区和青海省构成了青藏高原主体，草地面积分别占当地陆地面积的 55.78%和 42.13%。除上述两省（区）外，我国其余 5 个草地大省（区）内蒙古、新疆、四川、甘肃、云南均分布在第二级阶梯上，其高原面的海拔在 1000～2500m。以上 7 省（区）草地面积之和占全国草地面积的 78.42%。也就是说，我国草地主要分布在西部第一级和第二级阶梯高地上。

（二）草地类型多样

中国国土面积辽阔、海拔悬殊、气候千差万别，形成了多种草地类型，按照全国统一的草地分类方法，其包括 18 个草地类，11 个草地组和 824 个草地型，类型之多位居世界各国之首。这 18 个草地类型，即高寒草甸草原类、高寒草原类、高寒荒漠草原类、高寒草甸草原类、高寒荒漠类、高寒草甸类、温性草甸草原类、温性草原类、温性荒漠草原类、温性草原化荒漠类、温性荒漠类、暖性草丛类、热性草丛类、热性灌草丛类、

---

① 据国家林业和草原局草原监理中心公布数据（2018 年）

干热稀树灌草丛类、低地草甸类、山地草甸类、沼泽类。其中，广泛分布于我国北方的温性草原、低地草甸、山地草甸、高寒草原、高寒草甸和温性荒漠等类型，占全国天然草地总面积的85%以上，构成了我国天然草地的主体。高寒草甸类面积最大，为6372万 hm^2，占我国草原面积的17.3%，主要分布在青藏高原地区及新疆。温性荒漠类4506万 hm^2、高寒草原类4162万 hm^2、温性草原类4110万 hm^2，这三个草地类各占全国草原面积的10%以上，分别居2、3、4位，主要分布在我国北方和西部地区（白永飞等，2020）。

（三）牧草种类丰富

我国是世界上牧草资源最丰富的国家，北方草原上有各类野生牧草4000多种，南方草山草坡饲用植物达5000余种，世界上大部分栽培的优良牧草，我国均有野生种。从成分上看，草甸类草地的主要建群优良牧草有无芒雀麦、羊草、草地早熟禾、山野豌豆及各种蒿类等；草原类草地的主要建群优良牧草有多种针茅、羊草、冰草、隐子草、早熟禾、冷蒿等；荒漠类草地的主要建群优良牧草有伏地肤、驼绒藜、红砂、珍珠及蒿类等；灌草丛类草地的主要建群优良牧草有白羊草、糙隐子草、硬质早熟禾、蜀黍族、野古草族和黍族的一些种类；沼泽类草地主要优势牧草为芦苇、木里薹草、乌拉薹草、藨草、荆三棱等。

从区域上来看，依据“中国多年生栽培牧草区划”和“中国多年生草种栽培技术”，我国多年生栽培草种区域可划分为9个栽培区，东北区主要栽培草种有羊草、苜蓿、沙打旺、无芒雀麦、二色胡枝子等；内蒙古高原区主要栽培草种有苜蓿、沙打旺、老芒麦、羊草、冰草、蒙古岩黄芪等；黄淮平原区主要栽培草种有苜蓿、沙打旺、无芒雀麦、苇状羊茅及葛藤、二色胡枝子、鸭茅、长穗冰草等；黄土高原区主要栽培草种有苜蓿、沙打旺、小冠花、无芒雀麦及苇状羊茅、鸭茅、红豆草、扁穗冰草等；长江中下游区主要栽培草种有白三叶、多年生黑麦草、苇状羊茅、小花毛花雀稗、宽叶雀稗、狗牙根、鸭茅、红三叶等；华南区主要栽培品种有圭亚那柱花草、有钩柱花草、大翼豆、银合欢、宽叶雀稗等；西南区主要栽培品种是喜温和湿润气候的温带牧草，如白三叶、红三叶、多年生黑麦草、多花黑麦草、鸭茅、苇状羊茅等；青藏高原区主要栽培品种有老芒麦、垂穗披碱草、中华羊茅、无芒雀麦、苜蓿、沙打旺、扁蓿豆、红豆草等；新疆区主要栽培品种有苜蓿、无芒雀麦、老芒麦、木地肤、沙枣、红豆草等。

从畜牧业的发展来看，中国当前主要有六大牧区：内蒙古是全国最大的牧区，新疆是全国第二大牧区，西藏是全国最大的高原牧区，居第三位。青海、甘肃、川西北牧区分别是全国第四、第五和第六大牧区。

（四）草地生产力地区差异明显，季节、年际变化大

我国天然草地单位面积产草量差异甚大。不同的植被型间存在着明显的区别。北方和西部牧区地带性植被，从草甸草原到荒漠，随着旱生程度增强，草群生产力依次降低。高寒草甸、高寒草原因气温低、生长期短，其产草量低于相应的温带植被（见表12.3）。

表 12.3　各类草地单位面积产草量比较

草地类型	草地总盖度/%	青饲草产量/(kg/hm²)	草地类型	草地总盖度/%	青饲草产量/(kg/hm²)
草甸草原	60～85	3000～6000	干荒漠	5～10	400～800
干草原	40～60	1500～4000	高寒荒漠	5～15	300～700
荒漠草原	15～35	800～1500	高寒草甸	60～90	1500～4500
高寒草原	30～40	300～1500	林缘草甸	95～100	6500～11000
草原化荒漠	10～20	500～1000	大陆草甸	75～95	4000～7500

天然草地生产力季节不平衡。我国北方和西部牧区天然草地植被随冷、暖季枯荣变化，造成牧草产量和营养价值的季节差异，例如，青海冷季长 6～8 个月，草地产草量仅为暖季的 40%～50%；再如干草原，若以秋季产草量为 100%，则夏季为 81%、冬季为 69%、春季为 64%，并且冷季牧草场营养价值降低，粗蛋白含量仅及暖季的 13%～30%，因此，冬春季牧场的载畜能力仅为夏秋季的 60%～70%。由于冬春牧草严重不足且质量低，使家畜经常出现夏壮、秋肥、冬瘦、春死的恶性循环。一般冬春死亡牲畜可达总数的 5%，家畜体重减少 30%。这两项损失即达整个畜群一年生长量的 33.5%，约等于畜群一般淘汰量的 3 倍多，造成了畜牧业生产的巨大损失。此外，我国天然草地牧场产量随降水量的年际变化，还表现出丰年、歉年的差异。一般丰年和歉年牧草产量可相差 1～4 倍。

二、我国草场资源开发利用的现状与问题

中国是世界上最早利用草地资源进行畜牧业生产的国家之一（距今已有三四千年的历史），草原农垦历史也有千年，比世界上其他几个草地大国早得多。近年来，国家通过开展退耕还林还草、退牧还草、黑土滩治理、毒害草治理、人工种草等工作，加大草地生态系统保护与修复，2020 年全国草原综合植被盖度达到 56.1%，比 2015 年（54%）提高了 2.1 个百分点；全国天然草原鲜草总产量达到 11.13 亿 t，较 2015 年提高 0.85 亿 t，草原生态状况持续向好，生产能力稳步提升（国家林业和草原局，2021）。但是，与世界发达国家相比，我国草地资源开发利用仍有很大差距，并且存在许多问题，归纳起来主要有以下几点。

（一）天然草原资源利用不够

我国草原面积广阔，自然资源丰富，天然草原平均净初级生产力为每天每平方米有机碳含量 89～320 g，但草地资源利用严重不足。我国虽有草地面积近 4 亿 hm²，但人均天然饲草生产能力仅为世界草地面积排名前 20 位国家平均值的 10.16%、世界平均值的 27.12%。我国北方草原牧区约 2000 万 hm² 草原，按照 50% 天然草场进行改良，即为 1000 万 hm²；我国南方草山草坡约 6680 万 hm²，可利用面积约 25%，即 1670 万 hm²；我国农区拥有 3330 万 hm² 的低产田，按照 1/3 面积轮作计算，农闲田约 830 万 hm²。以上面积（3500 万 hm²）按照我国北方和南方适宜种植的饲草和平均年产量 20 t/hm² 计算，相当于

每年可增加饲草约7亿t，是我国当前饲料缺口的3倍之多。因此，天然草原的开发及利用还有极大的提升空间（王天威和钟瑾，2021）。

（二）人工草的发展及开发利用不足

人工草在产量与质量方面均优于天然草。大力发展优质人工草对缓解饲草供应不足、“以小保大”保护生态草原等具有重要作用。苜蓿人工草的年产量可达22.5 t/hm^2，是天然草的11倍；青贮玉米的干物质年产量可达45 t/hm^2，是天然草的23倍。“粮改饲”政策实施后，按照《全国种植业结构调整规划（2016—2020年）》要求，我国青贮玉米种植面积达到167万hm^2，基本保证农区草食家畜吃上优质粗饲料（宋保平，2011）。然而，由于我国牧区环境气候差异较大，种质资源、高效种植及栽培、草产品加工储藏等方面还存在技术瓶颈等问题，因此，人工草产品在牧区的开发及利用还需大力推进。

（三）草地退化形势依旧严峻

草地退化又称草原退化、草场退化，是由自然因素和人为因素导致草原的草群组成和土壤性质变劣，产草量下降，载畜量减少甚至不宜放牧的变化过程。总体上，我国草地退化的表现主要是退化面积大、退化趋势难以遏制、沙化与盐碱化程度深、生物多样性锐减、土壤养分流失加剧等。我国的草原多分布于自然条件较差的高原和山区，草地生态系统普遍脆弱、敏感。近年来，国家实施了一系列的生态保护工程和政策，例如，退耕还林还草工程、京津风沙源草地治理工程、西南岩溶地区草地治理工程、草原生态保护补助奖励机制等，草原生态整体恶化的趋势得到有效遏制，但是，草原整体退化的局面还没有得到根本扭转，草原生态质量仍相对较差。与20世纪50年代相比，我国90%左右的天然草原出现不同程度的退化，中度和重度退化约占30%（唐芳林，2021）。草原生态环境恶化，不仅制约着草原畜牧业发展，影响农牧民收入增加，而且直接威胁国家生态安全，草原生态环境已成为国家生态安全的薄弱环节。

（四）有害生物危害大

分析草原生态问题产生原因，除人为因素外，还有鼠虫危害。虽然各地区高度重视草原有害生物防治工作，有效保护了草原生态安全，但有害生物危害问题依旧突出。相关数据显示，2021年全国草原有害生物危害0.518亿hm^2，同比下降3.08%；其中严重危害面积0.245亿hm^2，同比上升10.05%。分析危害特点，鼠害发生严重，呈多点散发趋势；虫害危害减轻，但局部地区虫口密度仍偏高；有害植物整体危害较轻，但部分种类局部地区危害严重。总体来说，草原有害生物防治工作依旧严峻。

（五）草地服务功能减弱，威胁国家生态安全

草原是我国西部地区广大农牧民赖以生存的物质基础，是我国最大的绿色生态屏障和抵御沙漠入侵的前沿阵地，其提供了防风固沙、保持水土、涵养水源等巨大的生态系统服务。草原的退化和沙化，造成水土流失加剧，江河、湖泊、水库泥沙淤积严重，洪涝隐患增加，沙尘暴频发，威胁国家的生态安全，直接影响我国人口、资源、环境、区

域经济以及社会的全面、协调、可持续发展。我国的草原主要分布在经济欠发达的西部地区和少数民族聚居区，自然生态条件脆弱，人们对草地的依赖性强，过分注意草地的经济功能，过分索取、轻视投入等导致草原生态环境日益恶化、草地退化和沙化，引起生态系统服务功能降低，生态资产大量流失。

三、我国草地资源可持续开发与利用的对策

当前中国面临人口、资源、环境的三大生存问题。由于人们对于物质生活需求的日益提高，饲料与家畜的矛盾、粮食生产与饲料生产的矛盾更加尖锐。为了充分发挥我国草地资源优势，改善环境与资源条件，以实现草地资源可持续开发与利用，今后应重点采取以下对策。

（一）构建草原监测评价以及生态修复体系

充分发挥既有草原调查监测队伍作用，运用成熟方法成果，在继承发扬的基础上大胆探索创新，以深入推进林草融合为契机，充分借鉴森林资源调查监测的有益经验做法，通过转移、嫁接、融合、提高的办法，全面提升我国草原调查监测评价能力，构建内容全面、基础扎实、方法科学、运行顺畅的草原监测评价体系，完善草原类型区划、数据指标、样地场地设施、技术方法、质量控制、标准规范、数据库和软件平台、组织管理等体系，调查清楚草原底数和动态变化趋势规律，为科学指导草原保护修复和合理利用提供坚实基础和支撑。立足不同区域自然条件和草原退化状况等客观实际，坚持“节约优先、保护优先、自然恢复为主”的方针，明确草原生态修复主要任务，科学布局和组织实施草原生态保护修复重大工程，开展工程效益评估，加强修复成果管护，着力提高草原生态系统自我修复能力，改善草原生态系统质量，稳步提升草原的生态功能和生产能力。

（二）完善草原自然保护地体系

近年来，随着国家一系列草原保护政策及工程的落地实施，草原保护管理体系逐步构建，全国累计建成草原类自然保护区 41 个，面积达 165.17 万 hm^2（赵金龙等，2020）。2020 年，国家林业和草原局开展了国家草原自然公园建设试点，试点面积 14.7 万 hm^2（新华社，2021）。目前，国家林业和草原局正有序组织开展国有草场建设试点，探索国有草原可持续发展模式，因地制宜发展现代草业、生态畜牧业和草原旅游业。持续完善草原自然保护地体系，整合优化建立草原类型自然保护地，实行整体保护、差别化管理。开展自然保护地自然资源确权登记，在自然保护地核心保护区，原则上禁止人为活动；在自然保护地一般控制区和草原自然公园，实行负面清单管理，规范生产生活和旅游等活动，增强草原生态系统的完整性和连通性，为野生动植物生存繁衍留下空间，有效保护生物多样性。

（三）完善草原执法监督体系

通过专题研究和实践推动，努力构建适应草原资源保护新形势、新要求和新任务的草原执法监督体系。明确新型草原执法监督体系的主要内容，健全完善草原执法监管依据，以各地推进林长制实施为契机，通过切实落实草原资源监管责任，推进基层草原站（所）智能化、标准化建设，加强草原管护员队伍建设，通过构建常态化执法监管、协同处置违法行为、重大事件应急处置、草原资源保护工作约谈、草原资源保护宣传培训等措施、手段，逐步建立并不断完善系统规范、运行高效的草原执法监管体系。在草原主要省（区）分级设立市、县、乡和村级草长或林（草）长，科学确定草长责任区域，严格落实地方政府的草原资源监管主体责任，正确处理草原资源保护和科学合理利用的关系，有效破解当前影响制约草原管理工作开展的难题和瓶颈，守住草原生态安全的边界。

（四）构建现代草业体系

现代草业是基于生态文明建设的时代背景，以现代科技促进草业高质量发展的产业，是草原生态建设产业化、产业发展生态化的必由之路。建设高质量草原畜牧业，以提高效益为中心，走集约化、产业化之路。按照市场经济体制和机制的要求，打破传统、粗放的经营方式，实现区域化布局、专业化生产、集约化经营、社会化服务、企业化管理。培育龙头家庭牧场，实现市场牵龙头、龙头带基地、基地连牧户的模式，逐步形成强强联合、以强带弱的现代化企业管理体系，发展一批贸工牧、产供销、牧科教等多种形式一体化生产的经营实体，促进我国草原畜牧业生产集团化、产业化。

大力发展草种业，建立健全国家草种质资源保护利用体系，开展草种质资源普查，建立草种质资源库、资源圃及原生境保护为一体的保存体系和评价鉴定、创新利用和信息共享的技术体系。加强优良草种，特别是优质乡土草种选育、扩繁和推广利用，不断提高草种自给率，满足草原生态修复及草坪业建植用种需要。鼓励牧草品种选育者与良种繁育企业对接，打造适应我国草种业生产特点的牧草种子分散生产、集中收购的灵活生产模式。建立草种储备制度，完善草品种审定制度，加强草种质量监管。

积极推进饲草种植业，根据草牧业发展和当地水热资源条件，确定饲草种植发展方向，因地制宜推进饲草种植业。按照自然地理条件和资源承载力，推进优质苜蓿生产区、优质羊草生产区、优质燕麦生产区等生产区建设。在“镰刀弯”地区和农牧交错带，深入开展草牧业试验试点。农区要结合退耕还草、草田轮作等方式，大力发展人工草地，提高饲草供给能力。优化牧区、半农半牧区和农区资源配置，推行牧区繁育、农区育肥的生产模式，提高资源利用效率。

（五）提升科技人才支撑能力

草原保护面临地缘广袤突出、问题复杂、科技贡献率低等诸多挑战，加强科技支撑能力，是未来相当长的一段历史时期内的一项重要工作，紧迫而艰巨。实行重大科技攻关“揭榜挂帅”制度（新华社，2021），鼓励大专院校和科研机构聚焦国土绿化草（品）种选育扩繁、草原鼠虫害防治生物药剂研发生产、退化草原生态修复及人工草地建设机械研发生产等关键技术和装备的研发推广。加强草原科技创新平台建设，推进国家级重点实验室、生态系统定位观测站、国家长期科研基地、工程技术研究中心、自然教育基地、高质量标准体系等的建设。加快科技创新人才培养，构建高素质人才队伍，加大领军人才引进力度。支持社会化服务组织发展，充分发挥草原方面学会、协会等社会组织在政策咨询、信息服务、科技推广等方面的作用。健全国际合作体系，深化交流合作，提升草原治理科技水平。加强基层人才队伍建设，加强高素质专业人才培养，重点草原地区要强化草原监管执法，加强执法人员培训，提升执法监督能力。强化乡镇草原工作站职能，推进标准化建设，加强草原管护员队伍建设管理，提升基层草原执法队伍素质，推行综合执法，充分发挥人员作用。改善基层人员工作和生活条件，加强草原管护用房及水电路等设施建设，加大草原专业人才招收和引进，建立专业高效的基层机构队伍。

第三节　中国动物资源的保护与可持续利用

动物资源是生物圈中一切动物的总和，通常包括驯养动物资源（如牛、马、羊、猪、驴、骡、骆驼、家禽、兔、珍贵毛皮兽等）、水生动物资源（如鱼类资源、海兽等）及野生动物资源（如野生兽类和鸟类等）。其动物资源与人类的经济生活关系密切，不仅可提供肉、乳、皮毛和畜力，而且是发展食品、轻纺、医药等工业的重要原料。野生动物资源在维持生物圈的生态平衡中起重要作用。

一、中国动物资源的特点

（一）动物资源物种丰富，特有种类多且分布广泛

中国幅员辽阔，地貌复杂，气候多样，具有热带雨林、季雨林、常绿阔叶林、针叶林、针阔混交林、草甸、草原等多种植被类型，形成了丰富多样的野生动物栖息环境，蕴藏着丰富的野生动物资源。根据《中国生物物种名录》2022 版，我国现有动物 63886 种。据不完全统计，约有脊椎动物 7300 多种，其中陆生脊椎动物就有 3133 多种，占世界陆生脊椎动物的 10%，鸟类所占比例最高，有 1445 种，兽类其次，有 686 种；两栖类 527 种；爬行类 475 种。我国动物资源不仅种类丰富，而且珍稀动物物种较多、分布较广。据统计，仅分布在中国的特有兽类就有 110 种，占我国兽类的 18.9%，著名的如有活化石之称的大熊猫（*Ailuropoda melanoleuca*），金丝猴（*Rhinopithecus spp.*）、藏羚羊（*Pantholops ho-dgsonii*）等；特有鸟类 98 种，占我国鸟类的 7.88%，如朱鹮（*Nipponia nippon*）、黑项鹤（*Grus nigricollis*）、中华秋沙鸭（*Mergus squamatus Gould*）、褐马鸡（*Crossoptilon mantchuricum Swinhoe*）等；特有爬行动物 25 种，占我国爬行动物的 6.65%，如扬子鳄（*Alligator sinensis Fauvel*）、广西瑶山鳄蜥（*Shinisaurus crocodilunus Ahl*）等；特有两栖类 30 种，占我国两栖类的 10.56%，如大鲵（*Andrias davianus*）、版纳鱼螈（*Ichthyophis kohtaoensis Taylor*）等（蒋志刚等，2021）。

（二）经济资源动物种类繁多且利用广泛

1. 工业用资源动物

我国可用于制革的毛皮兽约有 150 种（彭建军和邓飞，2006）。产量大的有松鼠、竹鼠、旱獭、黄鼬、猞猁、鼬獾、果子狸、狐、貉、豹猫、野兔等；此外名贵皮毛兽貂和水獭的产量也不少。制革的主要种类有麂、鹿、野猪等有蹄类动物。从甲壳动物的壳中提取的甲壳质除用作抗癌成分外，还可用作手术缝线、隐形眼镜片、人造皮肤、纺织剂和造纸等。许多鸟类的羽毛还可做羽绒用和艺术装饰品。我国鸟禽中可提供绒用和饰用羽毛的种类很多。野鸭绒为大宗羽绒产品。雉科许多华丽种类的彩色羽毛，可做艺术装饰品，如绿孔雀、长尾雉、锦鸡、白鹇、藏马鸡、蓝马鸡等。鸭类中的鸳鸯、绿头鸭、针尾鸭、罗纹鸭和翠鸟的饰用羽毛，在国外市场的销量也很可观。

2. 肉用动物资源

除上述有蹄类动物可提供肉类外，在脊椎动物中，常作食用的鱼类有 400 余种、两栖类有 40 余种、爬行类有 60 余种、鸟类有 100 余种、兽类有 100 余种；在无脊椎动物中，常作食用的有 200 余种，主要是软体动物、甲壳动物和昆虫（彭建军和邓飞，2006）。鸟禽中可提供肉食的主要动物有雁类、雉鸡类、鸠鸽类、鹬类、沙雉等，如绿头鸭、鸿雁、灰雁、斑头雁、番鸭、环径雉、石鸡、鹌鹑、斑头山鹑、花尾榛鸡等。

3. 药用动物资源

药用动物种类很多，据不完全统计，我国现有药用动物 1850 多种（康廷国，2003）。中国医书中记载的药用兽类有麝香、鹿茸、虎骨、熊骨、羚羊角、牛黄等。鸟禽中入药种类有环颈雉、夜鹰、戴胜、大嘴乌鸦、树麻雀等。哺乳类有马鹿、白唇鹿、麝、灵猫（灵猫香）、熊（胆汁）、水獭（胆和肝）、貉、黄鼬、獾、旱獭（脂肪）等。两栖类入药种类有中国林蛙、蟾蜍等。爬行类中入药的有蛇等许多种类。但随着野生动物，特别是稀有野生动物的保护受到人类的日益重视，入药的野生动物的种类正日趋减少。

4. 有害动物的天敌资源

食肉动物中一些小型猛兽，如黄鼬、艾鼬、伶鼬、豹猫、兔狲等，都是鼠类的天敌，是人类消灭害鼠的助手。鸟类中的猛禽，大多数是啮齿动物的天敌。中小型猛禽如鸢、苍鹰、草原雕、金雕、游隼、红隼等，在控制有害鼠的数量及保持自然生态平衡方面有重要作用。一些大型猛禽如秃鹫、兀鹫等嗜食野生动物的尸体和腐肉，有利于防治环境污染。

从动物资源的地理分布看，我国动物资源区域差异明显。华中区和华南区所产动物的色彩绚丽，富于光泽，但毛皮兽的毛被较短，底绒较薄。华北区和青藏区动物的羽色或毛色通常淡雅，而毛皮兽的毛被均较厚密，底绒丰足，御寒性强。西南区由于山地海拔高，气候凉润，资源动物兼有北方与南方的优点——色泽鲜艳，毛被软厚，毛皮兽的毛皮质量堪称上乘。

（三）淡水鱼类资源较丰富

我国陆地水域生态环境多样，多种多样的地理、气候等自然条件孕育了多种多样的水生生物资源，是世界上最大的淡水渔业国。我国地处温带、亚热带和热带，栖息着种类繁多的淡水鱼类，绝大多数鱼类是温水性，自然分布于我国的土著淡水鱼类有804种。鲤科鱼类种类和数量是最多的，鲤形目种类达623种，分别隶属于6科160属，其次为鲇形目鱼类84种；其余为鲈形目、鲑形目鱼类、鲟形目、鲉形目、鳕形目、鲱形目、鳉形目、刺鱼目、七鳃鳗目、颌针鱼目及合鳃鱼目。其中大约有1/2的种类可供食用，常见的经济鱼类有50多种，其中分布广、产量大、食用价值高的有鲤鱼、鲫鱼、白鲢、草鱼、鳜鱼、黄鳝、花鱼骨、长青鳊、翘嘴红鲌、蒙古红鱼白、鳙鱼、鲇鱼、乌鱼等。以我国四大江河水系为例，分布于长江水域的鲤科鱼类共164种，鳅科、平鳍鳅科、虾虎鱼科及其他32科共计206种，其中经济鱼类主要有青鱼、鲮鱼、白甲鱼、团头鲂（武昌鱼）、赤眼鳟、鳗鲡等，中华鲟、白鲟为珍稀鱼类；黄河水系的鲤科鱼类共87种，鳅科、虾虎鱼科、银鱼科、鲀科及其他21科共计104种；黑龙江水系的鲤科鱼类共59种，鲑科、鲟科、虾虎鱼科及其他18科共计74种；珠江水系的鲤科鱼类共81种，虾虎鱼科、塘鳢科、鳅科及其他20科共计89种（龙华，2000），可作为养殖对象的有20余种。

二、我国动物资源开发利用中的主要问题

动物资源是可更新资源，若能积极保护及科学合理地开发利用，使资源的消耗速度符合他们恢复的速度，则可成为取之不尽、用之不竭的自然财富。然而，随着我国人口的快速增加及经济的高速发展，对野生动物资源的需求和压力不断增大，由于对动物资源利用不合理、保护不够，使动物资源遭到严重破坏，数量正日趋减少，许多珍贵稀有的物种濒临灭绝。近50年来我国动物灭绝了数十种，另外尚有数百种面临濒危绝灭的境地。根据《国家重点保护野生动物名录》（2021版），我国列为国家重点保护野生动物的共有980种和8类，其中国家一级保护野生动物234种和1类、国家二级保护野生动物746种和7类。上述物种中，686种为陆生野生动物，294种和8类为水生野生动物。我国动物资源开发利用中主要存在以下问题。

（一）过度利用野生动物资源

近年来，我国野生动物的种群数量呈现急剧下降的趋势，并且有很大一部分野生动物正在濒临灭绝，虽说保护工作已经得到有序开展，但由于相关法律的滞后以及社会保护意识缺乏等原因，保护效果并不理想。以野生梅花鹿为例，古时野生梅花鹿在我国分布广泛，东北地区、华北地区、华南地区以及山西、甘肃等地均有亚种分布，但如今华北、山西亚种已经灭绝，东北野生梅花鹿几近灭绝，近几年通过人工繁殖，数量上才有所增加。

（二）栖息环境遭破坏，动物生存遭到威胁

森林采伐过度、草原滥垦、农耕土地的扩大、湿地滩涂的围垦、城镇和工业区的不断发展、水利工程的建设以及农药的污染等，都会改变自然景观，使野生动物的最适生境遭受破坏，危及物种生存。我国野生动物种类繁多、栖息类型多样、分布区域大多偏远，部分物种尚未摆脱灭绝危险，珍贵、濒危野生动物受威胁程度仍较高。我国科学家对分布于中国的陆生脊椎动物进行了评估，结果发现约有 25.9%的兽类、10%的鸟类、30.5%的爬行类以及 37.3%的两栖类为生存受威胁物种（蒋志刚等，2021）。

（三）野生动物犯罪几乎遍布全国

虽有相关法律规制，但是破坏野生动物资源犯罪屡禁不止。根据国家林业和草原局森林公安局的统计数据，近 30 年来，我国森林公安共查处破坏森林和野生动物资源案件 456.8 万起，打击处理违法犯罪人员 667.3 万人（次），收缴野生动物 7286.4 万头（只），涉案金额 672.7 亿元。2020 年 1 至 9 月，全国检察机关共起诉破坏野生动物资源犯罪 15154 人，同比上升 66.2%，其中，非法捕捞水产品罪，非法狩猎罪和非法收购，运输、出售珍贵、濒危野生动物和珍贵、濒危野生动物制品罪为主要涉案罪名。从行政区划看，野生动物犯罪云南省高居榜首，为 832 例，其次是广东省，为 572 例，排在第 3 位的是四川省，为 364 例。值得注意的是，新疆维吾尔自治区的野生动物诉讼仅有 1 例。

（四）外来物种入侵

我国是生物多样性最丰富的国家之一，但是，随着美国白蛾、德国小蠊、福寿螺、巴西龟等外来入侵物种数量的不断上升，已经对生态造成了不同程度的破坏。而这些现象是由一些民众乱养外来宠物所导致的。一些人在饲养这些宠物后，会将其放生，如红玫瑰蜘蛛，它在中国本土生物链环境中没有天敌，一旦生存下来并和当地蜘蛛交配，杂交出来的物种可能更强大，进而会引发我国生态环境的危机。

三、我国动物资源保护与可持续利用的对策

为使中国野生动物资源得到合理的开发利用与有效保护，能永远为人类造福，应当采取以下对策。

（一）加强野生动物资源调查与评估

全国各省（区、市）应有重点、有计划地对珍贵、稀少、特有的动物以及主要的动物资源进行实地考察，内容包括资源物种的组成、分布、栖息环境、种群数量、利用现状等，及时准确地掌握动物种群的动态变化、完善濒危物种评估体系，基于所掌握的情况采取就地保护或迁地保护等措施，为区域和国家生物多样性及重要生物资源的保护、管理和有效利用提供有力支撑。

（二）积极建立野生动物自然保护区

在珍稀、濒危物种的重要栖息地、繁殖地或越冬地，建立各种野生动物自然保护区，加强栖息地保护，为野生动物提供赖以生存的自然环境。利用现代高科技手段和装备，整合提升巡护管理、综合执法能力，有序开展跨境联合保护，构建全覆盖的立体保护网络。截止到2021年，我国正式设立三江源、大熊猫、东北虎豹、海南热带雨林、武夷山等第一批国家公园，各类自然保护地面积占到陆域国土面积的18%，涵盖近30%的陆域国家重点保护野生动植物种类，有效保护了85%的国家重点保护野生动物种群（中华人民共和国国务院新闻办公室，2021）。

（三）加强野生资源物种的驯养繁殖工作

建立实验用动物、毛皮用动物或肉用动物的驯养繁殖场（包括引种驯养），这既是保护现存野生动物资源的一项重要措施，同时又是扩大利用动物资源的一种重要手段，能够满足科研、实验及生活上的需求，并可大量繁殖出口。

（四）制定狩猎法，开展有计划的狩猎

狩猎作为一种合理的利用方式，是调节野生动物物种数量的重要手段。对狩猎应实行法规和制度化管理，包括制定狩猎法律、规定狩猎管理制度、每年按期发布狩猎时间和狩猎限额等。猎民必须经过严格的培训和考试，主要内容包括枪械使用、动物识别、狩猎法规、猎人道德、猎物处理等，在狩猎过程中，猎人必须要严格按规定的猎捕工具、方法和时间、场所及种类、数量、性别等进行狩猎。另外，还应建立猎民协会、开展猎人培训、发行相关出版物，以便于猎物信息发布，促进教育和信息交流。

（五）加强法治，执法必严，违法必究

我国已通过了《中华人民共和国野生动物保护法》，这一法规的颁布，是我国法治建设和野生动物保护事业的一件大事。我国还是《濒危野生动植物种国际贸易公约》的签约国。我国应以国家的保护法为准绳，严禁捕杀国家重点保护的珍贵、濒危野生动物，禁止收购重点保护动物的一切产品，违者应予惩处。我们也应自觉地遵照国际公约规定，严禁珍稀濒危物种的任何产品随意出口，杜绝资源外流。

（六）建立动物保护专项基金

建立动物保护专项基金，引导人们认识和接受动物福利的思想。用专项基金给予动物福利保障，不但有助于弘扬民族伦理精神，引导民众道德，推进社会文明，而且是保护生物多样性、实现可持续发展的需要。

（七）实施公众参与制度

鼓励民间组织和公民个人积极参与动物保护活动。对专业人士加强动物保护的宣传

教育，以便让更多的人了解和参与到动物保护活动中来。只有集各方力量共同参与动物保护工作，共同监督动物保护的实施情况，拓宽信息渠道，才能比单靠政府和动物保护专门机构来推进动物保护事业取得更好的实际效果。

复习思考题

1. 为什么中国的森林资源的覆盖率低且分布不均？
2. 中国森林资源存在的突出问题是什么？如何应对？
3. 草地资源退化的主要表现是什么？怎样保护草地资源？
4. 对于日益减少的动物资源，你认为如何做才能保护动物多样性？

参 考 文 献

白永飞, 赵玉金, 王扬, 等. 2020. 中国北方草地生态系统服务评估和功能区划助力生态安全屏障建设. 中国科学院院刊, 35(6): 675-689.

范昊明, 蔡强国, 王红闪. 2004. 中国东北黑土区土壤侵蚀环境. 水土保持学报, 18(2): 66-70.

国家林业和草原局. 2020. 2018 年度中国林业和草原发展报告. (2020-04-27)[2023-05-01]. http://www.forestry.gov.cn/main/62/20200427/150949147968678.html.

郝天象, 王兵, 牛香, 等. 2022. 全面提升我国森林生态系统质量和稳定性的实践与思考. 陆地生态系统与保护学报, 2(5): 13-31.

蒋志刚, 吴毅, 刘少英, 等. 2021. 中国生物多样性红色名录（脊椎动物） 第 1 卷 哺乳动物. 北京：科学出版社.

康廷国. 2003. 中药鉴定学. 北京：中国中医药出版社.

李俊魁, 玉宝, 付晓轩, 等. 2022. 国有林区人才队伍建设问题及对策研究. 国家林业和草原局管理干部学院学报, 21(1): 28-35.

林德荣. 2020. 新时代背景下对我国森林经营问题的重新思考. 北京林业大学学报（社会科学版）, 19(3): 44-48.

刘世荣, 冯德金, 葛千涛, 等. 2022. 挖掘森林碳汇潜力，助力“双碳”目标实现. 生态文明世界, 43(4): 50-59, 7.

龙华. 2000. 试论我国淡水渔业资源开发与利用的可持续发展及我国淡水渔业资源的现状. 水利渔业, 20(4): 16-18.

彭建军, 邓飞. 2006, 中国动物科学的研究现状与发展趋势. 中国农业通报, 22(11): 8-15.

史军义, 周德群, 马丽莎, 等. 2022. 中国竹类多样性、地理区划及发展趋势. 世界竹藤通讯, 20(4): 5-10.

宋保平. 2011. 中华人文自然百科·地理卷. 北京：北京师范大学出版社.

唐芳林. 2021. 完善草原治理体系, 推进生态文明建设. 中国党政干部论坛, 391(6): 78-81.

王天威, 钟瑾. 2021. 创制现代草产品加工科技体系保障大粮食安全. 中国科学院院刊, 36(6): 675-684.

魏辅文, 杨奇森, 吴毅,等. 2021. 中国兽类名录（2021 版）. 兽类学报, 41(5): 487-501.

新华社. 2020. 首批试点公布！我国正式开启国家草原自然公园建设. (2020-08-29)[2023-05-01]. http://www.xinhuanet.com/politics/2020-08/29/c_1126428919.html.

新华社. 2021. 中共中央办公厅 国务院办公厅印发《关于全面推行林长制的意见》. (2021-01-12)[2023-05-01]. http://www.gov.cn/zhengce/2021-01/12/content_5579243.html.
许崇任, 程红. 2000. 动物生物学. 北京：高等教育出版社.
赵金龙, 刘永杰, 唐芳林, 等. 2020. 中国草原自然公园建设的必要性. 中国草地学报, 42(4): 1-7.
中华人民共和国国务院新闻办公室. 2021. 中国的生物多样性保护白皮书. (2021-10-08)[2023-05-01]. http://www.scio.gov.cn/zfbps/ndhf/2021n_2242/202207/t20220704_130704.html.

第十三章　中国海洋资源的可持续开发与利用

内容概要：本章主要介绍了中国海洋资源的总体概况、各种海洋资源的赋存状况和开发利用现状。分析了中国海洋资源开发利用过程中面临的主要问题，并从海洋综合管理、海洋生态环境保护、海洋权益维护、海洋绿色经济等角度出发，结合国家有关部门的政策对未来我国海洋资源的可持续开发利用作出展望。

关键术语：中国；海洋资源；可持续发展

思维导图：

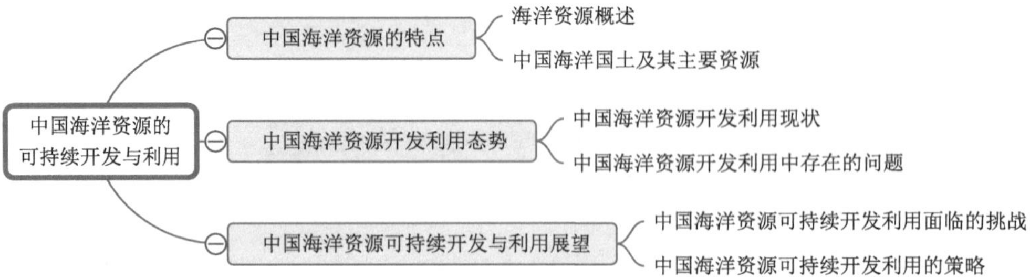

学习目标：

1. 了解中国海洋资源的总体概况、分类及其基本特点。
2. 掌握中国海洋资源开发利用的现状及其存在的主要问题。
3. 掌握我国海洋资源可持续开发利用的方向与策略。

第一节　中国海洋资源的特点

一、海洋资源概述

海洋是覆盖于地球表面浩瀚连续的咸水水体的总称。全球海洋面积为3.61亿km^2，约占地球表面积的70.8%；海洋体积为13.7亿km^3，平均水深为3800m，最深处为11034m，海洋水量占地球表面水量的97.2%。

海洋由海和洋组成。洋为主体，占海洋面积的89%。世界大洋分为太平洋、大西洋、印度洋、北冰洋4个大洋。太平洋面积最大，约占大洋总面积的1/2；其次是大西洋和印度洋；北冰洋面积最小。海位于各大洋的边缘地带，附属于各大洋，它们有的通过狭窄的海峡与大洋相连，有的以岛链与大洋相隔。按所在地理位置不同，海分为边缘海、地中海和内陆海。

海洋资源属于自然资源，人们对海洋资源概念的理解是随着科学技术的不断进步、对海洋认识的不断深入而发展的。

广义海洋资源是指凡是与海洋有关的物质、能量和空间都属于海洋资源的范畴。例如，海洋上的风能，海底的地热，海上城市、花园和飞机场，海底的隧道和居住室，海滨浴场，以及海水中的各种资源。总之，凡是海上可以利用的空间，能够创造财富的物质和能源，可供人们生产、生活和娱乐的一切与海洋有关的设施，均为海洋资源。

狭义海洋资源是指来源、形成和存在方式都直接与海水相关的资源。例如，海水中生长的动植物，海水里存在的各种化学元素，海水运动所具有的能量，海底埋藏的各种液态和固态的矿物等。总之，海洋资源是和海水本身直接发生关系的物质和能量。

海洋资源十分丰富，种类繁多，其基本属性和用途均具多样性。根据海洋资源的属性和用途，可将海洋资源划分为海水及水化学资源、海洋生物资源、海洋固体矿产资源、海洋油气资源、海洋能资源、海洋空间资源、海洋旅游资源等 7 大类（表 13.1）。

表 13.1　海洋资源分类表（辛仁臣等，2013）

大类	类别	属性	用途
海水及水化学资源	海水水资源	海水具有水的属性 海水可脱盐淡化、提取淡水	人类饮用
			工业
			农业
			畜牧业、养殖业
	海水水化学资源	海水中的各种化学元素	工业
海洋生物资源	渔业生物资源	天然海洋生物	海洋渔业
	养殖业生物资源	人工养殖海洋生物	海水养殖业
	药用生物资源	药用价值的生物	生物制药
海洋固体矿产资源	滨海砂矿	滨岸带砂及砂矿	建筑业、工业
	海底热液矿床	半深海、深海热液矿床（如硫化物）	工业
	海底结核	半深海、深海含矿物结核（如锰结核）	
	海底结壳	半深海、深海含矿物结壳（如钴结壳）	
	海底磷矿	海域中以磷为主的矿床	
海洋油气资源	海底石油资源	海底地下石油资源	石油工业
	海底天然气资源	海底地下天然气资源	天然气工业
	海底可燃冰资源	近海底天然气气体水合物	
海洋能资源	波浪能资源	海洋中波浪运动的动能	电力工业和动力工业
	潮汐能资源	海洋中潮汐运动的动能	
	海流能资源	海洋中海流运动的动能	
	潮流能资源	海洋中潮流运动的动能	
	温差能资源	海洋中温差产生的动能	
	盐度能资源	海洋中盐度差产生的动能	
海洋空间资源	海底空间资源	海底底床附近空间	海底建筑
	海面空间资源	海平面附近空间	海面建筑
	海水空间资源	海底与海平面间的海水水体空间	军事、海运
海洋旅游资源	海水运动景观	由海水运动产生的特征景观	旅游业
	海洋地貌景观	海岸带、岛屿及海面的景观	
	海洋生物景观	海洋生物的观赏性	
	海洋人文景观	人类在海洋中各种活动的遗迹	

二、中国海洋国土及其主要资源

中国海域称为中国近海，东南面与太平洋相连，有渤海、黄海、东海、南海和台湾以东太平洋海域 5 个海区，这些海区连成一弧形海域，基本属于太平洋的陆缘海。它们内靠我国大陆，外接朝鲜、韩国、日本、菲律宾、印度尼西亚、马来西亚、文莱和越南等国家。这些海区由一系列岛弧-海沟和太平洋分开，仅我国台湾东岸与太平洋直接相通。

我国海洋国土范围辽阔，横跨温带、亚热带和热带，蕴藏着丰富的海洋资源。

（一）中国的海洋国土

1982 年第三次联合国海洋会议以压倒性多数通过了《联合国海洋法公约》，1994 年生效。加入公约的国家现已达到 100 多个，是目前有关海洋方面最为全面和权威的国际法。按照海洋公约，海洋主要被划分为国家管辖海域和国际海域两大部分。国家管辖海域包括内海、领海和毗连区、专属经济区、群岛水域、大陆架等。国际海域包括公海和国际海底。

内海是指领海基线内侧的全部海域，它与国家的陆地领土具有相同的法律地位，国家对其享有完全的排他性主权；领海是沿着国家的海岸和内水，受国家主权支配和管辖下的一定宽度的海域，目前国际上通行的是 12n mile（1n mile=1.852km）领海，沿海国在领海范围内享有完全的主权管辖和控制。这些主权和控制一般包括 4 个大类：管辖外国船舶、治安、税收和海关等行政职能，渔业权力，国防安全权；毗连区是指沿海国领海以外，但又毗连其领海的一定宽度的特定海区，沿海国在此区域对若干事项行使必要的管辖；专属经济区是领海以外并邻接领海的一个区域，受国际海洋法规定的特定法律制度的限制，其宽度不超过 200n mile；大陆架包括其领海外依其陆地领土的全部自然延伸，扩展到大陆边外缘的海底区域的海床和底土，其组成部分包括大陆架、大陆坡和大陆基（封志明，2004）。

国际海底区域，简称区域，是指国家管辖范围以外的海床和洋底及其底土；公海是指不包括在国家的专属经济区、领海或内水或群岛国的群岛水域内的全部海域，是重要的人类共享资源之一。

我国海域面积 473 万 km^2，海洋平均深度 961m，最大深度 5559m，海岸线总长度 32000km，其中岛屿岸线 1.4 万多 km。我国共有海岛 11000 余个，海岛总面积约占我国陆地面积的 0.8%，大于 500m^2 岛屿 7300 个，岛屿面积 80000km^2。200n mile 专属经济区的管辖海域面积约 300 万 km^2（王宏和李强，2013）。

我国海域包括渤海、东海、黄海、南海 4 个海区。

1. 渤海

渤海是一个半封闭的内陆湾，属于我国内海，面积约 77000km^2，南邻黄海，水文、气象受大陆的影响较大。渤海由辽东湾、渤海湾、莱州湾和中央海盆 4 部分组成，南北长约 300n mile，东西宽约 160n mile；平均水深为 18m，最大水深为 140m。流入的主要河流有辽河、海河、黄河等。从辽东半岛的老铁山到山东半岛的蓬莱角之间的连线为渤海和黄海的分界线。

2. 黄海

黄海位于中国大陆和朝鲜半岛之间。黄海为一半封闭的浅海，其水文、气象易受大陆的影响。黄海南北长约 470n mile，东西宽约 300n mile，面积约为 380000km^2，平均水深 44m，最大水深 140m。流入的主要河流有鸭绿江、大同江、双江等。长江口至济州岛的连线为黄海和东海的分界线；山东半岛的成山头到朝鲜西岸的长山一线，把黄海划分为南北两部分。

3. 东海

东海北部邻接黄海，南北长约 700n mile，东西宽约 400n mile，面积约为 770000km^2，是一个比较开阔的边缘海。平均水深为 370m，最大水深为 2719m。台湾浅滩的水深仅有 15～20m。从我国广东省南澳岛经澎湖列岛至台湾岛一线为东海和南海的分界线。东海水文、气象主要受太平洋的影响，东部的黑潮暖流与西部的沿岸海流也有较大影响。

台湾海峡属东海大陆架区。流入的主要河流有长江、钱塘江、闽江、浊水溪等。台湾以东的海区地形复杂，水深较深，黑潮暖流终年流经，其水文、气象与其他 4 个海区迥异。

4. 南海

南海北面以台湾、广东、广西、海南岛沿岸为界；东面接菲律宾、巴拉望、加里曼丹等与太平洋分隔开来；南面接马来西亚、纳土纳群岛、加里曼丹等与印度洋隔开；西面接越南、马来半岛等沿海。南海总面积 350 万 km^2。整个南海的四周几乎被大陆和岛屿所包围，是一个深海盆，周围大陆对海洋水文状况影响较小。南海位于北回归线以南，处在热带和亚热带气候的影响之下。南海的深度比东海大得多，平均水深为 1212m，最大深度在菲律宾附近，为 5567m。南海海盆近似一个长轴为北东-南西向菱形盆地，海盆中央部分深度超过 4000m，海底地形西北高、东南低，且自海盆边缘向中心部分呈阶梯状下降。海盆的四周分布着大陆架，水深在 200m 以内。流入南海的主要河流有珠江、韩江、红河、湄公河、湄南河等。南海海面上群岛林立，较为著名的有我国的西沙群岛、南沙群岛、东沙群岛、中沙群岛等。主要的海湾有北部湾、暹罗湾。位于 4°N 附近的曾母暗沙等暗礁是我国最南部的领土（辛仁臣等，2013）。

（二）我国海洋资源概况

1. 海水及水化学资源

主要包括海水淡化、海水直接利用（工业用水、大生活水利用、灌溉水利用）、海水制盐、卤水综合利用、海水制镁、海水制溴、海水提碘和提铀等，在很大程度上可以弥补陆地资源的不足。我国海水淡化工程规模达 185.6 万 t/d，同比增长 12.4%。

2. 海洋生物资源

中国海洋生物资源种类繁多，有记录的海洋生物达 20278 种，隶属 44 门，其中鱼类

3032 种、螺贝类 1923 种、蟹类 734 种、虾类 546 种、藻类 10000 多种。中国海洋生物约占全球海洋生物物种的 10%，是全球海洋生物多样性丰富的 5 个近海海域之一，其中鱼类物种资源占全球的 14%，昆虫类占 20%，红树林植物占 43%，海鸟占 23%，头足类占 14%，造礁珊瑚物种约占印度—西太平洋区系造礁珊瑚物种总数 1/3。2021 年，我国海水产品产量 3387.2 万 t，同比增长 2.2%。2022 年我国海洋鱼类捕捞产量达 641.87 万 t（农业农村部渔业渔政管理局等，2023）。

3. 滨海砂矿资源

中国大陆东部岩浆活动频繁，为形成各种金属和非金属矿床创造了有利条件，已发现滨海砂矿 20 多种，主要有砂金、砂铂、金刚石、砂锡、铁砂矿以及共生复合型砂矿等，其中具有工业价值并探明储量的有 12 种，主要分布在辽东半岛、山东半岛、福建、广东、海南和广西沿海，其中独居石、磷钇矿、钛铁矿、金红石、锡石、铌钽矿主要分布在广东、广西、海南三省（区）；锆石、石英砂、砾石遍布于沿海各省；砂金分布在辽宁、山东、台湾三省；金刚石则见于辽宁省。目前已探明建筑用砂矿床 35 个，资源量约 100 亿 m^3，初步查明，渤海辽东湾、黄海成山头、东海舟山、台湾海峡西岸、南海珠江口等区块的潜在海砂资源总量约 7.8×10^{11}t（赵京涛等，2024）。

4. 多金属结核

我国是联合国批准的世界上第 5 个深海采矿先驱投资者，2001 年 5 月 22 日中国大洋协会与国际海底管理局签订了东北太平洋多金属结核勘探合同，取得位于东太平洋中部克拉里昂-克林波顿断裂带海域 7.5 万 km^2 矿区的专属勘探权，并且在多金属结核进入商业开采时具有优先开发权。该矿区内拥有 4.2 亿 t 干结核量，其中含 11175 万 t 锰、406 万 t 铜、514 万 t 镍、98 万 t 钴。

5. 富钴结壳

中国对富钴结壳的调查起步较晚，1987 年"海洋四号"首次获得富钴结壳样品，1997 年以来中国在中、西太平洋进行了多次富钴结壳战略性探查。2012 年中国大洋协会向国际海底管理局递交了在西太平洋的富钴结壳专属勘探区申请。在 2014～2016 年，中国大洋协会利用"海洋六号"船和"向阳红 09"船继续在合同区开展资源与环境调查及采矿试验工作，履行勘探合同义务。2018 年中国"科学"号科考船上的"发现"号深海机器人多次深潜探访全球著名的"富钴结壳区"。

6. 热液硫化物

热液硫化物具有巨大的潜在经济价值和良好的开发前景。中国"大洋一号"科学考察船在太平洋和印度洋发现了多处具有商业开采价值的多金属硫化物矿区。2011 年 7 月 20 日，国际海底管理局理事会核准了中国大洋矿产资源研究开发协会提交的西南印度洋多金属硫化物勘探区申请，使我国获得了面积约 1 万 km^2 的具有专属勘探权和优先开采权的海底矿区。合同区位于西南印度洋洋脊，限定在长度 990km、宽度 290km 的长方形范围内，勘探合同期为 15 年。

7. 海洋油气资源

根据第三次全国油气资源评价初步结果，海洋石油资源量为 246 亿 t，占中国石油资源总量的 23%，海洋天然气资源量 15.79 万亿 m^3，占中国天然气资源总量的 30%，目前海洋石油探明量只有 30 亿 t，探明率只有 12.2%，海洋天然气探明量 1.74 万亿 m^3，探明率只有 11%，远低于世界平均探明水平，海洋资源勘探开发潜力巨大。中国已在南海北部陆坡东沙、神狐、西沙、琼东南四个区开展了区域性的天然气水合物资源调查，在南海北部共圈出 1 个天然气水合物远景区，19 个成矿区带，圈定了 25 个成矿区块，控制资源量 41 亿 t 油当量。据国家统计局发布数据，2023 年海洋原油产量突破 6200 万 t，同比增产超 340 万 t，占全国原油总增量的 70%左右。

8. 海洋能资源

中国海洋能总蕴藏量 15.8 亿 kW，理论年发电量 13.8 亿 kW·h，总技术可开发装机容量 6.47 亿 kW，年发电量 3.94 万亿 kW·h（韩家新，2015）。中国沿岸潮汐能资源 1.1 亿 kW，可利用的装机容量约为 3500 万 kW，可开发装机容量大于 500kW 的坝址共 171 个，主要集中在浙江和福建两省（李晓超等，2021）。波浪能是海洋能源中一种能量最不稳定的能源，据有关文献推算，中国海域的波浪能理论总功率为 0.5 万亿～1.50 万亿 kW，中国沿岸波浪能资源地域分布很不均匀，以台湾岛沿岸最高，浙江、广东、福建、山东沿岸次之，广西沿岸最低；中国沿岸的海（潮）流能资源理论平均功率为 1399.85 万 kW，潮流能分布不均，浙江沿岸最多，占全国总量的 40%以上，各海区以东南沿海最多，约占全国总量的 80%；中国东海、黄海、南海的平均水温比较高，特别是南海夏季平均水温达 36℃以上，具有利用海水温差发电的有利条件和广阔前景。据估算，南海温差能资源理论蕴藏量为 11.9 亿～13.3 亿 kW；中国海洋盐差能主要分布在长江口及其以南的大江大河入海口沿岸，全国沿岸盐差能资源理论功率为 1.25 亿 kW，长江口沿岸可开发装机容量占全国总量的 60%以上；珠江口约占全国总量的 20%；中国是季风气候最显著的国家之一，季风影响范围和强度大，海上风能资源丰富，具有风电开发利用的良好市场和巨大资源潜力，近海 10m 水深的风能资源约 1 亿 kW，近海 20m 水深的风能资源约 3 亿 kW，近海 30m 水深的风能资源约 4.9 亿 kW。主要分布在东南沿海地区（高之国等，2013）。2021 年，我国海上风电新增并网容量 1690 万 kW，同比增长 4.5 倍。

9. 海洋空间资源

与海洋开发利用有关的海岸、海上、海中、海底地理区域的总称。中国濒临渤海、黄海、东海、南海、台湾以东海域，纵跨温带、亚热带、热带三个气候带，管辖海域面积广阔，海岸类型多样。大于 10km^2 的海湾 160 多个，大中河口 10 多个，自然深水岸线超 400km，海岛岸线总长 14000km。我国共有海岛 11000 多个，其中，无居民海岛约占 90％。2017 年底，我国海洋用海确权面积共计 24532.92km^2（陈斌等，2024）。截至 2019 年底，我国已建立 271 个不同级别的海洋保护区（段克和韩立民，2022），总面积约 12.4 万 km^2，占我国管辖海域的 4.1％。截至 2021 年底，我国已创建 153 个国家级海洋牧场示范区，涉及海洋面积 2506.95km^2（杨红生和丁德文，2022）。

10. 海洋旅游资源

中国漫长的海岸线上有多样化的海岸形态，悠久的海洋开发历史留下了众多的历史文化景点。据统计，中国海滨旅游景点有 1500 多处，自然景观优美的滨海沙滩 100 多处。国务院公布了 16 个国家历史文化名城，25 处国家重点风景名胜区，典型海洋生态系统、珍稀濒危海洋生物、海洋自然历史遗迹及自然景观等各类海洋保护区 210 多处，其中国家级海洋自然保护区 32 处，国家级海洋特别保护区 17 处，涉及海岛的海洋保护区 57 个（高之国等，2013）。

第二节　中国海洋资源开发利用态势

一、中国海洋资源开发利用现状

中国海洋事业历史悠久，早在新石器时期，中国就创造了带有海上活动特色的龙山文化和百越文化，并流传到国外。夏、商、周代，海洋捕捞技术已有初步发展。春秋时期，鱼、虾、贝类和食盐已成为沿海和内地进行交换的重要商品。

秦始皇统一中国后曾 4 次巡海。汉代开辟了海上丝绸之路。指南针用于航海是中国的首创。唐朝时沿海地区就出现了利用潮汐来推磨的小作坊。明朝初期郑和组织了近 3 万人的庞大船队，七下西洋，历时 28 年。此后 400 年，中国禁海闭关，日渐衰落，以至沦为一个半殖民地半封建国家。

新中国成立后，特别是 20 世纪 80 年代中国实行对外开放以来，开发利用海洋的态势喜人，沿海各省市都提出了自己的海洋发展战略，中央更有统一部署和有力措施，在海洋科学研究和海洋技术研究方面都取得了突破性进展。截至 2019 年，我国有近 200 多所海洋科研机构，科技活动人员超过 3.5 万名，已完成了海岸带、滩涂资源的综合调查和海岛资源、大洋多金属结核综合调查，还进行了海洋普查、大陆架调查以及其他多项专业调查，基本查明了我国海岸线、海域和海岛的环境和资源情况，为海洋综合开发提供了科学依据。

当前，海洋经济已经成为国民经济新的增长点。习近平总书记强调，海洋是高质量发展战略要地。党的二十大报告提出，加快建设海洋强国。政府工作报告将“发展海洋经济”列入过去五年增强区域发展平衡性协调性的重大成就中。全国海洋经济产值 1980 年为 80 亿元，1990 年为 438 亿元，2000 年为 4133 亿元，2018 年为 83415 亿元，2022 年为 94628 亿元，增长迅速。近年来，海洋生产总值占国内生产总值的比重总体呈上升趋势，近年来处于下降趋势（图 13.1），2022 年占国内生产总值的比重为 7.8%。

目前，中国海洋资源开发在传统领域继续保持平稳发展，海洋油气、渔业和交通运输是海洋资源开发的主要领域。海洋生物资源的医药利用、海水资源和海洋能资源利用正加速向产业化方向推进。

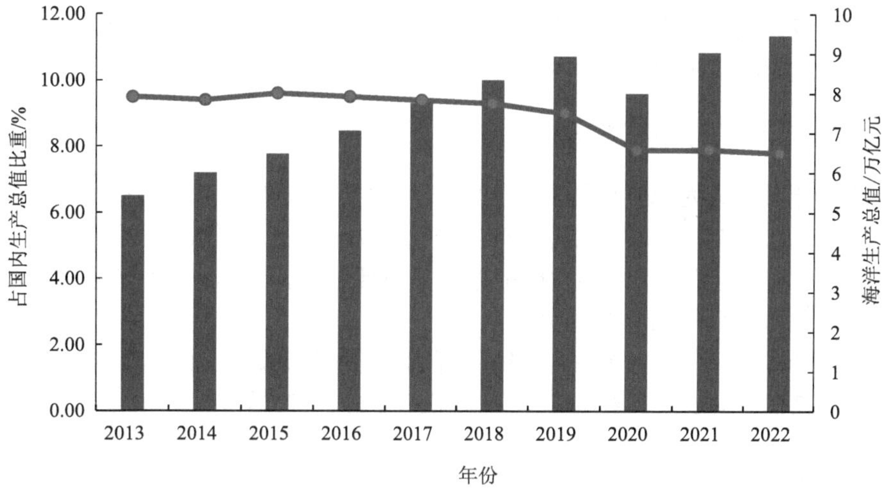

图 13.1　2013～2022 年海洋生产总值及其占国内生产总值比重变化趋势

（一）海水及水化学资源

中国已建和在建工程累计海水淡化能力约 60 万 t/d，已建成的产业化示范工程项目有 5000t/d 反渗透海水淡化工程、3000t/d 低温多效蒸馏海水淡化工程、1.25 万 t/d 低温多效海水淡化工程。引进技术消化吸收后设计制造的设备有 3000t/d、4000t/d 低温多效海水淡化成套装置（高之国等，2013）。

2010 年中国海水直接利用 600 亿 m^3，随着海水利用技术的不断进步，海水直接利用从工业领域向农业领域扩大。目前，海水利用虽然在海洋经济总量中所占比重十分微弱，但是其真正的意义并不能只用产业产值衡量，而在于海水利用解决的是增加水资源以维持其对其他产业的支撑作用，具有保障用水安全的长远意义和战略意义。

2011 年全国沿海地区海盐产量 3322.42 万 t，海洋化工品产量 9202143t。海水制溴、海水制碘、海水制钾、海水制镁、海水制铀、海水制重水等水化学资源利用方式也在积极进步和发展（王宏和李强，2013）。

2022 年，海水淡化与综合利用业全年实现增加值 329 亿元，比 2021 年增长 3.6%。海水综合利用稳步增长，海水淡化关键技术研发取得新突破，海水淡化工程规模进一步扩大。

（二）海洋生物资源

2019 年中国海水产品产量 3282.5 万 t，海洋捕捞产量 1000.15 万 t，海水养殖产量 2065.33 万 t。海水养殖面积 199.218 万 hm^2，远洋渔业产量 217.02 万 t，海洋渔业全年实现增加值 4715 亿元，比上年增长 4.4%。2022 年，海洋水产品加工业全年实现增加值 953 亿元，比上年增长 0.9%。海洋水产品加工业总体保持平稳发展。

海洋生物医药的研发已经取得丰硕的成果，已知药用海洋生物约有 1000 多种，分离得到天然产物数百个；制成单反药物 10 余种，复方中成药近 2000 种；已在海洋生物体中发现10000多种具有新型结构的化合物，其中200多种已申请专利（高之国等，2013）。海洋药物临床试验稳步推进，海洋生物制品生产规模不断扩大。

（三）海洋油气与砂矿资源

海洋油气开发已成为海洋资源开发重点，但主要局限在渤海、东海、南海等内海以及近海浅水区。2019年，海洋原油生产实现产量4916万t，我国海洋油气业全年实现增加值1541亿元（自然资源部海洋发展战略研究所课题组，2021）。海洋原油产量占全国原油产量的比重总体呈不断上升趋势。

我国海洋砂矿的开发起步较早，但规模有限，开采规模较大的主要有钛铁矿、金红石、锆石、铬铁矿，磷钇矿，砂金矿、石英砂、型砂、建筑用砂等10余种。

（四）海洋能资源

潮汐能是中国海洋可再生能源开发利用技术中最为成熟的，中国潮汐电站总装机容量约6000kW，居世界第3。中国海岸线曲折漫长，潮汐能资源蕴藏量约为1.1亿kW，可开发总装机容量为2179万kW，年发电量可达624亿kW·h，主要集中在福建、浙江、江苏等省的沿海地区。江厦潮汐电站是我国运行时间最长、装机容量最大的潮汐能电站，截至2019年底，江厦电站的累计发电量超过了2.2亿kW·h。

在波浪能及潮流能方面，近年来中国涌现出多个具有开发前景的波浪能、潮流能新技术与新装置，并已在实际海况条件下开展试验研究。

中国温差能资源蕴藏量在各类海洋能中占据首位，且技术已趋于成熟。2023年8月，我国自主研发的首套20kW海洋漂浮式温差能发电装置成功完成海试，标志着我国海洋温差能开发利用从陆地试验向海上工程化应用迈出了关键一步。

盐差能在1985年采用半渗透膜法开展了盐差能发电原理性实验，但目前此项研究基本处于停滞状态。

海洋风能方面，2007年渤海辽东湾的绥中36-1油田海上风力发电站并网发电，标志着中国海上风能的开发已进入实质性启动阶段，此电站满功率发电时最大功率输出为1500kW。2012年在江苏如东，15万kW海上风电场示范工程全部机组并网发电（高之国等，2013）。2022年，海洋电力业全年实现增加值395亿元，比上年增长20.9%。截至2022年末，海上风电累计并网容量比上年同期增长19.9%，海上风电保持快速增长态势。潮流能、波浪能的应用与研发不断推进。

（五）海洋空间资源

2011年全国沿海港口万t以上泊位1422个，完成货物吞吐量63.60亿t，货物吞吐量超过亿t的港口增加到17个；2011年全国确权海域面积185946hm^2，截至2011年底，全国累计确权海域面积200多万hm^2。中国现有2个海岛市，14个海岛县，191个海岛乡，2007年全国海岛人口约547万人（高之国等，2013）。2022年全年报请国务院批准用海用岛项目51个，面积1.49万hm^2。多个沿海地区开启海上风电、海洋牧场、海洋旅游等兼容用海、融合发展模式，有效提升海域资源利用效率。全年完成整治修复海岸线

60km，滨海湿地 2640hm^2，营造和修复红树林 519hm^2。

（六）海洋旅游资源

我国海岸已开发有 1500 多处旅游娱乐景观资源，130 个全国重点文物保护单位，15 个国家海洋自然保护区。2012 年滨海旅游业继续保持健康发展态势，产业规模持续增大，全年实现增加值 6972 亿元，比 2011 年增长 9.5%（辛仁臣等，2013）。由于疫情影响，2022 年海洋旅游业全年实现增加值 13109 亿元，比上年下降 10.3%。

二、中国海洋资源开发利用中存在的问题

（一）海洋资源开发利用不合理

20 世纪 90 年代以来，中国将海洋资源开发作为国家发展战略的重要内容，海洋资源不断向深度和广度的开发利用创造了中国经济新的增长点。但近海渔业资源过度捕捞、岸线资源开发利用过度等问题突出，严重制约着中国海洋的可持续开发利用。

海洋渔业开发利用过度，鱼类种群再生能力下降，海洋渔业资源可持续利用受到制约。传统渔业种类消失，部分渔业种类资源枯竭，优质鱼类占总渔获量的比例已从 20 世纪 60 年代的 50%，下降到目前的不足 30%。

全国一半以上的海岸线已为人工海岸线，造成部分区域近岸自然景观和生态环境遭受严重破坏。在地方短期利益驱动下，岸线使用管理不够科学合理，造成临港工业、港口码头等重复建设无序规划，难以发挥中国沿海地区岸线资源的整体功能。

（二）海洋水产品安全存在隐患

近年来，天然海洋生物资源的可持续利用问题越发突出。海洋资源开发中带来的海洋环境污染，包括生产运输导致的石油泄漏、生产生活造成的海水富营养化以及人类生活产生的生活垃圾，导致各级污染物经由海洋生态系统食物链富集到海洋生物体内，进而对人类健康造成严重损害。此外，食品加工过程不规范不科学，加工工艺和卫生条件也存在较为严重的安全隐患。

（三）海洋资源开发能力不足

1. 近海空间资源紧张

我国近海开发过度，90%的开发利用活动集中在潮间带和水深 15m 以内的浅海域，造成行业用海冲突、生态系统受损等问题。随着近海开发空间趋紧、生态约束增强，相关行业及沿海地方逐步将海洋空间利用转向深远海。

2. 深海装备与技术相对落后

西方国家加大在深海固体矿产和天然气水合物的开发力度，已经拥有自主深海探矿技术，深海采矿装备已实现工程化，深海采矿系统已产业化，具备了深海矿产资源商业化开发能力。深海技术与深海装备是支撑深海安全保障、深海资源开发、深海科学研究

三大领域研究与开发的脊梁骨。目前，我国已初步形成了由载人与无人潜器构成的深潜装备谱系，部分技术已达到国际领先水平，深海采矿装备已经进入研发阶段，深海油气资源勘探开发正向深海推进，总体呈现出良好的发展态势，但仍然相对落后，有待提升。

（四）海洋安全问题突出

中国是一个海洋大国，海域周边国家众多，历史遗留问题及当代利益冲突造成中国海域周边复杂多变的政治和军事态势。中国海洋安全问题日益严峻，海洋资源的和平开发利用遭受威胁。当前影响中国海洋安全的因素主要包括海上通道安全、周边国家和地区政治军事动荡威胁、海上非传统安全问题等。

在海上通道方面，随着中国经济的快速发展，对海上交通的依赖程度也越来越大。依赖程度较大的亚丁湾、霍尔木兹海峡、马六甲海峡、巴士海峡等海上通道正面临来自非传统和传统两方面的威胁。

另外，中国还面临海上非传统安全的影响。2008 年以来，国际海域海盗、海上恐怖主义、海上走私、海上跨国犯罪活动等海上非传统安全问题比较突出，严重威胁到海上能源通道、海洋经济的安全和发展。2009 年，中国过往索马里周边海域的船只有 20 余艘遭遇海盗袭击和劫持。为有效应对海上传统安全和非传统安全威胁，2019 年习近平总书记提出了构建“海洋命运共同体”的新理念，从而为中国推进海上安全治理指明了根本路径，它将成为中国海上安全治理理念和实践的核心指引。

（五）海洋环境问题

清洁的海洋环境和健康的海洋生态系统是沿海地区经济社会可持续发展的基础，也是经济社会发展追求的目标之一。海洋资源的开发利用不可避免地带来海洋环境的变化。近年来，中国管辖海域海水水质持续改善，未达到第一类海水水质标准的海域面积逐年下降。2011～2019 年，中国管辖海域富营养化面积总体呈下降趋势。但排海污染物数量不减，近岸海域污染仍然维持在高位波动，海洋生态系统健康状况一般。

2021 年，全国近岸海域水质总体稳中向好，优良水质（一类、二类）面积比例平均为 81.3%，同比上升 3.9%；劣四类水质面积比例平均为 9.6%，同比上升 0.2%，主要超标指标为无机氮和活性磷酸盐（生态环境部，2022）。

海洋污染造成了环境灾害频发。据统计，2021 年，我国沿海共发现赤潮 58 次，累积面积 23277km^2。四大海区中，东海海域发现赤潮次数最多且累计面积最大，分别为 26 次和 7096km^2。沿海各省（区、市）中，浙江海域发现赤潮次数最多且累计面积最大，分别为 22 次和 7084km^2（生态环境部，2022）。

造成海洋环境污染及生态破坏的因素主要包括以下 3 个方面。

1. 近岸的陆源环境污染及生态破坏

我国沿海地区每年排放大量废弃物，包括固体废弃物、废水、废气等。据统计，2021 年，458 个直排海污染源污水排放总量为 727788t，我国海区向海洋倾倒疏浚物 27004 万 m^3，倾倒惰性无机地质废料为 731.1 万 m^3；全国海洋油气平台生产水、钻屑的排海量分别约为 20982 万 m^3、10.3 万 m^3，生活污水、钻井泥浆排海量分别约为 118.7 万 m^3、10.8 万 m^3（生态环境部，2022）。我国 2021 年四大海区和沿海各省（区、市）直排海污染源污水及主要监测指标排放总量如表 13.2 所示。

表 13.2　2021 年四大海区和沿海各省（区、市）直排海污染源污水及主要监测指标排放总量

海区和沿海各省（区、市）	污水量/万 t	化学需氧量/t	石油类/t	氨氮/t	总氮/t	总磷/t	六价铬/kg	铅/kg	汞/kg
南海	148070	33938	55	1249	10312	262	678	700.6	76
渤海	70412	6820	32	195	2590	82	227.2	2802.0	58.3
东海	419588	79228	377	2070	27343	477	686.3	1215.5	111.4
黄海	89719	21855	119	543	6416	162	400.4	972.2	87.2
辽宁	5814	1539	22	12	195	6	—	—	—
河北	47420	634	—	18	1138	44	10.0	1435.9	10.8
天津	5715	1116	3	23	316	7	79.4	15.9	2.2
山东	92627	22821	106	658	6873	169	480.2	2320.2	121
江苏	8556	2565	20	28	483	18	58.1	2.2	11.4
上海	27597	6111	23	152	1974	34	—	70.2	36.6
浙江	202221	55507	209	1353	17160	271	311.2	1065.6	63.6
福建	189769	17611	145	565	8208	172	375.1	79.6	11.2
广东	91188	18840	35	505	5687	132	626.8	510.5	30
广西	20177	4771	14	174	1506	46	27.3	147.7	17.1
海南	36705	10328	6	570	3120	84	23.9	42.3	28.8

注：“—”为相应监测指标浓度低于检出限或未开展监测。

大量的废弃物排放对近岸地区的生态环境造成了负面影响。2021 年，对重点监测区的河口、海湾、滩涂湿地、珊瑚礁、红树林和海草床等典型海洋生态系统健康状况进行评价。结果表明，监测的典型海洋生态系统均处于健康或亚健康状态，处于健康、亚健康状态的海洋生态系统分别占 24%、75%（生态环境部，2022）。

2. 近岸养殖废水污染

我国的海洋养殖业自 20 世纪 70 年代以来发展很快，在养殖过程中投入了大量的饵料、添加剂，这些饵料和添加剂中的相当一部分因不能被养殖对象摄取而进入沉积物或悬浮于水中。在目前的养殖条件下，上述养殖废水常直接排入海洋，对局部或区域的环境破坏很大，可导致近岸水域发生大规模赤潮。

3. 海洋垃圾和微塑料

2020 年，全国海区倾倒海洋疏浚物 26155 万 m^3，其中渤、黄海 7381 万 m^3，东海 10683m^3、南海 8091 万 m^3（自然资源部，2022）。海面漂浮垃圾中塑料类垃圾最多，其次是木制品类。海底垃圾中塑料类垃圾最多，其次是金属类和木制品类。海洋微塑料主要为纤维、泡沫、颗粒和碎片，成分主要为聚对苯二甲酸乙二醇酯、聚丙烯、聚苯乙烯和聚乙烯（生态环境部，2022）。海洋中的塑料垃圾无法在短时间内降解，抑制了海洋植物的光合作用，导致海洋生物的可用氧也随之减少，大大抑制了海洋生物的活动与生命活力，破坏了海洋生态系统的平衡稳态。

第三节 中国海洋资源的可持续开发与利用展望

1987 年，世界环境与发展委员会在《我们共同的未来》中提出了可持续发展的概念；1992 年的里约峰会确定了指导国际社会经济和社会环境发展的里约原则。2012 年 6 月联合国可持续发展大会在巴西里约热内卢举行，会议形成了《我们憧憬的未来》的成果文件，开启了世界可持续发展的新里程。该文件认为海洋和沿海地区构成地球生态系统中的一个重要有机组成部分，对于地球生态系统维系至关重要。2021 年，联合国环境规划署发布最新报告《与自然和平相处：应对气候变化、生物多样性丧失和污染危机的科学蓝图》，全球可以改变与自然的关系，来共同应对气候、生物多样性和污染危机，以确保拥有一个可持续的未来，预防未来的大流行性疾病。

一、中国海洋资源可持续开发利用面临的挑战

近年来中国海洋可持续发展态势良好，主要海洋资源的保障能力不断增强，海洋经济持续快速发展，海洋生态环境保护能力不断提升，海洋科技创新不断取得新突破，海洋综合管理制度不断完善。但同时我国海洋可持续发展也面临着多重挑战。

首先，海洋经济转型绿色发展任重道远。海洋资源开发重近岸轻远海，重开发轻保护，重当前利益轻长远谋划；产业布局传统产业多，新兴产业少；资源开发利用过程中环境风险高；面临气候变化和极端气候事件的严峻挑战。

其次，各部门之间缺乏统一协调和综合管理，海洋综合管理机制有待进一步整合。长期以来，国家海洋局、中国海监、公安边防海警、中国渔政、海关总署海上缉私警察等部门职能交叉重叠，管理效率低下。2013 年 7 月 22 日，国家海洋局重组完成并正式挂牌，标志着中国海域多部门执法的时代正式结束，我国将迎来新的海洋管理时代。2018 年 3 月，组建中华人民共和国自然资源部，自然资源部对外保留国家海洋局牌子；将国家海洋局的海洋环境保护职责整合，组建中华人民共和国生态环境部；将国家海洋局的自然保护区、风景名胜区、自然遗产、地质公园等管理职责整合，组建中华人民共和国国家林业和草原局，由中华人民共和国自然资源部管理；不再保留国家海洋局。

最后，海洋科技革命和产业竞争日益加剧，我国海洋科技的原创性和高附加值创新成果较少，核心技术与关键共性技术“卡脖子”问题还比较突出（李双建，2024）。

二、中国海洋资源可持续开发利用的策略

国务院关于“十四五”海洋经济发展规划的批复中指出：“优化海洋经济空间布局，加快构建现代海洋产业体系，着力提升海洋科技自主创新能力，协调推进海洋资源保护与开发，维护和拓展国家海洋权益，畅通陆海连接，增强海上实力，走依海富国、以海

强国、人海和谐、合作共赢的发展道路，加快建设中国特色海洋强国”，明确了我国海洋资源可持续开发利用的方向。

（一）实施以生态系统为基础的海洋资源综合管理

实施以生态系统为基础的海洋综合管理，提升海洋综合管控能力是未来中国海洋可持续发展的关键。

一是要强化规划和区划的引领作用。要坚持海陆统筹规划，实施全国及省级海洋功能区划，做好海洋事业的发展规划；加强海洋事业发展规划、区划的监督检查，提高海洋开发利用的宏观管理水平。

二是要抓好海洋战略研究与规划立法，在现有基础上进一步完善海洋法律法规体系。我国近年已颁布了《中华人民共和国海洋基本法》《中华人民共和国涉外海洋科学研究管理规定》等法律文件，海洋管理立法进程加快；此外，还要加强海洋开发的各项法律法规的宣传工作，提高公民的法律意识，让法治观念深入人心，确保我国海洋行政管理以及执法部门对海洋资源开发利用进行有效管理。

（二）提升海洋资源开发能力

科学合理地开发利用海洋，大力提升海洋资源开发能力，是实现海洋可持续发展的必然要求。

一是强化海洋科学研究，如大力推进极地科学考察、大洋探测等基础科学研究工作等。在基础科学研究领域取得突破能够为海洋资源的可持续开发利用打下坚实的理论基础。

2012 年，中国 7000m 载人潜水器“蛟龙”号完成 7000m 海试，最大下潜深度达到 7062m，标志着我国具备了在全球 99.8%的海洋深处开展科学研究、资源勘探的能力。2014～2016 年，我国启动了 4500m 级载人潜水器以及全海深载人潜水器及其关键技术的研制工作。2020 年 11 月，“奋斗者”号成功下潜 10909m，创造了我国载人深潜的新纪录，标志着我国在大深度载人深潜领域达到了世界领先水平。

2022 年，“蛟龙”号载人潜水器升级改造开展载人潜次 21 站次，在海底热液区复杂地形条件下调查作业。同年，我国首个海洋监视监测雷达卫星升空，与海洋二号卫星组网运营，建成我国首个海洋动力环境卫星星座。“海龙”“潜龙”“海燕”“海斗”“海翼”多系列水下机器人、水下滑翔机不断突破，与载人深潜跨域协同组网共同实现对复杂海洋任务的智能、快速、同步、立体观测。

结合国内外载人潜水器发展现状、潜水器的构造参数和装备性能及万米载人潜水器的关键核心技术来看，我国自主研发的深海载人潜水器的技术水平与国际先进水平基本持平（杨波等，2021）。

二是调查海洋资源，大力发展深海远海工程和海洋工业。长期以来，我国海洋资源开发利用主要集中在近海、浅海区域，对深远海生物、多金属结核、可燃冰等未来前景广阔的资源开发利用程度十分有限。为了提升海洋资源开发能力，要实施海洋国土资源大调查，科学评估海洋矿产资源潜力，为科学部署提供依据；实施海洋地质保障工程，开展区域海洋地质调查，进行海岸带、大陆架和海底地质情况探测，系统掌握海洋地质基础数据，摸清海域油气资源潜力；积极参与国际海洋地质调查计划和国际海底矿产资源勘查活动（刘光鼎和陈洁，2007）。

三是提高海洋开发利用水平，向循环利用型转变。针对传统海洋产业改造升级、新兴海洋产业培育中遇到的技术瓶颈，加大产学研联合攻关力度；围绕着力突破海洋油气勘探开发、海水综合利用等关键技术，实现资源高效集约利用。突破远洋渔业捕捞技术、海水增养殖等技术，提高海洋开发能力，扩大海洋开发领域，同时保护海洋生态环境，着力推动海洋开发方式向循环利用型转变。

（三）推进海洋生态文明体系的新发展

在党中央坚强领导下，海洋生态文明建设力度之大前所未有，海洋生态环境质量正在发生历史性、转折性、全局性变化。党的十九大报告以及党的二十大报告再次强调“发展海洋经济，保护海洋生态环境，加快建设海洋强国”，为我们在新时代发展海洋事业、建设海洋强国提供了行动指南。在充满挑战与机遇的海洋强国建设的新时期，必须树立尊重自然、顺应自然、保护自然的生态文明理念，将发展海洋经济与海洋生态环境保护相结合，持续改善环境质量，统筹规划、统一部署，全面推进海洋生态文明建设。

一是建设海洋生态文明示范区。建立实施海洋生态评价制度，积极开展海洋修复工程，推进海洋保护区规范化建设。建立实施海洋生态红线制度，控制开发强度，规范开发秩序，明确管控措施，发展符合各地区特色的绿色产业。积极推进海洋生态补偿和生态损害赔偿工作。

二是预防和控制海洋污染。建立入海污染物总量控制制度和海洋环境质量考核制度。建立并实施海洋工程区域限批制度，完善海洋工程环境影响评价制度标准建设，扩大公众参与，杜绝严重损害海洋环境的项目上马。

三是保护和节约利用岸线资源。探索建立岸线保护利用规划、占用总量控制、保护红线等制度，严格保护自然岸线及滨海湿地，切实保护典型海洋生态系统，维护海洋生物多样性，确保项目用海尽量不占用、少占用岸线，促进自然岸线集约节约利用。加大海域海岸带整治力度，整理海洋空间资源，提升海岸品位和价值。积极引导低碳环保技术在海岛建设中的应用，创建海岛管理示范区。

四是深化海洋应对气候变化和风险评估。强化海平面变化监测和影响评估工作，做好海洋气候预测，提高中国沿海应对海平面上升的适应能力；加强省、市、县海洋灾害风险评估和区划工作，启动沿海海洋灾害承灾体调查；开展沿海大型工程海洋灾害风险排查试点；加强我国近海区域对气候变化的响应预反馈研究；开展气候变化背景下我国灾害影响评估研究；构建海洋灾情管理信息系统并实现业务化运行。

五是加强海洋资源资产产权管理。建立生态产品价值实现机制，构建以国家公园为主体的自然保护地体系。

六是加强海洋生态环境保护修复。完善中央生态环境保护监察制度，提升海洋生态系统质量和稳定性，健全生物多样性观测网络，加强外来物种管控，提高生物多样性的预警水平。建立健全海洋开发利用评估体系。

七是完善海洋生态文明制度体系。加快制定海洋基本法，把党的海洋生态文明政策和国家战略法律化，并作为母法对其他海洋生态文明建设的相关及其配套立法进行统领和指导，逐步完善和发展现有海洋资源环境的法律制度和立法（自然资源部海洋发展战略研究所课题组，2021）。

（四）继续拓展海洋国际合作

一是开展多层次多领域海洋外交。巩固与周边国家合作成果，在海洋科研、海洋环境保护、海洋防灾减灾、海洋人才培养等方面扩大合作范围。深化与海洋国际组织和研究机构的联系与沟通，提升我国在国际海洋事务中的主导作用。

二是提高我国在国际海洋事务中的影响力。继续推进以蓝色经济为主导的区域海洋经济合作新模式，建立区域蓝色经济合作网络，探索海洋领域新的发展理念和方式。围绕《联合国海洋法公约》及相关涉海公约制定的国际海洋秩序，积极参与我国在公海、极地以及大陆架等领域的谈判与磋商，主导全球海洋评估在本地区的进程。

（五）着力增强全民海洋意识

现代海洋的最大价值已不是传统的交通、捕捞和排污场所，而是人类生存与可持续发展的物质基础和能量源泉。现代海洋意识和观念也有着丰富的内涵，它包括现代海洋价值观、海陆生态系统相互协调的可持续发展观和现代海洋管理意识及海域管辖意识等。

近年来，尽管我国政府与沿海地区已逐渐认识到了开发海洋资源的重要性，但在生产实践中，许多干部和群众现代海洋意识淡薄、观念不强、理解不全面。海洋开发热多是围绕海洋资源开发进行的，忽视对海洋的区位优势、海洋资源组合、海洋空间资源的综合开发，没有将其与区域经济发展结合起来统筹规划；重海洋资源的开发，轻资源与环境的保护，只看到海洋资源的环境容量和自净能力，而忽视了对海洋环境的保护与治理；只注重海洋自身的问题，而忽视了海陆生态系统的相互作用机制与规律。

因此，必须通过各种宣传、教育手段，向广大民众传输现代海洋知识，提高全民的海洋意识，克服“重陆轻海”的思想，增强海洋国土观念，增强全民海洋经济意识、增强合作交流，积极参与国际海洋治理，推动构建海洋命运共同体。

复习思考题

1. 简述我国海洋资源的基本特点。开发利用现状如何？
2. 简述我国海洋资源的开发利用现状，分析存在的问题及原因。
3. 论述中国海洋资源可持续开发利用的策略。

参 考 文 献

陈斌，邹亮，徐刚，等. 2024. 中国海洋自然资源调查现状与展望. 中国地质调查, 11(4): 1-16.

段克，韩立民. 2022. 国际海洋保护区发展趋势与中国应对策略. 中国海洋大学学报（社会科学版）, (4): 12.
封志明. 2004. 资源科学导论. 北京：科学出版社.
高之国等. 2013. 中国海洋发展报告（2013）. 北京：海洋出版社.
巩建华. 2012. 中国南海海洋政治战略研究——论南海争端中的中国作为. 太平洋学报, 20(3): 75-87.
韩家新. 2015. 中国近海海洋——海洋可再生能源. 北京：海洋出版社.
侯国祥，王志鹏. 2013. 海洋资源与环境. 武汉：华中科技大学出版社.
李双建. 2024. 新时期海洋资源开发保护面临的形势与任务. 中国发展观察, (1): 28-34.
李晓超，乔超亚，王晓丽，等. 2021. 中国潮汐能概述. 河南水利与南水北调, 50(10): 81-83.
刘成武，黄利民，等. 2004. 资源科学概论. 北京：科学出版社.
刘光鼎，陈洁. 2007. 坚持科学发展观建设中国海. 地球物理学进展, 22(3): 661-666.
农业农村部渔业渔政管理局，全国水产技术推广总站，中国水产学会. 2023. 中国渔业统计年鉴. 北京：中国农业出版社.
生态环境部. 2022. 2021 年中国海洋生态环境状况公报. 环境保护, 50(11): 59-67.
王宏，李强. 2013. 中国海洋统计年鉴（2012）. 北京：海洋出版社.
辛仁臣，刘豪，关翔宇. 2013. 海洋资源. 北京：化学工业出版社.
杨波，刘烨瑶，廖佳伟. 2021. 载人潜水器——面向深海科考和海洋资源开发利用的“国之重器”. 科技与社会, 36(5): 622-631.
杨红生，丁德文. 2022. 海洋牧场 3.0: 历程、现状与展望. 中国科学院院刊, 37(6): 832-839.
杨署东，胡帆影. 2012. 《钓鱼岛是中国的固有领土》白皮书的国际法理分析. 重庆大学学报（社会科学版）, 18(6): 96-102.
赵京涛，阚靖，胡邦琦，等. 2024. 中国重点海域海砂资源调查和潜力评价进展. 海洋地质与第四纪地质, 44(3): 90-97.
中华人民共和国国务院新闻办公室. 2012. 《钓鱼岛是中国的固有领土》白皮书. 中国海洋报, 2012-9-26(3).
自然资源部海洋发展战略研究所课题组. 2021. 中国海洋发展报告（2021）. 北京：海洋出版社.
自然资源部. 2022. 中国海洋经济统计年鉴 2021. 北京：海洋出版社.

第十四章　中国旅游资源的可持续开发与利用

内容概要：本章在介绍中国旅游资源的形成背景、特征的基础上，对中国旅游资源进行了科学评价，结合中国旅游资源开发的现状与问题，提出了中国旅游资源开发策略。

关键术语：旅游资源；主体功能区；生态补偿；可持续发展旅游

思维导图：

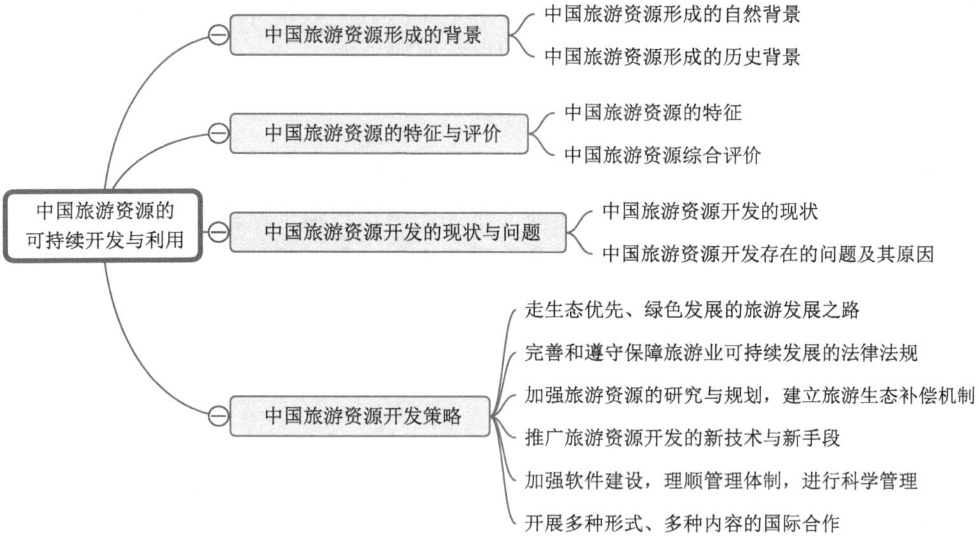

学习目标：

1. 了解孕育中国旅游资源的自然背景和历史背景。
2. 掌握中国旅游资源的主要特征，构建对中国旅游资源优势及不利因素的认知框架。
3. 掌握中国旅游资源开发的现状与问题，把握中国旅游资源开发领域的动态趋势。
4. 结合当下现实背景和时下热点议题，学习和思考怎样优化中国旅游资源的开发策略。

第一节　中国旅游资源形成的背景

中国国土广袤，山川锦绣，历史悠久，民族众多，在漫长的历史中和辽阔的国土上，形成了无比丰厚的旅游资源，在全球具有明显优势和巨大吸引力，为中国旅游业的发展奠定了雄厚的基础。中国的旅游资源是在中国独特的自然环境和悠久的历史文化环境中形成的。

一、中国旅游资源形成的自然背景

旅游资源主要分为自然旅游资源和人文旅游资源两大类型。旅游资源的形成有其深刻的自然地理背景，自然环境形成了自然旅游资源。自然旅游资源是天然赋予的，主要由地貌、水体、气候、气象、生物等自然地理要素构成。这些自然地理要素形成了奇特的自然景观，也就形成了具有不同旅游功能和审美特征的自然旅游资源。例如，以自然旅游资源为主体的风景旅游地一般具有形态、色彩、动态、听觉等多种美感，具有游览、休养、避暑、避寒等功能。我国地域辽阔，自然环境差异大，为丰富的自然旅游资源的形成奠定了基础。我国自然旅游资源形成的自然背景主要有地貌、水体、气象、气候、生物等自然地理要素，这些要素的不同，形成了不同类型的自然旅游资源。同时，不同的自然环境要素的组合也形成了不同特征的自然旅游资源。

（一）中国旅游资源形成的地貌背景

地貌具有很大的观赏价值和一定的吸引功能。高耸的高山、高原，广袤的平原、盆地，起伏跌宕的丘陵，给人以阔远、壮观、雄伟之感。沙漠地区的“风城”、戈壁滩上的海市蜃楼、岩溶地貌的洞穴、峰林以及丹霞、火山、黄土等地貌塑造了不同景观，成为有吸引力的自然旅游资源。

地貌本身形成不同的景观，地貌又影响其他的自然地理要素。我国的地貌格局决定了我国自然旅游资源的区域特征。

1. 地势自西向东呈阶梯式下降

我国地势自西向东呈三级阶梯，逐级下降。第一级阶梯为青藏高原，平均海拔 4500m，为世界最高的高原，形成了高原旅游景观；第二级阶梯由一系列高原、高山和盆地组成，平均海拔为 1000～2000m；第三级阶梯由海拔低于 200m 的平原和低于 500m 的丘陵组成。再往东则是大陆向海洋延伸的大陆架，分布着许多岛屿。从而，形成了我国西、中、东 3 个地势台阶上的特色鲜明的地貌旅游资源。西部高山荒漠景观，中部平原、盆地景观，东部丘陵、海岸和岛屿景观。

2. 地貌特征是山多而高

我国是一个多山国家，包括山地、高原、丘陵在内的广义山地占全国土地面积的 65%，海拔 1000m 以上的山地、高原超过全国土地面积的 1/2，形成众多的山地景观和旅游资源。我国登山旅游资源丰富，例如，我国对外开放的登山山峰就有珠穆朗玛峰等 12 座山峰；同时风景名山多。中国名山的特点可概括为“雄、奇、秀、险、幽”，如“泰山之雄、黄山之奇、峨眉山之秀、华山之险、青城山之幽”等。著名的五岳，即泰山、恒山、华山、嵩山、衡山，是中国山景的代表。截至 2022 年底，我国山岳类的世界遗产地共有 10 处，即泰山、黄山、黄龙、武陵源、峨眉山-乐山大佛、庐山、武夷山、都江堰-青城山、五台山，1982～2022 年国务院总共公布了 9 批、244 处国家级风景名胜区。其中，第一批至第六批原称国家重点风景名胜区，2007 年起改称中国国家级风景名胜区。

我国现有的国家级风景名胜区中大部分也是以山地为主要景观类型。

中国山景依其成因大体可分为：新生代造山运动隆起的世界高峰，如珠穆朗玛峰、希夏邦马峰；花岗岩形成的风景名山，如黄山、九华山、华山；石灰岩溶蚀而成的峰林和溶洞喀斯特景观，如桂林山水、路南石林、安顺龙宫；丹霞地貌，如武夷山、韶关金鸡峰、承德双塔山；砂页岩不均匀侵蚀而构成的奇峰，如庐山、梵净山、新疆的“魔鬼城”；火山喷发物流纹岩再经风化作用造就的奇峰，如雁荡山、天目山等；由火山喷溢的玄武岩构成的火山景观，如长白山白头峰和五大连池火山群；古老变质岩形成的名山，如泰山、五台山、嵩山；构造断裂而隆起的名山如峨眉山、恒山；新构造运动和冰川作用塑造的奇峰，如贡嘎山、四姑娘山等。

3. 地貌类型复杂多样

我国地域辽阔、地貌类型众多。不仅有山地、丘陵、高原、平原及盆地等常态地貌，而且还发育着许多典型的岩溶、冰川、丹霞、火山、风沙、黄土、海岸、冻土等特殊的地貌。各种地貌类型以其独特的形态和魅力构成千姿百态的旅游资源。

（二）中国旅游资源形成的水体背景

水体是组成自然地理环境的要素之一，水体其本身也是一种富有吸引力的自然旅游资源，同时水体与其他类型的旅游资源相结合，形成更有魅力的旅游资源。

水体是最宝贵的旅游资源之一，具有重要的造景功能，一般具有形、影、声、色、甘、奇等吸引功能。海洋、河流、涧溪、湖泊、瀑帘、泉水最突出的吸引功能是以各自的形态塑造的美。例如，海洋辽阔浩瀚，波涛澎湃；海湾曲折深邃，波光粼粼；海滨雪浪击岸，潮起潮落；江河滔滔舞流，宛若银带；湖泊形态多姿，静如明镜；山溪峥淙汩汩，放荡不羁；瀑布跌宕如飞，喷珠溅玉；泉水潺潺外溢，澄碧晶莹。目前滨水地区的旅游开发和建设成为区域旅游开发的重点。

水体的美集中体现在其构景功能上，水与山、生物、气候、人文景观等相互结合构成一幅幅美丽的画卷，正是“山得水而活，水依山而幽”；山有了水才有了灵气。水与生物结合展现出一派生机和活力；水与气候结合产生冰雪、雾凇；水与各种人文景观的结合则使得景观更加富于变化。

我国水系发达，江、河、湖、海、泉、池、溪等多种类型俱全。我国水体旅游资源分两大类：海洋水旅游资源和陆地水旅游资源。

1. 海洋水旅游资源

大海使人感到心胸开阔，海滨旅游胜地具有良好的“3S”（阳光 sun、沙滩 sand 和海水 sea）旅游资源，是人类最为向往的度假旅游地。我国大陆东濒临渤海、黄海、东海和南海，台湾东侧濒临太平洋海区，这五大海区总称为中国近海。在中国疆域之内，漫长曲折的海岸线长达 18000 多 km，分布着至少 6500 个岛屿，50 多个群岛和列岛。海景旅游资源包括海蚀奇观、沙滩风景、五彩卵石、海滩森林、海底花园、大海波澜、神奇岛屿、海市蜃楼、海上观日、神秘海火。沿海形成了许多海滨风景胜地。根据不同的地理位置和气候条件，中国现有海滨旅游胜地可以大致分为以下几个区域。①东北海滨：

主要包括大连、烟台、威海等城市，以及长岛、莱山湾等景点，具有温带海洋性气候，夏季凉爽，冬季寒冷，海岸线曲折，岛屿众多，风景秀丽；②华北海滨：主要包括天津、秦皇岛、唐山等城市，以及北戴河、南戴河、金山岛等景点，具有温带大陆性气候，夏季炎热，冬季干冷，海岸线平直，沙滩宽阔，风光旖旎；③华东海滨：主要包括青岛、上海、厦门等城市，以及舟山群岛、普陀山、鼓浪屿等景点，具有亚热带季风气候，夏季湿润，冬季温和，海岸线曲折变化，岛屿星罗棋布，风景奇特；④华南海滨：主要包括广州、深圳、珠海等城市，以及南澳岛、大鹏半岛、珠江口等景点，具有热带季风气候，夏季炎热多雨，冬季温暖少雨，海岸线平缓开阔，沙滩细软洁白，风光明媚；⑤海南海滨：主要包括三亚、海口等城市，以及亚龙湾、天涯海角、南山文化旅游区等景点，具有热带季风气候和热带雨林气候，全年温暖湿润，无冬无寒，海岸线优美多样，水质清澈碧蓝，风光迷人。同时，正在开发建设的有辽宁兴城，河北昌黎、抚宁，山东海阳，江苏连云港，福建湄洲岛、崇武，广东大鹏湾、珠江口，海南，广西北海等。既有避暑胜地，也有避寒胜地。其中，被列为国家级风景名胜区的有大连海滨—旅顺口、兴城海滨、秦皇岛北戴河海滨、普陀山、嵊泗列岛、鼓浪屿—万石山、三亚海滨等。此外，澎湖、兰屿、西沙、南海诸岛有珊瑚礁海岸和多姿多彩的亚热带风光，还有色彩斑斓、形态各异的热带鱼类、玳瑁、海龟、龙虾及五光十色的贝类，这些不仅可以发展滨海游览、海水浴疗养等活动，而且还可以作为海底探险的场所。

2. 陆地水旅游资源

陆地水旅游资源主要包括河景、湖景、瀑景、泉景。

河景。我国是一个河流众多的国家，据统计，全国大小河流总长度超过 42 万 km，流域面积超过 1000km^2 的河流就有 1600 多条，河流长度在千公里以上的有 20 条，依次为长江、黄河、黑龙江、额尔齐斯河、塔里木河、珠江、松花江、雅鲁藏布江、澜沧江、怒江、汉江、额尔古纳河、辽河、嫩江、郁江、嘉陵江、海河、沅江、乌江、淮河等。我国的河流分为外流河和内流河，以大兴安岭—阴山—贺兰山—祁连山—巴颜喀拉山—冈底斯山一线为界，大多数内流河分布在这条线以西、以北地区，而外流河则分布在这条线以东、以南地区。我国外流河很多，如黑龙江、辽河、黄河、长江、珠江、澜沧江等。

在我国的沿江沿河现在已经形成了许多水上风光旅游线，如长江旅游线。长江是我国第一大河，全长 6300km；仅次于亚马孙河和尼罗河，为世界第三大河。长江属于亚热带河川，发源于唐古拉山主峰格拉丹东雪山，流经青海、西藏、四川、云南、湖北、湖南、江西、安徽、江苏和上海等 10 个省（区、市），沿途接纳了雅砻江、嘉陵江、乌江、湘江、汉水、赣江等许多支流。风光明媚的长江旅游线被人们誉为“黄金旅游线”，长江三峡游成为近几年的旅游热点。

我国著名的江河风景区还有驰名中外的钱塘江大潮，古人赞曰：“滔天浊浪排空来，翻江倒海山为催”。苏东坡赞曰：“八月十八潮，壮观天下无”。在我国江河风景中，鸭绿江、富春江—新安江、楠溪江、鸳鸯溪、桂林漓江、赤水、三江并流、瑞丽江—大盈江、建水、亚隆河等为国家重点风景名胜区。在 2003 年 7 月 2 日第 27 届世界遗产大会上云南三江并流还被列入《世界遗产名录》，成为世界自然遗产。

湖景。波光潋滟的湖泊自古被人们视为风景佳地。我国也是一个湖泊众多的国家，拥有大小湖泊 2 万多个，全国面积在 1km^2 以上的天然湖泊达 2300 多个，总面积超过 7 万 km^2。除天然湖泊外，还有为数众多的人工湖，即水库。我国湖泊众多，风光优美，很多天然湖泊面积较大，烟波浩渺，点缀青山、岛屿，形成湖光山色之美。“淡妆浓抹总相宜”的西湖驰名于世。中国著名的旅游名胜，从水天一色的鄱阳湖与洞庭湖，烟波浩渺的太湖与五百里滇池，美如碧玉的洱海、天山天池、赛里木湖和阿尔泰山的哈纳斯湖，到京都侧畔的昆明湖，东西南北，闻名遐迩。其中很多成为国家级重点风景名胜区，如黑龙江的镜泊湖和五大连池、吉林的松花湖、江苏的太湖和蜀岗的瘦西湖、浙江杭州的西湖和金湖、福建的大金湖、湖北武汉的东湖、湖南的岳阳楼洞庭湖、广东肇庆星湖、贵州的红枫湖、云南昆明的滇池、青海的青海湖、新疆的天山天池等。新中国成立以来，中国各地兴建的水库，大多已经辟为游览胜地，很多水库也成为重要的风景名胜区，如国家水利部组建了中国水利部水利风景区评审委员会，由该组织制定行业标准，通过对国内首批申报的水利风景区进行评审，确定 18 个水库为首批“国家水利风景区”。至 2023 年 3 月，水利部已经评定的 20 批、共 658 处“国家水利风景区”。

瀑景。中国疆域辽阔，地势复杂，为瀑布大量发育提供了基本条件。我国瀑布几乎各省区都有分布，尤其是江南丘陵、云贵高原。横断山脉和喜马拉雅山脉北翼地区地质、地貌条件极利于瀑布的形成，而且气候温润、雨量充沛，为瀑布提供了极为充足的水源，瀑布更多。其中，比较著名的有庐山瀑布群、雁荡山瀑布群、黄果树瀑布群、九寨沟瀑布群、天柱山瀑布群、壶口瀑布、长白山瀑布等。著名的黄果树瀑布上下 22 级并连，其中，18 级为地面瀑布，4 级为地下瀑布，主瀑落差 74m。许多名山也不乏瀑布胜景，如庐山香炉峰瀑布、三叠泉瀑布、黄山百太瀑等。金华冰壶洞瀑布是在岩洞中形成的地下瀑，瀑布跌入地下暗河潜流而去，人称其为“银河倒泻入冰壶”。中国最美的瀑布群是九寨沟瀑布群；水量最大的瀑布是壶口瀑布，有翻江倒海之势。

泉景。泉水不仅具有造景、育景的独特功能，而且还有医学价值。我国是世界上多泉水的国家之一，据粗略统计，全国泉的总数有 10 万多，比较集中分布在西藏、云南和闽粤台地区。闽粤台三省多为温泉。其中，我国以泉闻名的风景旅游胜地有骊山华清池温泉、广东从化温泉、北京小汤山温泉、北京西山的玉泉、杭州西湖的虎跑泉、江西庐山的聪明泉、南京的汤山温泉、云南安宁温泉、山东即墨温泉、吉林长白温泉、青岛崂山矿泉、黑龙江五大连池矿泉、邢台百泉、邯郸黑龙洞泉、河南辉县百泉、太原晋祠难老泉、临汾龙子洞泉、平定娘子关泉、敦煌月牙泉、云南大理蝴蝶泉等。此外还有极富观赏价值的西藏昂仁县塔格加间歇泉，卡乌、苦马的热爆炸泉等。大部分已成为著名的旅游度假胜地。

（三）中国旅游资源形成的气象、气候背景

气候和气象是一种重要的旅游资源。我国有多种多样的气候、气象类型，为旅游业发展提供了极为有利的条件。不同区域的气候为旅游者提供不同的舒适的条件，特别是度假的气候条件，而天气则会形成许多旅游奇观，成为旅游吸引物。

1. 中国气候的特点及气候旅游资源

中国气候基本特征可概括为大陆性季风气候显著和气候类型复杂多样。

我国地处世界最大的大陆——亚欧大陆东部，西临世界最大的大洋——太平洋，二者之间产生巨大的热力差，形成了季风气候。其特点是冬季吹偏北风，气候寒冷干燥；夏季吹偏南风，气候温暖湿润，高温期与多雨期一致。又由于中国地域辽阔，南北跨纬度近 50°，东西跨经度 62°，形成不同的纬度带和干湿地区。按热量状况，我国从北至南大致可分为寒温带、温带、暖温带、亚热带、热带和青藏高寒区。按水分条件，全国自东南向西北可分为湿润、半湿润、半干旱和干旱地区 4 种类型。各温度带与干湿地区交错分布，使气候更加错综复杂。

我国气候从大的地域上来说。秦岭、淮河以北的大部分地区属于温带气候；秦岭、淮河以南，南岭以北，青藏高原以东地区，大部分属于亚热带气候；海南岛及南海诸岛等地属热带气候，青藏高原属高寒气候。我国多种多样的气候资源，为旅游业提供了有利条件，形成各地不同的旅游景观。

我国东北地区冬季漫长而寒冷，大部分地区有冰雪覆盖，夏季暖湿而短促；华北地区四季分明，春季多风沙，秋季风和日丽，冬季干冷，夏季湿热。为此，千里冰封，万里雪飘是北方冬季独特的景观，适宜开展滑冰、滑雪、冬猎及观赏冰灯、冰雕、雾凇等旅游活动。东北地区夏季气温不高，气候湿润，是避暑的好地方。华中地区冬季温和，夏季炎热。华南地区长夏无冬。我国长江以南地区，尤以东南沿海一带适宜旅游季节长。海南岛更是一派热带风光，全年都适合旅游。我国西北地区则是干旱、半干旱气候，多沙漠景观。西南青藏高原更是独特的高山高寒景观。这种气候上的地区差异，具有观赏价值，吸引着异地异国的旅游者。

2. 中国气象特点及气象旅游资源

气象是指大气中的冷、热、干、湿、风、云、雨、雪、霜、雾、雷、电等各种物理现象。气象与旅游有直接或间接的关系。即在不同的气象条件下，可以形成不同的自然景观。

冰雪。冰雪是中高纬度地区的冬季及雪线以上地带出现的一种天气降水现象，若配合以高山、森林、冰川等自然景观可构成“千里冰封”“万里雪飘”“林海雪原”“银装素裹”的壮丽景象。许多雪景构成著名景观，如燕京八景之一的“西山晴雪”、嵩山八景之一的“少室晴雪”、西湖十景之一的“断桥残雪”、台湾八景之一的“玉山积雪”、关中八景之一的“太白积雪”等都极富魅力。这些年来，哈尔滨市充分利用冰雪优势举办冰雪节，也吸引了大批中外旅游者。

利用冰雪资源开展各种多姿多彩的体育旅游项目，如吉林省的松花湖青山滑雪场，特别是在苍松与白雪、雾凇的交相辉映下，景观更是壮丽晶莹，格外迷人。

云雾。高山云雾瞬息万变，成为吸引游人的重要因素。游人登高山之巅，观云海翻滚，或如万马奔腾，或如玉带缠绕。有诗形容苍山玉带云：“玉带云绕数峰碧，五彩虹飞一镜开”。黄山四奇“奇松、怪石、云海、温泉”。庐山的瀑布云也很奇特，有诗为证：“庐山之奇莫若云，或听之有声，或嗅之欲醉，团团然若絮，蓬蓬然若海”。

雨景。雨是旅游中经常遇到的一种自然景观。雨丝可以唤起游人的情思。在雨的衬托下，有些风景更加妩媚多姿，更具有观赏价值。我国东南沿海一带降雨量多，烟雨蒙蒙，配以小桥流水，绿树青山，云雾缭绕，正是“雨中看山也莫嫌，只缘山色雨中添”。苏轼描写西湖雨景云：“水光潋滟晴方好，山色空蒙雨亦奇”。

霞光与日景。霞和霞光多出现在日出或日落时，与山地、水气、云雾等相伴形成朝霞、晚霞、彩云、雾霞等。“夕阳无限好，只是近黄昏”便是晚霞余晖给人带来的一种美感，以及人们对这种美感的无限留恋和惋惜之情。

霞与日出时常相伴出现。观日出、日落常常是游人一项重要旅游活动。例如，在庐山观日出，先看到东方吐白，地平线上越来越亮，由灰变黄，再由黄变橙，须臾，鄱阳湖尽处一轮旭日呈现，给云层、天空披上了艳丽的外衣。还有泰山看日出、华山看日出，游客为了看日出均是半夜开始上山。庐山夕阳也很迷人，游人看到夕阳渐坠，晚霞浓抹，云有淡有浓，有薄有厚，云形或如羊群，或如城堡，或如羽毛。还可以在沙漠中、在雪山上观日出。

极光。极光是在高纬度地带的晴夜天空中，可见到的一种辉煌闪烁的光弧或光带。光弧两端均低于地平线，弧线与地平线之间的天空为暗色，光弧常向上射出活动的光带。光带往往为绿色、翠绿色、洋红色、橘红色。

佛光。佛光亦叫宝光，常出现在中低纬度地区高山之巅的茫茫云海中，是在阳光斜射的条件下，由云滴雾珠发生的衍射分光现象。佛光发生时，出现色彩华美的光环并伴有霞光，光环随人而动。人在光环中，如身临仙境。在我国泰山、黄山、庐山均可见到佛光，而最壮观的当数峨眉金顶佛光。

海市蜃楼。海市蜃楼是在特定的地理环境和一定的季节气候条件下大气层中发生的一种光折射现象，是导致远处地面景物呈现在人眼前的奇异现象。常出现在冬春季的北极地区、夏季的沙漠、江河湖泊上空及海边。我国山东蓬莱的“海市蜃楼”家喻户晓，被誉为“蓬莱仙境”。

（四）中国旅游资源形成的生物地理背景

1. 中国生物资源概况及其旅游功能

生物是自然界中最有生机的因素。自然景观也因为生物的存在而更富有生命活力。生物作为一种旅游资源具有重要的旅游价值：①生物能赋予景观以生命活力。山、水、建筑等与生物搭配才会显得有生命活力。②植物具有造景功能。景区不能缺少植物的装饰和衬托，植物具有美化、绿化景区和环境建设的功能。③生物本身具有旅游吸引力。森林里空气清新、负离子含量高，对人体有益，森林里可以进行森林浴。森林环境幽静，往往成为度假胜地。同时，珍稀物种和花卉更能吸引旅游者。此外，许多生物旅游资源也具有重要的历史和文化价值，例如，中国传统的“四君子”、十大名花等植物，它们作为根深蒂固的文化传统，已经成为旅游吸引力的重要来源之一。

因此，作为旅游资源，生物除具有美化环境、造园育园、直接观赏等旅游功能外，还具有净化环境、维护生态、科学考察、健身疗养、狩猎垂钓等多种旅游功能。

我国幅员辽阔，气候复杂多样，因而生物资源丰富多彩，种类繁多，而且多有珍稀物种。

我国是世界上植物种类最丰富的国家之一。世界上装点园林的树木花卉近千种，其中名贵花木 800 多种，我国有 600 多种。我国的植被区域分布不均，从东南到西北依次是森林、草原和荒漠三大基本区域。以云南省的植物最为丰富，素有“植物王国”之称，闻名中外的世博园建在云南，其条件得天独厚。

2. 中国动物旅游资源

我国野生动物资源极其丰富，珍禽异兽及其他名贵动物众多，不仅有许多世界公认的珍贵种，而且有一些是我国的“特有种”。例如，大熊猫是世界著名的孑遗动物，为我国的“国宝”，大熊猫性情温顺，体态丰满圆润，花斑美丽，行动风趣，是一种非常逗人喜爱的野生动物。现仅产于岷山、邛崃山、大凉山和秦岭地区。我国四川汶川县的卧龙自然保护区为面积最大的大熊猫保护区。

扬子鳄是驰名世界的珍稀动物，现仅分布在长江中下游江苏、浙江、安徽三省毗连的低山丘陵水域中。我国在安徽宣州建立了扬子鳄繁殖中心，并划建了扬子鳄自然保护区。

金丝猴全身的毛光亮如丝，色金黄，长而细密，肩部长达 30 多 cm。在阳光下闪闪发光，因而得名。金丝猴分布在陕西南部、四川、甘肃、云南、贵州及湖北西北部深山密林中，为国家一类保护动物。

丹顶鹤又称仙鹤。体白色，头顶赤红色。翅端黑色，腿长，姿态雍容潇洒，是国家一类保护动物。冬天，它们在温暖的江南过冬，春天又飞回北国。黑龙江省的扎龙自然保护区是著名的丹顶鹤栖息地，被称为“丹顶鹤的故乡”。

此外，我国的珍稀动物还有白鳍豚，是一种哺乳动物，为我国特有，是现今世界上仅存的 5 种淡水鲸中的一种，也享有“活化石”的美誉。它栖息在我国洞庭湖及长江中下游一带。

食肉类猛兽虎、豹、熊等均为珍稀猛兽。其中，东北虎是我国一类保护动物，产于东北长白山和小兴安岭等处。

“四不像”形态较怪，麋鹿称为“真四不像”，大兴安岭鄂温克人驯养的驯鹿、湖南南部的黑鹿或水鹿、安徽黄山一带的苏门羚等，为“假四不像”。

中国有“雉之王国”之称。褐马鸡、兰马鸡、白马鸡都是我国境内的特产鸟，孔雀、锦鸡、朱鹮、鸳鸯、世界珍禽白天鹅、热带雨林中的犀鸟、相思鸟等，都是举世公认的最美的鸟类。

两栖类爬行动物。如蟒蛇类中的黑尾蟒。毒蛇类中世界最大的眼镜王蛇、海龟类中的绿海龟等，在动物园中都有驯养。

3. 中国植物旅游资源

我国气候资源丰富、气候类型多样，因而形成了种类繁多的植物类型。尤其是珍稀名贵植物。我国有丰富的珍贵植物资源，尤以孑遗植物、观赏植物和名贵花卉最为突出。

珍稀植物。银杏、银杉、金钱松、台湾杉、白豆杉、珙桐、擎天树、杜仲、香果树、樟树等50多种树木是为我国所特有的珍稀品种。其中，以水杉、银杉和银杏等孑遗植物最著名，被誉为植物界的“活化石”，也是著名的观赏树木。银杏也称“白果树”“公孙树”，是古老的树种之一，可作为庭院树、行道树。银杉是亿万年前的植物，在地球其他地区早已绝迹，我国于1956年才发现，银杉树干挺拔、叶子呈银灰色，树冠优美，耐腐能力强，既可观赏，又是优良的建筑用材；在广西花坪自然保护区和重庆南川区的金佛山有少量生长。水杉也是最古老的树种之一，是一种良好的风景树。

特色松竹。松和竹是我国最著名、最富特色的观赏植物。松耐寒冷，以黄山的迎客松、长白山的美人松最为著名。竹冬不凋萎，秀丽俊峭，笋竹低矮成丛。洞庭湖君山的斑竹，成都望江楼公园的锦竹、人面竹、佛肚竹等，都是装点园林、美化环境的极佳之物。

名贵花卉。我国花卉资源种类繁多，花姿绚丽多彩。我国人民植花和赏花的历史悠久，3000多年前开始栽培的菊花品种迄今已达3000多个。我国有雅称“岁寒三友”（松、竹、梅）、“四君子”（梅、兰、竹、菊）、“花草四雅”（兰、菊、水仙、菖蒲）和“园中三杰”（玫瑰、蔷薇、月季）等众多花卉。有千年以上栽培历史的十大名花牡丹、芍药、月季、菊花、兰花、莲花、海棠、山茶、水仙和梅花。这些都是我国的名贵花卉，其中，牡丹被誉为“花中之王”“国色天香”。“四君子”之首的梅花广泛分布于长江流域。余杭超山、无锡梅园、苏州邓尉，武汉东湖梅岭是我国著名的四大赏梅胜地。梅花芳香素洁，秀丽多姿。“梅花欢喜漫天雪”，别有一番观赏情趣。

森林公园。森林公园是为了保护我国自然森林生态系统的多样性和完整性，促进林木资源的保护和持续利用，而在一些森林生态资源丰富和独特的地区设立的区域，分国家森林公园和省级森林公园，均设有专职管理机构。大多数国家森林公园是在原有的国有林场基础上转轨和组建而成的。我国的国家森林公园以张家界国家森林公园的建成为起点，后国家林业部门又多批陆续批建了很多国家森林公园，著名的包括张家界、泰山、千岛湖和黄山国家森林公园等；我国的森林公园体系分为3级，即国家森林公园，省级森林公园和市、县级森林公园，截至2019年底，共有897处国家级森林公园。

二、中国旅游资源形成的历史背景

我国是个文明古国，历史悠久，文物古迹众多。辽阔的地域，多样的民族，使得文化的地域差异明显，形成了我国灿烂丰富的人文旅游资源。

（一）中国历史文化及其特点

1. 中国的历史文化悠久

从旧石器时代的元谋人算起，我国有170万年以上的人类发展和文明史。到距今5000～4000年前的炎黄时期，我国已阔步进入人类文明的勃兴时代。黄帝是我国原始社会末期黄河流域一位部落联盟的首领，他被后世尊奉为华夏民族的祖先和“人文初祖”。无数考古发现以及以后的文字资料，都说明我国是世界古文明发源地之一。

我国是世界上唯一有古老历史记载又从未中断的国家。世界上的5个文明发源地，只有中国的文明一直延续至今而没有间断，从商周时代到宋元明清，上下数千年都可以找到依据。中华民族源远流长，绵延不断，一直生活在中华大地上。中华民族具有强大的凝聚力，虽历经几千年、更换许多朝代但从未分离。

数千年的文明发展史记载了我们国家和民族盛衰变化、强弱易势的曲折历程，也记录着中华民族的聪明智慧、创造发明以及对人类文明曾做出的卓越贡献。悠久的历史留下了无穷无尽的遗物，祖国各地积淀了丰厚深邃的物质文明和精神文明。第三次全国文物普全国共登记不可移动文物 766722 处（不包括港澳台地区）。其中，新发现登记不可移动文物 536001 处，复查登记不可移动文物 230721 处。20 世纪 60 年代以来，我国政府把各地的遗址和建筑物为主的不动产文物列为"全国重点文物保护单位"。截至 2022 年，国务院已公布了八批共 5058 项全国重点文物保护单位，国家历史文化名城 141 座。2003 年 12 月建设部公布了 10 座第一批中国历史文化名镇和 12 处中国历史文化名村。2019 年第七批中国历史文化名镇名村名录经住房和城乡建设部、国家文物局批准公布，确定了山西省长治市上党区荫城镇等 60 个镇为中国历史文化名镇、河北省井陉县南障城镇吕家村等 211 个村为中国历史文化名村。中国作为著名的文明古国，自 1985 年加入世界遗产公约，截至 2021 年 7 月 25 日，中国世界遗产总数增至 56 处，世界自然遗产增至 14 处，文化自然混合遗产（双遗产）4 项，自然遗产总数位列世界第 1。其中，①世界文化遗产 38 处：周口店北京人遗址、甘肃敦煌莫高窟、长城、西安秦始皇陵及兵马俑坑、北京故宫、武当山古建筑群、曲阜孔庙-孔林-孔府、承德避暑山庄及周围寺庙、布达拉宫（大昭寺、罗布林卡）、苏州古典园林、山西平遥古城、云南丽江古城、北京天坛、北京颐和园、重庆大足石刻、皖南古村落西递-宏村、明清皇家陵寝、河南洛阳龙门石窟、四川青城山和都江堰、大同云冈石窟、高句丽王城和王陵及贵族墓葬、澳门历史城区、殷墟、开平碉楼与村落、福建土楼、河南登封天地之中古建筑群、元上都遗址、云南红河哈尼梯田、庐山、五台山、杭州西湖文化景观、大运河、丝绸之路长安—天山廊道的路网、土司遗址、左江花山岩画文化景观、鼓浪屿（国际历史社区）、良渚古城遗址、泉州（宋元中国的世界海洋商贸中心）；②世界自然遗产 14 处：四川九寨沟、四川黄龙、湖南武陵源、云南三江并流、四川大熊猫栖息地、中国南方喀斯特、三清山、中国丹霞、中国澄江化石地、中国新疆天山、湖北神农架、青海可可西里、梵净山、中国黄（渤）海候鸟栖息地（第一期）；③世界文化与自然遗产 4 处：山东泰山、安徽黄山、四川峨眉山-乐山大佛、福建武夷山；④世界文化景观遗产 5 处：江西庐山、山西五台山、杭州西湖文化景观、云南红河哈尼梯田、左江花山岩画文化景观；⑤非物质文化遗产 43 处。源远流长的历史使中国继承了一份十分宝贵的世界文化和自然遗产，它们是人类的共同瑰宝。

可以说，在中世纪以前，中国文化在世界领域一直处在遥遥领先的地位，对人类进步影响很大。也正是因为这一点，中国文化旅游资源在世界范围内有了很高的知名度和很强的吸引力。

2. 中华文化内容丰富，形式多样

我国疆域辽阔、民族众多、文化内容非常丰富，包括天文、数学、历法、地理、测量、建筑、农业、手工、水利、医学、造船等自然科学技术以及思想、哲学、史学、文学、兵法、教育、宗教、园林、艺术、书法、绘画、雕塑、戏曲、体育等社会科学领域；加上地方文化、民族文化、宗教文化以及外来文化的影响，形成内涵丰富、形式多样的中华文化。

3. 民族众多，风情浓郁

中华民族是一个拥有56个民族的大家庭。各民族在经济、文化、习俗等方面形成了独具特色的民族风情。新中国成立后，特别是党的十一届三中全会以来，我国的社会主义建设取得举世瞩目的伟大成就，成为世界上发展最快的大国，对世界各国具有很大的吸引力。

（二）中国的主要人文旅游资源类型

我国丰富的人文旅游资源主要包括古人类遗址、古建筑工程、古代宫廷建筑和帝王陵墓、园林、宗教、民俗风情等类别。

1. 古人类遗址

我国的古人类遗址按时间的顺序主要有云南元谋的元谋猿人遗址、陕西蓝田的蓝田猿人遗址、湖北郧阳的郧阳人遗址、北京房山周口店的北京猿人遗址、湖北长阳的长阳人遗址、山西临汾的丁村遗址、北京房山周口店的山顶洞人遗址、浙江余姚的河姆渡遗址、河南渑池的仰韶文化遗址、陕西西岸的半坡遗址、山东泰安的大汶口文化遗址、山东省丘龙山的龙山文化遗址、河南郑州附近的郑州商代遗址、河南安阳的殷墟遗址等。

古人类遗址的旅游吸引功能主要表现在：①古人类遗址是人类文明的见证和载体，具有重要的历史价值、科学价值和文化价值。古人类遗址可以让游客了解人类的起源、演化和发展，感受人类文化的多样性和创造性，增强对人类共同遗产的认同和尊重。②古人类遗址是独特的旅游资源和旅游产品，具有较高的稀缺性、原真性和吸引力。古人类遗址可以提供丰富的旅游体验，如考古探索、文化体验、科普教育、生态观赏等，满足游客的不同需求和兴趣。很多遗址已经成为我国重要的旅游游览点，如陕西西安的半坡遗址。

2. 我国古代建筑工程

我国的古代工程主要包括重大的军事、水利、道路、桥梁、城郭、宫室和天文等工程。我国古代建筑工程注重与自然和谐相处，充分利用地形地貌，体现天人合一的哲学思想，同时重视对历史文化的传承和弘扬。

例如，长城作为我国古代最著名的军事工程，是中华民族的象征和骄傲，被国际公认为世界第七大奇迹，是世界文化遗产地，具有世界范围的研究价值和观赏价值。

我国历史上的水利工程以都江堰、灵渠、京杭大运河、坎儿井最著名，这些工程大都在地势险要、风光秀丽的地区，都是极有吸引力的风景名胜。其中，都江堰还是世界文化遗产。

我国古代的桥梁工程以河北赵县的赵州桥即安济桥最为有名，有1300年的历史。此外还有北京的卢沟桥、福建泉州的洛阳桥和安平桥等。

我国古代天文研究和历法制定成就卓著，留下了大量的天象观测记录，如日食、月食、彗星、流星、星辰变化等，为后人提供了宝贵的资料。我国古代天文研究发明了许多精密的仪器，如浑天仪、地动仪、简仪、圭表等，用以测定天体的位置、运动和地球的形状、大小等，展示了高超的技术水平。我国古代天文研究编制了多种历法，如夏历、太初历、大明历、大衍历、授时历等，反映了对太阳、月球和星辰运行规律的深刻认识，为农业生产和社会生活提供了准确的时间参考，如河南登封的周王观景台、北京的古观象台等，具有一定的旅游价值。

3. 古亭台楼阁

古亭台楼阁也是我国古典园林建筑的重要组成部分，极具观赏和游览价值，我国著名的亭台楼阁主要分布在江南。其中，湖南的岳阳楼、湖北的黄鹤楼、江西的滕王阁被誉为“江南三大名楼”，均已经成为著名的旅游热点。其他较为有名的楼阁有昆明的大观楼、成都的望江楼、广州的镇海楼等。

我国现存的阁数以千计，形式构造各有特色，颐和园万寿山上的佛香阁、承德普宁寺的大乘阁分别是我国第一、第二高阁，天津市独乐寺的观音阁是我国最古老的木结构建筑；宁波的天一阁是我国最古老的藏书楼，山东烟台的蓬莱阁是著名的登高揽胜之地。

我国名亭很多。安徽琅琊山的醉翁亭、北京的陶然亭、长沙岳麓山的爱晚亭及杭州西湖的湖心亭并称“四大名亭”。

总之，这些亭台楼阁有点缀风景、增加雅趣的功能，成为旅游者喜爱的休憩游览之地。

4. 中国古代宫廷建筑和陵墓建筑

我国古代的宫廷建筑反映了当时的政治、经济的面貌，同时也反映当时的建筑艺术水准。中国历史悠久，历代帝王、贵族的宫殿较多，如汉高祖刘邦的未央宫，唐代长安的大明宫、太极宫、兴庆宫等，宏丽无比。明清的北京故宫是世界上保存最完好、规模最大的帝王宫殿。此外，我国著名的宫殿建筑还有孔府、孔庙和孔林、布达拉宫、沈阳故宫等，都是富丽堂皇的建筑。北京故宫、孔府、孔庙和孔林、天坛均作为世界文化遗产地被列入《世界遗产名录》。

我国古代的各民族因不同的丧葬习俗形成的陵墓成为我国重要的文化旅游资源。中国古代墓葬旅游资源主要包括帝王陵寝和名人墓葬。我国现有古代帝王陵墓很多，如黄帝陵、秦陵、汉陵、唐陵、宋陵、明陵、清陵、西夏王陵等。秦始皇陵及兵马俑、明清皇家陵寝（清东陵、清西陵、明显陵、明孝陵、十三陵）为世界文化遗产，列入《世界遗产名录》。

现存历代名人陵墓也不少，如孔林、司马迁墓、武侯祠、关帝墓、张飞墓、昭君墓等。

除古代陵墓资源外，我国尚有若干具有重要纪念意义的现代伟人陵墓，如中山陵、毛主席纪念堂、鲁迅墓、廖仲恺墓等。

5. 中国古典园林旅游资源

中国造园艺术有“世界园林之母”之称，中国古典园林由山、水、花木、建筑四大素材，经造园者艺术加工而成，融建筑、山池、园艺、雕刻、绘画、书法、装饰、美学等于一体，使物景、画景、意境巧妙结合，虽为人作，却有自然之理，得自然之趣。我国古典园林久负盛名，被称为我国文化“四绝”之一，在世界园林中独树一帜。

中国古典园林又可分为皇家园林、第宅园林和寺庙园林等。中国古典园林具有悠久的历史，至明清时，形成了以圆明园、承德避暑山庄为代表的北方皇家园林和以苏州、杭州、无锡等地私人园林为代表的江南园林，为我国园林艺术的高峰。皇家园林以规模宏大、庄重、豪华为主要特色。保存下来的皇家园林有圆明园、颐和园、北海公园、承德避暑山庄等。第宅园林即为私家园林，规模较小，但有使人不出城郭而获山水之怡，身居闹市而又具林泉之致的功能。现存的第宅园林集中在苏州，如沧浪亭、拙政园、留园、网师园等。寺庙园林是园林艺术和宗教艺术结合的产物，比较著名的有苏州狮子林、灵岩寺，南京灵谷寺、栖霞寺，镇江金山寺和扬州大明寺等。颐和园和承德避暑山庄以及苏州古典园林成为世界文化遗产，每年吸引了无数的游人。

6. 中国宗教和文化艺术旅游资源

我国有佛教、道教、伊斯兰教、基督教、天主教等五大宗教，其中，以佛教传播最为普遍，各种宗教文化在中国形成了大量的宗教建筑和艺术，成为我国对外文化交流和中华文化的包容性的标志。我国的宗教文化旅游资源主要表现在宗教建筑上，宗教建筑以石窟、寺庙和塔的旅游价值最高，尤其是庙宇和塔，往往成为地区或城市形象的标志，例如，福建泉州是我国首批公布的国家历史文化名城，城市中的开元寺及其中的东、西塔已经成为该城市的标志和旅游资源的象征。

我国著名的四大石窟有山西大同的云冈石窟、甘肃的敦煌石窟、河南洛阳的龙门石窟、甘肃天水的麦积山石窟。莫高窟、云冈石窟、大足石刻、龙门石窟已列入《世界遗产名录》，成为世界文化遗产地。

7. 文化艺术旅游资源

我国的古典诗词、散文与小说对各种自然和人文景观做了生动的描述，此外，中国的绘画艺术、书法艺术、戏剧也成为重要的旅游资源，近现代的电影、电视、录像、摄影等艺术表现形式在充实旅游活动、丰富旅游生活方面起到了重要的作用。2001 年 5 月 8 日中国昆曲艺术被联合国教科文组织宣布为首批《人类口头遗产和非物质遗产代表作》，并在 19 个入选项中名列榜首，中国古琴也于 2003 年 11 月 7 日被联合国教科文组织宣布为“人类口头和非物质文化遗产”。2009 年 9 月 30 日在阿布扎比审议并批准列入《人类非物质文化遗产代表名录》的 76 个项目中，中国有 22 个项目入选。截至 2022 年，我国共有 43 个项目列入联合国教科文组织非物质文化遗产名录、名册，居世界第 1。

8. 中国民俗风情旅游资源

我国地域辽阔，民族众多，56 个民族由于其所处的地域、历史、文化、传统条件的差异，各自形成了独特的民俗风情，反映在民居文化、服饰文化、饮食文化、节庆、婚丧及禁忌等方面各有特色。各民族都有好客传统，许多民族能歌善舞、习俗奇异、居室别致、服饰精美，与客源的文化差异度大，有很强的吸引力。例如，东北的暖居、陕西和山西的窑洞、豫西的天井窑院、新疆的土拱房、西藏的碉房、内蒙古的毡包、福建永定的土楼、西南山区的干栏；回族的羊皮筏、藏族的牛皮船、怒族的独木舟、江南水乡的小桥流水、傣族的竹桥、独龙族的藤桥、羌族的竹索桥、彝族的竹篾网桥、藏族的溜索、壮族的风雨桥；汉族的春节、元宵节、清明节、端午节、中秋节，黎族、壮族、侗族、苗族等的“三月三”，大理白族的“三月街”，彝族、白族等的火把节，傣族的泼水节，蒙古族的那达慕等。内蒙古、新疆、云南、贵州、西藏、四川等地是少数民族聚居地区，少数民族风情与当地独特的自然风光结合，形成了极富民族特色的旅游氛围，具有开发民族风情旅游的巨大潜力。

9. 历史文化名城

中华人民共和国国务院 1982 年 2 月批准将具有重大历史价值和革命意义的 24 座城市批准为第一批国家历史文化名城，以后又公布第二批和第三批国家历史文化名城 38 座和 37 座。截至 2023 年 3 月 15 日，国务院已将 142 座城市列为国家历史文化名城，并对这些城市的文化遗迹进行了重点保护。这些城市中有作为统一国家的国都：西安、北京、洛阳、开封、南京；有南北对峙或三足鼎立的王朝帝都：成都、大同（平城）、杭州（临安）；有诸侯国或封王都城：曲阜、江陵、苏州、绍兴、长沙；有兄弟民族历史上割据政权或地方政权的首府：拉萨、大理；有风景名城：桂林、昆明、承德；有历史上的海外交通城市：广州、扬州、泉州；有革命历史名城：遵义、延安；有特殊意义的瓷都：景德镇。

10. 土特产和工艺品

我国物产丰富，形成了很多土特产，如水果、茶、酒等，同时我国人民心灵手巧，创造了种类繁多的工艺美术品和旅游纪念品，如织绣工艺品、陶瓷工艺品、雕刻、泥塑、景泰蓝、地毯及少数民族工艺品等。

11. 现代化的建设

我国在现代化建设中所取得的成就，不仅仅是经济增长和技术创新的象征，同时也塑造了新的社会时尚、城市风貌和现代建筑，这些因素成为重要的旅游资源。①现代化建设为社会带来了新的时尚潮流。随着经济的发展和人民生活水平的提高，人们的审美观念和消费习惯发生了变化。现代化的社会时尚逐渐兴起，包括服装、美容、饮食等方面。中国的时尚产业迅速崛起，各类时尚展览、时装周等活动吸引了大量的国内外游客。②现代化建设改变了城市的面貌。高楼大厦、现代化的市中心、宽阔的道路和公共空间成为城市的新标志。这些城市景观给人一种独特的现代感，吸引了众多游客前来观光。例如，上海的陆家嘴金融区、北京的中央商务区（central business district，CBD）以及广州的珠江新城等地区的现代建筑和城市风貌成为旅游者眼中的热门景点。③在现代化建设的过程中，许多独特而富有创意的建筑物应运而生。中国的建筑师在设计中结合了传统元素和现代技术，创造出了许多世界级的建筑奇迹，如北京的鸟巢、上海的东方明珠塔和广州的新广州图书馆等。这些建筑作品不仅具有独特的外观和精湛的工艺，还代表着中国现代建筑的发展和创新能力，吸引了大量游客和建筑爱好者。

第二节　中国旅游资源的特征与评价

一、中国旅游资源的特征

1. 多样性

中国是世界上旅游资源最丰富的国家之一，资源种类繁多、类型多样，具备各种功能。中国拥有类型多样、富有美感、不同尺度的风景地貌景观，这在世界上是独一无二的。从海平面以下 155m 处的吐鲁番盆地的艾丁湖底，到海拔 8848.86m 的世界第一高峰——珠穆朗玛峰，绝对高差超 9000m。中国不仅有纬向地带性的多样气候带变化，还有鲜明的立体气候效应和景观的垂直地带性，尤其在横断山脉地区，即“一山有四季，十里不同天”。中国不论南北东西都有繁花似锦的美景，不仅有类型多样的海滨、山地、高原、高纬度地区的避暑胜地，而且还有银装素裹的冰雪世界，以及避寒休闲度假胜地海南岛。多样的风景地貌和多功能的气候资源，为生物界提供了优越的生存栖息环境，使自然景观更加多姿多彩。

不论是从旅游资源供给的角度还是从旅游消费的角度看，中国拥有世界旅游活动的各种资源和要素，可以开发成为适合现代旅游趋势的各种旅游产品。很少有像中国这样的具有如此多样和复杂的旅游资源系统的国家，这一方面是由于中国的国土辽阔，地质复杂，气候多样，另一方面也与中国历史悠久、文明发达有关。资源种类的丰富度和多样性是中国旅游资源的一大重要特征。

2. 丰厚性

中国旅游资源不仅种类多样，而且每种资源的积淀丰厚，拥有各种规模、年代、形态、规制、品类的资源特征。不论是古代建筑、古城遗址、帝都王陵、禅林道观、园林艺术、民俗风情，还是自然山水风景、海湖河流、山川原野，都多姿多彩，不可胜数，其资源之丰厚足以位于世界各国前列。以花岗岩山景为例，既有节理发育又经风雨剥蚀塑造，以奇峰怪石、劈地摩天而著称的黄山；也有因断层发育使巨大花岗岩体突兀凌空，以险称绝的华山；还有因花岗岩主峰特性而导致球状分化，由其形成的造型奇异的各种小尺度的风景地貌散见各地。

3. 古老性

中国是古人类的发源地之一，也是世界文明的发祥地之一，流传至今的宝贵遗产构成了极为珍贵的旅游资源，其中，许多资源以历史久远、文化古老、底蕴深厚而著称。古老的华夏文明是中华民族各族人民共同的精神财富，既有各兄弟民族文化融合的结晶，又吸取了世界各民族文化之长。新中国成立以来发现的旧石器时代遗址数不胜数，遍及 32 个省、自治区、直辖市。云南开远小龙潭的古猿化石分属于森林古猿和腊玛古猿；云南禄丰石灰坝发现的古猿化石，据测定距今有 800 万年历史。在众多的古人类遗存中，以元谋人历史最早（距今 170 万年），周口店龙骨山的古人类遗物最丰富，龙潭洞猿人化石的一具头盖骨最完整。中国旅游资源的古老性还表现在，远在数千年之前，中国的先人就开发和发明了一系列的工艺艺术、宏大建筑，在世界文明史上留下了辉煌的一章。仰韶文化、半坡遗址、安阳殷墟、咸阳秦城、京杭运河、万里长城、秦兵马俑坑等，无不以古称胜。

4. 奇特性

中国拥有数不尽的特有旅游资源。在自然奇观方面，有一年一度的大理蝴蝶泉的蝴蝶盛会；洱源的万鸟朝山的鸟吊山奇景；能发出不同音符鸣叫的峨眉弹琴蛙；每届中秋的钱塘大潮；西藏高原上周期性的水热爆炸泉；吉林松花江边的雾凇等。人文方面的奇景更是丰富多彩，秦始皇陵兵马俑坑和铜车马被誉为世界第八奇迹，已建成的兵马俑博物馆每年吸引上百万游人。敦煌莫高窟被公认为世界艺术宝库。雄踞凌云山、俯视三江的乐山大佛，坐像高 71m，体宽 28m，实属世界上最大的石像。丝绸之路上的楼兰古城和众多古迹，满城陵山汉墓的金缕玉衣，徐州的汉墓，这些墓葬地和出土文物珍品成了吸引旅游者回溯历史的最佳场所。

二、中国旅游资源综合评价

（一）旅游资源总体优势

从上述四大基本特征可以看出，中国是当今世界上当之无愧的旅游资源大国，与其他多数国家相比，中国旅游资源拥有如下突出的总体优势。

1. 五千年华夏文明，民俗风情色彩缤纷，人文景观多样，魅力大、知名度高

中国人文旅游资源数量之巨、质量之高为世界任何国家所无法比拟，古老文明与民俗风情的巧妙结合产生了让人无法抗拒的迷人魅力，而一日千里的改革开放形势也极大地刺激了入境者的探秘心理。抽样调查表明，来华外国人普遍对体现古国文明的华夏名胜古迹、神州风土人情及当代人民生活环境怀有强烈的兴趣与偏爱。深圳的“锦绣中华”和“中国民俗文化村”所获得的巨大成功，反映了这种国际旅游的普遍需求趋势。美国前国务卿亚历山大·黑格将军在 1992 年 7 月上海国际旅游研究会上曾直截了当地指出，中国古迹使人兴奋，有很大吸引力，并断言中国在 21 世纪将成为世界旅游中心。世界旅游业理事会（World Travel and Tourism Council，WTTC）发布了《旅游业经济影响报告》，预计到 2032 年中国将超越美国，成为全球最大的旅游市场，2032 年中国旅游业的 GDP 贡献值将达到 3.9 万亿美元，美国将以 2.66 万亿美元位居第 2，印度将超过德国，位居第 3。

21 世纪初，我国旅游业已呈现出良好的发展态势，2002 年我国旅游业总收入达到 5566 亿元，相当于全国 GDP 的 5.44%；2003 年我国的旅游入境人数达到 9000 万人次，旅游外汇收入超过 170 亿美元，已成为名副其实的旅游大国。根据社会科学文献出版社出版的《中国国际移民报告（2015）》显示，2014 年中国的出境人员成为世界第一大旅游客源。2023 年国内出游 48.9 亿人次，比上年增长 93.3%，年末人口 14.09 亿人，人均国内出游 3.47 次。其中，城镇居民 9.32 亿人，国内出游 37.6 亿人次，增长 94.9%，人均国内出游 4.03 次；农村居民国内出游 11.3 亿人次，增长 88.5%，人均国内出游 2.37 次。

2. 自然资源景观独特，地方特色鲜明，生态环境优美

在辽阔的西部地区（包括青藏高原、云贵高原、天山南北、部分黄土高原和四川盆地），虽然气候严酷，接待条件也很不平衡，但这些地区的旅游资源大都保留了未经雕饰的原始风貌，景观独特，神秘感强，给人以强烈的对比和新奇的刺激。例如，雪峰连绵、景色瑰奇的“世界屋脊”，戈壁无垠、流沙遍野的瀚海大漠，挺拔秀丽、急流奔腾的名山大川，洞奇石怪、飞瀑流泉的石林洞乡，气氛神秘、别具一格的藏传佛教，以及姹紫嫣红、百花争艳的万千民族风情，分别是开展登山探险、宗教朝觐和民俗采风的理想胜地，越来越受到境外游客的青睐。位于中国东部海岸线上的滨海海岛，纯净的海水，迷人的沙滩，宜人的气候，优越的生态环境和良好的区位与交通条件，很适宜开展康复疗养与旅游度假活动。在中国内陆广大腹地，存在着众多环境优美、未受或少受污染与破坏的自然保护区。截至 2022 年 8 月，我国建有各类自然保护地近万处，设立三江源、大熊猫、东北虎豹、海南热带雨林、武夷山等第一批 5 个国家公园，国家级自然保护区达 474 个，各类自然保护地的面积占到陆域国土面积的 18%。这些自然保护区与国家公园不仅保护着我国丰富的野生动植物、湿地、文化和风景等资源，而且也是科学考察与探险旅游的理想天地。在当前国际上日益看好的生态旅游发展潮流中，中国的自然保护区和国家公园有着十分广阔的开拓前景。

3. 古老东方文化深度融合于名山胜水之中，自然风光与人文景观紧密结合

所有名胜古迹无不包含有传统美学、古典文学、楹联诗画、园林艺术以及神话故事等令人神往的文化景观。这种以传统文化为核心的旅游目的地，符合中华儿女及汉文化圈游客的共同审美要求，有强大的凝聚力和认同感，对港澳台同胞、海外侨胞以及东亚、东南亚各国人民均有特殊的招徕亲和力。它们与万花筒般的民族风情、民俗节会相结合，产生了更加强烈的集聚效应，在亚太地区旅游圈中有巨大的开拓前景。

（二）制约我国旅游资源开发的不利因素

1. 旅游资源开发的空间不平衡

由于历史原因，中国旅游资源的开发一度偏重经济繁荣、文化发达的东部地区，这种“东重西轻”的开发格局，加剧了全国旅游地空间分布的不平衡。大部分风景名胜区和历史文化名城以及新近开发的度假旅游区集中在 110°E 以东，开发较好的北京、上海、南京、苏州、无锡、杭州、西安、桂林、广州、厦门、深圳、大连、青岛、海南等旅游中心城市，除西安、桂林位于中部地区外，其余均分布在东部地区。因此，推出的旅游热线大多纵通南北或横贯东西，路程长，旅游费用高，游客疲于赶路，既加剧了民航与铁路的紧张状况（尤其在两个黄金周），而且一次性网罗无遗的风景出卖，也不利于吸引回头客。

2. 旅游资源远离主要的旅游客源国

我国远离世界上大多数主要客源国，特别是国际旅游的客源大国。地理位置的因素拉大了我国与欧美各主要客源国之间的距离。这使得欧美旅游者到我国旅游需要付出高额的交通费用，影响了这些国家到华旅游的人次。欧洲各主要客源国与我国间的距离大多数在 1.2 万 km 左右，乘飞机交通费用昂贵，乘火车所需旅途时间太长，而且要经过几个国家的签证，也使人感到旅游手续麻烦。这些成为欧美旅游者来华的障碍。

3. 基础设施和交通设施落后

旅游中心城市基础建设及国内外交通建设的现状与世界旅游发达国家相比差距较大，制约了客流量的进一步扩大与旅游业的长远发展。

4. 旅游资源保护的立法滞后、体系不完善

除缺乏专门的旅游资源保护法外，已有的法律法规存在交叉重叠、可操作性和技术性较差、条块分割和多头管理的问题，导致权限不清、责任不明晰。并且，处罚力度不够，难以起到震慑作用。

第三节　中国旅游资源开发的现状与问题

一、中国旅游资源开发的现状

随着旅游活动的日益广泛开展和旅游业的蓬勃发展，我国旅游资源的开发利用无论在数量规模上，还是在质量水平上都有明显的提高，取得了很大成绩。

1. 旅游资源开发建设的规模日益扩大

全国已有 600 多个风景区、2000 多个文物保护单位、上万个景点对社会开放，成为接待国内外游客的主要场所。1982 年，中国首次设立风景名胜区，30 年间先后审定公布了九批国家级风景名胜区（分别在 1982、1988、1994、2002、2004、2005、2009、2012、2017 年）。截至 2022 年，国家级风景名胜区数量为 244 处，省级风景名胜区 807 处，总面积 21.4 万 km^2，约占中国国土总面积的 2.2%。在 244 处国家级风景名胜区中有 22 处被联合国教科文组织列入《世界遗产名录》。国家级旅游度假区 12 处，中国优秀旅游城市 137 座。

2. 资源开发建设与保护逐步纳入定级管理和法治轨道

我国经过 10 多年的努力，已逐步建立起旅游资源开发建设与保护的三级管理体系，一大批旅游景点和旅游路线的定级、分级工作正在进行。与此相适应，我国还先后颁布了十多个有关资源保护与管理的法规和条例，加大旅游资源的管理力度。这对我国旅游资源的开发、利用和保护起到了重要的作用，标志着资源开发走上正规化、法治化道路，并逐步形成一个点、线、片、面相结合的总体格局。国家质量监督检验检疫总局颁布了《旅游资源分类、调查与评价》（GB/T 18972－2017）、《旅游规划通则》（GB/T18971－2003），以及《旅游景区质量等级划分》（GB/T17775－2024）3 个与旅游资源的开发和管理有关的国家标准。

3. 资源开发的层次、深度和质量水平不断提高

旅游资源的保护和开发工作由扩大旅游点的数量规模，逐步转到改善旅游风景区的环境质量和扩大环境容量，注重发挥我国的旅游资源优势，有计划、有重点地建设并推出一批富有传统文化特色的旅游项目上来。我国从1992年开始至2016年，每年一个旅游主题活动，分别为：中国友好观光年（1992）、中国山水风光游（1993）、文物古迹游（1994）、民俗风情游（1995）、休闲度假游（1996）、第二个中国旅游年（1997）、华夏城乡游（1998）、生态环境游（1999）、神州世纪游（2000）、体育健身游（2001）、民间艺术游（2002）、中国烹饪游（2003）、百姓生活游（2004）、第三个中国旅游年（2005）、中国乡村游（2006）、中国和谐城乡游（2007）、中国奥运旅游年（2008）、中国生态旅游年（2009）、中国世博旅游年（2010）、中华文化主题旅游年（2011）、中国欢乐健康游主题旅游年（2012）、中国海洋旅游年（2013）、中国智慧旅游年（2014）、美丽中国—丝绸之路旅游年（2015）、丝绸之路旅游年（2016）。这些旅游主题把国家的主要旅游景点与各省的拳头产品以及百余项节庆活动统一起来，推向市场，以这些旅游线为骨干网络，以特色专题旅游项目为先导，将资源开发引向深入，增强了我国旅游产品在国际市场上的吸引力和招徕力。

4. 资源的保护程度不断加强

国家公园是保护区的一种类型，最早起源于美国，后为世界大部分国家和地区所采用。2017年9月，中共中央办公厅、国务院办公厅印发《建立国家公园体制总体方案》。2019年6月，中共中央办公厅、国务院办公厅印发《关于建立以国家公园为主体的自然保护地体系的指导意见》。建立国家公园体制是党的十八届三中全会提出的重点改革任务之一，是我国生态文明制度建设的重要内容，能够保护自然生态和自然文化遗产的原真性、完整性，对重要生态系统进行更为严格的保护，对珍稀野生动植物进行长效保护，给子孙后代留下自然遗产。2021年10月，我国正式设立三江源、大熊猫、东北虎豹、海南热带雨林、武夷山等首批5个国家公园。截至2023年2月，首批5个国家公园各项工作稳步推进，特别是在生态保护方面，取得新进展。

二、中国旅游资源开发存在的问题及其原因

我国旅游资源开发利用虽然取得了举世瞩目的成绩，但同时也存在不少问题。例如，许多旅游景区的环境和旅游资源遭受污染、侵蚀和破坏，必须加强对这些方面的管理，否则，旅游景区的资源质量必将降低，旅游资源将逐渐失去原有的历史、文化、科学和观赏价值的本质特征，直接影响旅游资源的可持续开发和利用，危及旅游业的长期稳定和良性发展。

（一）中国旅游资源开发存在的问题

1. 环境污染严重

随着旅游开发不断向广度和深度发展，全国除了极少数地方，大多数旅游景区的环

境都在不同程度地恶化，局部地区甚至达到触目惊心的程度。

水体污染严重。水体污染是我国旅游景区环境污染的主要问题之一。尤其是一些久负盛名的旅游景区水体富营养化和超富营养化，其色度、透明度、气味等指标均超过国家规定的旅游水体标准。长江三峡、昆明滇池、太湖、西湖、松花江、武汉东湖、桂林漓江等旅游区都有不同程度的水体污染。

大气、噪声污染日益突出。随着旅游资源的开发和利用，汽车、飞机、轮船等各种交通工具大量投入运行，其排放的尾气和扬起的尘土，旅游景区内宾馆、饭店、招待所等生活锅炉排放的烟尘以及众多游人呼出的气体，使景区内大气的悬浮微粒、二氧化硫含量大大超标，大气质量日趋恶化。一些旅游景区超负荷游人发出的声音和大量汽车、轮船、飞机等交通工具带来的噪声，以及现代化娱乐场所播放的高分贝音乐带来的噪声污染，也搅乱了原本优美、宁静、和谐的游览环境，令游人生厌、烦躁。

固体废弃物污染相当普遍。旅游是一种高消费活动，游客在旅游过程中的消费行为极为活跃，排放的废弃物大大增加。而旅游景区因接待过量游客，往往产生大量生活垃圾，极易形成旅游区垃圾公害，不仅破坏景观，影响植物生长，还严重污染环境。

2. 生态恶化日趋加剧

旅游资源开发进程的不断加快和旅游活动规模的日益扩大，使旅游景区生态受到不同程度的影响和破坏。这种影响和破坏具体表现在以下几个方面。

森林资源破坏严重。1988 年 8 月，在千古文化名山庐山，珍贵的黄山松被盗伐 1000 多株；庐山植物园内有 400 多株名贵厚朴被盗锯树皮，成片的百年老树开始枯萎。一些景区热衷于索道建设，毁坏了大量的森林。许多景区内的大体量的建筑也毁坏了大量的森林。

动植物资源不断减少。随着旅游活动规模的不断扩大，大量游人涌向旅游区，景区内的土地被踏实，土壤板结、密实，透气透水性能差，在自然条件下形成的稳定落叶层和腐殖层遭到破坏，导致乔、灌、草、树木长势不佳，甚至死亡。一些游人的不文明行为，如随意采集花草、践踏草地、偷猎野生动物，不仅改变了动植物种群的结构，使旅游景区内生物多样性程度降低，而且导致旅游区生态系统的结构与功能发生变化，生态系统的稳定性和完整性下降。另外，旅游资源的不合理开发和利用，人为改变了动植物的生态环境，使动植物的生活习性和繁殖条件受到影响。例如，黄山大小洋湖一带树木丛生，地势平缓，原是苏门羚、梅花鹿等珍稀动物栖息生存的良好场所，后改成茶园，对梅花鹿等野生动物构成严重威胁；在黑龙江，当地有关部门和个人在扎龙自然保护区兴建度假村，使得保护区的核心保护动物、国家一类保护动物丹顶鹤的生存环境遭到破坏。

水土流失时有发生。旅游资源的掠夺性开发和不合理利用，使旅游景区人为灾害增多。在旅游区，旅游资源的开发利用过程中任意采石取土、大筑公路、滥搞建筑、砍树毁林、改变植被性质、长期过量开采深层地下水、破坏山体、改变地貌等不良行为都会诱发和加剧一些自然灾害的发生。水土流失是旅游区最为常见的自然灾害，特别是在公路两侧、水库湖泊周围，以及宾馆和房屋等建筑物所在地，水土流失更为严重。泥石流、滑坡、崩塌等自然灾害在旅游区也有发生，这是景区生态恶化较为严重的后果。

3. 旅游景观破坏严重

由于对眼前利益的追求，在许多风景旅游区存在乱建滥建，大兴土木的“建设性破坏，破坏性建设”的现象，令人担忧。旅游景观的破坏包括景观本身的破坏和景观所处的环境的破坏。破坏了景观的环境，也就破坏景观的意境。这种破坏归纳起来主要有以下 3 个方面。

第一，旅游辅助设施的建设不能与旅游景区相协调，造成资源、景观破坏。近年来，在风景名胜区修建索道、缆车、公路屡见不鲜，计划修建者更是不计其数。不仅破坏了旅游景区的原始风貌，而且破坏了旅游景区的和谐美以及旅游者对自然美的感受。

第二，一些新建建筑日益侵蚀旅游区的土地资源，损害了旅游景观的和谐美。由于缺乏整体意识、全面观点和长远规划，一些地区和部门从眼前利益和短期效益考虑，热衷于在风景较好、游人向往之处大兴土木，抢占地盘。这种在旅游景区内大兴土木的做法，实际上是对风景区宝贵的旅游资源的破坏和掠夺。高层建筑的耸立遮挡了游人视线，使游客难以领略旅游景观的整体美。一些旅游项目的开发、设立破坏了旅游景区的氛围。例如，在佛教旅游胜地兴建了商业高楼，在寺庙附近开设海滨浴场，把海天佛国清净、庄严的意境破坏殆尽。

第三，人文遗产、名胜古迹原始风貌和历史价值被破坏。例如，武当山古建筑群是蜚声中外的“世界文化遗产”，然而在武当山古建筑群中规模最大、保存最完整的道观——复真观里，竟然出现了一个由古建筑改建而成的三星级宾馆——“太子养生堂”。又如，五台山菩萨顶文殊殿，俗称滴水殿，不论天晴天阴，终年滴水不止，后经有关部门“修缮”，这一景观永远消失；中国人民第一次抗击西方列强侵略的广东虎门炮台遗址在搞基建时被震塌了部分炮台；新疆吐鲁番南北朝时期的安乐城遗址，因烧砖取土被挖掉 2/3；北京故宫内一块乾隆题记的木化石，早已被游人抚摸得字迹模糊，严重影响了景观的审美观赏价值。

4. 传统文化逐渐变异

旅游资源的开发利用给旅游地带来文化促进和繁荣的同时，也对旅游地的传统文化产生消极影响和负面效应，并随着开发利用程度上升而增大。这些消极影响和负面效应归纳起来有以下几点。

第一，地方传统文化被削弱和破坏。瓦利恩·史密斯对西方旅游者和旅游地居民之间的关系进行过类型分析，并评估了每一类型旅游者对旅游地地方性规范的适应性。研究结果显示，旅游越是大众化，对地方传统文化的冲击就越深刻，每个游客对地方居民的适应性也就越差。

第二，旅游资源的开发利用向深度化、广度化推进。旅游者源源不断地进入旅游地，其带进的异地文化不断冲击着旅游地文化，导致旅游地传统文化因商品化而逐渐歪曲，失去价值。传统庆典活动和民间习俗不再按照传统规定的时间和地点举行，而是根据旅游者的需要随时搬上“舞台”，活动的内容也常根据旅游者的需要被压缩、删改、补充，活动的节奏也做了迎合性的变动。这些活动和习俗尽管被保留下来，但在很大程度上已丧失了其传统的意义和价值。

第三，古代文化表现方式同质化、庸俗化。中国是世界文明古国，又是古人类发源地之一，许多旅游资源以历史悠久、文化古老而著称于世，对国内外游客有很大的吸引力。因而，各地掀起了一个大规模营造古代文化景点的热潮，尽管有些景点建设得比较有特色，但从整体上看，大多存在着发掘古代文化肤浅、表现手法平庸、品位不高等一系列问题。

第四，旅游资源开发利用中重仿古复古、轻地方文化是一个很值得注意的问题。以开发利用人造景观为例，每一处人造景观都应具备某种文化母体，这一母体或是该民族、该地区的经典，或是传统的人文积淀，或是世界通行的高科技、信息型、知识型的荟萃与浓缩。目前我国不少人造景观的开发和利用陷入了盲目的复古、仿古、微缩和一味地从古典文学作品、历史人物中找出路的怪圈，很少思考当地的“文化脉络”特征，特别是很少思考当地的人文背景。

第五，民俗文化日益表演化和商业化。一些优秀的地方传统文化和民俗风情在商业利益的驱动下，日益充满着商业气息和铜臭味，民俗风情日益表演化和商业化，如泼水节变成天天都有的节日、民俗服饰成为模特表演的道具、传统的东北“二人转”成为一些色情表演的节目。民俗文化的原真性日益丧失，原汁原味的民俗文化越来越少了。

（二）旅游资源开发存在问题的原因

1. 管理上政出多门，缺乏宏观调控与管理

目前旅游管理系统林立，政出多门，旅游区条块分割、部门分割的现象严重。目前涉及旅游资源的管理部门有 12 家之多，他们都是代表国家行使相关的管理权力，但当风景名胜区或旅游区资源开发和环境保护牵涉到具体问题，或与其他部门发生利害冲突时，旅游区内多种管理机构就各行其是，难以协调。总之，上下各地条块分割，各自为政，各自为战，以致旅游业出现了布局无序、投资无序、管理无序、市场无序、价格无序等混乱现象。地方政府官员考核的经济指标导向导致了地方政府的短期行为和不正确的价值取向。“将发展速度留给自己，将环境问题留给下任”的思想，成为部分地方政府和旅游资源管理利益部门的真实思想写照。旅游资源过度、掠夺性开发，旅游景点近距离、低水平重复建设。旅游景区环境污染、恶化，比比皆是。一方面，旅游热点地区人如潮涌，人满为患，资源景观破坏严重，生态环境污染加剧；另一方面，旅游冷点地区游客寥寥无几，人迹罕至，大量资源被闲置。旅游宏观调控与管理乏力是造成此现象的主要原因之一。

从现行的旅游管理体制看，我国的旅游管理虽然已经转向行业管理，但既没有建设项目审批权，也没有企业登记管理权，缺乏宏观调控的权力和手段，很难从宏观上协调、平衡和控制旅游开发行为。同时，在制定旅游法规和产业政策等方面，既没有找到自己的角色定位，也没有建立行业领导权威。一些地方靠政府非常设立“管委会”机构的形式，让上级主管领导甚至是地方的党政一把手当主任的办法，终究不是法治化和长久的管理办法。

2. 旅游资源开发缺乏科学规划或规划不能落实

我国很多地方的旅游资源的开发缺乏科学的规划。①地方旅游的开发仍然存在长官意识，还有一些地方政府片面追求经济发展和招商引资的成果，因而对旅游资源的开发缺乏有效的监督和管理，导致旅游资源的开发越多，破坏越大。②有些地方虽然制定了旅游规划，但往往没有实施，使得规划束之高阁，成为“纸上划划、墙上挂挂，不如领导的一句话”的装饰品。③地区性规划和国家总体发展规划相互脱节。④旅游规划质量低。有些旅游目的地制定旅游规划照搬城镇建设规划或土地使用规划，导致旅游景点商业化、旅游景区城市化。特别是近些年来，有些规划纸上谈兵，不符合地方的实际情况，规划没有可操作性。⑤一些旅游规划在实施过程中缺乏必要的保障措施，导致景观损毁、资源破坏等令人遗憾的现象发生。

3. 旅游资源开发缺乏健全的信息支持

我国旅游资源开发利用过程中存在一种盲目和过滥的现象，很多地方政府好大喜功，旅游开发遍地开花；有些地方政府将旅游开发作为形象工程和政绩工程，缺乏对市场的科学的论证。旅游产品大量存在主题雷同、景点文化内涵低、特色不鲜明的现象。一方面，由于在开发前缺少严密、科学的市场论证和市场评价，对全国同类市场缺乏认真细致的调查研究，对客源市场定位不准，匆匆上马，以致开发的产品没有特色，没有持续长久的吸引力。另一方面，由于信息机制在我国旅游业中还没有完全建立起来，国家在进行宏观调控和管理旅游市场时，不能给开发者、投资者提供准确的信息以引导开发投资投向，因此各地方或投资者们盲目投资和盲目开发，造成经济效益低下和资源环境的破坏。

此外，资金的短缺，特别是用于旅游资源保护、旅游环境治理的专项经费和业务费用紧张，深深困扰着我国旅游区的保护工作，这也是造成旅游景区内拥挤不堪、环境卫生差、资源景观破坏而不能及时恢复的客观原因之一。

4. 管理失控造成景区超容量接待

我国“黄金周”休假制度实施以来，旅游也发生“井喷”现象。2012 年开始，部分节假日期间 7 座以下小车免收公路过路费，更使得我国旅游人数大增，很多著名景区人满为患，出现“挤爆”现象。2013 年 10 月 2 日是黄金周第二天，当日接待游客高达 4 万余人次，出现了游客大量滞留现象。福建鼓浪屿景区 2013 年 10 月 1～3 日这 3 天已有超过 21 万的游客涌入，3 天游客人数呈现递增趋势，大大超过 1.7 万人的最佳游客容量。2021 年 6 月 13 日早上，数千名从泰山之巅看完日出下撤的游客，在索道处出现拥堵、滞留，游客大喊着“开门”，冲破工作人员设置的闸口。景区超负荷接待游客，降低游客体验感并对景区的环境造成破坏。

5. 旅游人才结构不合理，科研水平、服务质量不高

与快速发展的旅游业相比，旅游服务行业的人才总量还存在较大缺口，人才整体素质偏低，旅游教育支撑不足，人才保障机制和开发机制相对滞后。①旅游人才结构不合理。旅游业是一个涉及多个领域和层次的综合性产业，需要各类人才的协同配合。然而，目前我国旅游人才的供给与需求存在较大的不匹配，主要表现在：导游结构不合理，尤其是中高级导游和外语导游数量偏少；宾馆酒店业高层次管理人才缺乏，专业化水平有待提高；旅游专业技能人才不足，如旅游规划设计、旅游产品开发、旅游市场营销等。这些问题影响了旅游业的发展质量和效益。②科研水平不高。旅游业是一个需要不断创新和适应变化的产业，科研水平的高低直接影响着旅游业的竞争力和可持续发展能力。然而，目前我国旅游科研投入力度不够，科研体制改革滞后，科研成果转化率低，主要表现在：旅游科研经费占 GDP 的比重低于国际平均水平；旅游科研机构数量少，规模小，分散分层；旅游科研人员数量少，素质偏低，缺乏国际视野和创新精神；旅游科研成果与市场需求脱节，难以形成有效的产学研结合。这些问题导致了旅游业缺乏核心技术和自主品牌。③服务质量不高。旅游业是一个以服务为核心的产业，服务质量的高低直接影响着消费者的满意度和忠诚度。然而，目前我国旅游服务质量普遍不高，主要表现在：市场定价不规范，存在虚假宣传、价格欺诈、强制消费等现象；服务标准不统一，存在服务态度差、服务内容简单、服务流程混乱等问题；服务监管不到位，存在监管责任不明确、监管手段不足、监管效果不佳等困难。

第四节　中国旅游资源开发策略

"绿水青山就是金山银山"，改善生态环境就是发展生产力。良好生态本身蕴含着无穷的经济价值，能够源源不断创造综合效益，实现经济社会可持续发展。针对目前我国旅游资源开发存在的问题，应遵循科学开发、合理开发、适度开发和可持续开发的总体原则。遵循"开发与保护并重，保护第一；全局利益和局部利益并重，全局利益第一，短期利益与长期利益兼顾，长期利益第一"的旅游资源开发原则进行开发。

一、走生态优先、绿色发展的旅游发展之路

党的二十届三中全会强调，中国式现代化是人与自然和谐共生的现代化，加快完善落实"绿水青山就是金山银山"理念的体制机制。习近平总书记高度重视生态旅游发展，在各地考察时多次强调要培育生态旅游新业态。2005 年 8 月 15 日，时任浙江省委书记的习近平同志在浙江省湖州市安吉县考察时，首次提出了"绿水青山就是金山银山"的重要理念和科学论断，后来，他又进一步阐述了"绿水青山"与"金山银山"之间三个发展阶段的问题。习近平总书记在党的二十大报告中明确指出，中国式现代化是人与自然和谐共生的现代化，尊重自然、顺应自然、保护自然是全面建设社会主义现代化国家的内在要求。作为习近平生态文明思想核心构成的"两山"理念，已成为引领我国高质量发展的重要指导依据。因此，中国旅游资源的开发要践行"两山"理念，坚持走生态优先、绿色发展中国特色旅游发展之路。

二、完善和遵守保障旅游业可持续发展的法律法规

建立高效运作的综合决策和协调管理机制，建立支持旅游业可持续发展的组织保障

体系，充分发挥市场机制作用，运用行政、经济、法律手段，以政府为主导，协调各个方面的利益，形成共同参与、相互合作的组织保障体系和良好伙伴关系。

旅游资源的开发要按照严格遵守相关的法律、法规进行。《中华人民共和国旅游法》（2018 修正版）第二十一条规定，“对自然资源和文物等人文资源进行旅游利用，必须严格遵守有关法律、法规的规定，符合资源、生态保护和文物安全的要求，尊重和维护当地传统文化和习俗，维护资源的区域整体性、文化代表性和地域特殊性，并考虑军事设施保护的需要。有关主管部门应当加强对资源保护和旅游利用状况的监督检查”。

三、加强旅游资源的研究与规划，建立旅游生态补偿机制

良好的生态环境是旅游业可持续发展的基础。同时，通过发展旅游，可以实现对部分自然资源的永续利用，减少资源开发所造成的生态破坏；可以替代部分资源消耗大、污染严重的传统产业，达到减轻污染排放的目的；可以为环境建设提供必要的资金，促进环境质量的改善。中国政府已经把“可持续发展战略”作为国家在迈向现代化过程中必须坚持的两大基本战略之一。通过旅游业的发展促进生态环境的改善和文化传统的延续，是中国旅游业发展的基本任务之一。

积极开发符合可持续发展的生态旅游、绿色旅游、环保旅游和各种新型旅游产品。开展旅游资源普查和评价，对高品质的、稀缺的、脆弱的旅游资源实行严格的保护性开发。

继续实施主体功能区划，完善旅游生态补偿体系。2010 年国务院印发《国务院关于印发全国主体功能区规划的通知》（国发〔2010〕46 号）。2010 年 12 月 21 日我国首个全国性国土空间开发规划《全国主体功能区规划》正式发布。其中按开发方式将国土空间划分为优化开发区域、重点开发区域、限制开发区域和禁止开发区域。禁止开发区域包括国务院和有关部门正式批准的国家级自然保护区、世界文化自然遗产、国家级风景名胜区、国家森林公园和国家地质公园等。在实施主体功能区划的同时，要构建和完善生态补偿体系，保证禁止开发区域的利益补偿。

四、推广旅游资源开发的新技术与新手段

科技进步为旅游业的持续发展提供了强有力的技术支持。在旅游资源的调查、评价、规划与监测过程中，可以广泛应用 3S 技术，利用 5G 技术、物联网、区块链及 AI 技术，建立旅游资源保护和监测网络，制作旅游资源的数字档案，实时监测中国旅游资源的保护和开发利用情况。在旅游资源开发过程中，可以大力推广电子信息技术、清洁卫生技术、资源保护技术、规划评估技术和能源节约技术等。因此，加大旅游科技投入力度，使科学技术真正成为兴旅强旅的主要手段，进行科技性开发也是我国旅游业发展的一个重要策略。

五、加强软件建设，理顺管理体制，进行科学管理

开展全社会旅游业可持续发展的宣传与教育。加强宣传与教育，加强科普工作，提

高旅游者、旅游管理者的可持续发展的意识，逐步形成文明旅游、科学旅游、健康旅游的社会氛围。

理顺旅游资源开发管理体制，剥离旅游资源管理部门的经营职能。对旅游资源开发与管理体制进行改革，旅游资源开发变多头管理为统一管理，特别是建议将国家级风景名胜区和各级风景名胜区的管理由各级建设行政管理部门转向由各级旅游行政管理部门进行统一的专业化管理。加强旅游景区经营权转让的改革和试点，转变旅游景区的行政管理部门的职能，将其经营职能剥离出来，使得旅游资源管理部门专门履行旅游资源的开发和保护的管理和监督职能。保护旅游资源，维护国家和公众的利益；管理权和经营权分离，各司其职。我们相信，旅游景区做好管理权和经营权的分离，实现旅游景区的专业化管理和专业化经营，是未来旅游资源开发的必由之路。

转变管理部门干部考核指标体系。加强地方政府和旅游景区官员的考核和监督，改革相关官员的考核指标体系；改变考核的经济化指标为绿色化指标和环境化指标。

保障各种监督渠道的畅通。加强各级人大的监督；加强政协的监督；加强各民主党派的监督，加强全社会的监督，特别是加强新闻媒体及网络等新媒体的监督。

六、开展多种形式、多种内容的国际合作

开展广泛的双边、多边合作，扩大旅游业可持续发展的科学研究及学术交流；在教育培训、规划、项目开发、海外融资等领域加强联系与合作；发达国家对发展中国家提高旅游业可持续发展的能力提供优惠资金和技术帮助；共同研究解决各国关心的环境生态问题。

复习思考题

1. 阐述中国旅游资源形成的自然背景与历史文化背景。
2. 分析中国旅游资源的总体特征。
3. 综合论述中国旅游资源开发的现状、问题及其应对策略。

参考文献

何光玮. 1999. 中国旅游业 50 年. 北京：中国旅游出版社.

黄安民. 2021. 休闲与旅游学概论. 2 版. 北京：机械工业出版社.

黄细嘉，李雪瑞. 2011. 我国旅游资源分类与评价方法对比研究. 南昌大学学报（人文社会科学版），42(2): 96-100.

庞规荃. 2013. 中国旅游地理. 6 版. 北京：旅游教育出版社.

孙丽坤. 2011. 民族地区文化旅游产业可持续发展. 北京：中国环境科学出版社.

吴惠智，凌善金. 2010. 旅游资源分类方法及其应用研究. 云南地理环境研究, 22(6): 96-100.

赵黎明，黄安民. 2005. 旅游规划教程. 北京：科学出版社.

赵黎明，黄安民，张立明. 2002. 旅游景区管理学. 天津：南开大学出版社.